国家"十一五"规划教材／大学语文立体化系列教材

王步高 乔光辉 主 编
何 平 张 娟 副主编

大 學 語 文

简编本 （第五版）

南京大学出版社

图书在版编目(CIP)数据

　　大学语文：简编本 / 王步高，乔光辉主编. —5 版.
—南京：南京大学出版社，2021.1(2023.7 重印)
　　ISBN 978-7-305-23560-3

　　Ⅰ.①大…　Ⅱ.①王… ②乔… 　Ⅲ.①大学语文课—
高等学校—教材　Ⅳ.①H193.9

　　中国版本图书馆 CIP 数据核字(2020)第 115239 号

出版发行　南京大学出版社
社　　址　南京市汉口路 22 号　　　　　　邮　编 210093
出 版 人　金鑫荣
书　　名　大学语文(简编本)
主　　编　王步高　　乔光辉
责任编辑　蔡文彬　　　　　　　　编辑热线　025-83686531
照　　排　南京紫藤制版印务中心
印　　刷　常州市武进第三印刷有限公司
开　　本　787 mm×1 092 mm　1/16　印张 24.25　字数 550 千
版　　次　2021 年 1 月第 5 版　　2023 年 7 月第 4 次印刷
ISBN 978-7-305-23560-3
定　　价　49.00 元

网址：http://www.njupco.com
官方微博：http://weibo.com/njupco
微信服务号：njuyuexue
销售咨询热线：(025)83594756

"优学院"平台　　　　　操作说明

前　　言

课程导引

大学生朋友：

祝贺您开始了人生黄金岁月的航程！感谢您和您的老师同学成为我和参与编纂本书的五十多位专家教授的朋友！

作为本书的主编，我想先说说为什么要编纂这本书，我们是怎样编纂这本书的，并想对您使用本书提几点建议。

半个世纪前，我和您今天一样刚跨进大学校门。长期在多所高校求学、任教的经历，使我比您更多地知道我国高等教育的成就和弊端。"五四"开始的"新文化运动"虽然加快了中国民主、科学的进程，但也给了中国传统文化以巨大的打击；以"个人主义"为特征的西方文化冲击了中国的伦理文化；白话取代了文言，欧化诗取代了传统诗词；加之推广普通话、汉语拼音、简化汉字使中国的语言文字也大大简单化。受苏联教育的影响，1952年的院系调整整顿了中央大学、清华大学、浙江大学等多学科性综合大学，推动了国家的工业化建设，但也在一定程度上导致学科间的联系、渗透被削弱；过分强调"学以致用"，又削弱了理论基础、失落了人文精神；"文革"十年，中国高等教育受到了强烈的负面影响。新时期以来，中国高等教育的发展取得了辉煌的成就，中央倡导的素质教育也已开始推行。素质教育是旨在提高人自身素质的教育，是科学教育与人文教育的高度融合，它不仅赋予受教育者丰富的现代科学知识与技能，也赋予他们高尚的道德情操与人文精神。换句话说，它希望培养出具有全面素质的人才，而非"科学动物"或"经济动物"。党中央、国务院又号召"高等学校要创造条件面向所有大学生开设中国语文课"，完善中华优秀传统文化教育，许多有识之士及教育部门的领导，也开始大力倡导重视母语教育。

我曾在中学当语文教师和校长十多年。中学诸学科中，我感到语文是最无系统性的。十几年前的"大学语文"也大致如此。我和我的同行们不满于此才决心重编《大学语文》教材。谁知该教材出版后十多年里竟连续重印数十次，并被确定为普通高校"十五""十一五""十二五"国家级规划教材，并获国家优秀教材奖，成了全国最有影响的《大学语文》教材之一。但我们深知要使这一教材经典化，有待改进处尚多，因此便组织了更多著名高校的教授进行了多次较大幅度的修订，这便是现在呈现于您面前的这套教材（文字教材共六种）。

我们试图使这本教材具备以下功能：一是帮助读者梳理、激活中小学所学的文学知识,了解中国文学史的简单架构,将新老知识系统化;二是弘扬民族传统文化,传布中华人文精神,使读者在古今文化精品的熏陶下,促成思想境界的升华和健全人格的塑造;三是方便自学,叶圣陶先生曾指出,语文教学最终要做到"学生自能读书不待老师讲,学生自能作文不待老师改","教"是为了"不教","大学语文"课是学生语文课堂学习的终结,这本教材应介于课堂用书与自学用书之间;四是配合"大学国文"慕课教学,本教材的几乎全部课程都有王步高教授(48 节)和其团队成员(16 节)网上高清教学录像,欢迎同学们通过超星网络走进我们东南大学、清华大学"大学国文课堂";五是改善学生的思维品格,使逻辑思维、形象思维与批判性思维相结合;六是注重教材的学术性,从一定学术的高度解读作品,增加学术争鸣等资料,方便重点大学和有较高文学修养的学生开展研究性学习;七是有利于提高学生的学习兴趣,全书精讲课文不选空洞说教的文章,所选全是优秀的文学精品,是三千多年文学精华的荟萃。

本书编纂除以实现上述七大功能为目标外,同时还有几点自己的主张:

一是反对一味强调"少而精"。语文学习"秘诀"很多,真正有用的只有"多读""多写"两条。大学生语文水平千差万别,以一杯水打发所有人的做法显然是不合理也是行不通的。《大学语文》系列教材出版,尝试给学生"一条河",一条可以追根寻源的河,可以中流泛舟,也可浅涉辄止,让所有学生都有很大的上升空间。

二是不赞成一味强调"学以致用"。我以为这是危害中国教育最甚的一种教育思想,貌似正确,其实不然。学当然是为了用,但有直接有用和间接有用之别,也有马上见效与长期见效之别。"文革"中把"学以致用"发展为"急用先学,立竿见影","立竿见影"的知识实际上是一种浅显的小技能,大家去追求"立竿见影",便浮躁,便浅薄,便没有人文精神,只能是"快餐文化"。文学是人学,它追求的是一种美,一种艺术境界,一种精神,这是和谐的人必要的素养,更是科学大师、艺术大师的基本素养。

三是不要不加分析地反对"不求甚解"。本书内容的一个重要特点是故意超出大多数同学的接受能力,对课文的解读也朝"浅化"(注释、赏析)、"深化"(集评、汇评)两方面发展,绝不是"一杯水一眼看到底"。让同学们可以通过反复学习、反复吟味,从"不求甚解"而每有所会,渐入佳境。其实,任何学习都是从"不求甚解"开始的,幼儿园的孩子看图识字认识了"太阳""月亮""星星"等字,在现实中也会用,但与天文学家比起来,对这些天体的了解不仅只是"不求甚解",甚至连皮毛也算不上。孩子们初背古诗也是如此。"求甚解"是相对的,"不求甚解"是更普遍的。

四要反对"厚今薄古"。"厚今薄古"观是受"新文化运动"中"全盘西化"论影响而产生的,与"打倒孔家店"等极左口号是一致的。中国文学的发展是由古到今的,学习文学则常常是由今及古。越是久远的语言障碍越大,小学、初中几乎很少涉及《诗经》《楚辞》,高中涉猎也不多,进入大学之后才有可能由古及今地梳理一遍。古代文学的历史远比现代文学长得多,优秀作品也多得多。中小学对现当代较重要的作家短篇代表作品可以基本涉猎，而南北朝的文学、宋以后的诗词却基本不涉及，许多一流大家也只字不提，这不利于学生建构起对中国文学的总体认识，也不利于其文学素养的提高。本书有意加以弥补。

五是增长知识与增强学生独立思考能力相结合。中小学阶段学生年幼，教材大致只对学生进行"正面教育"，以一个声音说话，但这一种声音未必是唯一正确的，也未必经得起时间的考验。《大学语文》教材中选录一些争鸣的意见，可以启发学生思考，有利于克服思维的片面性与绝对化，使读者多层次、多侧面地思考问题，变"一家之言"为"百家之言"，但主次分明，又不会造成思想混乱。即便是文学精品，也辑录一些批评意见，让学生不迷信古人、不迷信名家、不迷信书本、不迷信老师。这对少数喜爱追星、跟风的朋友也许有所警示。

以上这些想法是我们编纂本教材时与别人的不同之处，而要将这些思想具体化为教材的每个章节的安排，则表现为开放性、研究性与多元化的思维与系统性、网络式、立体化、大信息相结合的结构特色。具体表现为知识层面的多元与开放，一纲多点，以点带面；学术观点的多元与开放，将"百花齐放""百家争鸣"的学术方针引入教材编写中；学术视野的多元与开放，意在将学生提上一个较高的学术平台，以"独立之精神，自由之思想"开展语文教学；教学手段的多元与开放，是指除供不同高校学生课堂学习用的四种教材外，尚有供教师教学参考用的教学参考书、电子音像教材、网络课件等。

我们将本书分为三十一个单元，涵盖了从《诗经》、先秦散文直到现当代的主要作家、主要文学流派，一些中小作家的吉光片羽也以附录形式收入，包括了诗、词、曲、赋、散文、小说、戏剧各大文体。每单元除同类教材常有的作家小传、注释、赏析外，还附有单元和文体的综论、作家的集评、代表作的汇评，汇集千百年来文学家言简意赅的评语，方便学生深入领悟，使课本不仅可读，而且耐读；对于文学爱好者而言，则"白首亦莫能废"，可以常读常新。每单元还附有备选课文，作为泛读的作品。也附有该作家（流派）的作品综述，从而可资克服管中窥豹的片面性。有的单元还设置"网络链接"，引入若干学术争鸣问题，使学生对文学研究略知一二，对做学问有一些初步的感受，有利于日后在自身学科领域中逐渐深入，有所创新。每单元后均附有参考书目，方便学生深入自学。这样做更符合信息时代对传统学科改革的要求。

朋友，我如何编这本书的一些思路和具体做法介绍过了，下面就如何学习这本书我也想对您提几点建议：

本书共安排三十一个小单元，容量是很大的。就一般学校的课时安排而言，这本书是教不完的，我们编的就是一般课堂教学与课外自学相结合的教材，合在一起，系统性更强，才能反映中国文学的大致面貌。老师可以根据学时的多少挑选一些单元详讲，其余略讲或指导学生课外阅读。有些同学反映课文后附的作品没有注释，读不太懂，我们已另出一本《大学语文阅读文选》，对这些诗文均加注释，可供参阅。

这本教材是把大中小学的语文(特别是文学)作为一个完整的知识架构来构建的,中学里已学得较多的内容,本书就少选或不选,这绝非说它们不重要。此外,有些较浅显的作品,已不适合收入大学教材,虽为佳作也只好割爱或作为附录。每单元一般安排两至三学时,过长的小说、散文、戏剧便无法选入。希望您参照书中的综述及参考书目,自己找有关作品阅读。

本书没有选外国文学作品,是基于三点考虑:一是本课程定位于母语教育课程,它是过去"大一国文"的继续,着重提高学生的汉语言文学水平;二是同学们已具备差不多四级乃至六级英语水平,可以读一些浅显的外文原著了,用"不求甚解"的办法去读,文学修养、英语水平都能有所提高,况且英语课时是大学语文的几倍,似乎也不应该再从课时上去"劫贫济富";三是本书采用系统性、网络式、立体化、大信息的结构,单选几篇外国文学作品,与全书体例迥然不同。如要体例相同,这本书又得厚上几倍,所以不选外国文学作品也是可以理解的。

书中入选的均为古今文学精品,同学们可以经常写写读后感或读书笔记之类的文字。学完本书后,还可以选读一些文学鉴赏教材。如我主编的《唐宋诗词鉴赏》(北京大学出版社)、《唐诗鉴赏》《唐宋词鉴赏》(南京大学出版社)、《诗词鉴赏与写作》(高等教育出版社)等,可与本书选篇互补。中国文学(主要是古代文学)比起任何一国的文学都毫不逊色,在文学的天宇里最亮的星星常常是中国制造的。

文学是人学,每读一篇优秀的作品,便是在与一个高尚的人谈心,同学们不顺心的时候,不妨去读读陶渊明、苏轼等人的旷达之作;遇到困难时,也可以去读读陆游、辛弃疾可以立顽起懦的作品。

本教材也与网络教学相配合,我牵头的东南大学中文系课题组创建了首门全国大学语文国家精品课程,并有网站配合(http://www.dxyw.cn),我本人在清华大学上此课程的全程录像(42节),作为大学语文国家资源共享课,已上传网络。我主讲的东南大学"唐宋诗词鉴赏"课亦为国家精品课程,已升级为国家资源共享课,所含"唐诗鉴赏""唐宋词鉴赏""诗词格律与写作"三门课程,我在东南大学上课的全程录像(66节),也已上传网络;"唐诗鉴赏""诗词格律与写作"被评为国家精品视频公开课,大家可以通过"爱课程""网易公开课"等网站观看。

与本教材全程配套的"大学国文"慕课,由我主讲,分64课时、48课时、32课时等几种,已在"超星慕课""学堂在线"运行,欢迎大家在网上与东南大学、清华大学学子一起学习本课程。

朋友,希望文学成为您人生航船上的又一台发动机,使您的事业如虎添翼。有朝一日,当您作为一名大科学家在做学术报告时出口成章,能言善辩,您就会觉得文学对您的帮助并不在专业知识之下;当您成为大政治家、大外交家、大律师,或接受记者采访,或在法庭上面对挑战，侃侃而谈，语惊四座，也会觉得是文学赋予您底气；当您成为大企业家与日本、韩国及中国港澳台地区的企业家谈判结束时即席赋诗，妙语连珠，又会觉得文学在为您增光添彩；当您事业有成，需写报告、搞总结时，同样会感到文学的存在……愿《大学语文》化成超大容量的文学芯片，植入您的头脑、电脑中，以其广泛的兼容性，成为您永久的朋友。

　　本书先后经多次审稿，审稿专家均为南京大学、南京师范大学和江苏第二师范学院教授。如果本书能得到您的欢迎，请勿忘记他们为之付出的艰辛劳动！我在东南大学、清华大学教授本课程时，每学期要学生每人挑课本上三个错误，这些同学对本书的完善也做出了巨大的贡献。

　　致以诚挚的敬意！

您的朋友：

2008 年 5 月 18 日于南京东南大学
2015 年 7 月 2 日于北京清华大学

目 录

一、《诗经》《楚辞》

慕课资源

《诗经》

　　《诗经》本名《诗》，是我国最早的一部古代乐歌总集，所辑多是周初至春秋中叶的作品，共收诗311篇，其中6篇为有题目而无文辞的"笙诗"，实际收录诗歌305篇，举其成数，故又称《诗三百》。到汉代时，被列为儒家经典之一，才称作《诗经》，并沿袭至今。《诗经》分"风""雅""颂"三类："风"是民谣、土乐，含周南、召南、邶、鄘、卫、王、郑、齐、魏、唐、秦、陈、桧、曹、豳等十五国"风"，共160篇；"雅"用的是周朝王畿的乐调，根据音节律吕分为大雅、小雅，共105篇；"颂"多采庙堂祭祀舞曲，含商颂、周颂、鲁颂，共40。这些乐歌题材十分广泛，从各个方面反映了当时的社会生活、社会各阶层的精神风貌及各地的风俗习尚，洋溢着浓厚的乡土风韵、人伦情感、人本意识，具有"美刺"的社会功能，奠定了我国诗歌现实主义的传统。其句式以四言为主，多用重章叠句和赋、比、兴的表现手法，语言质朴优美，音节和谐明快，形象鲜明，寓意深刻，富于艺术感染力，堪称中国诗歌史的辉煌开端。

【集评】

　　《诗》三百篇，大抵贤圣发愤之所为作也。（［汉］司马迁《史记·太史公自序》）

　　凡诗之所谓风者，多出于里巷歌谣之作，所谓男女相与咏歌，各言其情者也。惟《周南》《召南》亲被文王之化以成德，而人皆有以得其性情之正，故其发于言者，乐而不过于淫，哀而不及于伤，是以二篇独为风诗之正经。自《邶》而下，则其国之治乱不同，人之贤否亦异，其所感而发者，有邪正是非之不齐，而所谓先王之风者，于此焉变矣。若夫《雅》《颂》之篇，则皆成周之世，朝廷郊庙乐歌之词，其语和而庄，其义宽而密，其作者往往圣人之徒，固所以为万世法程而不可易者也。至于雅之变者，亦皆一时贤人君子，闵（悯）时病俗之所为，而圣人取之。其忠厚恻怛之心，陈善闭邪之意，尤非后世能言之士所能及之。此《诗》之为经，所以人事浃于下，天道备于上，而无一理之不具也。（［宋］朱熹《诗集传序》）

伯兮朅兮①,邦之桀兮②。伯也执殳③,为王前驱④。
自伯之东⑤,首如飞蓬⑥。岂无膏沐⑦,谁适为容⑧?
其雨其雨⑨,杲杲出日⑩。愿言思伯⑪,甘心首疾⑫。
焉得谖草⑬,言树之背⑭。愿言思伯,使我心痗⑮。

【汇评】

《伯兮》,刺时也。言君子行役,为王前驱,过时而不反焉。(《毛诗序》)

《伯兮》,鄘人有从武庚而伐卫者,室家忧而作。一章、二章赋也,三章比而后赋也。四章赋也。([汉]申培《诗说》)

范氏曰:"居而相离则思,期而不至则忧,此人之情也。文王之遣戍役,周公之劳归士,皆叙其室家之情、男女之思以闵(悯)之,故其民悦而忘死。圣人能通天下之志,是以能成天下之务。兵者,毒民于死者也。孤人之子,寡人之妻,伤天地之和,召水旱之灾,故圣王重之。如不得已而行,则告以归期,念其勤劳,哀伤惨怛,不啻在己。是以治世之诗,则言其君上闵(悯)恤之情;乱世之诗,则录其室家怨思之苦,以为人情不出乎此也。"([宋]朱熹《诗集传》卷三)

【赏析】

《伯兮》一诗以一位在家独居的妻子内心独白的方式,表达了对从军的丈夫的思念之情,其内容、意境及表现手法对后世闺怨诗的创作有深远影响。

诗一开篇就以"伯兮"唤起,可见妻子对丈夫爱之深与思之切。接下来就以自豪的口吻,从英武与善战两个角度夸耀丈夫,既显示妻子对丈夫爱得深挚,又说明妻子以国事为重的心态,诗以此为基调,自然高昂而不低沉了。

因为由衷地敬佩丈夫,所以妻子的这种爱就愈加深厚,思念之情也就愈加强烈。从第二章开始,便以思夫之苦来表现其爱之深。诗首先从最富女性特征处着笔,来展示其心灵世界。梳妆,这几乎是女性展示自己女性美的一种天性,然而自从丈夫出征后,妻子苦苦思念,无心再去梳洗打扮,整天蓬头垢面。诗中对爱的痴迷专注情状进行了绝妙的描述。

---

① 伯:弟兄排行中的老大,这里是妻子对丈夫的爱称。朅(jiē):雄健英武的样子。兮:语气词,与"啊"相似。② 邦:国家。桀:同"杰",杰出的人才。③ 殳(shū):古代一种梃杖类长兵器,竹制或木制,长一丈二尺。④ 前驱:先锋。⑤ 之:往。⑥ 首:头,这里指头发。蓬:多年生草本植物,叶边呈锯齿状,籽实有毛,枝叶蓬松,秋季常被风吹起,随风飞卷。⑦ 膏:润发油。沐:洗头,这里指洗头水。⑧ 适(dì):喜悦,喜爱。容:容颜。全句指打扮化妆为了取悦谁呢?⑨ 其:这里用作语气词,表示祈求的语气。⑩ 杲(gǎo)杲:明亮的样子。⑪ 愿:思念。郑玄《毛诗传笺》:"愿,念也。"言:语助词,无实意,下同。⑫ 疾:疼痛。⑬ 谖(xuān)草:即萱草,又名忘忧草,俗名黄花菜、金针菜,古人以为此草可以使人忘忧。⑭ 树:种植、栽培。背:通"北",指住房的北面。⑮ 痗(mèi):病,忧伤。

如果说前两章用了"赋"的直叙方法,第三章开头两句便改用了比兴的手法:以大旱盼下雨来比喻盼夫归来的渴望,以偏偏烈日炎炎比喻希望的落空。第四章开头二句用了假设反证的方法:听说忘忧草可以使人忘忧,可是到哪里才能找到呢?是的,世上从来就不存在真能使人忘忧的草,一个"焉"字已流露出了这层意思。三、四两章写的都是事与愿违,加深了思夫的痛苦,乃至头痛欲裂,病态恹恹。但妻子甘愿如此,以示爱情的坚贞。

　　《伯兮》一诗具有刚柔并济的风格,夸夫有豪放的气度,思夫有婉约的缠绵,且以柔为主,以刚为辅,刚柔相辅相成,尺度把握得恰到好处。诗虽短小,却体现了《诗经》的基本艺术特征,有重章叠句,也有赋比兴手法的穿插运用,曲尽其妙,富有感染力,是《诗经》中一首优美的爱情诗篇。

　　　　　　　　　　　　　　　　　　　　　　　　　　　　　　　　(杨树增)

王风·黍离

　　彼黍离离①,彼稷之苗②。行迈靡靡③,中心摇摇④。知我者谓我心忧,不知我者谓我何求⑤。悠悠苍天,此何人哉⑥?

　　彼黍离离,彼稷之穗。行迈靡靡,中心如醉⑦。知我者谓我心忧,不知我者谓我何求。悠悠苍天,此何人哉?

　　彼黍离离,彼稷之实。行迈靡靡,中心如噎⑧。知我者谓我心忧,不知我者谓我何求。悠悠苍天,此何人哉?

【汇评】

　　《黍离》,闵(悯)宗周也。周大夫行役至于宗周,过故宗庙宫室,尽为禾黍,闵周室之颠覆,彷徨不忍去,而作是诗也。(《毛诗序》)

　　幽王伐申,申侯逆战于戏,射王弑之。立平王于申,自申迁洛,命秦伯帅师逐犬戎于镐京,寻遣尹伯封犒秦伯之师,过故宗庙宫室,秦人皆垦为田,咸生禾黍,旁皇(彷徨)不忍去,故作此诗,赋也。([汉]申培《诗说》)

【赏析】

　　本篇选自《诗经》"王风","王"指东周王都,周平王迁都洛邑后,王室衰微,天子位同

---

① 彼:那个地方。黍:也称黍子,北方称黄米,性黏,供食用或酿酒。离离:纷披繁茂貌。　② 稷:一年生谷物,别称粢、穄、糜。古今著录所述形态不同,汉以后误以为粟为稷,唐以后又以黍为稷。实际就是俗称的糜子。由于它是最早的谷物,所以古代以稷为百谷之长,并奉为五谷之神。"黍""稷"为互文,"离离"兼对二者形容,下同。　③ 行迈:复合词,即行走。行、迈都含步行意。靡靡:缓慢的样子。　④ 中心:心中。摇摇:心神不定的样子。　⑤ 求:寻求。　⑥ 此:指造成这种伤心的局面。　⑦ 醉:指心中忧愁如醉酒一样难受而不能自持。　⑧ 噎(yē):咽喉堵塞而难于喘息。这里指忧愤得心中堵塞。

列国诸侯,其地产生的诗歌便被称为"王风"。"王风"多乱离之作。此诗中的具体物象只有黍和稷,它们在北方是随处可见的农作物,这就使诗中的环境变得具有普遍性与抽象性了,因而由此环境引起的感慨,也具有了不确定性。基于此,对此诗的写作背景与主旨,有多种解释。《毛诗序》解释为东周初年王朝大夫返回镐京时,见西周宗庙宫室都已坍塌毁弃,上面长满了庄稼,十分感伤,于是作了此诗。这是传统的说法,因此《黍离》一诗历来被视为悲悼故国的代表作。但仅从诗中难以看出此说的依据,若宫室毁弃、家园荒芜,一般以杂草丛生、野兽出没来形容,似不应以"彼黍离离"来描述。更为合理的解释是,虽然庄稼茂盛,但主人公由于某种原因而不能安居乐业,从诗中我们可以看到一个常年四处漂泊的流浪者形象,听到他因流离失所而发出的愤怒呼喊。

全诗共分三章,每章八句。每章前二句都是借景起兴,引出第三、四句主人公彷徨不忍离去的描述。后四句以旁人对"我"的态度来烘托浪迹天涯的悲情,并以呼天抢地的形式,愤怒谴责给自己带来灾难的罪魁祸首。

本诗采用了重章叠句的形式,各章间仅个别词语有变化。第二句尾的不同字:"苗""穗""实",不仅起了分章换韵的作用,而且造成景致的转换,反映了时序的迁移,说明自己长期流浪而不能安居。第四句末分别是"摇摇""如醉""如噎",生动地显示出长期"行迈"离乡而内心逐渐加重的悲痛。全诗反复咏叹,回环复沓,倾诉了强烈的悲愤之情。

(杨树增)

屈 原

屈原(前340?—前278),名平,字原,战国后期楚国丹阳县(今湖北秭归县)人。出生于贵族家庭,受过很好的文化教育,有很高的文学和政治才能。楚怀王时,曾任左徒、三闾大夫等职。他具有远大的政治抱负,对外联齐抗秦,对内改革政治,变法图强,因遭到保守势力的反对和排挤,被怀王疏远,顷襄王继位后,又被流放。公元前278年,秦兵攻破郢都,屈原愤怒绝望,自投汨罗江而死,据传时为五月五日。屈原留存下来的主要作品有《离骚》《天问》《招魂》《九歌》《九章》等二十三篇。他表现出强烈的忧患意识和爱国情怀,创造了"楚辞"这一新的诗体,成为中国文学史上第一位具有浓郁地方色彩的伟大浪漫主义诗人。

【集评】

屈平正道直行,竭忠尽智以事其君,谗人间之,可谓穷矣。信而见疑,忠而被谤,能无怨乎?屈平之作《离骚》,盖自怨生也。《国风》好色而不淫,《小雅》怨诽而不乱,若《离骚》者,可谓兼之矣……其文约,其辞微,其志洁,其行廉。其称文小而其指极大,举类迩而见义远。其志洁,故其称物芳;其行廉,故死而不容自疏。濯淖污泥之中,蝉蜕于浊秽,以浮游尘埃之外,不获世之滋垢,皭然泥而不滓者也。推此志

也,虽与日月争光可也。（[汉]司马迁《史记·屈原列传》）

屈原氏兴,以瑰奇浩瀚之才,属纵横艰大之运,因牢骚愁怨之感,发沉雄伟博之辞。上陈天道,下悉人情,中稽物理,旁引广譬,具网兼罗,文词巨丽,体制闳深,兴寄超远,百代而下,才人学士,追之莫逮,取之不穷,史谓争光日月,讵不信夫!（[明]胡应麟《诗薮》内编卷一）

和平婉丽,整暇雍容,读之使人一唱三叹者,《九歌》等作是也。……《九歌》托于事神,其词不露,故精简而有条。（同上）

按《楚辞》者,诗之变也。《诗》无《楚风》,然江汉之间,皆为楚地,自文王化行南国,《汉广》《江有汜》诸诗列于《二南》,乃居十五国风之先,是《诗》虽无《楚风》,而实为《风》首也。《风》《雅》既亡,乃有楚狂《凤兮》、孺子《沧浪》之歌,发乎情,止乎礼义,与诗人六义不甚相远。但其辞稍变诗之本体,而以"兮"字为读,则夫楚声固已蘖于此矣。屈平后出,本诗义以为骚,盖兼六义而"赋"之义居多。厥后宋玉继作,并号《楚辞》。（[明]徐师曾《文体明辨序说》）

屈、宋楚词,忧深思远,上承风雅之遗,下启词章之体,亦中国文章之祖也。惟文学臻于极盛,故周末诸子,卒以文词之美,得后世文士之保持,而流传勿失。（刘师培《论文杂记》）

湘 夫 人

帝子降兮北渚①,目眇眇兮愁予②。嫋嫋兮秋风③,洞庭波兮木叶下④。

登白薠兮骋望⑤,与佳期兮夕张⑥;鸟何萃兮蘋中,罾何为兮木上⑦?

沅有茝兮醴有兰⑧,思公子兮未敢言⑨。荒忽兮远望⑩,观流水兮潺湲⑪。

麋何食兮庭中? 蛟何为兮水裔⑫? 朝驰余马兮江皋,夕济兮西澨⑬。闻佳人兮召予,将腾驾兮偕逝⑭。

筑室兮水中,葺之兮荷盖⑮。荪壁兮紫坛⑯,匊芳椒兮成堂⑰。桂栋兮兰橑⑱,辛夷楣兮药房⑲。罔薜荔兮为帷⑳,擗蕙櫋兮既张㉑。白玉兮为镇㉒,疏石兰兮为

---

① 帝子:指湘水之神湘夫人。相传本是舜妃,为帝尧之女,故称帝子。渚(zhǔ):水中的沙洲。 ② 眇眇(miǎo):极目远视的样子。愁予:使我忧愁。 ③ 嫋嫋(niǎo):同"袅袅",轻柔的样子。 ④ 波:用作动词,水波涌起。 ⑤ 登白薠(fán):登上长着白薠的高地。白薠,一种生于湖滨陆地的秋草。骋望:放眼远望。 ⑥ 佳:即佳人,指湘夫人。期:约会。夕:黄昏。张:布置。 ⑦ "鸟何"二句:鸟儿为什么不聚集在树上,而聚集在水草上?渔网为什么不放在水里,却挂在树上?二句所言所处不当,预兆不吉,故象征所求不得。萃,聚集。蘋,水草名。罾(zēng),渔网。 ⑧ 沅:指沅江,在今湖南西部。茝(zhǐ):香草名。醴(lǐ):醴江,在今湖南澧县南。 ⑨ 公子:指湘夫人。 ⑩ 荒忽:看不清楚的样子。 ⑪ 潺湲(chán yuán):水缓慢流动的样子。 ⑫ "麋何食"二句:麋本应在山林,为什么却跑到人家的庭院来寻食?蛟龙本应在深渊,为什么跑到水边来?水裔,水边。 ⑬ 皋(gāo):水边陆地。济:渡。澨(shì):水边。 ⑭ 腾驾:驾着车马奔腾飞驰。偕逝:同往。 ⑮ 葺(qì):覆盖。盖:屋顶。 ⑯ 荪壁:用香草装饰墙壁。紫:紫贝,一种贝壳。坛:楚方言称"中庭"(即天井)为"坛",此处指天井中的地面。 ⑰ "匊芳"句:用芳香的花椒均匀地涂饰整个厅堂的墙壁。匊,古"播"字,播撒,此指均匀地四散涂抹。芳椒,有芳香气的花椒。成,整,满。 ⑱ 橑(liáo):屋椽。 ⑲ 辛夷:一名木兰,又名木笔。楣(méi):门框上边的横木。药:白芷。房:卧房。 ⑳ 罔:通"网",编结。薜荔(bì lì):一种香草。帷:帷帐。 ㉑ 擗(pǐ)蕙櫋(mián):指剖析蕙兰悬在屋檐边。擗,剖开。櫋,屋檐板。既张:已经张挂好了。 ㉒ 镇:镇压座席之物。古人席地而坐,用玉石等物压住座席四角。

芳①。芷葺兮荷屋②,缭之兮杜衡③。合百草兮实庭④,建芳馨兮庑门⑤。九嶷缤兮并迎⑥,灵之来兮如云⑦。

捐余袂兮江中⑧。遗余褋兮醴浦⑨。搴汀洲兮杜若⑩,将以遗兮远者⑪。时不可兮骤得⑫,聊逍遥兮容与⑬!

【本事典实】

名勒金石,质之乾坤,岁数历祀,立庙起坟,光于后土,显昭天人。生贱死贵,列之义门。何怅华落,飘零早分。葩艳窈窕,永世配神(言当配享江神)。若尧二女,为湘夫人。时效仿佛,以昭后昆。〔楚词有湘君、湘夫人,尧之二女娥皇、女英,其庙在湘山〕(邯郸淳《度尚曹娥碑》)

【赏析】

《湘夫人》是《九歌》中的第四篇,它写的是一个爱情的悲剧。全诗抒写了湘君约会湘夫人而不遇的怅惘心理,表现了湘君对湘夫人的真挚感情,以及对幸福生活的执着追求态度。诗中虽然写的是神与神的爱恋,但处处洋溢着人的情味,因而也曲折地反映了现实生活中人民的爱情生活。

从全诗来看,感情基调是感伤的。诗人把悲剧事件安排在深秋,诗一开头便描绘出一派秋风萧瑟、草木摇落的景象,使得全诗笼罩在凄凉的气氛之中。嫋嫋秋风吹皱了洞庭湖水,吹落了无边的树叶,而守约等候的湘君仍不见湘夫人的踪影,十分忧伤。这里作者借景抒情,描绘的"秋风""洞庭波""木叶"和"流水"等景色和男神的心情十分契合。

更为特别的是诗中有关"鸟""罾""麋"和"蛟"的四句,描绘出一幅幅情理颠倒的画面。在失望、焦急的心境下,男神看见本应翔于高空的鸟儿却停息在水草之中,而本应撒向水中的渔网却高挂在树梢之上;再看山野的麋鹿在人家的庭院中觅食,而深水之中的蛟龙却来到了浅水边。事物怎会如此反常! 男神自然想到他所期待的正像这些失常的事物一样,是不可能实现的了。

然而就在湘君失望之时,忽听得对方在远处召唤,湘君灰冷的心又重新燃烧了起来,他在朦胧中仿佛看到了希望,似乎马上就可以和湘夫人见面了。男神幻想着他和湘夫人的爱巢将建在水中,屋顶用荷叶铺成,清香四溢。室内陈列着各种香草。九嶷众神也来迎接湘夫人。一切都是如此美好。至此诗歌将男神的情感推上了高潮。然而美丽的想象终究幻灭,情感一下子从高峰跌入了低谷。最后,诗人通过男主人公捐弃袂、褋以及采

---

① 疏:分布。石兰:香草名称。 ② 芷葺:用白芷覆盖。 ③ 缭:束缚,缠绕。杜衡:香草名。 ④ 合:会聚。百草:各种花草。实:充实。 ⑤ 建:设置。芳馨:指各种花草。庑:厅堂四周的廊屋。 ⑥ 九嶷:山名,传说中的舜所葬地,在湘水南。本文中指九嶷山群神。缤:盛多的样子。 ⑦ 灵:指九嶷山神。如云:形容众多。 ⑧ 捐:丢弃。袂(mèi):衣袖。 ⑨ 遗:丢掉。褋(dié):单衣。浦:水边。 ⑩ 搴(qiān):拔取。汀洲:水中平地。杜若:香草名。 ⑪ 遗(wèi):赠送。远者:指湘夫人。 ⑫ 时:天时。骤得:多次得到。 ⑬ 聊:姑且。容与:从容自在的样子,谓聊且游戏以尽年寿也。

杜若相赠的细节描写,将他对湘夫人怨愤而又难于割舍的情感表现得十分缠绵委婉。诗的结尾则描写了男神对未来仍存有希望,冀盼相会的佳期不远。

这首诗在结构上的最大特色,就是以湘君赴约不遇的感情起伏跌宕为中心线索并贯穿始终,将景、人、事、现实、追忆、幻想等熔铸在一系列的心理活动之中,构成了一个丰富多彩、完整和谐的艺术整体。这条感情线索就是:忧愁—懊恼—恍惚—幻想—留恋—宽解。整个感情流程就像一条抛物线,有开端、发展、高潮、平息,可谓线条清晰,结构完整,既起伏跌宕,又前后贯通。全诗带有强烈的浪漫主义色彩,无论写景还是抒情都极富有浪漫情趣。

（彭书雄）

备选课文

豳风·东山 《诗 经》

我徂东山,慆慆不归。我来自东,零雨其蒙。我东曰归,我心西悲。制彼裳衣,勿士(事)行枚。蜎蜎者蠋,烝在桑野。敦彼独宿,亦在车下。

我徂东山,慆慆不归。我来自东,零雨其蒙。果臝之实,亦施于宇。伊(蚘)威(蜮)在室,蠨蛸在户。町畽鹿场,熠燿宵行。不可畏也,伊可怀也。

我徂东山,慆慆不归。我来自东,零雨其蒙。鹳鸣于垤,妇叹于室。洒扫穹窒,我征聿至。有敦瓜苦,烝在栗薪。自我不见,于今三年。

我徂东山,慆慆不归。我来自东,零雨其蒙。仓庚于飞,熠燿其羽。之子于归,皇驳其马。亲结其缡,九十其仪。其新孔嘉,其旧如之何?

山 鬼 屈 原

若有人兮山之阿,被薜荔兮带女萝。既含睇兮又宜笑,子慕予兮善窈窕。乘赤豹兮从文狸,辛夷车兮结桂旗。被石兰兮带杜衡,折芳馨兮遗所思。

余处幽篁兮终不见天,路险难兮独后来。表独立兮山之上,云容容兮而在下。杳冥冥兮羌昼晦,东风飘兮神灵雨。留灵修兮憺忘归,岁既晏兮孰华予!

采三秀兮於山间,石磊磊兮葛蔓蔓。怨公子兮怅忘归,君思我兮不得闲。山中人兮芳杜若,饮石泉兮荫松柏。君思我兮然疑作。雷填填兮雨冥冥,猨啾啾兮狖夜鸣。风飒飒兮木萧萧,思公子兮徒离忧。

对楚王问 宋 玉

楚襄王问于宋玉曰:“先生其有遗行与?何士民众庶不誉之甚也?”宋玉对曰:“唯,然,有之。愿大王宽其罪,使得毕其辞。”

“客有歌于郢中者:其始曰《下里》《巴人》,国中属而和者数千人。其为《阳阿》《薤露》,国中属而和者数百人。其为《阳春》《白雪》,国中属而和者,不过数十人。引商刻羽,杂以流徵,国中属而和者,不过数人而已。是其曲弥高,其和(hè)弥寡。故鸟有凤而鱼有鲲。凤凰上击九千里,绝云霓,负苍天,翱翔乎杳冥之上,夫蕃篱之鷃,岂能与之料天地之高哉?鲲鱼朝发昆仑之墟,暴鬐于碣石,暮宿于孟诸。夫尺泽之鲵,岂能与之量江海之大哉?故非独鸟有凤而鱼有鲲也,士亦有之。夫圣人瑰意琦行,超然独处。夫世俗之民,又安知臣之所为哉?”

网络链接

①《诗经》分"三体"还是分"四体"?　②何谓"六笙诗"?　③孔子删诗之说的争论。　④《楚辞》如何得名?　⑤屈原生年多争论。　⑥哪首诗是屈原的绝笔?

参考书目

〔宋〕朱熹《诗集传》,文学古籍刊行社 1955 年

余冠英选注《诗经选》,人民文学出版社 1956 年

金启华注译《诗经全译》,江苏古籍出版社 1985 年

金开诚《诗经》,中华书局 1963 年

周满江《诗经》,上海古籍出版社 1980 年

姜亮夫等《先秦诗鉴赏辞典》,上海辞书出版社 1998 年

〔宋〕朱熹《楚辞集注》,上海古籍出版社 1979 年

姜亮夫《屈原赋校注》,人民文学出版社 1957 年

汤炳正等《楚辞今注》,上海古籍出版社 1996 年

思考与练习

1. 熟读《诗经》各诗,体会重章复沓的章法对表情达意的艺术功效。

2. 联系本单元和中小学已学篇目,比较分析《诗经》与《楚辞》有哪些不同。

3. 湘君的情感发展经历了哪几个阶段?结合课文加以分析。

4.《湘夫人》一诗的浪漫主义特色主要表现在哪些方面?

慕课资源

【总论】

中国文学至周末而臻极盛,庄、列之深远,苏、张之纵横,韩非之排奡,荀、吕之平易,皆为后世文章之祖。(刘师培《论文杂记》)

春秋以前之文,皆治化之文也。何也? 其治化即学术,学术即治化也。凡传于今之文,皆左史右史之遗也,皆当时治化之迹也,故曰:"六经皆史也。"自孔、老以后,学术始由官守而散于学者,于是战国诸子,始各以其学术鸣,其所为文莫非鼓吹学术之作。……故此时代之文学,可谓为学术而文学,非为文学而文学者也。(陈柱《中国散文史》)

《老子》

老子,姓李,名耳,字聃,号伯阳,春秋后期楚国苦县厉乡曲仁里(今河南鹿邑东,楚国吞并该地前,此乡里属陈国相县)人,与孔子同时而年长于孔子,传说他活了一百六十多岁,所以后人习称之为"老子"或"老聃"。他是著名的思想家,为道家学派的创始人,曾做过周王朝史官,后见周室衰微而弃官归隐。

《老子》今分八十一章,五千多字,相传为老子去官后过函谷关时应关尹之邀而作,但现在有人认为是老子的追随者根据他的学说发挥补充而成的,约成书于战国初期。该书韵散结合,多排偶句式。其文简约而意丰,谈玄论道,意蕴深邃,宛若富有哲理的散文诗。其完整的哲学思想体系,在先秦诸子中独树一帜,一向为世所重。

【集评】

《老子》《孙武子》,一句一理,如串八宝珍瑰,间错而不断,文字极难学;惟苏老泉数篇近之。(〔宋〕李涂《文章精义》)

余谓老聃、庄周、杨朱之学,三者同源而实异流。老聃濡弱,以退为进;庄周诞慢,游方之外;杨朱贵生,毫末不捐。故老流于深刻,庄蔽于狂荡,杨局于卑陬。惟御寇斟酌三氏,政得其中,视老聃坦遂过之,

视庄周驯厚过之,视杨朱高旷过之。([明]胡应麟《少室山房笔丛》卷二七)

《老》《列》《庄》三子:《老》虽道其所道,而最精深;《庄子》亦超妙;《列子》较浅。([清]吴德旋《初月楼古文绪论》)

孔、老之学,同本于《易》。《易》言天地阴阳吉凶祸福,皆两端相对者。孔子则执其两端而用其中,老子则审其两端而用其反。(陈柱《中国散文史》)

曲 则 全

曲则全,枉则直①。洼则盈②,敝则新③。少则得④,多则惑⑤。是以圣人抱一以为天下式⑥。不自见,故明;不自是,故彰;不自伐⑦,故有功;不自矜⑧,故长⑨。夫惟不争,故天下莫能与之争。古之所谓"曲则全"者,岂虚言也哉?诚全而归之⑩。

【赏析】

此文为《老子·第二十二章》,河上公注本题《益谦第二十二》,唐玄宗注本题《曲则全章第二十二》,本文标题依唐玄宗注本。

本章的主旨是宣扬老子谦退不争反而有益的处世哲学,河上公注本题"益谦",可能即基于此。老子在此首先利用古代得道的圣人之言来阐明一种谦退而有益的处世策略:委曲自己就能全身,忍辱含垢就能正人,虚怀若谷就能充盈,否定自我就能新生。接着,老子批判了当时统治者热衷于以礼法来治国的倾向,希望他们能像古代圣人一样,以身作则,无为而治,既不自以为是,又不自高自大,而能与世不争,以便使自己功成名就,成为天下人所归附的君长。由此可见,老子的谦退不争,实是一种委曲求全、以退为进的政治策略。

值得指出的是,今人大都认为本章开头的六句在谈辩证法,在谈对立面的相互依存与相互转化。这其实是一种误解。因为"曲"与"全"、"洼"与"盈"、"少"与"得"、"多"与"惑"等等,很难说是互相对立的正反两端("曲"与"直"、"全"与"偏"、"洼"与"隆"、"盈"与"亏"、"少"与"多"、"得"与"失"等等,才是互相对立的正反两端)。老子此文其实只是在强调它们之间的因果关系,而根本不是在阐明其间的相对关系与相互转化。此文所论完

---

① 枉:邪曲,此指枉己,就是将邪恶归于自己。《庄子·则阳》:"古之君人者,以得为在民,以失为在己;以正为在民,以枉为在己;故一形有失其形者,退而自责。"疏:"推功于物,故以得在民;受国不祥,故以失在己。无为任物,正在民也;引过责躬,枉在己也。" ② 盈:满。地势低洼,水便流向它而使之满。比喻人谦下,美德便归于他而使之丰满。 ③ 敝:破,坏。 ④ 少则得:少反而有收获。 ⑤ 多则惑:多反而使人迷惑。 ⑥ 抱:怀抱,指固守。一:老子使用的一个哲学概念,指"道"最初生成的浑然一体的混沌之气。式:法式,榜样。 ⑦ 伐:夸耀。 ⑧ 矜:自尊自大。 ⑨ 长:久长。 ⑩ 诚:确实。全:保全。"全"后探下省"之"字。归:归附。"归"上承上省"天下"二字。之:指"曲"而"不争"的"圣人"。

全是一种现实的处世策略，与第二章的哲学性论述是完全不同的，不可一概而论。

在行文上，本章也体现了《老子》的一般风格，即文字简约而意蕴深厚，警句迭出而朗朗上口。其深刻的含义往往兼容自然之理与为人之道，同时又出之以骈散交错的文句，使其文显得委婉有致。本章在语言形式上的显著特点是排比，同时与他章一样，韵脚或密或疏，随义而转，使音韵与义理获得了相辅相成的效果。所以，老子之文，既可视为有韵之散文，也不妨称之为散文诗。

（张　觉）

《论语》

孔子(前551—前479)，名丘，字仲尼，春秋晚期鲁国陬(zōu)邑(今山东曲阜市东南)人。孔子的祖先虽是殷商贵族，但到孔子出生时，早已下降为一般的平民了，所以孔子自己说："吾少也贱。"孔子是儒家学派的创始人，是我国古代伟大的思想家和教育家。孔子思想的核心是"仁"，提倡"仁者爱人"和"忠恕"之道，将"仁"纳入了"礼"的范畴，认为没有"仁"，就谈不上"礼"。这在中国思想史上，有着不可抹杀的进步性。作为中国传统文化的代表，孔子的影响是巨大而深远的，全世界的有识之士都重视他、敬仰他。

《论语》一书，二十篇，记录孔子及其弟子的言行，编纂者为孔子弟子和再传弟子，"论"即"论篆""编辑"之意。全书以语录形式编成，语言简而易晓，含蓄有致，少数片段描述十分生动。《论语》是研究孔子生活、思想及儒家学说的重要资料。

【集评】

《论语通》曰：《论语》者，是孔子没后七十弟子之门徒共所撰录也。夫圣人应世，事迹多端，随感而起，故为教不一：或负扆御众，服龙衮于庙堂之上，或南面聚徒，衣缝掖于黉校之中……圣人虽异人者神明，而同人者五情。五情既同，则朽没之期亦等……门人痛大山长毁，哀梁木永摧，隐几非昔，离索行泪，微言一绝，景行莫书。于是弟子金陈往训，各记旧闻，撰为此书，成而实录。上以尊仰圣师，下则垂轨万代。既方为世典，不可无名，然名书之法，必据体以立称，犹如以孝为体者，则谓之《孝经》，以庄敬为体者，则谓之为《礼记》。然此书之体，适会多途，皆夫子平生应机作教，事无常准，或与时君抗厉，或共弟子抑扬，或自显示物，或混迹齐凡，问同答异，言近意深，诗书互错综，典诰相纷纭。义既不定于一方，名故难求乎诸类，因题"论语"两字以为此书之名也。　　（［南朝梁］皇侃《论语集解义疏序》）

程子曰："《论语》之书，成于有子、曾子之门人，故其书独二子以子称。"

程子曰："今人不会读书。如读《论语》，未读时是此等人，读了后又只是此等人，便是不曾读。"
（［宋］朱熹《论语序说》）

一

曾子曰①:"吾日三省吾身②。为人谋而不忠乎③? 与朋友交而不信乎? 传不习乎④?"(《学而》)

二

有子曰⑤:"其为人也孝弟⑥,而好犯上者,鲜矣;不好犯上而好作乱者,未之有也。君子务本,本立而道生。孝弟也者,其为仁之本与!"(《学而》)

三

子贡曰⑦:"贫而无谄⑧,富而无骄。何如?"子曰:"可也。未若贫而乐⑨,富而好礼者也。"(《学而》)

四

子曰:不患人之不己知,患不知人也。(《学而》)

五

子曰:君子不器⑩。(《为政》)

六

子曰:君子周而不比⑪,小人比而不周。(《为政》)

---

① 曾子:姓曾名参(音 shēn),字子舆,生于公元前 505 年,鲁国人,是被鲁国灭亡了的鄫国贵族的后代。曾参是孔子的得意门生,以孝著称。据说《孝经》就是他撰写的。 ② 三省:多次检查、察看。 ③ 忠:尽己之谓忠。此处指对人应当尽心竭力。 ④ 传:受之于师谓之传。老师传授给自己的。习:与"学而时习之"的"习"字一样,指温习、实习、演习等。 ⑤ 有子:有若(前 518—前 458),字子有,汉族,鲁国人(今山东肥城市人)。孔子弟子中的"七十二贤人"之一。曾提出"礼之用,和为贵"等学说。因其气质形貌酷似孔子,孔子死后,深受孔门弟子敬重。有子比孔子小 13 岁,一说小 33 岁。后一说较为可信。在《论语》书中,记载的孔子学生,一般都称字,只有曾参和有若称"子"。因此,许多人认为《论语》即由曾参和有若的弟子所著述。 ⑥ 孝弟:善事父母曰孝,善事兄长曰弟。 ⑦ 子贡:孔子弟子,姓端木,名赐,字子贡。 ⑧ 谄:音 chǎn,意为巴结、奉承。 ⑨ 贫而乐:一本作"贫而乐道"。 ⑩ 器:器具。君子不像器具那样(只有某一方面的用途)。 ⑪ 周:合群。比:音 bì,勾结。

子曰："人而无信，不知其可也。大车无輗①，小车无軏②，其何以行之哉？"（《为政》）

子曰："富与贵，是人之所欲也，不以其道得之，不处也。贫与贱，是人之所恶也，不以其道得之③，不去也。君子去仁，恶乎成名④？君子无终食之间违仁⑤，造次必于是⑥，颠沛必于是⑦。"（《里仁》）

子曰："士志于道，而耻恶衣恶食者，未足与议也。"（《里仁》）

子曰："巧言令色，足恭⑧，左丘明耻之⑨，丘亦耻之。匿怨而友其人⑩，左丘明耻之，丘亦耻之。"（《公冶长》）

子曰："德之不修，学之不讲，闻义不能徙⑪，不善不能改，是吾忧也。"（《述而》）

子曰："君子和而不同⑫，小人同而不和。"（《子路》）

子曰："士而怀居⑬，不足以为士矣。"（《宪问》）

子曰："君子义以为质⑭，礼以行之，孙以出之⑮，信以成之。君子哉！"（《卫灵公》）

---

① 輗：音ní，古代大车车辕前面横木上之木销子，车子没有它就无法套住牲口。大车指的是牛车。　② 軏：音yuè，古代小车车辕前面横木上的木销子。没有輗和軏，车就不能走。　③ 得之：实指"去之"，摆脱。　④ 恶：音wū，恶乎：何处，怎样？　⑤ 违仁：背离仁德。　⑥ 造次：指仓促匆忙。　⑦ 颠沛：潦倒不堪，流离失所。　⑧ 巧言令色：指用花言巧语和媚态伪情来迷惑、取悦他人。令，美好。足恭：过分恭敬。　⑨ 左丘明：姓左丘名明，鲁国人，相传是《左传》一书的作者。　⑩ 匿怨而友其人：把怨恨装在心里，表面上却装出友好的样子。　⑪ 徙：音xǐ，迁移。此处为靠近义、做到义。　⑫ 和：不同的东西和谐地配合叫作和，各方面之间彼此不同。同：相同的东西相加或与人相混同，叫作同。各方面之间完全相同。君子讲求和谐而不同流合污，小人只求完全一致，而不讲求协调。　⑬ 怀居：怀，思念，留恋。居，家居。指留恋家居的安逸生活。　⑭ 质：根本。　⑮ 孙以出之：用谦逊的语言来表达。

十五

子曰:"躬自厚而薄责于人,则远怨矣。"(《卫灵公》)

十六

子曰:"君子不以言举人,不以人废言。"(《卫灵公》)

十七

子曰:"过而不改,是谓过矣。"(《卫灵公》)

十八

子曰:"乡愿①,德之贼也。"(《阳货》)

【赏析】

修身是儒家道德修养的重要组成部分,是《大学》中提出的儒者"修身、齐家、治国、平天下"理想的基础。修身,是指修养身心,其具体行为表现在日常生活中就是择善而从,博学于文,并约之以礼。修身的过程便是"约之以礼"。

修身的过程是一个按照儒家"君子"(或"士")的道德修养长期与自己的恶习和薄弱意志做斗争的过程,时时检束自己的身心言行,用诚心、仁爱、谦卑的情操来祛除思想中的杂质,对治那些令我们轻浮、骄傲、自大、邪僻的外因、内因。修身最切实的办法就是择善而交,通过善友相互勉励来增长德行。

"修身",也是做人的基本追求。儒家学说中的"仁、义、礼、智、信"无不与"修身"有关。修身,在《论语》中论述得尤其精辟,说一部《论语》半部论"修身",丝毫没有夸大之嫌。所以,《论语》堪称教人修身的百科大典。这里选录的十八章均为修身之经典论述。

修身,一是修德,二是修智,德才兼备,便是修身的理想结果。"仁、义、礼、智、信"被称作中华伦理的"五常",其宗旨均在于修德。

这十八章中较多运用对比的修辞手法,以"君子"(或"士")与"小人"做比较,客观上给大家树立道德标杆,应当如何,不能如何,一目了然;也多处运用比喻,别出巧思,脍炙人口。

(王步高)

---

① 乡愿:孔子所说的"乡愿",就是指那些表里不一、言行不一的伪君子,这些人欺世盗名,却可以堂而皇之地自我炫耀。

《庄子》

庄子(前369—前286),名周,字子休,战国时期宋国蒙城(今河南商丘市东北)人。他一生清贫,不慕权贵,曾拒绝楚威王聘任为相,"终身不仕,以快其志",是继老子之后道家学派的代表人物。

《庄子》一书是道家学派的重要代表作,《汉书·艺文志》记有五十二篇,今存三十三篇,包括内篇七、外篇十五、杂篇十一。由于诸篇风格存在差异,一般认为内篇为庄子自作,其余为庄门后学之作。其文汪洋恣肆,仪态万方。在先秦诸子散文中,以《庄子》的艺术成就为最高。

【集评】

《庄子》文章善用虚,以其虚而虚天下之实;太史公文字善用实,以其实而实天下之虚。《庄子》者,《易》之变;《离骚》者,《诗》之变;《史记》者,《春秋》之变。([宋]李涂《文章精义》)

《庄子》就三纲五常外立议论,其与人辨,是得已而不已,义理有间矣;然文字皆不可及。(同上)

《庄子》文章最灵脱,而最妙于宕,读之最有音节。姚惜抱评昌黎《答李翊书》,以为善学《庄子》,此意须会。能学《庄子》,则出笔甚自在。([清]吴德旋《初月楼古文绪论》)

凡称"子"书,多非自著。([清]孙星衍《晏子春秋序》)

中国人的特性很多吸引人的地方,都来自道家的传统。中国如果没有道家,就像大树没有根一样。([英]李约瑟《中国科学思想史》)

山　木

庄子行于山中,见大木枝叶盛茂,伐木者止其旁而不取也。问其故,曰:"无所可用。"庄子曰:"此木以不材得终其天年。"夫子出于山,舍于故人之家。故人喜,命竖子杀雁而烹之①。竖子请曰:"其一能鸣,其一不能鸣,请奚杀?"主人曰:"杀不能鸣者。"明日,弟子问于庄子曰:"昨日山中之木,以不材得终其天年;今主人之雁,以不材死。先生将何处?②"庄子笑曰:"周将处乎材与不材之间。材与不材之

① 夫子:指庄子。竖子:童仆。雁:指鹅。烹:通"享",即飨,指款待。　② 处:立身自处。

间,似之而非也,故未免乎累①。若夫乘道德而浮游则不然②,无誉无訾③,一龙一蛇④,与时俱化,而无肯专为⑤。一上一下,以和为量⑥,浮游乎万物之祖⑦。物物而不物于物⑧,则胡可得而累邪⑨!此神农、黄帝之法则也⑩。若夫万物之情,人伦之传,则不然⑪。合则离,成则毁,廉则挫,尊则议,有为则亏,贤则谋,不肖则欺,胡可得而必乎哉⑫!悲夫!弟子志之,其唯道德之乡乎⑬!"

【汇评】

王念孙曰:愚案此亨读为享。享之,谓享庄子。故人喜庄子之来,故杀雁而享之。享与飨通。《吕氏春秋·必己篇》作"令竖子为杀雁飨之",是其证也。古书享字作亨,烹字亦作亨,故《释文》误读为烹,而今本遂改亨为烹矣。([清]郭庆藩《庄子集释》卷七)

言材者有为也,不材者无为也。之间,中道也。虽复离彼二偏,处兹中一,既未遣中,亦犹人不能理于人,雁不能同于雁,故似道而非真道,犹有斯患累也。(同上)

苏舆云:此亦庄徒所记,旨同于《人间世》,处浊世避患害之术也。([清]王先谦《庄子集解》卷五)

【赏析】

本文选自《庄子》外篇《山木》九章中的第一章。庄子散文善于选取人们所熟知的事物,置于特定的自然和社会环境之中进行考察,常常打破人与物、自然与社会的界限,物我同一、圆融无碍,把深邃玄妙的理趣与生动活泼的形象融于一体,把抽象的逻辑推理与对事物形象的分析联系起来,具有和谐、整体的特征,为哲理散文中寓意深刻、文采飞扬的旷世之作,发人深思,启迪智慧。

本节以庄子行于山中,见不被伐树者看中的树木枝繁叶茂为发端,木因不能成材而得以保全天年,接着又以山中友人款待他时,在鸣与不鸣的两雁之中,选后者杀之的故事推出了道家的处世哲学。

木以"无用"得保全,而雁以"不鸣"遭烹杀,二者均"不材"而遭遇不同。面对弟子"将何处"的诘难,庄子的回答是应处于"材与不材"之间,这样也仍受到自然和社会的制约。值得注意的是,庄子的回答没有选择"非此即彼""非进则退"这种二元对立的思维方式,而是以顺应自然,顺时而变,如龙飞蛇伏的顺性为考量,认为处于事物的自然本原状态,不受外物拘束,这才是至圣炎黄二帝的处世原则。庄子的认识论具有鲜明的个性化的特

① 累:拖累、制约。 ② "若夫"句:如果能顺应自然法则,自在地漫游则不同。 ③ 訾(zǐ):诋毁。 ④ 一龙一蛇:时而如龙一样升腾,时而像蛇一样蛰伏。 ⑤ "与时俱化"二句:随着时间的推移而变化,并不偏执一端。 ⑥ "一上一下"二句:一进一退,以自然和合为考量。 ⑦ 祖:初始状态,意为悠然自在地处在万物的初始状态。 ⑧ 物物:支配、役使外物。不物于物:不受外物支配。 ⑨ "则胡可得"句:那样的话,怎么会受到外物的制约呢? ⑩ 神农:神农氏,传说中农业和医药的发明者,相传他尝百草,治病救人,另一说神农氏即炎帝。黄帝:传说中中原各族的共同祖先,相传他开创了养蚕、舟车、文字、音律、算数、医学等等,今人称炎黄子孙,即指炎黄二帝。 ⑪ "人伦"二句:指人间伦理的传承,则不是这样。 ⑫ "合则离"八句:有聚合就有离别,有成功就有失败,太露锋芒就有挫折,有尊贵就有非议,有作为就有缺失,贤能就会受到算计,无能则会受到欺辱,怎能偏执于某一方面呢? ⑬ 志之:记住。乡:通"向"。意为弟子们记住,大概可以达到道德圆满的境界。

征,因此理解庄子哲学思想的时候,要关注其时代背景和历史环境,避免以偏概全地进行简单化、概念化的分析和理解。

对庄子思想,历来有"全身自保""消极遁世"的批评,这是偏颇之论。通观全书他的认识包含着对社会现实的高度关注,寄寓着对人生和社会理想的追寻和探索。认识自然、认识社会,是改造人类自身的前提。人类追求真理的征途是十分漫长的,在探究自然和社会规律时,应当尊重一切认真的思考,而不是随意地顺世评说。

(邵之茜)

《大学》

《大学》是"四书"之一,原为《礼记》中的一篇。《礼记》是孔门弟子论礼的文集,有四十九篇,作者不详。相传《大学》是曾子所作。本文节选自《礼记》第四十二篇《大学》中的第一节。

《大学》继承和发展了孔子修身的思想,完整地提出了儒家学说的人格公式:格物、致知、诚意、正心,修身、齐家、治国、平天下。旧时被儒生视为"圭臬",为天下学人必诵经典,对后世思想文化影响深远。

【集评】

大学之书,古之大学所以教人之法也。盖自天降生民,则既莫不与之以仁义礼智之性矣。然其气质之禀或不能齐,是以不能皆有以知其性之所有而全之也。一有聪明睿智能尽其性者出于其间,则天必命之以为亿兆之君师,使之治而教之,以复其性。([宋]朱熹《大学章句序》)

子程子曰:"《大学》,孔氏之遗书,而初学入德之门也。"于今可见古人为学次第者,独赖此篇之存,而《论》《孟》次之。学者必由是而学焉,则庶乎其不差矣。([宋]朱熹《大学章句》)

《大学》是儒家的人生哲学。它的人生观是入世的、积极进取的,把儒家的道德理想和政治理想作为个人修养和积极奋斗的目标,争取建立一个开明的封建社会。这个人生观,首先要求努力修养达到个人道德的自我完善,以此为基础,修身、齐家,进而承担起治国、平天下的社会责任。这曾经是封建社会世代知识分子大多信奉的人生哲学。(夏传才《十三经概论》)

大学之道

大学之道,在明明德,在亲民,在止于至善①。知止而后有定,定而后能静,静

---

① 大学:大人之学。大,旧音太。明明德:显明人的光明正大的品德。亲民:亲,同"新",用作"使动","新民",即促使人进步,面目一新。

而后能安，安而后能虑，虑而后能得①。物有本末，事有终始。知所先后，则近道矣。古之欲明明德于天下者，先治其国；欲治其国者，先齐其家；欲齐其家者，先修其身；欲修其身者，先正其心；欲正其心者，先诚其意；欲诚其意者，先致其知；致知在格物②。物格而后知至，知至而后意诚，意诚而后心正，心正而后身修，身修而后家齐，家齐而后国治，国治而后天下平。自天子以至于庶人，壹是皆以修身为本。其本乱而末治者，否矣③。其所厚者薄，而其所薄者厚，未之有也④。

【汇评】

大学者，大人之学也。明，明之也。明德者，人之所得乎天，而虚灵不昧，以具众理而应万事者也。但为气禀所拘，人欲所蔽，则有时而昏，然其本体之明，则有未尝息者。故学者当因其所发而遂明之，以复其初也。新者，革其旧之谓也，言既自明其明德，又当推以及人，使之亦有以去其旧染之污也。止者，必至于是而不迁之意。至善，则事理当然之极也。言明明德、新民，皆当至于至善之地而不迁。盖必其有以尽夫天理之极，而无一毫人欲之私也。此三者，大学之纲领也。（[宋]朱熹《大学章句》）

明明德于天下者，使天下之人皆有以明其明德也。心者，身之所主也。诚，实也。意者，心之所发也。实其心之所发，欲其一于善而无自欺也。致，推极也。知，犹识也。推极吾之知识，欲其所知无不尽也。格，至也。物，犹事也。穷至事物之理，欲其极处无不到也。此八者，大学之条目也。（同上）

物格者，物理之极处无不到也。知至者，吾心之所知无不尽也。知既尽，则意可得而实矣，意既实，则心可得而正矣。修身以上，明明德之事也。齐家以下，新民之事也。物格知至，则知所止矣。意诚以下，则皆得所止之序也。（同上）

【赏析】

本文开宗明义指出大学的宗旨就是彰显人的光明正大的品德。明明德、亲民、止于至善，此三者被朱熹称为"大学之纲领"。儒家认为从君王到百姓都要以修身为根本，其目的就是培养有知识、有能力、有理想道德的人。其修身思想包括"内修"和"外治"两个方面。

"内修"指自我人格的完善，要正其心，约其行，要能够以理性和谐来调整心态，具体内容就是格物、致知、诚意、正心；"外治"包括齐家、治国、平天下。孔子对自己一生内修的总结是"吾十有五而志于学，三十而立，四十而不惑，五十而知天命，六十而耳顺，七十而从心所欲，不逾矩"（《论语·为政》）。孔子删《诗》、著《春秋》，延揽门生，宣扬其学说，孜孜不倦，不知老之将至，都是其外治的表现。

值得注意的是，儒家的修身是为了弘扬人性中的"至善"，将其充分调动起来，就可以达到由改造自身到改造社会的目标。修身思想从根本上铸就了儒学的社会使命感，所谓"位卑未敢忘忧国"，形成了中国知识分子忧国忧民的"忧患"意识，以及能够把个人命运

---

① "知止"五句：谓知目标才能确定方向，从而心静神定，思虑得到收获。止，目标。 ② 致知在格物：获得知识在于研究事物。 ③ 本乱而末治：本根坏死而树梢完美。否矣：是不可能的。 ④ "其所厚者薄"三句：指对应重视的事物淡漠，对应轻视的事物厚爱是不会有的事。

和国家前途联系在一起的"家国"思想,即"天下兴亡,匹夫有责"。这样,儒家的修身理论往往与社会的进步、国家的富强密切相连,在长期的历史发展中,逐渐成为民族优秀文化的重要内容。

《大学》在语言表达上文约意丰,精警动人,以正面论述的方式,一气呵成,使人读之淋漓酣畅,有言已尽而意犹存之感。

(邵之茜)

备选课文

老 子(第十一章)

三十辐共一毂,当其无,有车之用。埏埴以为器,当其无,有器之用。凿户牖以为室,当其无,有室之用。故有之以为利,无之以为用。

论语·子罕(节选)

子曰:"三军可夺帅也,匹夫不可夺志也。"

子曰:"岁寒,然后知松柏之后凋也。"

荀子·大略(节选)

子贡问于孔子曰:"赐倦于学矣,愿息事君。"孔子曰:"《诗》云:'温恭朝夕,执事有恪。'事君难,事君焉可息哉!""然则赐愿息事亲。"孔子曰:"《诗》云:'孝子不匮,永锡尔类。'事亲难,事亲焉可息哉!""然则赐愿息于妻子。"孔子曰:"《诗》云:'刑于寡妻,至于兄弟,以御于家邦。'妻子难,妻子焉可息哉!""然则赐愿息于朋友。"孔子曰:"《诗》云:'朋友攸摄,摄以威仪。'朋友难,朋友焉可息哉!""然则赐愿息耕。"孔子曰:"《诗》云:'昼尔于茅,宵尔索绹,亟其乘屋,其始播百谷。'耕难,耕焉可息哉!""然则赐无息者乎?"孔子曰:"望其圹,皋如也,嵮如也,鬲如也,此则知所息矣。"子贡曰:"大哉,死乎!君子息焉,小人休焉。"

韩非子·喻老(节选)

楚庄王莅政三年,无令发,无政为也。右司马御座而与王隐曰:"有鸟止南方之阜,三年不翅,不飞不鸣,嘿然无声,此为何名?"王曰:"三年不翅,将以长羽翼;不飞不鸣,将以观民则。虽无飞,飞必冲天;虽无鸣,鸣必惊人。子释之,不谷知之矣。"处半年,乃自听政。所废者十,所起者九,诛大臣五,举处士六,而邦大治。举兵诛齐,败之徐州,胜晋于河雍,合诸侯于宋,遂霸天下。庄王不为小害善,故有大名;不蚤(早)见示,故有大功。故曰:"大器晚成,大音希声。"

国语·叔向贺贫

叔向见韩宣子。宣子忧贫,叔向贺之。

宣子曰:"吾有卿之名而无其实,无以从二三子,吾是以忧,子贺我,何故?"对曰:"昔栾武子无一卒之田,其宫不备其宗器,宣其德行,顺其宪则,使越于诸侯,诸侯亲之,戎狄怀之,以正晋国。行刑不疚,以免于难。及桓子,骄泰奢侈,贪欲无艺,略则行志,假贷居贿,宜及于难,而赖武之德,以没其身。及怀子,改桓之行,而修武之德,可以免于难,而离桓之罪,以亡于楚。夫郤昭子,其富半公室,其家半三军,恃其富宠,以泰于国,其身尸于朝,其宗灭于绛。不然,夫八郤五大夫三卿,其宠大矣,一朝而灭,莫之哀也,惟无德也。今吾子有栾武子之贫,吾以为能其德矣,是以贺。若不忧德之不建，而患货之不足，将吊不暇，何贺之有？"

宣子拜，稽首焉，曰："起也将亡，赖子存之。非起也敢专承之，其自桓叔以下，嘉吾子之赐。"

战国策·唐雎说信陵君

信陵君杀晋鄙，救邯郸，破秦人，存赵国，赵王自郊迎。唐雎谓信陵君曰："臣闻之曰：'事有不可知者，有不可不知者；有不可忘者，有不可不忘者。'"信陵君曰："何谓也?"对曰："人之憎我也，不可不知也；吾憎人也，不可得而知也。人之有德于我也，不可忘也；吾有德于人也，不可不忘也。今君杀晋鄙，救邯郸，破秦人，存赵国，此大德也。今赵王自郊迎，卒然见赵王，臣愿君之忘之也。"信陵君曰："无忌谨受教。"

参考书目

杨伯峻《春秋左传注》，中华书局 1981 年

许抗生《帛书老子注译与研究》，浙江人民出版社 1982 年

杨伯峻《论语译注》，中华书局 1980 年

杨伯峻《孟子译注》，中华书局 1960 年

张觉《荀子译注》，上海古籍出版社 1995 年

张觉《韩非子全译》，贵州人民出版社 1992 年

北京大学中国文学史教研室选注《先秦文学史参考资料》，中华书局 1962 年

徐北文《先秦文学史》，齐鲁书社 1981 年

成玄英《庄子疏》，中华书局《新编诸子集成》本 1961 年

郭庆藩《庄子集释》，中华书局《新编诸子集成》本 1961 年

王先谦《庄子集解》，中华书局《诸子集成》本 1954 年

先秦散文选

思考与练习

1.《曲则全》一文说："枉则直。"《孟子·万章上》说："吾未闻枉己而正人者也。"《淮南子·泰族训》说："夫圣人之屈者，以求伸也；枉者，以求直也；故虽出邪辟之道，行幽昧之涂，将欲以直大道，成大功。"请分析其间的义理异同。

2.《曲则全》一文在语言表达上有什么特点？其效果如何？

3. 以《读〈山木〉有感》为题，写一篇 600 字左右的小杂文。

4. 将《大学之道》一文译成白话文。

5. 读《大学之道》一文后，以《修身论》为题写一篇 600 字左右的小杂文。

慕课资源

李　斯

李斯(前280？—前208)，秦朝著名的政治家、文学家，楚国上蔡(今河南省上蔡县)人，曾与韩非一同师从荀子学帝王之术。早年为楚小吏，后入秦，拜为上卿，推行一系列加强封建君主专制的措施，官至丞相，助秦始皇统一天下。始皇死，李斯听任赵高矫诏杀太子，另立二世。后被赵高陷害而腰斩。秦代文坛冷落，唯李斯《谏逐客书》对后世影响较为深远，他还另有一些石刻韵文传世，故鲁迅先生称"秦之文章，李斯一人而已"。

【集评】

秦始皇时，李斯所撰《峄山碑》，三句始下一韵，是《采芑》第二章法。《瑯邪台铭》，一句一韵，三句一换，是老子"明道若昧"章法。(〔明〕王世贞《艺苑卮言》卷二)

谏 逐 客 书①

臣闻吏议逐客，窃以为过矣②。

昔穆公求士③，西取由余于戎④，东得百里奚于宛⑤，迎蹇叔于宋⑥，来丕豹、公

---

① 谏：对尊长直言规劝。逐客：驱逐来自其他诸侯国的而为秦所用之人。书：上书，古代一种向君王陈述意见的文体。李斯在秦国做客卿时，韩国派名叫郑国的人帮助秦国修渠，企图借此耗损秦国的国力。事发，秦宗室趁机劝秦王"逐客"，李斯亦在被逐之列，于是他写了这篇上书。　② 窃：私下，谦辞。过：错误。　③ 穆公：秦穆公，名任好，春秋时秦国国君，公元前659年—前621年在位，春秋五霸之一。　④ 由余：春秋晋人，先在西戎做官，后投奔秦，助穆公统一西戎各部。戎：指当时在西部的少数民族。　⑤ 百里奚：楚国宛(今河南省南阳)人，曾为虞国大夫。晋灭虞后，以百里奚作为晋献公之女的陪嫁奴仆入秦，后逃回宛地。秦穆公听说他贤能，设计用五张公羊皮赎回，任为大夫。　⑥ 蹇(jiǎn)叔：原是西戎岐(今陕西省岐山县)人，游于宋，经百里奚推荐入秦，秦穆公厚礼聘为上大夫。

孙支于晋①。此五子者，不产于秦，而穆公用之，并国二十，遂霸西戎。孝公用商鞅之法②，移风易俗，民以殷盛，国以富强，百姓乐用③，诸侯亲服，获楚、魏之师④，举地千里⑤，至今治强。惠王用张仪之计⑥，拔三川之地⑦，西并巴蜀⑧，北收上郡⑨，南取汉中⑩，包九夷⑪，制鄢郢⑫，东据成皋之险⑬，割膏腴之壤，遂散六国之从，使之西面事秦，功施到今⑭。昭王得范雎⑮，废穰侯，逐华阳⑯，强公室，杜私门⑰，蚕食诸侯⑱，使秦成帝业。此四君者，皆以客之功。由此观之，客何负于秦哉！向使四君却客而不内⑲，疏士而不用，是使国无富利之实，而秦无强大之名也。

今陛下致昆山之玉⑳，有随和之宝㉑，垂明月之珠㉒，服太阿之剑㉓，乘纤离之马㉔，建翠凤之旗㉕，树灵鼍之鼓㉖。此数宝者，秦不生一焉，而陛下悦之，何也？必秦国之所生然后可，则是夜光之璧不饰朝廷，犀象之器不为玩好㉗，郑卫之女不充后宫，而骏良駃騠不实外厩㉘，江南金锡不为用，西蜀丹青不为采。所以饰后宫、充下陈、娱心意、悦耳目者㉙，必出于秦然后可，则是宛珠之簪㉚，傅玑之珥㉛，阿缟之衣㉜，锦绣之饰，不进于前，而随俗雅化、佳冶窈窕赵女不立于侧也。夫击瓮叩缶㉝，弹筝搏髀㉞，而歌呼呜呜快耳者，真秦之声也；《郑》《卫》《桑间》《韶虞》《武象》者㉟，异国之乐也。今弃击瓮叩缶而就郑卫，退弹筝而取《韶虞》，若是者何也？快意当前，适观而已矣㊱。今取人则不然，不问可否，不论曲直，非秦者去，为客者逐。然则是所重者在乎色、乐、珠、玉，而所轻者在乎人民也。此非所以跨海内、制诸侯

---

① 丕豹：晋国人，晋惠公杀其父丕郑后逃入秦。公孙支：又名公孙子桑，曾居晋，后穆公任为秦大夫。　② 孝公：秦孝公，名渠梁，秦国国君，公元前361年—前338年在位。任用商鞅实行变法，使秦国强盛。　③ 乐用：乐于为国效力。　④ 获楚、魏之师：《史记·楚世家》：“（楚）宣王三十年，秦封卫鞅于商，南侵楚。”《秦本纪》：“孝公十年，卫鞅为大良造，将兵围魏安邑，降之。”“二十二年，卫鞅击魏，虏魏公子卬。”　⑤ 举地：开拓疆土。　⑥ 惠王：秦惠文王，名驷，孝公之子，公元前337年—前311年在位。张仪：魏国人，惠文王时为相，著名的纵横家，用“连横”策略破六国“合纵”。　⑦ 拔：攻取。三川之地：指今河南省黄河以南、灵宝以东一带，原属韩国地区。三川，指黄河、洛河、伊水。　⑧ 巴、蜀：当时的两个小国名。巴在今四川东部，蜀在今四川西北部。　⑨ 上郡：郡名，战国时属魏，辖地约相当于今陕西北部及内蒙古的部分土地。　⑩ 汉中：郡名，战国时属楚，辖境当今陕西省西南一带。　⑪ 包：占有、吞并。九夷：指居于楚国境内的少数民族。　⑫ 鄢（yān）：楚古都，在今湖北省宜城市。郢（yǐng）：楚都，在今湖北省江陵西北。　⑬ 成皋：古邑名，在今河南省荥阳汜水镇，原名虎牢，后改成皋，形势险要，为古代军事要地。　⑭ 施（yì）：延续。　⑮ 昭王：秦昭襄王，名则，一名稷，惠文王之子，武王之弟，公元前306年—前251年在位。范雎（jū）：战国时魏人，后入秦为昭王相，主张远交近攻的策略，使得秦国逐步歼灭诸侯力量。封于应，又称应侯。　⑯ 穰（ráng）侯：即魏冉，秦昭王母宣太后异父弟。秦武王去世，在内乱中拥立昭王。初任将军，后屡次任相，封于穰，故称穰侯。华阳：宣太后同父弟，封于华阳，故称华阳君。他与魏冉专权三十多年。后昭王听从范雎的意见，废太后，放逐魏冉、华阳。　⑰ 公室：犹“王室”、朝廷，指王权。私门：指贵族豪门。　⑱ 蚕食诸侯：像蚕吃桑叶一样一点一点地削弱诸侯的力量，兼并他们的土地。　⑲ 向使：假使。却：拒绝。内（nà）：同“纳”。　⑳ 致：得到，求得。昆山：即昆仑山，盛产美玉。　㉑ 随和之宝：指随侯珠、和氏璧，是当时认为最珍贵的宝物。　㉒ 明月之珠：即明月珠，一种宝珠。《后汉书·西域传》说，罗马帝国产明月珠。一说指夜光珠。　㉓ 服：佩。太阿（ē）之剑：即太阿剑，宝剑名。　㉔ 纤离：古骏马名。　㉕ 建：竖。翠凤之旗：用翠鸟羽毛组合成凤凰形图案的旗子。　㉖ 树：设置。灵鼍（tuó）之鼓：用一种鳄鱼皮做成的鼓。　㉗ 犀象之器：犀牛角和象牙制成的器具。　㉘ 駃騠（jué tí）：骏马名。　㉙ 下陈：后列，此指后宫中侍奉帝王的宫女行列。　㉚ 宛珠：宛地产的宝珠。　㉛ 傅玑之珥：泛指带着珠子的耳饰。傅，同附。玑，不圆的宝珠。珥，耳饰。　㉜ 阿（ē）：齐国东阿县产缟帛。缟：白色的丝织品。　㉝ 瓮、缶（fǒu）：均为秦产陶制乐器。　㉞ 搏髀（bì）：拍大腿，指打拍子的动作。　㉟ 郑、卫：指郑、卫的地方音乐。桑间：卫国地名，此地民间音乐极优美动听。韶虞：韶是虞舜的乐曲，故称韶虞。武象：是周武王时的乐舞。　㊱ 适观：适于欣赏。

之术也。

　　臣闻地广者粟多，国大者人众，兵强则士勇。是以太山不让土壤，故能成其大；河海不择细流，故能就其深；王者不却众庶，故能明其德。是以地无四方，民无异国，四时充美，鬼神降福。此五帝三王之所以无敌也①。今乃弃黔首以资敌国，却宾客以业诸侯，使天下之士退而不敢西向，裹足不入秦，此所谓"藉寇兵而赍盗粮"者也②。

　　夫物不产于秦，可宝者多；士不产于秦，而愿忠者众。今逐客以资敌国，损民以益仇，内自虚而外树怨于诸侯，求国无危，不可得也。

【汇评】

　　起句即见事实，最妙；中间论物不出于秦而秦用之，独人才不出于秦而秦不用，反覆议论痛快，深得作文之法，未易以人废言也。（〔宋〕李涂《文章精义》）

　　李斯上秦皇帝书，文中之诗也；子美《北征篇》，诗中之文也。（〔明〕谢榛《四溟诗话》卷二）

　　凡作诗文，或有两句一意，此文势相贯，宜乎双用。如李斯上秦始皇书："不问可否，不论曲直，非秦者去，为客者逐。"……秦汉以来，文法类此者多矣，自不为病。（同上，卷三）

　　文章用意庸，易起人厌，须出人意表，方为高手。如李斯《谏逐客书》，借人扬己，以小喻大，另是一种巧思。能打破此等关窍，下笔自惊世骇俗矣。（〔明〕归有光《文章指南》二集）

　　自首至尾，落落只写大意。初并无意为文，看他起便一直径起，往便一直径往，转便径转，接便径接。后来文人无数笔法，对此一毫俱用不着，然正是后来无数笔法之祖也。（〔清〕金圣叹《天下才子必读书》卷五）

【赏析】

　　这是一篇反驳逐客谬论、规劝改变成命的奏章。进谏对象是胸怀统一大志却又刚愎自用的秦王，李斯深知其性，便抛开个人恩怨和功过，站在秦国最高利益之上，从能否富国强兵、统一天下这一大是大非的角度立论，充分剖析纳客利秦而逐客可能亡国的问题，这就切中了秦王最为关注的根本大计，抓住了要害。这是本文成功的关键所在。

　　行文上，起笔开门见山提出论点，语词谦和而简明，切合日理万机的秦王的性格。紧接着展开论述，围绕题旨以事实为据，层层推论。先铺陈四代秦君重用客卿而富国强兵的史实，证明客卿有功于秦，这是统一天下的基础。再列举大量生活事实，用物与人类比，说明重物轻人与统一天下的根本目标背道而驰。然后从理论上概括论述，阐明纳客与逐客的利害。最后得出结论，指出逐客必将造成秦国的危亡，回应总论点，把逐客之"过"提高到亡国的高度。始终正反并论，利害对举，驳立互补，观点十分鲜明。在分寸把握上，由轻（重物轻人）渐重（损己资敌），在材料安排上由远（昔）至近（今），再到将来（亡国），逐层推进，渐趋深入。这样十分符合人的接受心理规律，即使结论尖锐，对方也能欣

---

　　① 五帝三王：古籍关于五帝三王说法很多，皆泛指古时的圣君贤主。　② 藉：借给。赍（jī）：赠送。

然接受。

　　为了加强说服力,作者还特意运用大量铺陈、排比和对偶等修辞手法,使文章具有骈俪的特色,增强了美感和可读性。同时还适当地运用了一些虚词和反问句式,提升了表达效果,从而使全文语气贯通,入情入理,有效地强化了论辩气势和感染力。

(周金声)

司马迁

　　司马迁(前145或前135—前87?),字子长,夏阳龙门(今陕西韩城)人。青年时期多次出游,足迹遍布大江南北。他的童年时期在家乡度过,与农夫牧童为伴,接触了故乡的山河名胜,听到过许多故事和历史传说,浓厚的乡土文化陶冶了司马迁的豪迈灵秀之气。他少年时期敏而好学,通晓古文,曾师从儒学大师孔安国学习《尚书》,向董仲舒学习《春秋》。这些经历大大拓展了他的视野,为后来撰写《史记》积累了丰富的资料。数年后,子承父业,继任太史令,于太初元年(公元前104年),开始了《太史公书》即后来称之为《史记》的写作。天汉二年(公元前99年),因"李陵事件",得罪汉武帝,被处宫刑。出狱后,他忍辱含垢,发愤著书,终于在征和元年(公元前92年)完成了《史记》的创作。不久去世。

　　《史记》是我国纪传体史书的奠基之作,也是我国传记文学的开端,在史学和文学两个方面对后世产生了深远的影响。它记叙了上自黄帝、下至汉武帝时期三千多年的历史,是我国第一部纪传体通史。共有一百三十篇,其中"本纪"十二篇,"世家"三十篇,"列传"七十篇,"表"十篇,"书"八篇。全书高扬人文精神的旗帜,真实反映了历史原貌,对统治阶级争权夺利和尔虞我诈的面目进行了揭露和批判,对被压迫者的遭际给予了关注与同情。书中人物栩栩如生,文章具有强烈的感染力。

【集评】

　　迁之所记,从汉元至武以绝,则其功也。至于采经摭传,分散百家之事,甚多疏略,不如其本,务欲以多闻广载为功,论议浅而不笃。其论术学,则崇黄老而薄五经,序货殖则轻仁义而羞贫穷;道游侠,则贱守节而贵俗功;此其大敝伤道,所以遇极刑之咎也。然善述序事理,辩而不华,质而不俚,文质相称,盖良史之才也。诚令迁依五经之法言,同圣人之是非,意亦庶几矣。……又进项羽、陈涉而黜淮南、衡山,细意委曲,条例不经。若迁之著作,采获古今,贯穿经传,至广博也。一人之精,文重思烦,故其书刊落不尽,尚有盈辞,多不齐一。([汉]班彪《史记论》,《后汉书·班彪传》引)

　　昔谓子长文字峻,震川谓此言难晓,要当于极真极朴极淡处求之。([清]刘大櫆《论文偶记》)

　　昔人谓子长文字,微情妙旨,寄之笔墨蹊径之外;又谓如郭忠恕画天外数峰,略有笔墨,而无笔墨之迹。故太史公文,并非孟坚所知。意尽而言止者,天下之至言也,然言止而意不尽者尤佳。意到处言不到,言尽处意不尽,自太史公后,惟韩、欧得其一二。(同上)

史迁句法似赘拙，而实古厚可爱。（同上）

即事以寓情，《史记》之文也。（同上）

《史记》如海，无所不包，亦无所不有；古文大家，未有不得力于此书者；正须极意探讨。韩文拟之，如江河耳。（[清]吴德旋《初月楼古文绪论》）

试观《史记》中列传，一入手便将全盘打算：有宜重言者，有宜简言者，有宜繁言者，经所位置，靡不井井。此惟知得传中人之利病，但前后提挈，出之以轻重，而其人生平，尽为所摄，无复遁隐之迹。此非有定识高识，乌能烛照而不遗？（林纾《春觉斋论文》）

史记·管晏列传

管仲夷吾者，颍上人也①。少时常与鲍叔牙游②，鲍叔知其贤。管仲贫困，常欺鲍叔③，鲍叔终善遇之，不以为言。已而鲍叔事齐公子小白，管仲事公子纠④。及小白立为桓公，公子纠死，管仲囚焉⑤。鲍叔遂进管仲⑥。管仲既用，任政于齐，齐桓公以霸，九合诸侯⑦，一匡天下⑧，管仲之谋也。

管仲曰："吾始困时，常与鲍叔贾，分财利多自与，鲍叔不以我为贪，知我贫也。吾常与鲍叔谋事而更穷困，鲍叔不以我为愚，知时有利不利也。吾尝三仕三见逐于君，鲍叔不以我为不肖，知我不遭时也。吾尝三战三走，鲍叔不以我为怯，知我有老母也。公子纠败，召忽死之，我幽囚受辱，鲍叔不以我为无耻，知我不羞小节而耻功名不显于天下也。生我者父母，知我者鲍子也。"

鲍叔既进管仲，以身下之。子孙世禄于齐⑨，有封邑者十余世，常为名大夫。天下不多管仲之贤而多鲍叔能知人也⑩。

管仲既任政相齐，以区区之齐在海滨，通货积财，富国强兵，于俗同好恶。故其称曰："仓廪实而知礼节，衣食足而知荣辱。上服度则六亲固⑪。四维不张⑫，国乃灭亡。下令如流水之原，令顺民心⑬。"故论卑而易行⑭。俗之所欲，因而予之；俗之所否，因而去之。

---

① 管仲：名夷吾，字仲。颍上：今安徽颍上县南。　② 鲍叔：字叔牙，齐国大夫。游：交往。　③ 欺：欺骗蒙蔽，这里指的是占小便宜之类的欺蒙行为。　④ "已而"二句：公元前686年，齐襄公昏庸无道，齐将乱。为了避难，管仲、召忽奉公子纠（襄公弟）出奔鲁国，鲍叔奉公子小白（亦襄公弟）出奔莒（jǔ）国。　⑤ "及小白"四句：公元前686年，齐襄公被杀。鲁国派兵护送公子纠回齐争夺王位，先由管仲带兵阻挡莒、齐要道。管仲射中小白带钩。小白佯死，使鲁国延误了公子纠的行程。桓公以齐军拒鲁，大败鲁军。鲁国被迫按桓公的要求杀了公子纠，召忽自杀，管仲请囚。　⑥ "鲍叔"句：桓公即位后，鲍叔向齐桓公力荐管仲，桓公赦管仲，任为齐相。　⑦ 九合诸侯：指齐桓公多次以盟主身份邀集各国诸侯开同盟大会。　⑧ 一匡天下：使天下都得到匡正。当时诸侯无视周天子，互相攻打，管仲辅助齐桓公制止了这种混乱局面。　⑨ 子孙世禄：指鲍叔牙的子孙世代享受齐之俸禄。　⑩ 多：用作意动，"以……为多"，即赞美。　⑪ "上服度"句：居上位者遵守法度则父母、妻子、兄弟关系稳固。　⑫ 四维：指礼义廉耻（见《管子·牧民》）。　⑬ "下令"二句：指下达政令要像流水从源头顺流而下，使其顺应民意。　⑭ 论卑而易行：指政令符合下情，则容易被百姓执行。

其为政也，善因祸而为福，转败而为功。贵轻重，慎权衡①。桓公实怒少姬②，南袭蔡③。管仲因而伐楚，责包茅不入贡于周室④。桓公实北征山戎⑤，而管仲因而令燕修召公之政⑥。于柯之会⑦，桓公欲背曹沫之约⑧，管仲因而信之，诸侯由是归齐。故曰："知与之为取，政之宝也⑨。"

管仲富拟于公室，有三归⑩，反坫⑪，齐人不以为侈。管仲卒，齐国遵其政，常强于诸侯。后百余年而有晏子焉。

晏平仲婴者⑫，莱之夷维人也⑬。事齐灵公、庄公、景公，以节俭力行重于齐。既相齐，食不重肉⑭，妾不衣帛⑮。其在朝，君语及之⑯，即危言⑰；语不及之，即危行。国有道，即顺命⑱；无道，即衡命⑲。以此三世显名于诸侯。

越石父贤，在缧绁中⑳。晏子出，遭之途，解左骖赎之㉑，载归。弗谢，入闺。久之，越石父请绝。晏子戄然㉒，摄衣冠谢曰："婴虽不仁，免子于厄，何子求绝之速也？"石父曰："不然。吾闻君子诎于不知己而信于知己者㉓。方吾在缧绁中，彼不知我也。夫子既已感寤而赎我㉔，是知己；知己而无礼，故不如在缧绁之中。"晏子于是延入为上客。

晏子为齐相，出，其御之妻从门间而窥其夫。其夫为相御，拥大盖㉕，策驷马，意气扬扬，甚自得也。既而归，其妻请去。夫问其故。妻曰："晏子长不满六尺，身相齐国，名显诸侯。今者妾观其出，志念深矣，常有以自下者㉖。今子长八尺，乃为人仆御，然子之意，自以为足，妾是以求去也。"其后，夫自抑损㉗。晏子怪而问之，御以实对。晏子荐以为大夫。

太史公曰：吾读管氏《牧民》《山高》《乘马》《轻重》《九府》，及《晏子春秋》㉘，详

①"贵轻重"二句：《史记索隐》谓，"轻重谓钱也"，《管子》有《轻重》篇。《史记正义》谓，"轻重谓耻辱也，权衡谓得失也，有耻辱甚贵重之，有得失甚戒慎之。" ②"桓公"句：指齐桓公之夫人少姬，曾与桓公一起荡舟，少姬故意让船左右摇摆，桓公受惊，大为生气，就把她送回了母家，但并未正式断绝关系，而蔡人却让少姬改了嫁（见《左传·僖公三年》）。 ③蔡：国名，在河南汝南、上蔡等地。本句指桓公发兵攻打蔡国。 ④"管仲"二句：《左传·僖公四年》记载：齐伐楚盟于召陵（今河南漯河市东），"四年春，齐侯以诸侯之师侵蔡，蔡溃，遂伐楚"。齐桓公使管仲责备楚君："尔贡包茅不入，王祭不共，无以缩酒。"包茅，成束的菁茅，为祭祀所用，一向为楚国所贡，管仲以包茅不入贡于周而责备楚国，表示齐国用兵不为少姬之事而为公义。茅，一种香草，楚地之特产。 ⑤山戎：亦称北戎，在河北迁安一带。经常威胁齐、燕的安全。公元前663年，山戎攻燕，齐桓公因救燕而伐山戎。 ⑥召公：姓姬，名奭(shì)，周武王封于蓟（今北京市），国号为燕。 ⑦柯之会：齐桓公攻鲁，约请鲁庄公在柯地（今山东阳谷县东）相会。曹沫当庄公的侍从，他用匕首劫持桓公，胁迫桓公订立盟约，收回了失地。 ⑧曹沫：春秋时鲁人，以勇力事庄公。 ⑨"知与之为取"二句，见《管子·牧民》篇，懂得给予就是获得的道理，是治理国家的法宝。 ⑩三归：管仲有建筑华丽的台，称为"三归"。后代学者对此有不同解释，这里不详及。 ⑪反坫(diàn)：周代诸侯相会宴饮，在正堂两旁设有放空酒杯的土台叫坫。诸侯互相敬酒后，将空爵反置在坫上。管仲不是国君，也在正堂两旁设有安放空酒杯的坫。 ⑫晏平仲：名婴，为齐国相，是春秋时期著名的政治家。 ⑬莱：春秋莱国（今山东黄县东南）。夷维：莱国邑名，今山东高密。 ⑭重：两个以上。 ⑮衣帛：穿丝织品。 ⑯君语及之：国君问到他。 ⑰危言：正直地陈述意见。危，高耸，引申为正直。 ⑱顺命：顺着命令去做。 ⑲衡命：根据命令斟酌情况去做。 ⑳缧绁(léi xiè)：拘系犯人的绳索，引申为囚禁。 ㉑骖：古代称驾在车子两旁的马叫骖。 ㉒戄(jué)然：惊异敬畏的样子。 ㉓诎：同"屈"。信：同"伸"。 ㉔感寤：同"感悟"，受到感动而醒悟。 ㉕拥大盖：坐在车上的大伞盖下。盖，古代称（车上遮蔽阳光和雨的）伞。 ㉖"常有"句：经常有自居人下的样子。 ㉗抑损：谦卑退让。 ㉘《晏子春秋》：后人托名晏子作，实为战国时人根据晏子的事迹和传说而写成。

哉,其言之也! 既见其著书,欲观其行事,故次其传。至其书,世多有之,是以不论,论其轶事。

管仲世所谓贤臣,然孔子小之①。岂以为周道衰微,桓公既贤,而不勉之至王,乃称霸哉? 语曰:"将顺其美,匡救其恶,故上下能相亲也②。"岂管仲之谓乎③?

方晏子伏庄公尸哭之,成礼然后去④,岂所谓"见义不为无勇"者邪⑤? 至其谏说,犯君之颜,此所谓"进思尽忠,退思补过⑥"者哉! 假令晏子而在,余虽为之执鞭,所忻慕焉⑦。

【汇评】

此篇以风致胜,无一实笔,无一呆笔,纯以清空一气运旋。觉《伯夷传》犹有意为文,不如此篇水到渠成,无意于文而天然成妙。([清]吴见思《史记论文》卷五)

传中下语,俱有斟酌。将鲍叔之知、石父御妻之言(皆其轶事),叙得异样生动。赞语亦确切不易。([清]林云铭《古文析义》卷八)

《伯夷传》,忠孝兄弟之伦备矣。《管晏传》,于朋友三致意焉。管仲用齐,由叔牙以进,所重在叔牙,故传中深美叔牙。越石与其御,皆非晏子之友,而延为上客,荐为大夫,所难在晏子,故赞中忻慕晏子。通篇无一实笔,纯以清空一气运旋,觉《伯夷传》犹有意为文,不若此篇天然成妙。([清]吴楚材、吴调侯《古文观止》卷五)

先合后分,格自高老。其分处,皆先抑后扬,笔亦曲折;至末兴怀执鞭,措词巧矣,而感慨更觉低回无尽。([清]余诚《古文释义新编》卷六)

太史公在患难中,慨无人出力,故于《管晏传》叙交情气谊,特为深挚,千载之下,犹令人感泣也。([清]蔡世远《古文雅正》卷一)

此篇以知人荐士为主,故管晏事迹皆虚写,此为文宾主之法也。([清]吴汝纶,点勘《史记》卷六十二)

【赏析】

《管晏列传》是齐国两位名相的合传。全文共分三部分。第一部分写管仲(一至六自然段)。第一自然段主要写管仲的特点;第二自然段写鲍叔对管仲的知遇之恩;第三自然段写鲍叔进贤让贤;第四、五自然段写管仲内政、外交两个方面的功业;第六自然段间接写管仲对齐国的贡献及影响。第二部分(七至九自然段)写晏婴。第七自然段总写晏婴的经历和特点;第八、九自然段写晏婴两则识拔人才的轶事。当中用"后百余年而有晏子焉"这句话作为过渡,连接一、二部分。第三部分写司马迁对管晏二人的评价。

———————————————

① 孔子小之:见《论语·八佾》,孔子有"管子之器小哉"等批评的话。 ② "将顺其美"三句:见《孝经·事君》。意为顺从百姓的意愿,匡正君主的过失,就能使君民相亲。将顺,顺势助成。匡救,救正。上下,指君臣。 ③ 岂管仲之谓乎:大概说的是管仲吧! ④ "方晏子"二句:事见《左传·襄公二十五年》,上载齐庄公因私通棠姜,遭其夫崔武子杀害。晏子当时未死君难,只是伏庄公尸哭了一番就离开了。 ⑤ "岂所谓"句:见《论语·为政》。意为难道是所谓"见义不为无勇"吗? ⑥ "进思尽忠"二句:见《孝经·事君》。意为上了朝廷就想尽忠心,退了朝就想弥补君王的过失。 ⑦ 忻(xīn):欢喜。

《管晏列传》在传述管仲、晏婴相齐称霸的业绩时,显然有意在探索、论证如何对待贤才的问题。司马迁写管仲,选择知人、进贤、让贤的材料大写鲍叔,用意就是要证明,如果不是鲍叔进荐,囚禁中的管仲怕早已湮没无闻了;鲍叔荐他任政于齐以后,管仲方能充分施展才智,为齐国创立了不可磨灭的业绩。为强调这一点,作者借管仲"生我者父母,知我者鲍子也"这句充满感激的话,对鲍叔的知人善荐作了高度评价。

　　写晏子,仍然是围绕这一主题。选用晏子赎越石父和举荐车夫两个故事,就是为了证明晏子能够正确对待贤才。虽在缧绁之中,只要是贤才,便提拔使用。这在等级森严的封建时代,是非常难能可贵的。

　　《管晏列传》一开篇就显露了司马迁善于概述事理的高超技艺——只用了一百余字,便眉目清楚而又重点突出地叙述了管仲的生平。管仲的前半生艰难多故,尤其是他辅佐公子纠以至被囚禁的经历很坎坷。但作者巧妙地连用了虚词"已而""及""遂""既"等,将管仲的少时交游及辅助齐桓公建立霸业的曲折经历融为一体,反映了司马迁驾驭语言的高超艺术。

　　作者列举管仲的政绩之后,数次引《管子》书中的原文来总括所述事情的精义。如在简述管仲内政上大力推行发展贸易、集聚财富等一系列改革措施后,用"仓廪实而知礼节,衣食足而知荣辱"把经济富足和政治教化联系在一起;在列举外交上三件大事之后,又用"知与之为取,政之宝也"来总括取信于诸侯的指导思想。这些引文加强了文章的思想性,笔力超绝。

　　善于刻画人物性格是《史记》的突出的艺术成就。本篇的人物描写主要体现在写晏子的部分。晏子出行归途中,遇见为人奴役的贤者越石父,当即解左骖赎之,并且用自己的车子把越石父带回自己家中。到家后,晏子却自入内室,久不出见。"弗谢,入闺,久之",一连串的表现,加上后来说的"婴虽不仁,免子于厄",把晏子那种视赎贤为壮举而自矜的心理,刻画得入木三分。而在"越石父请绝"之后,晏子又"愳然","摄衣冠谢","延入"为上宾,绘影绘声地描写了晏子态度的变化,表明晏子的思想,从赎贤提高到了礼贤的境界。

　　晏子举荐车夫的故事,写得极富情趣,人物神情毕肖,栩栩如生。车夫之妻从门间窥夫的细节,刻画了妻子的心计;将丈夫与晏子做对比的谈话,又说明她见地不凡,终于促成了车夫的转变。而车夫的知过自改,则得到了晏子的赏识,于是晏子唯贤是举,荐他为大夫。人物的这些形象活动,成功地烘托了晏子的高尚品行,体现了《史记》的文学价值。

　　篇末"太史公曰"是本文的第三大部分,作者采用了不虚美、不隐恶的辩证态度,对管、晏进行了客观的实事求是的评价。其中"假令晏子而在,余虽为之执鞭,所忻慕焉"的结句,表现了司马迁对优秀历史人物的真诚向慕之情,同时也寄托了现实中不遇知己的深切感慨。由此可见,作者既是为管晏作传,也是为自己抒怀。文章采用了先抑后扬的写法,无疑加重了褒扬的分量。褒扬管仲用"岂管仲之谓乎"的测度语气,而褒扬晏子则用"此所谓'进思尽忠,退思补过'者哉"的肯定判断。同是褒扬,语气不同,作者的感情倾向自有细微的差别。综观全篇，章法有总有分，人物情事渗透，言行交错，有实有虚，详略得当。读者不仅可以了解历史人物，而且能从中学到不少文学表现技巧。

（彭书雄）

备选课文

牧　　民　　《管　子》

凡有地牧民者，务在四时，守在仓廪。国多财则远者来，地辟举则民留处，仓廪实则知礼节，衣食足则知荣辱，上服度则六亲固，四维张则君令行。

不务天时，则财不生；不务地利，则仓廪不盈。四维不张，国乃灭亡。

政之所行，在顺民心；政之所废，在逆民心。民恶忧劳，我佚乐之；民恶贫贱，我富贵之；民恶危坠，我存安之；民恶灭绝，我生育之。故从其四欲，则远者自亲；行其四恶，则近者叛之。故知予之为取者，政之宝也。

措国于不倾之地，积于不涸之仓，藏于不竭之府，不令如流水之原，使民于不争之官，明必死之路，开必得之门，不为不可成，不求不可得，不处不可久，不行不可复。措国于不倾之地者，授有德也，积于不涸之仓者，务五谷也；藏于不竭之府者，养桑麻、育六畜也；下令于流水之原者，令顺民心也，使民于不争之官者，使各为其所长也；明必死之路者，严刑罚也；开必得之门得，信庆赏也；不为不可成者，量民力也；不求不可得者，不强民以其所恶也；不处不可久者，不偷取一时也，不行不可复者，不欺其民也。故授有德，则国安；务五谷，则食足；养桑麻、育六畜，则民富；令顺民心，则威令行；使民各为其所长，则用备；严刑罚，

则民远邪；信庆赏，则民轻难；量民力，则事无不成；不强民以其所恶，则诈伪不生；不偷取一时，则民无怨心；不欺其民，则下亲其上。

天下不患无臣，患无君以使之；天下不患无财，患无人以分之。故知时者可立以为长，无私者可置以为政，审于时而察于用，而能备官者，可奉以为君也。缓者后于事，吝于财者失所亲，信小人者失士。

遗黄琼书　　［汉］李　固

闻已度伊洛，近在万岁亭，岂即事有渐，将顺王命乎？

盖君子谓"伯夷隘，柳下惠不恭"，故传曰："不夷不惠，可否之间。"盖圣贤居身之所珍也。诚遂欲枕山栖谷，拟迹巢由，斯则可矣；若当辅政济民，今其时也。自生民以来，善政少而乱俗多，必待尧舜之君，此为志士终无时矣。

常闻语曰："峣峣者易缺，皎皎者易污。《阳春》之曲，和者必寡。盛名之下，其实难副。"近鲁阳樊君被征初至，朝廷设坛席，犹待神明；虽无大异，而言行所守无缺；而毁谤布流，应时折减者，岂非观听望深，声名太盛乎？自顷征聘之士胡元安、薛孟尝、朱仲昭、顾季鸿等，其功业皆无所采，是故俗论皆言处士纯盗虚声。愿先生弘此远谟，令众人叹服，一雪此言耳。

网络链接

① 史记杂论(菜九段)。② 千古谁识陈胜王(菜九段)。③《史记》记事止于哪一年？　④ 司马迁卒于何年？　⑤《史记》中有哪几篇是伪文？　⑥ 怎样理解《史记》中的"太史公"？

参考书目

〔汉〕司马迁《史记》,中华书局 1959 年

〔明〕凌稚隆辑校《史记评林》,明万历间李骙堂刊本

王伯祥选注《史记选》,人民文学出版社 1957 年

中华书局上海编辑所编《史记故事选译》,中华书局 1959 年

杨燕起等编《历代名家评史记》,北京师范大学出版社 1986 年

〔汉〕班固《汉书》,〔唐〕颜师古注,中华书局 1962 年

思考与练习

1. 从网上下载有关资料,讨论司马迁为李陵辩解而下狱的是非曲直。

2. 管晏合传的内在联系是什么? 请对比一下管仲和晏婴两个人物形象。

3. 学习《管晏列传》的当代意义是什么?

4. 作者对管、晏的评价,流露出了怎样的思想感情?

5.《管子·牧民》篇中所提到的为政观点,在今天有什么价值?

慕课资源

【总论】

汉魏五言,源于《国风》,而本乎情,故多托物兴寄,体制玲珑,为千古五言之宗。 汉魏五言,本乎情兴,故其体委婉而语悠圆,有天成之妙。五言古,惟是为正。详而论之,魏人渐见作用,而渐入于变矣。

汉魏五言,委婉悠圆,于《国风》为近,此变之善者,使汉魏复为四言,则不免于袭,不能擅美千古矣。

汉魏五言,虽本乎情之真,未必本乎情之正,故性情不复论耳。 汉魏五言,委婉悠圆,虽本乎情,然亦非才高者不能,但有才而不露耳。以《十九首》、苏、李、曹植、王、刘与赵壹、徐幹、陈琳、阮瑀相比,则知非才高者不能也。([明]许学夷《诗源辩体》卷三)

仆少小好为文章,迄至于今二十有五年矣。然今世作者,可略而言也。昔仲宣独步于汉南,孔璋鹰扬于河朔,伟长擅名于青土,公幹振藻于海隅,德琏发迹于此魏,足下高视于上京。当此之时,人人自谓握灵蛇之珠,家家自谓抱荆山之玉。吾王于是设天网以该之,顿八纮以掩之,今悉集兹国矣。然此数子,犹复不能飞轩绝迹,一举千里也。([魏]曹植《与杨德祖书》)

自献帝播迁,文学蓬转,建安之末,区宇方辑。魏武以相王之尊,雅爱诗章;文帝以副君之重,妙善辞赋;陈思以公子之豪,下笔琳琅:并体貌英逸,故俊才云蒸。仲宣委质于汉南,孔璋归命于河北,伟长从宦于青土,公幹徇质于海隅,德琏综其斐然之思,元瑜展其翩翩之乐,文蔚、休伯之俦,子叔、德祖之侣,傲雅觞豆之前,雍容衽席之上,洒笔以成酣歌,和墨以藉谈笑,观其时文,雅好慷慨,良由世积乱离,风衰俗怨,并志深而笔长,故梗概而多气也。([南朝梁]刘勰《文心雕龙·时序》)

建安之作,全在气象,不可寻枝摘叶。灵运之诗,已是彻首尾成对句矣,是以不及建安也。([宋]严羽《沧浪诗话·诗评》)

昔人谓三代无文人,六经无文法。窃谓二京无诗法,西汉无诗人。即李、枚、张、傅,一二传耳,自余乐府诸调,十九杂篇,求其姓名,可尽得乎!即李、枚数子,亦直写襟臆而已,未尝以诗人自命也。([明]胡应麟《诗薮》外编卷一)

建安之诗,体虽敷叙,语虽构结,然终不失雅正。([明]许学夷《诗源辩体》卷四)

(建安五言诗)文采缤纷,而不离闾里歌谣之质。故其称物则不尚雕镂,叙胸情则唯求诚恳,而又缘以雅词,振其美响,斯所以兼笼前美,作范后来者也。(黄侃《诗品讲疏》)

汉 乐 府

乐府,本是西汉初年的音乐机构,它的任务之一是采集民间歌词歌曲,后代因而称乐府机关所演奏歌曲的歌诗和所采集的民间歌诗为乐府,或乐府诗。汉乐府最基本的思想特色是"感于哀乐,缘事而发";最基本的艺术特色是叙事性。汉乐府保留较为完备的是宋朝郭茂倩编的《乐府诗集》。近人黄节编著的《汉魏乐府风笺》和今人曹道衡的《乐府诗选》都是较好的注本。

【集评】

按乐府者,乐官肄习之乐章也。盖自《钧天九奏》、葛天《八阕》,乐之来尚矣。《咸池》以降,代有作者,故六代之乐,周人兼用之;时世虽更,而玄音不废,乃知周公制礼之功,于是为大也。秦有《寿人》之乐、《五行》之舞,大率准周制而为之。汉兴,乐家有制氏,世世在太乐官,虽曰但能纪其铿锵鼓舞,而不能言其义,然古乐犹有存焉。高祖时,叔孙通因秦乐人制宗庙乐;其后过沛,自制《风起》之诗,令童儿歌之,是为《三侯》之章。而《房中乐》则命唐山夫人造辞,传至于今。孝惠时,以夏侯宽为乐府令。迄于文景,习常肄旧,无所增改。至武帝立乐府,乃以李延年为协律都尉,多举司马相如等数十人,造为诗赋,略论律吕,以合八音之调,可谓盛矣。然延年以曼声协律,司马以骚体制歌,《桂华》杂曲,丽而不经;《赤雁》群篇,靡而非典。时有河间献王(名德)奏雅乐而不用,惜哉!哀帝恶其声而罢之,良有以也。东汉明帝分乐为四品:一曰《大予乐》,郊庙上陵用之。二曰《雅颂乐》,辟雍飨射用之。三曰《黄门鼓吹乐》,天子宴群臣用之。四曰《短箫铙歌乐》,军中用之。其说虽具,而制亦不传。魏氏所作,音靡节平,虽三调之正声,实《韶夏》之郑曲。逮及晋世,则有傅玄张华之徒,晓畅音律,故其所作,多有可观。然荀勖改杜夔之调,声节哀急,见讥阮咸,不足多也。梁陈及隋,新声日繁;唐宋以来,制作甚富。然较诸古辞,则相去远矣。([明]徐师曾《文体明辨序说》)

饮马长城窟行①

青青河畔草,绵绵思远道②。远道不可思,宿昔梦见之③。梦见在我旁,忽觉在他乡。他乡各异县,展转不相见④。枯桑知天风,海水知天寒⑤。入门各自媚,

---

① 饮马长城窟行:乐府诗题,属《相和歌辞·瑟调曲》,常用于写征夫思妇之辞。 ②"青青"二句:这二句从河畔青草的绵绵不断,延伸到远方,联想到远在异县他乡的游子。绵绵,绵延不断的样子。 ③ 宿昔:昨晚。 ④ 展转:同"辗转"。 ⑤"枯桑"二句:干枯的桑树虽然没有树叶,仍然可以感到风吹;海水虽然不结冰,仍然可以感到天气寒冷。

谁肯相为言^①。客从远方来,遗我双鲤鱼^②。呼儿烹鲤鱼^③,中有尺素书^④。长跪读素书^⑤,书中竟何如? 上言加餐饭,下言长相忆。

*此一作蔡邕诗。

【汇评】

纵横使韵,无曲不圆,即此一端,已足衿带千古。 或兴或比,一远一近,谓止而流,谓流而止。神龙之兴云雾驱,以人情准之,徒有浩叹而已。 神理略从《东山》来,而以《东山》为鹄,关弓向之,则其差千里。此以天遇,非以意中者。熟吟"入门各自媚"一荡,或侥幸得之。(〔清〕王夫之《古诗评选》卷一)

此诗只作闺怨解。首八句,先叙我之思彼而不得见。首句比兴兼有。以草况思,比也;即草引思,兴也。旋即撤思入梦,由梦转觉,既觉复思,八句四转,就不可见顿住,惝恍迷离,极其曲折。"枯桑"四句,顶上"各异县"来,言独居之苦,惟独居者知之,收上我之思彼,即为下彼之思我引端。却不用正说,突插"枯桑""海水"二喻,凭空指点,更以有耦者之入门各媚,不肯相慰以言,显出莫可告诉神理,即反挑下文彼边寄书。后八句,顶上"相为言"来,将己欲寄书慰彼之意,在彼寄书慰我中显出。然从客来遗鱼,烹鱼有书,闲闲叙入,是急脉缓受法。"长跪"两语,写出郑重惊疑,竟括彼书怀己之意,阒然而止。而我思彼愈不能已之意,不缀一辞,已可想见,又是意到笔不到之妙境。一诗中能开无数法门,斯为杰构。(〔清〕张玉穀《古诗赏析》卷六)

【赏析】

秦人修筑长城,动用大批人力。边地气候恶劣,劳动条件极差,所以魏陈琳《饮马长城窟行》说:"饮马长城窟,水寒伤马骨。"又说:"长城何连连,连连三千里。边城多健少,内舍多寡妇。"大量征用男夫修筑长城,内地便有很多的思妇。故《饮马长城窟行》这一乐府诗题,常用以写征夫思妇。

这首诗可以分成两节。第一节,叙述思妇昨夜梦见征夫的情景。起首四句,以河边青草起兴,引出思绪,带出梦境,又以青草的延绵不绝,比喻思绪的不断,是兴而兼比,比兴并用。这是古代民歌较常见的一种手法。接下来叙梦:梦见征夫回来了,突然他又走了,远在他乡异县。她不觉心疼了起来。节气变化,天寒地冻,他怎能受得起如此的苦寒? 有人从远方归来了,但只知爱抚各自的妻儿,谁也不来安慰我一下。第二节,写梦后收到书信。诗人没有交代思妇梦醒之后的惆怅,而是直接跳跃到接到征夫的书信上来。上节写梦,下节写得到书信,诗作没有描写她得信后的喜出望外,但剖函取书,只用一"烹"字与鲤鱼状的书函相照应,便增强了诗歌语言的生动性。"长跪",形容读信时郑重其事。其实,书信的内容也极普通,无非也是加餐饭(例如《古诗十九首·行行重行行》:"努力加餐饭")、长相忆之类的话。从古到今,人间许许多多远离或者小别的恋人、夫妇,不正是经常重复着这些极普通、极朴质的话语吗?"上言""下言"两句更见出征夫和思妇

① "入门"二句:是说有人从远方归来,进了门只知爱各自的家人,谁也不愿来安慰一下我。"媚",爱、悦。"言",有问讯、问候等意。 ② 遗(wèi):赠送。鲤鱼:鲤鱼状的木制信函。 ③ 烹:这里指打开信函。因信函系鱼状,故用"烹",以求造语的形象生动。 ④ 尺素书:一尺左右的绢帛书信。汉时书信写在绢帛上。素,生绢。 ⑤ 跪:汉时席地而坐。坐时两膝着地,臀部压着脚后跟;跪时臀部离开脚后跟,伸直腰身。

的真挚情感。

　　这首乐府民歌的特色，一是写得非常朴实，没有任何华丽的辞藻，雅俗共赏，而且非常容易记诵；第二，故事情节也较为曲折，上节叙梦，下节读信，转折自然流畅，没有丝毫的人工斧凿之迹。

（陈庆元）

《古诗十九首》

　　《古诗十九首》之名，最早见于南朝梁昭明太子萧统所编的《文选》。古诗，是流传在汉末魏初无作者名且无诗题的诗歌总称。一般认为，《古诗十九首》的作者，是东汉末年中下层文人，所写无非是游子、思妇之辞，其间也反映出某些社会现实状况。它的出现，标志着中国古代文人五言抒情诗的成熟。

【集评】

　　其体源出于《国风》。陆机所拟十四首，文温以丽，意悲而远，惊心动魄，可谓几乎一字千金！其外"去者日以疏"四十五首，虽多哀怨，颇为总杂，旧疑是建安中曹、王所制。"客从远方来""橘柚垂华实"，亦为惊绝矣！人代冥灭，而清音独远，悲夫！（[南朝梁]钟嵘《诗品》卷上）

　　古诗佳丽，或称枚叔，其《孤竹》一篇，则傅毅之词，比类而推，两汉之作乎？观其结体散文，直而不野，婉转附物，怊怅切情，实五言之冠冕也。（[南朝梁]刘勰《文心雕龙·明诗》）

　　《古诗十九首》，平平道出，且无用工字面，若秀才对朋友说家常话，略不作意。（[明]谢榛《四溟诗话》卷三）

行行重行行

　　行行重行行，与君生别离①。相去万余里，各在天一涯②。道路阻且长，会面安可知？胡马依北风③，越鸟巢南枝④。相去日已远⑤，衣带日已缓⑥。浮云蔽白日⑦，游子不顾返⑧。思君令人老，岁月忽已晚。弃捐勿复道⑨，努力加餐饭。

---

　　① 行行重行行：走啊走，走个不停，两"行行"相重叠，是为了加重语气。"重"，相当于"又""复"。生别离：《楚辞》：悲莫悲兮生别离。　② 涯：边。　③ "胡马"句：北方的马依恋着北方的风。胡，古代称西北边陲为胡地。　④ "越鸟"句：南方的鸟将巢筑在朝南的枝头。越，古代称长江以南东南沿海直至现在越南一带为"百越"，或"越"。　⑤ 已：同"以"。　⑥ 缓：宽缓，宽松。　⑦ "浮云"句：意思是说怕游子在外别有相好，不想回家，就像太阳被浮云遮住一样，他糊涂了。　⑧ 顾：念。　⑨ 弃捐：丢在一边。捐，也是"弃"的意思。

【汇评】

此思妇之诗。首二,追叙初别,即为通章总提,语古而韵。"相去"六句,申言路远会难,忽用马、鸟两喻,醒出莫往莫来之形,最为奇宕。"日远"六句,承上转落念远相思、蹉跎岁月之苦。浮云蔽日,喻有所惑。游不顾返,点出负心,略露怨意。末二,掣笔兜转,已不恨己之弃捐,惟愿彼之强饭收住,何等忠厚。（〔清〕张玉毂《古诗赏析》卷四）

【赏析】

这首诗写的是思妇思念离家远出的游子。

开头两句,追叙初别,引出下文的远离、忆念。"相去"六句,交代路远难会;尽管路远难会,但相信游子仍然依恋故乡。"胡马""越鸟"两个比喻最为生动。初看这两句像是出自民间俗语,其实都出自古诗。《韩诗外传》:"诗云:'代马依北风,越鸟翔南巢',皆不忘本之谓也。"(《文选》李善注引)这六句,前面四句写双方因路远、山川阻隔无法会面;"胡马"两句,是说禽兽也不忘故乡,暗示物尚有情,何况是人呢!"相去"六句,承接"胡马"两句,落到抒情女主人公身上。自从游子离家,她衣带渐宽,日渐消瘦,想到对方由于某种不得已的客观原因而不能回家,再加上一年又已到了尽头,怎不因思念远人而衰老呢!最后两句写妻子不敢指望丈夫会回来,只是希望他多吃点饭,保重自己的身体吧!这是思妇无可奈何,自我宽勉的话。

"行行重行行",用四个"行"字,非常特别。《古诗十九首》善于用叠字,但首句就叠字回环、反复咏叹、营造缠绵气氛的,只有这一首。它比起汉乐府民歌(如《饮马长城窟行》)来,可以说已经没有多少叙事成分了,整首诗充满了浓厚的抒情味道。

（陈庆元）

曹　操

曹操(155—220),即魏武帝。字孟德,小字阿瞒。东汉沛国谯县(今安徽亳州)人。年二十,举孝廉,历任洛阳北部尉、济南相、骑都尉,参与征讨黄巾军。初平元年(190),起兵讨董卓。建安元年(196),迎汉献帝都于许昌;十三年(208),进位丞相;二十一年(216)封魏王;二十五年(220)卒。其子曹丕称帝,追尊他为武帝。现存诗二十余首,都是乐府旧题。其诗深刻反映汉末社会动乱,慷慨悲凉;散文则多切政事,清峻通脱。他的诗对后代影响深远。原集已散佚,今人重辑为《曹操集》。

【集评】

曹公古直,甚有悲凉之句。（〔南朝梁〕钟嵘《诗品》卷下）

嵘《诗品》以丕处中品,曹公及叡居下品。今或推曹公而劣子桓兄弟者,盖钟嵘兼文质,而后人专气格也。然曹公才力实胜子桓。([明]许学夷《诗源辩体》卷四)

王元美云:"曹公莽莽,古直悲凉。子桓小藻,自是乐府本色。子建天才流丽,虽誉冠千古,而实逊父兄。何以故?才太高,词太华。"(同上引)

汉代歌谣,承《离骚》之后,故多奇语。魏武文体,悲凉慷慨,与诗人不同。([清]冯班《钝吟杂录》)

曹公莽苍,古直悲凉。其诗上继变雅,无篇不奇。([清]陈沆《诗比兴笺》卷一)

曹公诗气雄力坚,足以笼罩一切。建安诸子,未有其匹也。([清]刘熙载《艺概·诗概》)

蒿　里　行[①]

关东有义士[②],兴兵讨群凶[③]。初期会盟津[④],乃心在咸阳[⑤]。军合力不齐,踌躇而雁行[⑥]。势利使人争,嗣还自相戕[⑦]。淮南弟称号[⑧],刻玺于北方[⑨]。铠甲生虮虱[⑩],万姓以死亡。白骨露于野,千里无鸡鸣。生民百遗一[⑪],念之断人肠。

【汇评】

孟德《薤露》《蒿里》是过于质野。([明]许学夷《诗源辩体》卷四)

"军合"四句,足尽诸人心事。"白骨"四句悲哀。笔下整严,老气无敌。([清]陈祚明《采菽堂古诗选》卷五)

《薤露》《蒿里》本送葬哀挽之辞,用以伤乱后丧亡,固无不可。且上章执君杀主,意重在上之人,下章万姓死亡,意重在下之人,又恰与《薤露》送王公贵人,《蒿里》送士大夫庶人,两相配合,勿徒以创格目之也。([清]张玉毂《古诗赏析》卷八)

"铠甲"四句,极言乱伤之惨,而诗则真朴雄阔远大。([清]方东树《昭昧詹言》卷二)

【赏析】

建安二年(197),袁术称帝;九月,曹操东征袁术,术败。此诗当作于征袁术还许昌之后,也可能作于次年,选取在讨董过程中有关袁绍、袁术兄弟几个拙劣的且有代表性的事件加以叙述,从而揭示战乱给社会和人民带来极大的苦难,堪称汉末的"诗史"。

---

① 蒿里行:乐府诗题,属《相和歌辞·相和曲》。原为出殡时挽柩者所唱的挽歌,曹操用来写时事。　② 关:指函谷关。古函谷关旧址在今河南灵宝市东北,公元前114年移置,新关址在今河南新安县东。这里指新关。义士:指以袁绍为首的关东诸州郡讨伐董卓的军事首领,其中包括曹操、袁绍、袁术、韩馥等十余人。　③"兴兵"句:初平元年(190)正月,关东诸军事首领起兵讨董卓,推袁绍为盟主,曹操为奋武将军。群凶,指以董卓为首把持着东汉军政大权的军阀。　④ 期:约定。会:会盟,联盟。盟津:即孟津,其地在今河南孟州市南。相传周武王伐纣时与各路诸侯会盟于此。　⑤ 乃心:其心。咸阳:故址在今陕西咸阳东,原为秦都城,这里指代洛阳。　⑥ 踌躇:徘徊不进的样子。雁行(háng):大雁飞行的行列。这里形容州郡军队列阵观望,无人先行进击。　⑦ 嗣还(xuán):后来不久。相戕(qiāng):相互残杀。　⑧"淮南"句:袁绍从弟袁术于建安二年(197)在淮南的寿春(今安徽寿县)称帝号。　⑨"刻玺"句:初平二年(191),袁绍谋废汉献帝,立幽州牧刘虞,刻作金玺。玺,指皇帝的印章。时袁绍屯兵河内(今河南沁阳),故称北方。　⑩ 铠甲:战甲。虮:虱卵。　⑪ 百遗一:百人剩下一人,极言死人之多。

袁绍等关东诸将起兵讨董卓，虽然造成自相残杀的军阀混战局面，但其始未必不心存忠义，是"心在王室"的正义之举，故诗的首四句仍予以肯定。"军合"以下六句一转，写关东诸将各怀异心，从而导致争权夺利的混战局面。"踌躇"句以"雁行"喻诸军的貌合神离，比喻生动。"势利"四句，扣紧"势利"二字，写尽诸将的自私心理。"铠甲"以下四句写战争给军民带来深重的苦难，概括而形象。"生民"二句直抒胸怀，怜世悯人的情感自见，使本诗更具思想深度。

前人在评价曹操诗时曾用"古直悲凉"四个字来形容，这首诗也具有这一特点。"古直"，即浑厚质朴，诗歌的语言不加雕琢，作诗虽然也讲章法（如本诗的先扬后抑），但更讲究整首诗的浑然一体。"悲凉"，一方面是"世积乱离"（刘勰语），即连年不断的战乱所造成的，另一方面则是诗人对百姓的同情心使然。"白骨露于野，千里无鸡鸣"两句，文字虽然浅白，但恐怕不是那些没有经历体验过长期战乱的诗人可以写出来的。

（陈庆元）

曹　丕

曹丕（187—226），即魏文帝。字子桓，沛国谯县（今安徽亳州）人。曹操第二子，曹植同母兄。八岁能属文，知骑射。稍长，博贯经史百家，又善击剑，弹棋。建安十五年（210），为五官中郎将，副丞相。其时文人多集邺城（今河北临漳西），曹丕以副丞相之尊，与王粲、刘桢、陈琳、徐幹、阮瑀等宴饮游乐，吟诗作文。建安二十二年（217），立为魏王世子。二十五年正月，继曹操为魏王，同年十月，登基为帝，建立魏朝。后人辑有《魏文帝集》。所撰《典论·论文》是一篇重要的文论作品。

【集评】

文帝天资文藻，下笔成章，博闻强识，才艺兼该。（［晋］陈寿《三国志·魏文帝纪评》）

魏文之才，洋洋清绮，旧谈抑之，谓去植千里。然子建思捷而才俊，诗丽而表逸；子桓虑详而力缓，故不竞于先鸣，而乐府清越，《典论》辩要，迭用短长，亦无懵焉。但俗情抑扬，雷同一响，遂令文帝以位尊减才，思王以势窘益价，未为笃论也。（［南朝梁］刘勰《文心雕龙·才略》）

三曹，魏武太质，子桓乐府、《杂诗》十余篇佳，余皆非陈思比。（［明］胡应麟《诗薮》内编卷二）

句格纵横，节奏缜密，殊有人主气象。高古不如魏武，宏赡不及陈思。而斟酌二者，政得其中。（［明］胡应麟《诗薮》外编卷一）

曹子建之于子桓，有仙凡之隔，而人称子建，不知有子桓。俗论大抵如此。（［清］王夫之《姜斋诗话》）

曹子桓生长戎旅之间，善骑马，左右射，又工击剑弹棋，伎能戏弄，不减若父。其诗歌文辞仿佛上下，即不堪弟畜陈思，为孟德大儿，固有余也。（［明］张溥《汉魏六朝百三名家集·魏文帝集题词》）

燕 歌 行（二首选一）①

秋风萧瑟天气凉②，草木摇落露为霜③，群燕辞归雁南翔。念君客游思断肠④，慊慊思归恋故乡⑤，君何淹留寄他方⑥？贱妾茕茕守空房⑦，忧来思君不敢忘⑧，不觉泪下沾衣裳。援琴鸣弦发清商⑨，短歌微吟不能长。明月皎皎照我床，星汉西流夜未央⑩。牵牛织女遥相望⑪，尔独何辜限河梁⑫！

【汇评】

子桓《燕歌》二首，开千古妙境。（［明］胡应麟《诗薮》内编卷三）

此歌中极和稳者，诵之不厌，可见好奇人亦有公道也。（［明］钟惺、谭元春《古诗归》）

宛转摧藏，一言一绪，居然汉始之音。"忧来思君不敢忘"，何言之拳拳。（［明］陆时雍《古诗镜》）

句句锤炼无渣滓，真是精绝。又云：七言古前罕有，至此始畅，比《四愁》风度更长。然每句押韵，却是《柏梁》体，而格调仍是乐府，与唐人歌行固自不同。（［明］孙矿《文选集评》）

子桓乐府七言《燕歌行》，用韵祖于《柏梁》，较之《四愁》，则体渐敷叙，语多显直，始见作用之迹。此七言之初变也。（［明］许学夷《诗源辩体》卷四）

倾情倾度，倾色倾声，古今无两。　　从"明月皎皎"入第七解，一经酾适，殆天授，非人力。（［清］王夫之《古诗评选》卷一）

魏诗七言创体也，声情摇曳，不能方其思境起止，此《国风》之正。（［清］朱嘉徵《汉魏乐府广序》）

【赏析】

这是一首思妇诗。一个秋天的深夜，思妇不能入眠，思念着远方的游子，整首诗心理刻画非常细腻。心事重重的人，对时序的变化往往特别敏感，在天气转凉、草木凋零、白露成霜、大雁南飞的秋天更是如此。诗的前三句，表面上只是写天气，实际上已经创造了一种浓重的感伤氛围。第二个三句，引入思君——思念游子的内容。思妇思念游子已经到了肝肠寸断的地步，诗人却不顺着这一思路写下去，而是故意宕开一笔，偏偏设想游子在想念着思妇。接着，又反问一句："既然你在思乡、在想着我，那为什么还滞留他乡不归呢？"心理刻画真是细腻极了。"贱妾"以下五句，正面写思妇的百无聊赖，她独自守着空房，除了思念游子还是思念游子，试着援琴鸣弦，弹奏一曲清商来宣泄一下情感，但心中

---

① 燕（yān）歌行：乐府诗题，属《相和歌辞·平调曲》。燕在汉魏时属于北方边地，征戍频繁，故《燕歌行》多写离别相思之情。　② 秋风萧瑟：曹操《步出夏门行·观沧海》："秋风萧瑟，洪波涌起。"　③ 草木摇落：《楚辞·九辩》："萧瑟兮，草木摇落露为霜。"摇落，凋残，零落。　④ 思断肠：一作"多别肠"。　⑤ 慊慊（qiàn qiàn）：情感空虚的样子。　⑥ 淹留：滞留，久留。寄：寄居。　⑦ 贱妾：诗中思妇的自称。茕茕（qióng qióng）：孤独的样子。　⑧ 君：即上文客游他乡的游子。　⑨ 援：取。清商：曲调名。其声调清切急促。　⑩ 星汉西流：银河西转。星汉，银河。未央：未尽。　⑪ 牵牛织女：牵牛星、织女星。诗中的女人公——"贱妾"，以牛郎织女的不能团聚，暗喻自己和游子的别离。　⑫ 尔：你们，指牛郎织女。何辜：何罪，何过错。限河梁：为河梁所限，所阻隔。河梁，河桥，实际指银河。

仍然平静不下来。最后四句,补写夜景。皎皎明月照着空床,银河西倾夜已深沉。"夜未央"照应篇首之"秋",入秋后昼渐短而夜渐长,对于愁思之人来说,季节的更迭,影响最大的恐怕不是冷暖的感受,而是心理的承受能力。诗中的思妇仰望星空,但见天上的牵牛织女星闪烁不定,她不禁发问,你们有什么罪过,也在那里隔着天河不能团聚?结尾二句问的是牛郎织女,实际上是自问,妙就妙在不写自己而思妇本人的情感已在其中,特别耐人寻味。整首诗写得一唱三叹,读后令人叹惋不已。

曹丕两首《燕歌行》的出现,标志着中国古代七言诗的成熟。先秦荀子的《成相篇》,其句式主要是七言。《楚辞》中也有不少七言的句子。相传汉武帝与群臣在柏梁台联句,每个句子也是七言。西汉还有一些谣谚也是用七言写成的。东汉张衡《四愁诗》是较完整的七言诗。但是,荀子的《成相篇》是通俗的唱词,接近于散文;而从《楚辞》到《四愁诗》,基本上都带有"兮"字等语气词,因此完整的七言诗就得首推曹丕的《燕歌行》了。曹丕这首诗句句押韵,与后来的隔句押韵不同。《燕歌行》句句押韵,一则显示其诗风的古朴,再则"一气卷舒",文气一贯到底,也是其特色。这首诗共十五句,读法为:前九句每三句一节,后六句每两句一节。

(陈庆元)

备选课文

四 愁 诗　　　[汉]张　衡

我所思兮在太山,欲往从之梁父艰。侧身东望涕沾翰。美人赠我金错刀,何以报之英琼瑶。路远莫致倚逍遥,何为怀忧心烦劳?

我所思兮在桂林,欲往从之湘水深。侧身南望涕沾襟。美人赠我琴琅玕,何以报之双玉盘。路远莫致倚惆怅,何为怀忧心烦快?

我所思兮在汉阳,欲往从之陇阪长。侧身西望涕沾裳。美人赠我貂襜褕,何以报之明月珠。路远莫致倚踟蹰,何为怀忧心烦纡?

我所思兮在雁门,欲往从之雪纷纷。侧身北望涕沾巾。美人赠我锦绣段,何以报之青玉案。路远莫致倚增叹,何为怀忧心烦惋?

七哀诗(三首其一)　　[汉]王　粲

西京乱无象,豺虎方遘患。复弃中国去,委身适荆蛮。亲戚对我悲,朋友相追攀。出门无所见,白骨蔽平原。路有饥妇人,抱子弃草间,顾闻号泣声,挥涕独不还。"未知身死处,何能两相完?"驱马弃之去,不忍听此言。南登霸陵岸,回首望长安。悟彼《下泉》人,喟然伤心肝。

赠 从 弟　　　[汉]刘　桢

亭亭山上松,瑟瑟谷中风。风声一何盛,松枝一何劲。冰霜正惨凄,终岁常端正。岂不罹凝寒?松柏有本性。

七 哀　　　[魏]曹 植

明月照高楼,流光正徘徊。上有愁思妇,悲叹有余哀。借问叹者谁,言是宕子妻。君行逾十年,孤妾常独栖。君若清路尘,妾若浊水泥。浮沉各异势,会合何时谐?愿为西南风,长逝入君怀。君怀良不开,贱妾当何依?

送 应 氏（二首选一）

步登北邙阪,遥望洛阳山。洛阳何寂寞,宫室尽烧焚。垣墙皆顿擗,荆棘上参天。不见旧耆老,但睹新少年。侧足无行径,荒畴不复田。游子久不归,不识陌与阡。中野何萧条,千里无人烟。念我平常居,气结不能言。

网络链接

① "乐府"机关成立于何时？ ② 如何理解《孔雀东南飞》中的"小姑"？ ③《孔雀东南飞》作于何代？ ④ 蔡文姬作过《胡笳十八拍》吗？

参考书目

[宋]郭茂倩《乐府诗集》,中华书局 1979 年

萧涤非《汉魏六朝乐府文学史》,人民文学出版社 1984 年

隋树森《〈古诗十九首〉集释》,中华书局 1955 年

俞绍初《建安七子集》,中华书局 1989 年

河北师范学院中文系古典文学教研组《三曹资料汇编》,中华书局 1986 年

王瑶《中古文学史论》,北京大学出版社 1998 年

陈庆元《中古文学论稿》,天津人民出版社 1992 年

郑文《汉诗选笺》,上海古籍出版社 1986 年

曹道衡《乐府诗选》,人民文学出版社 2000 年

马茂元《〈古诗十九首〉初探》,陕西人民出版社 1984 年

余冠英《三曹诗选》,人民文学出版社 1983 年

民生疾苦诗词

思考与练习

1. 名词解释

① 汉乐府 ②《古诗十九首》 ③ 建安文学 ④ "三曹"

2.《饮马长城窟行》首二句"青青河畔草,绵绵思远道",用的是古代诗歌较常见的"比兴"手法,请分析这两句诗在整首诗中所起的作用。

3.《行行重行行》一诗,写的都是极普通的事,如游子远出,思妇消瘦,希望游子努力加餐,但很感人。分析这首诗感人的原因。

4. 人们说曹操的诗是反映汉末社会动乱的"诗史",诗风"古直悲凉"。试举《蒿里行》一诗加以说明。

5. 试分析《燕歌行》一诗女主人公思念游子的细腻的心理。

6. 曹植的《送应氏》(步登北邙阪)一诗是怎样描写洛阳残破的？这样描写与送应氏兄弟有什么关系？

慕课资源

【总论】

祝氏曰：盖西汉之赋，其辞工于楚《骚》；东汉之赋，其辞又工于西汉；以至三国、六朝之赋，一代工于一代。辞愈工，则情愈短而味愈浅；味愈浅则体愈下。建安七子，独王仲宣辞赋有古风。至晋陆士衡辈《文赋》等作，已用俳体。流至潘岳，首尾绝俳。迨沈休文等出，四声八病起，而俳体又入于律矣。徐庾继出，又复隔句对联，以为骈四俪六；簇事对偶，以为博物洽闻；有辞无情，义亡体失：此六朝之赋所以益远于古。（[明]吴讷《文章辨体序说》）

自中原沸腾，五马南渡，缀文之士，无乏于时。降及梁朝，其流弥盛。盖由时主儒雅，笃好文章，故才秀之士，焕乎俱集。（[唐]李延寿《南史·文学传序》）

齐、梁多小赋，固有是病，然丽词雅义，亦不可尽没。（林纾《春觉斋论文》）

要而论之，西汉之时，治学之士，侈言灾异五行，故西汉之文，多阴阳家言。东汉之末，法学盛昌，故汉、魏之文，多法家言。六朝之士，崇尚老、庄，故六朝之文，多道家言。（刘师培《论文杂记》）

中国文学，至两汉、魏晋而大盛，然斯时文学，未尝别为一科，故儒生学士，莫不工文，其以文学特立一科者，自刘宋始。（刘师培《中国中古文学史》）

王　粲

王粲（177—217），字仲宣，山阳高平（今山东邹城西南）人。少有才名。汉献帝初平元年（190），董卓劫持汉献帝迁长安，粲父时任大将军何进长史，粲随父西迁，在长安见当时著名学者蔡邕，深为邕所赏识。初平二年（192），因关中骚乱，粲往荆州依刘表，客居荆州十余年，有志难伸，心怀颇郁郁。建安十三年（208），曹操大军南下，刘表病卒，子刘琮投降，王粲遂归曹操，深得曹氏父子信赖，赐爵关内侯。建安十八年（213），曹操晋爵魏公，粲任侍中。二十二年（217），从曹操南征孙权，北返途中病卒，终年四十一岁。王粲由于"遭乱流寓，自伤情多"（谢灵运语），所作诗赋语言清丽，情调悲凉，深刻地反映了当时社会的动乱和人民的苦难，在建安七子中成就最高，刘勰誉之为"七子之冠冕"。

【集评】

　　仲宣独自善于辞赋,惜其体弱,不足以起其文,至于所善,古人无以远过。([魏]曹丕《又与吴质书》)

　　昔仲宣独步于汉南……足下高视于上京。当此之时,人人自谓握灵蛇之珠,家家自谓抱荆山之玉。([魏]曹植《与杨德祖书》)

　　君以淑懿……既有令德,材技广宣。强记洽闻,幽赞微言。文若春华,思若涌泉。发言可咏,下笔成篇……皇家不造,京室陨颠,宰臣专制,帝用西迁。君乃羁旅,离此阻艰。翕然凤举,远窜荆蛮,身穷志达,居鄙行鲜。振冠南岳,濯缨清川,潜处蓬室,不干势权。([魏]曹植《王仲宣诔》)

　　家本秦川,贵公子孙,遭乱流寓,自伤情多。([南朝宋]谢灵运《拟魏太子邺中集诗》)

　　建安七子,独王仲宣辞赋有古风。([明]吴讷《文章辨体序说》)

登 楼 赋

　　登兹楼以四望兮①,聊暇日以销忧②。览斯宇之所处兮③,实显敞而寡仇④。挟清漳之通浦兮,倚曲沮之长洲⑤。背坟衍之广陆兮,临皋隰之沃流⑥。北弥陶牧⑦,西接昭丘⑧,华实蔽野,黍稷盈畴。虽信美而非吾土兮⑨,曾何足以少留⑩!

　　遭纷浊而迁逝兮,漫逾纪以迄今⑪。情眷眷而怀归兮,孰忧思之可任⑫?凭轩槛以遥望兮⑬,向北风而开襟。平原远而极目兮,蔽荆山之高岑⑭。路逶迤而修迥兮,川既漾而济深⑮。悲旧乡之壅隔兮,涕横坠而弗禁。昔尼父之在陈兮⑯,有归欤之叹音。钟仪幽而楚奏兮⑰,庄舄显而越吟⑱。人情同于怀土兮,岂穷达而异心!

---

　　① 兹楼:《文选》李善注引盛弘之《荆州记》曰:"当阳县城楼,王仲宣登之而作赋。"而据《水经注》中漳水、沮水二条,此楼当是麦城城楼。按之地理,当以《水经注》为是。　② 暇:同"假"。全句谓姑借此登临之时以消除忧愁。　③ 斯宇:此楼。　④ 显敞:明亮宽敞。寡仇(qiú):少有其匹。　⑤ "挟清漳"二句:言城楼正临于漳水别支之上,好像挟带着清澈的漳水;城楼又靠近曲折的沮(jū)水,恰似倚长洲而立。挟,带。浦,大水有小口别通它水曰"浦"。长洲,水中长形的陆地。　⑥ "背坟衍"二句:言城楼背后是高平宽广的陆地,前面则下临低湿之地上河流。坟,高。衍,平。皋,水边高地。隰(xí),低湿之地。沃,水可灌溉。　⑦ 弥:极、终,意思为"接"。陶:指陶朱公,即越之范蠡。牧:郊外之地曰牧。相传湖北江陵附近有范蠡葬地,故称其地曰"陶牧"。　⑧ 昭丘:楚昭王墓,在麦城西沮水边上。　⑨ 土:此处指故土、故乡。一说指长安,见何焯《义门读书记》卷四十五。　⑩ 曾:犹"乃",加强语气。少留:犹言"暂留"。少,稍。　⑪ 纷浊:纷乱污浊之世,指汉末董卓之乱。纷,乱。浊,污。纪:十二年为一纪。　⑫ 眷眷:形容思念、留恋之深。任:承受。　⑬ 轩槛(jiàn):指城楼上的栏杆。　⑭ 荆山:在湖北省南漳县。岑(cén):山小而高曰岑。　⑮ 漾:长。济(jì):渡口。　⑯ "昔尼父"二句:孔子在陈,叹曰:"归欤!归欤!"尼父,对孔子的敬称。　⑰ "钟仪"句:钟仪为楚国乐官,为晋人所俘。晋侯命他操琴,他弹奏的仍是楚国乐调。见《左传·成公九年》。幽,囚。　⑱ "庄舄(xì)"句:越人庄舄在楚国做大官,病中思念故乡,说话、呻吟仍为越人语音。

惟日月之逾迈兮，俟河清其未极①。冀王道之一平兮，假高衢而骋力②。惧匏瓜之徒悬兮③，畏井渫之莫食④。步栖迟以徙倚兮⑤，白日忽其将匿。风萧瑟而并兴兮，天惨惨而无色。兽狂顾以求群兮，鸟相鸣而举翼。原野阒其无人兮⑥，征夫行而未息。心悽怆以感发兮，意忉怛而憯恻⑦。循阶除而下降兮⑧，气交愤于胸臆⑨。夜参半而不寐兮⑩，怅盘桓以反侧⑪。

【本事典实】

粲于初平三年(192)为避董卓之乱而离开长安，往荆州依刘表。表虽欣赏其才，然以其貌寝体弱，性情通脱，不予重用。本文所抒写者，主要即作者久居他乡，才能不得施展而产生的思归之情。

【汇评】

王粲长于辞赋……如粲之《初征》《登楼》《槐赋》《征思》……虽张(衡)、蔡(邕)不过也。(〔魏〕曹丕《典论·论文》)

述其进退危惧之情也。(〔唐〕刘良《文选》注)

其篇首所云"四望形胜"及"华实蔽野"二句，所以明有战守之资，而深惜之也。(〔清〕林云铭《古文析义》卷九)

王仲宣《登楼赋》出于《哀郢》。(〔清〕刘熙载《艺概·赋概》)

《登楼赋》情真语至，使人读之泪下。文之动人如此。(〔清〕浦铣《复小斋赋话》)

【赏析】

这是一首代表东汉时期最高水平的抒情小赋，据考是王粲因西京动乱南迁依刘表的第十三年秋日所作。

此赋两次换韵，使全文自然形成三段，抒发登楼四望之内心感受。

一是思乡怀归之情。首段以较多笔墨写四望之景，"华实蔽野，黍稷盈畴"。然而一句"虽信美而非吾土兮，曾何足以少留"，写出寄人篱下，并不留恋的真实感情。

二是叹息世乱长久，有家难归。"遭纷浊而迁逝兮，漫逾纪以迄今"，漂泊异乡竟长达一纪(12年)之久。自己唯独可以登此高楼以北眺故乡，然而又有荆山遮住望眼。乡路壅隔，只能流寓于此，如同孔夫子之厄于陈、蔡，字里行间已流露出不得志的忧伤。

其三，刘表非能成大事之人，也无成大事之量，更无识人才之慧眼，只一味猜忌、苟

---

① 惟：发语词，无意义。极：至。 ② "冀王道"二句：王道：犹言王政，指中央朝廷的政权与政治措施。一，统一，谓王政行于全国；平，谓政治清平。高衢，犹言大道，此处即指既"一"且"平"的王道。二句谓望国家一统于王政，政治清平，使自己得以施展才力。 ③ "惧匏瓜"句：《论语·阳货》："(子曰)吾岂匏(páo)瓜也哉？焉能系而不食?"意谓我不能像匏瓜(葫芦之一种)那样只是挂在那里，而不为人所食。喻不为世所用。 ④ "畏井渫"句：《周易·井》九三爻辞："井渫(xiè)不食，为我心恻。"意谓井已淘净而无人汲水饮用，使我为之悲痛。喻己虽品行修洁而无人重用。 ⑤ 栖迟：游息。徙倚：或徙或倚，犹"栖迟"。 ⑥ 阒(qù)：寂静。 ⑦ 切(dāo)怛(dá)：悲痛。憯(cǎn)恻：悲伤、悽怆。"憯"同"惨"。 ⑧ 阶除："除"即"阶"，阶除，台阶、阶梯。此处指楼梯。 ⑨ 愤：郁闷、愤懑。 ⑩ 夜参半：参，及；"夜参半"犹言"直到半夜"。 ⑪ 怅盘桓：盘桓，逗留不去。此处谓作者满腹惆怅，反复思虑，不能自已。反侧：谓在床上翻来覆去，不能入睡。

安。王粲在其麾下郁郁不得志,自然有匏瓜徒悬、井渫莫食之叹。他"俟河清"、冀王道之"平"及"假高衢而骋力"的理想只能付之东流。诚如唐刘良所云,这首小赋是"述其进退危惧之状"。

该赋情真语真,措辞雅丽,用笔省净,韵逐情浮,催人泪下,具有"诗人之赋丽以则"的特点。

(鲁同群)

丘 迟

丘迟(464—508),字希范,吴兴乌程(今浙江湖州)人,南朝梁文学家。八岁能文,有才名。齐武帝永明(483—493)初举秀才,授太学博士。历官殿中郎等职。萧衍入建康,授骠骑主簿。当时府僚劝请萧衍代齐的劝进表文皆出丘迟之手。梁天监元年,萧衍称帝。丘迟一度居官显要,天监三年(504),出为永嘉太守。四年(505),中军将军临川王萧宏率军北伐,任丘迟为咨议参军,领记室。还拜中书侍郎,迁司徒从事中郎。天监七年(508)卒于官。丘迟盛负文名,诗文辞采丽逸。《梁书》卷四十九有传,明人辑有《丘中郎集》。

【集评】

梁卫将军范云、梁中书郎丘迟。范诗清便宛转,如流风回雪。丘诗点缀映媚,似落花依草。故当浅于江淹,而秀于任昉。([南朝梁]钟嵘《诗品》卷中)

丘迟之作,如琪树玲珑,金芝布濩,九霄春露,三岛秋云。([元]陶宗仪《说郛》卷八十引阙名《竹林诗评》)

与陈伯之书

迟顿首①,陈将军足下②:无恙③,幸甚,幸甚!将军勇冠三军④,才为世出⑤,弃燕雀之小志,慕鸿鹄以高翔⑥。昔因机变化,遭遇明主⑦,立功立事,开国称孤⑧。

---

① 顿首:叩拜。这是古人书信开头和结尾常用的礼貌语。 ② 足下,书信中对对方的尊称。 ③ 无恙:古人常用的问候语。恙,病,忧。 ④ "将军"句:李陵《答苏武书》:"陵先将军功略盖天地,义勇冠三军。"此谓陈伯之英勇为三军之首。 ⑤ 才为世出:此谓陈伯之才能杰出于当世。 ⑥ "弃燕"二句:《史记·陈涉世家》:"陈涉太息曰:嗟乎!燕雀安知鸿鹄之志哉!"此喻陈伯之有远大的志向。 ⑦ "昔因"二句:指陈伯之弃齐归梁,受梁武帝赏爱器重。因机,顺应机缘。明主,英明的君主,指梁武帝。 ⑧ "立功"二句:《梁书·陈伯之传》:"力战有功","进号征南将军,封丰城县公,邑二千户。"开国,开邦建国。梁时封爵,皆冠以开国之号。孤,王侯自称。此指受封爵事。

朱轮华毂①,拥旄万里②,何其壮也!如何一旦为奔亡之虏,闻鸣镝而股战③,对穹庐以屈膝④,又何劣邪!

寻君去就之际⑤,非有他故,直以不能内审诸己⑥,外受流言,沉迷猖獗⑦,以至于此。圣朝赦罪责功⑧,弃瑕录用⑨,推赤心于天下,安反侧于万物⑩。将军之所知,不假仆一二谈也⑪。朱鲔涉血于友于⑫,张绣剚刃于爱子⑬,汉主不以为疑,魏君待之若旧。况将军无昔人之罪,而勋重于当世。夫迷涂知返,往哲是与⑭,不远而复⑮,先典攸高⑯。主上屈法申恩,吞舟是漏⑰;将军松柏不剪⑱,亲戚安居,高台未倾⑲,爱姜尚在;悠悠尔心,亦何可言!

今功臣名将,雁行有序⑳,佩紫怀黄㉑,赞帷幄之谋㉒;乘轺建节,奉疆埸之任㉓。并刑马作誓㉔,传之子孙㉕。将军独靦颜借命㉖,驱驰毡裘之长㉗,宁不哀哉!夫以慕容超之强㉘,身送东市㉙;姚泓之盛㉚,面缚西都㉛。故知霜露所均㉜,不育异类㉝;姬汉旧邦㉞,无取杂种㉟。北虏僭盗中原㊱,多历年所㊲,恶积祸盈,理至燋烂㊳。况

---

① 朱轮华毂(gǔ):华丽的车子。毂,原指车轮中心的圆木,此处指代车舆。 ② 旄(máo):用牦牛尾装饰的旗子。此指旄节,使臣所持信物。古代高级武将持节统领一方也称"拥旄",陈伯之为江州刺史,故有此称。 ③ 鸣镝(dí):响箭。股战:大腿颤抖。 ④ 穹庐:原指少数民族居住的毡帐。这里指代北魏政权。 ⑤ 寻:寻思,探求。去就:指陈伯之弃梁投降北魏事。 ⑥ 内审:内心反复考虑。诸:"之于"的合音。 ⑦ 沉迷猖獗:沉溺迷惑,猖狂放肆。 ⑧ 赦罪责功:赦免罪过而求其建立功业。 ⑨ 弃瑕:即不计较过失。瑕,玉的斑点,此指过失。 ⑩ "推赤"二句:《后汉书·光武帝纪》:"降者更相语曰:'萧王推赤心置人腹中,安得不投死乎?'"又:汉兵诛王郎,帝得吏人与郎交关谤毁者数千章烧之曰:"令反侧子自安。"反侧子,指心怀鬼胎,疑惧不安的人。此谓梁朝以诚心待人,能使天下动摇不定的人都安定下来。 ⑪ 不假:不借助,不需要。 ⑫ "朱鲔"句:朱鲔(wěi)是王莽末年绿林军将领,曾劝说更始帝刘玄杀死了光武帝的哥哥刘伯升。光武攻洛阳,朱鲔拒守,光武遣岑彭前去劝降,转达光武之意说,建大功业的人不计小恩怨,今若降,不仅不会被杀,还能保住官爵。朱鲔乃降。涉血,同"喋血",谓杀人多流血满地,脚履血而行。友于,即兄弟。《尚书·君陈》:"惟孝友于兄弟。"此指光武帝哥哥刘伯升。 ⑬ "张绣"句:《三国志·魏书·武帝纪》:"建安二年,公(曹操)到宛。张绣降,既而悔之,复反。公与战,军败,为流矢所中。长子昂、弟子安民遇害。"建安四年,"冬十一月,张绣率众降,封列侯。"剚(zì)刃,用刀刺入人体。 ⑭ 往哲:以往的贤哲。与:赞同。 ⑮ 不远而复:指迷途不远而返回。《易·复卦》:"不远,复,无祇悔,元吉。" ⑯ 先典:古代典籍,指《易经》。攸高:所嘉许。 ⑰ "主上"二句:桓宽《盐铁论·刑德》:"明王茂其德教而缓其刑罚也。网漏吞舟之鱼。"屈法,放宽法律。申恩,申明恩惠。吞舟,这里指能吞舟的大鱼。意为皇上不惜宽松法网,给予恩典,让陈伯之不受法律的惩罚。 ⑱ 松柏:古人常在坟墓边植松柏,这里指陈伯之祖先的坟墓。不剪:谓未曾受到毁坏。 ⑲ "高台"句:桓谭《新论》:雍门周说孟尝君曰:"千秋万岁后,高台既已倾,曲池又已平。"此指陈伯之在梁的房舍住宅未被焚毁。 ⑳ 雁行:大雁飞行的行列,比喻尊卑排列有序。 ㉑ 紫:紫绶,系官印的丝带。黄:黄金印。 ㉒ 赞:佐助。帷幄,军中的帐幕。《史记·留侯世家》:上(汉高祖)曰:"运筹策帷幄中,决胜千里外,吾不如子房。" ㉓ "乘轺(yáo)"二句:指武将乘轻车竖旄节,接受保卫边疆的重任。轺,用两匹马拉的轻车,指使节乘坐之车。建节,将皇帝赐予的符节插向车上。疆埸(yì),边疆。 ㉔ 刑马:杀马。古代诸侯杀白马饮血以会盟。 ㉕ 传之子孙:梁代誓约,功臣名将的爵位可传给子孙。 ㉖ 靦(tiǎn)颜:厚着脸。借命:指苟且偷生。一作"惜命"。 ㉗ 毡裘:毛织的衣服,北方少数民族服装,这里指代北魏。长:头目。这里指拓跋族北魏君长。 ㉘ 慕容超:南燕君主。晋末宋初曾骚扰淮北,刘裕北伐将他擒获,解至建康(今南京)斩首。 ㉙ 东市:汉代长安处决犯人的地方。后泛指刑场。 ㉚ 姚泓:后秦君主。刘裕北伐破长安,姚泓出降。 ㉛ 面缚:面朝前,双手反缚于后。西都:指长安。 ㉜ 霜露所均:《礼记·中庸》:"天之所覆,地之所载,日月所照,霜露所坠。"霜露所之处,即天地之间。 ㉝ 异类:古代汉族对少数民族带侮辱性的称呼。 ㉞ 姬汉:即汉族。姬,周天子的姓。旧邦:指中原周汉的故土。 ㉟ 杂种:古代汉族对少数民族带侮辱性的称呼。 ㊱ 北虏:指北魏。虏是古代汉族对少数民族带侮辱性的称呼。僭(jiàn):假冒帝号。 ㊲ "多历"句:拓跋珪386年建立北魏,至505年已一百多年。年所,年数。 ㊳ 燋烂:溃败灭亡。燋,通"焦"。

伪孽昏狡①，自相夷戮②，部落携离③，酋豪猜贰④。方当系颈蛮邸⑤，悬首藁街⑥，而将军鱼游于沸鼎之中，燕巢于飞幕之上⑦，不亦惑乎？

暮春三月，江南草长，杂花生树，群莺乱飞。见故国之旗鼓，感平生于畴日，抚弦登陴，岂不怆悢⑧！所以廉公之思赵将⑨，吴子之泣西河⑩，人之情也，将军独无情哉？

想早励良规⑪，自求多福。当今皇帝盛明，天下安乐。白环西献⑫，楛矢东来⑬；夜郎滇池⑭，解辫请职⑮；朝鲜昌海⑯，蹶角受化⑰。唯北狄野心，掘强沙塞之间，欲延岁月之命耳⑱！中军临川殿下⑲，明德茂亲⑳，总兹戎重㉑，吊民洛汭㉒，伐罪秦中㉓，若遂不改㉔，方思仆言。聊布往怀㉕，君其详之。丘迟顿首。

【本事典实】

（天监）四年中军将军临川王宏北伐，迟为咨议参军领记室。时陈伯之在北，与魏军来距。迟以书喻之，伯之遂降。还拜中书郎，迁司徒从事中郎。七年卒官，时年四十五。所著诗赋行于世。（《梁书》卷四十九《丘迟传》）

【汇评】

其最有声者，与陈将军伯之一书耳！隗嚣反背，安丰责让，杨广附逆，伏波晓劝，咸出腹心之言，示涕泣之意，不能发其顺心，使之回首。独希范片纸，强将投戈，松柏坟墓，池台爱妾，彼虽有情，不可谓文章无与其英灵也。钟仲伟诗评云："希范取贱文通，秀于敬子。"余未唯唯。或其时尚循沈诗任笔之称，遂轻高下耳。（［明］张溥《汉魏六朝百三名家集·丘中郎集题词》）

情生意消，然而靡矣。情致绵丽自足，而古来朴健之体，至此无余矣。（［清］李兆洛《骈体文钞》卷十九）

---

① 伪孽(niè)：指北魏统治集团。昏狡：昏聩狡诈。 ② 自相夷戮：指北魏内部的自相残杀。501年，宣武帝的叔父咸阳王元禧谋反被杀。504年，北海王元祥也因起兵作乱而被囚禁而死。 ③ 携离：四分五裂。携，离。 ④ 酋豪：部落酋长。猜贰：猜忌别人有二心。 ⑤ 蛮邸：外族首领及使臣在汉族政权的京都所居的馆舍。 ⑥ 藁(gǎo)街：汉代长安街名，是少数民族居住的地方。蛮邸即设于此。二句意指北魏统治者很快就要被虏至京城，悬头示众。 ⑦ "而将军"二句：《文选》李善注引袁崧《后汉书》朱穆上疏曰："养鱼沸鼎之中，栖鸟烈火之上，用之不时，必也燋烂。"鼎，古代烹煮之器。飞幕，动荡的帐幕。《左传·襄公廿九年》："季札曰：夫子之在此也，犹燕巢于幕上。"此二句比喻陈伯之处境的危险。 ⑧ "见故国"四句：《文选》李善注引袁宏《汉献帝春秋》臧洪《报袁绍书》："每登城勒兵，望主人之旗鼓，感故交之绸缪，抚弦搦矢，不觉涕流之覆面也。"陴(pí)：城上女墙。怆悢(chuàng liàng)：悲伤。 ⑨ "所以"句：《史记·廉颇蔺相如列传》："廉颇居梁久之，魏不能信用。赵以数困于秦兵，赵王思复得廉颇，廉颇亦思复用于赵。"思赵将，想复为赵国之将。 ⑩ "吴子"句：《吕氏春秋·观表》载，吴起为魏国守西河（今陕西韩城市一带）。魏武侯听信谗言，使人召回吴起。吴起预料西河必为秦所夺取，故车至于岸门，望西河而泣。后西河果为秦所得。 ⑪ 想：瞩望，盼望。励：勉励，引申为做出。良规：妥善的安排。 ⑫ 白环西献：《文选》李善注引《世本》："舜时，西王母献白环及佩。" ⑬ 楛(hù)矢：用楛木做的箭。《文选》李善注引《孔子家语》："孔子曰：昔武王克商，于是肃慎氏贡楛矢石砮。"肃慎氏，东北的少数民族。 ⑭ 夜郎：今贵州桐梓县一带。滇池：今云南昆明市附近。均为汉代西南方国名。 ⑮ 解辫请职：解开盘结的发辫，改从汉俗，请求封职。即表示愿意归顺。 ⑯ 昌海：西域国名。即今新疆罗布泊。 ⑰ 蹶(jué)角：以额角叩地。受化：接受教化。 ⑱ "掘强"二句：《汉书·伍被传》载，伍被说淮南王曰："东保会稽，南通劲越，屈强江、淮之间，可以延岁月之寿耳。"掘强，即倔强。沙塞，沙漠边塞。 ⑲ 中军临川殿下：指萧宏。时临川王萧宏任中军将军，天监四年(505)，奉命北伐。殿下，对王侯的尊称。 ⑳ 茂亲：至亲。指萧宏为梁武帝萧衍之弟。 ㉑ 总：总领，主持。戎重：军事重任。 ㉒ 吊民：慰问老百姓。洛汭：洛水汇入黄河的洛阳、巩县一带。汭(ruì)，水流限曲处。 ㉓ 秦中：指北魏。今陕西中部地区。 ㉔ 遂：终于。 ㉕ 聊布：聊且陈述。往怀：往日的友情。

【赏析】

本文是丘迟的代表作,是一篇脍炙人口的招降文字。本文旨在招陈伯之弃北魏而复归于梁朝,义正词严,娓娓动听,为六朝骈文名篇。明人张溥说:"其(丘迟)最有声者,与陈将军伯之一书耳!"(《汉魏六朝百三名家集题词》)

陈伯之本为南齐冠军将军、骠骑司马。后归降梁武帝。梁时为江州刺史,封丰城县公。天监元年(502)率部投降北魏,为散骑常侍、都督淮南诸军事、平南将军、光禄大夫、曲江县侯。天监四年(505),梁武帝命临川王萧宏率军北征,陈伯之领兵对抗。萧宏命记室丘迟作此书劝陈伯之归降。这封信从南北战场的形势、双方军事力量的对比、个人的前途和他目前危险处境等方面着笔,不仅有晓之以利害和申之以大义的正面劝告,更以江南的春景和浓郁的乡情引动对方的故国之思,文辞委曲婉转,声情并茂。史载陈伯之于第二年三月在寿阳(今安徽寿县)率八千士兵归梁(参见《梁书》卷二十《陈伯之传》)。

本文具有强烈的艺术感染力,主要得益于作者高超的艺术手法。首先,本文在表现形式上成功地运用了对比的艺术手法。先用纵向对比,文章开头将陈伯之当年归附梁朝及今日投降北魏的不同境况进行比较,形成强烈的反差,于叙事之中寄寓褒贬之情,在对照之中蕴含劝诫之意。作者先热情洋溢地称赞陈伯之具有雄才大略和鸿鹄之志,在齐梁改朝换代之际,能顺天应人,弃暗投明,建功立业,得到贤明君主梁武帝的信用。"开国称孤,朱轮华毂,拥旄千里,何其壮也!"寥寥数语,就将陈伯之昔日在梁权尊势重的显赫声威表现得淋漓尽致。作者这样写,其意在于逗引起陈伯之对已经逝去的荣华富贵的眷恋之情。接下来,作者转换谈锋,由褒扬而贬抑。说陈伯之反梁投魏后,"闻鸣镝而股战,对穹庐以屈膝"。写他这种屈辱的处境,是为了激发他的羞耻之心。昔日威风凛凛,沐浴皇恩,"何其壮也"!今日战战兢兢,卑躬屈膝,"又何劣邪"!两相对照,泾渭分明。在这种强烈的纵向比较中,表明了自己的劝降意图。再用横比。在第三段中将陈伯之与梁朝大臣的不同处境进行比较,劝其审时度势,把握时机,及早归梁。作者先摆出梁朝功臣名将各居要位,各尽其责的情况,文臣谋划军国大事,武将担当戍边重任。他们都安富尊荣,竭力尽思,其爵位也能够代代相传。接着作者斥责陈伯之厚颜偷生,为北魏集团奔走效命,境况之可悲犹如"鱼游于沸鼎之中,燕巢于飞幕之上"。陈伯之这样的人,是很看重功名利禄和个人安危的,作者揣摩透了陈伯之的心理,有的放矢,通过对比叙述,意在唤起他对目前处境的不满和不安,促使他产生弃魏投梁的念头。作者不仅从小处着墨,围绕着陈伯之自身的荣辱得失进行纵横对比,而且还从大处着眼,即在第三段与第五段中将北魏与梁朝作横向比较,向陈伯之讲明目前形势:北魏统治集团内部钩心斗角,自相残杀,日薄西山,气息奄奄;而梁朝"皇帝盛明,天下安乐","白环西献,楛矢东来",四海归心,八方臣服,唯有北魏负隅顽抗,苟延残喘。作者以高屋建瓴的气势总揽全局,从宏观上指明梁朝蒸蒸日上,繁荣昌盛;北魏日暮途穷,朝不保夕。在这去就关键之际,讲明形势,晓以利害,就让陈伯之清楚地认识到大势所趋,人心所向。

其次，作者在劝降时不仅晓之以理，而且动之以情，情理俱备，委婉含蓄。作者对陈伯之过去的所作所为了如指掌，对他现在的处境及内心矛盾也洞若观火，考虑到他是个握有重兵的头面人物，向他劝降，必须讲究策略和方法，因此，作者对他离梁投魏的不光彩行径只略作点染，话说得很有分寸，认为他一时糊涂，听信了流言，这是为他开脱了罪责。作者推心置腹，坦诚相谈，既热情地肯定了他的英勇和才干，又客观地指出了他不慎误入歧途。作者对他的批评是严肃的，但更多的是动人肺腑的娓娓劝说，或讲明梁朝"赦罪责功，弃瑕录用。推赤心于天下，安反侧于万物"的宽大政策；或援引"朱鲔涉血于友于，张绣剚刃于爱子，汉主不以为疑，魏君待之若旧"的历史事实，以此表明梁朝招降的诚心实意，解除陈伯之的后顾之忧；或用梁朝安抚措施对他进行感化："将军松柏不剪，亲戚安居，高台未倾，爱妾尚在"；或饱蘸感情，描绘南国的秀美景色："暮春三月，江南草长，杂花生树，群莺乱飞"，以激发他的思乡之情。这一系列叙事抒情文字，既是劝陈伯之幡然悔悟，又寄寓着作者的殷切期望。本文围绕着"情"字作文章，具有荡气回肠的感人力量，让陈伯之感到处处是在为他着想，是在真心实意地帮助他认清前途，摆脱困境。

本文虽是骈文，但用典不僻，语言晓畅。全文主要使用骈体双行的四六句式，又加以参差变化，节律谐和，具有一种音乐美，体现了齐梁骈文讲求声律美的特色。

（张天来）

备选课文

归　田　赋　　[汉] 张　衡

游都邑以永久，无明略以佐时；徒临川以羡鱼，俟河清乎未期。感蔡子之慷慨，从唐生以决疑；谅天道之微昧，追渔父以同嬉。超埃尘以遐逝，与世事乎长辞。

于是仲春令月，时和气清，原隰郁茂，百草滋荣。王雎鼓翼，鸧鹒哀鸣，交颈颉颃，关关嘤嘤。于焉逍遥，聊以娱情。

尔乃龙吟方泽，虎啸山丘。仰飞纤缴，俯钓长流。触矢而毙，贪饵吞钩。落云间之逸禽，悬渊沉之鲈鳎。

于时曜灵俄景，继以望舒，极般游之至乐，虽日夕而忘劬。感老氏之遗诫，将回驾乎蓬庐。弹五弦之妙指，咏周、孔之图书。挥翰墨以奋藻，陈三皇之轨模。苟纵心于物外，安知荣辱之所如！

思旧赋　并序　　[晋] 向　秀

余与嵇康、吕安居止接近，其人并有不羁之才；然嵇志远而疏，吕心旷而放，其后各以事见法。嵇博综技艺，于丝竹特妙。临当就命，顾视日影，索琴而弹之。余逝将西迈，经其旧庐。于时日薄虞渊，寒冰凄然。邻人有吹笛者，发音寥亮。追思曩昔游宴之好，感音而叹，故作赋云：

将命适于远京兮，遂旋反而北徂。济黄河以泛舟兮，经山阳之旧居。瞻旷野之萧条兮，息予驾乎城隅。践二子之遗迹兮，历穷巷之空庐。叹《黍离》之愍周兮，悲《麦秀》于殷墟。惟古昔以怀人兮，心徘徊以踌躇。栋宇存而弗毁兮，形神逝其焉如！昔李斯之受罪兮，叹黄犬而长吟。悼嵇生之永辞兮，顾日影而弹琴。托运遇于领会兮，寄余命于寸阴。听鸣笛之慷慨兮，妙声绝而复寻。停驾言其将迈兮，遂援翰而写心！

网络链接

《登楼赋》的楼址在哪里？

参考书目

姜书阁《汉赋通义》，齐鲁书社 1989 年

马积高《赋史》，上海古籍出版社 1987 年

万光治《汉赋通论》，巴蜀书社 1989 年

叶幼铭《辞赋通论》，湖南教育出版社 1991 年

尹赛夫等《中国历代赋选》，山西人民出版社 1990 年

曹明纲《赋学概论》，上海古籍出版社 1998 年

熊选光《汉魏六朝散文选注》，岳麓书社 1998 年

思考与练习

1. 回忆中学已学的几篇赋，比较其形式（骈、散）、风格、内容之异同。

2.《与陈伯之书》是我国古代有名的书信体散文之一，回忆中学还学过哪些文言书信体散文，各有何特色？

3. 试以远离家乡的学子口气写一封给母亲（或父亲）的信，不得少于 600 字。（家在本市的可写给亲友）

慕课资源

【总论】

俪采百字之偶,争价一句之奇;情必极貌以写物,辞必穷力而追新:此近世之所竞也。([南朝梁]刘勰《文心雕龙·明诗》)

(高祖)旁求儒雅,诏采异人,文章之盛,焕乎俱集。其在位者,则沈约、江淹、任昉,并以文采妙绝当时;至若彭城到沆、吴兴丘迟、东海王僧孺、吴郡张率……皆后来之选也。([唐]姚思廉《梁书·文学传序》)

永明末,盛为文章。吴兴沈约、陈郡谢朓、琅琊王融以气类相推毂。汝南周颙善识声韵,为文皆用宫商;以平上去入为四声,以此制韵,有平头、上尾、蜂腰、鹤膝;五字之中,音韵悉异,两句之内,角徵不同,不可增减,世呼为永明体。([唐]李延寿《南史·陆厥传》)

齐永明中,王融、谢朓、沈约文章,始用四声,以为新变。至是转拘声韵,弥为丽靡。(同上书《庾肩吾传》)

陶 渊 明

陶渊明(363—427),字元亮,一说名潜,字渊明。自号"五柳先生",身后被尊称为"靖节先生"。浔阳柴桑(今江西九江市)人。其曾祖父是东晋名臣陶侃,官大司马;祖父、父亲都曾任郡太守一类的官职。但到陶渊明时,家道中落,生活比较艰难。

年轻时代的陶渊明,颇有用世之志,希望在仕途上有所作为。他二十九岁出仕,曾任江州祭酒、镇军参军、彭泽令等职。身处晋宋交替之际,官场倾轧,仕途黑暗,他立身高洁,不肯同流合污,四十一岁即弃官归隐。

陶渊明是古代文学史上最重要的田园诗人。其诗格高韵逸,充满了对污浊官场的厌恶、对自然田园的喜爱,风格自然质朴,意境高远,韵味悠长。他的人品以及诗歌都得到了后人推崇,是文学史上极有影响的伟大诗人。

【集评】

(陶潜)古今隐逸诗人之宗。([南朝梁]钟嵘《诗品》卷中)

其文章不群，词采精拔；跌宕昭章，独超众类；抑扬爽朗，莫之与京。横素波而傍流，干青云而直上。语时事则指而可想，论怀抱则旷而且真。加以贞志不休，安道苦节，不以躬耕为耻，不以无财为病，自非大贤笃志，与道污隆，孰能如此乎！余爱嗜其文，不能释手，尚想其德，恨不同时。（［南朝梁］萧统《陶渊明集序》）

吾于诗人无所甚好，独好渊明之诗。渊明作诗不多，然其诗质而实绮，癯而实腴。自曹、刘、鲍、谢、李、杜诸人皆莫及也。　所贵于枯淡者，谓外枯而中膏，似淡而实美，渊明、子厚之流是也。若中边皆枯，亦何足道。（［宋］苏轼《东坡诗话录》）

渊明当忧则忧，当喜则喜，忽然忧乐两忘，则随寓皆适，未尝有择于其间，所谓超世遗物者。　渊明意趣真古，清淡之宗。诗家视渊明，犹孔明视伯夷也。（［宋］蔡絛《西清诗话》）

陶渊明诗人皆说是平淡。据某看，他自豪放，但豪放得来不觉耳。其露出本相者是《咏荆轲》一篇，平淡底人如何说得这样言语出来。（［宋］朱熹《朱子语类》卷一四〇）

陶潜胸次浩然，吐弃人间一切，故其诗俱不从人间得。诗家之方外，别有三昧也。（［清］叶燮《原诗》外篇下）

自来言情之真者，无如靖节。（［清］王寿昌《小清华园诗谈》）

陶诗胸次浩然，其中有一段渊深朴茂不可到处。唐人祖述者，王右丞有其清腴，孟山人有其闲远，储太祝有其朴实，韦左司有其冲和，柳仪曹有其峻洁：皆学焉而得其性之所近。（［清］沈德潜《说诗晬语》卷上）

陶公诗，一往真气，自胸中流出，字字雅淡，字字沉痛，盖系心君国，不异《离骚》，特变其面目耳。（［清］施补华《岘佣说诗》）

读《山海经》①

孟夏草木长②，绕屋树扶疏③。众鸟欣有托，吾亦爱吾庐。既耕亦已种，时还读我书。穷巷隔深辙④，颇回故人车⑤。欢言酌春酒，摘我园中蔬。微雨从东来，好风与之俱。泛览《周王传》⑥，流观《山海图》⑦。俯仰终宇宙⑧，不乐复何如？

【汇评】

陶渊明如"孟夏草木长，绕屋树扶疏……微雨从东来，好风与之俱"，如"结庐在人境，而无车马喧。问君何能尔？心远地自偏。采菊东篱下，悠然见南山。山气日夕佳，飞鸟相与还"，此皆与万物各适其适，气象已好，又触兴而发，有自然之工。（［宋］陈模《怀古录》）

---

①《山海经》：我国古代地理名著，十八卷。作者不详。内容为民间传说中的地理知识，包括山川、道里、民族、物产、药物、祭祀、巫医等，保存了不少远古的神话传说。陶渊明有《读山海经》组诗十三首，本篇为第一首，写隐居多闲，耕种之余泛览图书之乐趣。　②孟夏：夏历四月。　③扶疏：繁茂，指树木枝叶纷披的样子。　④穷：偏僻。隔：隔断，指不便大车来往。深辙：大车的车辙。　⑤回：使动用法，使掉转。　⑥《周王传》：指《穆天子传》，这是一部夹杂着许多神话传说的游记，记周穆王西游的故事。　⑦《山海图》：据云《山海经》有古图，亦有汉所传图。郭璞有《山海经图赞》。　⑧"俯仰"句：句意是说俯仰之间就可以极尽宇宙之事。俯仰，低头抬头之间。终，穷尽。

此诗凡十三首,皆记二书所载事物之异,而此发端一篇,特以写幽居自得之趣耳。观其"众鸟有托""吾爱吾庐"等语,隐然有万物各得其所之妙,则其俯仰宇宙,而为乐可知矣。([元]刘履《选诗补注》卷五)

陈仲醇曰:予谓渊明诗此篇最佳。咏歌再三,可想陶然之趣。"欲辨忘言"之句,稍涉巧,不必愈此。([清]温汝能纂集《陶诗汇评》卷四引)

此篇是渊明偶有所得,自然流出,所谓不见斧凿痕也。大约诗之妙以自然为造极。陶诗率近自然,而此首更令人不可思议,神妙极矣。([清]温汝能纂集《陶诗汇评》卷四)

钟嵘《诗品》谓阮籍《咏怀》之作,"言在耳目之内,情寄八荒之表"。余谓渊明《读山海经》言在八荒之表,而情甚亲切,尤诗之深致也。([清]刘熙载《艺概·诗概》)

"穷巷"二句意悲。屈子曰:"国无人莫我知兮。"尚友古人以此。 "微雨"十字,此境萧萧,以自然为佳,高于唐而不及汉。 结语浩大,胸罗千古,调亦似《十九首》。([清]陈祚明《采菽堂古诗选》卷十四)

此篇之佳在尺幅平远,故托体大。如托体小者,虽有佳致,亦山人诗尔。"少无适俗韵""结庐在人境""万族各有托",不满余意者以此。"微雨从东来"二句,不但兴会佳绝,安顿尤好,若系之"吾亦爱吾庐"之下,正作两分两搭,局量狭小,虽佳亦不足存。([清]王夫之《古诗评选》卷四)

【赏析】

此诗写陶渊明辞官归隐后的淡泊自然的生活和怡然自得的心态。全诗紧扣一"读"字。诚如清人吴淇所云:"孟夏"二句为好读书之时;"众鸟"二句为好读书之所;"既耕"二句,生务将毕(实指读书之经济基础);"穷巷"二句,人客不到,正好读书;"微雨"二句,好读书之景;"泛览"二句,好读书之法。(《六朝选诗定论》)此诗假《山海经》"为放诞幽旷之词,所以轻世而肆志也"。(潘德舆语)陶渊明诗,"专取其真,事真景真,情真理真,不烦绳削而自合",此首更堪为自然之最,故陈仲醇曰,"予谓陶渊明诗此篇最佳"。(《陶诗汇评》引)

(王步高)

鲍 照

鲍照(412?—466),字明远,东海(今江苏涟水)人。出身寒素,曾官临海王刘子顼前军参军,世称鲍参军。后子顼起兵作乱,鲍照死于兵乱。其诗题材较为广泛,强烈抨击当时的世族制度,多抒写怀才不遇之情怀,风格劲健,富有文采。他是刘宋时著名文学家,与谢灵运、颜延之同时,合称为"元嘉三大家",相比而言,鲍照成就更高。他对七言诗的发展有重要贡献,对唐代诗歌有一定影响。

【集评】

发唱惊挺,操调险急,雕藻淫艳,倾炫心魂,亦犹五色之有红紫,八音之有郑卫。斯鲍照之遗烈也。

《南齐书·文学传论》）

俊逸鲍参军。（[唐]杜甫《春日忆李白》）

六朝文气衰缓，唯刘越石、鲍明远有西汉气骨，李杜筋取此。（[元]陈绎曾《诗谱》）

鲍参军灵心妙舌，乐府第一手，五言古却又沉至。　鲍照能以古诗声格作乐府，以五言性情入七言，别有奇响异趣。（[明]钟惺、谭元春《古诗归》）

诗至明远已发露无余，李、杜、元、白皆从此出也。钟记室谓其"含景阳之诙诡，兼茂先之靡曼"，知之最深，然亦具太冲之瑰奇。（[清]何焯《义门读书记》卷四十七）

明远乐府，如五丁凿山，开人世所未有，后太白往往效之。五言古亦在颜、谢之间。　抗音吐怀，每成亮节，其高处远轶机、云，上追操、植。　五言古雕琢，与谢公相似，自然处不及。（[清]沈德潜《古诗源》卷十一）

代出自蓟北门行①

羽檄起边亭，烽火入咸阳②。征骑屯广武，分兵救朔方③。严秋筋竿劲④，虏阵精且强。天子按剑怒，使者遥相望。雁行缘石径，鱼贯度飞梁⑤。箫鼓流汉思，旌甲被胡霜。疾风冲塞起，沙砾自飘扬。马毛缩如猬，角弓不可张⑥。时危见臣节，世乱识忠良。投躯报明主，身死为国殇⑦。

【汇评】

只是操调险急，故下无懦响，虽温厚之意稍衰，然却奇峻。又云："汉思""胡霜"绝妙，此皆苦思深语，然亦何伤其俊逸。（[明]孙鑛《文选集评》）

写出一时声息之紧，应敌之猝，师行之速，征途之苦，许国之勇，短幅中气势奕奕生动，真神工也。（[明]方伯海《文选集评》）

此拟立功边塞之作。前八用逆笔，先就边境征兵，胡强主怒叙起，为壮士立功之会写一排场。中八落出从军，铺写途路劳苦。朔方早寒，故多在寒上设色。后四收到立节效忠，偏以不吉祥语，显出无退悔心，悲壮淋漓。（[清]张玉毂《古诗赏析》卷十七）

此从军出塞之作，蓟北多烈士，故托言之。起四句，叙题有原委，简洁。　"严秋"十二句，写边塞战场情景，激壮苍凉悲慨，使人神魂飞越。"雁行"以下，一字不平转。"时危"四句，收作归宿，为豪宕，不为凄凉，以解为悲，从屈子来。（[清]方东树《昭昧詹言》卷六）

---

① 本篇为拟乐府诗，《乐府解题》说："《出自蓟北门行》，其致与《从军行》同，而兼言燕、蓟风物及突骑勇悍之状。"代，拟代，表示不是乐府的原题。　②"羽檄"二句：羽檄，古代紧急军事文书，常插以羽毛以示疾速。边亭，边境上驻兵防守敌寇的城堡。烽火，边防防敌报警的信号，于边境筑高台，寇至则燃火冒狼烟报警，称烽火台。此处，"羽檄"与"烽火"，均表示边关告急。咸阳，秦朝京都，这里泛指京城。　③"征骑"二句：广武，县名，在今山西代县西。朔方，郡名，在今山西以北，内蒙古以南。　④ 严秋：肃杀的秋天。筋竿：指弓箭。　⑤"雁行"二句：雁行、鱼贯，形容军队整齐地列队行进。　⑥"马毛"二句：形容天气奇寒，马毛蜷缩像刺猬，弓箭也拉不开了。　⑦ 国殇：为国战斗而牺牲。

【赏析】

本诗是一首优秀的边塞诗,歌颂爱国将士保家卫国不惜牺牲的献身精神。全诗形成一个明晰的叙事结构,开首展现了紧张的边塞军情,敌人入侵且势力强大,所谓"严秋筋竿劲,虏阵精且强"。其后写艰苦的行军和边塞气候的恶劣,再写将士的英勇献身。作者善于运用环境和气氛烘托手法,正如诗中所道:"时危见臣节,世乱识忠良。"敌人军力强大,边塞环境恶劣,都预示了这场战争是一场艰苦的血战,而将士们面临强大敌人和恶劣气候,英勇作战,视死如归,从而展示了将士英勇无畏的爱国精神。在南朝诗歌中,这类边塞诗可谓凤毛麟角,十分罕见,所以尤为可贵。从意境而言,本诗直接影响到盛唐边塞诗,如"疾风冲塞起,沙砾自飘扬。马毛缩如猬,角弓不可张",后来岑参的边塞作品,便承袭了这一意境。

(王德保)

谢 朓

谢朓(464—499),字玄晖,陈郡阳夏(今属河南太康)人,曾任宣城太守,世称"谢宣城",与谢灵运同宗齐名,称"小谢"。齐东昏侯永元元年,因事下狱死。他与沈约等人同为"永明体"的代表诗人,其诗长于描摹山水胜景,往往融情于景,风格清新典丽,颇多名章迥句,是继谢灵运之后重要的山水诗人,为李白所敬重。

【集评】

其源出于谢混,微伤细密,颇在不伦。一章之中,自有玉石。然奇章秀句,往往警遒。足使叔源失步,明远变色。善自发诗端,而末篇多踬,此意锐而才弱也。([南朝梁]钟嵘《诗品》卷中)

(谢)朓善草隶,长五言诗。沈约常云:二百年来无此诗也。([南朝梁]萧子显《南齐书·本传》)

谢朓之诗已有全篇似唐人者。([宋]严羽《沧浪诗话》)

藏险怪于意外,发自然于句中。齐梁以下,造语皆出此。([元]陈绎曾《诗谱》)

玄晖不唯工发端,撰造精丽,风华映人,一时之杰。青莲目无往古,独三四称服,形之词咏。([明]王世贞《艺苑卮言》卷三)

齐人寥寥,谢玄晖独有一代,以灵心妙悟,觉笔墨之中,笔墨之外,别有一般深情名理。元长诸人未齐肩背。([清]沈德潜《说诗晬语》卷上)

康乐每板拙,玄晖多清俊,然诗品终在康乐下,能清不能厚也。([清]沈德潜《古诗源》卷十二)

高秀绝尘,直开三唐诸公妙境,不可思议。([清]叶矫然《龙性堂诗话》)

玄晖别具一幅笔墨,开齐、梁而冠乎齐、梁,不第独步齐、梁,直是独步千古。盖前乎此,后乎此,未有若此者也。本传以"清丽"称之,休文以"奇响"推之,而详著之曰:"调与金石谐,思逐风云上。"太白称其

"清发""惊人"。玄晖自云："圆美流畅如弹丸。"以此数者求之,其于谢诗思过半矣。 玄晖诗,如花之初放,月之初盈,骀荡之情,圆满之辉,令人魂醉。只是思深,语意含蓄,不肯说煞说尽,至其音响亦然。([清]方东树《昭昧詹言》卷七)

<h2 style="text-align:center">晚登三山还望京邑①</h2>

　　灞涘望长安,河阳视京县②。白日丽飞甍③,参差皆可见。余霞散成绮,澄江静如练。喧鸟覆春洲,杂英满芳甸。去矣方滞淫,怀哉罢欢宴。佳期怅何许,泪下如流霰④。有情知望乡,谁能鬒不变⑤?

【汇评】

　　诗有天然物色,以五彩比之而不及。由是言之,假色不如天然。中手倚傍者,如"余霞散成绮,澄江静如练",此皆假物色比象,力弱不堪也。([日本]遍照金刚《文镜秘府论》)

　　起句以长安、洛阳拟金陵,用王粲、潘岳二诗,极佳。([元]方回《文选颜鲍谢诗评》卷三)

　　"余霞散成绮,澄江静如练"景色最佳,此得象最深处。又"花树杂为锦,月池皎如练"则象浅而韵钝矣,以月池之景,练不足以言之。([明]陆时雍《古诗镜》)

　　一起一结,情绪相应,法既密而志复显。 澄江如练,洵称名句。茂秦谓"澄"字与"静"字意叠,非也。澄是江之形,静是江之性。惟澄故静,不加澄字,何见其静乎?出句亦佳。 题是望京,清天霁景,故一望在目。"澄江"二句,景中有情,"绮霞散飞"正是霁色,与"澄江"句亦复相关。若两景互乖,则两伤在合矣。([清]陈祚明《采菽堂古诗选》)

【赏析】

　　本诗约作于齐明帝建武二年(495),作者出任宣城太守初离京城之时,写诗人登三山所见美景以及望京邑所引起的思乡之情,是谢朓写景诗的代表作。诗的主要特点是以明丽的景色反衬凄婉的心境,诗人用绚丽的笔触描绘建康城周围春日景物,又用低沉的笔调抒写去国怀乡之情。作者自小生长于京城,早已将此地视为自己的故乡,在如此美丽的春景之下,外放为官,情何以堪?全诗意境优美动人,语言清丽自然。"白日"以下六句,将三幅色彩绚丽的画面有机地组织起来,远近、大小、动静、高低,相对统一,层次分明,显得和谐完美。"余霞"两句,比喻生动新奇,又无雕琢痕迹,曾为大诗人李白所激赏。

(王德保)

---

　　① 三山:在今南京西南的长江南岸。京邑:指当时的京城建康,今南京市。 ② "灞涘"二句:灞涘(sì),灞水岸,王粲《七哀诗》:"南登灞陵岸,回首望长安。"河阳,晋代县名,在今河南孟州市。京县,指西晋京城洛阳。潘岳《河阳县》:"引领望京室,南路在伐柯。"此二句是以古人的望京跟自己的望京作类比。 ③ 飞甍(méng):古建筑飞耸的屋脊。 ④ 霰(xiàn):雪珠。 ⑤ 鬒(zhěn):形容黑发的稠美。

南朝乐府民歌

【集评】

　　自晋迁江左，下逮隋唐，德泽浸微，风化不竞，去圣逾远，繁音日滋。艳曲兴于南朝，胡音生于北俗。哀音靡曼之辞，迭作并起，流而忘反，以至陵夷。原其所由，盖不能制雅乐以相变，大抵多溺于郑、卫，由是新声炽而雅音废矣。（[宋]郭茂倩《乐府诗集》卷六十一）

　　其不同于汉民间者约有三点：其一，体裁简短。大抵皆五方四句之小诗，与汉之多长篇者异。其二，风格巧艳。缠绵悱恻，摇荡心魂。民歌则游戏于双关，文人则驰骋于声韵，于恋情并多大胆之白描。此与汉之质朴温雅者异。其三，内容单调。汉乐府民歌普及于社会之各方面，南朝则纯为一种以女性为中心之艳情讴歌，几于千篇一律。（萧涤非《汉魏六朝乐府文学史》第五编）

西　洲　曲

　　忆梅下西洲①，折梅寄江北。单衫杏子红②，双鬓鸦雏色③。西洲在何处，两桨桥头渡。日暮伯劳飞④，风吹乌臼树⑤。树下即门前，门中露翠钿⑥。开门郎不至，出门采红莲。采莲南塘秋，莲花过人头。低头弄莲子⑦，莲子青如水⑧。置莲怀袖中⑨，莲心彻底红⑩。忆郎郎不至，仰首望飞鸿⑪。鸿飞满西洲，望郎上青楼⑫。楼高望不见，尽日栏杆头⑬。栏杆十二曲⑭，垂手明如玉。卷帘天自高，海水摇空绿⑮。海水梦悠悠⑯，君愁我亦愁。南风知我意，吹梦到西洲。

【汇评】

　　试看此一曲中，拆开分看，有多少绝句。然相续相生，音节幽亮。虽其下愈尽，而其上愈含蓄可味，何情绪之多也。　"仰首望飞鸿"：有不语含情之妙。"尽日栏杆头"：禁不得。"海水摇空绿"：情中境语，如登临眺览诗最难。"吹梦到西洲"：人忆梅，风吹梦，清幻之极。（[明]钟惺、谭元春《古诗归》）

　　梁武《西洲曲》绝似《子夜歌》，累叠而成，语语浑称，风格最老。　老秀，清如冰壶，艳如红玉。（[明]陆时雍《诗镜总论》《古诗镜》卷十七）

---

　　① 下：到，往。西洲：地名不详。　② 单衫：单衣。　③ 鸦雏色：像小乌鸦羽毛一样的颜色。言其润泽乌黑。　④ 伯劳：鸟名，仲夏开始鸣叫，喜欢单栖。　⑤ 乌臼树：落叶乔木，高约二丈，夏季开花。　⑥ 翠钿：用翠玉做成或镶嵌的首饰。　⑦ 莲子：双关语，谐"怜子"，即怜爱你。　⑧ 莲子青如水：隐喻爱情的纯洁。　⑨ 怀袖：偏义复词，指"怀"。　⑩ 莲心：谐"怜心"。彻底红：指红莲花的蕊和瓣自外至里透着娇嫩的红色。喻爱情的炽烈。　⑪ 望飞鸿：指盼望音信。古代有鸿雁传书的传说。　⑫ 青楼：漆成青色的楼。汉魏六朝时指女子所居，唐代以后多指妓院。　⑬ 尽日：终日。　⑭ 曲：转折。　⑮ 海水：指江水。摇空绿：江水空自摇荡。　⑯ 悠悠：邈远。

《西洲曲》摇曳轻飏，六朝乐府之最艳者。初唐刘希夷、张若虚七言古诗皆从此出，言情之绝唱也。

段段绾合，具有变态。由树及门，由门望路，自然过渡。尤妙在"开门露翠钿"句可画。借翠字生出红莲，红字借过人头生出"低头"句。"莲子""莲心""青""红"二字相生不对，忽又漾下红莲，生出飞鸿。从飞鸿度登楼，从登楼见高天海水，情自近而之远，自浅而之深，无可奈何而托之于梦，甚至梦借风吹缥缈幻忽，无聊之思，如游丝随风浮萍逐水，不独无地无物，尽属感伤；无时无刻暂蠲愁绪矣。太白尤亹亹于斯，每希规似，长干之曲竟作粉本，至如海水摇空绿，寄愁明月，随风夜郎，并相蹈袭。故知此诗诚唐人所心慕手追而究莫能逮者也。（［清］陈祚明《采菽堂古诗选》）

五古换韵，《十九首》中已有。然四句一换韵者，当以《西洲曲》为宗。（［清］张笃庆《师友诗传录》）

续续相生，连跗接萼，摇曳无穷，情味愈出。 似绝句数首，攒簇而成，乐府中又生一体。初唐张若虚、刘希夷七言古发源于此。（［清］沈德潜《古诗源》）

【赏析】

《西洲曲》的作者，历来说法不一。一般认为它是民歌，后来经过文人的加工润色。《玉台新咏》最早著录此诗，题为江淹作；《乐府诗集》将它归入"杂曲歌辞"；《古诗源》则题为梁武帝萧衍作。

此诗勾画了几幅寓满浓厚情思的画面，描述一个女子对情人从春到秋、从早到晚的无尽相思。开头六句追叙女子在梅花盛开的季节与情人相会及一年后折梅寄赠的情景。"日暮"六句写女子在日暮门前乌桕树下对情人的怀念和等待。"采莲"六句写女子南塘采莲时的痴情相思。"忆郎"八句写女子登楼凭栏远眺，盼望情人早日归来。最后六句写女子凭窗凝视，平日不能和情人相见，只好希望在梦里相会。这是一首具有一定情节的抒情诗。诗人选取具有特征的景物，如"日暮伯劳飞""采莲南塘秋"等，烘托女子的内心活动。通过细节描写来表现相思之情，如"折梅""采莲""望飞鸿"等。诗中多用顶真、谐音双关等修辞手法，回环反复，声情摇曳。全诗四句一换韵，富于变化，音韵流美，情调缠绵悱恻，隐约朦胧，颇有艺术感染力，对后代诗歌影响较大。

（韩建立　陈珊珊）

备选课文

移　居　［东晋］陶渊明

昔欲居南村，非为卜其宅；闻多素心人，乐与数晨夕。怀此颇有年，今日从兹役。弊庐何必广，取足蔽床席。邻曲时时来，抗言谈在昔。奇文共欣赏，疑义相与析。

杂　诗　［东晋］陶渊明

白日沦西阿，素月出东岭，遥遥万里辉，荡荡空中景。风来入房户，中夜枕席冷。气变悟时易，不眠知夕永。欲言无予和，挥杯劝孤影。日月掷人去，有志不获骋；念此怀悲凄，终晓不能静。

拟 咏 怀（选二）　[北周]庾 信

楚材称晋用，秦臣即赵冠。离宫延子产，羁旅接陈完。寓卫非所寓，安齐独未安。雪泣悲去鲁，凄然忆相韩。唯彼穷途恸，知余行路难。

榆关断音信，汉使绝经过。胡笳落泪曲，羌笛断肠歌。纤腰减束素，别泪损横波。恨心终不歇，红颜无复多。枯木期填海，青山望断河。

参考书目

王瑶《陶渊明集注》，人民文学出版社 1957 年

逯钦立《陶渊明集校注》，人民文学出版社 1979 年

许逸民校辑《陶渊明年谱》，中华书局 1986 年

北京大学中文系、北京师大中文系《陶渊明研究资料汇编》，中华书局 1962 年

王步高编《历代田园诗词选》，江苏文艺出版社 1991 年

鲁同群《庾信传论》，天津人民出版社 1997 年

罗宗强《魏晋南北朝文学思想史》，中华书局 2002 年

网络链接

① 陶渊明属于哪个民族？　② "西洲"悠悠在何处？

思考与练习

1. 结合中小学已学陶渊明诗文，你对陶渊明印象最深的是什么？

2. 前人对六朝诗否定较多，为什么近年这种观点不再那么盛行？ 尤其是对宫体诗的批评减少了，为什么？

慕课资源

【总论】

有唐三百年诗,众体备矣。故有往体、近体、长短篇、五七言律句绝句等制,莫不兴于始,成于中,流于变,而陂之于终。至于声律兴象,文词理致,各有品格高下之不同。略而言之,则有初唐、盛唐、中唐、晚唐之不同。详而分之,贞观、永徽之时,虞、魏诸公,稍离旧习,王、杨、卢、骆,因加美丽,刘希夷有闺帏之作,上官仪有婉媚之体,此初唐之始制也;神龙以还,洎开元初,陈子昂古风雅正,李巨山文章宿老,沈、宋之新声,苏、张之大手笔,此初唐之渐盛也;开元、天宝间,则有李翰林之飘逸,杜工部之沉郁,孟襄阳之清雅,王右丞之精致,储光羲之真率,王昌龄之声俊,高适、岑参之悲壮,李颀、常建之超凡,此盛唐之盛者也;大历、贞元中,则有韦苏州之雅澹,刘随州之闲旷,钱、郎之清赡,皇甫之冲秀,秦公绪之山林,李从一之台阁,此中唐之再盛也;下暨元和之际,则有柳愚溪之超然复古,韩昌黎之博大其词,张、王乐府,得其故实,元、白序事,务在分明,与夫李贺、卢仝之鬼怪,孟郊、贾岛之饥寒,此晚唐之变也;降而开成以后,则有杜牧之之豪纵,温飞卿之绮靡,李义山之隐僻,许用晦之偶对,他若刘沧、马戴、李频、李群玉辈,尚能黾勉气格,特迈时流,此晚唐变态之极,而遗风余韵,犹有存者焉。([明]高棅《唐诗品汇总序》)

甚矣,诗之盛于唐也!其体,则三、四、五言,六、七、杂言,乐府、歌行,近体、绝句,靡弗备矣。其格,则高卑、远近、浓淡、浅深、巨细、精粗、巧拙、强弱,靡弗具矣。其调,则飘逸、浑雄、沉深、博大、绮丽、幽闲、新奇、猥琐,靡弗诣矣。其人,则帝王、将相、朝士、布衣、童子、妇人、缁流、羽客,靡弗预矣。([明]胡应麟《诗薮》外编卷三)

初、盛间五言古,陈子昂为冠;七言短古、五言绝,王勃为冠;长歌,骆宾王为冠;五言律,杜审言为冠;七言律,沈佺期为冠;排律,宋之问为冠。([明]胡应麟《诗薮》内编卷四)

近体盛唐至矣,充实辉光,种种备美,所少者曰大、曰化耳。故能事必老杜而后极。杜公诸作,真所谓正中有变,大而能化者。今其体调之正,规模之大,人所共知。惟变化二端,勘核未彻,故自宋以来,学杜者什九失之。不知变主格,化主境;格易见,境难窥。变则标奇越险,不主故常;化则神动天随,从心所欲。如五言咏物诸篇,七言拗体诸作,所谓变也,宋以后诸人竞相师袭者是,然化境殊不在此。([明]胡应麟《诗薮》内编卷五)

初唐章法句法皆备,惟声响色泽,犹带齐梁。盛唐而后,厥有二派,演为七家。以此二派,登峰造极,几于既圣,后人无能出其区宇,故遂为宗。 何谓二派?一曰杜子美:如太史公文,以疏气为主,雄奇飞动,纵恣壮浪,凌跨古今,包举天地,此为极境。一曰王摩诘:如班孟坚文,以密字为主,庄严妙好,备三十二相;瑶房绛阙,仙官仪仗,非复尘间色相;李东川次辅之,谓之王、李。([清]方东树《昭昧詹言》卷十四)

张若虚

张若虚(660？—720)，扬州人，曾官兖州兵曹。唐中宗神龙年间，以文词俊秀，名扬京都。又与贺知章、张旭、包融齐名，被称为"吴中四士"。张若虚现存诗仅《春江花月夜》和《代答闺梦还》二首。《春江花月夜》使他在诗坛上享有极高的声誉和地位。

【集评】

天宝中，刘希夷、王昌龄、祖咏、张若虚、孟浩然、常建、李白、杜甫，虽有文名，俱流落不偶，恃才浮诞而然也。（〔唐〕郑处诲《明皇杂录》）〔注：张若虚未活到天宝年间，记载有误〕

先是神龙中，知章与越州贺朝万、齐融，扬州张若虚、邢巨，湖州包融，俱以吴越之士，文词俊秀，名扬于上京。朝万止山阴尉，齐融昆山令，若虚兖州兵曹，巨监察御史。融遇张九龄，引为怀州司户、集贤直学士，数子人间往往传其文。独知章最贵。（〔后晋〕刘昫《旧唐书·文苑传中》）

（包）佶字幼正，润州延陵人。父融，集贤院学士，与贺知章、张旭、张若虚有名当时，号"吴中四士"。（〔宋〕宋祁《新唐书·刘晏传》）

春江花月夜①

春江潮水连海平，海上明月共潮生②。滟滟随波千万里③，何处春江无月明？江流宛转绕芳甸④，月照花林皆似霰⑤。空里流霜不觉飞⑥，汀上白沙看不见。江天一色无纤尘，皎皎空中孤月轮。江畔何人初见月，江月何年初照人？人生代代无穷已，江月年年只相似。不知江月待何人，但见长江送流水。白云一片去悠悠，青枫浦上不胜愁⑦。谁家今夜扁舟子⑧，何处相思明月楼⑨？可怜楼上月徘徊⑩，应照离人妆镜台。玉户帘中卷不去，捣衣砧上拂还来⑪。此时相望不相闻，愿逐月华

---

① 春江花月夜：原是乐府旧题，属《清商曲·吴声歌》，相传是南朝陈后主创制。　② 生：生长，升起。这里渗入了诗人的主观想象：明月和潮水共同升起。　③ 滟滟：水波闪耀动荡的样子。　④ 芳甸：长着花草的郊野。　⑤ 霰：雪珠。　⑥空里流霜不觉飞：古人认为霜像雪一样，是从天上飞落下来的，所以称为飞霜。这里说月色如霜，但又不觉其飞流。　⑦ 青枫浦：地名，在今湖南省浏阳市南浏水畔。这里泛指遥远荒僻的水边。　⑧ 扁舟子：指乘一叶小舟漂流在外的游子。扁舟，小舟。　⑨ 明月楼：明月照着的闺楼。这里指月夜闺阁楼中的思妇。　⑩ 徘徊：月光缓缓移动的样子。曹植《七哀》诗："明月照高楼，流光正徘徊。上有愁思妇，悲叹有余哀"。　⑪"玉户"二句：二句意为月光照在闺中门帘和捣衣砧上，卷抹不去，思妇的离愁也像这月光一样，缠绵而无法排遣。玉户，装饰华美的门户。捣衣砧，古代用来捶衣的砧石。

流照君。鸿雁长飞光不度,鱼龙潜跃水成文①。昨夜闲潭梦落花,可怜春半不还家。江水流春去欲尽,江潭落月复西斜。斜月沉沉藏海雾,碣石潇湘无限路②。不知乘月几人归,落月摇情满江树③。

【汇评】

(钟云)浅浅说去,节节相生,使人伤感,未免有情,自不能读,读不能厌。

将"春江花月夜"五字炼成一片奇光,分合不得,真化工手。([明]钟惺、谭元春《唐诗归》卷六)

(谭云)《春江花月夜》,字字写得有情、有想、有故。(同上)

句句翻新,千条一缕,以动古今人心脾,灵愚共感。其自然独绝处,则在顺手积去,宛尔成章,令浅人言格局、言提唱、言关锁者,总无下口分在。([清]王夫之《唐诗评选》卷一)

张若虚"春江潮水"篇,不著粉泽,自有腴姿,而缠绵蕴藉,一意萦纡,调法出没令人不测,殆化工之笔哉!([清]毛先舒《诗辩坻》卷三)

首八句使人火热,此处八句(指"江天一色"以下)又使人冰冷。然不冰冷则不见火热,此才子弄手笔跌宕处,不可不知。 "昨夜闲潭梦落花"此下八句是结,前首八句是起。起用出生法,将春、江、花、月逐字吐出;结用消归法,又重将春、江、花、月逐字收拾。此句不与上连,而意则从上滚下。 此诗如连环锁子骨,节节相生,绵绵不断,使读者眼光正射不得,斜射不得,无处寻其端绪。"春江花月夜"五个字,各各照顾有情。诗真绝诗,才真绝才也。([清]徐增《而庵说唐诗》)

张若虚《春江花月夜》,正意只在"不知乘月几人归"。([清]吴乔《围炉诗话》卷二)

张若虚《春江花月夜》用《西洲》格调。孤篇横绝,竟为大家。([清]王闿运《湘绮楼说诗》卷一)

这是诗中的诗,顶峰上的顶峰。 孤篇压全唐。(闻一多《宫体诗的自赎》)

【赏析】

这首诗,以春江月夜为背景,描写了春夜月光下美丽的景色。在这神话般迷人的月夜,自然生发出对人生哲理和宇宙奥秘的探索与赞美,表现出诗人对于大自然和人生的热爱;诗篇同时也生动地描写了花月良宵一对情人的两地相思之情,从而歌颂了人间纯洁真诚的爱情。

《春江花月夜》无论是在艺术构思、诗歌意境的创造,或是抒发感情和景物描写方面,都表现出与前代作品不同的面貌。全诗紧扣着春、江、花、月、夜的背景来写,而又以月为中心,春、江、花都是在月光下展现出来的。诗情围绕着明月的初升、高悬、西斜、下落的过程而展开。在月光下的江流、芳甸、花林、飞霜、沙汀、白云、青枫、扁舟、高楼、玉户、闲潭、落花、海雾、江树以及长夜不眠的思妇和漂泊天涯的游子间的相思之情等,交织构成了一幅充满诗意的春江月夜图。而在这样迷离优美的艺术气氛中,诗人对大自然美好景物的赞美,对人生、宇宙哲理的探索,以及对人间纯真爱情的歌颂都十分自然地融合在一

① "鸿雁长飞"二句:意为两人相隔太遥远,善于长途飞翔的鸿雁,也不能飞过月光照着的长空;潜跃的鱼龙,也仅能在水面上泛起层层波纹。二句总谓两地遥远,书信难通。旧说鱼雁传书。 ② 碣石:山名,在今河北省。潇湘:湘江与支流潇水,汇流后称潇湘。在今湖南省。这里以"碣石"指北,以"潇湘"指南。无限路:极言相距之远。 ③ 落月摇情满江树:落月的余晖洒在江边的树上,轻轻晃动着,像是满怀着无尽的情意。

起。情景交融,收到十分完美的艺术效果。

这首诗笔调优美,风格清新,语言典雅。用韵也很有特色,全诗四句一换韵,共九韵,每一韵形成一个小段落,段落间的转折,自然和谐。

(陆 琳)

王 维

王维(701—761),字摩诘,生于山西永济。玄宗开元九年登进士第。十三年由宰相张九龄推荐,任右拾遗。二十五年秋,以监察御史身份出使凉州,为河西节度判官。不久隐居终南山,亦官亦隐。天宝十五载,王维被安禄山叛军俘获,任伪职,乱定,其弟王缙请削己官为兄赎罪,最终免于追诉。肃宗上元元年(760),官至尚书右丞。二年去世,葬于蓝田辋川别业之西。王维是唐代著名山水田园诗人,与孟浩然并称"王孟",受佛学禅宗影响颇深,得任性自然之诗境。又精通多种艺术,诗中因而有音乐、绘画之美感,被后人誉为"诗中有画"。有《王右丞集》传世。《全唐诗》存诗四卷。

【集评】

维诗词秀调雅,意新理惬。在泉为珠,着壁成绘。一句一字,皆出常境。([唐]殷璠《河岳英灵集》卷上)

味摩诘之诗,诗中有画;观摩诘之画,画中有诗。([宋]苏轼《书摩诘蓝田烟雨图》)

右丞、苏州皆学于陶,王得其自在。([宋]陈师道《后山诗话》)

王摩诘诗,浑厚闲雅,覆盖古今。但如久隐山林之人,徒成旷淡也。([宋]蔡絛《西清诗话》)

世以王摩诘律诗配子美,古诗配太白,盖摩诘古诗能道人心中事而不露筋骨,律诗至佳丽而老成。……虽才气不若李杜之雄杰,而意味工夫,是其匹亚也。摩诘心淡泊,本学佛而善画,出则陪岐薛诸王及贵主游,归则餍饫辋川山水,故其诗于富贵山林,两得其趣。([宋]张戒《岁寒堂诗话》卷上)

论近体者,必称盛唐,若蓝田王右丞维,亦其一也。其为律绝句,无问五七言,皆庄重闲雅,浑然天成。至于古诗,句本冲淡,而兴则悠长。诸词清婉流丽,殆未可多訾。([明]吕熒《重刊唐王右丞诗集序》)

右丞崛起开元、天宝之间,才华炳焕,笼罩一时,而又天机清妙,与物无竞,举人事之升沉得失,不以胶滞其中。故其为诗,真趣洋溢,脱弃凡近,丽而不失之浮,乐而不流于荡,即有送人远适之篇,怀古悲歌之作,亦复浑厚大雅,怨尤不露,苟非实有得于古者诗教之旨,焉能至是乎?([清]赵殿成《王右丞集笺注序》)

终　南　山

太乙近天都，　连山到海隅①。
白云回望合，　青霭入看无。
分野中峰变，　阴晴众壑殊②。
欲投人处宿，　隔水问樵夫。

【汇评】

说者谓王右丞《终南》诗皆讥时宰。诗云："太乙近天都，连山接海隅"，言势位盘据朝野也；"白云回望合，青霭入看无"，言徒有表而无内也；"分野中峰变，阴晴众壑殊"，言恩泽偏也；"欲投人处宿，隔水问樵夫"，言畏祸深也。（[宋]阮阅《诗话总龟》前集卷六引《古今诗话》）

刘（辰翁）云：语不深僻，清夺众妙。（[明]高棅《唐诗品汇》卷六十一）

工苦安排备尽矣！人力参天，与天为一矣！　"连山到海隅"非徒为穷大语，读《禹贡》自知之。结语亦以形其阔大，妙在脱卸，勿但作诗中画观也。此正是"画中有诗"。（[清]王夫之《唐诗评选》卷三）

"近天都"言其高，"到海隅"言其远，"分野"二句言其大，四十字中，无所不包，手笔不在杜陵下。或谓末二句似与通体不配，今玩其语意，见山远而人寡也，非寻常写景可比。（[清]沈德潜《唐诗别裁集》卷九）

情景交融者，景中有情，情中有景，打成一片，不可分拆。如……右丞"白云回望合，青霭入看无"，"松风吹解带，山月照弹琴"，"行到水穷处，坐看云起时"，"时倚檐前树，远看原上村"，"大壑随阶转，群峰入户登"……皆是句中有人，情景兼到者也。（[清]朱庭珍《筱园诗话》卷四）

神境。四十字中无一字可易，昔人所谓如四十位贤人。一结从小处见大，错综变化，最得消纳之妙。（[清]黄培芳《唐贤三昧集笺注》卷上）

【赏析】

王维此诗大约是开元、天宝之际隐居终南山时所作。诗写终南山景色，以少总多，极为传神。首联先用夸张手法勾勒终南山总体轮廓，"近天都"极言其高，"到海隅"极言其广，也是诗人远眺时的感受。颔联写近景，"回望""入看"，表明行踪已入山间。回首望去，刚走过之路，一片云海合拢无隙；向前望去，分明蒙蒙青霭，但走进去，却一切已消融不见。两句互文，极为真切生动地写出游山情形与感受。颈联写登山纵目景象，诗人立足"中峰"，故可见群山绵延广阔，以致想到其"分野"之"变"，"众壑"参差起伏，"阴晴"亦"殊"，写尽终南山雄阔苍莽之势。尾联回到自身，意欲投宿，既见天色向晚，诗人之游已自晨至暮，又见游兴未尽，还要留待明日再游，足见山景之美及诗人留恋之深，而以一

---

① 太乙：终南山主峰。天都：天帝所居之处，一说指京城长安。海隅：海边，此极言此山伸延之广。　② 分野：古人以二十八宿星座区分对应地上的十二州。壑：山谷。殊：不同。

"问"字收束全诗,则在静景描述中点缀音声,留不尽之余味。在这首诗中,诗人抓取最为典型的山景,表现岩峦起伏之千姿万态,极具尺幅万里之势,同时又以画家的笔法,写山中烟云变幻,直如一幅泼墨山水。

(许 总)

高 适

高适(702?—765),字达夫,渤海蓨(今河北景县)人。少贫寒,潦倒失意,曾北上蓟门和浪游梁宋。后客游河西,为哥舒翰书记。安史乱起,以监察御史佐哥舒翰守潼关。潼关失守,他奔赴行在,见玄宗陈述军事形势,迁侍御史,擢谏议大夫。后任淮南节度使,任彭州刺史,迁蜀州,代宗时为成都尹、剑南西川节度使,召为刑部侍郎,转左散骑常侍,卒,谥忠。高适以边塞诗成就最高,也有一些反映时事及民生疾苦的诗,语言质朴,直抒胸臆,气骨琅然,多慷慨悲壮之音。

【集评】

适性拓落,不拘小节,耻预常科,隐迹博徒,才名自远。然适诗多胸臆语,兼有气骨,故朝野通赏其文。至如《燕歌行》等篇,甚有奇句。且余所最深爱者:"未知肝胆向谁是,令人却忆平原君。"吟讽不厌矣。([唐]殷璠《河岳英灵集》卷上)

适年过五十,始留意诗什,数年之间,体格渐变,以气质自高,每吟一篇已,为好事者称诵。([后晋]刘昫《旧唐书·高适传》)

左散骑常侍高适,朔气纵横,壮心落落,抱瑜握瑾,沉浮闾巷之间,殆侠徒也。故其为诗,直举胸臆,模画景象,气骨琅然,而词锋华润,感赏之情,殆出常表。视诸苏卿之悲愤,陆平原之惆怅,辞节虽离而音调不促,无以过之矣。([明]徐献忠《唐诗品》)

高适、李颀不独七古见长,大段气体高厚,即今体亦复见骨格坚老,气韵沉雄。([清]方南堂《辍锻录》)

——— 燕 歌 行 ———

开元二十六年,客有从御史大夫张公出塞而还者[1],作《燕歌行》以示适,感征戍之事,因而和焉。

---

[1] 御史大夫张公:即营州都督、河北节度副大使张守珪。

汉家烟尘在东北,汉将辞家破残贼①。男儿本自重横行,天子非常赐颜色②。摐金伐鼓下榆关,旌旆逶迤碣石间③。校尉羽书飞瀚海④,单于猎火照狼山⑤。山川萧条极边土,胡骑凭陵杂风雨⑥。战士军前半死生,美人帐下犹歌舞。大漠穷秋塞草腓⑦,孤城落日斗兵稀。身当恩遇恒轻敌,力尽关山未解围。铁衣远戍辛勤久,玉箸应啼别离后⑧。少妇城南欲断肠⑨,征人蓟北空回首。边庭飘飖那可度,绝域苍茫更何有?杀气三时作阵云,寒声一夜传刁斗。相看白刃雪纷纷,死节从来岂顾勋?君不见沙场征战苦,至今犹忆李将军⑩。

【汇评】

词浅意深,铺排中即为诽刺,此道自《三百篇》来,至唐而微,至宋而绝。"少妇""征人"一联,倒一语乃是征人想他如此,联上"应"字,神理不爽。结句亦苦平淡,然如一匹衣著,宁令稍薄,不容有颣。([清]王夫之《唐诗评选》卷一)

达夫此篇,纵横出没如云中龙,不以古文四宾主法制之,意难见也。……《燕歌行》之主中主,在忆将军李牧善养士而能破敌。于达夫时,必有不恤士卒之边将,故作此诗。而主中宾,则"战士军前半死生,美人帐下犹歌舞""相看白刃雪纷纷,死节从来岂顾勋"四语是也("岂顾勋"即"死是战士死,功是将军功"之意)。其余皆是宾中主。自"汉家烟尘"至"未解围",言出师遇敌也。此下理当接以"边庭"云云,但径直无味,故横间以"少妇""征人"四语。"君不见"云云,乃出正意以结之也。文章出正面,若以此意行文,须叙李牧善养士能破敌之功烈,以激励此边将。诗用兴比出侧面,故止举"李将军",使人深求而得,故曰:"言之者无罪,而闻之者足以戒"也。([清]吴乔《围炉诗话》卷二)

句中含双单字,此七古造句之要诀,盖如此则顿跌多姿,而不伤于虚弱,杜工部《渼陂行》多用此句法。转韵亦用对法。([清]黄培芳语,见《唐贤三昧集笺注》卷下)

沈德潜云:刺边将佚乐,不恤士卒。通首叙关塞之苦,只以"战士"二句、"君不见"二句点睛。运意绝高。([清]章燮《唐诗三百首注疏》卷三)

【赏析】

《燕歌行》乃乐府《相和歌辞·平调曲》旧题,歌辞多咏东北边地(燕地)征戍之苦及思妇相思之情,始见于曹丕之作。此诗亦然,只是对传统题材有所开拓。诗以张守珪平定契丹可突干及其余党叛乱的几次战争为背景,热烈歌颂了守边将士排除万难、克敌制胜的爱国精神。诗的开头先交代战争的地点及性质,写出唐军出师时一往无前的形象,接

---

① 残贼:开元十八年(730),契丹大臣可突干弑其主李邵固叛唐,被信安王李祎击败,后又卷土重来,杀幽州道副总管,张守珪奉调,于开元二十二年两次击败之,杀可突干。开元二十四年秋至次年春,再出兵击败其余党,故称残贼。　② 赐颜色:给予荣宠及优礼。开元二十三年,张守珪献俘长安,玄宗亲设宴,赐酒赐诗,并封其为辅国大将军、右羽林大将军,封其二子为官,给以重赏。　③ 摐(chuāng)金伐鼓:鸣金击鼓。榆关:山海关。碣石:山名。汉代在东北海边,六朝时没入海中。　④ 校尉:武官,低于将军。羽书:插有鸟羽的紧急文书。瀚海:沙漠。　⑤ 狼山:一称白狼山,在白狼河畔,时为奚及契丹境内。　⑥ 凭陵:逼迫,侵略。其《蓟门行》亦有"胡骑虽凭陵,汉兵不顾身"之句。　⑦ 腓(féi):衰萎。　⑧ 玉箸:泪,指思妇之泪。　⑨ 少妇城南:唐代长安城北为宫廷区,城南是住宅区,少妇城南指战士的妻子。　⑩ 李将军:指李广(汉将),为抗击匈奴的名将。李广与匈奴大小七十余战,终不得封侯,故有"冯唐易老,李广难封"之说。

着极力渲染边地的艰苦，为将士们的献身报国做了很好铺垫，然后转而抒发征人思妇相思之情。将士们也是血肉之躯，不能没有儿女、夫妇之情，然而大敌当前，只能忍受"少妇城南欲断肠，征人蓟北空回首"的感情熬煎。全诗的结尾运用"李广难封"的历史典故，把将士们的思想境界提升到一个更高的高度，他们拼死血战，含辛茹苦，甚至为国捐躯，并非为了个人的功名利禄。这就比众多为封万户侯而立功边塞的人思想高尚了许多。全诗四句一换韵，也差不多四句一转意，而且平仄韵交替，又大量运用律句与对仗，故虽充满金戈铁马之声却音节流利酣畅，从而成为唐代边塞诗之"第一大篇"。

（王步高）

备选课文

山　中　　　　王　维

荆溪白石出，天寒红叶稀。山路元无雨，空翠湿人衣。

汉江临眺　　　王　维

楚塞三湘接，荆门九派通。江流天地外，山色有无中。郡邑浮前浦，波澜动远空。襄阳好风日，留醉与山翁。

与诸子登岘山　　孟浩然

人事有代谢，往来成古今。江山留胜迹，我辈复登临。水落鱼梁浅，天寒梦泽深。羊公碑尚在，读罢泪沾襟。

秋登万山寄张五　　孟浩然

北山白云里，隐者自怡悦。相望始登高，心随雁飞灭。愁因薄暮起，兴是清秋发。时见归村人，平沙渡头歇。天边树若荠，江畔舟如月。何当载酒来，共醉重阳节。

古从军行　　　李　颀

白日登山望烽火，黄昏饮马傍交河。行人刁斗风沙暗，公主琵琶幽怨多。野云万里无城郭，雨雪纷纷连大漠。胡雁哀鸣夜夜飞，胡儿眼泪双双落。闻道玉门犹被遮，应将性命逐轻车。年年战骨埋荒外，空见蒲桃入汉家。

参考书目

［唐］王维《王右丞集》，影印宋蜀刻本，上海古籍出版社1982年

葛晓音《山水田园诗派研究》，辽宁大学出版社1993年

陈铁民《王维集校注》，中华书局1997年

陈贻焮《孟浩然诗选》，人民文学出版社1983年

余冠英主编《中国古代山水诗鉴赏辞典》，江苏古籍出版社1989年

刘开扬《高适诗集编年笺注》，中华书局1981年

孙钦善、陈铁民等《高适岑参诗选》，人民文学出版社1985年

高文、王刘纯《高适、岑参选集》，上海古籍出版社1988年

王步高主编《爱国诗词鉴赏辞典》，南京大学出版社 1992 年

网络链接

唐诗为什么会兴盛？

思考与练习

1.《春江花月夜》在艺术构思、意境创造以及感情抒发和景物描写上都表现出与前代作品不同的面貌。谈谈对本诗景、情、理结合的体会和认识。

2.仔细体会王维对闲逸自得气息的描述，和在这描述中的精神追求。

3.对高适《燕歌行》是否讽刺张守珪，你持何种观点？诗前小序明言"开元二十六年，客有从御史大夫张公出塞而还者……"，争议的双方都不否认"御史大夫张公"是指张守珪，而张守珪这年因隐瞒"湟水之败"而被贬括州，似乎岑仲勉之说不无道理，而通读高适的诗集，可发现高适竟对张守珪评价甚高，且他对张守珪被贬括州颇有微词，对张守珪深表同情，这便完全排除了他的《燕歌行》是讽刺张守珪的可能性。这一争论能给我们治学以何种启示？

4."君不见沙场征战苦，至今犹忆李将军"二句中，"李将军"既可指赵国大将军李牧，他有边塞战争的经历，且以爱惜士卒著名；也可指西汉飞将军李广，《史记》中有《李将军列传》，李广不仅长期抗击匈奴，功勋卓著，且终不得封侯，故深得司马迁的同情。书中采取后一说，你持何观点？思考此问题时可考虑诗中"边庭……岂顾勋"几句的含义，尤其是"岂顾勋"三字，明白说出"李广难封"之义。您是否同意这样的理解？

慕课资源

李 白

李白(701—762),字太白,号青莲居士。祖籍陇西成纪(今甘肃秦安县),出生于中亚碎叶(今吉尔吉斯首府比什凯克市北楚河南岸托克马克附近,唐时属安西都护府)。五岁移家绵州昌隆县(今四川江油)。天宝元年(742)因玄宗妹玉真公主荐应诏入长安,供奉翰林,受玄宗恩遇;因得罪宠臣、贵妃,被赐金遣返。安史乱中,入永王李璘幕。永王遇害,受牵连下狱,流夜郎(今贵州桐梓),途中遇赦。晚年漫游于金陵(今江苏南京)、宣城(今属安徽)一带,卒于当涂(今属安徽)。有诗 1000 余首。

【集评】

清新庾开府,俊逸鲍参军。([唐]杜甫《春日忆李白》)

笔落惊风雨,诗成泣鬼神。([唐]杜甫《寄李十二白二十韵》)

敏捷诗千首,飘零酒一杯。([唐]杜甫《不见》)

言出天地外,思出鬼神表,读之则神驰八极,测之则心怀四溟,磊磊落落,真非世间语者,有李太白。([唐]皮日休《刘枣强碑》)

李太白诗,逸态凌云,照映千载,然时作齐梁间人体段,略不近浑厚。 李白歌诗,度越六代,与汉魏乐府争衡。([宋]黄庭坚《黄山谷诗话》)

太白诗宗风骚,薄声律,开口成文,挥翰雾散,似天仙之词。而乐府诗连类引义,尤多讽兴,为近古所未有。迄今称诗者推白与少陵为两大家,曰李杜,莫能轩轾云。([明]胡震亨《李诗通》)

太白想落天外,局自变生,大江无风,涛浪自涌,白云卷舒,从风变灭。此殆天授,非人力也。([清]沈德潜《说诗晬语》卷上)

太白胸怀高旷,有置身云汉、糠粃六合意,不屑屑为体物之言,其言如风卷云舒,无可踪迹。([清]贺裳《载酒园诗话》又编)

(李白)诗之不可及处,在乎神识超迈,飘然而来,忽然而去,不屑屑于雕章琢句,亦不劳劳于镂心刻骨,自有天马行空,不可羁勒之势。([清]赵翼《瓯北诗话》卷一)

庄、屈实二，不可以并，并之以为心，自白始；儒仙侠实三，不可以合，合之以为气，又自白始也。
（［清］龚自珍《最录李白集》）

关　山　月

　　明月出天山①，苍茫云海间。长风几万里，吹度玉门关。汉下白登道②，胡窥青海湾。由来征战地③，不见有人还。戍客望边邑④，思归多苦颜。高楼当此夜，叹息未应闲。

【本事典实】

　　《乐府解题》曰：汉横吹曲，二十八解，魏晋以来惟传十曲，又有《关山月》等八曲，合十八曲。《关山月》，伤离别也。（［清］纪昀等《唐宋诗醇》卷三）

　　《汉书》：贰师将军（李广利）与右贤王战于天山。晋灼注：天山在西域，近蒲类国，去长安八千余里。颜师古注：天山即祁连山也，匈奴谓天为祁连。今鲜卑语尚然。　月出于东而天山在西，今曰明月出天山，盖自征夫而言，已过天山之西，而回首东望，则俨然见明月出于天山之外也。　《汉书》：匈奴引兵南逾句注，攻太原，至晋阳下。高帝自将兵往击之。会冬大寒、雨雪，卒之堕指者十二三。于是冒顿阳败走诱汉兵，汉逐击冒顿，冒顿匿其精兵，见其羸弱，于是汉悉兵三十二万北逐之。高帝先至平城，步兵未尽到，冒顿纵精兵三十余万骑围高帝于白登七日，汉兵中外不得相救饷。颜师古注：白登在平城东南，去平城十余里。《舆地广记》：云州云中县有白登山，匈奴围汉高祖于此。《周书》吐谷浑治伏俟城，在青海西十五里。青海周围千余里。建德五年，其国大乱。高祖诏皇太子征之。军渡青海，至伏俟城，夸吕遁去，虏其余众而还。　琦按：青海，隋时属吐谷浑，唐高宗时为吐蕃所据。仪凤中，李敬元；开元中，王君㚟、张景顺、崔希逸、皇甫惟明、王忠嗣，先后与吐蕃攻战，皆近其地。相去不远。（［清］王琦注《李太白全集》卷四引）

【汇评】

　　李太白诗如"晓月出天山……"之类，皆气盖一世，学者能熟味之，自然不褊浅矣。（［宋］吕本中《童蒙训》）

　　太白诗如"明月出天山，苍茫云海间。长风几万里，吹度玉门关"，皆气盖一世，学者皆熟味之，自不褊浅矣。天山在唐西州交河郡天山县，天山至玉门关不为太远，而曰"几万里"者，以月如出于天山耳，非以天山为度也。（［元］萧士赟《分类补注李太白诗》用杨齐贤引《吴氏语录》）

　　为诗殚竭心力，方造能品。至于沛然自胸中流出，所谓不烦绳削而合，乃工能之至，非率易语也……太白云："晓月出天山……"如此等语，酝酿于胸中，气象自别，知雕缋者不足道矣。（［明］焦竑《焦氏笔乘

---

① 天山：今甘肃、青海间的祁连山，匈奴人称天为祁连；又祁连山与今新疆境内的天山相连，故称。　② 白登：山名，在今山西大同市东北，山上有白登台。据《汉书·匈奴传》载，匈奴冒顿曾围困汉高祖于白登，七日乃解，即此处。③ 由来：从来。　④ 戍客：防守边塞的兵士。

续集》卷四)

青莲"明月出天山……",浑雄之中,多少闲雅。([明]胡应麟《诗薮》内编卷六)

无承接照应,自耐人思想,真乐府之神。([清]丁谷云《李杜诗纬·李集》卷一)

徐孝穆(陵)《关山月》二首,其一曰:"关山三五月,客子忆秦川。思妇高楼上,当窗应未眠。星旗映疏勒,云阵上祁连。战气今如此,从军复几年。"李太白五言佳境俱从此出,不止似阴铿已也。([清]宋长白《柳亭诗话》卷十三)

朗如行玉山,可作白自道语。格高气浑,双关作收,弥有逸致。([清]纪昀等《唐宋诗醇》卷三)

伯言云:是何等襟情,何等气象!([清]陈广溥《霞绮集·诗评》)

【赏析】

《关山月》为乐府旧题,《乐府诗集》归入《横吹曲辞》,并引《乐府解题》曰:"《关山月》,伤离别也。古《木兰诗》曰:'万里赴戎机,关山度若飞。'"梁元帝、陈后主、陆琼、张正见、徐陵、王褒、卢照邻等均以此题写征人远戍,离别相思之苦。本篇是这类作品中最优秀者。

诗的首四句用出生法,将"月""山""关"一一吐出。首句写"月",是题为《关山月》的乐府诗惯用的写法,如陈后主等分别作"秋月上中天""边城与明月""岩间度月华""关山三五月""月出柳城东""汉月生辽海"……均不如李白"明月出天山,苍茫云海间",既点时地,又主次分明,壮阔而苍凉。"长风几万里,吹度玉门关"二句,令人油然而思同时代的王之涣《凉州词》中"春风不度玉门关"和李白《子夜吴歌》中"春风吹不尽,总是玉关情"之句。身处"天山"的戍边将士,对从关内吹来的风似乎总有一种依恋之情,但"吹度"二字显得洒脱飘逸,他没有把边地看成是连春风也吹拂不到之地。然而,玉门关外的从军者,毕竟时时面临着死亡的威胁。"汉下白登道,胡窥青海湾。由来征战地,不见有人还。"显然,征人要防的乃欲窥"青海湾"之"胡"。敌人勇敢善战,故出玉门关戍边之人,常常战死疆场。"不见有人还"句,明白如话却极沉痛,见出战争的残酷,较之《乐府诗集》中其他同题作品,作者的见解显然要深刻一些。"戍客"二句写即使暂时活下来的将士,有家归不得的苦痛也时时折磨着他们。《后汉书·班超传》:"超自以久在绝域,年老思土,(永元)十二年,上疏曰:'臣不敢望到酒泉郡,但愿生入玉门关。'"耐人寻味的是此处"望",与李白诗中"戍客望边邑"句意思竟完全相同,"思归"句也隐含"愿生入玉门关"之意,故"多苦颜"。而其妻子则"高楼当此夜,叹息未应闲"。这似从徐陵"思妇高楼上,当窗应未眠"(《关山月》)句化出。因前面有"由来征战地,不见有人还"之句,故显得十分忧伤。

此诗气势宏阔,以"出天山""苍茫云海间""长风几万里""由来"等语句,构成一副阔大的气象,浑厚而雅致。

(王步高)

远 别 离

　　远别离,古有皇英之二女①。乃在洞庭之南,潇湘之浦②。海水直下万里深,谁人不言此离苦③?日惨惨兮云冥冥,猩猩啼烟兮鬼啸雨④。我纵言之将何补?皇穹窃恐不照余之忠诚,雷凭凭兮欲吼怒⑤。尧舜当之亦禅禹⑥。君失臣兮龙为鱼,权归臣兮鼠变虎⑦。或云尧幽囚,舜野死⑧。九疑联绵皆相似,重瞳孤坟竟何是⑨?帝子泣兮绿云间,随风波兮去无还⑩。恸哭兮远望,见苍梧之深山。苍梧山崩湘水绝,竹上之泪乃可灭。

【汇评】

　　(宋)刘辰翁云:参差屈曲,幽人鬼语,而动荡自然,无长吉之苦。([明]胡震亨《李诗通》引)

　　此篇借舜二妃追舜不及、泪染湘竹之事,言远别离之苦。并借《竹书》杂记见舜逼禹、南巡野死之说,点缀其间,以著人君失权之戒。使其辞闪幻可骇,增奇险之趣。盖体干于楚《骚》,而韵调于汉铙歌诸曲,以成为一家语,参观之,当得其源流所自。([明]胡震亨《李诗通》)

　　通篇乐府,一字不入古诗,如一匹蜀锦,中间固不容一尺吴练。工部讯时语开口便见,供奉不然,习其读而问其传,则未知之有罪也。工部缓,供奉深。([清]王夫之《唐诗评选》卷一)

　　诗贵寄意,有言在此而意在彼者。李白……《远别离》本咏英、皇,而借以咎肃宗之不振,李辅国之擅权。([清]沈德潜《说诗晬语》卷下)

　　此忧天宝之将乱,欲抒其忠诚而不可得也。日者君象,云盛则蔽其明。啼烟啸雨,阴晦之象甚矣。小人之势,至于如此,政事尚可问乎?白以见疏之人,欲言何补,而忠诚不懈如此。此立言之本指。([清]纪昀等《唐宋诗醇》卷二)

　　太白《远别离》一篇极尽迷离,不独以玄、肃父子事难显言,盖诗家变幻至此,若一说煞,反无归著处也。惟其极尽迷离,乃即其归著处。([清]翁方纲《小石帆亭诗话》)

　　按此诗已入选《河岳英灵集》,当是天宝十二载以前所作,王世懋、奚禄诒、沈德潜、陈沆、徐嘉瑞诸家之说皆非也。(詹锳《李白诗文系年》)

【赏析】

　　《远别离》乃乐府旧题,为别离十九曲之一,《乐府诗集》卷七十二列入《杂曲歌辞》。

---

　　① 皇英:即娥皇、女英,相传为尧之女,舜之妃。舜南巡死,两妃闻讯自溺湘江,遂为水神。　② 谓湘夫人的神魂游于洞庭以南、湘江之边。　③ 王琦谓:此二句是倒装句法,谓生死之别,永无见期,其苦如海水之深,无有底止也。④ 惨惨:无光貌。冥冥:阴晦貌。　⑤ 皇穹:天,喻指当朝皇帝。凭凭:通"冯冯",象声词,指雷声轰响。　⑥ 此为紧缩句,即"尧当之亦禅舜,舜当之亦禅禹"。禅(shàn),以帝位让人。禅让实际常是失势后被迫为之。　⑦ 帝王失掉贤臣,犹如龙变成鱼;奸臣窃取大权,如老鼠成了猛虎。⑧《史记·五帝本纪》正义引《竹书纪年》载:尧年老德衰,为舜幽囚于平阳,并隔绝其子丹朱,使父子不能相见。《国语·鲁语》韦昭注:舜征伐南方有苗国,死于苍梧之野。　⑨ 九疑:即苍梧山,在今湖南宁远县南。因九个山峰连绵相似,不易分别,故名九疑山,一写作"九嶷山"。相传舜死葬于此。重瞳:指舜,相传他有两个瞳仁。　⑩ 帝子:指娥皇、女英。舜死后,二妃痛哭,泪洒竹上成斑竹。

对这首诗的写作背景有两种不同的说法：一种认为是上元年间李辅国、张皇后矫制迁太上皇(唐玄宗)于西内时，这时玄宗因禅位而失权。此诗也无非是借喻授人国柄而失权，失权则虽圣哲也难保其社稷妻子，其祸必至。另一说认为应在天宝之末、安史之乱之前，当时玄宗年事已高，疏于政事，国权归李林甫、杨国忠，而兵权归安禄山、哥舒翰。萧士赟曰："太白熟观时事，欲言则惧祸及己，不得已而形之诗，聊以致其爱君忧国之志，所谓(娥)皇(女)英之事，特借之以隐喻耳。曰'日'，曰'皇穹'，比其君也。曰'云'，比其臣也。'日惨惨兮云冥冥'，喻君昏于上，而权臣障蔽于下也。"

　　这首诗已被收入殷璠《河岳英灵集》，因而应作于天宝十二载(753)以前。天宝十一载，李白曾北游幽燕，目睹安禄山的气焰熏天，他已开始预感到祸乱即将发生，这显示了李白过人的政治眼光。他的政治才华在这首诗里清楚地显现出来。诗采取比兴的手法，既直切主题，又迷离惝恍。范德机曾云："此篇最有楚人风。所贵乎楚言者，断如复断，乱如复乱，而辞意反复屈折行乎其间者，实未尝断而乱也，使人一唱三叹而有遗音。"(转引自瞿蜕园、朱金城《李白集校注》)

（王步高）

赠 孟 浩 然

吾爱孟夫子①，　风流天下闻②。
红颜弃轩冕③，　白首卧松云④。
醉月频中圣⑤，　迷花不事君⑥。
高山安可仰⑦，　徒此揖清芬⑧。

【汇评】

　　太白赠浩然诗，前云"红颜弃轩冕"，后云"迷花不事君"，两联意颇相似。刘文房《灵祐上人故居》诗，既云"几日浮生哭故人"，又云"雨花垂泪共沾巾"，此与太白同病，兴到而成，失于检点，意重一联，其势使然。两联意重，法不可从。([明]谢榛《四溟诗话》卷三)

　　此美孟之高隐也。言夫子之风流，所以能闻天下者，以少无宦情，老不改节也。彼其"醉月""迷花"，高尚不仕，正如高山，非可仰而及者，我惟一揖清芬为幸耳。时盖始相识而尊礼之如此。([明]唐汝询《唐诗解》卷三十三)

　　(颈联)吴(汝纶)曰："疏宕中仍自精练。"(七句)吴曰："开一笔。"(末)吴曰："一气舒卷，用孟体也，

---

　　① 夫子：古时对男子的敬称。　② 风流：指儒雅潇洒的风度。　③ 指少壮时即绝意仕进。红颜：青春壮健的颜色，指年轻时。　④ 松云：松树云霞，借指山林。　⑤ "醉月"句：指赏月醉酒。古时嗜酒者把清酒称圣人，浊酒称贤人。此句"中"读平声。　⑥ 迷花：迷恋丘壑花草。　⑦ 高山：《诗·小雅·车辖》："高山仰止，景行行止。"此句喻指他对孟浩然的敬仰。　⑧ 徒此：唯有在此。揖：表示崇敬。清芬：指高洁的品格。

而其质健豪迈,自是太白手段,孟不能及。"(高步瀛《唐宋诗举要》卷四)

此诗当是开元二十七年(739)李白过襄阳时重晤孟浩然而作。其时孟浩然已届晚年,故诗云"白首卧松云"。次年,孟浩然即病疽背而卒。(郁贤皓《李白选集》)

【赏析】

孟浩然长李白十二岁,李白早年曾长期寓居湖北安陆(约727年—736年),常往来于襄汉一带,与孟浩然有一定交往。孟浩然于开元二十三年(735)自长安归襄阳,开元二十八年逝世。郁贤皓以为此诗乃开元二十七年李白过襄阳重晤孟浩然时所作。

开篇点题,指出对孟浩然的敬仰。"爱"为全诗的主旨。"风流"二字是对孟浩然人品、才能、风度的集中概括。"天下闻",写孟浩然影响之大。"红颜"一联,赞美孟浩然从年轻至年老漫长的人生旅途中不受荣华富贵诱惑、淡泊宁静的人生态度。第三联着意刻画孟夫子风流倜傥、潇洒傲岸的风格气度。诗的尾联则是作者直抒胸臆之语,表示对孟氏高洁品行的景仰。其实,诗中对孟浩然的称颂,也表达了自己的人生态度。

此诗语言自然流走,抒情与描写结合,率真而不浅俗,以古风笔调作近体,吟来一气呵成。

(王步高)

登金陵凤凰台①

凤凰台上凤凰游,凤去台空江自流。吴宫花草埋幽径②,晋代衣冠成古丘③。三山半落青天外④,二水中分白鹭洲⑤。总为浮云能蔽日⑥,长安不见使人愁⑦。

【汇评】

太白此诗,与崔颢《黄鹤楼》相似,格律气势未易甲乙。此诗以凤凰台为名,而咏凤凰台不过起语两句已尽之矣。六句乃登台而观望之景也。三、四怀古人之不见也;五、六、七、八咏今日之景,而慨帝都之不可见也。登台而望,所感深矣。金陵建都自吴始。三山、二水、白鹭洲,皆金陵山水名。金陵可以北望

---

① 凤凰台:故址在今南京市城南花露岗,旧名凤凰山。《太平寰宇记》卷九十江南东道江宁县:"凤凰山,在县北一里,周回连三井冈,迤逦至死马涧。宋元嘉十六年,有三鸟翔集此山,状如孔雀,文彩五色,音声谐和,众鸟群集。仍置凤凰台里,起台于山,号为凤凰山。"　② 吴宫:三国时东吴定都建业(后改名建邺)。东吴、东晋及宋、齐、梁、陈各代皇宫旧址在今南京东南大学四牌楼校区一带。　③ 晋代衣冠:"衣冠"此处似指衣冠冢,在今传说之凤凰台旧址有晋"竹林七贤"之一的著名诗人阮籍的墓,保存完好。阮籍并未长期生活于金陵,史籍亦未载其死于金陵,此墓或即是其衣冠冢。　④ 三山:在今南京市西南长江边临近长江三桥处,以有三峰而得名。陆游《入蜀记》:"三山,自石头及凤凰台望之,杳杳有无中耳。及过其下,则距金陵才五十余里。"　⑤ 二水:亦作"一水"。白鹭洲:古长江中的小沙洲,因长江西移地貌变迁,今已与陆地连为一片,位于南京水西门外。现南京有白鹭洲公园,非旧址。　⑥ "浮云"句:陆贾《新语·慎微》:"邪臣之蔽贤,犹浮云之障日月也。"　⑦ 长安不见:晋明帝司马绍数岁时,父问曰:"汝谓日与长安孰远?"对曰:"日近。举目见日,不见长安。"末二句实谓日与长安皆不可见也。

中原唐都长安,故太白以浮云遮蔽不见长安为愁焉。([元]方回《瀛奎律髓》卷一)

登临诗,首尾好,结更悲。七言律之可法者。([元]范梈《李翰林诗》卷一)

赋也。按此诗词语清丽,出于天成,怨而不怒,得风人之体,犹有忧国恋君之意。([明]朱谏《李诗选注》卷十二)

开口雄伟,脱落雕饰。([清]徐文弼《诗法度针》卷二十七)

【赏析】

此诗作于天宝六载(747)游金陵时,此时李白结束二入长安并被玄宗赐金还山已达三年,李林甫、杨国忠羽翼已丰,这年正月,杖杀北海太守李邕、淄川太守裴敦复。李白曾有《上李邕》诗,系少年作。又有《题江夏修静寺》诗伤李邕之死,原注曰:"此寺是李北海旧宅"。这是李白七律中脍炙人口的名篇。开头两句三言"凤"字,当年凤凰来游象征国家的兴盛,如今凤去台空,繁华不再。"吴宫""晋代"二句展衍申述六朝好景已成过去。"花草埋幽径"谓繁华的消逝。隋文帝灭陈以后,对建康城几乎人为地彻底摧毁,故唐宋诗词中写及金陵(建康)均有大异昔时之沧桑感。尽管如此,幽径旁尚存"晋代衣冠"之"古丘"(今凤凰台旧址有晋代文学家阮籍的衣冠冢),都邑虽然衰落,文化积淀之沉厚却是其他城市难以比拟的,金陵已非帝王之州,却仍不失为江南佳丽之地。"三山""二水"两句写出眼前之景,也道出古都(金陵)的山河壮丽。人谓此诗有仿效崔颢《黄鹤楼》诗之处,除开头外,"三山"二句与崔颢"晴川历历汉阳树,芳草萋萋鹦鹉洲"亦颇近似,都写登临所见眼前之景。结尾一联写出对国事的忧虑,作者在长安三年,目睹过"浮云蔽日"的政坛实况,但此时对朝廷并未完全绝望,诚如他自己诗中所云:"借问欲栖珠树鹤,何年却向帝城飞?"(《送贺监归四明应制》)他还希望再有应诏回长安的机会。按李白此诗似仿崔颢《黄鹤楼》诗而作,因此历代评骘高下,聚讼纷纭。其实两篇前六句互有短长,同工异曲;结联二句,李诗"爱君忧国之意,远过乡关之念,善占地步矣"。吊古与伤今结合,抒发忧国伤时的怀抱,意旨尤为深远。

(王步高)

备选课文

梁 甫 吟

长啸《梁甫吟》,何时见阳春?君不见朝歌屠叟辞棘津,八十西来钓渭滨。宁羞白发照清水,逢时壮气思经纶。广张三千六百钓,风期暗与文王亲。大贤虎变愚不测,当年颇似寻常人。君不见高阳酒徒起草中,长揖山东隆准公。入门不拜骋雄辩,两女辍洗来趋风。东下齐城七十二,指

挥楚汉如旋蓬。狂客落魄尚如此,何况壮士当群雄!我欲攀龙见明主,雷公砰訇震天鼓,帝旁投壶多玉女。三时大笑开电光,倏烁晦冥起风雨。阊阖九门不可通,以额叩关阍者怒。白日不照吾精诚,杞国无事忧天倾。猰貐磨牙竞人肉,驺虞不折生草茎。手接飞猱搏雕虎,侧足焦原未言苦。智者可卷愚者豪,世人见我轻鸿毛。力排南山三壮士,齐相杀之费二桃。吴楚弄兵无剧孟,亚夫哈尔为徒劳。《梁甫吟》,声正悲。张公两龙

剑,神物合有时。风云感会起屠钓,大人岵屼当安之。

赠孟浩然

吾爱孟夫子,风流天下闻。红颜弃轩冕,白首卧松云。醉月频中圣,迷花不事君。高山安可仰,徒此揖清芬。

长干行

妾发初覆额,折花门前剧。郎骑竹马来,绕

床弄青梅。同居长干里,两小无嫌猜。十四为君妇,羞颜未尝开。低头向暗壁,千唤不一回。十五始展眉,愿同尘与灰。常存抱柱信,岂上望夫台。十六君远行,瞿塘滟滪堆。五月不可触,猿声天上哀。门前迟行迹,一一生绿苔。苔深不能扫,落叶秋风早。八月蝴蝶黄,双飞西园草。感此伤妾心,坐愁红颜老。早晚下三巴,预将书报家。相迎不道远,直至长风沙。

参考书目

[清]王琦注《李太白全集》,中华书局 1977 年

瞿蜕园、朱金城校注《李白集校注》,上海古籍出版社 1980 年

安旗主编《李白全集编年注释》,巴蜀书社 1983 年

詹锳等编著《李白全集校注》,百花文艺出版社 1997 年

复旦大学中文系编《李白诗选》,人民文学出版社 1983 年

郁贤皓编《李白选集》,上海古籍出版社 1990 年

郁贤皓主编《李白大辞典》,广西教育出版社 1995 年

郁贤皓著《李白与唐代文史考论》,南京师范大学出版社 2008 年

李从军著《李白考异录》,齐鲁书社 1986 年

中国李白研究会编《中国李白研究》,江苏古籍出版社、安徽文艺出版社

咏离情别绪诗词

网络链接

① 谪仙李白降人间,谁人有幸作前辈? ② 李白故乡何处是? ③ 李白吟唱《蜀道难》,雄豪诗歌为谁作? ④ 李白诗中的"小谢"是谁? ⑤ 李白之死之谜?

思考与练习

1. 从本单元的几首诗,说说李白诗浪漫风格的特点。

2. 以《梦游天姥吟留别》《蜀道难》《梁甫吟》等篇为例,说说李白诗的结构的跳跃性。

3. 以《梦游天姥吟留别》《庐山谣寄卢侍御虚舟》及《蜀道难》说说李白诗结构上的跳跃性。

慕课资源

杜 甫

　　杜甫(712—770),字子美。巩县(今河南巩义市)人。因远祖杜预为京兆杜陵(今陕西西安东南)人,遂自称杜陵布衣、杜陵野老、杜陵野客。青年时期曾漫游郇瑕(今山西临猗)、吴越、齐赵等地。追求功名,天宝三载入京应试不第。天宝九载(750)冬,预献《三大礼赋》,得到唐玄宗赏识,命待制集贤院。十四载,授河西尉,不就,改右卫率府兵曹参军。因守长安十年,尝居城南少陵附近,自称少陵野老,世因称杜少陵。安史乱起,曾陷贼中。肃宗至德二载(757)四月,冒险由长安奔赴凤翔行在,授左拾遗,故世称杜拾遗。旋因疏救宰相房琯,于乾元元年(758)六月,被贬华州司功参军。后弃官流寓陇、蜀、荆、湘等地,所谓“漂泊西南天地间”。代宗广德二年(764)六月,剑南节度使严武表荐为节度参谋、检校工部员外郎,世又称杜工部。两《唐书》有传。杜甫生当李唐王朝由盛转衰的历史时期,他的诗广泛而深刻地反映了安史之乱前后的现实生活和社会矛盾,被誉为“诗史”。他是我国古典诗歌艺术的集大成者,诸体兼擅,无体不工,沉郁顿挫,律切精深,使诗歌艺术达到了出神入化的完美境地,被后世尊为“诗圣”。现存诗1450余首。有《杜工部集》行世。

【集评】

　　至于子美,盖所谓上薄风骚,下该沈宋,古傍苏李,气夺曹刘,掩颜谢之孤高,杂徐庾之流丽,尽得古今之体势,而兼今人之所独专矣。……诗人以来,未有如子美者。([唐]元稹《元稹集》卷五十六《唐故工部员外郎杜君墓系铭并序》)

　　杜逢禄山之难,流离陇蜀,毕陈于诗,推见至隐,殆无遗事,故当时号为“诗史”。([唐]孟棨《本事诗·高逸第三》)

　　唐兴,诗人承陈隋风流,浮靡相矜。至宋之问、沈佺期等,研揣声音,浮切不差,而号律诗,竞相袭沿。逮开元间,稍裁以雅正。然恃华者质反,好丽者壮违,人得一概,皆自名所长。至甫,混涵汪茫,千汇万状,兼古今而有之。它人不足,甫乃厌余;残膏剩馥,沾丐后人多矣。故元稹谓:诗人以来,未有如子美者。甫又善陈时事,律切精深,至千言不少衰,世号诗史。昌黎韩愈于文章慎许可,至歌诗独推曰:“李杜

文章在,光焰万丈长。"诚可信云。(〔宋〕宋祁《新唐书·杜甫传》)

诗至于杜子美,文至于韩退之,书至于颜鲁公,画至于吴道子,而古今之变,天下之能事毕矣。(〔宋〕苏轼《东坡集》卷二十三《书吴道子画后》)

自作语最难,老杜作诗,退之作文,无一字无来处,盖后人读书少,故谓韩杜自作此语耳。古之能为文章者,真能陶冶万物,虽取古人之陈言入于翰墨,如灵丹一粒,点铁成金也。(〔宋〕黄庭坚《豫章黄先生文集》卷十九《答洪驹父书三首》之二)

杜子美之于诗,实积众家之长,适当其时而已。昔苏武、李陵之诗,长于高妙;曹植、刘公干之诗,长于豪逸;陶潜、阮籍之诗,长于冲澹;谢灵运、鲍照之诗,长于峻洁;徐陵、庾信之诗,长于藻丽。于是杜子美者,穷高妙之格,极豪逸之气,包冲澹之趣,兼峻洁之姿,备藻丽之态,而诸家之作所不及焉。然不集诸家之长,杜氏亦不能独至于斯也,岂非适当其时故耶?孟子曰:伯夷,圣之清者也;伊尹,圣之任者也;柳下惠,圣之和者也;孔子,圣之时者也。孔子之谓集大成。呜呼,杜氏、韩氏,亦集诗文之大成者欤!(〔宋〕秦观《淮海集》卷二十二《韩愈论》)

大抵他人之诗,工拙以篇论;杜甫之诗,工拙以字论。他人之诗,有篇则无对,有对则无句,有句则无字;杜甫之诗,篇中则有对,对中则有句,句中则有字。他人之诗,至十韵、二十韵,则萎靡叛散而不能收拾;杜甫之诗,至二十韵、三十韵,则气象愈高,波澜愈阔,步骤驰骋,愈严愈紧,非有本者能如是乎!(〔宋〕吴沆《环溪诗话》卷上)

杜诗高、大、深俱不可及。吐弃到人所不能吐弃,为高;涵茹到人所不能涵茹,为大;曲折到人所不能曲折,为深。(〔清〕刘熙载《艺概·诗概》)

哀 江 头

少陵野老吞声哭①,春日潜行曲江曲②。江头宫殿锁千门③,细柳新蒲为谁绿④?忆昔霓旌下南苑⑤,苑中万物生颜色⑥。昭阳殿里第一人⑦,同辇随君侍君侧⑧。辇前才人带弓箭⑨,白马嚼啮黄金勒⑩。翻身向天仰射云,一笑正坠双飞

---

① 少陵:为汉宣帝许皇后陵墓,在宣帝杜陵东南,杜甫曾住家于此,故自称"少陵野老"。吞声哭:犹饮泣。吞声,不敢出声。 ② 潜行:秘密行走。曲江曲:指曲江深曲隐僻之地。曲江,在唐国都长安(今陕西西安)东南,当时为游赏胜地。 ③ 江头宫殿:指曲江边紫云楼、芙蓉苑、杏园、慈恩寺等建筑物。因无人居住,一片荒凉,故曰"锁千门"。 ④ 细柳新蒲:据康骈《剧谈录》卷下载,曲江"花卉环周,烟水明媚","入夏则菰蒲葱翠,柳阴四合,碧波红蕖,湛然可爱"。时当春日,蒲新生,柳丝细,故曰"细柳新蒲"。国破无主,无人欣赏,故曰"为谁绿"。三字沉痛。 ⑤ 霓旌:云霓般的彩色旗帜,指天子仪仗。南苑:指芙蓉苑,在曲江之南。 ⑥ 生颜色:谓皇帝游幸,万物增辉。 ⑦ 昭阳殿:汉代宫殿名。汉成帝皇后赵飞燕居昭阳殿,甚得宠幸。此以赵飞燕比杨贵妃。 ⑧ 辇:皇帝乘坐的车子。同辇随君:《汉书·外戚传》载:"成帝游于后庭,尝欲与(班)婕妤同辇载,婕妤辞曰:'观古图画,圣贤之君皆有名臣在侧,三代末主乃有嬖女,今欲同辇,得无近似之乎?'上善其言而止。"此暗用班婕妤事以讽玄宗和贵妃。 ⑨ 才人:宫中女官名。《新唐书·百官志二》:"(内官)才人七人,正五品。掌叙燕寝,理丝枲,以献女功。" ⑩ 啮(niè):咬。黄金勒:以黄金为饰的马嚼口。《明皇杂录》卷下:"上将幸华清宫,贵妃姊妹竞车服","竞购名马,以黄金为衔勒,组绣为障泥","将同入禁中,炳炳照灼,观者如堵。"

翼①。明眸皓齿今何在？血污游魂归不得②。清渭东流剑阁深③，去住彼此无消息④。人生有情泪沾臆⑤，江水江花岂终极⑥！黄昏胡骑尘满城⑦，欲往城南望城北⑧。

【汇评】

老杜陷贼时有诗曰："少陵野老吞声哭，……"予爱其词气如百金战马，注坡蓦涧，如履平地，得诗人之遗法。（[宋]苏辙《栾城集》卷八《诗病五事》）

无穷之恨，《黍离》《麦秀》之悲，寄于言外。题云《哀江头》，乃子美在贼中时，潜行曲江，睹江水江花，哀思而作。其词婉而雅，其意微而有礼，真可谓得诗人之旨者。（[宋]张戒《岁寒堂诗话》卷上）

五七言古诗仄韵者，上句末字类用平声。惟杜子美多用仄，如《玉华宫》《哀江头》诸作，概亦可见。其音调起伏顿挫，独为遒健，似别出一格。回视纯用平字者，便觉萎弱无生气。（[明]李东阳《麓堂诗话》）

当日明皇仓卒蒙尘，马嵬惨变，尤为意外，且倥偬奔避，渭水、剑阁，两不相顾，一死一生，真天长地久，此哀无极。公诗并不铺排事实，而"明眸"四句，哀孰甚焉！视《长恨歌》《连昌宫词》，尤简括超妙。（[清]陈訏《读杜随笔》卷上）

【赏析】

这首诗为至德二载(757)春，杜甫陷贼长安时作。曲江为唐时游赏胜地，唐玄宗与杨贵妃常游幸于此。今玄宗奔蜀，杨妃缢死，诗人身陷贼中，旧地重游，抚今追昔，哀思有感，遂作此诗。诗写作者春日潜行曲江而感玄宗与杨妃生离死别之事，着力突出一个"哀"字。全诗分三层写哀：开头四句为第一层，是写诗人潜行曲江，目睹乱后衰败凄凉景象而引起的深哀隐痛。从"忆昔霓旌下南苑"到"一笑正坠双飞翼"八句为第二层，是用追叙的手法极写昔日游苑之盛与杨妃的恃宠豪奢。表面上是写昔日之"乐"，但"乐"中含哀，以乐衬哀，倍增其哀。"明眸皓齿今何在"等最后八句为第三层，乐极生悲，又从往昔跌回现实，悲君妃之不幸，哀国家之多难，愤叛军之猖獗。今昔对比，深悲剧痛，摧人心肺。哀乐关乎国运。哀江头，哀杨妃也，哀玄宗也，哀国破之痛也。全诗辞婉而雅，意深

① 仰射云：仰射空中飞鸟。一笑：指杨贵妃因才人射中飞鸟而为之一笑，系用如皋射雉事。《左传·昭公二十八年》："贾大夫恶(指貌丑)，娶妻而美，三年不言不笑，御以如皋，射雉获之，其妻始笑而言。"正坠双飞翼：已暗含玄宗、贵妃马嵬死别事。　② 明眸皓齿：指杨贵妃。二句指杨贵妃在马嵬坡被缢死事。马嵬坡，在今陕西兴平市北，西距长安百余里。归不得：一是贵妃已死，二是长安沦陷，故云。　③ 清渭东流：指贵妃薨葬渭滨。马嵬南滨之渭水，由西向东流向长安。剑阁：在今四川剑阁县北，为玄宗西行入蜀所经之地。《北史·魏本纪》载：北魏孝武帝元脩永熙三年(534)，帝为高欢所逼，出洛阳西奔长安，时当七月，"八月，宇文泰遣大都督赵贵、梁御甲骑二千来赴，乃奉迎，帝过河谓御曰：'此水东流而朕西上，若得重谒洛阳庙，是卿等功也。'帝及左右皆流涕。"清渭东流，玄宗西去，时亦相当，事亦相类，用典恰切。后《秦州杂诗二十首》其二："清渭无情极，愁时独向东。"亦用此典。　④ 去住彼此：指唐玄宗、杨贵妃。去指唐玄宗幸蜀西去，住指杨贵妃死葬渭滨。彼去此住，生死相隔，故曰"无消息"。此句即白居易《长恨歌》所云"一别音容两渺茫"意。　⑤ 臆：胸膛。　⑥ 岂终极：哪有尽头。是指水自流，花自开，无知无情，年年依旧，永无尽期。水，一作"草"。岂终极，与上句"人生有情"相对，又与前"为谁绿"相照应。终极，犹穷尽。　⑦ 胡骑：指安禄山叛军。　⑧ 欲往：犹将往。城南：原注："甫家居城南。"时已黄昏，应回住处，故欲往城南。望城北：望官军由北来收复长安。时肃宗在灵武，地处长安之北。

而微,讽而含情,极尽开阖变化之妙。清人黄生说:"此诗半露半含,若悲若讽。天宝之乱,实杨氏为祸阶。杜公身事明皇,既不可直陈,又不敢曲讳,如此用笔,浅深极为合宜。善述事者,但举一事,而众端可以包括,使人自得其于言外。若纤悉备记,文愈繁而味愈短矣。"(《杜诗说》卷三)

(张忠纲)

赠卫八处士①

人生不相见,动如参与商②。今夕复何夕,共此灯烛光③。少壮能几时,鬓发各已苍。访旧半为鬼④,惊呼热中肠⑤。焉知二十载,重上君子堂⑥。昔别君未婚,儿女忽成行⑦。怡然敬父执⑧,问我来何方。问答未及已⑨,儿女罗酒浆⑩。夜雨剪春韭,新炊间黄粱⑪。主称会面难⑫,一举累十觞⑬。十觞亦不醉,感子故意长⑭。明日隔山岳⑮,世事两茫茫⑯。

【汇评】

久别倏逢,曲尽人情,想而味之,宛然在目。([宋]陈世崇《随隐漫录》卷一)

信手写去,意尽而止,空灵宛畅,曲尽其妙。([明]王嗣奭《杜臆》卷一)

李因笃曰:"老气古质,平叙中有崟崎历落之致。"吴农祥曰:"一气读,一笔写,相见寻常事,却说得骇异不同。此人人胸臆所有,人不道耳。"查慎行曰:"感今怀旧,如风行水上,自然成文。若涉一毫客气,便成两橛。"([清]刘濬《杜诗集评》卷一引)

古趣盎然,少陵别调。一路皆属叙事,情真、景真,莫乙其处。([清]浦起龙《读杜心解》卷一之二)

无句不关人情之至,情景逼真,兼极顿挫之妙。([清]张燮承《杜诗百篇》卷上)

全诗共分六解(四句叙今昔聚散之情;四句叙死别生离之苦;六句叙久别暂聚、悲喜交聚之况。四句叙处士款待之情。四句叙主人劝酒之殷勤;二句结到明日复别,未卜能否再会之意,兴起二句相应。)恰无一句不关人情,读之觉情景逼真,兼极顿挫之妙。(王文濡《唐诗评注读本》卷一)

【赏析】

肃宗乾元元年(758),杜甫被贬华州司功参军,冬赴洛阳,二年春从洛阳回华州,途中

---

① 卫八:生平不详,八是排行。处士:未仕或不仕的士人。 ② 动:往往,常常。参(shēn)、商:二星名,参在西,商在东,此出彼没,永不相见。后常用以比喻双方会面之难。曹植《与吴季重书》:"别有参商之阔。" ③ 今夕何夕:《诗经·唐风·绸缪》:"今夕何夕,见此良人!""今夕何夕,见此邂逅。"表示相见的惊喜。此是喜出望外,想不到得有今夕,共对此灯烛之光也。 ④ 访旧:打听故旧的下落。半为鬼:大多亡故。 ⑤ 热中肠:为故旧的死亡而深感悲痛,五内俱焚。 ⑥ 君子:指卫八。 ⑦ 成行(háng):众多。 ⑧ 怡然:和悦貌。父执:父亲的友辈。《礼记·曲礼上》:"见父之执。"孔颖达疏:"谓挚友与父同志者也。" ⑨ 未及已:还没有说完。 ⑩ 儿女:一作"驱儿"。罗酒浆:摆上酒菜。 ⑪ 新炊:刚煮熟的饭。间(jiàn):掺和。黄粱:即黄小米。 ⑫ 主称:主人说。 ⑬ 累:接连。觞(shāng):酒杯。 ⑭ 子:指卫八。故意:故旧情意。长:深长,深厚。 ⑮ 山岳:指西岳华山。这句是说明天就要和你分别,好像华山把我们隔开一样。 ⑯ 世事:指时局发展和个人命运。别后世事如何,你我都茫然无知,不能预料,故曰"两茫茫"。

遇老友卫八处士，久别重逢，抚今追昔，感慨万千，遂赋此诗以赠。清人黄生评此诗说："写故交久别之情，若从肺腑中流出，手未动笔，笔未蘸墨，只是一真。然非沉酣于汉魏而笔墨与之俱化者，即不能道只字。因知他人未尝不遇此真境，却不能有此真诗，总由性情为笔墨所格耳。"（《杜诗说》卷一）真，的确是杜诗的一大特色。杜甫感情真挚，情郁于中，不吐不快，发而为诗，自然感人至深。这首诗写一别二十年的老友在战争乱离中忽然相见，乍惊乍喜，如梦如幻，"今夕复何夕，共此灯烛光"，真有九死一生之感。烛下相看，鬓发俱苍，询问旧友，半死为鬼，真是可悲可叹。而眼前所见，昔日小友，今已儿女成行，且极懂礼貌，旧交情真，剪春韭，炊黄粱，罗酒浆，倾其所有，盛情款待，又令人可喜可感。久别重逢，悲喜交集，谊厚情深，十觞不醉。但想到明日相别，后会无期，又不禁凄然茫然。诗将一夜的情事娓娓叙来，平易真切，质朴无华，生动自然，表现了战乱年代人所共有的"沧海桑田"和"别易会难"的人生感触，具有很强的概括性和感染力。所以，清人吴冯栻说："通首妙在一真，情真，事真，景真，故旧相遇，当歌此以侑酒，读之觉翕翕然一股热气，自泥丸直达顶门出也。"（《青城说杜》）

（张忠纲）

月　夜

今夜鄜州月，闺中只独看①。遥怜小儿女，未解忆长安②。香雾云鬟湿③，清辉玉臂寒④。何时倚虚幌⑤，双照泪痕干⑥？

【汇评】

李因笃曰："苦语写来不枯寂，此盛唐所以擅场也。犹善画者，古木寒鸦，正须一倍有致。"（[清]刘濬《杜诗集评》卷七引）

怀远诗说我忆彼，意只一层；即说彼忆我，意亦只两层。唯说我遥揣彼忆我，意便三层。又遥揣彼不知忆我，则层折无限矣。此公陷贼中，本写长安之月，却偏陡写鄜州之月，本写自己独看，却偏写闺中独看，已得遥揣神情。三、四又脱开一笔，以儿女之不解忆，衬出空闺之独忆，故"云鬟湿""玉臂寒"而不知也。沉郁顿挫，写尽闺中深情苦境。（[清]吴瞻泰《杜诗提要》卷七）

心已驰神到彼，诗从对面飞来，悲婉微至，精丽绝伦，又妙在无一字不从月色照出也。（[清]浦起龙《读杜心解》卷三之一）

入手便摆落现境，纯从对面着笔，蹊径甚别。后四句又纯为预拟之词，通首无一笔着正面，机轴奇绝。（[清]纪昀《瀛奎律髓刊误》卷二十二）

---

① 鄜（fū）州：今陕西富县。闺中：指妻子。　② 未解：尚未懂得。　③ 香雾：雾本无香，乃鬟香透入夜雾，故云。　④ 清辉：指月光。　⑤ 虚幌：薄帷。　⑥ 双照：指月光照着妻子与自己两人。

此诗作于至德元载(756)八月初陷贼时。本年五月,杜甫携家避难鄜州。七月,肃宗即位于灵武。八月,杜甫闻讯只身奔赴行在,中途为叛军所执,拘于长安。诗即被禁长安望月思家而作。诗写离乱中两地相思,构思新奇,情真意切,明白如话,深婉动人,真可谓天下第一等情诗。首联点题,起势不凡。入手即从对面着笔,不言我在长安思念家人,却说家人在鄜州望月思我,蹊径独辟。次联流水对,用笔尤为隐曲委婉,寓意深微。"未解忆",含两层意:一是儿女尚小,不知道想念身陷长安的父亲;二是小儿女天真无知,不懂得母亲看月是在想念他们的父亲。以小儿女的不解忆,反衬闺中只独看、独忆,突出首联"独"字,益见深情苦忆。三联着力描写想象中妻子独自看月的形象。雾湿云鬟,月寒玉臂,语丽情悲。"寒"字、"湿"字,见出夜深,衬出闺中伫望之久,思念之切,虽"云鬟湿""玉臂寒"而不知,可谓忘情之至也。末联以希冀重逢作结:"何时倚虚幌,双照泪痕干?""泪痕干",则今夜泪痕不干矣!"双照"而泪痕始干,则"独看"而泪痕不干明矣!今夜两地看月而各有泪痕,则愈益不干也甚矣!黄生说:"'照'字应'月'字,'双'字应'独'字,语意玲珑,章法紧密,五律至此,无忝称圣矣!"(《杜诗说》卷四)

(张忠纲)

蜀　相①

丞相祠堂何处寻②?锦官城外柏森森③。映阶碧草自春色,隔叶黄鹂空好音④。三顾频烦天下计⑤,两朝开济老臣心⑥。出师未捷身先死⑦,长使英雄泪满襟。

【汇评】

因谒祠堂,故必写祠景,后半方入事,唐贤多如此,不特少陵为然,此方是诗中真境。曰"自春色",曰

---

① 蜀相:指诸葛亮。公元221年,刘备在蜀称帝,任命诸葛亮为丞相。　② 丞相祠堂:即武侯祠。诸葛亮于建兴元年(223)被后主刘禅封为武乡侯,故其庙又称武侯祠,在今成都南郊。　③ 锦官城:在成都城南,汉代主管织锦业的官员居此,故称。后作为成都的别称。森森:高大茂密貌。传说武侯祠前有一柏为诸葛亮手植。　④ 映:遮掩。自春色:徒自呈春色。空好音:空作好音。碧草自绿,黄鹂自鸣,春色与己无关,好音与己无闻,"自""空"互文,是用反衬手法加倍写出诗人对诸葛亮的倾慕之情与凄恻之感。　⑤ 三顾:指刘备三顾茅庐请诸葛亮出山。频烦:意为多次烦劳,反复咨询。天下计:安天下之大计。指诸葛亮在《隆中对》中提出的东联孙权,北抗曹操,西取刘璋,三分天下的谋国方略。此句即诸葛亮《出师表》所云:"先帝(指刘备)不以臣卑鄙,猥自枉屈,三顾臣于草庐之中,谘臣以当世之事。"　⑥ 开济:经邦济世。杜甫《说旱》云:"军郡之政,罢弊之俗,已下手开济矣。"此开济亦治理之意。两朝开济,指诸葛亮辅佐先主刘备和后主刘禅成就帝业。老臣心:即"鞠躬尽瘁,死而后已"之心。　⑦ 出师未捷:指"北定中原,兴复汉室,还于旧都"(《出师表》)的理想未得实现。《三国志·蜀书·诸葛亮传》载,建兴十二年(234)春,诸葛亮出师伐魏,据武功五丈原(在今陕西岐山县南),与司马懿对峙于渭南,相持百余日。其年八月,亮病死军中,时年五十四。

"空好音",确见入庙时低回想象之意,此诗中之性情也。不得其性情,而得其议论,少陵一宗安得不灭!

（[清]黄生《杜诗说》卷八）

吊古诗,须具真性情,乃能发真议论,三、四是入祠堂低回叹息之神。唯五、六二句,始就孔明发论,结仍归自己。直将夔州血泪,滴向五丈原鞠躬尽瘁之时。此诗人之性情也。不得其性情,而贪发议论,则古人自古耳,于诗人何与?（[清]吴瞻泰《杜诗提要》卷七）

【赏析】

此诗为上元元年(760)春杜甫到成都后初游诸葛亮庙时作。诗借咏丞相祠堂,而深寄缅怀之思,歌颂诸葛亮的丰功伟绩。前四句写丞相祠堂,一、二句点题,交代祠堂所在,而已饱含诗人对诸葛亮的无限追慕之情。三、四句写祠景,而景中寓情。后四句写丞相本人。五、六两句,从大处着笔,言简意赅,尽括诸葛亮一生的功业和才德。末二句,对诸葛亮的大业未竟,赍志而殁,深表痛惜。《旧唐书·王叔文传》载,中唐政治改革派领袖人物王叔文预感到改革失败时,"但吟杜甫题诸葛亮祠堂诗末句云:'出师未捷身先死,长使英雄泪满襟。'因唏嘘泣下"。《宋史·宗泽传》载,抗金名将宗泽为投降派所阻抑,"忧愤成疾,疽发于背。诸将入问疾,泽矍然曰:'吾以二帝蒙尘,积愤至此。汝等能歼敌,则我死无恨。'众皆流涕曰:'敢不尽力!'诸将出,泽叹曰:'出师未捷身先死,长使英雄泪满襟'"。故王嗣奭评此诗曰:"出师未捷,身已先死,所以流千古英雄之泪也。盖不止为诸葛悲之,而千古英雄有才无命者,皆括于此,言有尽而意无穷也。"（《杜臆》卷四）

（张忠纲）

登　高

风急天高猿啸哀①，　渚清沙白鸟飞回②。
无边落木萧萧下③，　不尽长江滚滚来④。
万里悲秋常作客⑤，　百年多病独登台⑥。
艰难苦恨繁霜鬓⑦，　潦倒新停浊酒杯⑧。

【汇评】

《登高》云:"无边落木……独登台"。此二联不用故事,自然高妙,在樊川《齐山九日》七言之上。

---

① 猿啸哀:巫峡多猿,鸣声甚哀,所谓"巴东三峡巫峡长,猿鸣三声泪沾裳"。　② 渚(zhǔ):水中小洲。回:回旋。　③ 落木:落叶。萧萧:风吹叶动之声。　④ 滚滚:相继不绝,奔腾不息。　⑤ 万里:远离故乡,指夔州距长安遥远,回京无望。常作客:长期漂泊在外。杜甫自乾元二年(759)弃官流寓秦州、同谷、成都,至大历二年(767)在夔州作此诗,颠沛流离近十年,所谓"一辞故国十经秋"。　⑥ 百年:犹言一生。多病:杜甫患有疟疾、肺病、风痹、糖尿病、耳聋等多种疾病。独登台:时逢佳节,诸弟分散,好友先死,孤客夔州,举目无侣,故云。　⑦ 艰难:一指个人生活多艰,一指国家世乱多难。苦恨:极恨。繁霜鬓:白发日多。　⑧ 潦倒:犹衰颓,因多病故潦倒,所谓"形容真潦倒"。新停:最近方停。时杜甫因病戒酒。浊酒:混浊的酒,指劣酒。

（[宋]刘克庄《后村诗话》新集卷二）

杜陵诗云："万里悲秋常作客,百年多病独登台",盖"万里",地之远也;"悲秋",时之惨凄也;"作客",羁旅也;"常作客",久旅也;"百年",暮齿也;"多病",衰疾也;"台",高迥处也;"独登台",无亲朋也。十四字之间含八意,而对偶又精确。（[宋]罗大经《鹤林玉露》乙编卷五）

杜"风急天高"一章五十六字,如海底珊瑚,瘦劲难名,沉沉莫测,而精光万丈,力量万钧。通章章法、句法、字法,前无昔人,后无来学。微有说者,是杜诗,非唐诗耳。然此诗自当为古今七言律第一,不必为唐人七言律第一也。（[明]胡应麟《诗薮》内编卷五）

若"风急天高",则一篇之中句句皆律,一句之中字字皆律,而实一意贯串,一气呵成。骤读之,首尾若未尝有对者,胸腹若无意于对者;细绎之,则锱铢钧两,毫发不差,而建瓴走坂之势,如百川东注于尾闾之窟。至用句用字,又皆古今人必不敢道,决不能道者。真旷代之作也。（同上）

八句皆对,起二句对举之中仍复用韵,格奇而变。（[清]沈德潜《唐诗别裁集》卷十三）

《登高》一首,起二"风急天高猿啸哀,渚清沙白鸟飞回",收二"艰难苦恨繁霜鬓,潦倒新停浊酒杯",通首作对而不嫌其笨者;三、四"无边落木"二句,有疏宕之气;五、六"万里悲秋"二句,有顿挫之神耳。又首句妙在押韵,押韵则声长,不押韵则局板。（[清]施补华《岘佣说诗》）

气象高浑,有如巫峡千寻走云连风,诚为七律中稀有之作。（[清]纪昀等《唐宋诗醇》卷十六）

此诗读者亦谓五六备极顿挫,不知此诗一句有一句之顿挫;合看两句,有两句之顿挫;合看通篇,有通篇之顿挫。顿挫为公独得之妙,此诗政当于字字顿挫求之。（[清]陈式《问斋杜意》卷十七）

【赏析】

古人九月九日重阳节有登高的风俗。这首诗是唐代宗大历二年(767)重阳节,杜甫在夔州(今重庆奉节)登高时所作。前四句写登高所见,后四句写登高所感,情景交融,气象高浑,语言精练而富变化,对仗工整且复自然,极沉郁顿挫之致,是杜甫七律的代表作。首联起势警拔,犹如黄河之水天上来,一气贯注,层叠而下。"风急"二字最为紧要,以下猿哀、鸟回、落木萧萧、长江滚滚,皆从此生出。此联每句各包三景,上句风急、天高,下句渚清、沙白,皆从大处着笔,上句猿,下句鸟,则从小处陪衬,大小相形,格外醒目。颔联二句亦是从大处写秋景,犹如骏马走坂,奔腾无羁。落木萧萧,长江滚滚,连用两叠字,已气势非凡,而又冠以"无边""不尽"四字,则悲壮中更极阔大,遂使萧萧之声,滚滚之势,精神跃然而出。若不如此,则振不起下半首。前半写登高所见秋景,泼墨淋漓,雄浑悲壮,遂为下半悲秋张本。颈联两句即从天地风物之大环境紧缩至孤身一人,但内涵却极深广,正如宋人罗大经说的"十四字之间含八意,而对偶又精确"。此诗八句皆对,而又章法错综变化,前后紧相照应。尾联"艰难"应"作客","潦倒"应"多病",大有登高极目、百感交集之慨,使人唏嘘感叹不能自已。故胡应麟盛赞此诗为"古今七言律第一"。

（张忠纲）

丽 人 行

　　三月三日天气新,长安水边多丽人。态浓意远淑且真,肌理细腻骨肉匀。绣罗衣裳照暮春,蹙金孔雀银麒麟。头上何所有?翠为匌叶垂鬓唇。背后何所见?珠压腰衱稳称身。就中云幕椒房亲,赐名大国虢与秦。紫驼之峰出翠釜,水精之盘行素鳞。犀箸厌饫久未下,鸾刀缕切空纷纶。黄门飞鞚不动尘,御厨络绎送八珍。箫管哀吟感鬼神,宾从杂遝实要津。后来鞍马何逡巡,当轩下马入锦茵。杨花雪落覆白蘋,青鸟飞去衔红巾。炙手可热势绝伦,慎莫近前丞相嗔。

咏怀古迹五首(其二)

　　摇落深知宋玉悲,风流儒雅亦吾师。怅望千

秋一洒泪,萧条异代不同时。江山故宅空文藻,云雨荒台岂梦思。最是楚宫俱泯灭,舟人指点到今疑。

月夜忆舍弟

　　戍鼓断人行,秋边一雁声。露从今夜白,月是故乡明。有弟皆分散,无家问死生。寄书长不达,况乃未休兵。

江 村

清江一曲抱村流,长夏江村事事幽。
自去自来堂上燕,相亲相近水中鸥。
老妻画纸为棋局,稚子敲针作钓钩。
但有故人供禄米,微躯此外更何求。

参考书目

华文轩编《古典文学研究资料汇编·杜甫卷》,中华书局 1964 年

萧涤非《杜甫诗选注》,人民文学出版社 1979 年

萧涤非《杜甫研究》,齐鲁书社 1980 年

陈贻焮《杜甫评传》,上海古籍出版社 1982 年

郑庆笃、焦裕银、张忠纲、冯建国《杜集书目提要》,齐鲁书社 1986 年

莫砺锋《杜甫评传》,南京大学出版社 1993 年

咏月诗词

思考与练习

1. 试比较《梁甫吟》《远别离》与《哀江头》《宿府》,说说李、杜诗歌风格的不同点。

2. 联系中小学学过的课文,说说杜甫诗歌前后期有何不同(可以安史之乱为界)。

慕课资源

【总论】

唐之文章,无虑三变。武德以来,沿江左余风,则以绮章绘句为尚。开元好经术,则以崇雅黜浮为工。至于法度森严,抵轹晋、魏,上轧周、汉,浑然为一王法者,独推大历、贞元间。是时虽曰美才辈出,其能以六经之文为诸儒倡者,不过韩退之而止耳,柳子厚而止耳。退之之文,史臣谓其与孟轲、扬雄相表里,故后之学者,不复敢置议论。子厚不幸,其进于朝,适当王叔文用事之时,叔文工言治道,顺宗在东宫,颇信重之,迨其践祚,方欲有所施为,然与文珍、韦皋等相忤,内外谗谮,交口诋诬,一时在朝,例遭窜逐,而八司马之号纷然出矣。作史者不复审订其是非,第以一时成败论人,故党人之名,不可湔洗。(〔宋〕严有翼《柳宗元集》附录《柳文序》)

唐人以笔为文,始于韩、柳。昌黎自述其作文也,谓沉潜秾郁,含英咀华,作为文章,上规姚、姒、《盘》《诰》《易》《诗》《春秋》《左氏》,下逮《庄》《骚》、太史、子云、相如,以闳中肆外。而子厚亦有言,谓每为文章,本《书》《诗》《礼》《春秋》《易》,参之《穀梁》以厉其气,参之《孟》《荀》以畅其支,参之《庄》《老》以肆其端,参之《国语》以博其趣,参之《离骚》以致其幽,参之太史以著其洁。此韩、柳为文之旨也。夫二子之文,气盛言宜,希踪子史。而韩门弟子有李翱、皇甫湜诸人,偶有所作,咸能易排偶为单行,易平易为奇古,复能务去陈言,辞必己出。当时之士,以其异于韵语偶文之作也,遂群然目之为古文。以笔为文,至此始矣。而昌黎之作,尤为学者所盛推。(刘师培《论文杂记》)

李 白

春夜宴诸从弟桃李园序①

夫天地者,万物之逆旅也②;光阴者,百代之过客也。而浮生若梦,为欢几何?

---

① 从:同一宗族次于至亲者叫"从","从弟",堂弟。 ② 逆旅:旅舍。

古人秉烛夜游,良有以也①。况阳春召我以烟景②,大块假我以文章③,会桃李之芳园,序天伦之乐事④。群季俊秀,皆为惠连⑤;吾人咏歌,独惭康乐⑥。幽赏未已,高谈转清。开琼筵以坐花⑦,飞羽觞而醉月⑧。不有佳咏,何伸雅怀,如诗不成,罚依金谷酒数⑨。

【汇评】

发端数语,已见潇洒风尘之外。而转落层次,语无泛设,幽怀逸趣,辞短韵长。读之增人许多情思。([清]吴楚材、吴调侯《古文观止》卷七)

相如赋飘飘有凌云之气,太白文何独不然。诗云:"李杜文章在,光芒万丈长",观斯文益信。([清]唐德宜《古文翼》卷八)

小小燕集,而一起却从天地万物说入,是何等胸怀!至阳春云"召我",大块云"假我",花曰"坐花",月曰"醉月",字句都仙矣。《辑注》云:古人作文最会认题,如此题没有一"夜"字,便不是春宴桃李园矣。劈首逆从"夜"字生波,再折到春宴桃李园,真是海阔天空,高瞻远眺之概。《快笔》云:为一"夜"字,劈从天地光阴发出如许异想,是其识见之超卓处;烟景而曰"召",文章而曰"假",是其下字奇特处;写景则曰"烟景",写赏则曰"幽赏",写醉则曰"醉月",总不脱一"夜"字,是其体贴精细处。而且一句一转,一转一意,尺幅中具有排山倒海之势。短文之妙,无逾此篇。([清]李扶九原编、黄仁黼重订《古文笔法百篇》卷十四)

【赏析】

本文字不过百余,句不过数行,却层次递进,蕴含丰厚而深刻。文章以对天地、光阴的思考起笔,涉及作者对于空间和时间这两个宇宙构成的基本元素的认识,"逆旅""过客"的比喻,使人想见作者潇洒出尘、超乎凡俗的风度。宇宙尚且如此,则人生之无常、欢娱之短暂,更当令人警醒和珍惜。古人秉烛夜游,今人理当仿效,由此引出春夜宴桃李园的盛事。"阳春召我以烟景,大块假我以文章"是良辰、美景,"会桃李之芳园,序天伦之乐事"乃赏心、乐事,"群季俊秀,皆为惠连;吾人咏歌,独惭康乐",主人贤能,宾客卓绝,真所谓"四美具,二难并"(王勃《滕王阁序》),快哉,幸哉!"幽赏""高谈""坐花""醉月"之举,概写夜宴之趣,心绪明快,欢情毕现。结以石崇金谷园宴饮为例,既见桃李园夜宴之盛,更见主客诗赋雅趣,一觞一咏之乐,若魏晋风度之传承,与世俗之浪游迥别。

文章紧扣题目,有春有月,有酒有花,有兄有弟,有诗有歌,快慰之情,溢于言表。"浮生若梦"的言论看似消极,却不掩作者飞扬高蹈的内在精神。文中还充分体现了人与自然间平等和谐、融合如一的关系,展示了人的高度自信。故文章虽短,却辞短韵长,表现力极为丰富,高情逸兴,令人向往。

(邵文实)

---

①《古诗十九首》:"昼短苦夜长,何不秉烛游。"又曹丕《与吴质书》:"古人思秉烛夜游,良有以也。"秉,持。良,确实。以,因有,缘故。 ② 烟景:朦胧如烟的春景。 ③ 大块:大自然。假:借,这里是提供的意思。文章:文采。 ④ 序:同"叙",叙谈。天伦:此处指兄弟。 ⑤ 群季:诸弟。季,指排行在末的弟弟。惠连:谢灵运族弟,南朝诗人,十岁能文,深受谢灵运的喜爱。 ⑥ 康乐:谢灵运袭封康乐侯,此处李白是以谢灵运自比。 ⑦ 坐花:坐在花丛中。 ⑧ 羽觞:古时酒器。 ⑨ 罚依金谷酒数:即罚酒三杯。晋朝石崇《金谷诗序》:"遂各赋诗,以叙中怀,或不能者,罚酒三斗。"金谷,石崇所筑花园名。

韩 愈

韩愈(768—824),字退之,河阳(今河南孟州)人,郡望昌黎,世称"韩昌黎"。唐德宗贞元时进士,任监察御史、国子博士等职。因谏阻唐宪宗迎佛骨,贬为潮州(今属广东)刺史。后官至兵部、吏部侍郎。卒谥文,世称韩文公。有《昌黎先生集》。

【集评】

韩子之文,如长江大河,浑浩流转,鱼鼋蛟龙,万怪惶惑,而抑遏蔽掩,不使自露,而人望见其渊然之光,苍然之色,亦自畏避不敢迫视。([宋]苏洵《上欧阳内翰第一书》)

苏子瞻云:子美之诗,退之之文,鲁公之书,皆集大成者也。([宋]陈师道《后山诗话》)

孟轲氏没,圣学失传。天下之士,背本趋末,不求知道养德以充其内,而汲汲乎徒以文章为事业……韩愈氏出,始觉其陋,慨然号于一世,欲去陈言,以追《诗》《书》六艺之作。([宋]朱熹《朱文公文集》卷七十《读唐志》)

韩昌黎正大卓越,凌厉百家,唐、宋以来,莫之与京。差可与雁行者,独柳柳州而已。([明]蒋之翘辑注本《唐柳河东集》卷首[金]元好问《读柳集叙说》)

皇甫湜云:韩公愈茹古涵今,无有端涯。及其醋放,豪曲快字,凌纸怪发,鲸铿春丽,惊耀天下。([明]胡震亨《唐音癸签》卷七)

宋人好附会名重之人,称韩文杜诗,无一字没来历。不知此二人之所以独绝千古者,转妙在没来历。元微之称少陵云:"怜渠直道当时事,不著心源傍古人。"昌黎云:"惟古于词必己出,降而不能乃剽贼。"今就二人所用之典,证二人生平所读之书,颇不为多,班班可考,亦从不自注此句出何书,用何典。昌黎尤好生造字句,正难其自我作古,吐词为经,他人学之,便觉不妥耳。([清]袁枚《随园诗话》卷三)

苏明允《上欧阳内翰书》称昌黎之文"如长江大河,浑浩流转,鱼鼋蛟龙,万怪惶惑,而抑遏蔽掩,不使自露"。此真知所谓气势,亦真知昌黎之文能敛气而蓄势者矣。(林纾《春觉斋论文》)

祭十二郎文①

年月日②,季父愈闻汝丧之七日③,乃能衔哀致诚④,使建中远具时羞之奠⑤,告

---

① 十二郎:名老成,韩愈次兄韩介之子,排行十二,故称十二郎。因韩愈长兄韩会无子,老成过继为后。 ② 年月日:《文苑英华》作"贞元十九年(803)五月廿六日";但下文有"汝之书,六月十七日也",而祭文作于得知老成死讯的七天后,故"五月十六日"当误。 ③ 季父:父辈中排行最小的叔父。 ④ 衔哀:心怀哀戚。致诚:表达诚意。 ⑤ 建中:人名,当为韩愈家中仆人。时羞:应时的美味。羞,同"馐"。奠:以酒食祭死者,此指祭品。

汝十二郎之灵①：

呜呼！吾少孤②，及长，不省所怙③，惟兄嫂是依④。中年兄殁南方⑤，吾与汝俱幼，从嫂归葬河阳⑥，既又与汝就食江南⑦，零丁孤苦，未尝一日相离也。吾上有三兄⑧，皆不幸早世⑨。承先人后者⑩，在孙惟汝，在子惟吾，两世一身⑪，形单影只。嫂尝抚汝指吾而言曰："韩氏两世，惟此而已。"汝时尤小，当不复记忆；吾时虽能记忆，亦未知其言之悲也。

吾年十九，始来京城。其后四年，而归视汝⑫。又四年，吾往河阳省坟墓⑬，遇汝从嫂丧来葬⑭。又二年，吾佐董丞相于汴州⑮；汝来省吾，止一岁⑯，请归取其孥⑰。明年，丞相薨⑱，吾去汴州⑲，汝不果来⑳。是年，吾佐戎徐州㉑，使取汝者始行，吾又罢去㉒，汝又不果来。吾念汝从于东㉓，东亦客也，不可以久；图久远者，莫如西归，将成家而致汝。呜呼！孰谓汝遽去吾而殁乎㉔！吾与汝俱少年，以为虽暂相别，终当久相与处，故舍汝而旅食京师，以求斗斛之禄㉕；诚知其如此，虽万乘之公相㉖，吾不以一日辍汝而就也㉗！

去年，孟东野往㉘，吾书与汝曰："吾年未四十，而视茫茫㉙，而发苍苍㉙，而齿牙动摇。念诸父与诸兄㉚，皆康强而早世，如吾之衰者，其能久存乎！吾不可去，汝不肯来；恐旦暮死，而汝抱无涯之戚也㉛。"孰谓少者殁而长者存，强者夭而病者全乎㉜？呜呼！其信然邪？其梦邪？其传之者非其真邪？信也，吾兄之盛德而夭其嗣乎㉝？汝之纯明而不克蒙其泽乎㉞？少者强者而夭殁，长者衰者而存全乎？未

① 十二郎：一作"十二郎子"。灵：魂灵。　② 孤：《孟子·梁惠王下》："幼而失父曰孤。"韩愈父韩仲卿死于大历五年(770)，时韩愈三岁。　③ 省(xǐng)：知道。怙(hù)：恃，依靠。《诗·小雅·蓼莪》："无父何怙，无母何恃。"所怙，指父亲。　④ 兄嫂：指兄韩会、嫂郑氏，即十二郎之嗣父母。　⑤ 中年殁南方：代宗大历十二年(777)，韩会由起居舍人贬为韶州(今广东韶关)刺史，次年死于任所，年四十二。　⑥ 河阳：今河南孟州市西，韩氏祖茔所在地。　⑦ 就食江南：唐德宗建中二年(781)，北方藩镇李希烈反叛，中原局势动荡。韩愈随嫂避居宣州(今安徽宣城)韩氏别业。既，不久。就食：靠近粮多之地以供食。　⑧ 吾上有三兄：三兄指韩会、韩介，还有一位死时尚幼，未及命名，一说：吾，我们，即韩愈和十二郎；三兄指自己的两个哥哥和十二郎的哥哥韩百川(韩介长子)。　⑨ 早世：早死。《左传·昭公三年》："早世陨命，寡人失望。"　⑩ 先人：指已去世的父亲韩仲卿。　⑪ 两世一身：子辈和孙辈两代人中均只剩一个男丁。　⑫ 唐德宗贞元二年(786)，韩愈由宣州游长安，应进士举。但据韩愈《答崔立之书》及《欧阳生哀辞》，均称其入京时年二十岁，与本文所称相差一岁。视：古时探亲，上对下曰视，下对上曰省。　⑬ 省(xǐng)坟墓：扫墓。　⑭ 遇汝从嫂丧来葬：韩愈嫂郑氏卒于贞元九年(793)，韩愈有《祭郑夫人文》。　⑮ 一本作"吾佐董丞相幕于汴州"。董丞相：指董晋。贞元十二年(796)，董晋以检校尚书左仆射，同中书门下平章事任宣武军节度使，汴、宋、亳、颍等州观察使，辟韩愈为节度推官。佐：辅佐。汴州：治所在今河南开封市。　⑯ 止：居住。　⑰ 请归取其孥(nú)：请求回宣州把家眷接来。孥，妻子儿女的统称。　⑱ 明年，丞相薨(hōng)：贞元十五年(799)二月，董晋死于汴州任所。《新唐书·百官志·礼部》："凡丧，三品以上称薨。"　⑲ 去：离开。　⑳ 不果：终于没有。　㉑ 佐戎徐州：贞元十五年(799)秋，韩愈入徐、泗、濠节度使张建封幕，任节度推官。节度使府在徐州。佐戎，辅助军务。　㉒ 罢去：贞元十六年(800)五月，张建封卒，韩愈离开徐州赴洛阳。　㉓ 东：汴州和徐州均位于河阳之东。　㉔ 孰谓：谁料到，谁知道。遽(jù)：骤然。殁(mò)：死。　㉕ 斗斛(hú)：古代十斗为一斛。斗斛之禄，指微薄的俸禄。韩愈离开徐州后，于贞元十七年(801)来长安选官，调四门博士，贞元十九年，迁监察御史。　㉖ 万乘(shèng)之公相：指高官厚禄。古代兵车一乘，有马四匹。封国大小以兵赋计算，凡地方千里的大国，均称万乘之国。　㉗ 辍(chuò)，停止，此处意为离开。就：就职。　㉘ 去年：指贞元十八年(802)。孟东野：孟郊，是年出任溧阳(今属江苏)尉。　㉙ 视茫茫：一作"视荒荒"，视觉模糊。发苍苍：头发花白。　㉚ 诸父：指伯叔辈。　㉛ 戚：哀戚，忧伤。　㉜ 夭：短命早死，少壮而死。全：保全，意指活着。　㉝ 盛德：美好的品德。夭：使动用法，"使……夭折"。　㉞ 纯明：纯正贤明。不克：不能。蒙：承受。泽：恩泽。

可以为信也。梦也，传之非其真也？东野之书，耿兰之报①，何为而在吾侧也？呜呼！其信然矣！吾兄之盛德而夭其嗣矣！汝之纯明宜业其家者②，不克蒙其泽矣！所谓天者诚难测，而神者诚难明矣！所谓理者不可推，而寿者不可知矣！虽然，吾自今年来，苍苍者或化而为白矣③，动摇者或脱而落矣④。毛血日益衰⑤，志气日益微⑥，几何不从汝而死也！死而有知，其几何离⑦；其无知，悲不几时，而不悲者无穷期矣！汝之子始十岁⑧，吾之子始五岁⑨，少而强者不可保，如此孩提者⑩，又可冀其成立耶？呜呼哀哉！呜呼哀哉！

汝去年书云："比得软脚病⑪，往往而剧⑫。"吾曰："是疾也，江南之人，常常有之。"未始以为忧也。呜呼！其竟以此而殒其生乎⑬？抑别有疾而至斯乎⑭？汝之书，六月十七日也。东野云：汝殁以六月二日。耿兰之报无月日。盖东野之使者不知问家人以月日；如耿兰之报，不知当言月日。东野与吾书，乃问使者，使者妄称以应之耳。其然乎？其不然乎？今吾使建中祭汝，吊汝之孤与汝之乳母⑮，彼有食可守以待终丧⑯，则待终丧而取以来；如不能守以终丧，则遂取以来。其余奴婢，并令守汝丧。吾力能改葬，终葬汝于先人之兆⑰，然后惟其所愿⑱。

呜呼！汝病吾不知时，汝殁吾不知日，生不能相养以共居，殁不能抚汝以尽哀⑲，敛不得凭其棺⑳，窆不得临其穴㉑。吾行负神明，而使汝夭，不孝不慈，而不得与汝相养以生，相守以死；一在天之涯，一在地之角，生而影不与吾形相依，死而魂不与吾梦相接，吾实为之，其又何尤㉒！彼苍者天，曷其有极㉓！自今已往，吾其无意于人世矣！当求数顷之田于伊、颍之上㉔，以待余年，教吾子与汝子，幸其成㉕；长吾女与汝女，待其嫁㉖，如此而已！

呜呼！言有穷而情不可终，汝其知也邪？其不知也邪？呜呼哀哉！尚飨㉗！

【汇评】

通篇情意刺骨，无限凄切，祭文中千年绝调。（［明］茅坤《唐宋八大家文钞》评语卷一）

① 耿兰：生平不详，当为宣州韩氏家仆。　② 业：用作动词，继承家业。　③ 苍苍者或化而为白矣：花白的头发有的已变为全白。　④ 动摇者或脱而落矣：松动的牙齿有的已脱落。时年韩愈有《落齿》诗云："去年落一牙，今年落一齿。俄然落六七，落势殊未已。"　⑤ 毛血：指体质。　⑥ 志气：指精神。　⑦ 其几何离：即"其离几何"，分离会有多久呢？意谓分离的时间不长了。　⑧ 汝之子：十二郎有两子，长子韩湘，次子韩滂。韩滂出嗣十二郎的哥哥韩百川为子，见韩愈《韩滂墓志铭》。始十岁：当指长子韩湘。十岁，一本作"一岁"，则当指韩滂，滂生于贞元十八年（802）。　⑨ 吾之子始五岁：指韩愈长子韩昶，贞元十五年（799）韩愈居符离集时所生，小名曰符。　⑩ 孩提：本指依靠父母提抱的幼儿。此为年纪尚小之意。　⑪ 比（bì）：近来。软脚病：脚气病。　⑫ 剧：厉害，严重。　⑬ 殒（yǔn）：死亡。　⑭ 至斯：至此。一本作"至斯极"。　⑮ 吊：此指慰问。孤：指十二郎的儿子。　⑯ 有食：即能维持生活。终丧：守满三年丧期。《孟子·滕文公上》："三年之丧……自天子达于庶人，三代共之。"　⑰ 兆：葬域，墓地。　⑱ 惟其所愿：指奴婢去留任其所愿。　⑲ 抚汝以尽哀：指抚尸恸哭。　⑳ 敛：同"殓"。为死者更衣称小殓，放尸体入棺材称大殓。　㉑ 窆（biǎn）：下棺入土。　㉒ 尤：归咎，责备。　㉓ 彼苍者天，曷其有极：意谓那青色的上天啊，我的痛苦哪有尽头啊。语本《诗经·唐风·鸨羽》："悠悠苍天，曷其有极。"　㉔ 伊、颍（yǐng）：伊水和颍水，均在今河南省境。此指故乡。　㉕ 幸其成：韩昶后中穆宗长庆四年进士。韩湘后中长庆三年进士。　㉖ 待其嫁：韩愈三婿为：李汉、蒋系、樊宗懿。十二郎之婿，据高澍然说，是李干，见《韩集》。　㉗ 尚飨：古代祭文结语，意为请亡灵享用祭品。

满眼涕洟,无限伤神,情真语真。([明]郭正域《韩文杜律》)

前人读《出师表》而不堕泪者,其人必不忠;读李令伯《陈情表》而不堕泪者,其人必不孝;读韩退之《祭十二郎文》而不堕泪者,其人必不友。信然。([清]蔡铸《蔡氏古文评注补正全集》卷六)

想提笔作此文,定自夹哭夹写,乃是逐段连接语,不是一气贯注语。看其中幅,接连几个"乎"字,一句作一顿,动极后人,真有如此一番恍惚猜疑光景。又接连几个"矣"字,一句作一顿,动极后人,又真有如此一番捶胸顿足光景。写生前离合,是追述处要哭;写死后惨切,是处置处要哭。至今犹疑满纸血泪,不敢多读。([清]过珙《古文评注》卷六)

情之至者,自然流为至文。读此等文,须想其一面哭一面写,字字是血,字字是泪。未尝有意为文,而文无不工,祭文中千年绝调。([清]吴调侯、吴楚材《古文观止》卷七)

酸痛惨挚,入于五内,彻于九霄。([清]蔡世远《古文雅正》评论卷二)

自始至终,处处俱以自己伴讲。写叔侄之关切,无一语不从至性中流出。几令人不能辨其是文是哭,是墨是血。而其波澜之纵横变化,结构之严谨浑成,亦属千古绝调。　　文章要诀,无过真切二字。真切则确当而不可移易。自为千古不刊之作。试读此文,有一语不真切否?后学悟此,则文章一道,思过半矣。([清]余诚《重订古文释义新编》卷七)

【赏析】

《祭十二郎文》是韩愈于唐德宗贞元十九年(803),在长安任监察御史时,为祭其侄子十二郎而写的一篇祭文。沈德潜评本篇云:"是祭文变体,亦是祭文绝调。"实际上,本文之"绝",即在其"变"。古代祭文,内容多为歌颂死者功德言行,形式习用四言韵语,本文则不拘常格,多有新变。

其一,内容上多为家常琐事,且不避细碎,一一述说,从寻常事中见出极不寻常之情。文章从强调韩氏"两世一身"的家族亲情关系说起,继而回顾了自己离家之后叔侄短暂的几次相聚,突出了十二郎的遽死给自己带来的无可弥补的精神创伤,最后又不厌其烦地交代对十二郎身后之事的安排,处处关合十二郎可能放心不下之处,更见其对十二郎的了解、关怀,以及叔侄之间的款款深情。所有这些,既显示了叔侄枝叶同根、多年唇齿相依的深厚亲情,又表明了自己愿与老成"相养以生,相守以死"的心迹,为作者在文中所抒发的深悲剧痛筑了一个坚实的情理基础。

其二,在情感表达方面,行文自始至终关合叔侄双方,反复诉说其生不得相聚,死亦不相知的矛盾凄苦。"孰知少者殁而长者存,强者夭而病者全乎"的疑问,深切地表明了作者心中的惊诧叹惋和无比痛惜;"其信然邪?其梦邪?其传之非其真邪"的推究猜测,则反映了他一系列急剧变化的心理活动;而"吾实为之,其又何尤!彼苍者天,曷其有极"的痛悔自责与呼天抢地,又不加掩饰地将痛苦之情倾泻而出,无一不令读者为之动容,于喷薄处见雄肆,于呜咽处见深情。

其三,形式上采用散文笔调和对话形式,变千里遥祭为当面絮语,话语朴实,如泣如诉,显得格外自然真切。费衮《梁溪漫志》卷六称:"退之《祭十二郎文》一篇,大率皆用助语。其最妙处,自'其信然耶'以下,至'几何不从汝而死也'一段,仅三十句,凡句尾连用'耶'字者三,连用'乎'字者三,连用'也'字者四,连用'矣'字者七,几于句句用助辞矣。

而反复出没,如怒涛惊湍,变化莫测,非妙于文章者,安能及此!"这种大量语助词的运用,正体现了韩愈驾驭文字的高超能力。此外,本文问句、叹句特别多,具有极强的抒情性和表现力。

文章结合家庭、身世和生活琐事,融入宦海浮沉与人生无常之感,反复抒写作者悼念亡侄的悲痛,长歌当哭,动人哀感。

(邵文实)

备选课文

山中与裴迪秀才书　　　王维

近腊月下,景气和畅,故山殊可过。足下方温经,猥不敢相烦,辄便往山中,憩感配寺,与山僧饭讫而去。

北涉玄灞,清月映郭。夜登华子冈,辋水沦涟,与月上下。寒山远火,明灭林外。深巷寒犬,吠声如豹。村墟夜舂,复与疏钟相间。此时独坐,僮仆静默,多思曩昔,携手赋诗,步仄径,临清流也。

当待春中,草木蔓发,春山可望,轻鲦出水,白鸥矫翼,露湿青皋,麦陇朝雊。斯之不远,倘能从我游乎?非子天机清妙者,岂能以此不急之务相邀?然是中有深趣矣!无忽。

因驮黄蘖人往,不一。山中人王维白。

子产不毁乡校颂　　　韩愈

我思古人,伊郑之侨。以礼相国,人未安其教。游于乡之校,众口嚣嚣。或谓子产:"毁乡校则止。"曰:"何患焉?可以成美。夫岂多言?亦各其志。善也吾行,不善吾避。维善维否,我于此视。川不可防,言不可弭。下塞上聋,邦其倾矣!"

既乡校不毁,而郑国以理。在周之兴,养老乞言;及其已衰,谤者使监。成败之迹,昭哉可观。维是子产,执政之式。维其不遇,化止一国。诚率是道,相天下君,交畅旁达,施及无垠。于呼!四海所以不理,有君无臣。谁其嗣之?我思古人。

参考书目

[明]茅坤编、高海夫等校注《唐宋八大家文钞校注集评》,三秦出版社1998年

高步瀛编《唐宋文举要》,上海古籍出版社1982年

马其昶《韩昌黎文集校注》,上海古籍出版社1986年

高文、屈光选注《柳宗元选集》,上海古籍出版社1992年

郭预衡《中国散文史》(上),上海古籍出版社1986年

朱世英等《中国散文学通论》,安徽教育出版社1995年

吴文治编《韩愈资料汇编》,中华书局1983年

卞孝萱、张清华、阎琦《韩愈评传》,南京大学出版社1998年

思考与练习

1. 清余诚在《重订古文释义新编》卷七中说,《春夜宴诸从弟桃李园序》"通篇着意在一'夜'字"。试谈谈李白是如何围绕这个"夜"字排构字句、写景抒怀的。

2. 联系韩愈《子产不毁乡校颂》与《国语·召公谏厉王弭谤》说说广开言路的意义。

慕课资源

韦 应 物

韦应物（737—792），京兆长安（今陕西省西安市人）。早年尚豪侠，以三卫郎事玄宗。安史乱后失官，始悔而折节读书。后由比部员外郎出为滁州、江州刺史，改左司郎中，官终苏州刺史，世称韦苏州。苏州刺史任满，居然无川资回京候选（等朝廷另派他职），寄居苏州无定寺，不久客死他乡。韦诗以写田园山水著名，部分作品对当时社会混乱、人民疾苦的情况有所反映。其诗语言简淡，绝去雕饰，而风格秀朗，气韵清澈。有《韦苏州集》（一称《韦江州集》）十卷。

【集评】

韦苏州歌行，才丽之外，颇近兴讽。其五言诗又高雅闲澹，自成一家之体，今之秉笔者谁能及之？然当苏州在时，人亦未甚爱重，必待身后，然后人贵之。（［唐］白居易《与元九书》）

王右丞、韦苏州澄澹精致，格在其中，岂妨于遒举哉。（［唐］司空图《与李生论诗书》）

右丞、苏州，趣味澄夐，若清风之出岫。（［唐］司空图《与王驾评诗书》）

李、杜之后，诗人继作，虽间有远韵，而才不逮意。独韦应物、柳宗元发纤秾于简古，寄至味于澹泊，非馀子所及也。（［宋］苏轼《书黄子思诗集后》）

韦苏州诗韵高而气清，王右丞诗格老而味长，虽皆五言之宗匠，然互有得失，不无优劣。以标韵观之，右丞远不逮苏州。至于词不迫切而味甚长，虽苏州亦所不及也。（［宋］张戒《岁寒堂诗话》卷上）

韦苏州诗律深妙，流出肝肺，非学力所可到也。（［宋］刘克庄《后村诗话》）

有唐歌诗，承汉、魏之绪，接六朝之风，律格厥备，为百世宗法，盛矣。而五言古体，殊寡其人焉。虽初唐诸杰暨杜陵之博，皆未极善美。独韦苏州秉不世之豪，恣跌宕之奇，纳雄旷于沉逸，收谲怪于平淡，纵以情，严以律，捶枚乘之骨，吸渊明之魄，屏靡丽之旨，尽天籁之音，三唐作者，一人而已。（［明］袁克文《宋本韦苏州集题跋》）

左司性情闲淡，最近风雅，其恬淡之处不减陶靖节。唐人五言古诗有陶、谢余韵在者，独左司一人。（［明］何良俊《四友斋丛说》）

陶诗胸次浩然，其中有一段渊深朴茂不可到处。唐人祖述者，王右丞有其清腴，孟山人有其闲远，储太祝有其朴实，韦左司有其冲和，柳仪曹有其峻洁，皆学焉而得其性之所近。（[清]沈德潜《说诗晬语》卷上）

汉、魏、晋人诗，气息渊永，风骨醇茂，唐人诗似之者惟韦苏州。（[清]林昌彝《海天琴思续录》卷七）

唐人中，王、孟、韦、柳四家诗格相近，其诗皆从苦吟而得。人但见其澄澹精致，而不知其几经淘洗而后得澄澹，几经熔炼而后得精致。（[清]印芳《与李生论诗书跋》）

寄李儋元锡①

　　去年花里逢君别，今日花开又一年。世事茫茫难自料②，春愁黯黯独成眠③。身多疾病思田里，邑有流亡愧俸钱④。闻道欲来相问讯，西楼望月几回圆。

【汇评】

朱文公盛称此诗五、六好，以唐人仕宦多夸美州宅风土，此独谓"身多疾病""邑有流亡"，贤矣。（[元]方回《瀛奎律髓汇评》卷六）

简澹之怀，百世下犹为兴慨。（[明]袁宏道参评本）

韦左司"身多疾病思田里，邑有流亡愧俸钱"，仁者之言也。刘辰翁谓其"居官自愧，闵闵有恤人之心"，正味此两语得之。若高常侍"拜迎官长心欲碎，鞭挞黎庶令人悲"，亦似厌作官者，但语微带傲，未必真有退心如左司之一向淡耳。（[明]胡震亨《唐音统签》卷二十五）

诗有简而妙者，若……张九龄"缪忝为邦寄，多惭理人术"，不如韦应物"邑有流亡愧俸钱"。（[明]谢榛《四溟诗话》卷二）

中四句自述近况，寄怀意唯于起结处作呼应。然次句击动三、四，七句暗承五、六，又未尝不关照也。（[清]毛张健《唐体肤诠》）

圆熟却轻茜。（[清]冯舒《瀛奎律髓汇评》卷六引）

【赏析】

　　这首诗是韦应物晚年在滁州刺史任上的作品。唐德宗建中四年（783）暮春入夏时节，韦应物从长安调任滁州刺史。这年冬天，长安发生了朱泚叛乱，称帝号秦，唐德宗仓皇出逃，直到第二年五月才收复长安。李儋在长安与韦应物分别后，曾托人问候。次年春天，韦应物写了这首诗寄赠李儋以答。诗中叙述了别后的思念和盼望，抒发了国乱民穷造成的内心矛盾和苦闷。

---

　　① 李儋元锡：李儋，字元锡，是韦应物诗交好友。时任殿中侍御史。　② 世事：此处既指国家前途，也包含个人前途。茫茫：渺茫，不可知。　③ 黯黯：心里不舒服，情绪低落的样子。　④ 邑：城邑，指韦应物当时任所滁州。俸钱：官俸，俸禄。

此诗首联以花开一年为衬,则不仅显出时光迅速,更流露出别后境况萧索的感慨。次联写自己的烦恼苦闷。三联具体写自己的思想矛盾。末联便以感激李儋的问候和亟盼他来访作结。

此诗之所以为人传诵,是因为诗人诚恳地披露了一个清廉正直的封建官吏的思想矛盾和苦闷,真实地概括出这样的官员有志无奈的典型心情。尤其是"身多疾病思田里,邑有流亡愧俸钱"两句,自宋代以来,甚受赞扬。诗人能够写出这样真实、典型、动人的诗句,正由于他有较高的思想境界和较深的生活体验。

(常 健)

白 居 易

白居易(772—846),字乐天,晚年号香山居士,又号醉吟先生,卒谥文,下邽(在今陕西渭南境)人。先世太原(今山西太原)人。贞元进士,授秘书省校书郎。元和年间,为翰林学士、左拾遗,屡上奏章指摘弊政,直言无忌。自太子左赞善大夫贬为江州(今江西九江)司马,迁忠州(今重庆忠县)刺史,还朝任中书舍人。历杭州、苏州刺史。晚年居洛阳,以刑部尚书致仕。诗文兼擅,尤以诗名世,与元稹并称元白,又与刘禹锡并称刘白。诗风浅显平易。

【集评】

白乐天去世,人以诗吊之,曰:"缀玉联珠六十年,谁教冥路作诗仙?浮名不系名居易,造化无为字乐天。童子解吟《长恨曲》,胡儿能唱《琵琶篇》。文章已满行人耳,一度思卿一怆然。"([宋]蔡居厚《诗史》)

《冷斋夜话》云:"白乐天每作诗,令一老妪解之,问曰:'解否?'妪曰解则录之,不解则又复易之。故唐末之诗,近于鄙俚。"又张文潜云:"世以乐天诗为得于容易,而来尝于洛中一士人家见白公诗草数纸,点窜涂之,及其成篇,殆与初作不侔。"([宋]胡仔《苕溪渔隐丛话》前集卷八)

本朝苏文忠公不轻许可,独敬爱乐天,屡形诗篇。盖其文章皆主辞达,而忠厚好施,刚直尽言,与人有情,于物无著,大略相似。谪居黄州,始号东坡,其原必起于乐天忠州之作也。([宋]周必大《二老堂诗话》)

乐天之诗,情致曲尽,入人肝脾,随物赋形,所在充满,殆与元气相侔。至长韵大篇,动数百千言,而顺适惬当,句句如一,无争张牵强之态。此岂捻断吟须悲鸣口吻者之所能至哉!而世或以浅易轻之,盖不足与言矣。([金]王若虚《滹南诗话》卷一)

神韵超妙者绝,气力雄浑者胜,元轻白俗,皆其病也。然病轻犹其小疵,病俗实为大忌,故渔洋谓初学者不可读乐天诗。([清]田同之《西圃诗说》)

白诗善道人心中事,流易处近人。白傅讽谕诗有关世道,当别具只眼观之。([清]乔亿《剑溪说诗》卷上)

白乐天歌行,平铺直叙而不嫌其拖沓者,气胜也。([清]方南堂《辍锻录》)

长　恨　歌

　　汉皇重色思倾国①，御宇多年求不得②。杨家有女初长成，养在深闺人未识。天生丽质难自弃，一朝选在君王侧③。回眸一笑百媚生④，六宫粉黛无颜色⑤。春寒赐浴华清池⑥，温泉水滑洗凝脂⑦。侍儿扶起娇无力⑧，始是新承恩泽时。云鬓花颜金步摇⑨，芙蓉帐暖度春宵⑩。春宵苦短日高起，从此君王不早朝。承欢侍宴无闲暇，春从春游夜专夜⑪。后宫佳丽三千人，三千宠爱在一身。金屋妆成娇侍夜⑫，玉楼宴罢醉和春⑬。姊妹弟兄皆列土⑭，可怜光彩生门户⑮。遂令天下父母心，不重生男重生女⑯。骊宫高处入青云⑰，仙乐风飘处处闻。缓歌慢舞凝丝竹⑱，尽日君王看不足。渔阳鼙鼓动地来⑲，惊破霓裳羽衣曲⑳。九重城阙烟尘生㉑，千乘万骑西南行㉒。翠华摇摇行复止㉓，西出都门百余里㉔。六军不发无奈何，宛转蛾眉马前死㉕。花钿委地无人收㉖，翠翘金雀玉搔头㉗。君王掩面救不得，回看血泪相和流。黄埃散漫风萧索㉘，云栈萦纡登剑阁㉙。峨眉山下少人行㉚，旌旗无光

---

① 汉皇：借汉武帝指代唐玄宗，唐代诗人常用此法。倾国：汉武帝时，歌手李延年咏歌赞美其妹，歌词是："北方有佳人，绝世而独立。一顾倾人城，再顾倾人国。宁不知倾城与倾国，佳人难再得。"见《汉书·外戚传》。后以倾国倾城比美女。　② 御宇：皇帝统治天下。　③ "杨家有女"四句：杨贵妃小名玉环，先被册封为寿王（玄宗之子李瑁）妃。开元二十八年，玄宗安排她为女道士，道号太真。到天宝四载，纳入宫，封贵妃。诗句为玄宗隐讳事实。　④ 回眸：回头顾盼。眸，眼珠。　⑤ "六宫"句：宫中妃嫔相比黯然失色。六宫：本义是指古代皇后的寝宫，又因六宫为皇后居住之所，所以往往用六宫代指皇后，而六宫的概念至唐代已非专指皇后，而泛指后妃。粉黛：妇女的化妆品。用白粉擦脸，用青黑色矿物颜料画眉。常借喻美女。　⑥ 华清池：骊山（在今陕西西安临潼）上行宫华清宫的温泉。唐玄宗每年冬季或春初到华清宫居住。　⑦ 凝脂：形容皮肤洁白光润。语本《诗经·卫风·硕人》："肤如凝脂。"　⑧ 侍儿：婢女。⑨ 云鬓：妇女浓密如云的黑发。金步摇：黄金制成的一种头饰，上面有垂挂的珠子，行步时随着摇动。　⑩ 芙蓉帐：用芙蓉色染成的丝织品制成的帐子。　⑪ 专夜：此处指后妃中一人独占与皇帝寝宿的恩宠。　⑫ 金屋：汉武帝小时，曾说如能娶姑母之女阿娇为妻，"当作金屋贮之"。见《汉武故事》。这里指杨贵妃的居室。　⑬ 玉楼：指宫中华贵的建筑。　⑭ 姊妹"句：唐玄宗宠幸杨贵妃，三个姐姐封为韩、虢、秦三国夫人，族兄铦为鸿胪卿，锜为侍御史，钊（即杨国忠）为右丞相。列土：分封土地。这里指杨氏一家官高势大。　⑮ 可怜：可羡慕。　⑯ "遂令"二句：陈鸿《长恨歌传》记载当时歌谣说："生女勿悲酸，生男勿喜欢。"又说："男不封侯女作妃，看女却为门上楣。"　⑰ 骊宫：骊山上的宫殿。指华清宫。　⑱ 缓歌慢舞：舒缓的歌声与轻盈的舞姿。凝丝竹：徐徐奏乐。丝竹指管弦乐器。　⑲ "渔阳"句：指天宝十四载十一月，平卢、范阳、河东三镇节度使安禄山起兵叛唐。渔阳，郡名，在今天津蓟州区一带，属范阳节度使辖区。这里暗用东汉时彭宠据渔阳反汉的典故。鼙（pí）鼓：军队用的一种小鼓。　⑳ 霓裳羽衣曲：大型舞曲名。传为开元中西凉节度使杨敬述所进，经唐玄宗润色。　㉑ 九重：多重。皇宫有很多门，称为九重或千门。　㉒ 乘（shèng）：四匹马拉的车叫作一乘。骑（jì）：一人乘一马叫作一骑。　㉓ 翠华：用翠鸟羽毛装饰的旗帜，为皇帝仪仗。　㉔ "西出"句：指唐玄宗逃至长安西面的马嵬驿（在今陕西兴平境）。　㉕ "六军"二句：指禁卫军哗变，杀杨国忠，又请杀杨贵妃，玄宗不得已，下令缢死杨贵妃。六军：周制，天子六军，每军有一万二千五百人。后泛指皇帝的扈从部队。宛转：缠绵的样子。蛾眉：女子美丽的眉毛。代指美女。　㉖ 花钿（diàn）：镶嵌珠宝的首饰。委：丢弃。　㉗ 翠翘：翠鸟羽毛形的首饰。金雀：凤鸟形金钗。玉搔头：玉簪。　㉘ 萧索：风声。　㉙ 云栈：形容栈道高入云霄。栈道，在山崖上凿孔架木板而成的道路。萦纡：曲折回旋。剑阁：栈道名，在今四川剑阁县境。　㉚ 峨眉山：在今四川西南部。唐玄宗逃到四川，未经此山。这里泛指蜀地的山。

日色薄①。蜀江水碧蜀山青，圣主朝朝暮暮情。行宫见月伤心色②，夜雨闻铃肠断声③。天旋日转回龙驭④，到此踌躇不能去⑤。马嵬坡下泥土中，不见玉颜空死处⑥。君臣相顾尽沾衣⑦，东望都门信马归⑧。归来池苑皆依旧，太液芙蓉未央柳⑨。芙蓉如面柳如眉，对此如何不泪垂。春风桃李花开日，秋雨梧桐叶落时。西宫南苑多秋草⑩，落叶满阶红不扫。梨园弟子白发新⑪，椒房阿监青娥老⑫。夕殿萤飞思悄然⑬，孤灯挑尽未成眠⑭。迟迟钟鼓初长夜⑮，耿耿星河欲曙天⑯。鸳鸯瓦冷霜华重⑰，翡翠衾寒谁与共⑱。悠悠生死别经年，魂魄不曾来入梦。临邛道士鸿都客⑲，能以精诚致魂魄。为感君王展转思⑳，遂教方士殷勤觅㉑。排空驭气奔如电，升天入地求之遍。上穷碧落下黄泉㉒，两处茫茫皆不见。忽闻海上有仙山，山在虚无缥缈间。楼阁玲珑五云起㉓，其中绰约多仙子㉔。中有一人字太真，雪肤花貌参差是㉕。金阙西厢叩玉扃㉖，转教小玉报双成㉗。闻道汉家天子使，九华帐里梦魂惊㉘。揽衣推枕起徘徊，珠箔银屏迤逦开㉙。云鬓半偏新睡觉㉚，花冠不整下堂来。风吹仙袂飘飘举㉛，犹似霓裳羽衣舞。玉容寂寞泪阑干㉜，梨花一枝春带雨。含情凝睇谢君王㉝，一别音容两渺茫㉞。昭阳殿里恩爱绝㉟，蓬莱宫中日月长㊱。回头下望人寰处，不见长安见尘雾。唯将旧物表深情，钿合金钗寄将去㊲。钗留一股合一扇，钗擘黄金合分钿㊳。但令心似金钿坚，天上人间会相见。临别殷勤重寄词，词中有誓两心知。七月七日长生殿㊴，夜半无人私语时。在天愿作比翼鸟㊵，在地愿为连理枝㊶。天长地久有时尽，此恨绵绵无绝期㊷。

---

①日色薄：阳光暗淡。　②行宫：皇帝外出时的住所。　③"夜雨"句：据唐人郑处诲《明皇杂录》记载，唐玄宗在栈道遇久雨不晴，听到铃声与山谷相应，创作了一支乐曲寄托伤感，名《雨霖铃》。　④"天旋"句：至德二载九月，郭子仪收复长安，十二月，唐玄宗从四川回京。龙驭：皇帝的车驾。　⑤踌躇(chóu chú)：徘徊不前。　⑥"马嵬坡"二句：指玄宗回京路经马嵬时，派人以礼改葬杨贵妃，见坟土中香囊仍在，为之悲痛。空死处：空见死处。　⑦沾衣：眼泪落在衣上。　⑧信马：让马随意走。　⑨太液：汉代长安有太液池。唐代的太液池在大明宫内。未央：汉宫名。这里借指唐宫。　⑩西宫：指太极宫。南苑：指兴庆宫。玄宗回京，住兴庆宫。后肃宗亲信的宦官李辅国逼迫玄宗迁入太极宫，并遣散侍从。　⑪梨园弟子：唐玄宗通晓音律，曾选教坊中坐部伎三百人，在宫中梨园教习，称为皇帝梨园弟子。又有宫女数百人习艺，也称梨园弟子。　⑫椒房：后妃的住房用椒粉涂墙，取其温暖芳香，并象征子孙众多。阿监：宫中的女官。青娥：年轻女子。　⑬悄然：忧愁的样子。　⑭"孤灯"句：夸张描写唐玄宗的孤独忧伤。挑，拨动油灯的灯芯草，使灯明亮。古时富贵人家用蜡烛照明，不用油灯。　⑮迟迟：缓慢。钟鼓：古代城镇夜晚打钟击鼓以报时。　⑯耿耿：明亮的样子。星河：银河。　⑰鸳鸯瓦：两片瓦一俯一仰，配成一对，称鸳鸯瓦。霜华：霜花。　⑱翡翠衾：绣有翡翠鸟的被子。翡翠雌雄双栖，用来象征夫妇恩爱。　⑲临邛(qióng)：今四川邛崃。鸿都：东汉洛阳宫门名，是朝廷藏书的地方。　⑳展转思：反复思念。　㉑方士：讲求仙、服长生药以欺世的人。这里即指临邛道士。　㉒碧落：天的代称。道书说东方第一重天叫作碧落。黄泉：地下的代称。　㉓五云：五色彩云。　㉔绰约：体态柔美的样子。　㉕参差(cēn cī)：仿佛。　㉖金阙：道教所说的仙境上清宫有两阙，一名金阙，一名玉阙。阙，门上楼观。扃(jiōng)：门。　㉗小玉、双成：神话传说中的仙女名。　㉘九华帐：指华丽多彩的帐子。　㉙珠箔：用珠子编成的帘子。迤逦(yǐ lǐ)：曲折相连。　㉚睡觉：睡醒。　㉛袂(mèi)：衣袖。　㉜阑干：纵横的样子。　㉝凝睇(dì)：注目，出神地看。　㉞渺茫：同"渺茫"。　㉟昭阳殿：汉宫殿名。借指唐宫。　㊱蓬莱：传说中的海上三仙山之一。　㊲钿合：用金丝珠宝等镶嵌的盒子。　㊳擘(bò)：分开，剖开。　㊴七月七日：民间传说，每年农历七月七日，天上的牛郎织女在鹊桥上相会。长生殿：华清宫的殿名。玄宗每年到华清宫的时间在冬季或春初，这里所说七月七日在长生殿盟誓属于传说，不合史实。但诗人选择传说，有助于表达两人的爱情决心。　㊵比翼鸟：传说中的鸟名，两鸟并翅而飞。　㊶连理枝：不同根的两棵树，枝干结合在一起，叫作连理。　㊷绵绵：长久不断。

【汇评】

初唐人歌行,尽相沿梁、陈之体,仿佛徐孝穆、江总持诸作,虽极其绮丽,然不过将浮艳之词模仿凑合耳。至如白太傅《长恨歌》《琵琶行》,元相《连昌宫词》,皆是直陈时事,而铺写详密,宛如画出,使今世人读之,犹可想见当时之事,余以为当为古今长歌第一。(〔明〕何良俊《四友斋丛说》卷二十五《诗》二)

"七月七日长生殿,夜半无人私语时。"长生殿乃斋戒之所,非私语地也。华清池自有飞霜殿,乃寝殿也。当改长生为飞霜,则尽矣。(同上)

《长恨》一传,自是当时傅会之说,其事殊无足论者。居易诗词特妙,情文相生,沉郁顿挫,哀艳之中,具有讽刺。"汉皇重色思倾国","从此君王不早朝","君王掩面救不得",皆微词也。"养在深闺人未识",为尊者讳也。欲不可纵,乐不可极,结想成因,幻缘奚击,总以为发乎情而不能止乎礼义者戒也。结处点清长恨为一诗结穴,戛然而止,全势已足,更不必另作收束。(〔清〕纪昀等《唐宋诗醇》卷二十二)

如此长篇,一气舒卷,时复风华掩映,非有绝世才力未易到也。(同上)

《诗人玉屑》曰:"峨眉山下少人行",峨眉在嘉州,与幸蜀全无交涉,乃文章之病也。(同上)

白公之为《长恨歌》《霓裳羽衣曲》诸篇,自是不得不然,不但不蹈杜公、韩公之辙也。是乃浏漓顿挫,独出冠时,所以为豪杰耳。始悟后之欲复古者,真强作解事。(〔清〕翁方纲《石洲诗话》卷二)

《长恨歌》收纵得宜,调度合拍,譬如跳狮子,锣也好,鼓也好,狮子也跳得好,三回九转,周身本事,全副精神俱显出来。(〔清〕徐增《而庵诗话》)

【赏析】

这首长篇叙事诗作于元和元年(806)。诗人当时任盩厔(今陕西周至)县尉,与友人陈鸿、王质夫相聚,谈论到唐玄宗与杨贵妃的故事,激起创作热情,于是他写成此诗,陈鸿作《长恨歌传》。全诗可分四段。从开头至"惊破霓裳羽衣曲"为第一段,写唐玄宗宠爱杨贵妃,荒淫失政。"汉皇重色思倾国"一句总领全段,具有讽刺性。以下对唐玄宗和杨贵妃两人的欢娱生活一再渲染,正说明"重色"是造成安史之乱的根源。从"九重城阙烟尘生"到"夜雨闻铃肠断声"为第二段,写杨贵妃之死和唐玄宗在流亡途中的悲伤。描写细腻,情景凄惨,作者充满同情,从此全诗的感情基调起了变化。从"天旋日转回龙驭"到"魂魄不曾来入梦"为第三段,写唐玄宗返回京城后对杨贵妃的深切怀念。从"临邛道士鸿都客"至末句为第四段,写方士寻觅杨贵妃亡魂,使两人得以互通讯息,重申盟誓。最后两句点明"长恨",收束全篇,余味无穷。《长恨歌》的主题随着叙事的进程和感情的变化而呈流动性。诗的前半以写实为主,对唐玄宗晚年的贪欢误国给予尖锐的讽刺;后半多采用民间传说,对唐玄宗和杨贵妃的爱情悲剧表示深切的同情。全诗结构井然有序而曲折多变,情节婉转动人。在叙事的进程中,叙事与抒情、写景紧密融合,抒情性强烈,缠绵感人。诗中韵律优美,词采绚丽,读来流畅悦耳。"一篇长恨有风情"(《编集拙诗成一十五卷因题卷末戏赠元九李二十》),这是作者的自我评价。这首不朽诗作对奠定作者在诗坛上的重要地位起了很大的作用。

(严 杰)

刘禹锡

刘禹锡(772—842),字梦得,生于彭城(今江苏徐州),祖籍洛阳(今属河南)。祖上是匈奴人,北魏时改称汉姓。自称汉中山靖王刘胜的后代。贞元间联登进士、宏辞二科。授监察御史。参加王叔文集团,反对宦官和藩镇割据势力。失败后被贬朗州司马,迁连州刺史。后以裴度力荐,迁太子宾客,加检校礼部尚书,世称刘宾客。和柳宗元交谊很深,人称"刘柳",后与白居易唱和甚多,又并称"刘白"。其诗通俗清新,善用比兴,寄托政治内容。《竹枝词》及《柳枝词》等组诗,富有民歌特色,是唐诗中别开生面之作。著有《刘梦得文集》。

【集评】

刘梦得诗典则既高,滋味亦厚;但正若巧匠矜能,不见少拙。([宋]蔡絛《蔡百衲诗评》)

元和以后,诗人之全集可观者数家,当以刘禹锡为第一。其诗入选及人所脍炙,不下百首。……宛有六朝风致,尤可喜也。([明]杨慎《升庵诗话》卷十二)

刘禹锡诗以意为主,有气骨。([明]胡震亨《唐音癸签》卷七引《吟谱》)

刘后村曰:梦得诗雄浑老苍,尤多感慨之句。遁叟曰:禹锡有诗豪之目。其诗气该今古,词总华实,运用似无甚过人,却都惬人意,语语可歌,真才情之最豪者。司空图尝言:禹锡及杨巨源诗各有胜会,两人格律精切欲同;然刘得之易,杨却得之难,入处迥异尔。([明]胡震亨《唐音癸签》卷七)

刘宾客之能事,全在《竹枝词》。至于铺陈排比,辄有伧俗之气。([清]翁方纲《石洲诗话》卷一)

西塞山怀古①

王濬楼船下益州②,金陵王气黯然收③。千寻铁锁沉江底④,一片降幡出石头⑤。人世几回伤往事,山形依旧枕寒流⑥。从今四海为家日,故垒萧萧芦荻秋⑦。

---

① 西塞山:在今湖北大冶市东面的长江边,形势险峻,是六朝有名的军事要塞。长庆四年(824)刘禹锡由夔州刺史调任和州刺史,沿江东下,途经西塞山,即景抒怀,写下此诗。 ② 王濬:晋人,受晋武帝派遣,率领高大的战船顺江而下讨伐东吴。益州:州治在今四川成都市,王濬曾为益州刺史。 ③ 金陵:今江苏南京市。 ④ 寻:古代长度单位,八尺为一寻。本句指当年东吴凭借长江天险,于江中暗设铁锥,再以铁链横锁江面,王濬用大筏数十,冲走铁锥,又以大火烧毁铁链,直逼金陵。 ⑤ 降幡:表示投降的旗帜。石头:指石头城,故址在今江苏省南京市清凉山,此指金陵城。 ⑥ 寒:一作江。 ⑦ 故垒:指昔日的军事堡垒。

【本事典实】

元微之、刘梦得、韦楚客会于乐天之居,因论南朝兴废事,各赋《金陵怀古》诗。梦得方在郎省,元公已居北门。梦得骋其才,略无逊意,满引一觞,请为首唱,一挥而成。白公览诗,曰:"四人探骊龙,而子先得其珠,其余鳞甲将何为?"三公于是罢吟。([宋]阮阅《诗话总龟》前集卷二十四)

【汇评】

刘宾客《西塞山怀古》,似议非议,有论无论,笔著纸上,神来天际,气魄法律,无不精到,洵是此老一生杰作,自然压倒元、白。([清]薛雪《一瓢诗话》)

刘梦得《金陵怀古》诗,当时白香山谓其已探骊珠,所余鳞甲何用。以今观之,"王濬楼船"所咏才一事耳,而多至四句,前则疑于偏枯,山城水国,芦荻之乡,触目尽尔,后则嫌其空衍也。抑何元、白阁笔易易耶?([清]汪师韩《诗学纂闻》)

刘宾客《西塞山怀古》之作,极为白公所赏,至于为之罢唱。起四句洵是杰作,后四则不振矣。此中唐以后,所以气力衰飒也。固无八句皆紧之理,然必松处正是紧处,方有意味。如此作结,毋乃饮满时思滑之过耶?《荆州道怀古》一诗,实胜此作。([清]翁方纲《石洲诗话》卷二)

查慎行:专举吴亡一事,而南渡、五代以第五句含蓄之。见解既高,格局亦开展动宕。　　何义门:气势笔力匹敌《黄鹤楼》诗,千载绝作也。　　纪昀:第四句但说得吴。第五句七字括过六朝,是为简练。第六句一笔折到西塞山,是为圆熟。(李庆甲辑《瀛奎律髓汇评》卷三)

【赏析】

这是一首怀古诗。作者借晋、吴兴亡的历史旧事,抒发了四海一家终究要取代割据的思想。全诗共两层意思:前四句写王濬率军攻打东吴、东吴凭借地理优势也未能挽回失败结局的历史旧事。后四句抒写了由此产生的感兴,表达了与作者在《金陵怀古》中抒发的"兴废由人事,山川空地形"一样的感慨:山形依旧,人事全非。今日四海为家,江山统一,分裂的历史已经一去不复返了。

首联由远处落笔,一"下"一"收",简练而有气势。第二联承接首联,为下面抒情议论做铺垫。第三联将笔锋从"往事"折回眼前,"几回"二字概括了六朝兴废的纷乱历史,对句点到西塞山,"依旧"一词,透露出怀古思绪。尾联将"四海为家"的从今之世,与残破荒凉的"故垒"遗迹并举,收束全篇。

诗歌即景骋情,借古喻今,景、情、理融为一体,通过将自然与人事并举,表现了永恒与短暂的对比。全诗寓意深广,雄浑朗炼。趣远情深而又鲜明如画,含思婉转而又骨力豪劲。

（屈雅红）

自河南经乱,关内阻饥,兄弟离散,各在一处。因望月有感,聊书所怀,寄上浮梁大兄、于潜七兄、乌江十五兄,兼示符离及下邽弟妹　　白居易

时难年荒世业空,弟兄羁旅各西东。田园寥落干戈后,骨肉流离道路中。吊影分为千里雁,辞根散作九秋蓬。共看明月应垂泪,一夜乡心五处同。

乐天见示伤微之、敦诗、晦叔三君子,皆有深分,因成是诗以寄　　刘禹锡

吟君叹逝双绝句,使我伤怀奏短歌。世上空惊故人少,集中唯觉祭文多。芳林新叶催陈叶,流水前波让后波。万古到今同此恨,闻琴泪尽欲如何。

渔　翁　　柳宗元

渔翁夜傍西岩宿,晓汲清湘燃楚竹。烟销日出不见人,欸乃一声山水绿。回看天际下中流,岩上无心云相逐。

遣悲怀三首　　元　稹

谢公最小偏怜女,嫁与黔娄百事乖。顾我无衣搜画箧,泥他沽酒拔金钗。野蔬充膳甘长藿,落叶添薪仰古槐。今日俸钱过十万,与君营奠复营斋。

昔日戏言身后意,今朝都到眼前来。衣裳已施行看尽,针线犹存未忍开。尚想旧情怜婢仆,也曾因梦送钱财。诚知此恨人人有,贫贱夫妻百事哀。

闲坐悲君亦自悲,百年都是几多时。邓攸无子寻知命,潘岳悼亡犹费词。同穴窅冥何所望,他生缘会更难期。惟将终夜长开眼,报答平生未展眉。

节　妇　吟　　张　籍

君知妾有夫,赠妾双明珠。感君缠绵意,系在红罗襦。妾家高楼连苑起,良人执戟明光里。知君用心如日月,事夫誓拟同生死。还君明珠双泪垂,恨不相逢未嫁时。

参考书目

《白居易集》,中华书局 1979 年
朱金城《白居易集笺校》,上海古籍出版社 1988 年
陈寅恪《元白诗笺证稿》,上海古籍出版社 1978 年
朱金城《白居易年谱》,上海古籍出版社 1982 年
陈友琴《古典文学研究资料汇编·白居易卷》,中华书局 1962 年
杨军《元稹集编年笺注》,三秦出版社 2002 年
卞孝萱《元稹年谱》,齐鲁书社 1980 年

思考与练习

1. 有人认为《长恨歌》的主题是歌颂李、杨的爱情,也有人认为这是对他们骄奢淫逸的讽刺,你的看法如何?

2. 本诗是"元和体"诗的代表作之一,试说明本诗在押韵、格律等方面的一些特点。

【总论】

诗到中唐尽：昌黎艰奥尽，东野劖削尽，苏州、柳州深永尽，李贺奇险尽，元白曲畅尽，张王轻俊尽，文房幽健尽。（［清］年愿相《小澥草堂杂论诗》）

唐诗至元和间，天地精华，尽为发泄，或平、或奇、或高深、或雄直，旗鼓相当，各成壁垒，令读者心忙意乱，莫之适从。就中唯昌谷集不知其妙处所在，良由余之性所不近也。（［清］方南堂《辍锻录》）

大历以降，风调渐佳，气格渐损。故昌谷以雄奇胜，元白以平易胜，温李以博丽胜，郊岛以幽峭胜，虽品格不一，皆能自成局面，亦皆力求其变者也。（［清］朱庭珍《筱园诗话》卷一）

开成以后，则有杜牧之之豪纵，温飞卿之绮靡，李义山之隐僻，许用晦之偶对。他若刘沧、马戴、李频、李群玉辈，尚能黾勉气格，将迈时流。此晚唐变态之极，而遗风余韵犹有存者焉。（［明］高棅《唐诗品汇》总叙）

晚唐诗人，亦以陈言为病，但无（韩）愈之才力，故日趋于尖新纤巧。（［清］叶燮《原诗》内篇）

晚之不及初盛者，非谓今体，谓古体也。元和今体新逸，时出开元、大历之上，唯古体神情婉弱，酝酿既薄，变化易穷。（［清］叶矫然《龙性堂诗话》续集）

晚唐自应首推李、杜，义山之沉郁奇谲，樊川之纵横傲岸，求之全唐中，亦不多见，而气体不如大历诸公者，时代限之也。次则温飞卿、许丁卯，次者马虞臣、郑都官，五律犹有可观，外此则邾莒之下矣。（［清］方南堂《辍锻录》）

李 贺

李贺(790—816)，字长吉，福昌(今河南宜阳西)人。出身宗室贵族，但家境早已没落。青年时因避父晋肃讳（"进"与"晋"同音），未得应试进士，只做到九品官奉礼郎。一生空怀抱负，郁郁不得志，死时年仅二十七岁。

李贺存诗二百三十多首。他的诗，多抒写自己被压抑的郁闷情怀，以及对世事的不满和感慨。在艺术上，他善于用象征性的描写手法去表现奇异的境界，构思精巧，想象丰富；但有时过于幽深，诗意显得晦涩。有《李长吉歌诗》。

【集评】

盖《骚》之苗裔，理虽不及，辞或过之。《骚》有感怨刺怼，言及群臣理乱，时有以激发人意；乃贺所为，得无有是？贺能探寻前事……所以深叹恨古今未尝经道者……求取情状，离绝远去笔墨畦径间，亦殊不能知之。贺生二十七年死矣！世皆曰：使贺且未死，少加以理，奴仆命《骚》可也。（[唐]杜牧《李长吉歌诗序》）

玉川之怪，长吉之瑰诡，天地间自欠此体不得。（[宋]严羽《沧浪诗话》）

其诗著矣，上世或讥以伤艳，走窃谓不然，世固有若轻而甚重者，长吉诗是也。他人之诗，不失之粗，则失之俗，要不可谓诗人之诗，长吉无是病也。其轻扬纤丽，盖能自成一家，如金玉锦绣，辉焕白日。（[宋]薛季宣《艮斋先生薛常州浪语集》卷三十）

贺既孤愤不遇，而所为呕心之语，日益高渺，寓今托古，比物征事，大约言悠悠之辈，何至相吓乃尔。人命至促，好景尽虚，故以其哀激之思，变为晦涩之调，喜用鬼字、泣字、死字、血字，如此之类，幽冷溪刻，法当夭乏。（[明]王思任《昌谷诗解序》）

宋初诸子，多祖乐天；元末诗人，竞师长吉。（[明]胡震亨《唐音癸签》卷四）

长吉诗派之佳处，首在哀感顽艳动人；其次炼字调句，奇诡波峭，故能独有千古。若无其用意用笔，而强采撮其字面，以欺世目，则优孟衣冠矣。如长吉诗中喜用"死"字、"泣"字，此等险字，却要用之得当。至于典故，已经长吉运化，亦不宜生剥。（[清]张采田《李义山诗辨正》）

李凭箜篌引①

吴丝蜀桐张高秋②，空山凝云颓不流。江娥啼竹素女愁③，李凭中国弹箜篌④。昆山玉碎凤凰叫，芙蓉泣露香兰笑。十二门前融冷光⑤，二十三丝动紫皇⑥。女娲炼石补天处，石破天惊逗秋雨。梦入神山教神妪⑦，老鱼跳波瘦蛟舞。吴质不眠倚桂树⑧，露脚斜飞湿寒兔。

【本事备考】

此追刺开、宝小人祸国之由始也。考贺生于德宗贞元七年，殁于宪宗元和之十二年，距李凭弹箜篌供奉内庭时，几五十余年，长吉何得尚闻李凭之箜篌耶？盖凭以一梨园小人，而玄宗昵之，初不料其即为祸固衅首，贺以有唐王孙，追恨当时，故著此篇，以补国史之阙，与《春秋》书法相表里。通首皆愤恨讽刺之词，乃一毫不露本意，此所谓愈曲愈微，愈深愈晦者也。各家注释，均未发明此义，徒以写声之妙，重复谬赞，不顾叠床架屋，失其旨矣。（[清]陈本礼《协律钩玄》卷一）

---

① 此诗大约作于元和六年（811）至元和八年。当时，李贺在京城长安。李凭，梨园弟子，因善弹箜篌，名噪一时。箜篌：古代乐器，似瑟而较小。引：乐府诗体的一种。 ② 张：紧弦备弹曰张。 ③ 江娥：即"湘娥"，亦为"湘妃""湘夫人"，传说是舜之二妃。 ④ 中国：即国中，此指京城长安。 ⑤ 十二门：长安城共四面，每面三门，合计十二门。 ⑥ 二十三丝：代指箜篌。 ⑦ 神妪（yù）：传说中善弹箜篌的仙人。 ⑧ 吴质：指吴刚。

【汇评】

刘(辰翁)云：状景如画，自其所长。箜篌声碎有之，昆山玉颇无谓，下七字妙语，虽玉箫不足以当。"石破天惊"，过于绕梁遏云之上，至"教神姬"，忽入鬼语。吴质嫩态，月露无情。"老鱼跳波瘦蛟舞"，刘云："其形容偏得于此，而于箜篌为近。"（〔宋〕刘辰翁《笺注评点李长吉歌诗》卷首）

本咏箜篌耳，忽然说到女娲、神姬，惊天入目，变眩百怪，不可方物，直是鬼神于天。（〔清〕黄周星《唐诗快》卷一）

须溪称樊川反复称道形容，非不极至，独惜理不及骚。不知贺之所长，正在理外。予谓此欲为长吉开生面，而反滋惑者也。天下岂有长于理之外者？如此诗，如此解，又何尝异人意。（〔清〕萧瑞《昌谷集句解定本》卷一）

由箜篌轻轻掣起，淡淡写落，跌出李凭，顺手摹神，何等气足。一结正尔蕴藉无限。（〔清〕阙名《明于嘉刻本李长吉诗集批语》）

白香山"江上琵琶"、韩退之"颖师琴"、李长吉"李凭箜篌"，皆摹写声音至文。韩足以惊天，李足以泣鬼，白足以移人。（〔清〕方扶南《李长吉诗集批注》卷一）

【赏析】

这首诗是李贺在京城所作，诗中刻画了名噪一时的梨园弟子李凭弹奏箜篌的绝妙声音，想象丰富，设色瑰丽，非常富有艺术感染力。

诗的起句开门见山，直接用"吴丝蜀桐"写箜篌制作工艺精良，借此来衬托演奏者高超的技巧。"高秋"二字点明了时间是秋高气爽的时候。诗的二、三句则是从侧面写美妙动人的乐声。诗人将难以描述的主体——箜篌声，从客体（自然景物和人物）的角度来落笔，以实写虚，亦真亦幻，具有梦幻般的色彩。悦耳动听的箜篌声，使得空旷山野上的浮云有了灵性而为之停滞，似乎在俯首聆听；也勾起了善于鼓瑟的湘娥和素女的满腹愁绪，不禁为之动容，潸然泪下。以上两句互相配合，烘托出箜篌声的神韵。第四句，作者才点出了演奏者的姓名。这样，就突破了写作的一般惯例，而是先写乐器，再写声，最后写人，具有先声夺人的艺术效果。演奏的时间和地点穿插其中，极其自然。

五、六句是从正面写绝妙的乐声。"昆山玉碎凤凰叫"是以声写声，着重表现声音的起伏变化。箜篌声起，有时众弦齐响，犹如山崩玉碎，气势宏大；有时又单弦独鸣，犹如凤凰之声，乐声清亮。"芙蓉泣露香兰笑"一句，则是用两种自然景物的形来写声，用带露的芙蓉花形容乐声的抑郁，用盛开的兰花摹写乐声的欢快。这里用了通感、拟人等手法，构思非常奇特，写出了乐魂。

从第七句起到篇尾，都是写箜篌声所产生的影响。先写近处，因为李凭奏出的箜篌声，消融了长安城十二道城门前的冷气，人们陶醉其中，也忘却了深秋的寒意。"二十三丝动紫皇"，"紫皇"此兼指人间的帝王和天帝，意思是说他们也受到了乐声的感染，在侧耳倾听。以下由"紫皇"自然过渡，诗歌意境由人寰延伸到仙境。以下六句，诗人用大胆诡谲的想象，营造出瑰丽奇幻的景象，显示了乐声的无穷魅力。"女娲炼石补天处，石破天惊逗秋雨",乐声传到天上,正在补天的女娲为之沉迷,忘记了职责,导致石破天惊,秋雨滂沱。这两句既写出了乐声的感人,同时也刻画出乐声的恢宏气势。接着,诗人的视角又发生了变化,从天庭写到仙山,"梦入神山教神妪,老鱼跳波瘦蛟舞",李凭弹奏箜篌,把听者引入了幻境,仿佛他不是在人间弹奏,而是在神山之上把这绝艺传授给神仙;甚至连行动缓慢的老鱼和瘦蛟也随着音乐的旋律翩翩起舞,这里用"老"和"瘦"两字衬托出了音乐的艺术韵味。以上写乐声都是侧重描摹动态的氛围。最后两句,则是勾勒出静态场景,进一步烘托出乐声的奇妙。"吴质不眠倚桂树,露脚斜飞湿寒兔",整天劳碌伐桂的吴刚,忘记了睡眠,倚着桂树出神地聆听着;寂寞的玉兔也被这琴声迷住了,任凭深夜的露水打湿了身体,也不愿意离去。这两组超凡脱俗意象的出现,营造出音乐幽深渺远的意境。

在这首诗里,李贺没有直接评价李凭高超的弹奏技巧,而是将自己对于箜篌声的抽象感觉,借助人间天上的神奇想象,将之转化为具体可感的鲜明物象,艺术感染力极强。整篇诗歌想象丰富,意象奇特,语言瑰丽,充满了浪漫主义的色彩。

(龚玉兰)

李 商 隐

> 李商隐(812—858),字义山,号玉谿生,又号樊南生,怀州河内(今河南沁阳)人。晚唐著名诗人,与杜牧齐名,两人并称"小李杜"。李诗广纳前人所长,善用比兴,色彩瑰丽,辞藻典雅,精于用典,形成了深情缠绵、绮丽精密、旨趣深微的艺术风格。现存诗约600首。其中无题诗是李商隐的独创,最为人们广泛传诵。或写得迷离恍惚,借恋情而寄托激愤,抒发感慨;或写有情男女无法如愿之苦,刻画陷入绝境的爱情,变幻蕴藉,宛转沉挚。政治诗感慨讽喻,颇有深度和广度。集中多见忧心国运、抒写怀才不遇之作。有《李义山诗集》《樊南文集》和《樊南文集补编》。

【集评】

虚负凌云万丈才,一生襟抱未曾开。([唐]崔珏《哭李商隐》)

王荆公晚年亦喜称义山诗,以为唐人知学老杜而得其藩篱者,唯义山一人而已。每诵其"雪岭未归天外使,松州犹驻殿前军","永忆江湖归白发,欲回天地入扁舟"与"池光不受月,暮气欲沉山","江海三年客,乾坤百战场"之类,虽老杜无以过也。义山诗,合处信有过人。若其用事深僻,语工而意不及,自是其短,世人反以为奇而效之。故昆体之敝,适重其失,义山本不至是云。([宋]蔡居厚《蔡宽夫诗话》)

李义山诗,字字锻炼,用事婉约,仍多近体。([宋]许𫖮《彦周诗话》)

李义山拟老杜诗……置杜集中亦无愧矣,然未似老杜沉涵汪洋笔力有余也。义山亦自觉,故别立门户成一家。后人捃其余波,号西昆体,句律太严,无自然态度。([宋]朱弁《风月堂诗话》)

李义山如百宝流苏,千丝铁网,绮密环妍,要非适用。(〔宋〕敖陶孙《诗评》)

望帝春心托杜鹃,佳人锦瑟怨华年。诗家总爱西昆好,独恨无人作郑笺。(〔金〕元好问《论诗绝句三十首》)

义山近体,辟缋重重,长于讽谕,中有顿挫沉着可接武少陵者,故应为一大宗。后人以温、李并称,只取其秾丽相似,其实风骨各殊也。(〔清〕沈德潜《唐诗别裁集》卷十五)

李玉谿无疵可议,要知前有少陵,后有玉谿,更无他人可任鼓吹,有唐唯此二公而已。(〔清〕薛雪《一瓢诗话》)

隋　　宫①

紫泉宫殿锁烟霞,欲取芜城作帝家②。玉玺不缘归日角,锦帆应是到天涯③。于今腐草无萤火④,终古垂杨有暮鸦。地下若逢陈后主,岂宜重问后庭花?⑤

【汇评】

日角、锦帆、萤火、垂杨是实事,却以他字面交差对之,融化自称,亦其用意深处,真佳处也。(〔元〕吴师道《吴礼部诗话》)

无句不佳。三四尤得杜家骨髓。前半展拓得开,后半发挥得足,真大手笔。发端先言其虚关中以授他人,便已呼起第三句。着"玉玺"一联,直说出狂王抵死不悟,方见江都之祸非出于偶然不幸。后半讽刺更觉有力。(〔清〕何焯《义门读书记》卷五十七)

纪(昀)云:中四句,步步逆挽,句句跳脱,结句佻甚。盛唐人必不如此。纯是衬贴活变之笔,无复排偶之迹,然调之不高亦坐此。(〔清〕章燮《唐诗三百首注疏》卷五)

前四句深讥荒游之失,后四句切指危亡之戒。(〔清〕朱东岩《东岩草堂评〈唐诗鼓吹〉》)

言外有无限感慨,无限警醒。(〔清〕李瑛《诗法易简录》)

此诗全以议论驱驾事实,而复出以嵌空玲珑之笔,运以纵横排宕之气。无一笔呆写,无一句实砌,斯为咏史怀古之极。(〔清〕杨逢春《唐诗绎》)

先君云:"寓议论于叙事,无使事之迹,无论断之迹,妙极妙极。"又曰:"纯以虚字作用,五六句兴在象外,活极妙极,可谓绝作。"树按:江都离宫四十余所,只用紫渊,取紫微意,且选字媲色也。《上林赋》:"紫渊经其北。"(〔清〕方东树《昭昧詹言》卷十九)

(前四句)纪(昀)曰:"无阻逸游,如何铺叙?三、四只作推算,最善用笔。"步瀛案:"日角""天涯"借对,究觉纤巧,结语亦尖刻。老杜为之,必不如此,纪氏谓此升降大关,不可不知。(高步瀛《唐宋诗举要》卷五)

---

① 隋宫:指隋炀帝在扬州附近所造的离宫。　② 紫泉宫:指长安紫渊宫,因避唐高祖李渊之讳改为紫泉宫。③ 日角:人的颧骨饱满突起像太阳一样,称为日角。这里代指李渊。　④ "于今"句:隋炀帝曾遍搜萤火虫,夜间放出以代烛光。当时人们认为萤火生于腐草,而此时却被搜集干净了。　⑤ 陈后主:南朝陈朝亡国之君,于敌军压境之时仍在寻欢作乐,观赏乐舞《玉树后庭花》。据《隋遗录》载,隋炀帝在扬州曾梦遇陈后主,一同赏《玉树后庭花》。

这是一首咏史诗,反映出作者此类诗作感慨讽喻、尖锐辛辣、寓意深广的特点。

首联在对比映衬之中点题。长安雄伟巍峨的宫殿空锁于烟霞之中,荒淫奢靡、为所欲为的隋炀帝却一心想到扬州享乐,将芜城作为"帝家"。被舍弃的长安宫阙的壮丽映衬出隋炀帝的穷奢极欲与取舍的荒唐。

颔联看似假想推测,实则以史为据,寓意深刻。作者指出,隋之所以失去政权并非因为李渊生有帝王之相命该为帝,而是由于炀帝荒淫享乐,以致锦帆南下之后,便似飘向了天涯海角,一去不复返了。

颈联的描摹与颔联相呼应,使题旨得以升华。一方面,"于今""终古";"腐草""垂杨";"无萤火""有暮鸦"形成了绝佳的对比,亡国的凄凉不堪入目。另一方面,对偶工整的两句又恰恰涉及隋炀帝"放萤以取乐"和"种柳映龙舟"的史实,昔日的盛景与今日的悲凉,不只是形式上的对偶,更给人留下丰富的遐想空间,催人深思,引发万千感慨。

末联以巧妙的构思活用了隋炀帝梦遇陈后主的故实。两个亡国之君地下相见,该是怎样的情景?作者并不正面回答,而亡国之音《玉树后庭花》的出现,则使其用意不言而喻。

(杨 琳)

杜 牧

杜牧(803—853),字牧之,京兆万年(今陕西西安)人。唐代宰相杜佑之孙。26岁举进士,初为校书郎,曾在江西、淮南一带作了十年幕僚,后出任黄州、池州、湖州刺史等职,官至中书舍人。有诗、赋、文等多方面的文学创作成就。其诗多指陈时弊之作,怀古诗融入史论,对后世影响颇大。其古体诗受杜甫、韩愈的影响,笔力峭健,俊爽雄丽;近体诗文词清丽、情韵跌宕。主要以七言绝句见长,借古讽今,意味深长,与李商隐并称"小李杜"。有《樊川文集》20卷。世称"杜樊川"。

【集评】

某苦心为诗,未求高绝,不务奇丽,不涉习俗,不今不古,处于中间。([唐]杜牧《献诗启》)

绝句之妙,唐则杜牧之,本朝则荆公,此二人而已。([宋]曾季狸《艇斋诗话》)

俊爽若牧之,藻绮若庭筠,精深若义山,整密若丁卯,皆晚唐铮铮者。其才,则许不如李,李不如温,温不如杜。([明]胡应麟《诗薮》外编卷四)

杜牧诗主才,气俊思活。([明]胡震亨《唐音癸签》卷八引《吟谱》)

杜紫微才高,俊迈不羁,其诗有气概,非晚唐人所能及。(同上,引《陈氏书录》)

杜紫微诗，惟绝句最多风调，味永趣长，有明月孤映、高霞独举之象，馀诗则不能尔。（［清］贺裳《载酒园诗话》又编）

晚唐诗多柔靡，牧之以拗峭矫之。人谓之小杜，以别于少陵。配以义山，时亦称李杜。（［清］沈德潜《唐诗别裁集》卷十五）

杜牧之作诗，恐流于平弱，故措词必拗峭，立意必奇辟，多作翻案语，无一平正者。方岳《深雪偶谈》所谓"好为议论，大概出奇立异，以自见其长"也。（［清］赵翼《瓯北诗话》卷十一）

杜牧之诗轻倩秀艳，在唐贤中另是一种笔意，故学诗者不读小杜诗必不韵。（［清］李调元《雨村诗话》卷下）

杜紫微天才横逸，有太白之风，而时出入于梦得。七言绝句一体，殆尤专长。观玉溪生"高楼风雨"云云，倾倒之者至矣。（［清］管世铭《读雪山房唐诗序例》）

中唐以后，小杜才识，亦非人所能及。文章则有经济，古近体诗则有气势，倘分其所长，亦足以了数子。宜其薄视元、白诸人也。（［清］洪亮吉《北江诗话》卷二）

有唐一代，诗文兼擅者，惟韩（韩愈）、柳（柳宗元）、小杜（杜牧）。（同上）

小杜之才，自王右丞以后，未见其比。其笔力回斡处，亦与王龙标、李东川相视而笑。"少陵无人谪仙死"，竟不意又见此人。（［清］翁方纲《石洲诗话》卷二）

题宣州开元寺水阁，阁下宛溪、夹溪居人①

六朝文物草连空，天淡云闲今古同。鸟去鸟来山色里，人歌人哭水声中。深秋帘幕千家雨，落日楼台一笛风。惆怅无因见范蠡，参差烟树五湖东②。

【汇评】

《冷斋夜话》云：看似秀整，熟视无神气。（［明］胡震亨《唐音戊签》引）

此上三句落脚字，皆自吞其声，韵短调促，而无抑扬之妙。因易为"深秋帘幕千家月，静夜楼台一笛风"。乃示诸歌诗者，以予为知音否邪？（［明］谢榛《四溟诗话》卷三）

寄托高远，不是逐句写景，若为题所谩，便无味矣。"今古"二字，已暗透后半消息。五、六正为结句蓄势也。（［清］何焯《唐三体诗评》）

杜牧之晚唐翘楚，名作颇多，而恃才纵笔处亦不少。如《题宣州开元寺水阁》，直造老杜门墙，岂特人称小杜已哉！（［清］薛雪《一瓢诗话》）

纪昀：赵饴山极赏此诗，然亦只风调可观耳，推之未免太过。　　无名氏（甲）：此诗妙在出新，绝不沾溉玄晖、太白剩语。　　许印芳：此诗全在景中写情，极洒脱，极含蓄，读之再三，神味益出，与空讲风调者不同。学者须从运实于虚处求之，乃能句中藏句，笔外有笔。若徒揣摩风调，流弊不可胜言矣。（李庆甲辑《瀛奎律髓汇评》卷四）

---

① 开元寺：本名永安寺，建于东晋，为宣州城名胜之一。杜牧任宣州团练判官期间常来此游赏赋诗。　② 范蠡：春秋时曾辅佐越王勾践打败吴王夫差。后为避免越王猜忌归隐于太湖。五湖：指太湖及所属的四个小湖，亦作太湖的别名。

查慎行：第二联不独写眼前景，含蓄无穷。（同上）

【赏析】

这首诗为登临之作。诗人以唱叹有情的笔致，抒发了深刻透辟的见解；于清丽的辞采、鲜明的画面中表现出俊朗旷达的才思。意蕴悠长，拗峭独特。

首联直接抒发登临观感，为全诗定下富含哲理的基调。登临远望，六朝文物早已成为陈迹，唯有连天碧草和霄汉闲云从古至今景象依旧。

颔联看似写实，实则是诗人对人生的感悟与概括。自然界的鸟来鸟去与人类的生生死死，亦歌亦哭，都随岁月的流逝融入山色、水声之中，寄寓了诗人复杂的内心情感。

颈联描摹了两幅不可能同时出现的景致，深秋的密雨和落日中的楼台，形成了鲜明的对比，仿佛是人生的遭际。秋雨凄情、夕阳笛韵与颔联中的悲欢歌哭相呼应，更升华了诗歌的题旨。

面对自然的永恒与人生的短暂，诗人在末联借范蠡功成后乘扁舟归隐太湖的典故，表达了自己的人生追求。

（杨　琳）

备选课文

秋　怀　　　　孟　郊

秋月颜色冰，老客志气单。冷露滴梦破，峭风梳骨寒。席上印病文，肠中转愁盘。疑怀无所凭，虚听多无端。梧桐枯峥嵘，声响如哀弹。

山　石　　　　韩　愈

山石荦确行径微，黄昏到寺蝙蝠飞。升堂坐阶新雨足，芭蕉叶大栀子肥。僧言古壁佛画好，以火来照所见稀。铺床拂席置羹饭，疏粝亦足饱我饥。夜深静卧百虫绝，清月出岭光入扉。天明独去无道路，出入高下穷烟霏。山红涧碧纷烂漫，时见松枥皆十围。当流赤足踏涧石，水声激激风吹衣。人生如此自可乐，岂必局束为人靰。嗟哉吾党二三子，安得至老不更归。

喜见外弟又言别　　　　李　益

十年离乱后，长大一相逢。问姓惊初见，称名忆旧容。别来沧海事，语罢暮天钟。明日巴陵道，秋山又几重？

金铜仙人辞汉歌并序　　　　李　贺

魏明帝青龙元年八月，诏宫官牵车西取汉孝武捧露盘仙人，欲立置前殿。宫官既拆盘，仙人临载，乃潸然泪下。唐诸王孙李长吉遂作《金铜仙人辞汉歌》。

茂陵刘郎秋风客，夜闻马嘶晓无迹。画栏桂树悬秋香，三十六宫土花碧。魏官牵车指千里，东关酸风射眸子。空将汉月出宫门，忆君清泪如铅水。衰兰送客咸阳道，天若有情天亦老。携盘独出月荒凉，渭城已远波声小。

安定城楼　　　　李商隐

迢递高城百尺楼，绿杨枝外尽汀洲。贾生年少虚垂泪，王粲春来更远游。永忆江湖归白发，欲回天地入扁舟。不知腐鼠成滋味,猜意鹓雏竟未休。

起日沉阁,山雨欲来风满楼。鸟下绿芜秦苑暮,蝉鸣黄叶汉宫秋。行人莫问当年事,故国东来渭水流。

咸阳城西楼晚眺　　　许　浑

一上高城万里愁,蒹葭杨柳似汀洲。溪云初

网络链接

　　①"大历十才子"究竟指哪些人?　②刘禹锡笔下的"西塞山"在何处?　③"推敲"的故事是真是假?　④李商隐《无题》诗意蕴何在?　⑤何处寻访"杏花村"?　⑥扬州何处二十四桥?　⑦《二十四诗品》的作者为谁?

参考书目

　　屈守元主编《韩愈全集校注》,四川大学出版社 1997 年
　　钱仲联《韩昌黎诗系年集释》,上海古籍出版社 1984 年
　　华忱之、喻学才《孟郊诗集校注》,人民文学出版社 1995 年
　　吴文治《古典文学研究资料汇编·柳宗元卷》,中华书局 1964 年
　　吴企明《李贺资料汇编》,中华书局 1994 年
　　瞿蜕园《刘禹锡集笺证》,上海古籍出版社 1989 年
　　王琦注《李长吉歌诗汇解》,上海古籍出版社 1978 年
　　王步高、刘林(辑注汇评)《李贺全集》,珠海出版社 2002 年
　　[清]杜诏、杜庭珠编《中晚唐诗叩弹集》,中国书店 1984 年影印清刻本
　　刘学锴、余恕诚《李商隐诗歌集解》,中华书局 1989 年
　　刘学锴、余恕诚《李商隐诗选》,人民文学出版社 1986 年
　　王蒙、刘学锴编《李商隐研究论集(1949—1997)》,广西师范大学出版社 1998 年
　　王步高、刘林辑校汇评《李商隐全集》,珠海出版社 2002 年
　　刘学锴、余恕诚、黄世中编《李商隐资料汇编》(上、下册),中华书局 2001 年

思考与练习

1. 概略叙说大历以来中唐诗坛的概况。

2. 中唐诗何以能继盛唐以后而再盛?

3. 思考中唐诗与中唐文均能兴盛的思想政治原因。

4. 唐诗阶段至此已告结束,试比较初、盛、中、晚唐诗主要异同处。

5. 李商隐《无题》常被视为爱情诗的同义语,就你学过的相关作品,你同意这种说法吗?

6. 杜牧识见高远,联系他的怀古诗说说你的看法。

慕课资源

【总论】

自有诗而长短句即寓焉,《南风》之操、《五子之歌》是已。周之《颂》三十一篇,长短句居十八;汉《郊祀歌》十九篇,长短句居其五;至《短箫铙歌》十八篇,篇皆长短句:谓非词之源乎？迄于六代,《江南》《采莲》诸曲,去倚声不远,其不即变为词者,四声犹未谐畅也。自古诗变为近体,而五七言绝句传于伶官乐部,长短句无所依,则不得不更为词。当开元盛日,王之涣、高适,王昌龄诗句流播旗亭,而李白《菩萨蛮》等词亦被之歌曲。古诗之于乐府,近体之于词,分镳并骋,非有先后;谓诗降为词,以词为诗之余,殆非通论矣。（〔清〕汪森《词综序》）

夫民谣里谚,皆有抑扬缓促之音;声有抑扬,则句有长短。乐教既废,而文人墨客,无复永言咏叹以寄其思,乃创为词调,以绍乐府之遗。夫词于四始之中,大旨近于比兴;而曲终奏雅,惩一劝百,亦承古赋之遗风。然感人至深,捷于影响。则词者,合诗教、乐教而自成一体者也。

大抵烦促相宣,短长互用,于后世倚声之法,已启其先。足证词曲之源,实为古诗之别派。至于六朝,乐章尽废,故词曲之体,亦始于六朝。梁武帝作江南弄,沈约作六忆诗,实为词曲之滥觞。唐人乐府,多采五七言绝句。然唐人之词,若纥那曲、长相思,皆五言绝句之变调也;柳枝、竹枝、清平调引、小秦王、阳关曲、八拍蛮、浪淘沙,皆七言绝句之变调也,阿那曲、鸡叶子,则又仄韵之七言绝句也;瑞鹧鸪者,则七言律诗也;欸残红者,则五言古诗也:此亦词为诗余之证。特古人诗调多近于词,而后世词调转出于诗。盖古代诗多入乐,与词相同,而后世之词,则又诗之按律者也。（刘师培《论文杂记》）

世之习词者,群奉瓣香于两宋,而唐贤实为之基始,采六朝乐府之音,以制新律。李白以后,若温、王、刘、韦,作者十数人,皆一代诗豪,以余事为长短句,其肫然忠爱,蕴而莫宣,则涉笔于翠帘红袖间,以达其怨悱之旨。但沉芷、澧兰,固楚累所托想;亦有返虚入浑,以无寄托为高者。（俞陛云《唐词选释》）

五代当闒蒙之际,残民如草,易君如棋。士大夫忧生念乱,浮沉其间,积感欲宣,而昌言虑祸,辄以曼辞俳体,寓其忠笃悱恻之思,《黍离》咏叹,亦时见于其间。茹苦于心,而其词则乱,良足伤矣。论其词格,承六朝乐府之余响,为秦、黄、欧、晏之传薪,其文丽以则,其气高而浑,卓然风人之正轨也。（俞陛云《五代词选释》）

李　白

【集评】

汉人之诗，浑浑穆穆。魏人之诗，浩浩落落。汉诗高在体，魏诗高在气。太白词气体俱高，词中之汉魏也。（[清]吴衡照《莲子居词话》卷一）

唐人词，风气初开，已分二派。太白一派，传为东坡，诸家以气格胜，于诗近西江。飞卿一派，传为屯田，诸家以才华胜，于诗近西昆。后虽迭变，总不越此二者。（[清]沈祥龙《论词随笔》）

李太白词，淳泓萧瑟；张子同词，逍遥容与；温飞卿词，丰柔精邃。唐人以词鸣者，惟兹三家，壁立千仞，俯视众山，其犹培塿乎？（[清]张德瀛《词征》卷五）

梁武帝《江南弄》、陶弘景《寒夜怨》、陆琼《饮酒乐》、徐孝穆《长相思》，皆具词体，而堂庑未大。至太白《菩萨蛮》之繁情促节、《忆秦娥》之长吟远慕，遂使前此诸家，悉归环内。（[清]刘熙载《艺概·词曲概》）

菩 萨 蛮①

平林漠漠烟如织②，寒山一带伤心碧。暝色入高楼③，有人楼上愁。　　玉阶空伫立④，宿鸟归飞急。何处是归程，长亭更短亭⑤。

【汇评】

（李白《菩萨蛮》《忆秦娥》）二词为百代词曲之祖。（[宋]黄昇《唐宋诸贤绝妙词选》）

徐士俊云：词林以此为鼻祖，其古致遥情，自然压卷。（[明]卓人月《古今词统》卷五）

词用"织"字最妙，始于太白词"平林漠漠烟如织"。（[清]李调元《雨村词话》卷一）

玩末二句，乃是远客思归口气。或注作闺情，恐误。又按李益《鹧鸪词》云："处处湘云合，郎从何处归。"此词末两句，似亦可作此解，故旧人以为闺思耳。楼上凝愁，阶前伫立，皆属遥想之词。或以"玉阶"句为指自己，于义亦通。盖玉阶、玉梯等字，昔人往往通用。白石《翠楼吟》，亦有"玉梯凝望久"之句。（[清]许昂霄《词综偶评》）

首二句，意兴苍凉壮阔。第三第四句，说到"楼"，到"人"，又自静细孤寂，真化工之笔。第二阕，"阑干"字跟上"楼"字来，"伫立"字跟上"愁"字来，末联始点出"归"字来，是题目归宿。所以"愁"者此也，所以"寒山"伤心者亦此也。更觉前阕凌空结撰，意兴高远。至结句仍含蓄不说尽，雄浑无匹。（[清]黄苏《蓼园词评》）

---

① 近人杨宪益《零墨新笺》考证《菩萨蛮》为古缅甸乐曲，唐玄宗时传入中国，列于教坊曲。双调，四十四字，两仄韵，两平韵。　② 漠漠：形容烟雾散布的状态。烟如织：林间暮霭浓密。　③ 暝色：暮色。　④ 玉阶：对台阶的美称。此处当是对楼阁台阶的美称。伫(zhù)立：久立。　⑤ 亭：古代设在大道旁供行人休息的亭舍。各亭之间的距离长短不一，故有"长亭""短亭"之说。庾信《哀江南赋》："十里五里，长亭短亭。"

太白《菩萨蛮》《忆秦娥》两阕，神在个中，音流弦外，可以足为词中鼻祖。（［清］陈廷焯《白雨斋词话足本》卷七）

此首望远怀人之词，寓情于境界之中。一起写平林寒山境界，苍茫悲壮。（唐圭璋《唐宋词简释》）

【赏析】

宋初《尊前集》等载此篇以为李白所作。黄昇《唐宋诸贤绝妙词选》甚至将此词和《忆秦娥》推为"百代词曲之祖"。然自明胡应麟以来不断有人质疑，认为出自晚唐五代人之手，至今尚有争议。

这是一首游子思归之词。上片写苍茫暮色中游子独倚高楼远眺故乡的愁绪，下片先从对面落笔，写思妇玉阶空立盼望游子归乡，然后写游子眺望归途，思归之情更为迫切。全词情景交融，表现了惆怅落寞的旅愁。"烟如织"摹暮霭浓密，"伤心碧"状山色依然很绿，衬托出游子愁绪之浓、乡思之深。由宿鸟急飞归巢，联想到游子有家难归，更显归思迫切。词篇用字精炼，一个"愁"字点明主旨。"织""碧""入""急"等音节使用入声，繁音促节，耐人寻味。全词抒写羁旅情怀，气象阔大，意境深远，浑然天成。

（曹济平）

温 庭 筠

温庭筠(812—870?)，本名岐，字飞卿，排行十六，太原祁（今山西祁县）人。为太宗时名相温彦博后裔。青年时代即以文思敏捷、才情绮丽著称，辞章律赋擅名一时。然生性傲岸，好讽刺权贵，为执政者所恶，由是科场失意，屡试不第。大中十三年(859)始授随县尉，后任国子监助教。其诗与李商隐齐名，世称"温李"，又精通音乐，能逐弦吹之音，为侧艳之词。他是晚唐致力于填词的第一人，他使词的格律形式规范化，是促使文人词走向成熟的词坛巨擘。其词多以秾艳绮丽之语，状隐约迷离之境，写惆怅悱恻之情，是传统香软词风的重要奠基者，为花间词派之鼻祖。《花间集》收录其词六十六首，《全唐诗》收录五十九首。近人王国维据《花间集》《尊前集》等辑为《金荃词》一卷，凡七十首。今人曾昭岷《温韦冯词新校》定为六十九首。

【集评】

温庭筠词极流丽，宜为《花间集》之冠。（［宋］黄昇《唐宋诸贤绝妙词选》卷一）

自唐之词人李白为首，其后韦应物……并有述造，而温庭筠最高，其言深美闳约。（［清］张惠言《词选序》）

词有高下之别，有轻重之别，飞卿下语镇纸，端己揭响入云，可谓极两者之能事。　　皋文曰："飞卿之词，深美闳约。"信然。飞卿酝酿最深，故其言不怒不慑，备刚柔之气。针缕之密，南宋人始露痕迹。《花间》极有浑厚气象，如飞卿则神理超越，不可复以迹象求矣。然细绎之，正字字有脉络。（［清］周济

《介存斋论词杂著》)

温飞卿词精妙绝人,然类不出乎绮怨。([清]刘熙载《艺概·词曲概》)

飞卿词全祖《离骚》,所以独绝千古。《菩萨蛮》《更漏子》诸阕,已臻绝诣,后人无能为继。([清]陈廷焯《白雨斋词话足本》卷一)

飞卿词,大半托词帷房,极其婉雅,而规模自觉宏远。(同上,卷九)

张皋文谓:飞卿之词"深美闳约",余谓此四字唯冯正中足以当之。刘融斋谓:"飞卿词精艳绝人",差近之耳。"画屏金鹧鸪",飞卿语也,其词品似之。(王国维《人间词话》)

飞卿为人,具详旧史,综观其诗词,亦不过一失意文人而已,宁有悲天悯人之怀抱?昔朱子谓《离骚》不都是怨君,尝叹为知言。以无行之飞卿,何足以仰企屈子。其词之艳丽处,正是晚唐诗风,故但觉镂金错彩,炫人眼目,而乏深情远韵。然亦有绝佳而不为词藻所累,近于自然之词,如《梦江南》《更漏子》诸阕是也。(李冰若《栩庄漫记》)

更 漏 子①

玉炉香,红蜡泪②,偏照画堂秋思③。眉翠薄④,鬓云残⑤,夜长衾枕寒。　　梧桐树,三更雨,不道离情正苦⑥。一叶叶,一声声,空阶滴到明⑦。

【汇评】

庭筠工于造语,极为绮靡,《花间集》可见矣。《更漏子》一词尤佳。([宋]胡仔《苕溪渔隐丛话》后集卷十七)

前以夜阑为思,后以夜雨为思,善能体出秋夜之思者。([明]李廷机《草堂诗余评林》卷四)

遣词凄艳,是飞卿本色,结三句开北宋先声。([清]陈廷焯《云韶集》卷一)

寻常情事,写来凄婉动人。……宋人"枕前泪共窗前雨,隔个窗儿滴到明",本此而转成淡薄。温词如此凄丽有情致不为设色所累者,寥寥可数也。温韦并称,赖有此耳。(李冰若《栩庄漫记》)

【赏析】

此词从女性角度抒写离情,充分表现了作者善为侧艳之词和擅长描写女性心理的写作特点。语言上片秾丽,下片疏淡,意境上片深幽,下片凄清,绝妙地刻画了幽居少妇孤

---

① 更漏子:词牌名。据说由温庭筠的这首词而得名。双调,四十六字,仄声韵与平声韵互换。古代用滴漏计时,夜间凭漏刻传更,故名更漏。　② 红蜡泪:唐宋诗词中常用"蜡泪"这一意象表达幽怨、愁苦之思。如晏殊《撼庭秋》词有"念兰堂红烛,心长焰短,向人垂泪";晏几道《蝶恋花》词中"红烛自怜无好计,夜寒空替人垂泪"。杜牧《赠别》诗:"蜡烛有心还惜别,替人垂泪到天明。"　③ 偏照:偏偏照着。"偏"字突出物情与人情的乖离。画堂:装饰华美的厅堂。秋思:秋来引起的愁思。　④ 眉翠:古时女子以翠黛画眉,故有此说。薄:谓翠色已淡。　⑤ 鬓云残:谓鬓发散乱。　⑥ 不道:不管,不顾。　⑦ "空阶"句:宋人(聂胜琼)词:"枕前泪共阶前雨,隔个窗儿滴到明。"(《鹧鸪天·别情》)从此脱胎,然无上文之浓丽相配,故不如此词深厚。(见唐圭璋《唐宋词简释》)

独思念之愁苦。作者把环境描写和情感表达紧密结合起来，"玉炉""红蜡""画堂"的富丽堂皇反衬出女主人公的孤独寂寥，空阶、夜雨使人觉得其境愈幽，其情愈苦。全词有"声"有"色"，声清而色浓。读者仿佛听到她寒枕之上的彻夜长叹，正和着窗外敲打着桐叶、空阶的雨声；也仿佛看到香熏雾绕、烛光迷离的画堂与清冷漆黑、雨光反射的窗外夜空所形成的巨大反差。听觉和视觉、愁情和幽境有机结合，令人不由为红颜易老、青春虚掷而心生无限悲悯。

（曹济平）

韦 庄

韦庄(836?—910)，字端己，京兆杜陵(今陕西西安市)人。中唐诗人韦应物的四世孙。少孤贫力学，才敏过人。生平疏旷不拘，率性自用。昭宗乾宁元年(894年)进士及第，任校书郎、左补阙等官职。其后奉使入蜀，宣谕西川节度使王建，后留蜀为掌书记，并终身仕蜀。唐亡后，王建自立为蜀帝，韦庄任宰相，三年后卒于成都。韦庄工诗，今传《浣花集》十卷。他与温庭筠同为"花间"重要词人，并称"温韦"，但词风迥然有异。温秾丽，韦清疏。其词善用白描手法，多写上层社会之冶游享乐生活及离情别绪等人生体验。韦庄词无专集，散见于《花间集》《尊前集》和《全唐诗》等总集中，王国维等辑为《浣花词》一卷，凡五十四首，盖取其诗集为名者。

【集评】

端己词清艳绝伦，初月芙蓉春月柳，使人想见风度。([清]周济《介存斋论词杂著》)

韦端己、冯正中诸家词，留连光景，惆怅自怜，盖亦易飘扬于风雨者。若第论其吐属之美，又何加焉！([清]刘熙载《艺概》卷四)

韦端己词，似直而纡，似达而郁，最为词中胜境。([清]陈廷焯《白雨斋词话》卷一)

韦文靖词与温方城齐名，熏香掬艳，眩目醉心。尤能运密入疏，寓浓于淡，花间群贤，殆鲜其匹。([清]况周颐《唐五代词人考略》卷五)

端己词深语秀，虽规模不及后主、正中，要在飞卿之上，观昔人颜、谢优劣论可知矣。(王国维《唐五代二十一家词辑》)

"弦上黄莺语"，端己语也，其词品似之。 韦端己之词，骨秀也。(王国维《人间词话》)

菩 萨 蛮

　　人人尽说江南好,游人只合江南老①。春水碧于天,画船听雨眠②。　　垆边人似月③,皓腕凝霜雪④。未老莫还乡,还乡须断肠⑤。

【汇评】

　　此章述蜀人劝留之辞,即下章云:"满楼红袖招"也。江南即指蜀,中原沸乱,故曰:"还乡须断肠。"(〔清〕张惠言《词选》卷一)

　　强作欢颜语,怕断肠,肠亦断矣。(〔清〕谭献《谭评词辨》卷一)

　　一幅春水画图,意中是乡思,笔下却说江南风景好,真是泪溢中肠,无人省得。(〔清〕陈廷焯《白雨斋词评》)

【赏析】

　　六朝以来,江南就寄托着文人诗客风月繁华的异乡之梦。韦庄这首词状江南之美好,又隐约流露思归之意。作者首先画出一幅绝妙的江南春游图,写景、写人纯用白描,语言清新明丽,真切可感;江南的景美、人美、风情美,展现迷人的魅力,使得游子终生遐想不已。最后两句既是由衷的感叹,又是诚挚的劝慰,作者的流连之情也溢于言表。然游子毕竟不可能弃捐故里终老江南,"断肠"之说,既指游子他日还乡因忆念江南而柔肠寸断,又指作者历经乱离流落蜀地欲归不能,倘若得归中原目睹乡里乱象、百姓苦况必然摧折中肠。本词言简意丰,含蓄蕴藉;情思婉转哀伤,令人叹惋。

　　　　　　　　　　　　　　　　　　　　　　　　　　　　　　　　(曹济平)

冯延巳

　　冯延巳(903—960),一名延嗣,字正中,广陵(今江苏扬州)人。在南唐中主李璟时,官至同平章事(宰相)。延巳少有才学,长而学问渊博,文章颖发,辩说纵横。工诗,尤擅曲子词,为南唐词坛存词最多的大家。冯词虽多写闺阁情事,但语言清新,境象深远,情思凄婉,开北宋一代风气。今传《阳春集》词一卷、补遗一卷。

---

　　① 游人:这里指漂泊江南的人,即作者自谓。只合:只应该。　② 画船:有彩画装饰的船。　③ 垆:垒土为垆,中置酒瓮。一作"炉",常代指酒肆。"垆边"二句,用卓文君故事。《史记·司马相如列传》载卓文君从司马相如归,在成都当垆卖酒。"买一酒舍沽酒,而令文君当垆。"这里用卓文君代指江南美貌女子。《西京杂记》:"文君姣好,眉色如望远山,脸际常若芙蓉,肌肤柔滑如脂。""人似月",状其貌美。　④ 皓腕凝霜雪:洁白的手臂像凝聚的霜雪。　⑤ 须:必定。断肠:形容极度悲伤惆怅。

冯正中词,晏同叔得其俊,欧阳永叔得其深。([清]刘熙载《艺概·词曲概》)

南唐起于江左,祖尚声律,二主倡于上,翁和于下,遂为词家渊丛。翁俯仰身世,所怀万端,缪悠其辞,若显若晦,撰之六义,比兴为多。若《三台令》《归国谣》《蝶恋花》诸作,其旨隐,其词微,类劳人、思妇、羁臣、屏子郁伊怆恍之所为,翁何致而然耶?([清]冯煦《阳春集序》)

吾家正中翁,鼓吹南唐,上翼二主,下启欧晏,实正变之枢纽,短长之流别。([清]冯煦《唐五代词选叙》)

《阳春》一集,为临川《珠玉》所宗,愈瑰丽,愈醇朴。南渡名家沾丐膏馥,辄臻上乘。([清]况周颐《蕙风词话》未刊稿)

正中词虽不失五代风格,而堂庑特大,开北宋一代风气。(王国维《人间词话》)

鹊 踏 枝

谁道闲情抛弃久①?每到春来,惆怅还依旧。日日花前常病酒②,不辞镜里朱颜瘦③。　　河畔青芜堤上柳④,为问新愁,何事年年有⑤?独立小桥风满袖,平林新月人归后。

【汇评】

可谓沉著痛快之极,然却是从沉郁顿挫来,浅人何足知之?([清]陈廷焯《白雨斋词话》卷六)

起得风流跌宕。"为问"二句映起笔。"独立"二语,仙境、凡境?断非凡笔。([清]陈廷焯《云韶集》卷一)

始终不逾其志,亦可谓自信而不疑,果毅而有守矣。([清]陈廷焯《大雅集》卷一)

词家每先言景,后言情,此词先情后景。结末二句寓情于景,弥觉风致夷犹。([清]俞陛云《宋词选释》)

此种起法,是从千回百折之中,喷薄而出,故包含悔恨、愤激、哀伤种种情感,读之倍觉警动。(唐圭璋《论词之作法》)

【赏析】

冯延巳生活在偏安江南一隅的南唐,虽然也写上层社会闲适生活与男女情爱相思,但不像花间派词家那样雕缋满眼。本篇语言清新,涵蕴深婉、意境邃远,有独特风貌。"闲情""惆怅""新愁"等语反复渲染一种莫可名状、欲说还休的忧伤,不能简单视为一般

---

① 闲情:无端的愁绪。　② 病酒:谓饮酒过量而难受,即"醉酒"。　③ 不辞:不惜。　④ 青芜:丛生之青草。　⑤ 何事:何为,为何。

风月闲情。其实质是"托儿女之辞,写君臣之事",流露出对南唐局势与国运的隐忧。

上片描写词中人为"闲情"所苦,憔悴不堪而难以排遣。语言充满缠绵俳恻的忧伤情调。"久""每""还""日日""常""不辞"等词汇密集组合在一起,刻画了无端无绪、地久天长的愁苦。下片借清冷孤寂之景,抒发难以忘怀的新愁旧恨。"独立小桥风满袖,平林新月人归后"是传诵的名句,写得风神隽逸,表现了一种孤独而无奈的深情守候!

(曹济平)

李　煜

李煜(937—978),初名从嘉,字重光,号钟山隐士。南唐中主李璟第六子。宋建隆二年(961)在金陵即位,是这个偏安朝廷的最后一位国君,史称南唐后主。他精通书画,熟谙音律,尤擅长诗词,但政治上既无励精图治之才,又不善谋划御敌之策。开宝八年(975),国亡于宋,李煜被押至宋都汴京,封违命侯。太平兴国三年(978)七夕是他四十二岁生日,他在私宅作乐唱词,宋太宗忌恨其"故国不堪回首月明中"之词,命人以牵机药将他毒死。追封吴王,葬洛阳邙山。

李煜词大体以南唐灭亡为界,分前后两期,前期词以描写宫廷逸乐生活为主,风格绮丽柔靡,未脱"花间"习气。后期词则多追忆往事,伤怀故国,语言自然精练,风格沉郁苍凉,意境深远开阔,与晚唐以来的香艳词风颇异其趣。他扩大了词的题材范围,丰富了词的表现艺术,在词史上具有里程碑式的意义。李煜词今存三十多首,南宋人辑录李璟、李煜之词作,汇刻为《南唐二主词》。

【集评】

(南唐)后主一目重瞳子,乐府为宋人一代开山祖。盖温韦虽藻丽,而气颇伤促,意不胜辞,至此君方是当行作家,清便宛转,词家王孟。([明]胡应麟《诗薮》杂编卷四)

男中李后主,女中李易安,极是当行本色。　　予尝谓李后主拙于治国,在词中犹不失为南面王,觉张郎中、宋尚书,直衙官耳。([清]沈谦《填词杂说》)

于富贵时能作富贵语,愁苦时作愁苦语,无一字不真,无一字不俊,温氏以后,为五季一大家。(刘毓盘《词史》)

李重光之词,神秀也。词至李后主眼界始大,感慨遂深,遂变伶工之词为士大夫之词。　　词人者,不失其赤子之心者也。故生于深宫之中,长于妇人之手,是后主为人君所短处,亦即为词人所长处。客观之诗人,不可不多阅世……主观之诗人不必多阅世。阅世愈浅,则性情愈真,李后主是也。尼采谓:"一切文学,余爱以血书者。"后主之词,真所谓以血书者也。宋道君皇帝《燕山亭》词亦略似之,然而道君不过自道身世之戚,后主则俨有释迦、基督,担荷人类罪恶之意,其大小固不同矣。(王国维《人间词话》)

浪淘沙

　　帘外雨潺潺①，春意阑珊②。罗衾不耐五更寒③。梦里不知身是客，一晌贪欢④。　　独自莫凭阑。无限江山，别时容易见时难。流水落花春去也，天上人间。

【汇评】

　　绵邈飘忽之音，最为感人深至，李后主之"梦里不知身是客，一晌贪欢"所以独绝也。（［清］郭麐《灵芬馆词话》）

　　《浪淘沙》全首语意惨然。（［清］许昂霄《词综偶评》）

　　结得怨惋，尤妙在神不外散，而有流动之致。（［清］陈廷焯《词则·大雅集》卷一）

　　凭栏远眺，百端交集，此词播之管弦，闻者定当堕泪。（［清］陈廷焯《云韶集》卷一）

　　此亦托为别情，实乃思念故国之词。"流水"句，以比"见时难"也。"流水""落花""春去"，三事皆难重返者，当未流、未落、未去之时，比之已流、已落、已去之后，有如天上比人间，以见重见别后江山，其难易相差，亦如此也。（刘永济《唐五代两宋词简析》）

　　上片系倒叙，由一晌贪欢而梦醒，由醒而觉得五更寒，由凄寒失寐，而听雨声。　　下文言无限江山，夫江山虽实境，而无限江山则虚。　　雄奇不难，幽怨亦不难，兼之，难矣。凡此所录，如《虞美人》第一，《相见欢》及本阕，皆可谓美尽刚柔者矣。（俞平伯《读词偶得》）

【赏析】

　　此词也是李煜被俘入汴京后所作。南宋蔡絛《西清诗话》谓此词"含思凄惋，未几下世"，可知这是一首亡国之君绝望的哀歌。上片写词人被春夜雨声从梦中惊醒的凄苦感觉，而睡梦里"不知身是客"和"贪欢"的幻景，仿佛时光倒流，重温昔日帝王的欢乐，但醒来的现实是囚禁的痛苦，与片刻欢乐的梦境形成强烈的反差。下片写最怕凭栏远望的悲恨心情。如今无限江山已属他人，故国难归，旧欢难寻，作为失去自由的囚徒，只能在梦中找回一点慰藉，然而醒来的现实是无情的、残酷的。结末"流水"二句，既与上片"春意"遥相照应，又象征着国亡身俘命运的不可逆转，正是人间天上，永无相会之日。全词从"梦里贪欢"的幻觉，"别易见难"的哀叹，到"流水落花"的象征，吟唱出凄凉绝望的人生悲剧。

（曹济平）

---

　　① 潺潺(chán)：此形容雨声。　② 阑珊：残尽。指春光即将消逝。　③ 罗衾：丝绸被子。　④ 一晌：一会儿。

菩 萨 蛮　　[唐]温庭筠

水精帘里颇黎枕,暖香惹梦鸳鸯锦。江上柳如烟,雁飞残月天。　　藕丝秋色浅,人胜参差剪。双鬓隔香红,玉钗头上风。

浣 溪 沙　　[前蜀]韦　庄

夜夜相思更漏残,伤心明月凭阑干。想君思我锦衾寒。　　咫尺画堂深似海,忆来唯把旧书看。几时携手入长安。

鹊 踏 枝　　[南唐]冯延巳

几日行云何处去? 忘却归来,不道春将暮。百草千花寒食路,香车系在谁家树?　　泪眼倚楼频独语:双燕飞来,陌上相逢否? 撩乱春愁如柳絮,悠悠梦里无寻处。

相 见 欢　　[南唐]李　煜

林花谢了春红,太匆匆。无奈朝来寒雨晚来风。　　胭脂泪,留人醉。几时重? 自是人生长恨水长东。

参考书目

李冰若《花间集评注》,河北教育出版社 1999 年

李一氓《花间集校》,人民文学出版社 1958 年

詹安泰编注《李璟李煜词》,人民文学出版社 1982 年

张璋、黄畬《全唐五代词》,上海古籍出版社 1986 年

曾昭岷、曹济平、王兆鹏、刘尊明《全唐五代词》,中华书局 1999 年

曾昭岷《温韦冯词新校》,上海古籍出版社 1988 年

黄进德《唐五代词选集》,上海古籍出版社 1993 年

参考与练习

1. 说说唐五代词与同时代的诗除了长短句与齐言的形式不同外,风格上有何不同?

2. 李后主是个亡国之君,何以他的词却感人至深?

慕课资源

【总论】

粤稽诗降为词,六朝潜启其意,而体创于李唐,五代继隆其轨,而风畅于赵宋。柳屯田之"晓风残月",苏学士之"乱石崩云",世所共称,固无论矣。建炎而后,作者斐然。数南渡之才人,无非妍手;咏西湖之丽景,尽是专家。薄醉樽前,按红牙之小拍;清歌扇底,度白雪之新声。况乎人间玉碗,阙下铜驼,不无荆棘之悲,用志黍离之感。文弦鼓其凄调,玉笛发其哀思。亦有登山临水,胜情与豪素争飞;惜别怀人,秀句共邮筒俱远。([清]柯煜《绝妙好词原序》)

西蜀、南唐而后,作者日盛。宣和君臣,转相矜尚。曲调愈多,流派因之亦别。短长互见,言情者或失之俚,使事者或失之伉。鄱阳姜夔出,句琢字炼,归于醇雅。于是史达祖、高观国羽翼之,张辑、吴文英师之于前,赵以夫、蒋捷、周密、陈允衡、王沂孙、张炎、张翥效之于后,譬之于乐,舞《箾》至于九变,而词之能事毕矣。([清]汪森《词综序》)

柳　永

柳永(987?—1053?),原名三变,字景庄,后改名永,字耆卿,排行第七,故人称柳七,崇安(今福建武夷山市)人。柳永青少年时期,流连坊曲,文采风流,知名于世,因触及时讳,屡试不中,宋仁宗景祐元年(1034)方进士及第。做过睦州团练推官、定海晓峰盐场监官、泗州判官,改著作郎、灵台令、太常博士、屯田员外郎。能诗文,尤擅度曲填词,能以通俗的语言,铺叙、白描的手法,大量创作长调慢词,书写北宋帝国繁荣时期的都市文明和市民生活,对宋词的发展产生了很大影响,在文学史上占有重要地位。有《乐章集》传世。

【集评】

宋李清照曰:"逮至本朝,礼乐文武大备。又涵养百余年,始有柳屯田永者,变旧声作新声,出《乐章集》,大得声称于世,虽协音律,而词语尘下。"([宋]胡仔《苕溪渔隐丛话》后集卷三十三引)

予观柳氏乐章,喜其能道嘉祐间太平气象,如观杜甫诗,典雅文华,无所不有。是时予方为儿,犹想见其风俗,欢声和气,洋溢道路之间,动植咸若,令人歌柳词,闻其声,如丁斯时,使人慨然有感。鸣呼,太

平气象,柳能一写于乐章。所谓词人盛世之黼藻,岂可废也。([宋]黄裳《演山集》卷三十五《书〈乐章集〉后》)

柳三变既以词忤仁庙,吏部不放改官,三变不能堪,诣政府。晏公曰:"贤俊作曲子么?"三变曰:"只如相公亦作曲子。"公曰:"殊虽作曲子,不曾道绿线慵拈伴伊坐。"柳遂退。([宋]张舜民《画墁录》卷一)

柳耆卿《乐章集》,世多爱赏,其实该洽,序事闲暇,有首有尾,亦间出佳语,又能择声律谐美者用之。惟是浅近卑俗,自成一体,不知书者尤好之。([宋]王灼《碧鸡漫志》卷二)

词格固不高,而音律谐婉,词意妥帖,承平气象,形容曲尽,尤工于羁旅行役。([宋]陈振孙《直斋书录解题》卷二十一)

柳耆卿风流俊迈,闻于一时。既死,葬于枣阳县花山。远近之人,每遇清明日,多载酒殽,饮于耆卿墓侧,谓之吊柳会。([宋]曾敏行《独醒杂志》卷二)

——— 八 声 甘 州 ———

对潇潇暮雨洒江天①,一番洗清秋。渐霜风凄紧②,关河冷落,残照当楼。是处红衰翠减③,苒苒物华休④。惟有长江水,无语东流。　　　不忍登高临远,望故乡渺邈,归思难收⑤。叹年来踪迹,何事苦淹留⑥。想佳人妆楼颙望⑦,误几回天际识归舟⑧。争知我倚阑干处⑨,正恁凝愁⑩。

【汇评】

东坡云:"世言柳耆卿曲俗,非也。如《八声甘州》云:霜风凄紧,关河冷落,残照当楼。此语于诗句不减唐人高处。"([宋]赵令畤《侯鲭录》卷七)

柳词胜处在气骨,不在字面。其写景处,远胜其抒情处。而章法大开大阖,为后起清真、梦窗诸家所取法,作为创调名家。如(略)《甘州》"对潇潇暮雨洒江天"诸阙,写羁旅行役中秋景,均极工巧。(蔡嵩云《柯亭词论》)

此首亦柳词名著。一起写雨后之江天澄澈如洗。"渐霜风"三句,更写风紧日斜之境,凄寂可伤。以东坡之鄙柳词,亦谓此三句"唐人佳处,不过如此"。"是处"四句,复叹眼前景物凋残,惟有江水东流。自起首至此,皆写景。换头,即景生情。"不忍"句与"望故乡"两句,自为呼应。"叹年来"两句,自问自叹,与"为问新愁,何事年年有"句,同为恨极之语。"想"字贯至收处,皆是从对面着想,与少陵之"香雾云鬟湿,清辉玉臂寒"作法相同。小谢诗云:"天际识归舟",屯田用其语,而加"误几回"三字,更觉灵动。收处

---

① 潇潇:形容雨急。　② 霜风:深秋的风。凄紧:寒意逼人。　③ 是处:处处,到处。红衰翠减:形容花木凋谢枯萎。李商隐《赠荷花》:"此荷此叶常相映,翠减红衰愁杀人。"　④ 苒苒:光阴悄然流逝。物华:指自然景物。休:消逝。　⑤ 归思:思归之情。　⑥ 何事:为何。淹留:滞留。　⑦ 颙望:引领而望。　⑧ 南朝梁谢朓《之宣城郡出新林向板桥》诗句:"天际识归舟,云中辨江树。"又,温庭筠《梦江南》词曰:"梳洗罢,独倚望江楼。过尽千帆皆不是,斜晖脉脉水悠悠,肠断白蘋洲。"此处并用之。　⑨ 争知:怎知。　⑩ 恁:如此。凝愁:愁苦凝结,难以化解。

归到"倚阑"，与篇首应。梁任公谓此首词境颇似"照花前后镜，花面交相映"，说亦至当。（唐圭璋《唐宋词简释》）

【赏析】

文学是发生在一定空间场域的现象，环境不同，文学表现也不同。当柳永混迹市井坊陌、流连于柳营花阵的时候，他偎红依翠、浅斟低唱之词，自然多是浮艳俚俗之曲，然而当他远离了京城，漂泊异乡、蹉跎困顿之时，得江山之助，却又能写出气势磅礴、深情绵邈的佳作。这首《八声甘州》便是一个很典型的例子。上片写登高望远之景，江天寥廓，落日秋霜，气势极为阔大，然毕竟已是深秋时节，苦雨凄风，落木萧萧，触景伤情，便不只是悲秋，更惹出许多思乡念亲的情思来。由自怨自叹，而推己及人，层层递进，深挚细腻，显示出词人善于铺叙白描的手段。

（巩本栋）

晏　殊

晏殊（991—1055），字同叔，谥元献，临川（今江西抚州）人。7岁能作文，13岁以神童召试，宋真宗赐同进士出身，为东宫伴读。仁宗即位，备受宠信，任枢密使、同中书门下平章事，出为颍州、陈州、许州等地行政长官。晏殊为人谨厚诚实，喜荐用人才，如范仲淹、韩琦、富弼、欧阳修、宋庠、宋祁、梅尧臣、张先等，或是其门生，或得到其奖掖提拔。故《宋史》本传称其"善知人"，"文章赡丽，应有不穷，尤工诗，闲雅有情思"。他是西昆派后期的诗人，平生所作多达万余篇，惜不传。他在文学史上的地位，主要是由其词的创作所奠定的。有《珠玉词》。

【集评】

晏元献尤喜江南冯延巳歌词，其所自作，亦不减延巳。（[宋]刘攽《中山诗话》）

晏元献不蹈袭人语，而风调闲雅。如"舞低杨柳楼心月，歌尽桃花扇底风"，知此人不住三家村也。（[宋]吴曾《能改斋漫录》卷十六引晁补之语）

晏元献、欧阳文忠、宋景文则以其余力游戏，而风流闲雅，超出意表，又非其类也。嚼味研究，字字皆有据，而其妙见于卒章，语尽而意不尽，意尽而情不尽，岂平平可得仿佛哉。（[宋]李之仪《姑溪居士文集》前集卷四十《跋吴思道小词》）

晏元献公、欧阳文忠公风流蕴藉，一时莫及，而温润秀洁，亦无其比。（[宋]王灼《碧鸡漫志》卷二）

冯延巳词,晏同叔得其俊,欧阳永叔得其深。（[清]刘熙载《艺概·词曲概》）

元献词风神婉约,骨格自高,不流俗秒,与延巳相伯仲也。（[清]陈廷焯《云韶集》卷二）

（晏殊）赋性刚峻,居处清俭,不类其词之婉丽也。（夏敬观《二晏词评》）

蝶 恋 花

　　槛菊愁烟兰泣露①。罗幕轻寒,燕子双飞去。明月不谙离恨苦②,斜光到晓穿朱户。　　昨夜西风凋碧树③。独上高楼,望尽天涯路。欲寄彩笺兼尺素④,山长水阔知何处。

【汇评】

　　观殊所为词,托于男女情悦思慕之言,实未之废。盖词之始,所以润色里巷之歌谣,被诸弦管,其至者正在得之人情物态。（夏敬观《二晏词评》）

　　《诗·蒹葭》一篇,最得风人深致。晏同叔之"昨夜西风凋碧树。独上高楼,望尽天涯路",意颇近之。但一洒落,一悲壮也。　"我瞻四方,蹙蹙靡所骋",诗人之忧生也。"昨夜西风凋碧树。独上高楼,望尽天涯路"似之。　古今成大事业、大学问者,必经过三种之境界："昨夜西风凋碧树。独上高楼,望尽天涯路",此第一境也。"衣带渐宽终不悔,为伊消得人憔悴",此第二境也。"众里寻他千百度,蓦然回首,那人正在灯火阑珊处",此第三境也。此等语皆非大词人不能道。然遽以此意解释诸词,恐晏、欧诸公所不许也。（王国维《人间词话》）

【赏析】

　　此词写离别相思之苦。上片极力渲染抒情主人公所处情境的凄清、孤独和寂寞。兰菊笼罩在晨雾之中,燕子已双双飞去,皎洁的月光,透过窗棂,洒在主人公的闺阁中,反而更增添了她排遣不去的孤独。因为她所思念的对方究竟在哪里,又何时能回到其身边,全然不知,其至想要倾诉久别的相思之情也不可能。下片的这些交代,让读者不免对主人公产生深深的怜悯和同情。此词虽是代人立言,但就中也暗含着某种对于令人感到乏味的现实的不满和自己还不怎么明确的对于美好事物的追求。这种轻烟薄雾般的情感,交织成一种淡淡的哀愁,也给词本身带来了温婉闲雅的风格。

（巩本栋）

---

　　① 槛菊:种在庭院花栏中的菊花。　② 谙:熟悉,了解。　③ 碧树:绿树。　④ 尺素:指书信。古诗《饮马长城窟行》:"客从远方来,遗我双鲤鱼。呼儿烹鲤鱼,中有尺素书。"

苏　轼

苏轼(1037—1101),字子瞻,号东坡居士,四川眉山人。嘉祐二年(1057)进士。在王安石变法高潮中,先后任凤翔签判、开封推官、杭州通判和密州、徐州、湖州等地行政长官;元丰中陷入乌台诗案,贬居黄州四年许。元祐中任中书舍人、翰林学士、知制诰等职,后又任杭州、颍州、扬州、定州等地知州,晚年又被远贬惠州、儋州,九死一生,北返中原,病逝于常州。苏轼是文学史上少见的兼擅诗、词、文、书法、绘画的文豪,在历史上产生深远的影响。中华书局已整理出版《苏轼诗集》八册、《苏轼文集》六册,《东坡词》见《宋六十名家词》(上海古籍出版社影印明版)。

【集评】

东坡先生以文章余事作诗,溢而作词曲,高处出神入天,平处临镜笑春,不顾侪辈。　东坡先生非醉心于音律者,偶尔作歌,指出向上一路,新天下耳目,弄笔者始知自振。([宋]王灼《碧鸡漫志》卷二)

晁无咎云:"居士词,人多谓不谐音律。然横放杰出,自是曲子内缚不住者。"([宋]胡仔《苕溪渔隐丛话》后集卷三十三引)

及眉山苏氏,一洗绮罗香泽之态,摆脱绸缪宛转之度,使人登高望远,举首高歌,而逸怀浩气,超然乎尘垢之外,于是《花间》为皂隶,而柳氏为舆台矣。([宋]胡寅《酒边词序》)

词至东坡,倾荡磊落,如诗如文,如天地奇观,岂与群儿雌声学语较工拙。([宋]刘辰翁《辛稼轩词序》)

唐歌词多宫体,又皆极力为之。自东坡一出,情性之外,不知有文字,真有一洗万古凡马空气象。([金]元好问《遗山文集》卷三十六)

词自晚唐五代以来,以清切婉丽为宗,至柳永而一变,如诗家之有白居易;至轼而又一变,如诗家之有韩愈,遂开南宋辛弃疾等一派。([清]纪昀等《四库全书总目提要》卷一九八)

张炎曰:"词须要出新意,能如东坡清丽舒徐,出人意表,不求新而自新,为周、秦诸人所不能到。"([清]沈雄《古今词话·词品》卷下)

东坡以横绝一代之才,凌厉一世之气,间作倚声,意若不屑,雄词高唱,别为一宗。([清]郭麐《灵芬馆词话》卷一)

东坡词颇似老杜诗,以其无意不可入,无事不可言也。若其豪放之致,则时与太白为近。([清]刘熙载《艺概·词曲概》)

行文有两要素,曰"气"曰"笔"。气载笔而行,笔因文而变。(略)苏、辛集中,固有被称为摧刚为柔者。(略)东坡、稼轩音响虽殊,本原则一。(陈匪石《声执》卷上)

江 城 子

乙卯正月二十日夜记梦①

十年生死两茫茫②,不思量,自难忘。千里孤坟,无处话凄凉。纵使相逢应不识,尘满面,鬓如霜③。　夜来幽梦忽还乡,小轩窗,正梳妆。相顾无言,惟有泪千行。料得年年肠断处,明月夜,短松冈④。

【编年】

熙宁八年乙卯(一〇七五年)正月二十日,作于密州。傅藻《东坡纪年录》:"熙宁八年乙卯,(正月)二十日,记梦作《江神子》。"王文诰《苏诗总案》卷一三:"词注谓公悼亡之作,考通义君卒于治平二年乙巳(一〇六五年),至是熙宁八年乙卯正十年也。"

【本事典实】

治平二年五月丁亥,赵郡苏轼之妻王氏,卒于京师。六月甲午,殡于京城之西。其明年六月壬午,葬于眉之东北彭山县安镇乡可龙里先君先夫人墓之西北八步。轼铭其墓曰:君讳弗,眉之青神人,乡贡进士方之女。生十有六年,而归于轼。有子迈。君之未嫁,事父母,既嫁,事吾先君、先夫人,皆以谨肃闻。其始,未尝自言其知书也。见轼读书,则终日不去,亦不知其能通也。其后轼有所忘,君辄能记之。问其他书,则皆略知之。由是始知其敏而静也。从轼官于凤翔,轼有所为于外,君未尝不问知其详。曰:"子去亲远,不可以不慎。"日以先君之所以戒轼者相语也。轼与客言于外,君立屏间听之,退必反覆其言曰:"某人也,言辄持两端,惟子意之所向,子何用与是人言?"有来求与轼亲厚甚者,君曰:"恐不能久。其与人锐,其去人必速。"已而果然。将死之岁,其言多可听,类有识者。其死也,盖年二十有七而已。始死,先君命轼曰:"妇从汝于艰难,不可忘也。他日汝必葬诸其姑之侧。"未期年而先君没,轼谨以遗令葬之。([宋]苏轼《亡妻王氏墓志铭》)

【汇评】

这是苏轼四十岁在山东密州作太守时写的悼念亡妻之作。"不思量,自难忘",确是长久不忘的夫妇爱情。孤坟远隔,生前既不能相聚,惟有寄幻想于死后,而憔悴的老态,恐怕死后相逢也不相识,那么,只有求之梦中了。上片八句,三四层意思折迭下来,引出下片之梦。下片"幽梦忽还乡"五句写入梦。"料得年年肠断处"三句写梦醒的思索。(夏承焘《唐宋词选》)

此首为公悼亡之作。真情郁勃,句句沉痛,而音响凄厉,诚后山所谓"有声当彻天,有泪当彻泉"也。

① 本词作于熙宁八年(1075,岁次乙卯),为悼亡之作,时苏轼任密州知州。其妻王弗卒于治平二年(1065),次年归葬四川眉山苏洵(苏轼之父)夫妇墓旁。　② 十年生死两茫茫:言死别已十年,双方生死隔绝,彼此什么也不知道。③ 尘满面,鬓如霜:作者自况其劳碌与衰老之貌。　④ "料得"三句:设想死者的痛苦状况,言其夜夜断肠于明月照射下的孤坟之中。孟棨《本事诗》曾记一张姓之妻孔氏的诗:"欲知肠断处,明月照孤坟。"

起言死别之久。"千里"两句,言相隔之远。"纵使"二句,设想相逢不识之状。下片,忽折到梦境,轩窗梳妆,犹是十年以前景象。"相顾"两句,写相逢之悲,与起句"生死两茫茫"相应。"料得"两句,结出"肠断"之意。"明月""松冈",即"千里孤坟"之所在也。(唐圭璋《唐宋词简释》)

【赏析】

这是词中较早出现的悼亡之作,写得情真意深,纯是从胸臆中流出而不假文字雕饰之功。王国维说:"境非独谓景物也。喜怒哀乐,亦人心中之一境界。故能写真景物、真感情者,谓之有境界。"(《人间词话》)此词就是一首"有境界"之作。词中两情依依,梦境真切,不仅写出了对于亡妻那种刻骨铭心的思念之情,而且还侧面映托了自己在政治上的失意心态,读后越发令人欷歔生哀。

(杨海明　刘文华)

临江仙·夜归临皋①

夜饮东坡醒复醉②,归来仿佛三更。家童鼻息已雷鸣。敲门都不应,倚杖听江声。　　长恨此身非我有③,何时忘却营营。夜阑风静縠纹平④。小舟从此逝,江海寄余生。

【本事典实】

子瞻在黄州……与数客饮江上。夜归,江面际天,风露皓然,有当其意,乃作歌辞,所谓"夜阑风静縠纹平。小舟从此逝,江海寄余生"者,与客大歌数过而散。翌日,喧传子瞻夜作此词,挂冠服江边,拏舟长啸去矣。郡守徐君猷闻之,惊且懼,以为州失罪人,急命驾往谒,则子瞻鼻鼾如雷,犹未兴也。然此语卒传至京师,虽裕陵亦闻而疑之。([宋]叶梦得《避暑录话》卷二)

韩退之言:衡山道士轩辕弥明与进士刘师服、侯喜共联石鼎句,联毕,弥明曰:"此皆不足与语,吾闭口矣。"即倚墙而睡,鼻息如雷鸣,二子皆失色。邓鉴省题云:"家僮浑未觉,鼻息尚雷鸣。"借此用也。([宋]吕祖谦《诗律武库》后集卷十五)

【赏析】

这首词是苏轼在黄州所作。开头写其醒而又醉的情状,表现他借酒浇愁的心态。以下写归来夜已三更,家童鼾声如雷,敲门不应,这不但没有引起他的恼火,反而使他的心

---

① 临皋:湖北黄冈南、长江北岸,苏轼贬黄州,居于此地。　② 东坡:原是黄州一片旧营地,友人马正卿为苏轼请得数十亩,苏轼于此营造草屋数间,号"东坡雪堂",后以"东坡"为号。　③ 此身非我有:《庄子·知北游》"舜问乎丞曰:道可得而有乎?曰:汝身非汝有也,汝何得有夫道。舜曰:吾身非吾有也,孰有之哉?曰:是天地之委形也。"④ 縠纹:像绉绸面子,这里比喻江面波纹甚细,风平浪静。縠(hú),绉纱。

情更为平静,从而"倚杖听江声"。此种哲理沉思状态的描述,与杜甫的"注目寒江倚山阁"同一机杼。苏轼在黄州对人生的思考达到了时代的高度,使他能够以洒落出尘的态度对待社会、人生,而寄希望于大自然。下阕开头用庄子寓言,表现人在红尘俗世中营营扰扰,没有自由,再以江面的风平浪静暗示大自然的恬然平静,最后表达摆脱俗世,归向自然的美好愿望。苏轼实际从来也没有离开过尘世,但他对于社会、人生的这种透视比什么人都要深刻,对自由的渴望比什么人都要强烈,因此他对封建社会后期知识分子的影响也就比什么人都大。

(孙维城)

秦 观

秦观(1049—1100),字太虚,后改字少游,高邮人。元丰八年(1085)进士。元祐初,经苏轼举荐,先后任太学博士、秘书省正字及国史院编修等职,与黄庭坚、晁补之、张耒并称"苏门四学士"。绍圣初年,受苏轼影响,被贬到郴州、雷州等地。徽宗立,放还,行至滕州,病逝。秦观词风调婉约清丽,情韵兼胜,内容多写柔情,亦多身世之感。

【集评】

秦校理落尽畦畛,天心月胁,逸格超绝,妙中之妙,议者谓其无伦而后无继。([宋]苏籀《双溪集》卷一)

秦即专主情致,而少故实,譬如贫家美女,虽极妍丽丰逸,而终乏富贵态。([宋]李清照《词论》)

昔蔡伯世评近世之词,谓苏东坡辞胜乎情,柳耆卿情胜乎辞,辞情兼称者,唯秦少游而已。([宋]孙亮《竹坡词序》)

少游词虽婉美,然格力失之弱。([宋]胡仔《苕溪渔隐丛话》后集卷三十三)

秦少游词,体制淡雅,气骨不衰,清丽中不断意脉,咀嚼无滓,久而知味。([宋]张炎《词源》卷下)

(秦)观诗格不及苏、黄,而词则情韵兼胜,在苏、黄之上。流传虽少,要为倚声家一作手。([清]纪昀《四库全书总目提要》卷一五四)

秦少游自是作手,近开美成,导其先路,远绍温韦,取其神不袭其貌,词至是乃一变焉。然变而不失其正,遂令议者不病其变,而转觉有不得不变者。后人动称秦、柳,柳之视秦,为之奴隶而不足者,何可相提并论哉!([清]陈廷焯《白雨斋词话》卷一)

少游最和婉平正,稍逊清真者辣耳。少游意在含蓄,如花初胎,故少重笔。([清]周济《宋四家词选目录序论》)

少游以绝尘之才,早与胜流,不可一世,而一谪南荒,遽丧灵宝,故所为词,寄慨身世,闲雅有情思,酒边花下,一往而深,而怨悱不乱,悄乎得小雅之遗,后主之后,一人而已。……虽子瞻之明俊,耆卿之幽秀,犹若有瞠乎后者,况其下耶?([清]冯煦《宋六十一家词选例言》)

鹊 桥 仙

纤云弄巧①，飞星传恨，银汉迢迢暗度。金风玉露一相逢②，便胜却人间无数。柔情似水，佳期如梦，忍顾鹊桥归路③！两情若是久长时，又岂在朝朝暮暮！

【汇评】

相逢胜人间，会心之语。两情不在朝暮，破格之谈。七夕歌以双星会少别多为恨，独少游此词谓"两情若是久长"二句，最能醒人心目。（《草堂诗余隽》卷三眉批）

七夕以双星会少别多为恨，独谓情长不在朝暮，化臭腐为神奇。（[明]沈际飞《草堂诗余正集》卷二）

凡咏古题，须独出心裁，此固一定之论。少游以坐党被谪，思君臣际会之难，因托双星以写意。而慕君之念，婉恻缠绵，令人意远矣。（[清]黄苏《蓼园词选》）

夏闰庵云：七夕词最难作，宋人赋此，佳作极少，唯少游一词可观。晏小山《蝶恋花》赋七夕尤佳。（俞陛云《宋词选释》）

【赏析】

牛郎织女的民间传说很早即反映到文学作品中，《诗经·小雅·大东》中即有："跂彼织女，终日七襄。虽则七襄，不成报章。睆彼牵牛，不以服箱。"《古诗十九首》及东汉以来的诗词中，均有大量吟咏牛女之作。其主题无外乎对其美好爱情被拆散，夫妻分离，一年才能见上短暂的一面表示深切的同情。此词却自出机杼，不落俗套，新颖别致。

牛郎织女、梁祝、董永与七仙女、王昭君，直至《红楼梦》中宝玉与黛玉的爱情，都曾获得同情之泪。其实，同情他们的人中大多数又何尝得到过真正的爱？昭君出塞，背井离乡，有谁想过，如果她不出塞，只能继续当连姓名也不为人所知的宫女，两者相比，何为悲剧？宝黛的爱情，催人泪下。其实，他们是否也有令人羡慕的一面呢？笔者参观青浦大观园，也曾填《鹊桥仙》一阕题潇湘馆，其下阕曰："姑苏未远，乡情萦系，何恋青浦一隅？无猜豆蔻伴知音，已不亏、人生一度！"生活中美满的婚姻是很少的，大多数的家庭是和睦的、比较和睦的、矛盾重重的、濒于破裂的、同床异梦的，甚至是异床异梦的。为宝黛流泪者，大多未曾真正被人爱得死去活来过。有谁会像黛玉一样殉情死去，有谁会像宝玉一样遁入空门……生活中更多的是有某些残缺的爱，人们可以追求完满，但完满也是相对的，绝对的完满并不存在。在爱情上也不可好高骛远、求全责备，这便是本词给我们的启示。在爱情上也有个知足常乐。见异思迁者是得不到真爱的。

（王步高）

---

① 纤云弄巧：一缕缕云彩变幻出千姿百态。　② 金风玉露：秋风秋露之美称。语出隋代李密《淮阳感秋》诗："金风飙初节，玉露凋晚林。"　③ 忍顾：不忍回顾，不忍分别之意。

苏 幕 遮　　　　范仲淹

碧云天,黄叶地,秋色连波、波上寒烟翠。山映斜阳天接水,芳草无情,更在斜阳外。　黯乡魂,追旅思,夜夜除非、好梦留人睡。明月楼高休独倚,酒入愁肠、化作相思泪!

天 仙 子　　　　张先

时为嘉禾小倅,以病眠,不赴府会。

《水调》数声持酒听,午醉醒来愁未醒。送春去几时回?临晚镜,伤流景,往事后期空记省。

沙上并禽池上暝,云破月来花弄影。重重帘幕密遮灯,风不定,人初静,明日落红应满径。

蝶 恋 花　　　　欧阳修

庭院深深深几许?杨柳堆烟,帘幕无重数。玉勒雕鞍游冶处,楼高不见章台路。　雨横风狂三月暮。门掩黄昏,无计留春住。泪眼问花花不语,乱红飞过秋千去。

蝶 恋 花　　　　晏殊

槛菊愁烟兰泣露。罗幕轻寒,燕子双飞去。明月不谙离恨苦,斜光到晓穿朱户。　昨夜西风凋碧树。独上高楼,望尽天涯路。欲寄彩笺兼尺素,山长水阔知何处?

临 江 仙　　　　晏几道

梦后楼台高锁,酒醒帘幕低垂。去年春恨却来时。落花人独立,微雨燕双飞。　记得小蘋初见,两重心字罗衣。琵琶弦上说相思。当时明月在,曾照彩云归。

青 玉 案　　　　贺铸

凌波不过横塘路,但目送、芳尘去。锦瑟华年谁与度?月桥花院,琐窗朱户,只有春知处。

碧云冉冉蘅皋暮,彩笔新题断肠句。试问闲愁都几许?一川烟草,满城风絮,梅子黄时雨。

兰陵王·柳　　　　周邦彦

柳阴直,烟里丝丝弄碧。隋堤上、曾见几番,拂水飘绵送行色。登临望故国,谁识京华倦客。长亭路、年去岁来,应折柔条过千尺。　闲寻旧踪迹,又酒趁哀弦,灯照离席,梨花榆火催寒食。愁一箭风快,半篙波暖,回头迢递便数驿。望人在天北。　凄恻,恨堆积。渐别浦萦回,津堠岑寂,斜阳冉冉春无极。念月榭携手,露桥闻笛,沉思前事,似梦里,泪暗滴。

满 庭 芳　　　　秦观

山抹微云,天粘衰草,画角声断谯门。暂停征棹,聊共引离樽。多少蓬莱旧事,空回首、烟霭纷纷。斜阳外,寒鸦数点,流水绕孤村。　销魂,当此际,香囊暗解,罗带轻分。谩赢得青楼,薄幸名存。此去何时见也?襟袖上、空惹啼痕。伤情处,高城望断,灯火已黄昏。

鹧 鸪 天　　　　贺铸

重过阊门万事非,同来何事不同归?梧桐半死清霜后,头白鸳鸯失伴飞。　原上草,露初晞,旧栖新垄两依依。空床卧听南窗雨,谁复挑灯夜补衣?

满庭芳·夏日溧水无想山作　　　　周邦彦

风老莺雏,雨肥梅子,午阴嘉树清圆。地卑

山近,衣润费炉烟。人静乌鸢自乐,小桥外,新绿溅溅。凭栏久,黄芦苦竹,拟泛九江船。　年年,如社燕,飘流瀚海,来寄修椽。且莫思身外,长近尊前。憔悴江南倦客,不堪听、急管繁弦。歌筵畔,先安簟枕,容我醉时眠。

网络链接

《生查子·元夕》的作者是谁?

参考书目

［明］毛晋辑《宋六十名家词》,上海古籍出版社 1989 年影印

龙榆生《唐宋名家词选》,上海古籍出版社 1980 年

胡云翼《宋词选》,中华书局 1962 年

唐圭璋《唐宋词简释》,上海古籍出版社 1981 年

俞平伯《唐宋词选释》,人民文学出版社 1979 年

中国社会科学院文学所《唐宋词选》,人民文学出版社 1981 年

唐圭璋《宋词三百首笺注》,上海古籍出版社 1979 年

常国武《新选宋词三百首》,人民文学出版社 2000 年

杨海明《唐宋词史》,江苏古籍出版社 1987 年

刘扬忠《唐宋词流派史》,福建人民出版社 1999 年

金启华《唐宋词集序跋汇编》,江苏教育出版社 1990 年

谢桃坊《宋词概论》,四川文艺出版社 1992 年

吴熊和《唐宋词通论》,浙江古籍出版社 1985 年

华东师范大学中文系古典文学研究室编《词学研究论文集(1911—1949)》,上海古籍出版社 1988 年

华东师范大学中文系古典文学研究室编《词学研究论文集(1949—1979)》,上海古籍出版社 1982 年

徐培均校注《淮海居士长短句》,上海古籍出版社 1985 年

钟振振校注《东山词》,上海古籍出版社 1988 年

蒋哲伦选注《周邦彦选集》,河南大学出版社 1999 年

马兴荣、祝振玉校注《山谷词》,上海古籍出版社 2001 年

刘乃昌、杨庆存校注《晁氏琴趣外篇·晁叔用词》,上海古籍出版社 1991 年

乔力《晁补之词编年笺注》,齐鲁书社 1992 年

思考与练习

1. 北宋词以小令居多,但慢词不仅产生,而且在柳永、张先等词人作品中已相当成功,试比较小令、慢词在表情达意上作用有何不同。

2. 北宋词(尤其是小令)在结构上常常是上阕写景、叙事,下阕抒情,试举几例说明之。

3. 苏轼以前的北宋词以"婉约"为主导风格,结合课文说其主要特点。你喜欢婉约词吗?

4. 说说苏轼在中国词史上的地位。

5. 苏轼 300 多首词中,真正属于"豪放"的词很少,旷达、婉约的词却相当多,试问,我们还可不可以说苏轼词的风格是豪放?

慕课资源

【总论】

　　诗者,吟咏性情也。盛唐诸人,惟在兴趣;羚羊挂角,无迹可求。故其妙处,透彻玲珑,不可凑泊。如空中之音,相中之色,水中之月,镜中之象,言有尽而意无穷。近代诸公乃作奇特解会,遂以文字为诗,以才学为诗,以议论为诗,夫岂不工,终非古人之诗也,盖于一唱三叹之音,有所歉焉。且其作多务使事,不问兴致,用字必有来历,押韵必有出处,读之反覆终篇,不知着到何处。其末流甚者,叫噪怒张,殊乖忠厚之风,殆以骂詈为诗。诗而至此,可谓一厄也。　　东坡、山谷始自出己意以为诗,唐人之风变矣。山谷用工尤为深刻,其后法席盛行,海内称为江西宗派。([宋]严羽《沧浪诗话》)

　　唐诗以韵胜,故浑雅,而贵酝藉空灵;宋诗以意胜,故精能,而贵深折透辟。唐诗之美在情辞,故丰腴;宋诗之美在气骨,故瘦劲。唐诗如芍药海棠,秾华繁采;宋诗如寒梅秋菊,幽韵冷香。唐诗如啖荔枝,一颗入口,则甘芳盈颊;宋诗如食橄榄,初觉生涩,而回味隽永。譬诸修园林,唐诗则如叠石凿池,筑亭辟馆;宋诗则如亭馆之中,饰以绮疏雕槛,水石之侧,植以异卉名葩。譬诸游山水,唐诗则如高峰远望,意气浩然;宋诗则如曲涧寻幽,情境冷峭。唐诗之弊为肤廓平滑,宋诗之弊为生涩枯淡。虽唐诗之中,亦有下开宋派者;宋诗之中,亦有酷肖唐人者;然论其大较,固如此矣。(缪钺《论宋诗》)

欧 阳 修

　　欧阳修(1007—1072),字永叔,号醉翁,晚年又号六一居士,庐陵(今江西吉安市)人。四岁丧父,受其母悉心教诲,少有"奇童"之誉。宋仁宗天圣八年(1030)进士,先后做过秘书省校书郎、西京留守推官、监察御史、知礼部贡举,也外任过州、县长官。五十岁以后,又历任龙图阁学士、权知开封府、礼部侍郎、枢密副使、参知政事,封开国公。神宗熙宁四年(1071),以观文殿学士、太子少师之荣衔致仕。次年病逝,谥文忠。在文学上,他是北宋诗文革新的杰出领袖,"唐宋散文八大家"之一,"晏欧体"的代表词人。有《欧阳文忠公集》《六一词》等行于世。

【集评】

　　欧阳文忠公诗始矫"昆体",专以气格为主,故其言多平易疏畅,律诗意所到处,虽语有不伦,亦不复

问,而学之者往往遂失于快直,倾囷倒廪,无复余地。([宋]叶梦得《石林诗话》卷上)

　　欧公古诗苦无兴比,唯工赋体耳。至若叙事处,滔滔汩汩,累百千言,不衍不支,宛如面谈,亦其得也。所惜意随言尽,无复余音绕梁之意。又篇中曲折变化处亦少。公喜学韩,韩本诗之别派,其佳处又非学可到,故公诗常有浅直之恨。([清]贺裳《载酒园诗话》卷一)

　　学欧公作诗,全在用古文章法。如此则小才亦有把鼻涂辙可寻,即其成章,亦非俗士所解。　逆转顺布,往往有两番。逆转顺布后,有用旁面衬、后面逆衬法。　深人无浅意,无率笔,无重复。一时窥之,总不见其底蕴,由于意、法、情俱曲折也。([清]方东树《昭昧詹言》卷十二)

戏答元珍①

春风疑不到天涯,二月山城未见花。

残雪压枝犹有橘,冻雷惊笋欲抽芽②。

夜闻归雁生乡思,病入新年感物华③。

曾是洛阳花下客④,野芳虽晚不须嗟。

【汇评】

　　欧阳文忠公语人曰:"修在三峡赋诗:'春风疑不到天涯,二月山城未见花。'若无下句,则上句不见佳处,并读之,便觉精神顿出。文意难评如此,要当着意评味之耳。"([宋]蔡絛《西清诗话》)

　　方回:欧公自谓得意。盖"春风疑不到天涯"一句,未见其妙,若可惊异;第二句云"二月山城未见花",即先问后答,明言其所谓也。以后句句有味。　冯班:欧公本佳,说出"问答"二字,便欲呕矣。冯舒:亦自工致。　陆贻典:句法相生,对偶流动,欧公得意作也。　纪昀:起得超妙,不减柳州。　许印芳:"花"字"不"字俱复。起句妙在倒装,若从"未见花"说起便是凡笔。(李庆甲辑《瀛奎律髓汇评》卷四)

　　结韵用高一层意自慰。又《黄溪夜泊》结韵云:"行见江山且吟咏,不因迁谪岂能来?"亦是。(陈衍《宋诗精华录》卷一)

【赏析】

　　景祐三年(1036),范仲淹施行新法受挫被贬知饶州,欧阳修写信讥评谏官高若讷(即《与高司谏书》),触怒朝廷,被贬为夷陵县令。此诗即作于任夷陵县令之时。诗以自嘲的口吻,抒发了脱身朝廷政治漩涡以后在平静生活中的寂寞与无奈。此诗别题作《花时久雨之什》,花开时节,春寒多雨却导致花难开。"春风疑不到天涯"句,起得突然,及读到第

---

　　① 戏:嘲弄,实是自嘲。元珍:丁宝臣之字,时为峡州(今湖北宜昌市西北)判官。　② 冻雷:春雷。传说笋经春雷才破土而出。　③"夜闻"二句:一作"鸟声渐变知芳节,人意无聊感物华"。物华,犹物色,泛指美好的景物。　④ 宋仁宗天圣八年(1030)至景祐元年(1034),欧阳修曾任西京(洛阳)留守推官,故云。

二句,便明白其理,如此开头不落俗套。诚如程千帆先生所云:"能在一转手间改变读者的思路,正是它的妙处。""残雪压枝犹有橘"句,显然是作者亲见之实景,由于天寒,雨夹雪,在枝头犹有残雪,少量去年未摘尽的橘子犹挂枝头。此景并不常见,令人耳目一新。"冻雷"二字也很别致。天气还很冷,残雪犹在,天寒地冻,没有一丝春意。但毕竟已是农历二月,此时已是"惊蛰"时分。"惊蛰"是农历二十四节气中第三个节气,通常为阳历三月五日左右,农历则为正月末至二月中上旬。惊蛰一过,春雷便响,地上地下的万物也应复苏了,而天气犹寒,故言"冻雷",但地下的竹笋还是快要钻出土面了。"欲抽芽"是说春笋正欲抽芽出土。"夜闻归雁"二句,作者是因伤春而生乡愁。大雁从湖南衡阳飞来,衡阳与诗人的家乡吉安靠得较近,易引起思乡之情。他幼年丧父,母亲将他一手拉扯大,故乡对他有着特殊的含义,而新年刚过,自己是在病中度过新年的,故云"感物华"。夷陵虽偏远,景物却很美。作者景祐五年三月移知光化军乾德县后所作《与梅圣俞书》谓:"修昨在夷陵。……县有江山之胜,虽在天涯,聊可自乐。"诗的最末二句谓自己与丁宝臣均曾在洛阳为官,洛阳牡丹甲天下,曾经沧海难为水,故对夷陵二月不见花也就无须叹息了。结句极见胸次之旷达。全诗景物刻画工切,对仗灵动而不板滞,抒发乡愁也哀而不伤,结尾更是境界高远,堪称六一诗中极品。

(王步高)

苏 轼

【集评】

东坡诗天才宏放,宜与日月争光。凡古人所不到处,发明殆尽,万斛泉源,未为过也。然颇恨方朔极谏,时杂以滑稽,故罕逢蕴藉。([宋]蔡絛《蔡百衲诗评》)

坡公之美不胜言,其病亦不胜摘,大率俊迈而少渊渟,瑰奇而失详慎,故多粗豪处、滑稽处、草率处,又多以文为诗,皆诗之病。然其才自是古今独绝。([清]贺裳《载酒园诗话》)

杜甫之诗,独冠今古。此外上下千余年,作者代有,惟韩愈、苏轼,其才力能与甫抗衡,鼎立为三。苏诗包罗万象,鄙谚小说,无不可用,譬之铜铁铅锡,一经其陶铸,皆成精金,庸夫俗子,安能窥其涯涘!([清]叶燮《原诗》卷三外篇上)

以文为诗,自昌黎始。至东坡益大放厥词,别开生面,成一代之大观。今试平心读之,大概才思横溢,触处生春,胸中书卷繁富,又足以供其左旋右抽,无不如志。其尤不可及者,天生健笔一枝,爽如哀梨,快如并剪,有必达之隐,无难显之情,此所以继李、杜后为一大家也。而其不如李、杜处亦在此。盖李诗如高云之游空,杜诗如乔岳之矗天,苏诗如流水之行地。读诗者于此处着眼,可得三家之真矣。([清]赵翼《瓯北诗话》卷五)

东坡大气旋转,虽不屑屑于句法、字法中求新奇,而笔力所到,自成创格。(同上)

东坡下笔,摆脱一切,空诸依傍,直是前无古人,后无来者,所以能为一大宗;然滑易之病,末流不可处。故今须以韩黄药之。([清]方东树《昭昧詹言》卷一)

坡公之诗,每于终篇之外,恒有远境,匪人所测。于篇中又各有不测之远境,其一段或从天外插来,为寻常胸臆中所无有。(同上,卷十二)

初到黄州①

自笑平生为口忙②,老来事业转荒唐。
长江绕郭知鱼美③,好竹连山觉笋香④。
逐客不妨员外置⑤,诗人例作水曹郎⑥。
只惭无补丝毫事,尚费官家压酒囊⑦。

(自注:检校官例折支,多得退酒袋。)

【汇评】

少年下笔已如神,文到黄州更绝尘。我宋人才盛元祐,玉堂人是雪堂人。

再闻黄州正坐诗,诗因迁谪更瑰奇。读公《赤壁》词并赋,如见周郎破贼时。([宋]王十朋《游东坡十一绝》)

东坡元丰二年己未冬,责授检校水部员外郎黄州团练副使,本州安置,明年二月到郡。何逊、张籍、孟宾于三诗人皆水部。([元]方回《瀛奎律髓》卷四十三)

通首似韦左司。([清]查慎行《初白庵诗评》卷中)

因江而知鱼美,见竹而觉笋香,确是初到情景。员外、水曹则新授头衔也。末句承腹联说下,亦是初任事之词。([清]汪师韩《苏诗选评》卷四)

冯班:此何以似白公?有谓坡公不如谷者,我不信也。此后诗不必工,多故事可用。第六用白公语。

纪昀:东坡诗多伤激切。此虽不免兀傲,而尚不甚碍和平之音。(李庆甲集评校点《瀛奎律髓汇评》卷四十三引)

【赏析】

苏轼因御史中丞李定及舒亶、何正臣等人诬陷于元丰二年(1079)八月十八日被押赴台狱勘问(即"乌台诗案"),历时一百三十日,十二月二十八日获释出狱,责授检校水部员外郎、黄州团练副使,本州安置、不得签书公事,令御史台差人转押前去。正月初一离开京师,四日至陈州,二十日至岐亭,二月一日至黄州贬所,寓居定惠院,随僧蔬食。此诗当作于初抵黄州时。

---

① 黄州:今湖北黄冈市。 ② 为口忙:语涉双关,既指为生计奔波,又指因口误惹祸。 ③ "长江"句:黄州濒临长江。 ④ "好竹"句:王禹偁《黄冈竹楼记》开篇便有"黄州之地多竹"之句。 ⑤ 员外置:定员以外的官员。《宋史·职官志》:隋唐以来,以省台、寺监、府卫分庶务,以品爵勋阶别群才。复有员外之置,有检校、试摄、判知及诸使之名,历五季不废。 ⑥ "诗人"句:古诗人有三水部,谓何逊、张籍及孟宾于。 ⑦ "尚费"句:宋代官俸一部分用实物来抵数,叫折支。据《宋史·职官志十一》:"防御、团练副使二十千"(原注:如监当即给一半折支),"凡文武官料钱,并支一分见钱,二分折支",据苏轼自注,似乎其实物折支中有酒,但规定酒袋要缴回。

诗以自嘲口吻开头,此前诗人一直官卑职微,只做过杭州通判,密州、徐州、湖州三州知州,到湖州仅两月便下御史台狱,年轻时的抱负均成泡影,只能说为口腹生计而奔忙。"老来",诗人当时方四十五岁,这个年龄在古人已算不小了,苏轼作于密州的《江城子》词中便有"老夫聊发少年狂"之句,"事业转荒唐"指"乌台诗案"事,屈沉下僚尚可忍耐,无端的牢狱之灾更使自己检点自己的人生态度,"荒唐"二字似是对过去的自嘲与否定,却未必不含有几分牢骚。面对逆境,苏轼却以平静、旷达的态度对待之。初到黄州,正月刚过,又寄居僧舍,却因黄州三面为长江环绕而想到可有鲜美的鱼吃,因黄州多竹而似乎闻到竹笋的香味。苏轼这种"能从黄连(最苦的中药)中嚼出甜味来"的精神是最应令人钦敬的,这种豁达、乐观的精神,使他在黄州的五年政治上的低谷时期不可能有任何作为的情况下,创作上却达到炉火纯青的境界,《念奴娇·赤壁怀古》、前后《赤壁赋》等大批著名作品均写于这一时期,苏轼成了古代文学家中身处逆境而大有作为的典范,苏轼"敢于直面惨淡的人生,敢于正视淋漓的鲜血"(鲁迅语)的高尚思想境界成为后人之表率。后四句犹为自嘲,"只惭"句有几分无奈,但并不把它作为完全无所作为的理由,政治上不能有所作为,文学上却可以大有作为。"诗穷而后工",黄州成了苏轼一生词与文创作的顶点,也奠定了他在中国文坛的地位。这首诗一反古代诗人在遭受打击时鸣冤叫屈、叹老嗟卑的惯例,虽自嘲不幸,却又以超旷的胸襟对之,后之诗篇唯鲁迅"运交华盖"一首似之。

(王步高)

黄 庭 坚

黄庭坚(1045—1105),字鲁直,号山谷道人,晚号涪翁,洪州分宁(今江西修水)人。治平四年(1067)进士。神宗朝历四京学官、北京国子监教授、知太和县。哲宗元祐间入直史馆,绍圣中贬涪州别驾。徽宗立,知太平州,旋罢谪宜州,卒。诗学杜甫,诗风瘦硬奇峭,主张"夺胎换骨""无一字无来处",开创江西诗派。善书法,亦能词。有《山谷集》《山谷琴趣外编》。

【集评】

足下之诗文……超逸绝尘,独立万物之表,驭风骑气,以与造物者游,非独今世之君子所不能用,虽如轼之放浪自弃与世阔疏者,亦莫得而友也。([宋]苏轼《答黄鲁直一首》)

鲁直诗文,誉者或过其实,毁者或损其真,皆非真知鲁直者,或有所爱憎而然也。大抵鲁直文不如诗,诗律不如古,古不如乐府。盖鲁直所学诗,源流甚远。自以为出于《诗》与《楚词》,过矣。盖规模汉魏以下,而得其仿佛者也。故其佳处,往往与乐府《玉台新咏》中诸人所合。其古律诗酷学少陵,雄健大过,遂流而入于险怪。要其病在太著意,欲道古今人所未道语尔。至其文则专学西汉,惜乎其才力褊局,不能汪洋越趄,如其纪事立言,颇时有类处。其诗虽特妙于乐府,然惜乎择之不精,用古今语颇杂,遂有害骚雅处。([宋]张嵲《黄庭坚豫章集序》)

山谷云："诗意无穷,而人之才有限,以有限之才追无穷之意,虽渊明、少陵不得工也。然易其意而造其语,谓之换骨法,窥入其意而形容之,谓之夺胎法。"（[宋]惠洪《冷斋夜话》卷一）

山谷刻意少陵,虽不能到,然其兀傲磊落之气,足与古今作俗诗者澡濯胸胃,导启性灵。（[清]姚鼐《五七言今体诗钞序目》）

涪翁以惊创为奇才,其神兀傲,其气崛奇,玄思瑰句,排斥冥筌,自得意表。（[清]方东树《昭昧詹言》卷十二）

寄黄几复①

我居北海君南海②,寄雁传书谢不能③。
桃李春风一杯酒,江湖夜雨十年灯④。
持家但有四立壁⑤,治病不蕲三折肱⑥。
想得读书头已白,隔溪猿哭瘴溪藤⑦。

【汇评】

张文潜尝谓余曰："黄九诗'桃李春风一杯酒,江湖夜雨十年灯',真是奇语。"（[宋]王直方《王直方诗话》）

初二句为破题,第三、第四句为颔联。大凡颔联皆宜意对。春风桃李但一杯,而想象无聊,窭空为甚,飘蓬寒雨十年灯之下,未见青云得路之便,其羁孤未遇之叹,具见矣。其句意亦就境中宣出。"桃李春风""江湖夜雨",皆境也。昧者不知,直谓境句,谬矣。（[宋]普闻《诗论》）

山谷"桃李春风一杯酒,江湖夜雨十年灯",尽言杯酒别又十年灯矣。同一机轴,此最高处。（[宋]陈模《怀古录》卷上）

亦是一起浩然,一气涌出。五六一顿。结句与前一样笔法。山谷兀傲纵横,一气涌现。然专学之,恐流入空滑,须慎之。（[清]方东树《昭昧詹言》卷二十）

次句语妙,化臭腐为神奇也。三四为此老最合时宜语,五六则狂奴故态矣。（陈衍《宋诗精华录》卷二）

【赏析】

本诗自注曰："乙丑年德平镇作。"山谷系元丰六年（1083）自太和县移监德州德平镇,据黄子耕《山谷先生年谱》卷七,元丰八年（乙丑年）春夏山谷犹在德平镇。同据该谱卷一,可知黄几复的去世即在山谷写这首诗三年后。诗之开头即写得飘逸不凡。吴汝纶

---

① 黄几复：名黄介,山谷之同乡。熙宁九年（1076）同科出身。元丰八年知四会县,原属肇庆府（今广东肇庆市）。②《左传》僖公四年："君处北海,寡人处南海,唯是风马牛不相及也。" ③ 谢不能：相传大雁南飞到衡阳为止,而肇庆在衡阳之南。谢,推辞。 ④ 上句言昔日交游之欢乐,下句写其后宦游辛苦,也暗含相互思念之情。 ⑤ 四立壁：《史记·司马相如列传》："家居徒四壁立。" ⑥ 蕲：求,通"祈"。三折肱（gōng）：喻阅历多。《左传》定公十三年："三折肱知为良医。" ⑦ 瘴溪：旧指岭南有瘴气的溪水。

曰："黄诗起处每飘然而来,亦奇气也。"首句写二人相隔之远。山东德州德平镇与广东四会县均是滨海之地,只是南海、北海相距万里。友人离得太远了,连能传书的大雁也无法到达。这两句已写到对友人的思念。"桃李"一联将昔日的友情与十年的艰辛经历浓缩到这两句中。昔日良辰美景几位友人对花畅饮,而随后是天涯漂泊,独对孤灯,一晃十年。这一联不用一动词,而创造了独特的意境。诚如霍松林先生所说:"'桃李春风'与'江湖夜雨',这是'乐'与'哀'的对照,快意与失望,暂聚与久别,往日的交情与当前的思念,都从时、地、景、事、情的强烈对照中表现出来,令人寻味无穷。"(《宋诗鉴赏辞典》)"持家"一联,前句言其贫穷,家无长物空有四壁,后句意谓黄不愿从官场世故中去求得功名富贵。"想得"一联收束全诗,设想十年不见的友人生活在南方蛮烟瘴雨的艰苦环境中读书已满头白发,进一步写足对友人的思念。这是一首拗体七律,杜甫晚年多作拗体,黄庭坚学杜写拗律更多,如"持家但有四立壁"句,后五字皆仄。"治病"句本应为"仄仄平平仄仄平",三五字拗,句中自救,不谓拗句,但形式变化,亦有助于运古于律、拗折波峭风格之形成。

(王步高)

陆　游

陆游(1125—1210),字务观,号放翁,晚号龟堂老人。越州山阴(今浙江绍兴)人。孝宗时赐进士出身,历官镇江、隆兴通判。四十六岁入蜀,曾被四川宣抚使王炎辟为干办公事,一度亲历南郑军事前线;出蜀后任提举福建常平茶事、军器少监等职。被劾罢归,闲居山阴达二十年,八十六岁辞世。平生志在恢复失地,坚持抗金,以"鼓唱是非,力说张浚用兵""不拘礼法""嘲咏风月"等罪名多次遭弹劾免职,而抗战救国之志百折不挠。诗作逾万,至今尚存九千余首。有《剑南诗稿》《渭南文集》《南唐书》行世。(词二卷,载于《渭南文集》,后又别出单行。)钱仲联有《剑南诗稿校注》,夏承焘等有《放翁词编年笺注》。

【集评】

陆子家风有自来,胸中所患却多才。学如大令仓盛笔(寺本王子敬宅有笔仓),文似若耶溪转雷。襟抱极知非世俗,簿书那解作氛埃。集贤旧体君拈出,诗卷从今盥手开。([宋]曾几《陆务观效孔方四舅氏体倒用二舅氏题云门草堂韵某亦依韵》)

集中观诗难为诗,犹群姝中观色难为色也。吾友陆务观,当今诗人之冠冕,数劝予哦苏黄门诗。退取《栾城集》观之,殊未识其旨趣。甲申闰月辛未,郊居无事,天寒踞炉,如饿鸱,刘友子澄忽自城中寄此卷相示。快读数过,温雅高妙,如佳人独立,姿态易见,然后知务观于此道真先觉也。([宋]周必大《跋苏子由和刘贡父省上示座客诗》)

吾友陆务观,得李杜之文章,居严、徐之侍从,子孙众多如王谢,寿考康宁如松乔。诗能穷人之谤,一洗万古而空之。([宋]周必大《跋陆务观送其子龙赴吉州司理诗》)

放翁之诗,读之爽然。近代唯见此人为有诗人风致。([宋]朱熹《答徐载叔赓》)

诗须是平易不费力,句法混成。如唐人玉川子辈,句语虽险怪,意思亦自有混成气象。因举陆务观诗"春寒催唤客尝酒,夜静卧听儿读书",不费力,好。(《朱子语类》卷一百四十)

茶山衣钵放翁诗,南渡百年无此奇。入妙文章本平澹,等闲言语变瑰琦。三春花柳天裁剪,历代兴衰世转移。李杜陈黄题不尽,先生模写一无遗。([宋]戴复古《读放翁先生剑南诗草》)

古人好对偶,被放翁用尽。([宋]刘克庄《后村诗话》前集卷二)

孝宗尝问周必大曰:"今诗人亦有如唐李白者乎?"必大以游对。人因呼为"小太白"。刘后村谓近岁诗人杂博者堆队仗,空疏者窘材料,出奇者费探索,缚律者少变化,惟放翁记问足以贯通,力量足以驱使,才思足以发越,气魄足以陵暴。南渡而下,故当为一大宗。吾谓岂惟南渡,虽全宋不多得也。宋诗大半从少陵分支,故山谷云:"天下几人学杜甫,谁得其皮与其骨。"若放翁者,不宁皮骨,盖得其心矣。所谓爱君忧国之诚见乎辞者,每饭不忘,故其诗浩瀚崒嵂,自有神合。呜呼!此其所以为大宗也与。([清]吴之振《宋诗钞·剑南诗钞序》)

关 山 月 ①

和戎诏下十五年②,将军不战空临边③。朱门沉沉按歌舞④,厩马肥死弓断弦。戍楼刁斗催落月⑤,三十从军今白发。笛里谁知壮士心⑥,沙头空照征人骨。中原干戈古亦闻,岂有逆胡传子孙⑦。遗民忍死望恢复⑧,几处今宵垂泪痕。

【汇评】

前四句押平声韵,中间四句换入声韵,后四句换平声韵。仅用十二句诗,高度概括地描绘出"隆兴和议"以来十多年间中国历史的基本面貌和不同人物的处境、心态,而作者忧国忧民的激情,洋溢于字里行间,感人肺腑。(霍松林《历代好诗诠评》)

【赏析】

《关山月》是乐府旧题,其创作主题,据《乐府解题》所说,是"伤离别也"。一般以乐府旧题创作,多袭诗题本义,然自唐以来,用旧题而自创新意者渐多,如杜甫、白居易、元稹等,皆在其乐府诗的创作中注入了新的内容,从多方面反映了社会生活的现实,充分表达了自己的思想观念和情感。陆游的这首《关山月》也是如此,它深刻地反映了一位爱国的

---

① 关山月:乐府旧题,属汉乐府《横吹曲辞》,原为西域军乐。《乐府解题》曰:"《关山月》,伤离别也。" ② 和戎诏:宋孝宗隆兴元年(1163),张浚率军北伐,先小胜,后大败,孝宗不得不同意与金国议和。次年议成,宋金为叔侄之国,岁贡改岁币。和议自乾道元年(1165)生效,史称"乾道之盟"。自隆兴至诗人淳熙四年(1177)作此诗,前后十五年。 ③ 空临边:枉自戍守边关。临,到。 ④ 朱门:指富家大族的府宅。沉沉:屋宇深邃的样子。按歌舞:依曲拍节奏歌舞。 ⑤ 刁斗:古代军中所用的铜器,形制似锅,白天可用作炊具,晚上可以用来打更。 ⑥ 笛里:唐王昌龄《从军行》:"更吹羌笛《关山月》。" ⑦ 逆胡:金自太祖阿骨打建国,其后灭北宋,至南宋孝宗时已传五世。逆胡,指金国女真族统治者。 ⑧ 遗民:指金占领区的汉族百姓。

士人对南宋孝宗以后政局和宋、金关系的忧患感和责任感。陆游自幼即深受其父辈爱国主义思想的影响,以"上马击狂胡,下马草军书"为其志向,随着阅历的丰富和年龄的增长,他内心恢复中原的雄心大志,他对于人民愿望和现实政治之间矛盾的深刻体会,都使得他不能不产生一种悲愤的情绪和英雄迟暮之感。诗人写此诗时,自南郑宋、金前线回到成都、投置闲散已经五年,距宋金"乾道之盟"签订也已近十五年,在现实政治中,南宋朝廷和将军们不但没有丝毫要为收复中原做准备的迹象,而且政治和军事上日益懈怠。诗人徒有一腔报国热忱,却只能将生命暗暗地消磨在投置闲散的命运之中。中原既摆脱不了金国的统治,中原父老渴望恢复的愿望也就永无实现之可能。忧愤和无奈交织,在诗人对上述政治现实的毫不掩饰的叙述和议论中,我们看到了一位伟大的爱国主义诗人的形象。

(巩本栋)

书　愤

　　早岁那知世事艰,中原北望气如山①。楼船夜雪瓜洲渡②,铁马秋风大散关③。塞上长城空自许④,镜中衰鬓已先斑。《出师》一表真名世⑤,千载谁堪伯仲间⑥。

【汇评】

　　雄丽。是盛唐魄力。([清]赵翼评语,见沈德潜《宋金三家诗选·放翁诗选》卷上)

　　志在立功,而有才不遇,奄忽就衰,故思之而有愤也。妙在三四句,兼写景象,声色动人,否则近于枯竭。([清]方东树《昭昧詹言》卷二十)

【赏析】

　　这是陆游最脍炙人口的诗歌作品之一,作于宋孝宗淳熙十三年(1186)春,时陆游退

---

　　① "早岁"二句:谓年轻时雄心勃勃,志在收复,北望中原,心潮激荡,气涌如山,哪里会考虑到政治斗争和民族斗争会如此激烈,人们收复中原的愿望竟一再受到阻挠和破坏。《三国志》卷四十七《吴书·吴主传》裴松之注引《江表传》载,孙权怒曰:"朕年六十,世事难易靡所不尝,近为鼠子所前却,令人气涌如山。"　② "楼船"句:宋高宗绍兴三十一年(1161),金主完颜亮南侵,准备从瓜洲渡江。宋将刘锜、虞允文等在瓜洲、采石一带以水军击败了金兵。后来完颜亮也为部下所杀,金兵溃退。陆游隆兴元年(1163),适在镇江通判任,正是抗金前线。后入蜀,往返亦经过这一带。楼船,高大的战船。　③ "铁马"句:大散关在今陕西宝鸡南,当时宋金的分界处。绍兴三十一年秋,金兵攻占了大散关,吴璘的部队与之激战,于次年收复这一重地。乾道八年(1172),陆游在南郑参加王炎的幕府,积极筹划进攻长安,曾强渡渭水,与金兵在大散关作战。然不久王炎被调回临安,反攻计划未能实现。　④ "塞上"句:南朝宋文帝时,宋与北魏对峙,宋名将檀道济防守边境,魏不敢来犯。后檀被陷害处死,临死时说:"乃坏汝万里长城。"唐太宗也曾以长城比其名将李勣。这里诗人以之自比。见《南史·檀道济传》。　⑤ "出师"句:三国蜀汉后主刘禅建兴五年(227),诸葛亮率兵北伐,出发前上《出师表》给后主,说定要"奖率三军,北定中原","兴复汉室,还于旧都"。一直为后世传诵。　⑥ "千载"句:伯仲,兄弟。伯仲间,即不相上下的意思。杜甫《咏怀古迹五首》其五:"伯仲之间见伊吕。"此处是赞美诸葛亮,谓无人可与之相比。

居山阴家中已六年，他已是六十二岁的老人。直到作此诗时，陆游才以朝奉大夫、权知严州知州被起用。此时的诗人，虽又似重新点燃了报国的希望，然而多年的经历和所积累的经验教训，使他早已对现实政治有了清醒的认识，故一时涌上心头的更多的是对世事沧桑的无限感慨和忧愤。他感慨曾满怀收复热望的年轻的自己，既目睹过绍兴末年宋、金之间的那场富有转折意义的战争（即"采石之战"，自此金兵已无南侵的能力），又不辞辛劳、跋涉数千里，进入四川宣抚使王炎的幕府中，直接参与进兵关中、收复中原的擘画，然而，岁月不居，二十余年过去，收复中原对诗人和南宋一切有志之士来说，都已成为一个遥远的梦；当年英姿勃发、气壮如山、意欲为国御侮雪耻的诗人，如今也已是鬓发斑白的六旬老人。更为可悲的是，朝政依旧，宋金隔淮而治的局面依旧，朝野上下安于现状的人比比皆是，而力主收复中原、兴复宋室的人物谁又见了？ 一念及此，我们的诗人又怎能不无限感慨、满腔悲愤？ 全诗感情沉郁，气韵深厚，中两联多以名词属对，整饬工稳，尤雄壮豪迈。千载传诵，激荡人心。

（巩本栋）

备选课文

村　行　　王禹偁

马穿山径菊初黄，信马悠悠野兴长。万壑有声含晚籁，数峰无语立斜阳。棠梨叶落胭脂色，荞麦花开白雪香。何事吟余忽惆怅？ 村桥原树似吾乡。

明妃曲（二首选一）　　王安石

明妃初出汉宫时，泪湿春风鬓脚垂；低徊顾影无颜色，尚得君王不自持。归来却怪丹青手，入眼平生未曾有；意态由来画不成，当时枉杀毛延寿。一去心知更不归，可怜着尽汉宫衣。寄声欲问塞南事，只有年年鸿雁飞。家人万里传消息，好在毡城莫相忆；君不见咫尺长门闭阿娇，人生失意无南北！

和子由渑池怀旧　　苏轼

人生到处知何似？ 应似飞鸿踏雪泥。泥上偶然留指爪，鸿飞那复计东西。老僧已死成新塔，坏壁无由见旧题。往日崎岖还记否？ 路长人困蹇驴嘶。

登　快　阁　　黄庭坚

痴儿了却公家事，快阁东西倚晚晴。落木千山天远大，澄江一道月分明。朱弦已为佳人绝，青眼聊因美酒横。万里归船弄长笛，此心吾与白鸥盟。

长　歌　行　　陆游

人生不作安期生，醉入东海骑长鲸；犹当出作李西平，手枭逆贼清旧京。金印煌煌未入手，白发种种来无情。成都古寺卧秋晚，落日偏傍僧窗明。岂其马上破贼手，哦诗长作寒螀鸣？ 兴来买尽市桥酒，大车磊落堆长瓶。哀丝豪竹助剧饮，如钜野受黄河倾。平时一滴不入口，意气顿使千人惊。国仇未报壮士老，匣中宝剑夜有声。何当凯还宴将士，三更雪压飞狐城！

临安春雨初霁　　　陆　游

世味年来薄似纱，谁令骑马客京华。小楼一夜听春雨，深巷明朝卖杏花。矮纸斜行闲作草，晴窗细乳戏分茶。素衣莫起风尘叹，犹及清明可到家。

金　陵　驿　　　文天祥

草合离宫转夕晖，孤云飘泊复何依！山河风景元无异，城郭人民半已非。满地芦花和我老，旧家燕子傍谁飞？从今别却江南路，化作啼鹃带血归。

参考书目

〔清〕王文诰辑注、孔凡礼点校《苏轼诗集》，中华书局 1982 年

陈迩冬选注《苏轼诗选》，人民文学出版社 1984 年

朱东润选注《梅尧臣诗选》，上海古籍出版社 1980 年

莫砺锋《江西诗派研究》，齐鲁书社 1986 年

陈衍《宋诗精华录》，江西人民出版社 1984 年

程千帆《宋诗精选》，江苏古籍出版社 1995 年

钱钟书《宋诗选注》，人民文学出版社 1989 年

金性尧《宋诗三百首》，上海古籍出版社 1986 年

傅璇琮、倪其心、许逸民《宋人绝句选》，齐鲁书社 1987 年

齐治平《唐宋诗之争概述》，岳麓书社 1984 年

钱仲联《剑南诗稿校注》，上海古籍出版社 1985 年

于北山《陆游年谱》（增订本），上海古籍出版社 1985 年

孔凡礼、齐治平《古典文学研究资料汇编·陆游卷》，中华书局 1962 年

王步高主编《爱国诗词鉴赏辞典》，南京大学出版社 1992 年

黄世中《钗头凤与沈园本事考略》，广西师范大学出版社 1998 年

游国恩、李改之《陆游诗选》，人民文学出版社 1963 年

思考与练习

1. 严羽《沧浪诗话》批评以黄庭坚为代表的宋代诗人以文为诗、以议论为诗、以才学为诗，根据您学过的这些宋诗，说说其利弊得失。

2. 宋诗数量差不多十倍于宋词，何以宋诗成就远逊于宋词？

3. 说说苏黄对宋诗的贡献。

4. 宋代爱国诗词在内容与表现形式上各有何特点？

5. 联系你学过的陆游诗，说说陆游不同题材的诗艺术风格上有何不同？

慕课资源

【总论】

五代之弊甚于魏、隋之间。宋兴,至欧阳永叔、苏子瞻、王介甫、曾子固,而文始备。永叔厚重渊洁,故其文委曲平和,不为斩绝诡怪之状,而穆穆有余韵。子瞻魁梧宏博,气高力雄,故其文常惊绝一世,不为婉昵细语。介甫狭中少容,简默有裁制,故其文能以约胜。子固俨尔儒者,故其文粹白纯正,出入礼乐法度中。([明]方孝孺《逊志斋集》卷十二)

宋代之初,有柳开者,文以昌黎为宗。厥后苏舜钦、穆伯长、尹师鲁诸人,善治古文,效法昌黎,与欧阳修相唱和。而曾、王、三苏咸出欧阳之门,故每作一文,莫不法欧而宗韩。古文之体,至此大成。即两宋文人,亦以韩、欧为圭臬……试即唐、宋之文言之:韩、李之文,正谊明道,排斥异端,欧、曾继之,以文载道,儒家之文也。子厚之文,善言事物之情,出以形容之词,而知人论世,复能探原立论,核覈刻深,名家之文也。明允之文,最喜论兵,谋深虑远,排兀雄奇,兵家之文也。子瞻之文,以粲花之舌,运掉阖之词,往复卷舒,一如意中所欲出,而属词比事,翻空易奇,纵横家之文也。介甫之文,侈言法制,因时制宜,而文辞奇峭,推阐入深,法家之文也。立言不朽,此之谓与。

秦、汉以降,文与古殊,由简而繁,至南宋而文愈繁;由文而质,至南宋而文愈质。盖由简趋繁,由于骈文之废,故据事直书,不复简约其文词;由文趋质,由于语录之兴,故以语为文,不求自别于流俗。(刘师培《论文杂记》)

欧 阳 修

【集评】

执事之文,纡余委备,往复百折,而条达疏畅,无所间断,气尽语极、急言竭论,而容与闲易,无艰难劳苦之态。([宋]苏洵《上欧阳内翰第一书》)

如公器质之深厚,智识之高远,而辅学术之精微,故充于文章,见于议论,豪健俊伟,怪巧瑰琦。其积于中者,浩如江河之停蓄;其发于外者,烂如日星之光辉;其清音幽韵,凄如飘风急雨之骤至;其雄辞闳辩,快如轻车骏马之奔驰。([宋]王安石《祭欧阳文忠公文》)

愈之后三百余年,而后得欧阳子,其学推韩愈、孟子以达于孔氏,著礼乐仁义之实,以合于大道。其言简而明,信而通,引物连类,折之于至理,以服人心,故天下翕然师尊之。自欧阳子之存,世之不说者哗而攻之，能折困其身，而不能屈其言。士无贤不肖，不谋而同曰：欧阳子今之韩愈也。……欧阳子论大道似韩愈，论事似陆贽，记事似司马迁，诗赋似李白。此非余言也，天下之言也。（[宋]苏轼《六一居士集叙》）

公之于文，天材有余，丰约中度，雍容俯仰，不大声色，而义理自胜。短章大论，施无不可。有欲效之，不诡则俗，不淫则陋，终不可及。是以独步当世，求之古人，亦不可多得。（[宋]苏轼《欧阳文忠公神道碑》）

文章纡余委曲，说尽事理，唯欧阳公得之。（[宋]吕本中《童蒙训》）

秋　声　赋

欧阳子方夜读书①，闻有声自西南来者，悚然而听之②，曰："异哉！"初淅沥以萧飒③，忽奔腾而砰湃④；如波涛夜惊，风雨骤至。其触于物也，鏦鏦铮铮⑤，金铁皆鸣；又如赴敌之兵⑥，衔枚疾走⑦，不闻号令，但闻人马之行声。余谓童子："此何声也？汝出视之。"童子曰："星月皎洁，明河在天⑧，四无人声，声在树间。"

余曰："噫嘻悲哉！此秋声也，胡为而来哉⑨？盖夫秋之为状也：其色惨淡⑩，烟霏云敛⑪；其容清明，天高日晶⑫；其气栗冽⑬，砭人肌骨⑭；其意萧条，山川寂寥。故其为声也，凄凄切切，呼号愤发⑮。丰草绿缛而争茂⑯，佳木葱茏而可悦⑰；草拂之而色变⑱，木遭之而叶脱；其所以摧败零落者，乃其一气之余烈⑲。

"夫秋，刑官也⑳，于时为阴㉑；又兵象也㉒，于行用金㉓，是谓天地之义气，常以肃杀而为心㉔。天之于物，春生秋实。故其在乐也，商声主西方之音，夷则为七月之律㉕。商，伤也；物既老而悲伤。夷，戮也；物过盛而当杀㉖。

① 欧阳子：作者自称。方：正在。　② 悚（sǒng）然：惊惧的样子。　③ 淅沥：细雨声，这里"淅沥""萧飒"，都形容风声。以：而。　④ 砰湃（pēng pài）：同"澎湃"，波涛声。这里也是形容风声。　⑤ 鏦鏦（cōng cōng）铮铮：金属相击声。　⑥ 赴敌：奔赴抗击敌人。　⑦ 衔枚：枚，小木棍儿，状如筷子，两端有带子，系于颈后。古代行军时，令士兵嘴里衔枚，以防喧哗。　⑧ 明河：明亮的天河。　⑨ 胡为：何为，即"为何"。　⑩ 其色惨淡：指秋天草木枯黄，阴暗无色。⑪ 烟霏云敛：烟气飘飞，云雾消失。　⑫ 日晶：阳光灿烂。　⑬ 栗（lì）冽：即"凛冽"，寒冷。　⑭ 砭（biān）：古代用以治病刺穴的石针，这里作动词，刺。　⑮ 愤发：奋发，形容风势强劲。　⑯ 缛（rù）：稠密。　⑰ 葱茏：草木青翠茂盛的样子。　⑱ 草拂之：掠过草。　⑲ 一气：指天地之气，此指秋气。余烈：剩余的威力。　⑳ "夫秋"二句：《周礼》把官职按天、地、春、夏、秋、冬分为六类。因为秋有肃杀之气，所以把职掌刑法、狱讼的刑官分属于秋，称为秋官。　㉑ 于时为阴：古人以阴阳配合四时，春夏分属于阳，秋冬分属于阴。《汉书·律历志》："春为阳中，万物以生；秋为阴中，万物以成。"时，指一年四季。　㉒ 兵象：战争之象。因战争是肃杀之事，所以说秋有兵象。　㉓ 于行用金：行，五行，即金、木、水、火、土。旧说秋属于金。用金，古人认为秋天是金起作用的时候。《汉书·五行志》："金，西方，万物既成，杀气之始也。"　㉔ "是谓天地"二句：义，《汉书·天文志》："太白曰西方秋金，义也。"义是五常（仁、义、礼、智、信）之一，与水、火、木、金、土五行之"金"相配，指秋季。又《礼记·乡饮酒义》："天地严凝之气，始于西南，而盛于西北，此天地之尊严气也，此天地之义气也。"孔颖达疏："西南，象秋始。"古人以秋天为决狱讼、征不义时节，故张扬"义"之重要。㉕ "故其在乐"三句：乐，音乐。按我国传统乐理，乐分宫、商、角、徵（zhǐ）、羽五音。《礼记·月令》："孟秋之月，其音商，律中夷则。"五音中的商声、四方中的西方，都属于五行的"金"。乐又分十二律，每律分属一月。《史记·律书》："七月也，律中夷则。夷则，言阴气之贼万物也。"　㉖ 杀：削减。

"嗟乎，草木无情，有时飘零。人为动物，惟物之灵。百忧感其心，万事劳其形。有动于中，必摇其精①。而况思其力之所不及，忧其智之所不能；宜其渥然丹者为槁木，黟然黑者为星星②。奈何以非金石之质③，欲与草木而争荣？念谁为之戕贼④，亦何恨乎秋声⑤！"

童子莫对，垂头而睡。但闻四壁虫声唧唧，如助余之叹息。

【汇评】

《秋声赋》模写之工，转折之妙，悲壮顿挫，无一字尘涴。（〔宋〕楼昉《崇古文诀》卷十八）

形容状物，模写变态，末归于人生忧感，与时俱变，使人读之，有悲秋之意。（〔明〕归有光《欧阳文忠公文选》卷十）

萧瑟可诵，虽不及汉之雅，而词致清亮。（〔明〕茅坤《欧阳文忠公文钞》卷三十二）

果是以文为赋，稍嫌近切，然说意透，亦自俊快可喜。（〔明〕孙鑛《欧阳文忠公文选》评语卷十）

赋每伤于俳俪。如此又简峭，又精练，又径直，又波折，真是后学作文之点金神术也。（〔清〕金圣叹《评注才子古文》卷十二）

赋之变调，别有文情。赋至宋几亡矣，此文殊有深致。（〔清〕储欣《六一居士全集录》卷一）

亦本宋玉《九辩》。其气韵秀出处时复相逼，而议论感慨则宋人之本色也。（〔清〕谢有炜《古文赏音》评语卷九）

借景言情，不徒以赋物为工。而感慨悲凉中，寓警悟意，洵堪令人猛省。通篇凡十四易韵。（〔清〕余诚《古文释义》卷八）

秋声本无可写，却借其色、其容、其气、其意，引出其声。一种感慨苍凉之致，凄然欲绝。末归到感心劳形，自为戕贼，无时非秋，真令人不堪回首。（〔清〕过珙《古文评注》评语卷八）

作赋本意只是自伤衰老，故有动于中，不觉闻声感叹。（〔清〕孙琮《山晓阁选宋大家欧阳庐陵全集》卷四）

《秋声赋》秀。首一段摹写秋声，工而切矣，却不放出"秋"字，于空中想像形容，此实中带虚之法也。次段先就童子口中摹写一番，然后接出秋声，振起全篇，此文家顿挫摇曳之法也。三段实写"声"字，却不径就"声"字说，先用"其色""其容""其气""其意"等作陪，此四面旁衬之法也。四段就"秋"字发挥，即带起下段，此前后相生法也。五段是作赋本旨，末段是用小波点缀，收束前后感慨，尤见情文绝胜。（〔清〕朱宗洛《古文一隅》卷下）

【赏析】

据南宋周必大《欧阳文忠公集》刻本和四部丛刊本，此赋作于嘉祐四年（1059）。嘉祐二年（1057），欧阳修以翰林学士身份主持进士考试，此后仕途虽有转机，但作者此时年过五十，官场积弊，难以革除，众疾缠身，心力交瘁，遂有人生易老之叹。作者宦海浮沉，历

---

① 精：精神。《庄子·在宥》："必静必清，无劳汝形，无摇汝精，乃可以长生。" ② "宜其"二句：红的面容变得枯槁，黑的头发变得花白。宜，应该。渥（wò）然，润泽的样子。丹，红色。《诗经·秦风·终南》："颜如渥丹。"渥然丹者，形容红润的脸色，比喻年轻。槁木，枯木，比喻衰老。《庄子·齐物论》："形固可使如槁木。"黟然黑者，形容乌黑的头发，比喻健壮。黟（yōu）然，黑的样子。星星，形容头发花白的样子。 ③ 非金石之质：指人的身体。 ④ 戕贼：摧残。 ⑤ "亦何恨"句：意为人的衰颓是被忧思折磨的结果，怎能怨恨秋声悲凉呢！

144

经坎坷,此时虽身居要位,但"既不能因时奋身,遇事发愤,有所建明,以为补益。又不能以阿权贵,以徇世俗。"(《归田录序》)这种矛盾的心理在这篇赋中也得到了深刻的表现。

本文继承了赋体文传统的主客问答的形式,描摹难以捉摸的秋声,抒发了人生易老的感慨,表现了进退失据的矛盾心理。

在艺术表现上,本文首先在描摹秋声上富于想象,层层推进。"秋声"是无形的,作者"精骛八极,心游万仞",借助于生动形象的比喻,以风雨声、波涛声、金铁声、军队夜行声,一一形容之,化虚为实,惊心动魄。写毕秋声,笔锋一转,采用烘云托月的手法,引出"秋状",从色、容、气、意等各个方面描摹,看似与秋声无关,实际上是从侧面烘托秋声,秋声之所以"凄凄切切,呼号愤发",正与"其色惨淡""其容清明""其气慄冽""其意萧条"有着莫大的关系。为了写出秋声之"肃杀",作者转笔又写春夏草木之葱茏可喜,转眼草枯叶落,才见出秋气之"余烈"。接着,笔意又变,改用刑官、兵象、音乐写"秋心",借秋心进一步渲染秋声。刑官古名"秋官",秋天又是用兵的季节,因此秋有一种肃杀之心。五声音阶宫、商、角、徵、羽中,与秋相应的是商声;"商""伤"通训,因此闻秋声而自伤,正如陶潜《咏荆轲》说的那样"商音更流涕,羽奏壮士惊",令人不忍卒听。十二乐律中,与凉秋七月相配的是夷则。"夷"字可训为杀戮,正与物盛则衰、草茂当杀的自然规律相应。"秋心"一段描写具有深广的文化意蕴,体现了宋代文人在学术上的涵养。文章从秋声、秋状、秋心三个角度,调动了化虚为实、烘托、象征等多种艺术手段,写秋之魂,摄秋之魄,形成了一种肃杀凄怆的意境。摹写秋声已经淋漓尽致,则转笔及人。"草木无情",尚有飘零之时;人为万物之灵,在百忧感心、万事劳形的人生中,又怎能常葆青春?更何况抱非分之想,企图去做力所不及、智所不能的事情呢?人生的"戕贼"是什么呢?正是感心劳形的人自己,又何必去怨恨秋声呢?

其次,文章在对比映衬的运用上,也颇具匠心。写秋声,有远近、强弱、缓急的对比;写草木,用了荣枯消长的对比;特别是童子与作者形成的对比映衬,更增添了文章的情趣,突出了作者寂寞的秋心,大大增强了文字的表现力。深夜,作者正陷入无眠叹息之中,童子却"垂头而睡",漠然无动。通过对比,以童子的单纯无忧衬出主人秋怀的纷繁复杂。最后"虫声"和作者的"叹息"声也构成了一种对比映衬。韩愈《送孟东野序》说:"以鸟鸣春,以雷鸣夏,以虫鸣秋,以风鸣冬。"虫声助秋、虫声也令人更寂寞。

再次,文章在遣词造句上富有音乐美。文章在描写"秋声"上既有音量大起大落的动静变化,又有"淅沥""奔腾""凄凄切切""呼号愤发"等小的波澜;最后的虫声、叹息声,更显得余音袅袅,使整篇文章像一支乐曲,极具旋律变化。

《秋声赋》开宋代文赋的先河。欧阳修在这篇赋中,引入了散文笔法,骈散结合,改造了六朝以来盛行的骈赋,给赋体文注入了新的血液,使之能更自由地状物抒情。前有欧阳修的《秋声赋》,后有苏轼的《赤壁赋》,皆是宋代文赋的楷模。因此,《秋声赋》对赋的发展具有开拓意义,在文学史上占有重要的地位。

(张天来)

王安石

王安石(1021—1086),字介甫,号半山,祖籍太原,后徙抚州临川(今江西临川)。少好读书,文思敏捷,有匡时济世之志。19岁时,定居江宁(今江苏南京)。22岁中进士,从此进入仕途,至48岁时,主要在各地任地方官。神宗熙宁元年(1068),应诏回京,次年任参知政事,迁同中书门下平章事,在朝内主持变法革新。几年间,相继推行均输、青苗、募役、保甲等法,在理财、整军、调整官僚机构、发展农业生产等方面采取了一系列措施,收到了一定成效。但因上层社会的反对和变法派的内讧等原因,熙宁七年(1074)、九年(1076)王安石两次罢相,最后退居江宁,过了10年的闲居生活。晚年封荆国公。死后追封舒王,谥文。性格倔强,有"拗相公"之称。在思想上,王安石倾慕儒家的"仁政",同时对佛学、老庄和法家思想也多有研究。一生著述颇丰,有《临川集》一百卷存世。

【集评】

王荆公湛深之识,幽渺之思,大较并本之古六艺之旨而于其中别自为调,镂刻万物,鼓铸群情,以成一家之言者也。　以予观之,荆公之雄不如韩,逸不如欧,飘宕疏爽不如苏氏父子兄弟,而匠心所注,意在言外,神在象先,如入幽林邃谷而杳然洞天,恐亦古来所罕者。予每读其碑志墓铭及他书所指次世之名臣硕卿、贤人志士,一言之予,一字之夺,并从神解中点缀风刺,翩翩乎凌风之翮矣,于史汉外别为三昧也。([明]茅坤《唐宋八大家文钞》卷八十一)

文贵瘦,须从瘦出,而不宜以瘦名。盖文至瘦则笔能屈曲尽意,而言无不达;然以瘦名,则文必狭隘。公(羊传)、穀(梁传)、韩非、王半山(安石)之文,极高峻难识。学之有得,便当舍去。([清]刘大櫆《论文偶记》)

荆公崛起宋代,力追韩轨,其倔强之气,峭折之势,朴奥之词,均臻闳奥,独其规摹稍狭,故不及韩之纵横排荡,变化喷薄,不可端倪。然戛戛独造,亦可谓不离其宗者矣。(高步瀛《唐宋文举要》甲编卷七引吴闿生语)

答司马谏议书

某启①:

昨日蒙教②,窃以为与君实游处相好之日久③,而议事每不合④,所操之术多异

---

① 某启:即安石启。某,古人常在底稿上用"某"来代替自己的名字。　② 昨日蒙教:昨天承蒙您指教,意思是"昨天收到您的来信"。　③ 窃以为:我私下认为。君实:司马光的字。游处:同游共处,即交往共事之意。王安石与司马光相识多年,且同朝共事,故云。　④ 每:往往,常常。

故也①。虽欲强聒②，终必不蒙见察③，故略上报④，不复一一自辨⑤。重念蒙君实视遇厚⑥，于反复不宜卤莽⑦，故今具道所以⑧，冀君实或见恕也⑨。

盖儒者所争⑩，尤在于名实⑪。名实已明，而天下之理得矣。今君实所以见教者⑫，以为侵官、生事、征利、拒谏⑬，以致天下怨谤也⑭。某则以为受命于人主⑮，议法度而修之于朝廷⑯，以授之于有司⑰，不为侵官；举先王之政⑱，以兴利除弊，不为生事；为天下理财，不为征利；辟邪说⑲，难壬人⑳，不为拒谏。至于怨诽之多㉑，则固前知其如此也㉒。

人习于苟且非一日㉓，士大夫多以不恤国事、同俗自媚于众为善㉔，上乃欲变此㉕，而某不量敌之众寡，欲出力助上以抗之㉖，则众何为而不汹汹然㉗？盘庚之迁㉘，胥怨者民也㉙，非特朝廷士大夫而已㉚。盘庚不为怨者故改其度㉛；度义而后动㉜，是而不见可悔故也㉝。

如君实责我以在位久㉞，未能助上大有为，以膏泽斯民㉟，则某知罪矣；如曰今日当一切不事事㊱，守前所为而已㊲，则非某之所敢知㊳。

无由会晤㊴，不任区区向往之至㊵。

【汇评】

姚鼐：亦自劲悍，而不如昌黎《答吕医山人》之奇变。

吴汝纶：固由兀傲性成，究亦理足气盛，故劲悍廉厉无枝叶如此。不似《上皇帝书》时，尚有经生习气也。

---

① 所操之术多异故也：这是由于所持的政治主张多有不同。操，持。术，指政治主张。 ② 强聒(guō)：强作解释，硬在耳边啰唆。聒，声音嘈杂。 ③ 不蒙见察：不能得到您的谅解。见察，被了解。 ④ 略：简略。上报：回信。 ⑤ 自辨：自己辩解。辨，通"辩"，辩白，辩解。 ⑥ 重(chóng)念：又想到。视遇：看待，对待。 ⑦ 于反复不宜卤莽：在书信往来上不应该草率。卤莽，即鲁莽，粗疏草率。 ⑧ 具道所以：详细说明理由。具，通"俱"，完全，详尽。所以，原因，理由。 ⑨ 冀：希望。见恕：原谅我。 ⑩ 盖：句首助词，表示承接上文发表议论。儒者：信奉孔子学说的读书人，这里泛指一般读书人。 ⑪ 尤在于名实：特别在于名义和实际是否相符。 ⑫ 见教：指教我。 ⑬ 侵官、生事、征利、拒谏：这是司马光来信中指责王安石新法的四条罪状。侵官：侵犯原有官吏的职权。王安石变法后增设了新的官署，如"制置三司条例司"，司马光指责说这是侵夺了盐铁、度支、户部三官的职权。生事，不守祖宗旧法，生事扰民。征利，设法生财，与民争利。征，求，取。拒谏，不接受劝告，这里指不采纳保守派的意见。 ⑭ 怨谤：怨恨和诽谤。 ⑮ 人主：皇帝，指宋神宗赵顼(xū)。 ⑯ 法度：法令制度。修之于朝廷：在朝廷上制定。之，代"法度"。 ⑰ 有司：负有专责的官吏。 ⑱ 举：推行。先王：历史上贤明的君主。 ⑲ 辟邪说：驳斥错误的言论。辟，排除，驳斥，抨击。 ⑳ 难(nàn)：反驳，斥责，质问。壬(nìng)人：佞人，善于巧言谄媚的人。壬，通"佞"。 ㉑ 诽：毁谤。 ㉒ 固：本来。前知：早就预料到。 ㉓ 习：习惯。苟且：因循苟安，得过且过。 ㉔ 不恤(xù)国事：不关心国家大事。恤，忧虑，顾念。同俗：附和世俗。自媚于众：向众人献媚讨好。 ㉕ 上：皇上，指神宗赵顼。 ㉖ 抗：抵制。 ㉗ 何为：为什么。汹汹然：形容波涛的响声，这里是指大声吵闹。 ㉘ 盘庚之迁：《尚书·盘庚》："盘庚五迁，将治亳殷，民咨胥怨。"盘庚，商代君主。盘庚迁都到殷(今河南安阳一带)，开始曾受到贵族和被贵族鼓动的一些人的反对。 ㉙ 胥(xū)怨者民也：相与抱怨的是老百姓。胥怨，全都埋怨。胥，副词，相与。 ㉚ 非特：不仅。 ㉛ 盘庚不为怨者故改其度：盘庚不因为有人怨恨的缘故而改变他的计划。度，计划。 ㉜ 度(duó)义而后动：考虑到这样做正确，然后行动起来。度，考虑。 ㉝ 是而不见可悔故也：认为(这样做)正确，看不出有什么可以后悔的缘故。是，意动用法，认为正确。 ㉞ 在位：这里指执掌朝政。 ㉟ 膏泽斯民：施恩惠给人民。膏泽，用作动词，施恩惠的意思。 ㊱ 事事：做事。前一个"事"用作动词，后一个"事"是名词。 ㊲ 守前所为：墨守以往的做法。 ㊳ 非某之所敢知：不是我所敢领教的。这是不接受对方意见的婉转说法。 ㊴ 无由：无从，没有机会。会晤：见面。 ㊵ 不任：不胜。区区：犹"拳拳"，形容诚挚之状。向往之至：仰慕到了极点。

吴闿生：傲岸崛强，荆公天性，而其平生志量政略，亦具见于此。

胡韫玉：愤当世柔媚之习，以排众议为己任，毅力可嘉。（吴孟复等《古文辞类纂评注》"书说类"）

【赏析】

这是一篇书信体驳论文。文章针对司马光指责变法是侵官、生事、征利、拒谏、天下怨谤的五个观点，逐一地进行了反驳。

北宋神宗熙宁二年（1069），王安石出任参知政事，积极推行新法以富国强兵，遭到朝中保守派的强烈反对。次年二月，时任右谏议大夫的司马光，致书王安石，列举王安石在变法中有"侵官""生事""征利""拒谏"等罪状，要求废除新法，恢复旧制。王安石以此书作答，针对司马光对新法的指责逐一加以批驳，并对当时士大夫不恤国事、固守成法深表不满，表达了自己坚持改革、决不为流言所动的决心，显现出严正、果敢、刚毅的政治家风度。

这篇驳论的写法，是以新法实绩为论据，针对对方论点，进行直接反驳，简洁有力。《墨子·小取》说："夫辨者，将以明是非之分，审治乱之纪，明同异之处，察名实之理，处利害，决嫌疑焉。"此文在批驳司马光的谬论前，首先亮明自己对待论争的看法和态度，即"名实已明，而天下之理得矣"，这就是墨子所说的"察名实之理"。本文先以名实相副作为辨别是非的原则，然后针对司马光来信中指责新法"侵官""生事""征利""拒谏"等罪名，以新法取得的实绩为依据，逐一加以辩驳。文中说："受命于人主，议法度而修之于朝廷，以授之于有司，不为侵官；举先王之政，以兴利除弊，不为生事；为天下理财，不为征利；辟邪说，难壬人，不为拒谏"，正面回答了为什么说新法不是"侵官"、不是"生事"、不是"征利"、不是"拒谏"。至于"天下怨谤"则是早已预料到的，而且古已有之，如"盘庚之迁，胥怨者民也"，不足为怪。文章在辩驳时，要言不烦，言辞犀利；理直气壮，层层推进，从而驳倒了论敌的谬论。

本文在语言上具有外柔内刚、委婉而有力的特点。本书用书信的形式来抒发感情，交流思想。特定的格式，真挚的感情，流畅的文笔，是书信体文章的主要特点。本文开篇后连用"蒙教""窃以为""相好""强聒""见察""上报""视遇厚""卤莽""见恕"等谦辞和敬辞，或表敬，或自谦，礼貌周到，语气委婉而柔和。然而，在这婉和的语调中，却寓有"议事每不合，所操之术多异故也"的刚直，示现不可妥协的原则性。在摆出敌论之前先加"见教"二字，表示了态度的谦谨。然而，此后却连用四个"不为"，加以斩钉截铁的否定，这又是柔中藏刚的典型笔墨。接下去的"知罪"，再接"则非某之所敢知"，更是柔不掩刚的突出表达。开篇以"蒙教"始，卒章以"向往"结，通篇营造出一种客气、礼貌的氛围，但愈来愈盛的气势却溢于言表，理直而气壮，突出地显示出"拗相公"王安石的铮铮风骨。

（张天来）

苏　轼

【集评】

　　故赠太师谥文忠苏轼,忠言谠论,立朝大节,一时廷臣无出其右,负其豪气,志在行其所学。放浪岭海,文不少衰。力斡造化,元气淋漓,穷理尽性,贯通天人。山川风云,草木华实,千汇万状,可喜可愕,有感于中,一寓之于文,雄视百代,自作一家,浑涵光芒,至是而大成矣。([宋]赵眘(孝宗)《苏轼文集序》)

　　东坡之文,如长江大河,一泻千里。至其浑浩流转,曲折变化之妙,则无复可以名状。盖能文之士莫之能尚也。而尤长于指陈世事,述叙民生疾苦。方其年少气锐,尚欲汛扫宿弊,更张百度,有贾太傅流涕汉廷之风。及既惩创王氏,一意忠厚,思与天下休息。其言切中民隐,发越恳到,使岩廊崇高之地,如亲见闾阎哀痛之情,有不能不恻然感动者。真可垂训万世矣!呜呼,休哉!([宋]黄震《黄氏日钞》卷六十二)

　　东坡之文,具万变而一以贯之者也……其所以独兼众作,莫可端倪。([金]王若虚《闲闲老人滏水文集》卷三十六)

　　东坡,文中龙也。理妙万物,气吞九州,纵横奔放,若游戏然,莫可测其端倪。(同上书卷三十九《诗话》中)

　　公为人英杰奇伟,善议论,有气节。其为文章,才落笔,四海已皆传诵。下至闾巷田里,外及夷狄,莫不知名。其盛盖当时所未有,其文名盖与韩、柳、欧、曾、五氏齐驱而并称信,如天之星斗,地之山岳,人所快睹而钦仰者……([明]李绍《重刊苏文忠公全集序》)

　　予览欧苏二家论不同:欧次情事甚曲,故其论多确而不嫌于复;苏氏兄弟则本《战国策》纵横以来之旨而为文,故其论直而豗,而多疏逸遒宕之势。欧则譬引江河之水而穿林麓、灌亩浍;若苏氏兄弟则譬之引江河之水而一泻千里,湍者潆,逝者注,杳不知其所止者已。语曰:"同工而异曲"。学者须自得之。([明]茅坤《苏文忠公文钞》卷首)

　　苏子瞻才甚高,子由称之曰:"自有文章,未有如子瞻者。"其辞虽夸,然论其才气,实未有过之者也。([明]李东阳《怀麓堂诗话》)

留侯论[1]

　　古之所谓豪杰之士,必有过人之节[2]。人情有所不能忍者,匹夫见辱[3],拔剑而起,挺身而斗,此不足为勇也。天下有大勇者,卒然临之而不惊[4],无故加之而不

---

　　① 留侯:张良(?—前186年),字子房,辅佐汉高祖刘邦统一天下,封于留(今淹没于微山湖下,属山东微山县),故称留侯。　②节:节操,操守。　③匹夫见辱:普通人被侮辱。匹夫,指普通人。　④卒(cù)然:猝然。

怒，此其所挟持者甚大①，而其志甚远也。

夫子房受书于圯上之老人也②，其事甚怪。然亦安知其非秦之世有隐君子者③，出而试之？观其所以微见其意者④，皆圣贤相与警戒之义。而世不察，以为鬼物⑤，亦已过矣。且其意不在书。当韩之亡⑥，秦之方盛也，以刀锯鼎镬待天下之士⑦，其平居无事夷灭者⑧，不可胜数。虽有贲、育⑨，无所复施。夫持法太急者，其锋不可犯，而其末可乘。子房不忍忿忿之心，以匹夫之力，而逞于一击之间⑩。当此之时，子房之不死者，其间不能容发⑪，盖亦已危矣。千金之子，不死于盗贼⑫，何哉？其身之可爱，而盗贼之不足以死也。子房以盖世之才，不为伊尹、太公之谋，而特出于荆轲、聂政之计⑬，以侥幸于不死，此圯上之老人所为深惜者也。是故倨傲鲜腆而深折之⑭。彼其能有所忍也，然后可以就大事。故曰："孺子可教也。"

楚庄王伐郑，郑伯肉袒牵羊以逆⑮。庄王曰："其君能下人⑯，必能信用其民矣。"遂舍之。勾践之困于会稽，而归臣妾于吴者，三年而不倦⑰。且夫有报人之志⑱，而不能下人者，是匹夫之刚也。夫老人者，以为子房才有余而忧其度量之不足，故深折其少年刚锐之气，使之忍小忿而就大谋。何则？非有平生之素⑲，卒然相遇于草野之间，而命以仆妾之役，油然而不怪者⑳，此固秦皇帝之所不能惊，而项籍之所不能怒也㉑。

观夫高祖之所以胜，而项籍之所以败者，在能忍与不能忍之间而已矣。项籍

---

① 所挟持者：指胸怀抱负。 ②"夫子房"句：《史记·留侯世家》记载，张良使刺客在博浪沙中锤击秦始皇未成，乃更改姓名逃到下邳，在圯（yí，桥）上遇一老人，老人把鞋掉到圯下，对张良说："孺子下取履。"张良最初很生气，后来强忍取来，并且给他穿上。老人说："孺子可教矣。"后来老人赠给张良一部兵书，即《太公兵法》。并且告诉张良说："十三年，孺子见我，济北谷城山下黄石，即我矣。" ③ 隐君子：隐居不闻之士。 ④ 微见（xiàn）：隐约显露。见，同"现"。 ⑤ 以为鬼物：古人曾认为圯上老人是鬼神之流。《史记·留侯世家》："学者多言无鬼神，然言有物。至如留侯所见老父予书，亦可怪矣。"《论衡·自然》："张良游泗水之上，遇黄石公，授太公书，盖天佐汉诛秦，故命令神石为鬼书授人。" ⑥ 韩之亡：秦吞并六国，最先亡韩，时在公元前230年。 ⑦ 鼎镬（huò）：指用锅烹人的刑罚。镬，无足的大鼎，即大锅。 ⑧ 夷灭：指灭族。夷：平掉。古代杀戮罪人全家、全族，常称为"夷"。 ⑨ 贲、育：孟贲，夏育。都是古代的勇士。 ⑩ 一击之间：指张良使刺客用铁锤击秦始皇的事。《史记·留侯世家》记载，张良原为韩国贵族，秦灭韩后，他力图报仇，得力士，为铁锤重百二十斤，"秦皇帝东游，良与客狙击秦皇帝博浪沙中，误中副车。秦皇帝大怒，大索天下，求贼甚急，为张良故也。" ⑪ 间不能容发：相距至近，不容一发，比喻情势危急到极点。 ⑫"千金之子"二句：身份贵重的人，不值得和盗贼拼命而死。千金之子，比喻富贵人家的子弟。 ⑬"不为"二句：伊尹，商汤的大臣。太公，周文王、武王的大臣。谋，指大的谋略。荆轲曾为燕太子丹刺秦王，聂政曾为严仲子刺韩相侠累。计，指行刺的下策。 ⑭"是故"句：所以老人故意摆出傲慢无礼的姿态来使他感到羞辱。倨傲，傲慢。鲜腆（tiǎn），不厚，菲薄，无礼。折，摧折，侮辱。 ⑮"楚庄王"二句：郑伯，指郑襄公。肉袒，脱衣露体，表示服罪等待责打或杀戮。牵羊，用羊作为奉献的礼物。逆，迎。 ⑯ 下人：即"下于人"，谦虚居人之下。《左传·宣公十二年》记载，楚庄王围郑，"克之，入自皇门，至于逵路。郑伯肉袒牵羊以逆，曰：'孤不天，不能事君，使君怀怒，以及敝邑，孤之罪也，敢不唯命是听……'左右曰：'不可许也，得国无赦。'王曰：'其君能下人，必能信用其民矣，庸可几乎？'退三十里，而许之平"。 ⑰"勾践"三句：归臣妾于吴：意即投降吴国，为其臣妾。《国语·越语下》记载，越王勾践与吴国作战失败，被困在会稽，于是"令大夫种守于国，与范蠡入官于吴，三年而吴人遣之"。又《史记·越王勾践世家》："越王乃以余兵五千人，保栖于会稽，乃令大夫种行成于吴，膝行顿首曰，'勾践请为臣，妻为妾。'" ⑱ 报人：报复仇人。 ⑲ 素：素交，有故谊或深交的意思。 ⑳ 油然：和顺、舒迟的样子。 ㉑"此固"二句：张良这种修养，秦始皇不能使他惊惧，项籍也不能使他发怒。

惟不能忍，是以百战百胜，而轻用其锋①；高祖忍之，养其全锋而待其敝②，此子房教之也。当淮阴破齐而欲自王，高祖发怒，见于词色③。由是观之，犹有刚强不忍之气，非子房，其谁全之？

太史公疑子房，以为魁梧奇伟，而其状貌乃是妇人女子，不称其志气。呜呼，此其所以为子房欤！④

【汇评】

此文若断若续，变幻不羁，曲尽文家操纵之妙。（[明]王慎中《苏文忠公文钞》卷十四）

此文只是一意反覆滚滚议论，然子瞻胸中见解，亦本黄老来也。（[明]茅坤《苏文忠公文钞》卷十三）

格制好。先说忍与不忍之规模，方说子房受书之事。其意在不忍，此老人所以深惜，命以仆妾之役，使之忍小耻，就大谋，故其后辅佐高祖，亦使忍之有成。　　一篇纲目在"忍"字。（[宋]吕祖谦《古文关键》卷下）

作文须寻大头脑，立得意定，然后遣词发挥，方是气象浑成。如韩退之《代张籍与李浙东书》以"盲"字贯说，苏子瞻《留侯论》以"忍"字说是也。（[明]归有光《文章指南》）

意实翻空，辞皆征实。读者信其证据，而不疑其变幻。（[清]徐乾学《古文渊鉴》卷五十）

博浪沙击秦，一事也；圯桥进履，又一事也。于绝不相蒙处，连而合之，可以开拓万古之心胸。（[清]储欣《东坡先生全集录》卷二）

人皆以受书为奇事，此文得意在"且其意不在书"，一句撇开，擎定忍字发议。滔滔如长江大河，而浑浩流转，变化曲折之妙，则纯以神行乎其间。（[清]吴楚材、吴调侯《古文观止》卷十）

刘大櫆评：忽出忽入，忽主忽宾，忽浅忽深，忽断忽接；而纳履一事，止随文势带出，更不正讲，尤为神妙。（吴孟复《古文辞类纂评注》）

【赏析】

《留侯论》是宋仁宗嘉祐六年（1061）应制科考试时所上的一篇史论。文章认为张良能够辅佐汉高祖刘邦灭秦楚兴汉室，其关键是"忍小忿而就大谋"。

全文围绕一个"忍"字，先就张良忍辱为圯上老人拾履而幸得奇书，奠定了他成就大业的基础；后反复申述，以先前不能"忍"一夫之力击秦失败为反衬，以郑伯肉袒迎楚、勾践臣妾于吴为陪衬，以后来张良劝刘邦忍怒立韩信为王为证据，反复论说，逐层推理。

文章一开始就将"匹夫"之勇与"天下大勇者"之勇进行比较，指出"豪杰之士"的"过人之节"就在于"卒然临之而不惊，无故加之而不怒"的坚韧品性。然后辟"圯上老人"为

---

① "项籍"三句：项羽只因为不能忍，因此虽然百战百胜，但轻易消耗兵力，卒致败亡。锋，锋芒，锐气。　② 敝：疲敝，衰竭。　③ "当淮阴"三句：《史记·淮阴侯列传》载，当刘邦被项羽围困在荥阳时，韩信攻下齐地，派人向刘邦请求封他为"假王"。刘邦大怒，骂曰："吾困于此，旦暮望若来佐我，乃欲自立为王。"当时张良把刘邦的脚踏了一下，因附耳语曰，"汉方不利，宁能禁信之王乎？不如因而立，善遇之，使自为守，不然，变生"。刘邦醒悟，因复骂曰，"大丈夫定诸侯，即为真王耳，何以假为"？乃遣张良往立信为齐王，向他征兵击楚。淮阴，指淮阴侯韩信。　④ "太史公"以下六句：《史记·留侯世家》："太史公曰：余以为其人计魁梧奇伟，至见其图，状貌如妇人好女，盖孔子曰：以貌取人，失之子羽。留侯亦云。"作者认为张良外貌柔弱，正是能"忍"的"豪杰之士"的相貌，这是经过锻炼的结果，此为张良的长处所在，而不是短处。称(chèn)，相称。

"鬼物"之说,指出圯上老人"倨傲鲜腆"正是为了深折张良"少年刚锐之气,使之忍小忿而就大谋",最终使其成大事,成为"豪杰之士"。而后又引用历史事实,进一步论说"忍小忿"之大用,以至将刘邦所成就的帝业也归功于张良的"忍"。最后以张良的"妇人女子"之貌来反衬其"天下大勇之士"的过人之节,饶有趣味,也可见作者为文惨淡经营的匠心。

　　不过我们应对苏轼的这种"忍小忿而就大谋"的观点进行辩证的认识,特别是对其将楚汉之争成败的原因简单地归结为"忍",更应该深入进行全面辨析。《留侯论》原是一篇应制科考试的文章,对于这类文章,作者晚年曾反思说:"轼少年时,读书作文,专为应举而已……故每纷然诵说古今,考论是非……妄论利害,搀说得失,此正制科人习气,譬之候虫时鸟,自鸣自已,何足为损益?"(《答李端叔书》)这些话虽然是作者因文字得罪之后而发的,但也说出了这类应举文章的缺点的一面,值得参考。

(张天来)

备选课文

知 人　　王安石

　　贪人廉,淫人洁,佞人直,非终然也,规有济焉尔。王莽拜侯,让印不受,假偕皇命,得玺而喜,以廉济贪者也。晋王广求为冢嗣,管弦遏密,尘埃被之,陪宸未几,而声色丧邦,以洁济淫者也。郑注开陈治道,激昂颜辞,君民禽然,倚以致平,卒用奸败,以直济佞者也。于戏!"知人则哲,惟帝其难之",古今一也。

方山子传　　苏轼

　　方山子,光、黄间隐人也。少时慕朱家、郭解为人,闾里之侠皆宗之。稍壮,折节读书,欲以此驰骋当世,然终不遇。晚乃遁于兴、黄间,曰岐亭。庵居素食,不与世相闻。弃车马,毁官服,徒步往来,山中人莫识也。见其所著帽方耸而高,曰:"此岂古方山冠之遗像乎?"因谓之方山子。

　　余谪居于黄,过岐亭,适见焉。曰:"呜呼!此吾故人陈慥季常也,何为而在此?"方山子亦矍然问余所以至此者。余告之故。俯而不答,仰而笑。呼余宿其家,环堵萧然,而妻子奴婢皆有自得之意。余既耸然异之。

　　独念方山子少时,使酒好剑,用财如粪土。前十有九年,余在岐下,见方山子从两骑,挟二矢,游西山。鹊起于前,使骑逐而射之,不获;方山子怒马独出,一发得之。因与余马上论用兵,及古今成败,自谓一世豪士。今几日耳,精悍之色,犹见于眉间,而岂山中之人哉?

　　然方山子世有勋阀,当得官;使从事于其间,今已显闻。而其家在洛阳,园宅壮丽,与公侯等;河北有田,岁得帛千匹,亦足以富乐。皆弃不取,独来穷山中,此岂无得而然哉!

　　余闻光、黄间多异人,往往佯狂垢污,不可得而见,方山子傥见之欤?

人贵忠信笃敬　　袁采

　　言忠信,行笃敬,乃圣人教人取重于乡曲之术。盖财物交加,不损人而益己;患难之际,不妨人而利己,所谓忠也。有所许诺,纤毫必偿;有所期约,时刻不易,所谓信也。处事近厚,处心诚实,所谓笃也。礼貌卑下,言辞谦恭,所谓敬也。若能行此,非惟取重于乡曲,则亦无入而不自得。然敬之一事,于己无损,世人颇能行之。而矫饰假伪,其中心则轻薄,是能敬而不能笃者。君子指为谀佞,乡人亦不归重也。

五岳祠盟记　　　　岳　飞

　　自中原板荡,夷狄交侵,余发愤河朔,起自相台,总发从军,历二百余战。虽未能远入荒夷,洗荡巢穴,亦且快国仇之万一。今又提一旅孤军,振起宜兴。建康之役,一鼓败虏,恨未能使匹马不回耳!

　　故且养兵休卒,蓄锐待敌。嗣当激励士卒,功期再战,北逾沙漠,蹀血虏廷,尽屠夷种。迎二圣归京阙,取故地上版图,朝廷无虞,主上奠枕,余之愿也。

　　河朔岳飞题。

参考书目

〔宋〕欧阳修《欧阳修全集》,中华书局 2001 年

〔宋〕王安石《临川先生文集》,中华书局 1959 年

〔宋〕曾巩《曾巩集》,中华书局 1984 年

〔宋〕苏轼《苏轼文集》,中华书局 1986 年

〔宋〕吕祖谦《宋文鉴》,中华书局 1992 年

陈新、杜维沫《欧阳修选集》,上海古籍出版社 1986 年

王水照《苏轼选集》,上海古籍出版社 1984 年

黄宝华《黄庭坚选集》,上海古籍出版社 1991 年

曾枣庄、金成礼《嘉祐集笺注》,上海古籍出版社 1993 年

王水照《宋代散文选注》,上海古籍出版社 1979 年

王水照《欧阳修散文选集》,百花文艺出版社 1995 年

杨庆存《宋代散文研究》,人民文学出版社 2002 年

思考与练习

1. 欧阳修在《秋声赋》中是如何描写“秋声”的? 作者在描写“秋声”中寄托了怎样的情感?

2. 联系中国古代咏秋诗文,谈谈“秋”这个意象在中国文学中的意义。

3. 了解《答司马谏议书》一文的写作背景和主旨。

4. 分析《答司马谏议书》一文的文体特点及反驳方法。

5. 举例说明《答司马谏议书》一文在语言表达上的特点。

6. 《留侯论》作为一篇史论在论证上有什么特色?

7. 如何评价《留侯论》中“忍小忿而就大谋”的观点?

李 清 照

　　李清照(1084—1155后)，自号易安居士，山东章丘县明水镇人(旧说为山东济南人)。父亲李格非是当时著名学者，"苏门后四学士"之一。十八岁时嫁赵明诚，赵是宰相赵挺之的幼子，后成为著名金石学家，曾任州郡长官。婚后夫妇唱和，共同从事书画金石的收藏研究。南渡不久，赵明诚病死，她亲历变乱，颠沛流离，在寂寞中度过晚年。其词今存者仅四十五首(不含存疑之作)，不足3500字，是我国历史上创作字数最少的大作家。她工于造语、创意出奇而长于白描，塑造出鲜明的艺术形象。

【集评】

　　易安居士……若本朝妇人，当推词采第一。　　作长短句能曲尽人意，轻巧尖新，姿态百出，闾巷荒淫之语，肆意落笔，自古缙绅之家，能文妇女，未见如此无顾藉也。([宋]王灼《碧鸡漫志》卷二)

　　李易安、魏夫人，使在衣冠之列，当与秦七、黄九争雄，不徒擅名闺阁也。([宋]黄昇《花庵词选》)

　　张南湖(镃)论词派有二，一曰婉约，一曰豪放，仆谓婉约以易安为宗，豪放惟幼安称首，皆吾济南人，难乎为继矣。([清]王士禛《花草蒙拾》)

　　男中李后主，女中李易安，极是当行本色。([清]沈谦《填词杂说》)

　　易安在宋诸媛中，自卓然一家，不在秦七、黄九之下，词无一首不工，其炼处可夺梦窗之席，其丽处直参片玉之班，盖不徒俯视巾帼，直欲压倒须眉。([清]李调元《雨村词话》)

　　易安倜傥，有丈夫气，乃闺阁中之苏辛，非秦柳也。　　易安跌宕昭彰，气调极类少游，刻挚且兼山谷。篇章惜少，不过窥豹一斑。闺房之秀，固文士之豪也，才锋太露，被谤殆亦因此。自明以来，堕情者醉其芬馨，飞想者赏其神骏。易安有灵，后者当许为知己。([清]沈曾植《菌阁琐谈》)

凤凰台上忆吹箫

香冷金猊①，被翻红浪②，起来慵自梳头。任宝奁尘满③，日上帘钩。生怕离怀别苦，多少事、欲说还休。新来瘦，非干病酒④，不是悲秋。　　休休，这回去也，千万遍《阳关》，也则难留。念武陵人远⑤，烟锁秦楼⑥。惟有楼前流水，应念我、终日凝眸。凝眸处，从今又添，一段新愁。

【汇评】

出自然，无一字不佳。（［明］茅暎《词的》）

懒说出，妙。瘦为甚的，尤妙；"千万遍"，痛甚。转转折折，忤合万状。清风朗月，陡化为楚雨巫云；阿阁洞房，亦变为离亭别墅。至文也。（［明］沈际飞《草堂诗余正集》卷三）

雨洗梨花，泪痕有在；风吹柳絮，愁思成团。易安此词颇似之。（［明］竹溪主人《风韵情词》）

此种笔墨，不减耆卿、叔原，而清隽疏朗过之。"新来瘦"三语，婉转曲折，煞是妙绝。笔致绝佳，余韵尤胜。（［清］陈廷焯《云韶集》卷十）

【赏析】

此词作于赵明诚为莱州守，清照未同行之时。自徽宗大观元年(1107)他们屏居乡里十余年，赵明诚何时重新为官，史无明载，清照自叙于宣和三年(1121)八月十日始至莱州，本篇当作于此之前。开头五句写刚起身时心绪不宁，被子懒得叠，头懒得梳，听凭太阳照射至帘钩。此意境颇似温庭筠《菩萨蛮》(小山重叠金明灭)词之上片。易安不是喜欢打哑谜的人，"生怕离怀别苦"一句，明点出其起身后懒懒散散的原因，正在于"离怀别苦"四字。"新来瘦"三句，写"瘦"既与"病酒"无关，亦非"悲秋"所致，究竟缘何，作者未明说，有人认为这是含蓄，其实不然，前文已言"离怀别苦"，此处的谜底也正是这四字，这不能说是含蓄而是曲折，前面明说，此处暗说，明暗交替，"宛转曲折"，词就不直露，有了层次。下片开头用"休休"二字，写出词人决绝无奈的心境，相当于"罢了！罢了!"丈夫是非去不可，唱上千万遍《阳关三叠》也挽留不住。"武陵人"指自己的丈夫，丈夫远去，徒有烟雾笼罩住自己的妆楼。显然作者这里以弄玉自比了。人走难留，只有楼前之水，可以见证我"终日凝眸"之情，而随着丈夫离家日久，自己的离愁也与日俱增，故云："从今又添，一段新愁。"

此词平平而起，似乎只写其慵懒无聊心情，而愈转愈曲，愈转愈深，色彩愈转愈浓。

---

① 金猊(ní)：猊猊形的铜香炉。猊猊，传说的一种野兽。　② 红浪：红锦被乱翻在床上。柳永《凤栖梧》："鸳鸯绣被翻红浪。"　③ 宝奁(lián)：华贵的镜匣。尘满一作闲掩。　④ 病酒：酒醉如病。　⑤ 武陵：武陵源，即桃花源，武陵人指远在异乡的爱人。　⑥ 秦楼：原指秦穆公女弄玉与其夫萧史共同居住的楼，又称凤台。此指自己所住妆楼。

诚如蔡厚示所云："一触到'愁'字，女词人便欲说还休，欲休还说；而又不肯直说，不直说却又比直说更使人感到深沉。""既有濒于绝望的哀鸣，又有近乎天真的痴想。"文中多用口语，如"起来""生怕""新来""这回"等等，这便是所谓"以寻常语度入音律"，是易安词的一大显著特色。

（王步高）

声　声　慢

　　寻寻觅觅，冷冷清清，凄凄惨惨戚戚。乍暖还寒时候①，最难将息②。三杯两盏淡酒，怎敌他、晓来风急③？雁过也，正伤心，却是旧时相识。　　满地黄花堆积，憔悴损，如今有谁堪摘？守着窗儿，独自怎生得黑？梧桐更兼细雨，到黄昏、点点滴滴。这次第④，怎一个愁字了得！

【汇评】

　　诗有一句叠三字者，如吴融《秋树》诗云："一声南雁已先红，槭槭凄凄叶叶同"是也。有一句连三字者，如刘驾云："树树树梢啼晓莺""夜夜夜深闻子规"是也。又两句连三字者，如白乐天云："新诗三十轴，轴轴金石声"是也。有三联叠字者，如古诗云："青青河畔草，郁郁园中柳。盈盈楼上女，皎皎当窗牖。娥娥红粉妆，纤纤出素手"是也。有七联叠字者，昌黎《南山》诗云……近时李易安词……起头连叠十四字，以一妇人，乃能创意出奇如此。（〔宋〕罗大经《鹤林玉露》卷十二）

　　《声声慢》一词，最为婉妙……山谷所谓以故为新，以俗为雅者，易安先得之矣。（〔明〕杨慎《词品》卷二）

　　连用十四叠字，后又四叠字，情景婉绝，真是绝唱。后人效颦，便觉不妥。（〔明〕茅暎《词的》卷四）

　　易安此词首起十四叠字，超然笔墨蹊径之外。岂特闺帏，士林中不多见也。（〔明〕吴承恩《花草新编》卷四）

　　首句连下十四个叠字，真如大珠小珠落玉盘也。（〔清〕徐釚《词苑丛谈》卷三）

　　按梦符（乔梦符）又有《天净沙》词云："莺莺燕燕春春，花花柳柳真真，事事风风韵韵，娇娇嫩嫩，停停当当人人。"此等句亦从李易安"寻寻觅觅"得来。（同上，卷八）

　　从来此体皆收易安所作，盖其遒逸之气，如生龙活虎，非描塑可拟。其用字奇横而不妨音律，故卓绝千古。（〔清〕万树《词律》卷十）

　　后又下"点点滴滴"四字，与前照映有法，不是单单落句。玩其笔力，本自矫拔，词家少有，庶几苏辛之亚。（〔清〕陆昶《历朝名媛诗词》卷十一）

　　这首词写从早到晚一天的实感。那种茕独栖惶的景况，非本人不能领略，所以一字一泪，都是咬着

① 乍暖还寒，应指初春时节，刚刚有些暖意，仍比较寒冷。与下文写秋天不一致，恐传抄之误。此处应理解为或冷或热。　② 将息：养息，保养。　③ 淡酒：此处指"扶头酒"，似应指清晨所饮之酒。李清照《念奴娇》有"险韵诗成，扶头酒醒"之句。晓来：一作"晚来"，词中写了多种排遣时光的手段，后文又云"守着窗儿，独自怎生得黑"，词所反映的应指从早到晚的全天，而非黄昏一刻。　④ 次第：光景，情况。

牙根咽下。（［清］梁令娴《艺蘅馆词选》引梁启超语）

【赏析】

　　黄墨谷考订此词作于建炎三年（1129）秋。此时，抗金复国恢复中原已为逃窜南渡偏安一隅所取代。这年春，其夫赵明诚罢建康守，同年8月18日卒。此时金兵逼近，朝廷已在分散六宫，而某些朝廷权贵却诬陷赵明诚有"玉壶颁金"之嫌，欲觊觎李清照手中的一些金石文物，李清照面临着一场政治案件。内外交困，是李清照处境最艰难的岁月。首句以两组重言，写如有所失的惝恍心态。易安所失多矣，当然，这些是明知找不回来的。"冷冷清清"以下五组重言，既写生活环境，也写当时的政治局面，词人忧心忡忡，惶惶不可终日，哀思深重。接着以赋笔叙写女词人寂寞难耐的种种情事。"乍暖还寒"写节令，"酒淡"力薄，而"风急"寒重，忧心更重。"雁过也"三句，实虚结合，以北来之雁，暗系乡心，把家国沦亡之感重又提起。下片缘情布景，以满地黄花的萧瑟，反扣"凄凄惨惨戚戚"，惜花亦自怜。"守窗"句，写时光难排，韵险而奇。"梧桐"句，合时地而成境界，把感伤之情，推向高潮。这与温庭筠《更漏子》下阕意境相似而更凄婉。煞拍则是收束上述种种可忧可伤之事，点出"愁"字，且谓非一个"愁"字可以"了得"，把诗意推进一层。李清照的悲剧是时代造成的，故虽写个人的遭遇和忧愁，却能"为一室之悲歌，下千年之血泪"。

（王步高）

陆　　游

【集评】

　　（放翁长短句）其激昂感慨者，稼轩不能过；飘逸高妙者，与陈简斋、朱希真相颉颃；流丽绵密者，欲出晏叔原、贺方回之上，而世歌之者绝少。（［宋］刘克庄《后村诗话》续集卷四）

　　杨诚斋尝称陆放翁之诗敷腴，尤梁溪复称其诗俊逸；余观放翁之词，尤其敷腴俊逸者也。如……此篇杂之唐人《花间集》中，虽具眼未知乌之雌雄也。（［宋］魏庆之《诗人玉屑》卷二十一引《中兴词话》）

　　杨用修云："放翁词纤丽处似淮海，雄慨处似东坡。"予谓超爽处更似稼轩耳。（［明］毛晋《放翁词跋》）

　　陆放翁词，安雅清赡，其尤佳者，在苏、秦间。然乏超然之致，天然之韵，是以人得测其所至。（［清］刘熙载《艺概·词曲概》）

　　南渡后唯放翁为诗家大宗，词亦扫尽纤淫，超然拔俗。（［清］许昂霄《词综偶评》）

　　放翁、稼轩，扫尽绮靡，别树词坛一帜。然二公正自不同；稼翁词悲而壮，如惊雷怒涛，雄视千古；放翁词悲而郁，如秋风夜雨，万籁呼号，其才力真可亚于稼轩。（［清］陈廷焯《云韶集》卷六）

　　剑南屏去纤艳，独往独来，其通峭沉郁之概，求之有宋诸家，无可方比。（［清］冯煦《宋六十一家词选例言》）

钗 头 凤

红酥手①，黄縢酒②。满城春色宫墙柳③。东风恶④，欢情薄，一怀愁绪，几年离索⑤。错错错！　　春如旧，人空瘦，泪痕红浥鲛绡透⑥。桃花落，闲池阁，山盟虽在⑦，锦书难托⑧。莫莫莫⑨！

【本事】

余弱冠客会稽，游许氏园，见壁间有陆放翁题词，笔势飘逸，书于沈氏园。辛未(1151)三月题。放翁先室内琴瑟甚和，然不当母夫人意，因出之。夫妇之情，实不忍离。后适南班士名某，家有园馆之胜。务观一日至园中，去妇闻之，遣遗黄封酒果馔，通殷勤。公感其情，为赋此词。其妇见而和之，有"世情薄，人情恶"之句，惜不得其全阕。未几，怏怏而卒。闻者为之怆然。此园后更许氏，淳熙间，其壁犹存，好事者以竹木来护之。今不复有矣。(〔宋〕陈鹄《耆旧续闻》卷十)

放翁少时，二亲教督甚严。初婚某氏，伉俪相得。二亲恐其惰于学也，数遣妇。放翁不敢逆尊者意，与妇决。某氏改适某官，与陆氏有中外。一日，通家于沈园，坐间目成而已。翁得年甚高，晚有二绝云："肠断城头画角哀"，"梦断香销四十年"，旧读此诗，不解其意，后见曾温伯言其详。温伯名黯，茶山孙，受学于放翁。(〔宋〕刘克庄《后村先生大全集》卷一百七十八《诗话续集》)

陆务观初娶唐氏，闳之女也，于其母夫人为姑侄。伉俪相得，而弗获于其姑。既出，而未忍绝之，则为别馆，时时往焉。姑知而掩之，虽先知挈去，然事不得隐，竟绝之，亦人伦之变也。唐后改适同郡宗子士程。尝以春日出游，相遇于禹迹寺南之沈氏园。唐以语赵，遣致酒肴。翁怅然久之，为赋《钗头凤》一词题园壁间云……实绍兴乙亥(1155)岁也。翁居镜湖之三山，晚岁每入城，必登寺眺望，不能胜情。尝赋二绝云："梦断香销四十年，沈园柳老不飞绵。此身行作稽山土，犹吊遗踪一怅然。"又云："城上斜阳画角哀，沈园无复旧池台。伤心桥下春波绿，曾是惊鸿照影来。"盖庆元己未(1199)岁也。未久，唐氏死。至绍熙壬子(1192)岁，复有诗序云："禹迹寺南，有沈氏小园。四十年前，尝题小词一阕壁间。偶复一到，而园已三易主，读之怅然。"诗云："枫叶初丹槲叶黄，河阳愁鬓怯新霜。林亭感旧空回首，泉路凭谁说断肠？坏壁醉题尘漠漠，断云幽梦事茫茫。年来妄念消除尽，回向蒲龛一炷香。"(案此段应在"翁居镜湖"一段前，当系传刻之误。)又至开禧乙丑(1205)岁暮，夜梦游沈氏园，又两绝句云："路近城南已怕行，沈家园里更伤情。香穿客袖梅花在，绿蘸寺桥春水生。""城南小陌又逢春，只见梅花不见人。玉骨久成泉下土，墨痕犹锁壁间尘。"沈园后属许氏，又为汪道宅云。(〔宋〕周密《齐东野语》卷一)

陆放翁娶妇，琴瑟甚和，而不当母夫人意，遂至解缡。然犹馈遗殷勤，曾贮酒赠陆，陆谢以词，有"东风恶，欢情薄"之句，盖寄声《钗头凤》也。妇亦答词云："世情薄，人情恶，雨送黄昏花易落。晓风乾，泪痕

---

① 红酥手：形容女性手之红润细腻。　② 黄縢(téng)酒：即黄封酒，当时官酿酒以黄纸封口。　③ 宫墙柳：绍兴在春秋时的越国、五代时的吴越国两为首都，南宋高宗绍兴初亦曾驻跸绍兴；此处"宫墙"不过借用字面，或指其旧址，亦若韦庄诗中云"无情最是台城柳"，唐时台城实仅存故址而已。　④ 恶：猛烈、厉害。　⑤ 离索：离散。《礼记·檀弓》："吾离群而索居，亦已久矣。"郑玄注："索，犹散也。"　⑥ 浥(yì)：湿。鲛绡：丝制的手帕。　⑦ 山盟：海誓山盟之缩语，指坚定不移的爱情盟约。　⑧ 锦书：指夫妻间表达爱情的书信，前秦窦滔妻曾织锦为回文诗寄赠其夫。　⑨ 莫莫莫：罢罢罢。唐司空图《耐辱居士歌》："休休休，莫莫莫。"

158

残。欲笺心事，独语倚阑，难、难、难。人成各，今非昨，病魂常似秋千索。角声寒，夜阑珊。怕人寻问，咽泪妆欢，瞒、瞒、瞒。"未几，以愁怨死。(《御选历代诗余》卷一百十八引夸娥斋主人云)

吾乡许蒿庐先生(昂霄)尝疑放翁室唐氏改适赵某事为出于傅会，说见《带经堂诗话》校勘类附识。《拜经楼诗话》亦以《齐东野语》所叙岁月先后参差不足信，与蒿庐合。则当时仲卿新妇之厄，翁子故妻之情，殆好事者从而为之辞与！唐氏答词，语极俚浅，然因知《钗头凤》有换平韵者，红友《词律》又疏已。([清]吴衡照《莲子居词话》)

【汇评】

孝义兼挚。([清]谢章铤《赌棋山庄词话》卷十一)

"山盟虽在，锦书难托。莫莫莫。"放翁伤其妻之作也。"不合画春山，依旧留愁住。"放翁妾别放翁词也。前则迫于其母而出其妻，后又迫于后妻而不能庇一妾。何所遭之不偶也。至两词皆不免于怨，而情自可哀。([清]陈廷焯《白雨斋词话》卷六)

这首词写得精炼隽永，含蕴不尽。……语言精炼，词味醇浓，悲竹哀丝，饶有馀韵。全词在紧凑贴切中体现了它的深度和广度。"他人难言，我易言之"，信手成篇，流传千载，这种扣人心弦的艺术魅力，充分表现出作者卓越的写作才能和深厚的文化素养。(于北山《一怀愁绪，几年离索》)

【赏析】

据宋人陈鹄《耆旧续闻》载，此词系陆游与其原配妻室有关的一首爱情词。陆氏夫妻感情甚笃，妻为其母所不容，被迫离散，后陆游至去妇新夫家之园馆，得女馈赠酒果而作此词；后周密《齐东野语》则谓其原配为唐氏(清代清凉道人《听雨轩笔记》称其为唐婉)，且其父名闳，与陆母为姑侄。清人吴骞，今人夏承焘、吴熊和、严迪昌等均谓此种传闻之记载不足信。吾友温州黄世中教授综合各种意见，著《钗头凤沈园本事考略》，仍认定此词系为唐婉而作，唐婉父名唐意，其祖父唐义问与陆游外祖父唐之问系亲兄弟，唐婉是陆游母的侄女。姑采此说备考。

词之上片开头系对年轻温馨爱情生活的回忆，当年，唐氏手斟黄封美酒，共赏满城春色已成往事，东风猛烈，很快结束了短暂的一段美满婚姻。据欧小牧《陆游年谱》：陆游二十岁与唐婉婚配，二十二岁离异，夫妻相处仅两年左右。"欢情薄"几句正道出自己的认真反思，"几年离索"是因，"一怀愁绪"是心态，"错错错"是反思的结果。痛定思痛，陆游为自己的怯懦软弱而深感痛悔。下片写今日，很多戏剧、文章均讲陆游与唐婉曾在沈园重逢，但《耆旧续闻》中只云："去妇闻之，遣遗黄封果酒馔，通殷勤。"似乎唐婉并未与陆游见面，更不会共同饮酒，一切其他理解不过从"通殷勤"三字生发出来。"春如旧"写时令，"人空瘦，泪痕红浥鲛绡透"二句说明离异对女方的打击远甚于男方，人之消瘦、手帕之湿透写出她的"愁绪"，更是伤心之痛，以至她这次沈园送酒之后不久便去世。"桃花落，闲池阁"二句，谓节令已是晚春时节，由于"东风恶"而"桃花落"。这"几年离索"期间虽苦苦思念，"山盟虽在，锦书难托"，写词人在爱情上的矛盾心情。"莫莫莫"，一般认为是"不可"之意，即不要去传书寄信。以语源而言它是从司空图《耐辱居士歌》中"休休休、莫莫莫"引用而来,这样理解也可将其当作"罢罢罢"解读。陆游思想固然有其开明、进步的方面,但也有封建、保守的方面。在这一幕婚姻悲剧中,他和唐琬是受害者,值得同情,而他不敢抗争,一再忍受,又有令人不能认可的一面。联系陆游晚年所作《夫人孙氏墓志铭》云:"夫人幼有淑质。故赵建康明诚之配李氏(李清照),以文辞名家,欲以其学传夫人。时夫人始十余岁,曰:'才藻非女子事也。'"李氏幼年有此观念,显然受"女子无才便是德"的社会偏见影响,而陆游以欣赏的口吻将孙氏的这一琐事写入墓志铭,更显示其保守。陆游的悲剧一定程度上也与自身保守软弱的思想与个性有关。

(王步高)

张 孝 祥

张孝祥(1132—1169),字安国,号于湖居士,历阳乌江(今分属安徽和县及南京市浦口区)人,绍兴二十一年(1154)状元,秦桧因孙子科举失去第一,怀恨在心,构陷使之下狱。桧死方为秘书正字,隆兴元年,由张浚举荐为中书舍人,直学士院兼都督府参赞军事,代张浚为建康留守;因积极支持张浚北伐主张,两度被劾落职,终荆南知州,湖北路安抚使。其词气势豪迈,开稼轩之先河。

【集评】

衡尝获从公游,见公平昔为词,未尝著稿,笔酣兴健,顷刻即成,初若不经意,反复究观,未有一字无来处。([宋]汤衡《张紫微雅词序》)

"至于托物寄情,弄翰戏墨,融取乐府之遗意,铸为毫端之妙词,前无古人,后无来者,散落人间,不知其几也。""读之泠然洒然,真非烟火食人辞语。"([宋]陈应行《于湖先生雅词序》)

读之使人奋然有禽(擒)灭仇虏,扫清中原之意。([宋]朱熹《晦庵题跋》卷三《书张伯和诗词后》)

于湖词声律宏迈,音节振拔,气雄而调雅,意缓而语峭。([清]查礼《铜鼓书堂遗稿》)

安国词,意到笔到,却不浮滑,字字腴炼。([清]陈廷焯《云韶集》卷五)

张安国词,热肠郁思,可想见其为人。刘后村则感激豪宕,其词与安国相伯仲,去稼轩虽远,正不必让刘、蒋。([清]陈廷焯《白雨斋词话》卷一)

念奴娇·过洞庭

洞庭青草[①],近中秋、更无一点风色[②]。玉鉴琼田三万顷[③],著我扁舟一叶[④]。

---

① 洞庭青草:湖南洞庭湖与青草湖两湖相连,自古并称。 ② 风色:风势。 ③ 玉鉴琼田:水天一色、通明澄澈的湖面。鉴,镜子。万顷:袁去华《水调歌头》:"沧波万顷,轻风落日片帆孤。" ④ 语出袁去华《玉团儿》:"吴江渺渺疑天接,独着我扁舟一叶。"

素月分辉，明河共影，表里俱澄澈①。悠然心会，妙处难与君说。　　应念岭表经年②，孤光自照③，肝胆皆冰雪。短发萧骚襟袖冷④，稳泛沧浪空阔⑤。尽吸西江⑥，细斟北斗⑦，万象为宾客⑧。扣舷独啸，不知今夕何夕⑨。

【汇评】

写景不能绘情，必少佳致。此题咏洞庭，若只就洞庭落想，纵写得壮观，亦觉寡味。此词开首从洞庭说至"玉界琼田三万顷"，题已说完，即引入"扁舟一叶"。以下从舟中人心迹，与湖光映带，写隐现离合，不可端倪，镜花水月，是一是二，自尔神彩高骞，兴会洋溢。（［清］黄苏《蓼园词选》）

飘飘有凌云之气，觉东坡《水调》犹有尘心。（［清］王闿运《湘绮楼词选》）

写水光月光，上下澄澈，境极空阔。而胸襟之洒落，气概之轩昂，亦可于境中见之。通篇景中见情，笔势雄奇。（唐圭璋《唐宋词简释》）

【赏析】

这首词写的是作者乾道二年(1166)从广南西路经略安抚使任被谗罢职，经湖南而返芜湖过洞庭湖时的感受。上片写湖上的景象。湖上无风，碧波万顷，水天一色。月光映水，月与湖共影。"悠然"二句收束上片，写出于此良辰美景泛舟湖上的悠闲舒适。下片以"应念"二字领起，回到人世现实中来，词人是被谗落职的，到广西任职不足一年就落职，他不会没有怨愤，"孤光自照，肝胆皆冰雪"二句写自己人品志向的高洁，但作者仍是扣住当前的景物来写，作为南宋爱国志士和爱国词人，其肝胆唯日月可表。人生总有那么多的烦恼与忧愁，仕途上总有那么多的曲折与坎坷，诚如前辈文学家范仲淹所云，临洞庭可以使人"宠辱皆忘"，尽管自己"短发萧骚襟袖冷"，一副落魄光景，却依然"稳泛沧溟空阔"，在这浩渺无垠的洞庭湖上，词人个人遭遇的不幸渐渐置之度外，而被洞庭湖的气势所慑服，同时不禁产生"尽吸西江，细斟北斗，万象为宾客"的奇思妙想。以北斗七星为勺，以西江洞庭之水为酒，以天地万物为宾客。虽然这一奇想出于屈原《九歌·东君》中"援北斗兮酌桂浆"，但作者的气魄比屈原更大，他还"尽吸西江"、以"万象为宾客"，况且屈原并不知北斗星究竟有多大，只从其形似而产生联想。而江湖及万象在张孝祥眼里应是清晰的。词人随着想象力的自由飞翔，忘却了官场的烦恼，而与天地为一。诚如魏了翁所云："《洞庭》所赋，在集中最为杰特。方其吸浆酌斗，宾客万象时，讵知世间有紫微青琐（朝廷及官署）哉！"结尾两句于狂放中又由一声"独啸"，透出曲高和寡，而又物我两忘，超尘绝俗。

张孝祥是力主抗金有抱负有理想的爱国志士，在妥协势力占统治地位的南宋时期他和其他主张抗金复国者遭谗受贬有其必然性。而这首词，十分旷达，含蕴俊爽，空灵而有奇气，即便在豪放词人的作品中也显得超凡脱俗。

（王步高）

---

① 澄澈：谢庄《月赋》："堰除兮镜鉴，廓枕兮澄澈。"指天与水清澈透明。　② 岭表：岭外、岭南，指广东广西地区。经年：一年或一年以上。词人曾任广南西路经略安抚使，因罢官离开桂林。　③ 孤光：月光。此二句言自己襟怀坦白，洁白无瑕。　④ 萧骚：稀落。　⑤ 沧溟：茫茫大水。　⑥ 宋代道原《景德传灯录》卷八："待汝一口吸尽西江水，即向汝道。"　⑦ 斟北斗：屈原《九歌·东君》："援北斗兮酌桂浆。"　⑧ 万象：宇宙间万物。　⑨ 今夕何夕：《诗经·唐风·绸缪》："今夕何夕，见此良人。"

临 江 仙
李清照

庭院深深深几许? 云窗雾阁常扃。柳梢梅萼渐分明。春归秣陵树,人老建康城。　　感月吟风多少事,如今老去无成。谁怜憔悴更凋零? 试灯无意思,踏雪没心情。

武 陵 春
李清照

风住尘香花已尽,日晚倦梳头。物是人非事事休,欲语泪先流。　　闻说双溪春尚好,也拟泛轻舟。只恐双溪舴艋舟,载不动、许多愁。

秋波媚·七月十六日晚,登高兴亭,望长安南山
陆 游

秋到边城角声哀,烽火照高台。悲歌击筑,凭高酹酒,此兴悠哉。　　多情谁似南山月,特地暮云开。灞桥烟柳,曲江池馆,应待人来。

诉 衷 情
陆 游

当年万里觅封侯,匹马戍梁州。关河梦断何处? 尘暗旧貂裘。　　胡未灭,鬓先秋,泪空流。此生谁料,心在天山,身老沧洲!

贺新郎·送胡邦衡待制赴新州
张元幹

梦绕神州路,怅秋风、连营画角,故宫离黍。底事昆仑倾砥柱,九地黄流乱注? 聚万落、千村狐兔。天意从来高难问,况人情、老易悲难诉! 更南浦,送君去。　　凉生岸柳催残暑,耿斜河,疏星淡月,断云微度。万里江山知何处? 回首对床夜语。雁不到、书成谁与? 目尽青天怀今古,肯儿曹、恩怨相尔汝! 举大白,听《金缕》!

参考书目

周振甫等《李清照词鉴赏》,齐鲁书社 1986 年
王仲闻《李清照集校注》,人民文学出版社 1979 年
济南市社科研究所《李清照研究论文集》,中华书局 1984 年
陈祖美等《李清照作品赏析集》,巴蜀书社 1992 年
陈祖美《李清照评传》,南京大学出版社 1995 年
王步高、刘林辑校汇评《李清照全集》,珠海出版社 2002 年
夏承焘、吴熊和《陆游词编年笺注》,上海古籍出版社 1981 年

思考与练习

1. 以李清照、朱敦儒、叶梦得、张元幹、李纲等为代表的南渡词人,前半生在北宋度过,词风平和、绮丽,身当国难后均以词反映身世之感与家国之恨,多数人自觉不自觉地写出时代的变迁,试就此命题认真阅读书中及课外的有关作品。

2. 以女性文学为专题选读书中涉及的女作家及现当代丁玲、宗璞、茹志鹃、张爱玲、李昂、琼瑶、三毛、王安忆、程乃珊、池莉、铁凝等作家的作品。

辛 弃 疾

　　辛弃疾（1140—1207），字幼安，号稼轩，历城（今山东济南）人。他出生时，北宋已覆亡十三年，然在祖父辛赞的教育下，自幼即抱定收复中原的政治理想和愿望。他22岁起兵抗金，曾率五十余骑于五万军中活捉叛徒张安国，投奔宋廷，名震一时。南归后由江阴签判而四任帅臣，三为运使，政绩卓著，然终不能实现其恢复中原的理想和抱负，赍志而殁。其词雄奇刚健，深婉雅丽，在苏轼之后，进一步提高了词的社会功能和作用，辛弃疾也成为中国文学史最杰出的词人之一。有《稼轩词》传世。

【集评】

　　世言稼轩居士辛公之词似东坡，非有意于学坡也，自其发于所蓄言之，则不能不坡若也。（略）公一世之豪，以气节自负，以功业自许，方将敛藏其用以事清旷，果何意于歌词哉，直陶写之具耳。故其词之为体，如张乐洞庭之野，无首无尾，不主故常；又如春云浮空，卷舒起灭，随所变态，无非可观。无他，意不在于作词，而其气之所充，蓄之所发，词自不能不尔也。其间固有清而丽、婉而妩媚，此又坡词之所无，而公词之所独也。昔宋复古、张乖崖方严劲正，而其词乃复有秾纤婉丽之语，岂铁石心肠者类皆如是耶。（〔宋〕范开《稼轩词序》）

　　辛公文墨议论尤英伟磊落。（略）世之知公者，诵其诗词，而以前辈谓有井水处皆倡柳词，余谓耆卿直留连光景、歌咏太平尔，公所作大声鞺鞳，小声铿鍧，横绝六合，扫空万古，自有苍生以来所无。其秾纤绵密者亦不在小晏、秦郎之下。（〔宋〕刘克庄《辛稼轩集序》）

　　辛稼轩别开天地，横绝今古，《论》《孟》《诗小序》《左氏春秋》《南华》《离骚》《史》《汉》《世说》"《选》学"、李杜诗，拉杂运用，弥见其笔力之峭。（〔清〕吴衡照《莲子居词话》卷一）

　　南宋词人，白石有格而无情，剑南有气而乏韵，其堪与北宋人颉颃者，唯一幼安耳。（王国维《人间词话》）

菩萨蛮·书江西造口壁①

　　郁孤台下清江水②，中间多少行人泪。西北望长安③，可怜无数山。　　　青山遮不住，毕竟东流去。江晚正愁余④，山深闻鹧鸪⑤。

【本事典实】

　　南渡之初，虏人追隆祐太后御舟至造口，不及而还。幼安自此起兴。"闻鹧鸪"之句，谓恢复之事行不得也。（[宋]罗大经《鹤林玉露》甲编卷一）

　　《鹤林玉露》金人追隆祐至造口不及而还之说凡数见，当俱出传闻之误。此词前章"西北望长安"是用李勉登郁孤台北望故事。亦即李白《登金陵凤凰台》诗中所谓"长安不见使人愁"之意。盖自李勉事流传之后，至其地者即多联想及此……稼轩词中屡以西北喻中原神州，此词亦以西北长安喻宋之故都汴京，藉寓北归愿望。罗大经谓"'闻鹧鸪之句谓恢复之事行不得也'"殊为差谬。稼轩一生奋发有为，其恢复素志、胜利信心，由壮及老，不曾稍改，何得在南归未久即生"恢复之事行不得"之念哉！（邓广铭《稼轩词编年笺注》卷一）

【汇评】

　　稼轩《菩萨蛮·书江西造口壁》一章，用意用笔，洗脱温、韦殆尽，然大旨正见吻合。（[清]陈廷焯《白雨斋词话》卷一）

　　词仅四十四字，举怀人恋阙，望远思归，悉纳其中，而以清空出之。复一气旋折，深得唐贤消息。集中之高格也。（俞陛云《唐五代两宋词选释》）

　　此首书江西造口壁，不假雕绘，自抒悲愤。小词而苍莽悲壮如此，诚不多见。盖以真情郁勃，而又气魄足以畅发其情。起从近处写水，次从远处写山。下片将山水打成一片，慨叹不尽。末句以愁闻鹧鸪作结，尤觉无限悲愤。（唐圭璋《唐宋词简释》）

【赏析】

　　宋高宗建炎三年（1129），金兵南侵，宋军无力抵抗，金兵长驱直入，追击隆祐太后至江西太和县，太后自万安逃到造口，弃船上岸，往赣州，竟免此难。徽、钦二宗被金人俘虏，北宋灭亡，此固为宋人奇耻大辱，而宋高宗建炎三年被金兵追击，浮海而逃，隆祐太后遭金兵围堵，仓皇南奔，在宋人看来，无疑亦为极耻辱之事。辛弃疾行经此地，徘徊江边，

---

　　① 造口：即皂口，以皂口溪得名。溪源出赣州二龙山。经上造、下造，在今江西万安县西南六十里，流入赣江。② 郁孤台：在赣州府治西北文壁山上，"隆阜郁然，孤起平地数十丈，冠冕一郡之形胜，而襟带千里之山川。（略）唐李勉为虔州刺史，登临北望，慨然曰：'余虽不及子牟，而心在魏阙一也。'改郁孤为望阙。"（宋王象之《舆地纪胜》卷三十二）。清江即赣江，章水与贡水在赣州交汇东北流，称赣水或赣江。　③ 长安：此借指北宋都城汴京（今河南开封）。④ 愁余：使我愁。余，第一人称代词。《楚辞·九歌·湘夫人》："帝子降兮北渚，目眇眇兮愁予。"　⑤ 鹧鸪：《禽经》："随阳，越雉，鹧鸪也，飞必南翥。"张华注："鹧鸪，白黑成文，其鸣自呼，像小雉。其志怀南，不北徂也。"

触景伤情，数十年前金兵南侵，隆祐太后逃难于行伍之中事，犹在耳目，遂作此词。词的上片是咏隆祐太后事，但又远不止此。那洒入江中的"行人"之泪，不仅是逃避金兵的皇室后宫之人的泪水，而且还有遭受兵火劫难、流离失所的百姓的泪水。词人所悲愤的，也不仅是数十年前那场战火给人民带来的灾难，而且更有积年耻辱无从洗雪、恢复之事遥遥无期的悲剧现实。同样，下片则是既有对恢复之事难期的深忧和悲慨，更有对自己南归、对国家和人民的永不追悔的深情。词的末两句化用《楚辞》和《禽经》张华注，不仅切合辛弃疾由北归南的身份，而且也与上片唐李勉登郁孤台北望魏阙之事相吻合。总之，透过滔滔东逝的江水，重叠起伏的青山，但南不北的鹧鸪鸣叫声等表层意象，透过词中所形象再现的南宋历史上那耻辱的一幕，我们仿佛看到了那位徘徊在造口江边，对国家和民族的前途与命运充满了忧患意识和责任感的爱国词人形象。

（巩本栋）

青玉案·元夕①

　　东风夜放花千树②，更吹落、星如雨③。宝马雕车香满路④。凤箫声动⑤，玉壶光转⑥，一夜鱼龙舞⑦。　　蛾儿雪柳黄金缕⑧，笑语盈盈暗香去⑨。众里寻他千百度⑩，蓦然回首⑪，那人却在，灯火阑珊处⑫。

【汇评】

辛稼轩"蓦然回首，那人却在灯火阑珊处"，秦周之佳境也。（［清］彭孙遹《金粟词话》）

自怜幽独，伤心人别有怀抱。（梁令娴《艺蘅馆词选》丙卷梁启超语）

此词自起笔至"笑语"句，皆纪"元夕"之游观，唯结末三句别有会心。其回首欲见之人，岂避喧就寂耶？或人约黄昏，有城隅之俟耶？含意未申，戛然而止，盖待人寻味也。（俞陛云《宋词选释》）

古今之成大事业、大学问者，必经过三种之境界："昨夜西风凋碧树，独上高楼，望尽天涯路"，此第一境也。"衣带渐宽终不悔，为伊消得人憔悴"，此第二境也。"众里寻他千百度，回头蓦见，那人正在，灯火阑珊处"，此第三境也。此等语皆非大词人不能道，然遽以此意解释诸词，恐为晏、欧诸公所不许也。（王国维《人间词话》）

---

　　① 元夕：农历正月十五日叫上元节，这天晚上叫元宵，又称元夕。唐以后有元夕观灯的习俗。　② 花千树：苏味道《看灯》："火树银花合，星桥铁锁开。"　③ 星如雨：有二解，《东京梦华录》正月十六日条，"各以竹竿出灯球于半空，远近高低，若飞星然"。亦可作"烟花""烟火"解。　④ 宝马雕车：贵族妇女乘坐的华贵的马车。韦应物《长安道》诗："宝马横来下建章，香车却转避驰道。"　⑤ 凤箫：传说秦穆公女弄玉与箫史曾吹箫引来凤凰，故称箫为"凤箫"。　⑥ 玉壶：原指高洁的物象。鲍照《代白头吟》："直如朱丝绳，清如玉壶冰。"此喻月亮。　⑦ 鱼龙舞：夏竦《奉和御制上元观灯》有"鱼龙漫衍六街呈"句。东坡诗中更有"至今鱼龙舞钩天"，"再使鱼龙舞洞庭"之句。此处恐指舞龙灯和鱼灯。　⑧ 蛾儿、雪柳黄金缕：观灯女子头上装饰品。《大宋宣和遗事》亨集："宣和六年正月十四夜……京师民有似云浪，尽头上戴着玉梅、雪柳、闹蛾儿，直到鳌山下看灯。"　⑨ 笑语盈盈：充满欢声笑语。宋孙应时《祭同班楼大声文》："想君归拜，笑语盈盈。"　⑩ 千百度：千百遍。　⑪ 蓦(mò)然：突然。　⑫ 阑珊：稀落。

【赏析】

　　此词的作年,邓广铭先生系于"首次官临安时,"即乾道六年(1170)至八年,辛任司农司主簿,如此则此词是辛氏早期作品,在《稼轩词编年校注》中排第12首,与同期作品比,其水平远不相同。且辛弃疾此时虽官位不高,却是一直升迁的,很难会有词中"伤心人别有怀抱"的情愫。淳熙二年(1175)任仓部郎官,当时叶衡为相,力荐辛弃疾"慷慨有大略"而迁任,他心情应很好。王延梯先生则认为其作于上饶家居时,他忽略此词收于稼轩词甲集,甲集中不收上饶词,且居上饶带湖时不大可能有词中元夕的盛况。笔者1982年发表《稼轩词〈青玉案〉写作年代质疑》一文,主张此词应作于淳熙九年(1182),他被免去江西安抚使兼知隆兴府(今江西南昌)职,即将开始长达二十年的上饶闲居,此时他南渡已整整二十年,抗金复国的希望愈来愈渺茫,他虽在上饶带湖已建有别墅,有退隐的思想准备,却并不甘心年富力强(43岁)时便长期闲居,况且还是背上一定的罪名而被罢黜。词的上片极力铺写元夕的"闹"的一面,彩灯、烟火、车马、凤箫、鱼龙舞……一派节日欢天喜地的景象。下片开头两句续写"闹"景,以众多女子的俏丽打扮,欢声笑语……把元夕节的众生相(尤其是女子)描绘得淋漓尽致。"闹"景的充分展示,是为下文作铺垫。最后三句,从举世之"闹"衬一人之"静",不随波逐流、绝世独立的人物形象跃然纸上。在隆兴和议之后,爱国和收复失地的呼声日趋微弱,在长沙训练"飞虎军"这样的事已越来越不合时宜,不为世(尤其是朝廷重臣)所容,别说受到重用,让辛氏有施展军事才能的机会,连现有的封疆大吏之职也要被剥夺。在这闹世上,独清独醒的词人感到了被社会边缘化的悲凉与愤郁。词结末三句十分警策,王国维以之喻指古今成大事业大学问者的最高境界,虽与词人原旨无关,也显示出本词在意境营造方面取得了极大成功。

（王步高）

摸 鱼 儿

　　淳熙己亥①,自湖北漕移湖南②,同官王正之置酒小山亭③,为赋。

　　更能消、几番风雨④,匆匆春又归去。惜春长怕花开早⑤,何况落红无数⑥。春

---

① 淳熙己亥:宋孝宗淳熙六年(1179)为己亥年。 ② 湖北:荆湖北路。漕:漕司。宋代漕司长官转运使掌管一路(宋代大行政区划)或数路军需粮饷,其后又兼军事、刑名、巡视地方之职,为府州以上行政长官,权任甚重。因有兵权,故亦称"漕帅"。是年三月,作者由荆湖北路转运副使改任荆湖南路转运副使。 ③ 王正之:名正己,字正之。曾任右司郎官及太府卿等职,系作者旧交。淳熙六年任湖北转运判官,故称"同官"。置酒:设宴为作者送行。小山亭:在东漕衙之乖崖堂。 ④ 消:经受得住。 ⑤ 长:总是。 ⑥ 落红:泛指落花。花多红色,故云。

且住，见说道、天涯芳草无归路^①。怨春不语^②。算只有殷勤画檐蛛网，尽日惹飞絮^③。　长门事，准拟佳期又误，蛾眉曾有人妒^④。千金纵买相如赋，脉脉此情谁诉^⑤？君莫舞，君不见玉环飞燕皆尘土^⑥！闲愁最苦^⑦。休去倚危阑^⑧，斜阳正在，烟柳断肠处。

【汇评】

词意殊怨，"斜阳""烟柳"之句，其与"未须愁日暮，天际乍轻阴"者异矣。使在汉唐时，宁不贾种豆种桃之祸哉！愚闻寿皇见此词，颇不悦。然终不加罪，可谓至德也已。（[宋]罗大经《鹤林玉露》甲编卷一）

李涉诗："野寺寻花春已迟，背崖唯有两三枝。明朝携酒犹堪赏，为报春风且莫吹。"辛用其意。（[明]沈际飞《草堂诗余正集》卷六）

（"春且住"二句）是留春之辞。结句即义山"夕阳无限好，只是近黄昏"之意。斜阳以喻君也。（《类编草堂诗余》卷四李星垣语）

辞意似过于激切。第南渡之初，危如累卵，"斜阳"句，亦危言耸听之意耳。持重者多危词，赤心人少甘语，亦可以谅其志哉！（[清]黄苏《蓼园词选》）

稼轩"更能消几番风雨"一章，词意殊怨。然姿态飞动，极沉郁顿挫之致。起处"更能消"三字，是从千回万转后倒折出来，真是有力如虎。（[清]陈廷焯《白雨斋词话》卷一）

回肠荡气，至于此极。前无古人，后无来者。（梁令娴《艺蘅馆词选》丙卷梁启超语）

幼安自负天下才，今薄宦流转，乃借晚春以寄慨。上阕笔势动荡，留春不住，深惜其归，但芳草天涯，春去苦无归处，见英雄无用武之地。蛛网胃花，隐寓同官多情，为置酒少留之意。当其在理宗（当为孝宗）朝曾拥节钺，后之奉身而退，殆有逸扼之者，故上阕写不平之气，下阕"蛾眉曾有人妒"更明言之：玉环飞燕，皆归尘土，则妒人者果何益耶？结句斜阳肠断，无限牢愁，即以词句论，亦绝妙之语。（俞陛云《宋词选释》）

【赏析】

辛弃疾是宋代豪放派词人中最重要的作家之一，但他所写婉约风格的篇目也往往脍炙人口，且具有个人独特的风格，与宋代任何婉约派著名词人相比，都绝无逊色之处。这首词就是作者婉约词章中颇具代表性的一篇。

上片以"春去"隐喻、暗示国势的危殆，警告昏庸的统治者不能再醉生梦死了；词人以"惜春""劝春""怨春"等心理活动寄托自己对国势垂危的忧虑与痛心。"算只有"二句，以

---

① 见说道：听说道。"天涯"句：意谓芳草连天，已遮断了春的归路。此言春天已到尽头。　② 怨春不语：埋怨春天默不作声。　③ "算只有"二句：数来数去，只有那画檐下热情的蜘蛛还在整天努力结网，企图粘住一些飞舞的柳絮，留下少许春色。此暗喻国家还有少许繁华景象。　④ "长门事"三句：用陈皇后失宠后被汉武帝送到长门宫中幽居之事。准拟佳期又误，约定了好日子相会却又延误（取消）了。屈原《离骚》："曰黄昏以为期兮，羌中道而改路。初既与余成言兮，后悔遁而有他。"为"准拟"句之所本。蛾眉，借指美女。此为作者自喻。"蛾眉"句亦用《离骚》："众女嫉余之蛾眉兮，谣诼谓余以善淫。"　⑤ "千金"二句：传为司马相如所写的《长门赋·序》云："孝武皇帝陈皇后，时得幸，颇妒。别在长门宫，愁闷悲思。闻蜀郡成都司马相如，天下工为文，奉黄金百斤，为相如、（卓）文君（夫妇）取酒，因于解悲愁之辞；而相如为文，以悟主上，陈皇后复得亲幸。"按此赋序并非出于司马相如之手，陈皇后复得亲幸之事亦不见史传。脉脉，含情貌。　⑥ 玉环：唐玄宗的宠妃杨玉环（即杨贵妃，小字玉环）。飞燕：汉成帝宠爱的皇后赵飞燕。　⑦ 闲愁：寂寞孤苦的愁思。　⑧ 危阑：高楼上的栏杆。

蛛网粘絮暗喻当时社会上表面的繁华似乎还给即将倾圮的国势留下一点生气。

下片继续采用隐喻、借喻以及使事用典等手法,传达作者因受排挤而见疏于君王的苦闷心情,并对因妒陷"蛾眉"(作者自喻)而受到君王宠幸的群小提出指斥和警告。结拍又复折入眼前现实,以哀景托出对国事日非的悲愤。据罗大经《鹤林玉露·辛幼安词》记载,由于此作"词意殊怨",孝宗读后"颇不悦"云。

这首词作的特点,一是所抒发的感情与当时的政治形势和作者个人的身世遭际紧密相关,完全摆脱了唐五代北宋以来羁旅行役、离情别绪之类传统题材的窠臼,赋予了婉约词以崭新的内涵。二是当时作者身为从北方沦陷区南来的"归正官员",虽蒿目时艰,亟欲奋其才智以匡国事,但由于"孤危一身久矣"(作者《淳熙己亥论盗贼札子》),个人政治处境十分险恶,故满怀悲愤怨艾不得不以比兴、象征等隐晦曲折、委婉含蓄的手法出之,这也与传统的婉约词章多直陈情事、极少使事用典的赋体颇异其趣。

(王步高)

姜　夔

姜夔(1154—1221),字尧章,号白石道人,鄱阳(今江西鄱阳)人。自幼随父仕宦,父亡,寄寓大姊家,22岁后,旅食江淮、吴越等地,漂泊多年,结交萧德藻、杨万里、范成大、张镃等一时名流,文才为诸人所赏识。晚年居杭州,依张鉴,张氏去世后,生活贫困,不久亦去世。姜夔一生政治上失意,生活上困顿,然不但擅长诗词,而且在诗歌理论、书法和音乐等方面,都有成就。其词多写个人的生活,每有身世之感,其咏物之作,则托事寓意,隐晦曲折。音节谐婉,清空骚雅,影响深远,在南宋词坛上占有重要地位。有《白石道人歌曲》传世。

【集评】

姜夔尧章,自号白石道人,中兴诗家名流。其《岁除舟行十绝》,脍炙人口。词极精妙,不减清真乐府,其间高处有美成所不能及。善吹箫,自制曲,初则率意为长短句,然后协以音律云。([宋]黄昇《题白石词》)

词要清空,不要质实。清空则古雅峭拔,质实则凝涩晦昧。姜白石词如野云孤飞,去留无迹;吴梦窗词如七宝楼台,眩人眼目,碎拆下来,不成片断。此清空质实之说。(略)白石词如《疏影》《暗香》《扬州慢》《一萼红》《琵琶仙》《探春》《八归》《淡黄柳》等曲,不惟清空,又且骚雅,读之使人神观飞越。([宋]张炎《词源》卷下)

鄱阳姜夔出,句琢字炼,归于醇雅。于是史达祖、高观国羽翼之,张辑、吴文英师之于前,赵以夫、蒋捷、周密、陈允衡、王沂孙、张炎、张翥效之于后。譬之于乐,舞筲至于九变,而词之能事毕矣。([清]汪森《词综序》)

姜白石词幽韵冷香,令人挹之无尽,拟诸形容,在乐则琴,在花则梅也。

词家称白石曰"白石老仙",或问毕竟与何仙相似,曰:藐姑冰雪,盖为近之。([清]刘熙载《艺概·词曲概》)

—— 长 亭 怨 慢 ——

　　予颇喜自制曲①,初率意为长短句②,然后协以律,故前后阕多不同③。桓大司马云:"昔年种柳,依依汉南;今看摇落,凄怆江潭。树犹如此,人何以堪!"④此语予深爱之。

　　渐吹尽、枝头香絮。是处人家⑤,绿深门户。远浦萦回,暮帆零乱向何许。阅人多矣⑥,谁得似长亭树⑦,树若有情时,不会得青青如此。　　日暮。望高城不见,只见乱山无数。韦郎去也,怎忘得、玉环分付⑧:第一是早早归来,怕红萼无人为主。算空有并刀⑨,难剪离愁千缕。

【汇评】

　　人言情,我言无情,立意璧绝,惨淡。([明]沈际飞《草堂诗余》别集卷三)

　　"阅人多矣,谁得似长亭树。树若有情时,不会得青青如此。"白石诸词,惟此数语最沉痛迫烈。([清]陈廷焯《白雨斋词话》卷八)

　　此词颇有桓司马江潭之感,虽似怨别之词,而实则乱愁无次,触绪纷来,凡怀人恋阙,抚今追昔,悉寓其中。首言春望景物,即紧接以"暮帆零乱"句发挥本意。望接天帆影,其中思妇离人,不知凡几,何忍入愁人之眼。惟亭树则冷漠无情,虽长年送尽行人,而青青依旧,与李白之"春风知别苦,不遣柳条青",皆伤心人语。下阕言举目河山,高城阻绝,望远而兼有"浮云蔽日"之感。以下叙离情,临歧片语,历久难忘。凝望早归而托言红萼,以雅逸之笔,致缠绵之思,犹《楚辞》之山间采秀,怅公子忘归,深人无浅语也。(俞陛云《唐五代两宋词选释》)

【赏析】

　　此首是怀人之词。据夏承焘先生《白石怀人词考》和《姜白石词编年笺校》所考,姜夔

---

　　① 自制曲:自己谱曲,又称自度曲。　② 长短句:词属音乐文学,多按曲拍填词,句式多长短不一,故宋人多以"长短句"称词。　③ 前后阕:一曲终了为阕,故一曲又称一阕,此处指上下两片。　④ 桓大司马:指东晋桓温。桓温,字元子,东晋谯国龙亢(今安徽怀远西北)人,娶南康公主,拜驸马都尉,累迁徐州刺史、安西将军、荆州刺史等。哀帝时加授侍中、大司马、都督中外军事,位极人臣。孝武帝宁康元年卒。《晋书》有传。太和四年(369),率兵伐前燕,路过金城(今南京),见昔所植柳树已十分高大,不禁慨叹"木犹如此,人何以堪",泫然流泪。后庾信作《枯树赋》,写桓温永和十二年(356)自江陵北伐姚襄,而引用太和四年事。清吴蘅照《莲子居词话》卷二引谓:"白石《长亭怨慢》小引桓大司马云云,乃庾信《枯树赋》,非桓温语。"　⑤ 是处:这里。　⑥ 阅人:观察过很多人。这里是拟人用法,谓柳树阅人已多矣。　⑦ 长亭:古代驿路上所设,供人休息及送别亲友。　⑧ "韦郎"二句:唐范摅《云溪友议》卷三载,韦皋游于江夏,寓居姜氏,姜氏有婢女玉箫与之有情,韦与相约,七年后来迎娶,并赠其玉环。七年后,韦爽约,玉箫绝食死。　⑨ 并刀:古九州之一,地当山西北部,治所太原。并州制刀具著名,世称并刀。

流寓合肥期间,曾与勾栏中姊妹二人相恋,曾为其填词多首,此即其中之一。上片写当日离别情状。此词序中所引桓温之语"昔年种柳,依依汉南;今看摇落,凄怆江潭。树犹如此,人何以堪",原意表达的是岁月无情,人生易老的感慨,由树及人,与树本身并无关系,而此词"阅人多矣,谁得似长亭树?树若有情时,不会得青青如此"数句,则直接将笔触落在树上,将树拟人化,然后又加以否定,无理之理,表达的却是词人离愁别恨无人能解的幽怨。此所谓清空。下片仍是抒写离别之思,而特别拈出临别相嘱的一个细节。窃窃私语之中,情真意切,感人至深。一念及此,那离愁别绪,自然更无有穷期了。沈祖棻先生谓其"情蕴藉而语分明,而愈蕴藉愈缠绵,愈分明愈凄苦,则虽有并州快剪刀,其于离愁,亦还是'剪不断,理还乱'也"(《宋词赏析》),正道出了其中的妙处。由此亦可见出白石词清空的特色。

(巩本栋)

史 达 祖

　　史达祖(1163? —1220),字邦卿,号梅溪,汴(今河南开封)人,寓居杭州。史达祖出身低微,没有科名。他中年时期曾在扬州及荆江一带任过幕职,嘉泰年间,他投奔韩侂胄,为韩所赏识,曾随贺金生辰使李壁使金,主张抗金北伐。开禧北伐失败后,韩侂胄被杀,史达祖亦受株连下狱,被黥面流放,晚年穷愁潦倒。史达祖与词人如姜夔、张镃等多有交往,为其奖誉。史达祖妙解音律,其词长于咏物,亦多抒发家国之恨与身世之感,辞情俱到,奇秀清逸,有《梅溪词》传世。

【集评】
　　(史达祖词)奇秀清逸,有李长吉之韵,盖能融情景于一家,会句意于两得。([宋]姜夔《梅溪词序》,黄昇《中兴以来绝妙词选》卷七引)

　　盖生(指史达祖)之作,辞情俱到,织绡泉底,去尘眼中,妥贴轻圆,特其余事。至于夺苕艳于春景,起悲音于商素,有瑰奇警迈,清新闲婉之长,而无诡荡污淫之失,端可以分镳清真,平睨方回,纷纷三变行辈几不足比数。([宋]张镃《梅溪词序》)

　　诗难于咏物,词为尤难。体认稍真,则拘而不畅;模写差远,则晦而不明,要须收纵联密,用事合题,一段意思,全在结句,斯为绝妙。如史邦卿《东风第一枝》咏春雪云(略)。《双双燕》咏燕云(略)。([宋]张炎《词源》)

　　命意贵远,用字贵便,造语贵新,炼字贵响。古人诗有翻案法,词亦然。词不用雕刻,刻则伤气,务在自然。周清真之典丽,姜白石之骚雅,史梅溪之句法,吴梦窗之字面,取四家之所长,去四家之所短,此翁之要诀。([元]陆辅《词旨》)

　　宋南渡后,梅溪、白石、竹屋、梦窗诸子极妍尽态,反有秦李未到者。虽神韵天然处或减,要自令人有

观止之叹。正如唐绝句,至晚唐刘宾客、杜京兆,妙处反进青莲、龙标一尘。([清]王士禛《花草蒙拾》)

竹屋、梅溪并称,竹屋不及梅溪远矣。梅溪全祖清真,高者几于具体而微,论其骨韵,犹出梦窗之右。([清]陈廷焯《白雨斋词话》卷二)

余尝谓南宋惟史邦卿《梅溪词》为能炼铸精粹,上比清真,得其大雅,尝下方梦窗,不伤于涩。今能为梅溪词者,除况夔笙略似之外,厥惟啸麓。(夏敬观《忍古楼词话》)

双 双 燕

过春社了①,度帘幕中间,去年尘冷。差池欲住②,试入旧巢相并。还相雕梁藻井,又软语商量不定。飘然快拂花梢,翠尾分开红影。　　芳径,芹泥雨润。爱贴地争飞,竞夸轻俊。红楼归晚,看足柳昏花暝。应自栖香正稳,便忘了、天涯芳信③。愁损翠黛双蛾④,日日画栏独凭。

【汇评】

形容尽矣。姜尧章最赏其"柳昏花暝"之句。([宋]黄昇《中兴以来绝妙词选》卷七)

不写形而写神,不取事而取意,白描妙手。([明]卓人月《古今词统》)

清新俊逸兼有之矣。([清]许昂霄《词综偶评》)

咏物虽小题,然极难作,贵有不粘不脱之妙,此体南宋诸老尤擅长。(略)史梅溪《春燕》云:"还相雕梁藻井,又软语、商量不定。飘然快拂花梢,翠尾分开红影。"(略)数语刻画精妙,运用生动,所谓空前绝后矣。([清]吴衡照《莲子居词话》)

东坡《水龙吟》起云:"似花还似非花。"此句可作全词评语,盖不离不即也。时有举史梅溪《双双燕·咏燕》、姜白石《齐天乐·赋蟋蟀》令作评语者,亦曰"似花还似非花"。([清]刘熙载《艺概·词曲概》)

此首咏燕,神态逼真,灵妙非常。"过春社了"三句,记燕来之时。"差池"两句,言燕飞入巢。"还相"两句,摹写燕语。"欲"字、"试"字、"又"字,皆写出双燕之神。"飘然"两句,写燕飞去,俨然画境。换头承上,写飞燕之路。"爱贴地"两句,写飞燕之势。"红楼"两句,换笔写燕归。"看足柳昏花暝"一句,说尽双燕游乐之情。"应自"两句,换意写燕双栖,意义完毕。末结两句,推开,盖用燕归人未归之意。"独凭"与双栖映射,最为俊巧。(唐圭璋《唐宋词简释》)

【赏析】

这是一首著名的咏物词,但又与一般的咏物词不同。咏物的高境是不即不离,咏物而有寄托,然此词却并没有什么寄托。它的特点是用拟人的手法写出了燕子的形与神。

---

① 春社:春社为古人祈谷之祭,时间在春分前后。秋社是报赛,即谢神还愿,时在立秋后第五个戊日。相传燕子于春社时来,秋社时归。　② 差池:燕子飞翔时尾翼舒张不齐的样子。《诗经·邶风·燕燕》:"燕燕于飞,差池其羽。"　③ 芳信:江淹《杂体诗拟李陵》:"袖中有短书,愿寄双飞燕。"　④ 愁损:愁煞。

上片写初归旧巢时的情景。用了一系列能愿动词:"度""欲""试"以及"软语商量"等,描绘其自南返北、初回燕巢、绕梁而飞的情状,可谓能得其神。而"飘然快拂花梢,翠尾分开红影""爱贴地争飞,竞夸轻俊"等,则勾勒燕子飞翔姿态的轻灵、迅捷、技艺娴熟高超,又可谓惟妙惟肖,令人叹为观止。词起笔一句"过春社了","引起双燕归来,妙有远神,对题目来说,亦不粘不脱,恰到好处"。篇末"写美人独凭画栏,反结'双双燕'本意,亦犹冯延巳《蝶恋花》词'泪眼倚楼频独语,双燕来时,陌上相逢否'"(俞平伯《唐宋词选释》)。亦足见其构思精巧。全词通篇没有提及燕子,然刻画燕子形态特征却穷神尽相,无毫发遗憾,尤能见出词人观察事物、揣摩其精神之细致入微。这对我们今天的文学创作,是仍具有启发意义的。

（巩本栋）

备选课文

水龙吟·登建康赏心亭 　辛弃疾

楚天千里清秋,水随天去秋无际。遥岑远目,献愁供恨,玉簪螺髻。落日楼头,断鸿声里,江南游子,把吴钩看了,栏杆拍遍,无人会、登临意。　休说鲈鱼堪脍,尽西风、季鹰归未?求田问舍,怕应羞见,刘郎才气。可惜流年,忧愁风雨,树犹如此! 倩何人、唤取红巾翠袖,揾英雄泪!

南乡子·登京口北固亭有怀 　辛弃疾

何处望神州?满眼风光北固楼。千古兴亡多少事,悠悠,不尽长江滚滚流。　年少万兜鍪,坐断东南战未休。天下英雄谁敌手?曹刘。生子当如孙仲谋。

祝英台近·晚春 　辛弃疾

宝钗分,桃叶渡,烟柳暗南浦。怕上层楼,十日九风雨。断肠片片飞红,都无人管,更谁劝啼莺声住。　鬓边觑。试把花卜归期,才簪又重数。罗帐灯昏,哽咽梦中语:是他春带愁来,春归何处,却不解带将愁去。

踏莎行 　姜夔

自河东来,丁未元日,至金陵,江上感梦而作。

燕燕轻盈,莺莺娇软。分明又向华胥见。夜长争得薄情知,春初早被相思染。　别后书辞,别时针线。离魂暗逐郎行远。淮南皓月冷千山,冥冥归去无人管。

参考书目

邓广铭《辛稼轩年谱》(增订本),上海古籍出版社1997年

邓广铭《稼轩词编年笺注》(增订本),上海古籍出版社1993年

邓广铭辑校审订、辛更儒笺注《辛稼轩诗文笺注》,上海古籍出版社1995年

朱德才《辛弃疾词选》,人民文学出版社1988年

《李清照辛弃疾研究论文集》,山东大学出版社1997年

王步高、刘林辑校汇评《辛弃疾全集》，珠海出版社 2002 年

夏承焘《姜白石词编年笺校》，上海古籍出版社 1981 年

杨荫浏《宋姜白石创作歌曲研究》，人民音乐出版社 1979 年

王步高《梅溪词校注》，天津人民出版社 1994 年

邓广铭、吴则虞校《山中白云词》，中华书局 1983 年

网络链接

① 史达祖的人品是否应受指责？　　② 吴文英是否姓吴？

思考与练习

1. 比较分析辛弃疾与苏东坡词风的异同。

2. 试比较本书慕课资源中提供的咏梅、咏花、咏物诗词，找出其共同的特点。

3. 试从已学过的词作，说说南宋词与北宋词有何异同。

慕课资源

【总论】

自来论文章者多侈谭（谈）汉、魏、唐、宋，而罕及明代；独会稽李慈铭极言明人诗文，超绝宋、元恒蹊，而未有勘发。自我观之，中国文学之有明，其如欧洲中世纪之有文艺复兴乎？明太祖开基江淮，以逐胡元，还我河山，用夏变夷，右文稽古，士大夫争自濯磨。而文则奥博排奡，力追秦汉，以矫欧、苏、曾、王之平熟；而宋濂、刘基，骅骝开道，以著何、李、王、李之先鞭。诗则雄迈高亮，出入汉、魏、盛唐，以救宋诗之粗硬，革元风之纤浓；而高启、李东阳后先继轨，以为何、李、王、李开山。……至八股文则利禄之途，俗称时文者也。然唐顺之、归有光，纵横轶荡，则以古文为时文，力求返虚入浑，积健为雄；虽与诗古文体气不同，而反本修古一也。然则明文学者实宋元文学之极王而厌，而汉、魏、盛唐之拔戟复振，弹古调以洗俗响，厌庸肤而求奥衍，体制尽别，归趣无殊。此则仆师心自得，而《明史》序《文苑传》者之所未及知也。顾论文者则狃桐城家言之绪论，而亟称归氏，妄庸七子。不知明有何、李之复古，以矫唐宋八家之平熟；犹唐有韩、柳之复古，以救汉、魏、六朝之缛靡；有往必复，亦气运之自然。明有唐顺之、归有光辈，振八家之坠绪，以与七子相撑拄；不过如唐之有裴度、段文昌等，与韩、柳为异，以扬六朝之颓波耳。而一代文章之正宗固别有在也。又论者以钱谦益文为秽为杂。此亦拾桐城家之唾余，而不免求全之毁。钱氏以明代文章巨公，而冠逊清《贰臣传》之首，人品自是可议；至于极推欧阳修，以为真得太史公血脉，而下归归氏；又翘归氏以追配唐宋大家，因校刻《震川集》而序之，以发其指。然后知桐城家言之治古文，由归氏以蹑欧阳而窥太史公；姚鼐遂以归氏上继唐宋八家，而为《古文辞类纂》一书，胥出钱氏之绪论，有以启其途辙也。特其为文，盛气缛语，错综奇偶，七子之习，澌洗不尽，自与桐城之清真雅澹，而得归氏之洁适者异趣。然以视湘乡曾国藩之为文，从姚鼐入手而益探源扬、马，复字单词杂厕其间，务为厚集其气，使声采炳焕，而夐焉有声者，何必不与钱氏后先同符？钱氏从王、李入而不从王、李出，湘乡从姚氏入而不从姚氏出，自出变化，以不姝暖于一先生之言，亦何必此之为是而彼之为非？然世论不敢薄湘乡，而务集谤于钱氏，多见其不知类也。（钱基博《明代文学·自序》）

近代以还，文儒辈出：望溪、姬传，文祖韩、欧，阐明义理，趋步宋儒，此儒家之支派也。慎修、辅之，综核礼制，章疑别微，若膺、伯申，考订六书，正名辨物，皆名家之支派也。叔子、昆绳，洞明兵法，推论古今之成败，叠陈九土之险夷，落笔千言，纵横奔肆，此兵家之支派也。子居之文，取法半山，安吴之文，洞陈时弊，兵农刑政，酌古准今，不讳功利之谈，爰立后王之法，此法家之支派也。朝宗之文，词源横溢，简斋之作，逞情矜奇，若决江河，一泻千里，此纵横家之支派也。雍斋、于庭之文，杂糅谶纬，靡丽瑰奇，此阴阳家之支派也。大绅、台山之文，妙善玄言，析理精微，此道家之支派也。维崧、瓯北之文，体杂俳优，涉笔成趣，此小说家之支派也。旨归既别，夫岂强同？即古人所谓文章流别也。（刘师培《论文杂记》）

方孝孺

方孝孺(1357—1402),字希直,一字希古,别号逊志,人称正学先生。明浙江宁海人。幼时好学;及长,师宋濂,常以明王道、致太平为己任。洪武二十五年,除汉中府学教授,蜀王聘为世子师。惠帝即位,召为翰林侍讲,次年迁侍讲学士,后改文学博士,为《太祖实录》《类要》诸书总裁。燕王朱棣发动"靖难之役",他多次为建文帝谋克燕对策。后朱棣引兵攻入京师,授笔起草登极诏书,方不从,掷笔于地,且哭且骂,遂被杀,凡灭十族(含朋友门生一族),死者八百七十三人。他主张为文"道明而辞达"。其文醇深雄迈,每一篇出,时人争诵。著有《逊志斋集》。

【集评】

孝孺工文章,醇深雄迈。每一篇出,海内争相传诵。永乐中,藏孝孺文者罪至死。门人王稌潜录为《侯城集》,故后得行于世。(《明史》卷一百四十一)

宁海方孝孺,字希直,一字希古,从宋濂学;濂门下知名士皆出其下。先辈胡翰、苏伯衡亦自谓弗如!孝孺顾末视文艺,恒以明王道,致太平为己任;欲以驾轶汉唐,锐复三代;而毅然自命之气,发扬蹈厉,时露于笔墨之间;其文章纵横豪放,颇出入南北宋苏轼、陈亮之间;与濂同其赡肆,而不同其枝碎。濂宏博而不免缓散,所病在取径太阔大,遣词太繁缛,未能浑灏流转;故不如孝孺之直抒欲言,纵笔所之,疏快成片段也!(钱基博《明代文学·文·方孝孺》)

深 虑 论

虑天下者,常图其所难而忽其所易,备其所可畏而遗其所不疑。然而,祸常发于所忽之中,而乱常起于不足疑之事。岂其虑之未周欤?盖虑之所能及者,人事之宜然,而出于智力之所不及者,天道也①。

当秦之世,而灭六诸侯,一天下。而其心以为周之亡在乎诸侯之强耳,变封建而为郡县②。方以为兵革不可复用,天子之位可以世守,而不知汉帝起陇亩之中③,而卒亡秦之社稷④。汉惩秦之孤立,于是大建庶孽而为诸侯⑤,以为同姓之

---

① 天道:上天的意旨。 ② 封建:指自周以来的分封制。郡县:秦统一中国后,实行中央集权制,分全国为三十六郡,郡下设县,郡县长官,均由中央任免。 ③ 汉帝:汉高祖。陇亩:田垄,草野。 ④ 社稷:社为土神,稷为谷神,亦以"社稷"代指国家。 ⑤ 惩:以前失为鉴戒。建:设置。庶孽:妃妾所生之子,指汉高祖即位后大封同姓诸侯王。

亲，可以相继而无变，而七国萌篡弑之谋①。武、宣以后，稍削析之而分其势，以为无事矣，而王莽卒移汉祚②。光武之惩哀、平③，魏之惩汉，晋之惩魏，各惩其所由亡而为之备。而其亡也，盖出其所备之外。唐太宗闻武氏之杀其子孙，求人于疑似之际而除之④，而武氏日侍其左右而不悟⑤。宋太祖见五代方镇之足以制其君⑥，尽释其兵权，使力弱而易制，而不知子孙卒困于强寇。此其人皆有出人之智，盖世之才，其于治乱存亡之几，思之详而备之审矣⑦。虑切于此而祸兴于彼，终至于乱亡者，何哉？盖智可以谋人，而不可以谋天⑧。良医之子，多死于病；良巫之子，多死于鬼。岂工于活人，而拙于谋子也哉？乃工于谋人，而拙于谋天也。

古之圣人，知天下后世之变，非智虑之所能周，非法术之所能制，不敢肆其私谋诡计，而唯积至诚，用大德以结乎天心，使天眷其德，若慈母之保赤子而不忍释⑨。故其子孙，虽有至愚不肖者足以亡国，而天亦不忍遽亡之⑩。此虑之远者也。夫苟不能自结于天，而欲以区区之智笼络当世之务，而必后世之无危亡，此理之所必无者，而岂天道哉⑪！

【汇评】

从古无不弊之法。以周公、太公之明圣，于其子报政时，虽逆知后世之弊，犹不能补救，况其下此且出于意计所不及料者乎？篇中历叙处，胸有全史。末归本于至诚大德以结天心，虽出于智虑穷竭无可如何之说，亦千古治天下者不易正理，舍是徒劳更无益也。正学先生之文，正大罕治此，尤其醇乎醇者。（［清］林云铭《古文析义》卷十六）

天道为智力之所不及，然尽人事以合天心，即天亦有可谋处。此文归到"积至诚用大德"，正是祈天永命工夫。古今之论天道、人事者多，得此乃见透快。（［清］吴楚材、吴调侯《古文观止》卷十二）

通篇虽以人事陪说，而实重于天道。看起结可见章法，则首段虚冒，中间历引古及医巫，喻波浪壮阔，后方发正意，末乃反掉结，极有结构。（［清］李扶九原编、黄仁黼重订《古文笔记百篇》卷三）

《书》曰："天难谌，命靡常，常厥德，保厥位。厥德匪常，九有以亡。"呜呼！有天下者，可不深长虑哉！方子孝孺，以一代之儒宗，著千秋之龟鉴，其平日祈天永命，亦大可思。无如建文新立，首削宗藩，始则发谋于卓敬，继则属事于齐、黄，未几五王递废，湘柏自焚，君臣固谋，以图燕棣，不及数年，酿成巨祸。先生深知人事已亟，天怒难回，故不惜博采徵证，以冀朝廷之一悟。而执迷未启靖难兵临，九有之亡，岂细故哉！而先生卒以草诏不屈，族及友生，竟使天下读书种子，一旦顿绝。倘非昊天之不惠建文，而罹此鞠

---

① 七国：指汉高祖所封吴、楚、赵、胶东、胶西、济南、淄川七个同姓王，在吴王刘濞领导下，以诛晁错为名，举兵叛乱。 ② 武、宣：汉武帝、汉宣帝。剖析：划分，指削减。王莽（前45—23），字巨君，汉元帝皇后侄，后毒死平帝，于初始元年（公元8年）称帝，国号"新"。汉祚：汉帝位。 ③ 光武：东汉光武帝刘秀。哀、平：西汉末之哀帝刘欣、平帝刘衎。 ④ 闻武氏之杀其子孙：相传贞观二十二年，民间流传《秘记》云："唐三世之后，女主武氏代有天下。"太宗问太史令李淳风，答曰："臣仰观天象，俯察历数，其人已在陛下宫中，不过三十年，当王天下，杀唐子孙殆尽。"唐太宗要把怀疑对象全杀掉，被李淳风劝止。 ⑤ 武氏：武则天，她十四岁被唐太宗选入宫中为才人。高宗时立为皇后，参预朝政。中宗即位，临朝称制，后又废中宗，立睿宗，再废睿宗自立，称圣神皇帝，改国号为周。执政十余年，屡兴大狱，冤杀甚多。 ⑥ 宋太祖：赵匡胤。五代方镇：指五代之后梁朱全忠、后唐李存勖、后晋石敬瑭、后汉刘知远、后周郭威均为拥有重兵之藩镇长官。 ⑦ 几(jī)：事物变化的前兆、迹象。审：周全细致。 ⑧ 谋天：揣测天意。 ⑨ 赤子：婴儿。 ⑩ 遽：立即，马上。 ⑪ 天道：古人以为天道是支配人类命运的天意。

凶,胡遽若是耶?《诗》曰:"天子方难,无然宪宪;天之方蹶,无然泄泄。"有天下者,可不深长虑哉!
(同上)

【赏析】

此文题曰"深虑"是颇有深意的,似有谏阻建文帝急于削藩之意。方孝孺以一代儒宗,对历史的经验有深刻的认识。建文帝新立,首削宗藩,"始则发谋于卓敬,继则属事于齐、黄,未几五王递废,湘柏自焚,君臣固谋,以图燕棣,不及数年,酿成巨祸。"此文欲防患于未然,终未能就。

文章推出论点自然而不突兀,论证以时间线索为脉络,总结历史的经验教训,论证十分有力。其末又反驳"不能自结于天,而欲以区区之智笼络当世之务,而必后世之无危亡"之观点,文章以反问煞尾,耐人回味。

此文颇有哲理,人们注意到一种主要倾向时,往往忽视被掩盖着的另一种倾向,往往顾此而失彼,最终依旧一败涂地。国家如此,一家一人亦如此。当深谋远虑,防患未然,方能立于不败之地。

方孝孺之人品气节,亦令历代知识分子钦敬。祸未作,预言其生,欲图消弭;祸作时,挺身而出,身死不惜,古之忠臣,无出其右矣。

(张梦新)

顾炎武

顾炎武(1613—1682),初名绛,字宁人。明亡后志存复明,更名炎武。江苏昆山亭林镇人,人称亭林先生。明末清初杰出的思想家、学者、文学家。早年参加"复社",清兵南下时,他参加抗清起义,失败后十谒明陵,只身北上,曾致力边防与中原、西北地理的研究。学问渊博,于经史百家、音韵训诂、典制掌故等皆有很深造诣。提倡学问当经世致用,明道救世,开清代朴学之风。康熙时诏举博学宏词科,荐修《明史》,皆被严词拒绝。著作宏富,主要有《日知录》《天下郡国利病书》《亭林诗文集》等。

【集评】

运以深心,行以大力,振以高格,出以简裁,有王介甫之老健而去其横,有苏子瞻之畅达而无其荡。([清]李祖陶《亭林文稿文录引》)

亭林顾先生间代通儒,有扶世立教之志,而生逢革命,无所发抒,孤忠磊磊,至老不渝。其所为文,至于家国存亡之际,慷慨伤怀,或扬声哀号,或幽忧饮泣,以视屈原、贾生诸公时遇不同,同一天性激发而已矣。([清]彭绍升《亭林先生余集序》)

廉　　耻①

《五代史·冯道传》论曰②："礼义廉耻，国之四维；四维不张，国乃灭亡③。"善乎管生之能言也④。礼义治人之大法，廉耻立人之大节。盖不廉则无所不取，不耻则无所不为，人而如此，则祸败乱亡亦无所不至。况为大臣，而无所不取，无所不为，则天下其有不乱，国家其有不亡者乎⑤！然而四者之中，耻尤为要。故夫子之论士曰："行己有耻。⑥"孟子曰："人不可以无耻，无耻之耻，无耻矣⑦！"又曰："耻之于人大矣！为机变之巧者，无所用耻焉⑧！"所以然者，人之不廉，而至于悖礼犯义，其原皆生于无耻也。故士大夫之无耻，是谓国耻⑨。

吾观三代以下⑩，世衰道微，弃礼义，捐廉耻，非一朝一夕之故。然而松柏后凋于岁寒⑪，鸡鸣不已于风雨⑫，彼昏之日，固未尝无独醒之人也⑬。顷读《颜氏家训》⑭，有云："齐朝一士夫⑮，尝谓吾曰：'我有一儿，年已十七，颇晓书疏⑯，教其鲜卑语⑰，及弹琵琶，稍欲通解，以此伏事公卿，无不宠爱。'吾时俯而不答。异哉此人之教子也！若由此业，自致卿相，亦不愿汝曹为之⑱！"嗟乎！之推不得已而仕于乱世，犹为此言，尚有《小宛》诗人之意⑲，彼阉然媚于世者⑳，能无愧哉㉑！

【赏析】

礼义廉耻，是中华民族可贵的道德传统。这篇短文分为两大段。第一段开篇即以《五代史·冯道传》所引管仲名言为全文张本，开宗明义，直接揭示中心论点。作者认为，礼义乃治人之大法，廉耻乃立人之大节，若不廉无耻，则祸败乱亡会无所不至。而国家大臣若不讲廉耻，则将导致亡国。继而指出：礼义廉耻四者之中，"耻尤为要"，并用孔子"行己有耻"及孟子"人不可以无耻"的名言为例证，推断出"士大夫之无耻，是谓国耻"的结论。顾炎武目睹明亡后，士大夫们纷纷屈节仕清，所谓"蓟门朝士多狐鼠，旧日须眉化儿

---

　　① 本文节选自《日知录》卷十三《廉耻》。　②《五代史》：此指《新五代史》，宋欧阳修撰，共七十四卷。《冯道传》列入该书第五十四卷杂传第四十二中。冯道（882－954），五代景城人（今河北交河）人，字可道。历事唐、晋、汉、周四朝，官皆将相，自号长乐老。　③ "礼义廉耻"四句：语见《管子·牧民》。维，系物之绳。管仲以礼义廉耻四者比喻维系国家之纲。　④ 管生：管仲，春秋时齐国杰出的政治家，辅佐齐桓公实施政治改革，使齐称霸于诸侯。　⑤ 其：同"岂"。　⑥ 夫子：即孔子。《论语·子路》云："子贡问曰：'何如斯可谓之士矣？'子曰：'行己有耻。使于四方，不辱君命，可谓士矣！'"行己有耻，指为士者处世行事能知廉而有所不为。　⑦ 三句语见《孟子·尽心上》。言人不可以没有羞耻，不知羞耻的那种羞耻，真是不知羞耻。　⑧ 三句语见《孟子·尽心上》。机变，巧伪变诈。无所用耻，即不把羞耻放在心上。　⑨ 国耻：国家蒙受的耻辱。　⑩ 三代：指夏、商、周。　⑪《论语·子罕》曰："岁寒，然后知松柏之后凋也。"　⑫《诗经·郑风·风雨》曰："风雨如晦，鸡鸣不已。"已，止。　⑬ 独醒：喻不同于流俗。屈原《渔父》曰："举世皆浊我独清，众人皆醉我独醒。"　⑭《颜氏家训》：颜之推撰，共七卷，分二十篇。主要叙述立身治家之法，文笔朴实平易。颜之推（531－595），字介，琅玡临沂（今山东临沂）人，南北朝时文学家。　⑮ 齐朝：此指北齐。　⑯ 疏：为注文作注释称疏。　⑰ 鲜卑：我国古代的少数民族，居住在今东北、内蒙古一带。　⑱ 以上见《颜氏家训·教子》。　⑲《小宛》：《诗经·小雅》篇名。朱熹《诗集传》认为是大夫遭时之乱，兄弟相戒以免祸的诗。　⑳ 阉然：昏暗闭塞貌。　㉑ 愧：同"愧"。

女。生女须教出塞装,生男要学鲜卑语。"(顾炎武《蓟门送子德归关中》)对这种不讲廉耻、士风败坏之丑行深恶痛绝,称之为"国耻"。

第二段中,顾炎武以《颜氏家训》为例,赞扬了颜之推遭时之乱而保持气节的义行,鞭挞了北齐士大夫丧失气节、奴颜婢膝、卖身求荣的无耻行径,并由此对明清易代之际那些"阉然媚于世"的大臣们,表示了愤怒的谴责,强调要做"独醒之人"。

顾炎武忠于明朝,反清复明之志至死不渝,故对士大夫们的仕清之举谴责鞭挞,这在今天看来,无疑有其时代与民族的局限。但他提倡"行己有耻"却绝对是正确的。"知耻"已成为中华民族的一种优良道德传统,成为爱国主义的重要心理基础。那些卖国投敌、认贼作父、伤天害理、奴颜婢膝者,自当为国人所不齿。在改革开放的今天,《廉耻》一文,仍有现实意义,它将激励我们自觉加强道德修养,成为"行己有耻"的人。

（张梦新）

方　苞

方苞(1668—1749),字凤九,号灵皋,晚号望溪,生于南京六合(今南京市六合区),祖籍安徽桐城。康熙进士。曾因戴名世《南山集》案牵连入狱,后得赦。官至礼部侍郎。方苞是清代著名散文家,桐城派的创始人。论文主张"义法",即"言有物"和"言有序",追求内容醇正和文辞雅洁。其文多为经说及书、序、碑、传之类,选材精当,以凝练雅洁见长。著有《望溪集》。

【集评】

韩文懿公(讳菼)曰:(方苞文)义理则取薪六籍,气格则方驾韩欧。(《评时文》)

蔡文勤公(讳世远)曰:其说皆前古所未有,而按以经义,揆以事理,无一不合于人,心之同然,此之谓言立。(《评周官辨伪》)

陈恪勤公(讳鹏年)曰:望溪可负天下之重,观其读《周官》《仪礼》《孟子》《管子》,可知所见闳廓深远。此等文可征其平易详慎,不能平易详慎则闳廓深远非真,而用之必窒矣。(《评书李习之平赋书后》)

朱文端公(讳轼)曰:方子行身方严,出语朴直,众多见谓迂阔,余独知谓郑公孙侨、赵乐毅一流人。每与之言,心终不忘;观此等文,有志者宜深求其底蕴。(《评说管子》)

张彝叹进士(名自超)曰:探孔孟程朱之心,撷左马韩欧之韵,天生神物,非一代之珍玩也。(《评时文》)

王或庵孝廉(名源)曰:宋以后无此清深峻洁之文心,唐以前无此淳实精渊理路。(《评读仪礼》)

雷翠庭副宪(名铉)曰:先生之文,非阐道翼教,有关人伦风化不苟作。(《神道碑》)

彭允初进士(名绍升)曰:少读望溪方先生文,服其笃于伦理,有中心惨怛之诚,以为非他文士所能及。(《逸稿叙》)

姚惜抱先生(讳鼐)曰:望溪先生之古文为我朝百余年文章之冠,天下论文者无异说也。鼐为先生邑弟子,诵其文盖尤慕之。(《集外又序》)(以上摘自《四部丛刊》初编本《方望溪先生全集》附录)

其古文则以法度为主。尝谓周秦以前,文之义法无一不备,唐宋以后步趋绳尺,而犹不能无过差。是以所作,上规《史》《汉》,下仿韩、欧,不肯少轶于规矩之外。虽大体雅洁,而变化太少,终不能绝去町畦,自辟门户。然其所论古人矩度与为文之道,颇能沉潜反复,而得其用意之所以然。故虽蹊径未除,而源流极正。近时为八家之文者,以苞为不失旧轨焉。([清]纪昀《四库全书总目》卷一百七十三)

左忠毅公逸事①

先君子尝言②:乡先辈左忠毅公视学京畿③,一日,风雪严寒,从数骑出,微行入古寺④,庑下一生伏案卧⑤,文方成草。公阅毕,即解貂覆生,为掩户。叩之寺僧,则史公可法也⑥。及试,吏呼名至史公,公瞿然注视⑦;呈卷,即面署第一⑧。召入,使拜夫人,曰:"吾诸儿碌碌,他日继吾志事,惟此生耳。"

及左公下厂狱⑨,史朝夕狱门外。逆阉防伺甚严⑩,虽家仆不得近。久之,闻左公被炮烙⑪,旦夕且死,持五十金,涕泣谋于禁卒,卒感焉。一日,使史更敝衣、草屦⑫,背筐,手长镵⑬,为除不洁者⑭。引入,微指左公处,则席地倚墙而坐,面额焦烂不可辨,左膝以下筋骨尽脱矣。史前跪,抱公膝而呜咽。公辨其声,而目不可开,乃奋臂以指拨眦⑮,目光如炬,怒曰:"庸奴!此何地也?而汝来前!国家之事糜烂至此,老夫已矣,汝复轻身而昧大义,天下事谁可支拄者?不速去,无俟奸人构陷⑯,吾今即扑杀汝!"因摸地上刑械,作投击势。史噤不敢发声,趋而出。后常流涕述其事,以语人曰:"吾师肺肝,皆铁石所铸造也。"

崇祯末,流贼张献忠出没蕲、黄、潜、桐间⑰,史公以凤庐道奉檄守御⑱。每有警,辄数月不就寝,使将士更休,而自坐幄幕外。择健卒十人,令二人蹲踞而背倚

---

① 左忠毅公:左光斗(1575—1625),字遗直,号浮丘,桐城(今安徽桐城)人。明万历进士,官至左金都御史。天启四年(1624),因与杨涟参劾魏忠贤,被魏罗织罪名下狱,受酷刑死于狱中。南明弘光帝时追谥"忠毅"。 ② 先君子:对已故父亲的尊称。此处指方苞的父亲方仲舒,清代著名学者。 ③ 视学京畿:主持京城及周边地区的学政。京畿,国都及附近地区。 ④ 微行:官员为隐藏身份,穿着平民的衣服出行。 ⑤ 庑(wǔ)下:厢房里。 ⑥ 史公可法:即史可法(1601—1645),字宪之,号道邻,祥符(今河南开封)人。崇祯进士,官至南京兵部尚书。李自成灭明后,在南京拥立福王,成立南明政府。清军南下时,史可法督师扬州,兵败不屈被杀。 ⑦ 瞿(jù)然:瞪眼惊视的样子。 ⑧ 面署:当面签署意见。 ⑨ 厂狱:明代特务机关东厂设立的监狱。 ⑩ 逆阉:大逆不道的太监,指魏忠贤及其党羽。 ⑪ 炮烙:古代的一种酷刑,以炭火烧烤铜柱,使犯人行走于其上。 ⑫ 更敝衣、草屦(jù):换上破旧的衣服和草鞋。 ⑬ 手长镵(chán):拿着长铲子。手:名词用作动词,拿着。镵:一种铁制的掘土工具。 ⑭ 为除不洁者:装作打扫垃圾的人。 ⑮ 眦(zì):眼眶。 ⑯ 无俟(sì):不用等到。构陷:陷害,设计陷人以罪。 ⑰ 张献忠:字秉吾,号敬轩,延安(今陕西定边)人,明末混迹于农民起义中的恶棍。 ⑱ 奉檄:奉上级的命令。檄,古代官府用以征召、晓谕或声讨的公文。

之,漏鼓移则番代①。每寒夜起立,振衣裳,甲上冰霜迸落,铿然有声。或劝以少休,公曰:"吾上恐负朝廷,下恐愧吾师也。"

史公治兵,往来桐城,必躬造左公第②,候太公、太母起居③,拜夫人于堂上。

余宗老涂山④,左公甥也,与先君子善⑤,谓狱中语乃亲得之于史公云。

【汇评】

书诸公逸事,阴阳消长所系,不惟足传懿节而已。([清]马钧衡《望溪先生集外文跋》)

【赏析】

全文将左公与史公的事迹交叉叙写,重在写左光斗。史可法寒寺苦读,突出了左光斗善识英才的特点;史可法乔装探狱,衬托了左光斗威武不屈的崇高品质;史可法在左光斗死后恪尽职守,体现了左光斗的言传身教的精神力量。

这种明暗线双线贯穿始终的布局,使本易流于散乱的"逸事"条理清晰,详略有致。

此外,本文的细节描写极其生动传神。写左公,从"解貂""掩户",到"拨眦""投击";写史公,从"抱公膝而呜咽""流涕述其事",到"令二人蹲踞而背倚之""甲上冰霜迸落,铿然有声",皆以寥寥数语写尽形貌声情,可见其行文之简切雅洁。

内容醇正,剪裁得当,文辞雅洁,本文可谓桐城派文章之范本,亦属古代叙事散文之珍品。

(李素娟)

备选课文

送天台陈庭学序　　[明]宋 濂

西南山水,惟川蜀最奇,然去中州万里,陆有剑阁栈道之险,水有瞿塘、滟滪之虞。跨马行,则竹间山高者,累旬日不见其巅际;临上而俯视,绝壑万仞,杳莫测其所穷,肝胆为之悼栗。水行则江石悍利,波恶涡诡,舟一失势尺寸,辄靡碎土沉,下饱鱼鳖。其难至如此! 故非仕有力者,不可以游;非材有文者,纵游无所得;非壮强者,多老死于其地;嗜奇之士恨焉!

天台陈君庭学,能为诗,由中书左司掾屡从大将北征,有劳,擢四川都指挥司照磨,由水道至成都。成都,川蜀之要地。扬子云、司马相如、诸葛武侯之所居,英雄俊杰战攻驻守之迹,诗人文士游眺饮射、赋咏歌呼之所,庭学无不历览。既览必发为诗,以纪其景物时世之变,于是其诗益工。越三年,以例自免归会予于京师;其气愈充,其语愈壮,其志意愈高;盖得于山水之助者侈矣。

予甚自愧:方予少时,尝有志于出游天下,顾以学未成而不暇;及年壮可出,而四方兵起,无所投足;逮今圣主兴而宇内定,极海之际,合为一

---

① 漏:古代计时器。鼓:更鼓。番代:轮番替代。　② 躬造:亲自登门。造,至,到。　③ 太公、太母:指左光斗的父母。　④ 宗老:同宗族的长辈。涂山:方苞之族祖方文,字尔止,号涂山,有《涂山集》。　⑤ 善:友好,亲爱。

家,而予齿益加耄矣! 欲如庭学之游,尚可得乎?

然吾闻古之贤士,若颜回、原宪,皆坐守陋室,蓬蒿没户,而志意常充然,有若囊括于天地者,此其故何也? 得无有出于山水之外者乎? 庭学其试归而求焉。苟有所得,则以告予,予将不一愧而已也!

拙 效 传　　　　　[明]袁宏道

石公曰:"天下之狡于趋避者,兔也,而猎者得之。乌贼鱼吐墨以自蔽,乃为杀身之梯,巧何用哉? 夫藏身之计,雀不如燕;谋生之术,鹳不如鸠,古记之矣。作《拙效传》。"

家有四钝仆:一名冬,一名东,一名戚,一名奎。冬即余仆也。掀鼻削面,蓝眼虬须,色若绣铁。尝从余武昌,偶令过邻生处,归失道,往返数十回,见他仆过者,亦不问。时年已四十余。余偶出,见其凄凉四顾,如欲哭者,呼之,大喜过望。性嗜酒,一日家方煮醪,冬乞得一盏,适有他役,即忘之案上,为一婢子窃饮尽。煮酒者怜之,与酒如前。冬伛偻突间,为薪焰所籍,一烘而过,须眉几火。家人大笑,仍与他酒一瓶。冬甚喜,挈瓶沸汤中,俟暖即饮,偶为汤所溅,失手堕瓶,竟不得一口,瞠目而出。尝令开门,门枢稍紧,极力一推,身随门辟,头颅触地,足过顶上,举家大笑。今年随至燕邸,与诸门隶嬉游半载,问其姓名,一无所知。

东貌亦古,然稍有诙气。少役于伯修。伯修聘继室时,令至城市饼。家去城百里,吉期已迫,约以三日归。日晡不至,家严同伯修门外望。至夕,见一荷担从柳堤来者,东也。家严大喜,急引至舍,释担视之,仅得蜜一瓮。问饼何在,东曰:"昨至城,偶见蜜价贱,遂市之;饼价贵,未可市也。"时约以明纳礼,竟不得行。

戚、奎皆三弟仆。戚尝刈薪,跪而缚之,力过绳断,拳及其胸,闷绝仆地,半日始苏。奎貌若野獐,年三十,尚未冠,发后攒作一纽,如大绳状。

弟与钱市帽,奎忘其纽,及归,束发如帽,眼鼻俱入帽中,骇叹竟日。一日至比舍,犬逐之,即张空拳相角,如与人交艺者,竟啮其指。其痴绝皆此类。

然余家狡狯之仆,往往得过,独四拙颇能守法。其狡狯者,相继逐去,资身无策,多不过一二年,不免冻馁。而四拙以无过,坐而衣食,主者谅其无他,计口而受之粟,唯恐其失所也。噫,亦足以见拙者之效矣。

桑 维 翰 论　　　　　[清]王夫之

谋国而贻天下之大患,斯为天下之罪人,而有差等焉。祸在一时之天下,则一时之罪人,卢杞是也;祸及一代,则一代之罪人,李林甫是也;祸及万世,则万世之罪人,自生民以来,唯桑维翰当之。

刘知远决策以劝石敬瑭之反,倚河山之险,恃士马之强,而知李从珂浅软,无难摧拉,其计定矣。而维翰急请屈节以事契丹。敬瑭智劣胆虚,遂从其策,称臣割地,授予夺之权于夷狄,知远争之而不胜。于是而生民之肝脑,五帝三王之衣冠礼乐,驱以入于狂流。契丹弱,而女直乘之;女直入,而蒙古乘之,贻祸无穷,人胥为夷。非敬瑭之始念也,维翰尸之也。

夫维翰起家文墨,为敬瑭书记,固唐教养之士人也,何仇于李氏,而必欲灭之? 何德于敬瑭,而必欲戴之为天子? 敬瑭而死于从珂之手,维翰自有余地以居。敬瑭之篡已成,已抑不能为知远而相因而起。其为喜祸之奸人,姑不足责;即使必欲石氏之成乎,抑可委之刘知远辈,而徐收必得之功。乃力拒群言,决意以戴犬羊为君父也,吾不知其何心? 终始重贵之廷,唯以曲媚契丹为一定不迁之策,使重贵糜天下以奉契丹。民财竭,民心解,帝昺厓山之祸,势所固然。毁夷夏之大防,为万世患;不仅重贵缧系,客死穷庐而已也。论者乃以亡国之罪归景延广,不亦诬乎? 延广之不胜,特不幸耳,即其智小谋强,可用为咎,亦仅倾桌掫鸡侥幸之宗社,非有损于尧封禹甸之中原也。义问已昭,虽败犹荣。石氏之存亡,恶足论哉!

正名义于中夏者,延广也;事虽逆而名正者,安重荣也;存中国以授予宋者,刘知远也。于当日之俦辈而有取焉,则此三人可录也。自有生民以来,覆载不容之罪,维翰当之。胡文定传《春秋》而亟称其功,殆为秦桧之嚆矢与?

醉 乡 记　　[清]戴名世

昔余尝至一乡陬,颓然靡然,昏昏冥冥。天地为之易位,日月为之失明,目为之眩,心为之荒惑,体为之败乱。问之人:“是何乡也?”曰:“酣适大方,甘旨之尝,以徜以徉,是为醉乡。”

呜呼!是为醉乡也欤? 古之人不余欺也。吾尝闻夫刘伶、阮籍之徒矣。当是时,神州陆沉,中原鼎沸,而天下之人,放纵恣肆,淋漓颠倒,相率入醉乡不已。而以吾所见,其间未尝有可乐者。或以为可以解忧云耳。夫忧之可以解者,非真忧也;夫果有其忧焉,抑亦不必解也。况醉乡实不能解其忧也,然则入醉乡者,皆无有忧也。

呜呼!自刘、阮以来,醉乡遍天下;醉乡有人,天下无人矣。昏昏然,冥冥然,颓堕委靡,入而不知出焉。其不入而迷者,岂无其人者欤? 而荒惑败乱者,率指以为笑,则真醉乡之徒也已。

参考书目

刘大杰编选《明人小品选》,上海古籍出版社 1995 年

《明人小品十家丛书》(徐渭、汤显祖、陈继儒、袁宗道、袁宏道、袁中道、钟惺、王思任、谭元春、张岱),文化艺术出版社 1996 年

夏咸淳编《明六十家小品精品》,上海社会科学院出版社 1995 年

欧明俊主编《明清名家小品精华》,安徽文艺出版社 1996 年

《明清性灵文学珍品》(六种五册),作家出版社 1996 年

[清]叶绍袁编《午梦堂集》,中华书局 1998 年

郭预衡《明清散文精选》,江苏古籍出版社 1992 年

王文濡《续古文观止》(清文选),百花洲文艺出版社 1995 年

思考与练习

1. 明清是中国散文史上又一个辉煌时期,请概略说说其总的成就如何。

2. 就备选课文《拙效传》写一篇 400—600 字的读后感。

慕课资源

【总论】

元杂剧之为一代之绝作，元人未之知也。明之文人始激赏之，至有以关汉卿比司马子长者。三百年来，学者文人，大抵屏元剧不观。其见元剧者，无不加以倾倒。如焦里堂《易余籥录》之说，可谓具眼矣。焦氏谓一代有一代之所胜，欲自楚骚以下，撰为一集，汉则专取其赋，魏晋六朝至隋，则专录其五言诗，唐则专录其律诗，宋专录其词，元专录其曲。余谓律诗与词，固盛于唐宋，然此二者果为二代文学中最佳之作否，尚属疑问。若元之文学，则固未有尚于其曲者也。

元曲之佳处何在？一言以蔽之曰：自然而已矣。古今之大文学，无不以自然胜，而莫著于元曲。盖元剧之作者，其人均非有名位学问也；其作剧也，非有藏之名山，传之其人之意也。彼以意兴之所至为之，以自娱娱人。关目之拙劣，所不问也；思想之卑陋，所不讳也；人物之矛盾，所不顾也；彼但摹写其胸中之感想，与时代之情状，而真挚之理，与秀杰之气，时流露于其间。故谓元曲为中国最自然之文学，无不可也。若其文字之自然，则又为其必然之结果，抑其次也。

元剧最佳之处，不在其思想结构，而在其文章。其文章之妙，亦一言以蔽之曰：有意境而已矣。何以谓之有意境？曰：写情则沁人心脾，写景则在人耳目，述事则如其口出是也。古诗词之佳者，无不如是，元曲亦然。明以后其思想结构，尽有胜于前人者，唯意境则为元人所独擅。（王国维《宋元戏曲史·元剧之文章》）

戏剧方面的收获也相当的丰盛。明前期的杂剧与传奇，大体上是金元杂剧与宋元南戏的继续。到明后期就在内容与体裁上有新的变化，而传奇尤其有突出的进展，产生了汤显祖、李玉等重要作家。清继明后，还有洪昇、孔尚任诸大家，可与汤李并称。传奇发展的高潮，到清中叶始见低落。这时兴起了地方戏，成为一支生力军，它在鸦片战争以后还日渐壮大。（陆侃如、冯沅君《中国文学史简编》）

清代的戏曲，继明之后，又取得了辉煌的成就。这首先表现为清代涌现了一大批剧作家和作品，在明清两代总共大约四千四百多种戏曲作品中，清代作品多达二千四百种以上，而且传奇与杂剧并重；其次，表现为高质量的名作的问世，洪昇的《长生殿》和孔尚任的《桃花扇》，就是在明代汤显祖《牡丹亭》之后中国戏剧史上成就最高的作品。另外，从中国古代戏曲发展史来看，清代戏曲，正是从元明以来的兴盛繁荣走向衰落的重要转折阶段。（郭预衡《中国文学史》第八编第三章）

关汉卿

关汉卿,号已斋叟。元大都人。约生于蒙古灭金(1234)以前,卒于元成宗大德年间(1297—1307)。曾任太医院尹。不乐仕进,后专事杂剧创作与演出,为我国元杂剧的奠基人。元成宗元贞、大德年间,与杂剧作家白朴、赵子祥等组织玉京书会,并和杂剧作家杨显之、费君祥、散曲作家王和卿、女艺人珠帘秀等交好。一生创作杂剧约67种,现存18种,题材广泛,包括历史人物、民间传说、社会问题,尤擅长表现下层妇女的悲惨境遇及其斗争精神。《窦娥冤》《救风尘》《单刀会》为其代表作。其散曲作品现存小令40余首,套曲10余套。王国维曾评他:"一空依傍,自铸伟词,而其言曲尽人情,字字本色,故当为元人第一。"(《宋元戏曲史》)1958年,值关汉卿戏曲创作700周年纪念,世界和平理事会推荐他为受纪念的世界文化名人之一。

【集评】

元以曲取士,设十有二科,而关汉卿辈争挟长技自见。至躬践排场,面傅粉墨,以为我家生活,偶倡优而不辞者,或西晋竹林诸贤托杯酒自放之意,予不敢知。(〔明〕臧懋循《元曲选序二》)

而诸君如贯酸斋、马东篱、王实甫、关汉卿、张可久、乔梦符、郑德辉、宫大用、白仁甫辈,咸富有才情,兼喜声律,以故遂擅一代之长。(〔明〕王世贞《曲藻序》)

单刀会·第四折

(鲁肃上,云)欢来不似今朝,喜来那逢今日。小官鲁子敬是也。我使黄文去请关公,欣喜许今日赴会。荆襄地合归还俺江东。英雄甲士已暗藏壁衣之后。令江上相候,见舡到便来报我知道。

(正末关公引周仓上,云)周仓,将到那里也?(周云)来到大江中流也。(正云)看了这大江,是好一派江水也呵!(唱)

【双调新水令】①大江东去浪千叠,引着这数十人,驾着这小舟一叶,又不比九重龙凤阙,可正是千丈虎狼穴。大丈夫心别,我觑这单刀会似赛村社。

(云)好一派江景也呵!(唱)

【驻马听】水涌山叠,年少周郎何处也? 不觉的灰飞烟灭! 可怜黄盖转伤嗟,

---

① 〔双调新水令〕:此为宫调名加曲牌名。元杂剧三、四折惯用双调,且〔新水令〕后多紧接〔驻马听〕。

破曹的樯橹一时绝。鏖兵的江水由然热。好叫我情惨切！（云）这也不是江水，（唱）二十年流不尽的英雄血！

（云）却早来到也，报伏去。（卒报科，做相见科）（鲁云）江下小会，酒非洞里之长春，乐乃尘中之菲艺①，猥劳君侯屈高就下②，降尊临卑，实乃鲁肃之万幸也！（正云）量某有何德能，着大夫置酒张宴？既请必至。（鲁云）黄文，将酒来。二公子满饮一杯。（正云）大夫饮此杯。（把盏科）（正云）想古今，咱这人过日月好疾也呵！（鲁云）过日月是好疾也。光阴似骏马加鞭，浮世似落花流水。（正唱）

【胡十八】想古今立勋业，那里也舜五人，汉三杰③，两朝相隔数年别。不付能见者④，却又早老也！开怀的饮数杯。（云）将酒来（唱）尽心儿待醉一夜。

（把盏科）（正云）你知以德报德，以直报怨么⑤？（鲁云）既然将军言以德报德，以直报怨，借物不还者为之怨。想君侯文武全才，通练兵书，习《春秋》《左传》，济拔颠危，匡扶社稷，可不谓之仁乎？待玄德如骨肉，觑曹操若仇雠，可不谓之义乎？辞曹归汉，弃印封金，可不谓之礼乎？坐服于禁，水淹七军，可不谓之智乎？且将军仁义礼智俱足，惜乎止少个信字，欠缺未完。再若全个信字，无出军侯之右也。（正云）我怎生失信？（鲁云）非将军失信，皆因令兄玄德公失信。（正云）我哥哥怎生失信来？（鲁云）想昔日玄德公败于当阳之上，身无所归，因鲁肃之故，屯军三江夏口；鲁肃又与孔明同见我主公，即日兴师拜将，破曹兵于赤壁之间。江东所费巨万，又折了首将黄盖。因将军贤昆玉无尺寸地⑥，暂借荆州，以为养军之资。数年不还，今日鲁肃低情曲意，暂取荆州，以为救民之急；待仓廪丰盈，然后再献于将军掌领。鲁肃不敢自专，君侯台鉴不错。（正云）你请我吃筵席来，那是索荆州来？（鲁云）没、没、没，我则这般道：孙刘结亲，以为唇齿，两国正好和谐。（正唱）

【庆东原】你把我真心儿待，将筵席设，你这般攀今揽古，分甚枝叶？我跟前使不着你之乎者也、诗云子曰，早该豁口截舌⑦！有意说孙、刘，你休目下翻成吴、越⑧。

（鲁云）将军原来傲物轻信。（正云）我怎么傲物轻信？（鲁云）当日孔明亲言，破曹之后，荆州即还江东。鲁肃亲为代保。不思旧日之恩，今日恩变为仇，犹自说以德报德，以直报怨。圣人道："信近于义，言可复也⑨。"去食去兵，不可去信⑩。"大车无辕，小车无軏⑪，其何以行之哉？"今将军全无仁义之心，枉作英雄之辈。荆州久借不还，却不道"人无信不立"！（正云）鲁子敬，你听的这剑界么⑫？（鲁云）剑界怎么？（正云）我这剑界，头一

---

①"酒非"二句：长春，传说中仙酒名。菲艺，低俗的技艺。二句意为我这里没有好酒，也没有出色的歌舞技艺。②猥：卑下意。此表谦恭。③"舜五人"句：舜五人，指舜的五个贤臣：禹、弃、契、皋陶、垂。汉三杰，指汉的张良、韩信、萧何。④不付能：好不容易的意思。⑤"以德"句：语出《论语·宪问》，意为用恩德报答别人的好处，用公正对待别人的怨恨。⑥贤昆玉：昆玉指弟兄，此指刘关张三人。⑦豁口截舌：应当豁开口，割掉舌，表示怪他多嘴。⑧吴越：春秋时吴国和越国，意为敌对的国家。⑨"信近"句：语出《论语·学而》。指守信用与义接近，他的话可以用行动来印证。⑩"去食"句：语出《论语·颜渊》。意为可以没有军粮没有武器，不可没有信用。⑪"大车"句：语出《论语·为政》。大车指牛车，小车指马车，车前均有驾车的横木，木上有活塞，大车上的叫辕，小车上的叫軏，若缺此器件车就不能行走。⑫剑界：即剑戒。指宝剑发出警诫声。

遭诛了文丑,第二遭斩了蔡阳。鲁肃呵,莫不第三遭到你也?(鲁云)没、没,我则这般道来。(正云)这荆州是谁的?(鲁云)这荆州是俺的。(正云)你不知,听我说。(唱)

【沉醉东风】想着俺汉高皇图王霸业,汉光武秉正除邪,汉献帝将董卓诛,汉皇叔把温侯灭:俺哥哥合情受汉家基业。则你这东吴国的孙权,和俺刘家却是甚枝叶?请你个不克己的先生自说。

(鲁云)那里甚么响?(正云)这剑界二次也。(鲁云)却怎么说?(正云)这剑按天地之灵,金火之精,阴阳之气,日月之形;藏之则鬼神遁迹,出之则魑魅潜踪;喜则恋鞘沉沉而不动,怒则跃匣铮铮而有声。今朝席上,倘有争锋,恐君不信,拔剑施呈。吾当摄剑,鲁肃休惊。这剑,果有神威不可当,庙堂之器岂寻常;今朝索取荆州事,一剑先教鲁肃亡!(唱)

【雁儿落】只为你三寸不烂舌,恼犯我三尺无情铁。这剑,饥餐上将头,渴饮仇人血。

【得胜令】则是条龙向鞘中蛰①,虎在坐间蹲②。今日故友每才相见,休着俺弟兄每相间别②。鲁子敬听者:你心内休乔怯③;畅好是随邪④,吾当酒醉也。

(鲁云)臧官动乐。(臧官上,云)天有五星,地攒五岳⑤,人有五德,乐按五音。五星者:金、木、水、火、土。五岳者:常、恒、泰、华、嵩。五德者:温、良、恭、俭、让。五音者:宫、商、角、徵、羽⑥。(甲士拥上科)(鲁云)埋伏了者!(正击案,怒云)有埋伏也无埋伏?(鲁云)并无埋伏。(正云)若有埋伏,一剑挥之两断。(做击案科)(鲁云)你击碎菱花。(正云)我特来破镜。(唱)

【搅筝琶】却怎生闹炒炒军兵列,休把我拦当者。(云)当着我的,呵呵!(唱:)我着他剑下身亡,目前流血。便有那张仪口、郦通舌⑦,休那里躲闪藏遮。好生的送我到船上者,我和你慢慢的相别。

(鲁云)你去了,倒是一场伶俐。(黄文云)将军,有埋伏里!(鲁云)迟了我的也。(关平领众将上,云)请父亲上舡,孩儿每来迎接里。(正云)鲁肃,休惜殿后。(唱)

【离亭宴带歇拍煞】我则见紫袍银带公人列,晚天凉风冷芦花谢。我心中喜悦。昏惨惨晚霞收,冷飕飕江风起,急飐飐帆招惹。承管待,承管待。多承谢,多承谢。唤梢公慢者,缆解开岸边龙,舡分开波中浪,棹搅碎江心月。正欢娱有甚进退,且谈笑不分明夜。说与你两件事,先生记者:百忙里趁不了老兄心,急且里倒不了俺汉家节。

【汇评】

《吴志·鲁肃传》:先主使关羽争三郡,肃住益阳,与羽相拒。肃邀羽相见,各驻兵马百步上,但诸将

---

① 蛰:动物冬眠状态,比喻藏匿不出。　② 间别:离间,断绝。　③ 乔怯:假装害怕。　④ 随邪:歪斜,不正经。⑤ 攒:积聚。　⑥ 羽:此为关羽名讳。臧官念"五音"念到羽字,意含双关,不避关羽讳,对关羽不敬,实为暗号,所以甲士拥上。下文关羽说"我特来破镜"(鲁肃字子敬)以为对等还击。　⑦ 张仪、郦通:均为著名辩士。张仪,战国魏人,曾游说六国以连横事秦。郦通,韩信曾用其计平定齐地。

军单刀俱会,肃因责数羽曰:"国家区区本以土地借卿家者,卿家军败远来,无以为资故也。今已得益州,即无奉还之意,但求三郡,又不从命。"语未究竟,坐有一人曰:"夫土地者惟德所在耳,何常之有!"肃厉声呵之,辞色甚切。羽操刀起,谓曰:"皆国家事,是人何知。"目使之去。按,今元人所撰《单刀会》杂剧本此,盖肃传本实录,而司马氏《通鉴》据《吴书》修辑,以肃欲与羽会语,诸将疑有变,肃不从而往,而所记羽语殊俚陋,不类云长。盖《吴书》乃自尊其国,非实录也。本肃邀羽相见,故羽操刀起,岂得云肃欲往,疑羽有变乎?裴松之辩驳最明,独此注引《吴书》而略无是正,亦大愤愤。司马据之,尤为疏也。

赤壁破曹,玄德功最大。考《昭烈传》:"与曹公战于赤壁,大破之。"《操传》:"公至赤壁,与备战不利。"而不言周瑜与鲁肃。传俱言与备并力;陈寿书《诸葛传》后亦言权遣兵三万助备,备得用与曹公交战,大破其军。则当日战功可见。今率归重周瑜,与陈寿志不甚合。余别详之。

元词人关汉卿撰《单刀会》杂剧,虽幻妄,然《鲁肃传》实有单刀俱会之文,犹实于明烛也。([明]胡应麟《少室山房笔丛》卷四一)

【赏析】

《单刀会》,全名《关大王独赴单刀会》,是关汉卿作品中一出著名的历史剧。在《三国演义》成书前,当时的书场和戏剧舞台上演绎着许多三国故事,此剧即为其中的佼佼者,至今仍为京剧红生戏的著名剧目。

戏中描写鲁肃为索取荆州,约请关羽过江赴会,并想在席间暗害关羽。事前他曾与司马徽、乔国老商议,遭到他们的反对。但鲁肃不听劝告,一意孤行。第四折即从此处展开,表现关羽单刀过江赴会的情景,是全剧的高潮。

从结构上看,全折共组织了九支曲牌,使用双调,元杂剧中用此官调者第一支曲常用〔新水令〕,第二支紧接〔驻马听〕。本曲最后用〔歇拍煞〕,在用曲牌数量上和用法上均符合惯例。剧中只有男主角关羽唱,是典型的末本戏。

从节奏上看,曲中表现的气势前紧后松,情绪呈现高、低、高的马鞍形变化。尤其前两支曲,〔双调新水令〕〔驻马听〕气势非凡,大气磅礴,历来为人称赏。若与苏轼的《念奴娇·赤壁怀古》参读,更觉此曲声情激越,显示出关羽对以往英雄的凭吊叹惋、"自古知兵非好战"的正义感以及敢闯龙潭虎穴的大无畏英雄气概。

从人物塑造上看,关汉卿虽为本色派作家,但也尽情地驱词遣句,塑造了一个真实、伟大的英雄。以关羽诛文丑、斩蔡阳的胆略和武功,单刀赴会自是无所畏惧,但面对长年征战不绝、与东吴即将决裂的局面,面对大江东去滔滔滚滚的场景,关羽不禁感慨万千,既有英雄相惜的"惨切",又有为蜀中事业前赴后继的气魄。在对白和唱词中,关羽一方面表现出珍惜蜀吴长期以来的良好关系、与鲁肃的多年友谊,另一方面也表现出全力维护西蜀利益和荣誉的决心。关羽首先在气势上用以往威名压倒对方,其次在西蜀正统问题上当仁不让,再次在语言交锋中你有来言我有去语,毫不退缩,终于压住鲁肃使其不敢擅动伏兵。其中运用有理、有利、有节的策略,堪为外交典范。在戏的最后,关羽以大勇大智冲破埋伏,胜利踏上归程,内心无比喜悦,"昏惨惨晚霞收、冷飕飕江风起"掩不住欢快之情,所以在唱词中不但有排比句,而且有重唱,并辅以短句,造成顺畅欢快、一吐胸中郁闷的感觉。结尾更以对鲁肃的调侃突出关羽的英雄形象。

（徐子方）

汤显祖

汤显祖(1550—1616)，字义仍，号若士、海若、海若士，晚年号茧翁，自署清远道人。江西临川(今江西抚州)人。明代中叶著名戏曲作家、文学家。出生于书香世家，二十一岁中举，并以善写时文而名传天下，但因拒绝权相张居正的延揽，直到三十四岁，才考中进士，先后任南京太常寺博士、詹事府主簿、南京礼部祠祭司主事。万历十九年(1591)因上疏抨击朝政，触怒皇帝与权贵，被贬为广东徐闻典史，两年后调任浙江遂昌知县。万历二十六年(1598)弃官回到临川。汤显祖在思想上接受了泰州学派的学说，崇尚真性情，反对程朱理学对人性的束缚。在戏曲创作上，主张以意趣神色为主，反对死守曲律。一生作有《紫钗记》《牡丹亭》《南柯记》《邯郸记》等传奇，合称《临川四梦》或《玉茗堂四梦》。诗文有《玉茗堂全集》。

【集评】

徐天池《四声猿》能排突元人，长于北而又不长于南；独汤临川最称当行本色。以《花间》《兰畹》之余彩，创为《牡丹亭》，则翻空转换极矣。(〔明〕陈继儒《晚香堂小品》卷二二《牡丹亭题词》)

汤海若初作《紫钗》，尚多痕迹；及作《还魂》，灵奇高妙，已到极处。(〔明〕张岱《琅嬛文集》卷三《答袁箨庵》)

《还魂》如莺惜春残，雁哀月冷，《离骚》之遗绪也。(〔清〕陆次云《北墅绪言》)

愚谷老人云："汤若士先生作《四梦》，最后作《牡丹亭》，称今古绝唱。然于字句间，其增减处未谐于谱，时伶难之，遂有起而删改之者，临川乃兴'不是王维旧《雪图》'之叹。"(〔清〕姚燮《今乐考证》著录六)

牡丹亭·游园①

【商调引子】【绕地游】②（旦上）③梦回莺啭，乱煞年光遍④。人立小庭深院。（贴）⑤炷尽沉烟⑥，抛残绣线，恁今春关情似去年？⑦

---

① 《牡丹亭·游园》：《牡丹亭》，又名《还魂记》，写南宋时南安太守杜宝之女杜丽娘因情入梦，梦遇书生柳梦梅，又因梦而死，死而复生，后终与柳梦梅结为夫妇。全剧共五十五出，《游园》是第十出《惊梦》中的前半出，杜丽娘在春香的陪伴下，背着父母，来到后花园游玩赏春。 ② 〔商调引子〕〔绕地游〕：商调，戏曲宫调名，相当于西洋音乐中的D调。引子：南曲曲调分为引子、过曲、尾声三大类，引子为散板曲，〔绕地游〕即为引子。凡生、旦等角色上场，一般先唱引子。 ③ 旦：戏曲角色名，扮演剧中的女主角。 ④ 乱煞年光遍：到处是撩乱人心的春光。 ⑤ 贴：戏曲角色名，贴旦的省称，扮演剧中次要的女性角色。 ⑥ 炷尽沉烟：炷(zhù)，焚烧。沉烟，香料名，亦称沉香、沉水香。 ⑦ "恁今春"句：意谓为何今年对春光的关切之情胜过去年。

〔乌夜啼〕①（旦）晓来望断梅关，宿妆残②。（贴）你侧着宜春髻子恰凭栏③。（旦）"剪不断，理还乱"④，闷无端。（贴）已吩咐催花莺燕借春看。（旦）春香，可曾叫人扫除花径？（贴）吩咐了。（旦）取镜台衣服来。（贴取镜台衣服上）"云髻罢梳还对镜，罗衣欲换更添香"⑤。镜台衣服在此。

【步步娇】（旦）袅晴丝吹来闲庭院，摇漾春如线⑥。停半晌⑦，整花钿⑧，没揣菱花，偷人半面，迤逗的彩云偏⑨。（行介）步香闺怎便把全身现！

　　（贴）今日穿插的好。

【醉扶归】（旦）你道翠生生出落的裙衫儿茜，艳晶晶花簪八宝填，可知我常一生儿爱好是天然⑩。恰三春好处无人见⑪，不提防沉鱼落雁鸟惊喧⑫，则怕的羞花闭月花愁颤⑬。

　　（贴）早茶时了，请行。（行介⑭）你看：画廊金粉半零星，池馆苍苔一片青。踏草怕泥新绣袜，惜花疼煞小金铃⑮。（旦）不到园林，怎知春色如许！

【皂罗袍】原来姹紫嫣红开遍⑯，似这般都付与断井颓垣⑰。良辰美景奈何天，赏心乐事谁家院⑱！恁般景致⑲，我老爷和奶奶再不提起。（合）朝飞暮卷，云霞翠轩；雨丝风片，烟波画船⑳。锦屏人忒看的这韶光贱㉑！

　　（贴）是花都放了㉒，那牡丹还早。

【好姐姐】（旦）遍青山啼红了杜鹃㉓，荼蘼外烟丝醉软㉔。春香呵，牡丹虽好，他春归怎占的先！（贴）成对儿燕莺呵！（合）闲凝眄㉕，生生燕语明如剪，呖呖莺歌溜的圆㉖。

　　（旦）去罢。（贴）这园子，委是观之不足也。（旦）提他怎的？（行介）

----

　　①〔乌夜啼〕：词牌名，传奇中的词牌属宾白，用于念诵。　②望断：望尽，远望。梅关：在今江西大庾岭上。宿妆：隔夜的装束。残：零乱。　③宜春髻子：旧俗立春日，妇女剪彩绸作燕子状，戴在发髻上，上写"宜春"二字，见《荆楚岁时记》。　④"剪不断"二句：语见南唐后主李煜《乌夜啼》词。　⑤"云髻"二句：语见唐薛逢《宫词》诗。　⑥"袅晴丝"二句：袅晴丝，昆虫吐出的丝缕在晴空中飘荡。袅，飘忽摇曳。摇漾，摇动荡漾。　⑦半晌（shǎng）：好半天，好大一会儿。　⑧花钿（diàn，又读tián）：古时妇女的首饰，即花钗。　⑨"没揣"三句：没揣（chuǎi），"没揣的"的省文，没在意，突然。菱花，古时铜镜背面铸有菱花以为饰，称菱花镜，也以菱花代称镜子。偷人半面，意谓在镜子中照见了自己的半个面容。迤（原读 tuō，今读 yǐ）逗（dòu），挑逗，引诱。彩云，对女子头发的美称。　⑩"你道"三句：翠生生，色彩鲜艳貌。出落，显现，衬托。茜（qiàn），红色。艳晶晶，光彩明亮的样子。花簪八宝填，用多种宝石镶嵌的簪子。八宝，多种宝石。填，镶嵌。天然，不加修饰的自然美。　⑪三春好处：比喻自己的青春美貌和情思。　⑫沉鱼落雁：典出《庄子·齐物论》，本谓鱼与鸟不辨美丑，唯知见人惊避。后世用以形容女子貌美。　⑬羞花闭月：形容女子貌美，意谓花儿、月亮见了自愧不如而不敢开放或躲进云中。　⑭介：戏曲术语，指动作或舞台效果。　⑮"惜花"句：唐明皇之兄宁王爱花，春天时用红丝绳将金铃系在花枝上，有鸟雀飞来，便牵动金铃惊散鸟雀。见《开元天宝遗事》。　⑯姹（chà）紫嫣（yān）红：形容鲜花盛开，万紫千红。　⑰断井颓垣：枯竭的废井，倒塌的院墙。　⑱"良辰"二句：化用谢灵运《拟魏太子邺中集诗序》"天下良辰美景，赏心乐事，四者难并"之语，意谓大好春光，美丽景色，无人欣赏，有负苍天；能使人赏心悦目，快意当前的，又在哪一家呢？　⑲恁般：如此，这样。　⑳"朝飞"四句：朝飞暮卷，化用唐代王勃《滕王阁》诗"画栋朝飞南浦云，珠帘暮卷西山雨"之意。翠轩，装饰华丽的亭台楼阁。雨丝风片，微风细雨。　㉑"锦屏人"句：锦屏人，深闺中的女子。忒，太。韶光，春光。　㉒是：所有的。　㉓啼红了杜鹃：开遍了红色的杜鹃花。民间传说杜鹃鸟为古蜀帝杜宇所化，每到春天，昼夜悲鸣不止，直至口中滴血。见晋常璩《华阳国志·蜀志》。　㉔荼蘼（tú mí）：一种落叶灌木，晚春开花，花白色。　㉕凝眄（miǎn）：注视。　㉖"生生"二句：生生，形容燕子清脆的鸣叫声。明，明快。剪，形容清脆。呖呖，形容黄莺柔美的叫声。溜的圆，鸣叫声圆润婉转。

【隔尾】观之不足由他缱①，便赏遍了十二亭台是枉然，倒不如兴尽回家闲过遣②。

（作到介）（贴）开我西阁门，展我东阁床③。瓶插映山紫④，炉添沉水香。

小姐，你歇息片时，俺瞧老夫人去也。（下）

【汇评】

若士自谓一生"四梦"，得意处惟在《牡丹》，情深一叙，读未三行，人已魂销肌栗，而安顿出字，亦自确妙不易。其款置数人，笑者真笑，笑即有声；啼者真啼，啼即有泪；叹者真叹，叹即有气。杜丽娘之妖也，柳梦梅之痴也，老夫人之软也，杜安抚之古执也，陈最良之雾也，春香之贼牢也，无不从筋节窍髓，以探其七情生动之微也。（〔明〕王思任《批点玉茗堂〈牡丹亭〉词叙》）

汤义仍《牡丹亭梦》一出，家传户诵，几令《西厢》减价。奈不谐曲谱，用韵多任意处，乃才情自足不朽也。（〔明〕沈德符《万历野获编》卷二十五《词曲》）

汤若士《还魂》一剧，世以配飨元人，宜也。问其精华所在，则以《惊梦》《寻梦》二折对。余谓二折虽佳，犹是今曲，非元曲也。《惊梦》首句云："袅晴丝飞来闲庭院，摇漾春如线。"以游丝一缕，逗起情丝，发端一语，则费如许深心，可谓惨淡经营矣。然听歌《牡丹亭》者，百人之中，有一二人解出此意否？若谓制曲初心，并不在此，不过因所见以起兴，则瞥见游丝，不妨直说，何须曲而又曲，由晴丝而说及春，由春与晴丝而悟其如线也？若云作此原有深心，则恐索解人不易得矣。索解人既不易得，又何必奏之歌筵，俾雅人俗子同闻而共见乎？其余"停半晌，整花钿，没揣菱花，偷人半面"，及"良辰美景奈何天，赏心乐事谁家院"，"遍青山啼红了杜鹃"等语，字字俱费经营，字字皆欠明爽。此等妙语，止可作文字观，不得作传奇观。（〔清〕李渔《闲情偶寄·词曲部·词采第二》）

【赏析】

《牡丹亭》表现了"情"与"理"的矛盾冲突，描写了"情"对"理"的反抗。杜丽娘是"情"的化身，游园则是杜丽娘对封建势力的反抗。当她在春香的引逗下，来到了后花园，大自然的美丽景色，唤醒了她的青春活力，产生了要求摆脱封建礼教束缚的强烈愿望。〔绕地游〕〔步步娇〕〔醉扶归〕三曲描写了杜丽娘游园前的心情，既写了她对美好春光的向往与对青春的热爱，同时也形象地表现了她初出深闺所产生的彷徨与娇羞。黄莺的鸣声唤醒了杜丽娘的春情，春天的晴丝勾起了她内心的"情"丝，面对撩乱的春光，她已不满足于被父母禁锢在"小庭深院"中，要背着父母，去后花园游玩赏春。然而由于长期受到父母的管教和封建礼教的束缚，此时心里还有所顾忌，作者通过她在打扮时的几个典型动作："停半晌，整花钿，没揣菱花，偷人半面，迤逗的彩云偏，"十分细腻形象地刻画了她欲行又止、彷徨犹豫的心理状态。内心经过一番斗争后，"情"终于战胜了"理"，走出深闺，来到了后花园。〔皂罗袍〕〔好姐姐〕〔隔尾〕三曲是杜丽娘游园时所唱，既描写了明媚烂漫的春色，也表现了杜丽娘内心的感伤之情以及对封建礼教束缚的强烈不满。满园都是"姹紫嫣红"，然而这么美好的春光，却"都付与断井颓垣"。触景生情，杜丽娘由此想到了自己

---

① 缱（qiǎn）：缠绵，留恋。　② 过遣：打发时光。　③ "开我"二句：语本《木兰辞》："开我东阁门，坐我西阁床。"
④ 映山紫：亦称映山红，杜鹃花的一种。

的不幸遭遇，虽年已及笄，但父母的严厉管教和封建礼教的束缚，使她不能"早成佳配，诚为虚度青春。"因此，在她看来，良辰美景虚设，"锦屏人忒看的这韶光贱！"即使是赏遍了所有的亭台楼阁，也终是枉然，只能给自己带来无穷的愁闷与感伤。游园本是为了消愁解闷，不料这春光引发了她内心的春情，激化了与封建礼教的矛盾。因此，越游愁越重，内心的感伤和怨恨已经到了无法排解的程度，这也就为下半出的"惊梦"做了铺垫。作者采用了寓情于景、以景衬情的表现手法，明写春景，暗寓春情，情景交融，并且通过特定的细节描写来刻画人物的心理活动，生动地展现了杜丽娘内心对美好爱情的向往和对封建礼教的强烈怨恨。语言华丽优美，化用前人成句，贴切自然，具有剧诗的特色。

（俞为民）

备选课文

双调·小圣乐·骤雨打新荷 [金]元好问

绿叶阴浓，遍池亭水阁，偏趁凉多。海榴初绽，朵朵蹙红罗。老燕携雏弄语，对高柳鸣蝉相和。骤雨过，似琼珠乱撒，打遍新荷。　　人生百年有几？念良辰美景，休放虚过。穷通前定，何用苦张罗。命友邀宾玩赏，对芳樽浅酌低歌。且酩酊，任他两轮日月，来往如梭。

双调·蟾宫曲·咏西湖 [元]奥敦周卿

西湖烟水茫茫，百顷风潭，十里荷香。宜雨宜晴，宜西施淡抹浓妆。尾尾相衔画舫，尽欢声无日不笙簧。春暖花香，岁稔时康。真乃"上有天堂，下有苏杭。"

越调·凭栏人·寄征衣 [元]姚燧

欲寄征衣君不还，不寄征衣君又寒。寄与不寄间，妾身千万难。

双调·水仙子·夜雨 [元]徐再思

一声梧叶一声秋，一点芭蕉一点愁，三更归梦三更后。落灯花棋未收，叹新丰孤馆人留。枕上十年事，江南二老忧，都到心头。

* 此首一作明·施绍莘作。

双调·蟾宫曲·春情 [元]徐再思

平生不会相思，才会相思，便害相思。身似浮云，心如飞絮，气若游丝。空一缕馀香在此，盼千金游子何之。症候来时，正是何时？灯半昏时，月半明时。

黄钟·人月圆·山中书事 [元]张可久

兴亡千古繁华梦，诗眼倦天涯。孔林乔木，吴宫蔓草，楚庙寒鸦。　　数间茅舍，藏书万卷，投老村家。山中何事？松花酿酒，春水煎茶。

双调·蟾宫曲·自嗟 [元]周德清

倚蓬窗无语嗟呀，七件儿全无，做什么人家！柴似灵芝，油如甘露，米若丹砂；酱瓮儿恰才梦撒，盐瓶儿又告消乏；茶也无多，醋也无多。七件事尚且艰难，怎生教我折柳攀花！

双调·折桂令·过金山寺 [元]赵禹圭

长江浩浩西来。水面云山，山上楼台。山水

相连,楼台相对,天与安排。诗句成云烟动色,酒杯倾天地忘怀。醉眼睁开,遥望蓬莱,一半儿云遮,一半儿烟霾。

共山高下。倚仗立云沙,回首看山家。野鹿鸣山草,山猿戏野花。云霞,我爱山无价。看时行踏,云山也看咱。

双调·雁儿落带得胜令·退隐

[元]张养浩

云来山更佳,云去山如画。山因云晦明,云

网络链接

① 中国戏剧起源于何时?　② 元杂剧兴盛的原因何在?　③ 关汉卿乡关何处?　④《西厢记》的著作权归谁?　⑤ "元曲四大家"指些什么人?

参考书目

王起编《中国戏曲选》,人民文学出版社 1986 年

顾肇仓选注《元人杂剧选》,人民文学出版社 1957 年

袁世硕主编《元曲百科辞典》,山东教育出版社 1989 年

齐森华编《中国曲学大词典》,浙江教育出版社 1997 年

王国维著《宋元戏曲史》,百花文艺出版社 2002 年

王季思主编《中国十大古典喜剧集》,上海文艺出版社 1982 年

王季思主编《中国十大古典悲剧集》,上海文艺出版社 1985 年

赵景深、胡忌选注《明清传奇选》,中国青年出版社 1957 年

钱南扬校点《汤显祖戏曲集》,上海古籍出版社 1978 年

俞为民《〈牡丹亭〉导读》,黄山书社 2001 年

徐朔方《汤显祖评传》,南京大学出版社 1993 年

萧善因选注《清代戏曲选注》,上海古籍出版社 1985 年

毛效同编《汤显祖研究资料汇编》,上海古籍出版社 1986 年

明清散曲选

思考与练习

1. 浅析《单刀会》中表现关羽英雄形象的手法。

2. 课外阅读汤显祖《牡丹亭》全剧,写一篇分析杜丽娘人物形象的小论文,约 600 字。

慕课资源

【总论】

金代诗人,惟一元遗山(好问,字裕之)可称大家,精思健笔,有悲壮之音。　　元代诗,多学二李(太白、长吉)。其最著者,赵子昂(孟頫,号松雪)及虞(集,字伯生,号道园)、杨(载,字仲弘)、范(椁,字德机)、揭(傒斯,字曼硕)四家。元末则萨天锡(都剌)、杨铁崖(维桢,字廉夫)二人为最著。([清]陈衍《诗学概要》)

宋诗深,却去唐远;元诗浅,去唐却近。顾元不可为法,所谓"取法乎中,仅得其下"耳。极元之选,惟刘静修、虞伯生二人,皆能名家,莫可轩轾。([明]李东阳《麓堂诗话》)

宋诗近腐,元诗近纤,明诗其复古也。而二百七十余年中,又有升降盛衰之别。尝取有明一代诗论之:洪武之初,刘伯温之高格,并以高季迪、袁景文诸人,各逞才情,连镳并轸,然犹存元纪之余风,未极隆时之正轨。永乐以还,体崇台阁,骩骳不振。弘、正之间,献吉、仲默,力追雅音,庭实、昌榖,左右骖靳,古风未坠。余如杨用修之才华,薛君采之雅正,高子业之冲淡,俱称斐然。于鳞、元美,益以茂秦,接踵囊哲。虽其间规格有余,未能变化,识者咎其鲜自得之趣焉;然取其菁英,彬彬乎大雅之章也。自是而后,正声渐远,繁响竞作,公安袁氏,竟陵钟氏、谭氏,比之自郐无讥,盖诗教衰而国祚亦为之移矣。此升降盛衰之大略也。([清]沈德潜《明诗别裁集序》)

萨都剌

萨都剌(1272—1355),字天锡,号直斋。回族人,自祖父辈定居雁门(山西代县)。早年家境贫寒,曾远涉吴楚,经商谋生。泰定四年(1327)中进士,任翰林院应奉文字。天历二年(1329)出为镇江录事司达鲁花赤,历任南台掾史、燕南肃政廉访司照磨等职。后弃官归隐于安庆司空山,卒年不详。所著《雁门集》已佚,今所传《雁门集》十四卷乃其后裔萨龙光所编校,有上海古籍出版社殷孟伦标点本。

【集评】

虞集作《傅若金诗序》,称进士萨天锡最长于情,流丽清婉,今读其集,信然。([清]纪昀等《四库全书

总目》卷一六七)

虞伯生、萨天锡两家词,皆兼擅苏、秦之胜。([清]刘熙载《艺概·词曲概》)

前人评韩、柳文者曰"韩如静女,柳如名姝",殊觉未称。独元虞伯生、萨雁门二家词,则极相类。虞词幽茜,萨词繁丽,殆有别耳。([清]张德瀛《词征》卷六)

天锡词不多作,而长调有苏、辛遗响。大抵元词之始,实受遗山之感化。子昂以故国王孙,留意词翰,涵养既深,英才辈出。云石、海涯以绮丽清新之派,振起于前,而天锡继之,元词以此时为盛矣。(吴梅《词学通论》)

百字令·登石头城①

石头城上,望天低吴楚,眼空无物。指点六朝形胜地②,唯有青山如壁。蔽日旌旗,连云樯橹,白骨纷如雪。一江南北,消磨多少豪杰。　　寂寞避暑离宫,东风辇路,芳草年年发。落日无人松径里,鬼火高低明灭。歌舞樽前,繁华镜里,暗换青青发。伤心千古,秦淮一片明月③。

【汇评】

天锡《小阑干》词,笔情何减宋人;其石头城怀古词,尤多感慨。([清]王奕清等《历代诗余》卷一百十九引《梅苑》)

天锡最长于吊古,古诗亦然,不独工倚声也。语意凄恻。([清]陈廷焯《词则·放歌集》卷三)

此词全用苏轼赤壁怀古词《念奴娇》原韵,千载之下,和苏词者极众但能如此者寥寥。此词虽和韵却不受束缚,反而因难见巧,思笔俱畅,论古道今,纵横驰骋,千载兴亡,历朝往事,驱策于腕下;眼前景物,胸中慨叹,交汇于笔端。深沉豪迈,凄凉悲慨兼而有之,味之令人动情,读之叹为观止。(王步高《金元明清词鉴赏辞典》)

【赏析】

这是一篇登临怀古词,不专咏一朝一代之兴衰,而是以六朝遗址石头城为着眼点,发抒千古沧桑和人生无常的感慨。发端二句从眼前之景落笔:登上石头城,但见天高地迥,吴楚尽收眼底,境界开阔而又壮观。但从"眼空无物"四字,却知词人登临,乃别有情怀。怀古之意,由此摇曳而出。"指点"两句紧承意脉,思接千载,走入历史:南京龙盘虎踞,襟带长江,自古为形胜之地,六朝在此建都,曾经有过朱甍碧瓦,云旗霓旌的热闹和繁华。如今事往境迁,昔日笙歌已渺然难寻了。"蔽日"以下数句,词人思绪沿着历史长河飞腾:他想到了赤壁之战,曹公水寨,旌旗蔽日,樯橹如云,竟在周瑜火攻中化为轻烟,孙吴割

---

① 石头城:在今南京城中。汉末建安十七年,孙权治秣陵,始筑此城。宋张舜民云:"石头城天生城壁,有如城然。"　② 形胜:谓地势优越壮美。　③ 刘禹锡《石头城》诗:"淮水东边旧时月,夜深还过女墙来。"

据,金陵为都即始于此。他又想到了西晋八王之乱,司马氏扬旌南渡,也想到了韩擒虎以五百兵入朱雀门,陈叔宝系颈归降,又联想到李煜错杀了潘佑、李平,自己身为北虏。这里曾有诸葛的羽扇纶巾,周瑜的豪迈儒雅,谢安的东山风流。更有甚者,英雄逐鹿,此消彼长,无数百姓转死沟壑,千万将士暴骨沙场,这一切都令人追忆叹惋,嗟伤感慨。下阕再就石头城发论:城中帝王的离宫别馆,如今却已荒草萋萋,一片寂寞,夜晚林中鬼火飘没,高低明灭,显得阴森可怖。词人面对这一切,心中不能不有极大的感慨:谷替陵迁,人事无常,而山河依旧,宇宙永恒。"歌舞"三句,即由叹惋历史转到对于人生易逝的感伤。王朝尚且如此,何况人生百年。末二句:"伤心千古,秦淮一片明月"绾合全文,把对宇宙长存、人生有限的感慨打并到对陵谷沧桑的深沉浩叹之中。此词步东坡《念奴娇·大江东去》韵,是千年而下众多苏词和作中少见的佼佼者。

(王庆生)

高 启

高启(1336—1374),字季迪,号槎轩。长洲(今江苏苏州)人。元末明初最杰出的诗人。少有才名,博学工诗。元末隐居于吴淞青丘,自号青丘子。早年与杨基、张羽、徐贲并称"吴中四杰"。明洪武初,召修元史,授翰林院国史编修,擢户部右侍郎,他坚决推辞。放归后,以教读为生。后因曾为苏州府知府魏观作上梁文,连坐被腰斩,年仅39岁。其诗兼取众长,开合变化,不拘一格,善用各种不同的体裁和风格表现不同内容,尤长于七言歌行。有明诗之冠的称号。有《高太史大全集》,一名《高青丘集》。

【集评】

高季迪如射雕胡儿,伉健急利,往往命中,又如燕姬靓妆,巧笑便辟。(〔明〕王世贞《艺苑卮言》卷五)

高侍郎季迪,始变元季之体,首倡明初之音。发端沉郁,入趣幽远,得风人激刺微旨。故高、杨、张、徐,虽并称豪华,惟季迪为最。其古体咀嚼刘桢,近体厌饫李颀。(〔明〕顾起纶《国雅品》)

七言律不易得,元和以还,仅见高侍郎一家,何其寥寥也。(同上)

王子充曰:"季迪之诗,隽逸而清丽,如秋空飞隼,盘旋百折,招之不肯下;又如碧水芙渠,不假雕饰,翛然尘外。"谢徽曰:"季迪之诗,缘情随事,因物赋形,横从百出,开合变化。其体制雅醇,则冠裳委蛇,佩玉而长裾也。其思致清远,则秋空素鹤,回翔欲下,而轻云霁月之连娟也。其文采缛丽,如春花翘英,蜀锦新濯。其才气俊逸,如泰华秋隼之孤骞,昆仑八骏追风蹑电而驰也。"李东阳曰:"国初称高、杨、张、徐。高才力声调,过三人远甚。百余年来,亦未见卓然有过之者。"(〔清〕钱谦益《列朝诗集小传》甲集)

侍郎诗,上自汉魏盛唐,下至宋元诸家,靡不出入其间,一时推大作手。特才调有余,蹊径未化,故一变元风,未能直追大雅。(〔清〕沈德潜《明诗别裁集》卷一)

高青丘才气超迈,音节响亮,宗派唐人,而自出新意,一涉笔即有博大昌明气象,亦关有明一代文运。

论者推为开国诗人第一，信不虚也。　　李青莲诗，从未有能学之者，唯青丘与之相上下，不惟形似，而且神似。……惜乎年仅三十九，遽遭摧殒，遂未能纵横变化，自成一大家。然有明一代诗人，终莫有能及之者。（［清］赵翼《瓯北诗话》卷八）

高得曰：太史辞气春容，音律浑雅，而光彩自著，如清风徐来于修篁古松之间，锵然成韵，略无矫饰。（［清］汪端《明三十家诗选》高启诗选卷中引）

袁枚曰：诗有音节清脆，如雪竹冰丝，自然动听者，此皆由天分，非学力可到也，在明唯高青丘一人而已。（同上）

登金陵雨花台望大江

大江来从万山中，山势尽与江流东。钟山如龙独西上，欲破巨浪乘长风①。江山相雄不相让②，形胜争夸天下壮。秦皇空此瘗黄金③，佳气葱葱至今王④。我怀郁塞何由开？酒酣走上城南台⑤。坐觉苍茫万古意，远自荒烟落日之中来。石头城下涛声怒⑥，武骑千群谁敢渡？黄旗入洛竟何祥⑦？铁锁横江未为固⑧。前三国，后六朝⑨，草生宫阙何萧萧！英雄乘时务割据，几度战血流寒潮。我生幸逢圣人起南国⑩，祸乱初平事休息。从今四海永为家⑪，不用长江限南北⑫。

---

①"钟山"二句：钟山一名紫金山，在今南京市东北部，靠近长江。山势走向由东向西，似乎与向西的江流相对相抗。破巨浪乘长风，用《南史·宗悫传》中"愿乘长风破万里浪"句。　②相雄：互相争胜。　③"秦皇"句：秦始皇徒然在此埋下黄金（以镇压帝王之气）。《太平御览》卷170引《金陵图》云："昔楚威王见此有王气，因埋金以镇之，故曰金陵。秦并天下，望气者言江东有天子气，凿地断连冈，因改金陵为秣陵。"《丹阳记》曰："秦始皇埋金玉杂宝以压天子气，故曰金陵。"二说不同，高启似合用二说，以事归秦始皇。瘗（yì），掩埋，埋葬。　④"佳气"句：至今金陵依然佳气葱葱，王气旺盛。《后汉书·光武帝纪论》说："后望气者苏伯阿为王莽使，至南阳，遥望见舂陵郡，喏（jiè）曰：'气佳哉！郁郁葱葱然！'"东汉开国皇帝刘秀起于南阳舂陵，故谓此地有天子气。此句与上句相接，意谓金陵自古是形胜之地，当年秦始皇虽然想用埋黄金、破地脉之法镇压此地的帝王之气，但金陵龙蟠虎踞，至今依然佳气葱葱，王气盛旺，是天子宜居之地。因明代在此建都，高启故有此说。王（wàng），旺盛。　⑤城南台：指雨花台，在今南京市南之聚宝山上。相传梁武帝时云光法师在此讲经，天雨花如雪片纷落，故名。此台在山冈最高处，可遥望大江，俯瞰市区。走：跑。　⑥石头城：故址在今南京市清凉山下，今存残迹。本为楚之金陵城，下临秦淮河。三国时吴国孙权重筑，改名石头城，后改名建业。六朝时，长江迫近山麓，故高启说能在此听到江"涛声怒"。　⑦"黄旗入洛"句：指吴主孙权之子孙皓听信谶（chèn）言，云入洛（阳）可得天下，即带全家北上，结果中途无功而返。《三国志·吴书·孙皓传》裴松之注引《江表传》曰：吴国丹阳人刁玄出使蜀国，听人谈气运历数之事，归来增饰其言，欺骗国人说："黄旗紫盖，见于东南，终有天下者，荆扬之君乎？"当时又传来寿春之地的童谣，曰："吴天子当上。""皓闻之，喜曰：'此天命也。'既载其母、妻子及后宫数千人，从牛渚陆道西上，云：青盖入洛阳，以顺天命。行遇大雪，道途陷坏，兵士被甲持仗，百人共引一车，寒冻殆死，兵人不堪，皆曰：'若遇敌，便当倒戈耳。'皓闻之，乃还。"竟何祥，哪里有什么吉祥！　⑧"铁锁横江"句：指吴国以铁链拦江抵御北方晋军之举无效。《晋书·王濬传》记晋国益州刺史王濬，率水师乘舰船从成都出发，顺长江东下攻金陵。吴国在湖北西塞山用大铁链横拦江面，又作数十铁锥长丈余，暗置江中，以阻挡敌船。王濬探知情状，派人先用大木筏数十，顺流冲撞铁锥，用以拔去铁锥，又作大火炬在船前点燃，烧断了铁链。晋军攻破石头城，孙皓投降。　⑨三国：此处专指吴国。六朝：吴、东晋、宋、齐、梁、陈，均建都于金陵，史称六朝。高启历数建都于金陵的前朝历史，故言三国、六朝。　⑩圣人：封建时代尊称皇帝为圣人，也指道德智能极高的人。此指明朝开国皇帝朱元璋。起南国：朱元璋是钟离（今安徽凤阳县东）人，从郭子兴起兵于濠州，故云"起南国"。　⑪四海为家：《史记·高祖本纪》："天子以四海为家。"从今四海为家，即谓全国统一，归一个朝廷统治。此用唐代刘禹锡《西塞山怀古》诗"从今四海为家日"句。　⑫限：阻隔。

【汇评】

起势雄杰，一结尤颂扬得体。（王文濡《宋元明诗评注读本》卷二）

诗用长短句体裁写成，《高青丘集》中专列"长短句"一卷。全诗每四句一转韵，诗境以雄浑涵茫振起，中间插入感慨，这样才于抑扬之中显得深厚。（金性尧《明诗三百首》）

【赏析】

高启的这首七言歌行，是一首登临怀古之作，所抒发的并非单纯的思古幽情，而是借怀古表达对战乱结束、天下统一的喜悦，希望人民永远安乐。

此诗可分三段。首段八句写景，以奔放的笔调极力描写古都金陵的雄伟形势，为中段的反跌奠下基础。中段十二句怀古。诗人登台观览，心中"苍茫万古意"油然而生：金陵虽是江山险固之地，但回顾前史竟没有一个国祚长久的；江山诚然险要，但地形之险实不足恃。诗人举出东吴亡国之君孙皓的两件事（黄旗入洛，铁锁横江），笑他既不能统一天下，也不能保住孙氏祖业。由此概括六朝帝王据半壁江山、相继覆亡之事，用眼前荒烟落日、宫草萧萧之象，将上一段渲染的葱茏王气一笔抹倒，直说从前金陵不过是"英雄"们争夺"割据"，造成战血流淌之地。末段四句寄意。由怀古反生出新意，既表示对天下重新统一的喜悦，也期望新朝的统治者接受历史的教训，以仁德治国，彻底消除战乱，让人民休养生息，使金陵这一古都王气永远兴旺，全国永远统一。

这首诗感情激越，起伏跌宕，层层转折。二十四句诗，四句一换韵，音调铿锵流畅；七言为主，间用短句，颇具歌行本色。清代诗论家赵翼说："高青丘才气超迈，音节响亮，宗派唐人，而自出新意，一涉笔即有博大昌明气象，亦关有明一代文运。论者推为开国诗人第一，信不虚也。""李青莲诗，从未有能学之者，唯青丘与之相上下，不惟形似，而且神似。"（《瓯北诗话》卷八）这一段评论用来评《登金陵雨花台望大江》也是合适的。

（周　明）

杨　慎

杨慎（1488—1559），字用修，号升庵，四川新都人。正德六年（1511）进士第一，曾任翰林修撰，经筵讲官。嘉靖三年（1524），因"大礼仪"廷杖削籍，贬戍云南，三十五年后，卒于贬所。天启朝追谥"文宪"。升庵博闻广识，《明史》本传称其著述之富，明代第一。后人辑有《升庵集》。另有《丹铅录》《升庵诗话》《词林万选》等，于学术、诗文、词曲诸方面均有建树。词有《杨慎词曲集》（王文才辑校，四川人民出版社1984），其词藻丽其外，凄咽于内，对明代词风的转变有一定影响。

【集评】

太史公谪居滇南,托兴于酒边,陶情于词曲,传咏于滇云,而溢流于夷徼。昔人云:吃井水处皆唱柳词;今也不吃井水处亦唱杨词矣。([明]杨南金《升庵长短句序》)

成都杨慎作长短句,有沐兰浴芳、吐云含雪之妙,其流丽辉映,足雄一代,较于《花间》《草堂》,可谓俱撮其长矣。([清]毛先舒《诗辩坻》卷四)

明人词,以杨用修升庵为第一。([清]胡薇元《岁寒居词话》)

用修词,清新雅秀,长调不免俚俗,小令之妙,允堪接武伯温。([清]陈廷焯《云韶集》卷一二)

临 江 仙①

滚滚长江东逝水,浪花淘尽英雄。是非成败转头空②。青山依旧在,几度夕阳红。 白发渔樵江渚上③,惯看秋月春风。一壶浊酒喜相逢。古今多少事,都付笑谈中。

【汇评】

这首题为秦汉开场词。上片只写古来多少英雄成败,只如大浪淘沙转眼成空。下片写江上渔樵闲话,清谈快论,娓娓动听。全篇并未提出秦汉以来任何具体英雄故事,而给人以丰富的想象,此以扫为生法也。前人丁绍仪《听秋声馆词话》以"清空"二字评之,诚然。(夏承焘、张璋《金元明清词选》)

【赏析】

这首词以短短的篇幅,高度概括了一位历经沧桑者的人生感悟,深刻地渗透着某种人生哲理。此词反思历史,纵览古今,指出千万人孜孜追求的功名事业、斤斤算计的是非成败,到头来转眼成空,由此唤醒许多沉迷不悟的人。

本词并未抽象地讲说道理,而是把永恒的宇宙与短暂的人生做对比,自然地显示出哲理:滚滚长江水虽然不断向东流逝,但江水永远奔流不息;千古英雄豪杰随水过尽,均一去不回。青山巍巍,依旧存在,秋月春风,无限循环;人生虽然美好,但十分短促,只有"几度夕阳红"而已。与永恒的宇宙、历史长河相比,一时的是非成败转眼间已成空虚。诗人从历史的经验和个人的经历中看透了人生,逐渐摆脱了荣辱得失的羁绊,以渔父樵夫自居,与秋月春风为伴,寄情诗酒,笑谈古今,抒发了超然物外的旷达之情。

(周 明)

---

① 临江仙:此词是明代著名学者杨慎的晚年作品,选自他的《廿一史弹词》第三段说秦汉开场词。清初毛纶、毛宗岗父子将它置于小说《三国演义》卷首,当代电视连续剧《三国演义》将它作为片头曲的歌词,因而流传甚广。 ② 转头:犹言转脸、转眼,喻时间极短。 ③ 渔樵:捕鱼、砍柴。古代诗文中渔翁、樵夫多指隐士。渚(zhǔ):江中的小洲。

纳 兰 性 德

纳兰性德(1655—1685)，原名成德，避讳改，字容若，号楞伽山人。满洲正黄旗人，父明珠，官大学士、太子太傅，母爱新觉罗氏。康熙十五年(1676)进士，官一等侍卫。《清史稿》有传。有《通志堂集》，附词四卷，后人汇辑成《纳兰词》，今存词348首。词风真挚自然而多凄恻哀艳，悼亡之作尤称绝调。向有满洲词人第一之誉，为清词大家。

【集评】

（君）精工乐府，时谓远轶秦柳。所刻《饮水》《侧帽》词，传写遍于村校邮壁，海内文士，竟所摹仿，然君不以为意。（[清]徐乾学《通议大夫一等侍卫进士纳兰君神道碑文》）

字追米、蔡，词抗苏、黄，诗则拾遗、王、孟之间，罔不各臻其妙。（[清]董讷《进士纳兰君诔词》）

至于乐府小词，以为近骚人之遗，尤尝好为之。故当其合作，飘忽要眇，虽列之《花间》《草堂》，左清真而右屯田，亦足以自名其家矣。（[清]严绳孙《成容若遗稿序》）

《饮水词》三卷，凄婉娴丽，于小令最工，或谓李煜转身，殆以词品相类也。（[清]王煜《饮水词钞》）

《饮水词》含情绵邈，言有尽而意无穷。（[清]陈廷焯《云韶集》卷一五）

纳兰容若以自然之眼观物，以自然之舌言情。此由初入中原，未染汉人风气，故能真切如此。北宋以来，一人而已。（王国维《人间词话》）

金缕曲·亡妇忌日有感①

此恨何时已②？滴空阶、寒更雨歇，葬花天气③。三载悠悠魂梦杳，是梦久应醒矣④！料也觉、人间无味！不及夜台尘土隔，冷清清、一片埋愁地⑤。钗钿约，竟抛弃⑥！　　重泉若有双鱼寄⑦。好知他、年来苦乐，与谁相倚？我自终宵成转侧，忍听湘弦重理⑧？待结个、他生知己。还怕两人俱薄命，再缘悭、剩月零风

---

① 金缕曲：词牌名，本为贺新郎，亦称乳燕飞、金缕歌、金缕词、风敲竹、贺新凉、貂裘换酒等。亡妇：纳兰性德原配妻子卢氏，是两广总督、兵部尚书、都察院右副都御史卢兴祖之女。18岁于归，伉俪情深，惜三载而逝，时康熙十六年五月三十日，性德23岁。　②“此恨”句：李之仪《卜算子》词：“我住长江头，君住长江尾。日日思君不见君，共饮长江水。此水几时休？此恨何时已？只愿君心似我心，定不负相思意！”　③ 滴空阶、寒更雨歇：温庭筠《更漏子》：“梧桐树，三更雨。……一叶叶，一声声，空阶滴到明。”　④ 三载：词当作于康熙十九年，卢氏逝去三周年忌日。　⑤ 夜台：坟墓，阴间。　⑥ 钗钿约：古代男女常以钗钿做定情物。　⑦ 重泉：泉下，地下。双鱼：传说鱼可寄信传情，亦为书信代称。　⑧ 湘弦：湘妃之琴瑟。此与舜之二妃死于湘江，湘灵鼓瑟等事有关。

里^①。清泪尽,纸灰起^②。

【汇评】

这首词,是纳兰性德词风转捩时期的作品,顾贞观曰:"容若词一种凄惋处,令人不能卒读。"陈维崧曰:"饮水词哀感顽艳,得南唐二主之遗。"前贤认为,卢氏之死,是性德词风转变的关键,从这首词也可见一斑。此词的风格特点正在于哀感顽艳。词从空阶雨滴、淫雨葬花写来,这自然界的景物既令人产生伤春之感,也令词人勾起悼亡之思;以夜台幽远,书信难达,以至来生难期,感情层层递进,最后万念俱灰。其感情之真挚,悼念之沉痛,均以艺术的力量表达出来。全词虚实相间,有实景,有虚拟,看到的和想到的糅合为一,真实的往事及对幽冥生活的设想密合无间,而联系这一切的是夫妇深沉的爱情。全词语言,多是感情的真实流露,较少雕琢,虽质朴自然,却不够洗练,不够含蓄,故全词有篇而无句。(王步高《金元明清词鉴赏辞典》)

【赏析】

这首词是作者为数不少的悼亡词中的代表作。性德妻卢氏十八岁于归,伉俪情深,惜三载而逝。"抗情尘表,则视若浮云;抚操闺中,则志存流水。于其殁也,悼亡之吟不少,知己之恨尤多。"(周笃文、冯统《纳兰成德妻卢氏墓志考略》,《词学》第四辑)纳兰性德悼亡词有四十首之多,皆血泪交溢,语痴入骨。此词尤称绝唱。词从空阶滴雨,仲夏葬花写来,引起伤春之感和悼亡之思;又以夜台幽远,音讯不通,以至来生难期,感情层层递进,最后万念俱灰。全词虚实相间,实景与虚拟,所见与所思,糅合为一,历历往事与冥冥玄想密合无间,而联系这一切的是痛觉"人间无味"的"知己"夫妇的真挚情怀,确能穿越死生,跨越时空。

(徐同林)

备选课文

横波亭为青口帅赋　　元好问

孤亭突兀插横流,气压元龙百尺楼。万里风涛接瀛海,千年豪杰壮山丘。疏星淡月鱼龙夜,老木清霜鸿雁秋。倚剑长歌一杯酒,浮云西北是神州。

圆　圆　曲　　吴伟业

鼎湖当日弃人间,破敌收京下玉关。恸哭六军俱缟素,冲冠一怒为红颜。红颜流落非吾恋,逆贼天亡自荒宴。电扫黄巾定黑山,哭罢君亲再相见。

相见初经田窦家,侯门歌舞出如花。许将戚里箜篌伎,等取将军油壁车。家本姑苏浣花里,圆圆小字娇罗绮。梦向夫差苑里游,宫娥拥入君王起。前身合是采莲人,门前一片横塘水。横塘双桨去如飞,何处豪家强载归。此际岂知非薄命,此时只有泪沾衣。薰天意气连宫掖,明眸皓齿无人惜。夺归永巷闭良家,教就新声倾座客。座客飞觞红日暮,一曲哀弦向谁诉。白皙通侯最少年,拣取花枝屡回顾。早携娇鸟出樊笼,待得银河几时渡。恨杀军书抵死催,苦留后约将人误。相约恩深相见难,一朝蚁贼满长安。可怜思妇楼头柳,认作天边粉絮看。遍索绿珠围内第,强呼绛树出雕栏。若非壮士全师胜,争得蛾眉匹马还?蛾眉马上传呼进,云鬟不整惊魂定。蜡炬迎来在战场,啼妆满面残红印。专征箫鼓向秦川,金牛道上车千乘。斜谷云深起画楼,散关月落开妆镜。

传来消息满江乡,乌桕红经十度霜。教曲伎师怜尚在,浣纱女伴忆同行。旧巢共是衔泥燕,飞上枝头变凤凰。长向尊前悲老大,有人夫婿擅侯王。当时只受声名累,贵戚名豪竞延致。一斛珠连万斛愁,关山飘泊腰支细。错怨狂风飏落

花,无边春色来天地。

尝闻倾国与倾城,翻使周郎受重名。妻子岂应关大计,英雄无奈是多情。全家白骨成灰土,一代红妆照汗青。君不见,馆娃初起鸳鸯宿,越女如花看不足。香径尘生鸟自啼,屧廊人去苔空绿。换羽移宫万里愁,珠歌翠舞古梁州。为君别唱吴宫曲,汉水东南日夜流。

赴戍登程口占示家人　　[清]林则徐

力微任重久神疲,再竭衰庸定不支。苟利国家生死以,岂因祸福避趋之?谪居正是君恩厚,养拙刚于戍卒宜。戏与山妻谈故事,试吟断送老头皮。

参考书目

[清]顾嗣立辑《元诗选》,中华书局 1985 年

陈友琴主编《元明清诗选注》,北京出版社 1980 年

[清]施国祁《元遗山诗集笺注》,人民文学出版社 1958 年

金性尧选注《明诗三百首》,上海古籍出版社 1995 年

钱仲联、章培恒等撰《元明清诗鉴赏辞典》,上海辞书出版社 1994 年

钱仲联编选《明清诗精选》,江苏古籍出版社 1992 年

[元]萨都剌《雁门集》,上海古籍出版社 1982 年

夏承焘、张璋编《金元明清词选》,人民文学出版社 1983 年

王步高主编《金元明清词鉴赏辞典》,南京大学出版社 1989 年

王文才辑校《杨慎词曲集》,四川人民出版社 1984 年

龙榆生编选《近三百年名家词选》,上海古籍出版社 1979 年

张仲谋《明词史》,人民文学出版社 2002 年

严迪昌《清词史》,江苏古籍出版社 1990 年

思考与练习

1. 高启《登金陵雨花台望大江》一诗表明作者在入明初期对新政权持怎样的感情?

2. 元好问与萨都剌、纳兰性德均是我国古代杰出的少数民族作家,试回忆我们过去还学过哪些少数民族作家的作品。

3. 隋灭陈以后将建康(今江苏南京)城平毁,只留下少量建筑为一县城,故唐宋元诸朝诗词中关于它的怀古诗词特多,而且其主题均为“今不如昔”,试结合萨都剌词,再举若干首说明之。

4. 杨慎《临江仙》词被毛纶、毛宗岗父子置于《三国演义》一书开头,试说说,这有什么意义。

慕课资源

【总论】

唐三百年,文章鼎盛,独诗律与小说,称绝代之奇,何也?盖诗多赋事,唐人于歌律以兴以情,在有意无意之间。文多征实,唐人于小说摛词布景,有翻空造微之趣。至纤若锦机,怪同鬼斧,即李杜之跌宕,韩柳之尔雅,有时不得与孟东野、陆鲁望、沈亚之、段成式辈争奇竞爽,犹耆卿、易安之于词,汉卿、东篱之于曲,所谓厥体当行,别成奇致,良有以也。([明]桃源居士《唐人小说序》)

(小说)迹其流别,凡有三派:其一叙述杂事,其一记录异闻,其一缀缉琐语也。唐宋而后,作者弥繁,中间诬谩失真,妖妄荧听者,固为不少,然寓劝戒、广见闻、资考证者,亦错出其中,班固称"小说家流,盖出于稗官",如淳注谓"王者欲知闾巷风俗,故立稗官,使称说之"。然则博采旁搜,是亦古制,固不必以冗杂废矣。([清]纪昀《四库全书总目》卷一百四十)

唐人小说,不可不熟。小小情事,凄惋欲绝,洵有神遇而不自知者,与诗律可称一代之奇。([宋]洪迈《唐人说荟》凡例)

蒋 防

蒋防(792? —?),唐义兴人。宪宗元和中(806—820)官右拾遗。穆宗长庆元年(821)官翰林学士。长庆四年贬为汀州刺史。与李绅友善。有《诗集》一卷,今存诗十二首,传奇《霍小玉传》是他的成名之作。

—— 霍 小 玉 传 ——

大历中[1],陇西李生名益[2],年二十,以进士擢第。其明年,拔萃[3],俟试于天

---

[1] 大历:唐代宗李豫年号(766—779)。 [2] 李益:中唐著名诗人,字君虞,陇西姑臧(今甘肃武威一带)人。据说他为人性痴而妒,对妻妾防范甚严,时人以为他患有"妒病"。 [3] 拔萃:唐代科举及第,并没有立刻取得做官的资格,还须经过另一种考试形式,从而试判授官,叫作"拔萃"。《新唐书·选举制下》:"选未满而试文三篇,谓之宏辞,试判三条,谓之拔萃,中者即授官。"

官①。夏六月，至长安，舍于新昌里。生门族清华，少有才思，丽词嘉句，时谓无双。先达丈人②，翕然推伏。每自矜风调，思得佳偶，博求名妓，久而未谐。长安有媒鲍十一娘者，故薛驸马家青衣也③；折券从良，十余年矣。性便辟，巧言语，豪家戚里，无不经过，追风挟策，推为渠帅④。当受生诚托厚赂，意颇德之。经数月，李方闲居舍之南亭。申未间⑤，忽闻扣门甚急，云是鲍十一娘至。摄衣从之，迎问曰："鲍卿今日何故忽然而来？"鲍笑曰："苏姑子作好梦也未⑥？有一仙人，谪在下界，不邀财货，但慕风流。如此色目⑦，共十郎相当矣。"生闻之惊跃，神飞体轻，引鲍手且拜且谢曰："一生作奴，死亦不惮⑧。"因问其名居。鲍具说曰："故霍王小女⑨，字小玉，王甚爱之。母曰净持。——净持，即王之宠婢也。王之初薨⑩，诸弟兄以其出自贱庶，不甚收录⑪。因分与资财，遣居于外，易姓为郑氏，人亦不知其王女。姿质秾艳，一生未见；高情逸态，事事过人；音乐诗书，无不通解。昨遣某求一好儿郎格调相称者。某具说十郎。他亦知有李十郎名字，非常欢惬。住在胜业坊古寺曲，甫上车门宅是也。已与他作期约，明日午时，但至曲头觅桂子，即得矣。"

鲍既去，生便备行计。遂令家僮秋鸿，于从兄京兆参军尚公处假青骊驹⑫，黄金勒。其夕，生浣衣沐浴，修饰容仪，喜跃交并，通夕不寐。迟明⑬，巾帻，引镜自照，惟惧不谐也。徘徊之间，至于亭午。遂命驾疾驱，直抵胜业。至约之所，果见青衣立候，迎问曰："莫是李十郎否？"即下马，令牵入屋底，急急锁门。见鲍果从内出来，遥笑曰："何等儿郎，造次入此？"生调诮未毕，引入中门。庭间有四樱桃树；西北悬一鹦鹉笼，见生入来，即语曰："有人入来，急下帘者！"生本性雅淡，心犹疑惧，忽见鸟语，愕然不敢进。逡巡，鲍引净持下阶相迎，延入对坐。年可四十余，绰约多姿⑭，谈笑甚媚。因谓生曰："素闻十郎才调风流，今又见仪容雅秀，名下固无虚士。某有一女子，虽拙教训⑮，颜色不至丑陋，得配君子，颇为相宜。频见鲍十一娘说意旨，今亦便令永奉箕帚⑯。"生谢曰："鄙拙庸愚，不意顾盼，倘垂采录，生死为荣。"遂命酒馔，即令小玉自堂东阁子中而出。生即拜迎。但觉一室之中，若琼林玉树，互相照曜，转盼精彩射人。既而遂坐母侧。母谓曰："汝尝爱念'开帘风动竹，疑是故人来。'即此十郎诗也。尔终日吟想，何如一见。"玉乃低鬟微笑，细语曰："见面不如闻名。才子岂能无貌？"生遂连起拜曰："小娘子爱才，鄙夫重色。两

---

① 天官：唐武则天时曾将吏部改为天官，后又恢复旧称。后世也有以天官代称吏部的。　② 先达丈人：先达，前辈。丈人，老先生。　③ 青衣：婢女，古衣青为贱，所以婢女又称之为青衣。　④ 追风挟策：为追求风流（女人）出谋划策。渠帅，原指强盗中的首领，此指帮助寻花问柳的头儿。　⑤ 申未间：下午三时左右。　⑥ 苏姑子：南齐名妓苏小小。　⑦ 色目：名目，类型。　⑧ 惮(dàn)：惧怕。这里指心甘情愿。　⑨ 霍王：唐高祖的儿子李元轨。　⑩ 初薨：刚死。薨，唐代二品以上的官员死了，称为薨。　⑪ 不甚收录：不愿意容纳。　⑫ 从兄：堂兄。参军：参军事的简称，唐代参军机构中的官职，有录事参军和诸曹参军之别，其职责各不相同。　⑬ 迟(zhì)明：黎明。　⑭ 绰约：姿态娇柔美丽。　⑮ 虽拙教训：虽然拙于管教，即管教不严之意。　⑯ 奉箕帚：指嫁给李益做妻子。奉箕帚，从事洒扫等内务，引申为做妻子。

好相映，才貌相兼。"母女相顾而笑，遂举酒数巡。生起，请玉唱歌。初不肯，母固强之。发声清亮，曲度精奇。

酒阑，及暝，鲍引生就西院憩息。闲庭邃宇，帘幕甚华。鲍令侍儿桂子、浣沙与生脱靴解带。须臾，玉至，言叙温和，辞气宛媚。解罗衣之际，态有余妍，低帏暱枕①，极其欢爱。生自以为巫山、洛浦不过也②。中宵之夜，玉忽流涕视生曰："妾本倡家，自知非匹。今以色爱，托其仁贤。但虑一旦色衰，恩移情替，使女萝无托③，秋扇见捐④。极欢之际，不觉悲至。"生闻之，不胜感叹。乃引臂替枕，徐谓玉曰："平生志愿，今日获从，粉骨碎身，誓不相舍。夫人何发此言！请以素缣⑤，著之盟约。"玉因收泪，命侍儿樱桃褰幄执烛⑥，授生笔研。玉管弦之暇，雅好诗书，筐箱笔研，皆王家之旧物。遂取绣囊，出越姬乌丝栏素缣三尺以授生⑦。生素多才思，援笔成章，引谕山河，指诚日月，句句恳切，闻之动人。染毕，命藏于宝箧之内。自尔婉娈相得⑧，若翡翠之在云路也。如此二岁，日夜相从。

其后年春，生以书判拔萃登科，授郑县主簿⑨。至四月，将之官，便拜庆于东洛⑩。长安亲戚，多就筵饯⑪。时春物尚余，夏景初丽，酒阑宾散，离思萦怀。玉谓生曰："以君才地名声，人多景慕，愿结婚媾，固亦众矣。况堂有严亲，室无冢妇⑫，君之此去，必就佳姻。盟约之言，徒虚语耳。然妾有短愿⑬，欲辄指陈⑭。永委君心，复能听否？"生惊怪曰："有何罪过，忽发此辞？试说所言，必当敬奉。"玉曰："妾年始十八，君才二十有二，迨君壮室之秋，犹有八岁。一生欢爱，愿毕此期。然后妙选高门⑮，以谐秦晋，亦未为晚。妾便舍弃人事，剪发披缁⑯。夙昔之愿，于此足矣。"生且愧且感，不觉流涕。因谓玉曰："皎日之誓，死生以之。与卿偕老，犹恐未惬素志⑰，岂敢辄有二三⑱。固请不疑，但端居相待。至八月，必当却到华州，寻使奉迎，相见非远。"更数日，生遂诀别东去。

到任旬日，求假往东都觐亲。未至家日，太夫人已与商量表妹卢氏，言约已定。太夫人素严毅，生逡巡不敢辞让⑲，遂就礼谢，便有近期。卢亦甲族也，嫁女于他门，聘财必以百万为约，不满此数，义在不行。生家素贫，事须求贷，便托假故，

---

① 低帏暱（nì）枕：低头靠着床帏，亲近地挨近枕头。暱，同"昵"，亲近貌。　② 巫山、洛浦：古代两个关于恋爱的神话故事。战国时楚襄王曾梦见与自称为巫山神女的女子欢会。三国时，曹植在《洛神赋》中也曾想象洛神向他述说爱慕之情。　③ 女萝：丝状的蔓生植物，需攀附于树上生长。因此，古人常以此来比喻女子对男子的依附。如杜光庭《虬髯客传》："丝萝非独生，愿托乔木，故来奔耳。"　④ 秋扇见捐：捐，弃置。秋天凉了，扇子自然也就没了用处，此处用来比喻女子年老色衰往往被男子抛弃。　⑤ 素缣：白色的细绢。素，白色。缣，双丝织的微带黄色的细绢。　⑥ 褰幄：褰，揭开，掀起。幄，帐幕。　⑦ 乌丝栏：一种丝织画有黑线竖格的卷册或纸笺。　⑧ 婉娈相得：婉娈，亲热。相得，相处得和谐美好。　⑨ 郑县：今河南郑州市；主簿，管理文书簿册的官吏。　⑩ 拜庆：拜家庆。唐代离家日久返回探望父母叫"拜家庆"。　⑪ 筵饯：送别的酒宴。　⑫ 室无冢妇：家里没有正妻。冢妇，正妻，与"侧室"相对。　⑬ 短愿：小的心愿。　⑭ 欲辄指陈：想直截了当地告诉你。指陈，直截了当地说。　⑮ 妙选：好好挑选。妙，通"妙"。　⑯ 剪发披缁：指出家为尼。缁，黑衣。　⑰ 惬：满足。素志，平生的愿望。　⑱ 二三：即三心二意。　⑲ 逡（qūn）巡：唯唯诺诺，迟疑不决的样子。

远投亲知，历涉江淮，自秋及夏。生自以孤负盟约①，大愆回期②，寂不知闻，欲断其望，遥托亲故，不遗漏言。

玉自生逾期，数访音信。虚词诡说，日日不同。博求师巫，遍询卜筮，怀忧抱恨，周岁有余。羸卧空闺，遂成沉疾。虽生之书题竟绝，而玉之想望不移，赂遗亲知，使通消息。寻求既切，资用屡空，往往私令侍婢潜卖箧中服玩之物，多托于西市寄附铺侯景先家货卖③。曾令侍婢浣沙将紫玉钗一只，诣景先家货之。路逢内作老玉工④，见浣沙所执，前来认之曰："此钗，吾所作也。昔岁霍王小女将欲上鬟⑤，令我作此，酬我万钱。我尝不忘。汝是何人，从何而得？"浣沙曰："我小娘子，即霍王女也。家事破散，失身于人。夫婿昨向东都，更无消息。悒怏成疾，今欲二年。令我卖此，赂遗于人，使求音信。"玉工凄然下泣曰："贵人男女，失机落节，一至于此！我残年向尽，见此盛衰，不胜伤感。"遂引至延光公主宅⑥，具言前事。公主亦为之悲叹良久，给钱十二万焉。

时生所定卢氏女在长安，生既毕于聘财，还归郑县。其年腊月，又请假入城就亲。潜卜静居，不令人知。有明经崔允明者⑦，生之中表弟也。性甚长厚，昔岁常与生同饮于郑氏之室，杯盘笑语，曾不相间。每得生信，必诚告于玉。玉常以薪刍衣服，资给于崔。崔颇感之。生既至，崔具以诚告玉。玉恨叹曰："天下岂有是事乎！"遍请亲朋，多方召致。生自以愆期负约，又知玉疾候沉绵，惭耻忍割⑧，终不肯往。晨出暮归，欲以回避。玉日夜涕泣，都忘寝食，期一相见，竟无因由。冤愤益深，委顿床枕⑨。自是长安中稍有知者。风流之士，共感玉之多情；豪侠之伦，皆怒生之薄行。

时已三月，人多春游。生与同辈五六人诣崇敬寺玩牡丹花⑩，步于西廊，递吟诗句。有京兆韦夏卿者，生之密友，时亦同行。谓生曰："风光甚丽，草木荣华。伤哉郑卿，衔冤空室！足下终能弃置，实是忍人。丈夫之心，不宜如此。足下宜为思之！"叹让之际，忽有一豪士，衣轻黄纻衫，挟弓弹，丰神隽美，衣服轻华，唯有一剪头胡雏从后⑪，潜行而听之。俄而前揖生曰："公非李十郎者乎？某族本山东，姻连外戚。虽乏文藻，心尝乐贤。仰公声华，常思觏止⑫。今日幸会，得睹清扬。某之敝居，去此不远，亦有声乐，足以娱情。妖姬八九人，骏马十数匹，唯公所欲。但愿一过。"生之侪辈⑬，共聆斯语，更相叹美。因与豪士策马同行，疾转数坊，遂至胜

① 孤负：违背，背弃。　② 大愆：大大的错过。愆，失误，错过。　③ 寄附铺：替人出售和保管贵重物品的店铺，即后来的委托商店。　④ 内作：皇家的工匠。　⑤ 上鬟：古时女子十五岁时及笄，也就是上簪，这时要把头发梳拢起来插上簪子，表示已经成人，同时要举行一种仪式，称之为"上鬟"。　⑥ 延光公主：即郜国公主，唐肃宗的女儿。　⑦ 明经：唐代科举分为秀才、明经、进士等科，以诗赋考中的为"进士"，以经义考中的为"明经"。　⑧ 忍割：忍痛割爱，此处意为忍心舍弃。　⑨ 委顿：身体虚弱，无力支撑的样子。　⑩ 崇敬寺：唐代长安中区靖安坊的一座寺庙。距霍小玉所居住的胜业坊很近。　⑪ 胡雏：指卖身为奴的幼年胡人。　⑫ 觏止：相见。止，语助词。　⑬ 侪辈：同辈，这里指与李益一起春游的朋友。

业。生以近郑之所止，意不欲过，便托事故，欲回马首。豪士曰："敝居咫尺，忍相弃乎？"乃挽挟其马，牵引而行。迁延之间，已及郑曲。生神情恍惚，鞭马欲回。豪士遽命奴仆数人，抱持而进。疾走推入车门，便令锁却，报云："李十郎至也！"一家惊喜，声闻于外。

先此一夕，玉梦黄衫丈夫抱生来，至席，使玉脱鞋。惊寤而告母。因自解曰："'鞋'者，'谐'也。夫妇再合。'脱'者，'解'也。既合而解，亦当永诀。由此征之，必遂相见，相见之后，当死矣。"凌晨，请母妆梳。母以其久病，心意惑乱，不甚信之。黾勉之间①，强为妆梳。妆梳才毕，而生果至。玉沉绵日久，转侧须人；忽闻生来，欻然自起②，更衣而出，恍若有神。遂与生相见，含怒凝视，不复有言，羸质妖姿，如不胜致，时复掩袂，返顾李生。感物伤人，坐皆欷歔。顷之，有酒肴数十盘，自外而来。一座惊视，遽问其故，悉是豪士之所致也。因遂陈设，相就而坐。玉乃侧身转面，斜视生良久，遂举杯酒酬地曰："我为女子，薄命如斯！君是丈夫，负心若此！韶颜稚齿，饮恨而终。慈母在堂，不能供养。绮罗弦管，从此永休。衔痛③黄泉，皆君所致。李君李君，今当永诀！我死之后，必为厉鬼，使君妻妾，终日不安！"乃引左手握生臂，掷杯于地，长恸号哭数声而绝。母乃举尸，置于生怀，令唤之，遂不复苏矣。生为之缟素，旦夕哭泣甚哀。

将葬之夕，生忽见玉缞帷之中④，容貌妍丽，宛若平生。著旧石榴裙，紫褙裆⑤，红绿帔子⑥。斜身倚帷，手引绣带，顾谓生曰："愧君相送，尚有余情。幽冥之中，能不感叹。"言毕，遂不复见。明日，葬于长安御宿原⑦。生至墓所，尽哀而返。

后月余，就礼于卢氏。伤情感物，郁郁不乐。夏五月，与卢氏偕行，归于郑县。至县旬日，生方与卢氏寝，忽帐外叱叱作声。生惊视之，则见一男子，年可二十余，姿状温美，藏身映幔⑧，连招卢氏。生惶遽走起，绕幔数匝，倏然不见。生自此心怀疑恶，猜忌万端，夫妻之间，无聊生矣。或有亲情，曲相劝喻，生意稍解。后旬日，生复自外归，卢氏方鼓琴于床，忽见自门抛一斑犀钿花合子⑨，方圆一寸余，中有轻绢，作同心结，坠于卢氏怀中。生开而视之，见相思子二⑩、叩头虫一、发杀觜一⑪、驴驹媚少许⑫。生当时愤怒叫吼，声如豺虎，引琴撞击其妻，诘令实告。卢氏亦终不自明。尔后往往暴加捶楚⑬，备诸毒虐，竟讼于公庭而遣之。卢氏既出，生或侍

---

① 黾（mǐn）勉：勉强。 ② 欻然：忽然。 ③ 衔痛黄泉：遭受死亡的痛苦。 ④ 缞（suī）帷：灵帐。 ⑤ 褙（kē）裆：唐时妇女穿的一种无袖外袍。褙，妇人袍服。裆，坎肩，背心之类。 ⑥ 帔子：纱巾。唐时妇女常用以披于肩背，用薄纱制成，长的称"披帛"，短的称"帔子"。 ⑦ 御宿原：指长安西南的埋葬死人的地方。 ⑧ 藏身映幔：隐藏着的身影映照在帏帐上。 ⑨ 斑犀钿花合子：带有杂色花纹的犀牛角雕成的镶嵌有金、银花饰的盒子。钿，以金、银等镶嵌的器物。合，通"盒"。 ⑩ 相思子：即红豆，草本木质的蔓生植物，种子如豌豆大小，色红有黑斑，古人常以此来寄托情思，故名相思子。 ⑪ 发杀觜：不详何物，大概为古代男女间调情的东西。 ⑫ 驴驹媚：《物类相感志》："凡驴驹初生，未堕地，口中有一物，如肉，名媚，妇人带之能媚。"故此物也与淫戏调情有关。 ⑬ 捶楚：用棍打。

婢媵妾属之①,暂同枕席,便加妒忌。或有因而杀之者。生尝游广陵,得名姬曰营十一娘者,容态润媚,生甚悦之。每相对坐,尝谓营曰:"我尝于某处得某姬,犯某事,我以某法杀之。"日日陈说,欲令惧己,以肃清闺门。出则以浴斛覆营于床②,周回封署③,归必详视,然后乃开。又畜一短剑,甚利,顾谓侍婢曰:"此信州葛溪铁④,唯断作罪过头!"大凡生所见妇人,辄加猜忌,至于三娶,率皆如初焉。

【汇评】

按此汤临川《紫钗记》之本事也。胡应麟曰:"唐人小说纪闺阁事,绰有情致。此篇尤为唐人最精采动人之传奇,故传诵弗衰。"《太平广记》四百八十七杂传记类,收入此篇,而下题蒋防撰,不载出自何书,当属单篇别行。惟宋吴曾《能改斋漫录》卷八称《异闻集·霍小玉传》云云,则《异闻集》固尝收入。然《异闻集》本为类说之体,与自为之书不同。且《广记》既列入杂传,则单篇别出久矣。李益,字君虞。系出陇西,姑臧人。肃宗朝,宰相李揆之族子。长于诗歌。贞元末,与宗人贺相埒。每一篇成,乐工争以赂求取之,被声歌,供奉天子。至《征人》《早行》等篇,天下皆施之图绘。累迁右散骑常侍。大和初,以礼部尚书致仕。见《唐书·李华传》(二百三)。其友韦夏卿,字云客,京兆万年人。《两唐书》并有传(旧书一百六十五,新书一百六十二)。惟同时有两李益,而同出于姑臧。《因话录》云:"李尚书益,与宗人庶子李益同名,俱出于姑臧。时人谓尚书为文章李益;庶子为门户李益。"本《传》李十郎,当为君虞。李肇《国史补》卷中云:"散骑常侍李益少有疑病。"《唐书》亦云:"益少痴而忌克,防闲妻妾苛严,世谓妒痴为李益疾。"据此,则是本传所称,猜忌万端,夫妇之间无聊生者,或为当日流传之事实。小说多喜附会,复举薄幸之事以实之,而十郎薄行之名,永垂千古矣。(汪辟疆校录《唐人小说》)

唐时又有《霍小玉歌》。《片玉集》卷一《荔枝香》陈元龙注引《丽情集·小玉歌》:"西北槛前挂鹦鹉,笼中报道李郎来。"《锦绣万花谷》前集卷一七《美人》引《霍小玉歌》:"衣飘豆蔻减浓香,脸射芙蓉失娇色。"歌全文佚,未详何人作。(李时人《全唐五代小说》卷二六)

【赏析】

在中唐爱情传奇小说中,《霍小玉传》是比较优秀的一篇。明人胡应麟说:"《霍小玉传》据《李益传》,或有所本。"(《少室山房笔丛》卷四十一)李益是中唐著名的诗人,也是本篇小说的主人公。《新唐书·李益传》称"然李有痴病而多猜忌。防闲妻妾,过为苛刻,而有散灰扃户之谭闻于时。故时谓'妒痴'为李益疾"。历史上的李益,确实有妒痴的毛病。小说里以真实人物为原型,增强了作品主题的社会内涵。

霍小玉自小长在霍王府,是个典型的贵族少女。她不但美貌绝伦,而且"音乐诗书,无不通解",可谓才色俱佳。在被逐出霍府之后,她不甘心堕入青楼,而是急于摆脱自己的生活困境。与《李娃传》中的谙于风月的李娃不一样,霍小玉刚出场时只有十六岁,腼腆羞怯,是一个涉世未深的少女。她对爱情忠贞不渝,初见李益时就倾心相爱,但李益"小娘子爱才,鄙夫重色"的话语又让她产生不安。在合欢之夜,她流泪倾诉自己的心事,

---

① 媵(yìng)妾:古时陪嫁的婢妾。 ② 浴斛:浴桶之类的东西。 ③ 封署:加封签字。 ④ 信州葛溪铁:信州,今江西上饶。葛溪铁,上饶葛溪所产的铁,以精工细密著称。

李益"引谕山河,指诚日月,句句恳切,闻之动人",使霍小玉得到暂时的安慰。在李生得官之后,面临着"盟约之言,徒虚语耳"的可能,霍小玉又冷静地向李益说出了自己的心愿:"妾年始十八,君才二十有二,迨君壮室之秋,犹有八岁。一生欢爱,愿毕此期。然后妙选高门,以谐秦晋,亦未为晚。妾便舍弃人事,剪发披缁,夙昔之愿,于此足矣。"可见,霍小玉对李益的要求并不高,为了李益的前程,她甘愿牺牲自己的终身幸福。另一方面,霍小玉的性格又是刚烈坚韧的。在李益负约之后,她为寻访李生作了种种努力,甚至"博求师巫,遍询卜筮",羸卧空闺后,又"赂遗亲知,使通消息";从崔允明口中得知真情后,"遍请亲朋,多方召致",依然希望李生回心转意。当黄衫侠士挟持李生见面后,霍小玉先是盛装而出,继而斥责李生,临死前发出"我死之后,必为厉鬼,使君妻妾,终日不安"的誓言,这些都渲染了霍小玉刚烈的个性。

小说中的李生尽管是一个典型的负心郎,但他对霍小玉还不是完全无情的。最初他在委托鲍十一娘"博求名妓"时存有玩弄女性的思想,但当他见到霍小玉之后,不仅为霍小玉的才貌所折服,也为她的真情所感动,两人真心地相爱并立下了盟誓。李益将外出做官,当霍小玉说出自己的短愿之时,李益也是"且愧且感,不觉流涕"。与卢氏定亲之后,李益对自己的负心也感到羞愧,"惭耻忍割"。小玉去世之后,李益"旦夕哭泣甚哀"。可见,作者在刻画负心郎李益时,并没有简单化处理。由于门第阀阅观念的影响和家庭的压力,以及自己性格的软弱自私,李益最终没有勇气反抗社会,使霍小玉沉溺于爱情的幻想中而无法解脱,最终导致悲剧。李益对霍小玉之死是负有责任的。

明人胡应麟说:"唐人小说记闺阁事,绰有情致,此篇尤为唐人最精彩动人之传奇,故传诵弗衰。"小说在艺术上善于描写人物情感的变化,故事情节忽起忽落,在有限的时间范围内展示不同人物的心理感受,极具吸引力。霍、李二人初次见面,充满喜悦之情,转而乐极生悲,霍小玉表示自己的忧虑。两人于是订立盟誓,由悲转喜。李益外出做官与小玉诀别之时,小玉说出短愿,流泪不止。李益再申前盟,小玉由悲而喜。当黄衫侠士挟持李益与小玉相见之时,"一家惊喜,声闻于外",紧接着就是霍小玉去世的最悲壮的场面。这样,小说悲喜相间,离合曲折,扣人心弦,对刻画人物性格也起到了较好的作用。另外,小说中李益对霍小玉前后态度的对比突出了人物形象,渲染了悲剧气氛。

(乔光辉)

蒲松龄

蒲松龄(1640—1715),字留仙,一字剑臣,别号柳泉居士,世称聊斋先生,自称异史氏。山东淄川(今淄博市)人。从小随父读书,十九岁时以县、府、道试三个第一补博士弟子生员,得到学使施闰章的称扬,文名大振。但他此后的科场经历却始终困顿。除《聊斋志异》外,蒲松龄还写有相当数量的诗、词、文、俚曲等,今人编为《蒲松龄集》。

【集评】

署清令阳湖张安溪曰：《聊斋》一书，善读之令人胆壮，不善读之令人入魔。予谓泥其事则魔，领其气则壮，识其文章之妙，窥其用意之微，得其性情之正，服其议论之公，此变化气质、淘成心术第一书也。多言鬼狐，款款多情；间及孝悌，俱见血性，较之《水浒》《西厢》，体大思精，文奇义正，为当世不易见之笔墨，深足宝贵。

《聊斋》非独文笔之佳，独有千古，第一议论醇正，准理酌情，毫无可驳。如名儒讲学，如老僧谈禅，如乡曲长者读诵劝世文，观之实有益于身心，警戒愚顽。至说到忠孝节义，令人雪涕，令人猛省，更为有关世教之书。

纪晓岚曰：《聊斋》盛行一时，然才子之笔，非著书者之笔也。

远村曰：《聊斋》以传记体叙小说之事，仿《史》《汉》遗法，一书兼二体，弊实有之，然非此精神不出，所以通人爱之，俗人亦爱之，竟传矣。虽有乖体例可也。纪公《阅微草堂四种》，颇无二者之病，然文字力量精神，别是一种，其生趣不逮矣。〔[清]冯镇峦《读聊斋杂说》〕

其事多涉于神怪，其体仿历代志传，其论赞或触时感事，而以劝以惩；其文往往刻镂物情，曲尽世态，冥会幽探，思入风云；其义足以动天地、泣鬼神，俾畸人滞魄，山魈野魅，各出其情状而无所遁隐。此《山经》《博物》之遗，《远游》《天问》之意，非第如干宝《搜神》已也。〔[清]蒲立德《聊斋志异跋》〕

聊斋志异·小翠

王太常①，越人，总角时②，昼卧榻上。忽阴晦，巨霆暴作，一物大于猫，来伏身下，展转不离。移时晴霁，物即径出。视之，非猫，始怖，隔房呼兄。兄闻，喜曰："弟必大贵，此狐来避雷霆劫也。"后果少年登进士，以县令入为侍御③。生一子，名元丰，绝痴，十六岁不能知牝牡，因而乡党无与为婚。王忧之。适有妇人率少女登门，自请为妇。视其女，嫣然展笑，真仙品也。喜问姓名。自言："虞氏，女小翠，年二八矣。"与议聘金。曰："是从我糠覈不得饱④，一旦置身广厦，役婢仆，厌膏粱⑤，彼意适，我愿慰矣，岂卖菜也而索值乎！"夫人大悦，优厚之。妇即命女拜王及夫人，嘱曰："此尔翁姑，奉侍宜谨。我大忙，且去，三数日当复来。"王命仆马送之。妇言："里巷不远，无烦多事。"遂出门去。小翠殊不悲恋，便即奁中翻取花样。夫人亦爱乐之。数日，妇不至。以居里问女，女亦憨然不能言其道路。遂治别院，使夫妇成礼。诸戚闻拾得贫家儿作新妇，共笑姗之⑥；见女皆惊，群议始息。

女又甚慧，能窥翁姑喜怒。王公夫妇，宠惜过于常情，然惕惕焉惟恐其憎子

---

① 太常：官名，即太常寺卿，主管朝廷宗庙祭祀之事。 ② 总角时：幼年时。古时男女未成年时将头发束起，扎成两个角，叫作"总角"。后即代指幼年。 ③ 侍御：即明、清时都察院中的御史。掌管对中央官员及地方行政官员的监察、检举。 ④ 糠覈(hé)：粗粮。覈，没有磨碎的麦子。 ⑤ 膏粱：肥肉细粮。 ⑥ 笑姗：耻笑。

痴;而女殊欢笑,不为嫌。第善谑,刺布作圆①,蹴蹴为笑。着小皮靴,蹴去数十步,绐公子奔拾之,公子及婢,恒流汗相属。一日,王偶过,圆訇然来,直中面目。女与婢俱敛迹去②,公子犹踊跃奔逐之。王怒,投之以石,始伏而啼。王以告夫人;夫人往责女,女俯首微笑,以手刓床③。既退,憨跳如故,以脂粉涂公子作花面如鬼。夫人见之,怒甚,呼女诟骂。女倚几弄带,不惧,亦不言。夫人无奈之,因杖其子。元丰大号,女始色变,屈膝乞宥。夫人怒顿解,释杖去。女笑拉公子入室,代扑衣上尘,拭眼泪,摩挲杖痕,饵以枣栗。公子乃收涕以欣。女阖庭户,复装公子作霸王,作沙漠人④;已乃艳服,束细腰,扮虞美人,婆娑作帐下舞;或髻插雉尾,拨琵琶,丁丁缕缕然⑤,喧笑一室,日以为常。王公以子痴,不忍过责妇;即微闻焉,亦若置之。

　　同巷有王给谏者⑥,相隔十余户,然素不相能⑦;时值三年大计吏,忌公握河南道篆⑧,思中伤之。公知其谋,忧虑无所为计。一夕,早寝,女冠带,饰冢宰⑨状,剪素丝作浓髭,又以青衣饰两婢为虞候⑩,窃跨厩马而出,戏云:"将谒王先生。"驰至给谏之门,即又鞭挝从人,大言曰:"我谒侍御王,宁谒给谏王耶!"回而归。比至家门,门者误以为真,奔白王公。公急起承迎,方知为子妇之戏。怒甚,谓夫人曰:"人方蹈我之瑕⑪,反以闺阁之丑登门而告之,余祸不远矣!"夫人怒,奔女室,诟让之。女惟憨笑,并不一置词。挞之,不忍,出之,则无家;夫妻懊怨,终夜不寝。时冢宰某公赫甚⑫,其仪采服从⑬,与女伪装无少殊别,王给谏亦误为真。屡侦公门,中夜而客未出,疑冢宰与公有阴谋⑭。次日早朝,见而问曰:"昨夜相公至君家耶?"公疑其相讥,惭颜唯唯,不甚响答。给谏愈疑,谋遂寝⑮,由此益交欢公。公探知其情,窃喜,而阴嘱夫人,劝女改行;女笑应之。

　　逾岁,首相免,适有以私函致公者,误投给谏。给谏大喜,先托善公者⑯往假万金,公拒之。给谏自诣公所。公觅巾袍,并不可得;给谏伺久,怒公慢⑰,愤将行。忽见公子衮衣旒冕,有女子自门内推之以出,大骇;已而笑抚之,脱其服冕而去。公急出,则客去已远。闻其故,惊颜如土,大哭曰:"此祸水也⑱!指日赤⑲吾族矣!"与夫人操杖往。女已知之,阖扉任其诟厉。公怒,斧其门⑳。女在内含笑而告之曰:"翁无烦怒。有新妇在,刀锯斧钺,妇自受之,必不令贻害双亲。翁若此,是

　　① 刺布作圆:缝布作成球。　② 敛迹:藏起来。　③ 刓(wǎn):刻;这里是用手指划床的意思。　④ 沙漠人:指匈奴人。　⑤ 丁丁缕缕然:形容琵琶弹奏的声音。　⑥ 给谏:即明、清时都察院中的给事中,主要职责是监察中央政府的各级官员。　⑦ 不相能:不相容,不相得。　⑧ 握河南道篆:掌握河南道的大权。河南道;指负责河南道事务的御史。篆,官印。因官印多用篆字刻写,故称。　⑨ 冢宰:宰相的尊称。　⑩ 虞候:指贵官的侍卫。　⑪ 人方蹈我之瑕:人家正在找我的碴儿。瑕,玉上的斑点,引申为错误、毛病。　⑫ 赫:声势显赫。　⑬ 服从:侍从。　⑭ 阴谋:私下的策划。和今天的"阴谋"的概念不同。　⑮ 寝:这里指打消的意思。　⑯ 善公者:和王太常相熟的人。　⑰ 慢:怠慢。　⑱ 祸水:本指汉成帝皇后赵飞燕的妹妹赵合德。《飞燕外传》中说她是使汉灭亡的根源。在重男轻女的社会制度下,凡是事情弄糟了,而又多少和妇女有关的,都把责任归于妇女,称妇女为"祸水"。　⑲ 赤:这里作动词用,屠杀。　⑳ 斧:这里作动词用,砍。

欲杀妇以灭口耶？"公乃止。给谏归，果抗疏揭王不轨①，衮冕作据。上惊验之，其旒冕乃梁稽心所制②，袍则败布黄袄也。上怒其诬。又召元丰至，见其憨状可掬，笑曰："此可以作天子耶？"乃下之法司。给谏又讼公家有妖人，法司严诘臧获③，并言无他，惟颠妇痴儿，日事戏笑；邻里亦无异词。案乃定，以给谏充云南军。王由是奇女。又以母久不至，意其非人。使夫人探诘之，女但笑不言。再复穷问，则掩口曰："儿玉皇女，母不知耶？"

无何，公擢京卿。五十余，每患无孙。女居三年，夜夜与公子异寝，似未尝有所私。夫人舁榻去，嘱公子与妇同寝。过数日，公子告母曰："借榻去，悍不还！小翠夜夜以足股加腹上，喘气不得；又惯掐人股里。"婢妪无不粲然。夫人呵拍令去。一日，女浴于室，公子见之，欲与偕；女笑止之，谕使姑待。既出，乃更泻热汤于瓮，解其袍裤，与婢扶之入。公子觉蒸闷，大呼欲出。女不听，以衾蒙之。少时，无声，启视，已绝。女坦笑不惊，曳置床上，拭体干洁，加覆被焉。夫人闻之，哭而入，骂曰："狂婢何杀吾儿！"女辗然曰："如此痴儿，不如勿有。"夫人益恚，以首触女；婢辈争曳劝之。方纷嚣间，一婢告曰："公子呻矣！"夫人辍涕抚之，则气息休休，而大汗浸淫④，沾浃裀褥⑤。食顷，汗已，忽开目四顾，遍视家人，似不相识，曰："我今回忆往昔，都如梦寐，何也？"夫人以其言语不痴，大异之。携参其父，屡试之，果不痴。大喜，如获异宝。至晚，还榻故处，更设衾枕以觇之。公子入室，尽遣婢去。早窥之，则榻虚设。自此痴颠皆不复作，而琴瑟静好，如形影焉。

年余，公为给谏之党奏劾免官，小有挂误。旧有广西中丞所赠玉瓶⑥，价累千金，将出以贿当路。女爱而把玩之，失手堕碎，惭而自投⑦。公夫妇方以免官不快，闻之，怒，交口呵骂。女忿而出，谓公子曰："我在汝家，所保全者不止一瓶，何遂不少存面目？实与君言：我非人也。以母遭雷霆之劫，深受而翁庇翼；又以我两人有五年凤分，故以我来报恩、了凤愿耳。身受唾骂，擢发不足以数⑧，所以不即行者，五年之爱未盈。今何可以暂止乎！"盛气而出，追之已杳。公爽然⑨自失，而悔无及矣。

公子入室，睹其剩粉遗钩，恸哭欲死；寝食不甘，日就赢瘁。公大忧，急为胶续以解之⑩，而公子不乐。惟求良工画小翠像，日夜浇祷其下⑪，几二年。偶以故自他里归，明月已皎，村外有公家亭园，骑马墙外过，闻笑语声，停辔，使厮卒捉鞚⑫；登鞍一望，则二女郎游戏其中。云月昏蒙，不甚可辨，但闻一翠衣者曰："婢子当逐出门！"一红衣者曰："汝在吾家园亭，反逐阿谁？"翠衣人曰："婢子不羞！不能作妇，被人驱遣，犹冒认物产也？"红衣者曰："索胜老大婢无主顾者！"听其音，酷类小

---

① 抗疏：直言上奏给皇帝。　② 梁稽心：高粱秆的心子。　③ 臧获：奴婢。　④ 浸淫：渗溃。　⑤ 沾浃：湿遍。　⑥ 中丞：对巡抚的称呼。　⑦ 自投：自己去承认错误或者过失，自首。　⑧ 擢发不足以数：拔下头发来都数不完。　⑨ 爽然：默然。　⑩ 胶续：续弦，再娶。　⑪ 浇祷：以酒浇地，祭奠祷告。　⑫ 厮卒：马夫。

翠，疾呼之。翠衣人去曰："姑不与若争，汝汉子来矣。"既而红衣人来，果小翠。喜极。女令登垣，承接而下之，曰："二年不见，骨瘦一把矣！"公子握手泣下，具道相思。女言："妾亦知之，但无颜复见家人。今与大姊游戏，又相邂逅，足知前因不可逃也。"请与同归，不可；请止园中，许之。公子遣仆奔白夫人。夫人惊起，驾肩舆而往，启钥入亭。女即趋下迎拜；夫人捉臂流涕，力白前过，几不自容，曰："若不少记榛梗①，请偕归，慰我迟暮②。"女峻辞不可。夫人虑野亭荒寂，谋以多人服役。女曰："我诸人悉不愿见，惟前两婢朝夕相从，不能无眷注耳；外惟一老仆应门，余都无所复须。"夫人悉如其言。托公子养疴园中，日供食用而已。

女每劝公子别婚，公子不从。后年余，女眉目音声，渐与曩异，出像质之，迥若两人。大怪之。女曰："视妾今日，何如畴昔美③？"公子曰："今日美则美，然较昔则似不如。"女曰："意妾老矣！"公子曰："二十余岁人，何得速老！"女笑而焚图，救之已烬。

一日，谓公子曰："昔在家时，阿翁谓妾抵死不作茧④。今亲老君孤，妾实不能产，恐误君宗嗣。请娶妇于家，且晚侍奉公姑，君往来于两间，亦无所不便。"公子然之，纳币于钟太史之家⑤。吉期将近，女为新人制衣履，赍送母所。及新人入门，则言貌举止，与小翠无毫发之异。大奇之。往至园亭，则女亦不知所在。问婢，婢出红巾曰："娘子暂归宁，留此贻公子。"展巾，则结玉玦一枚，心知其不返，遂携婢俱归。虽顷刻不忘小翠，幸而对新人如觌旧好焉。始悟钟氏之姻，女预知之，故先化其貌，以慰他日之思云。

异史氏曰："一狐也，以无心之德，而犹思所报；而身受再造之福者，顾失声于破甑⑥，何其鄙哉！月缺重圆，从容而去，始知仙人之情，亦更深于流俗也！"

【赏析】

狐精化人的故事中国古已有之。后魏时，"妇人着彩衣者，人指为狐魅"（《洛阳伽蓝记》），"唐初以来，百姓多事狐神。房中祭祀以乞恩，食饮与之同之，事者非一主。当时有谚曰：'无狐魅，不成村'"（《朝野佥载》）。唐宋时，狐女故事日益增多。然而，从狐怪小说来看，多数作品内容都荒诞怪异，情节粗陋，狐精形象也大都是作为否定形象出现的，极易使读者产生恐惧之感。唐人沈既济的《任氏传》、宋人刘斧《青琐高议》后集卷三的《小莲记》以及明人李昌祺的《胡媚娘传》是狐精形象逐渐向人性化发展的重要标志。到了清代《聊斋志异》，才出现了成熟的狐女形象。

① 榛梗：本指荆棘阻塞道路，这里指心中的怨恨，如同"芥蒂"之意。 ② 迟暮：年老。 ③ 畴昔：从前，往日。 ④ 抵死不作茧：这里以蚕作茧比喻女人生孩子。"抵死不作茧"即到老不生孩子。 ⑤ 纳币：古时婚礼仪式之一，即下聘礼。也称"纳征"。 ⑥ 失声于破甑(zēng)：《后汉书·郭泰传》记载孟敏挑甑过市，甑摔碎了，孟敏头也不回地走了。郭很欣赏孟的气量和决断。这里借用破甑的故事讽刺王太常的自私和小气。意思是王太常因玉瓶堕落而痛骂小翠。甑，古时盛饭的陶器。

《小翠》就是其中的重要代表。蒲松龄的高明之处在善于把握狐的特点和人的特点，并将两者巧妙自然地融汇在一起，从而使得狐中有人，人中见狐，难辨难分。小翠就是一个集人与狐于一身的独特又可爱的形象。小翠是狐女，她有许多不同于人的神异之处：她被送上门，人们却不知她是从何处来；她负气而去，也不知她去向何方。在王侍御和王给谏的明争暗斗过程中，小翠多次运筹帷幄，巧加安排，屡次化险为夷；王侍御之子元丰又呆又憨，小翠却能在他沐浴于瓮中时施计治好了他的痴病。这些都是常人难以做到的。同时，在日常生活中，小翠又是那样富于人情味。有一次，元丰挨了母亲的一顿打，大哭大嚎，小翠不仅替他求饶，在老夫人消了气离去之后，还替他拭泪痕，拍打身上的尘土，并且拿出枣和栗子来哄他吃，直至公子破涕为笑。小翠有着人的思想感情，不过，她的个性中依然隐含着"狐性"。如她的善谑、她的妩媚，都极易使人联想到狐。蒲松龄在小说的结尾写道："……仙人之情，亦更深于流俗也。"借狐仙说世情，揭露上层社会尔虞我诈的种种情状以及流俗的污浊，才是小说的价值所在。

首先，小翠天真烂漫的个性与王府的陈规陋习形成鲜明的对比。小翠进王家后，表现迥异于流俗。她贪玩，成天无拘无束地尽情嬉戏，有时穿一双小皮靴，把布球踢出几十步远，逗得傻丈夫汗流满面地来回跑着去捡。在遭到斥责时"俯首微笑，以手刓床"，事后依然"憨跳如故"。她的天真烂漫令人欣羡。传统道德对女子的要求是"笑不露齿"、温柔和顺，作者以赞赏的笔调来写小翠的"越礼"行为，蕴含着对束缚人性的封建家长制的嘲弄与否定。

其次，小翠高尚的形象是通过污浊的现实社会烘托出来的。小翠来到王侍御家，是为报恩而来。王侍御在官场争逐中处于劣势，灭顶之灾时时威胁着他，令他忧心忡忡。在小翠的帮助下，王侍御多次转危为安。作品的题材就超越了家庭的界限，思想内容也就远远超出了因果报应的范围，"寓黜于欢，寓警于戏"，它反映了封建统治阶级内部的激烈斗争与官场上互相倾轧的世态，揭露了官场的黑暗与世道的险恶。

在小说的结尾，蒲松龄感叹小翠："以无心之德，而犹思所报……始知仙人之情亦更深于流俗也！"的确，小翠对王侍御家的恩德可谓大矣。但是，仅仅因为小翠失手打碎了一个玉瓶，他们夫妇俩便怒不可遏，交口呵骂，使小翠愤而出走。通过这一对比，不仅揭露了王侍御夫妇的卑劣，而且还展现了善良的人们为社会所不容的现实，暴露了封建家庭的罪恶。当然，也反映了蒲松龄内心不为世人理解的痛苦。

（乔光辉）

参考书目

鲁迅《中国小说史略》，上海古籍出版社 1998 年

李宗为《唐人传奇》，中华书局 1985 年

薛洪绩《传奇小说史》，浙江古籍出版社 1998 年

李剑国《唐前志怪小说史》，南开大学出版社 1984 年

李剑国《唐五代志怪传奇叙录》,南开大学出版社 1993 年

李剑国《宋代志怪传奇叙录》,南开大学出版社 1997 年

吴志达《中国文言小说史》,齐鲁书社 1994 年

汪辟疆校录《唐人小说》,上海古籍出版社 1978 年

程毅中《宋元小说研究》,江苏古籍出版社 1998 年

刘叶秋《历代笔记概述》,中华书局 1980 年

侯忠义《中国文言小说参考资料》,北京大学出版社 1985 年

宁稼雨《中国志人小说史》,辽宁人民出版社 1991 年

思考与练习

1. 有人说《山海经》及古代神话故事已是最早的文言小说,《搜神记》《世说新语》更是如此,也有人认为唐传奇才是最早的文言小说,因为后者才具备记叙文的六要素,你以为如何?

2. 以现代文改写这两篇文言小说中的一篇。

慕课资源

曹雪芹

曹雪芹,名霑,字梦阮,号雪芹,又号芹溪、芹圃。先祖原是汉人,后编入"正白旗",为内务府的"包衣"。上祖曹振彦是跟随清朝皇帝入关的功臣,属多尔衮部。曾祖曹玺做过江宁府的织造,曾祖母做过康熙皇帝的乳母。祖父曹寅做过康熙的伴读,又继曹玺任苏州织造、江宁织造、两淮盐运使等职。康熙六次南巡,有四次曾住在江宁织造府。曹寅病故,其子曹颙又继任江宁织造,曹颙去世后,康熙命曹寅弟曹荃将其子曹頫过继给曹寅,并继江宁织造任。曹雪芹即曹頫(或谓曹颙)之子,生于康熙五十四年(1717)(一说雍正二年 1724),卒于乾隆癸未(1763)除夕或甲申(1764)初春。幼时曾在江宁织造任所十四年(一说四年),以后迁至北京。雍正五年(1727),曹家失宠遭抄,很快败落。至乾隆间,似又一次被查抄,于是一蹶不振。大约乾隆十六七年时,曹雪芹迁居北京西郊,已穷到"举家食粥酒常赊"的地步。据说,《红楼梦》便是他在西郊的黄叶村写的。

【集评】

今夫《红楼梦》之书,立意以贾氏为主,甄姓为宾,明矣,真少而假多也。假多即幻,幻即是梦。书之奚究其真假,惟取乎事之近理,词无妄诞,说梦岂无荒诞,乃幻中有情,情中有幻是也。贾宝玉之顽石异生,应知琢磨成器,无乃溺于闺阁,幸耳《关雎》之风尚在;林黛玉之仙草临胎,逆料良缘会合,岂意摧残兰蕙,惜乎《摽梅》之叹犹存。似而不似,恍然若梦,斯情幻之变互矣。([清]梦觉主人《红楼梦序》)

阅《红楼梦》者,既要通今,又要博古,既贵心细,尤贵眼明。当以何义门评十七史法评之。若但以金圣叹评"四大奇书"法评之,浅矣。([清]周春《红楼梦评例》)

《红楼梦》一书,全部最要关键,是真假二字。读者须知真即是假,假即是真;真中有假,假中有真;真不是真,假不是假。明此数意,则甄宝玉、贾宝玉,是一是二,便心目了然,不为作者齿冷,亦知作者匠心。

《红楼梦》虽是说贾府盛衰情事,其实专为宝玉、黛玉、宝钗三人而作。若就贾、薛两家而论,贾府为主,薛家为宾。若就宁、荣两府而论,荣府为主,宁府为宾。若就荣国一府而论,宝玉、黛玉、宝钗三人为主,余者皆宾。若就宝玉、黛玉、宝钗三人而论,宝玉为主,钗、黛为宾。若就钗、黛两人而论,则黛玉却是主中主，宝钗却是主中宾。至副册之香菱，是宾中宾，又副册之袭人等，不能入席矣。读者须分别清楚。

《红楼梦》一书，有正笔，有反笔，有衬笔，有借笔，有明笔，有暗笔，有先伏笔，有照应笔，有著色笔，有淡描笔：各样笔法，无所不备。（〔清〕王希廉《红楼梦总评》）

"世事洞明皆学问，人情练达即文章。"是此书到处警省处。故其铺叙人情世事，如燃犀烛，较诸小说，后来居上。

是书钗、黛为比肩，袭人、晴雯乃二人影子也。凡写宝玉同黛玉事迹，接写者必是宝钗；写宝玉同宝钗事迹，接写者必是黛玉。否则用袭人代钗，用晴雯代黛。间有接以他人者，而仍不脱本处。乃是一丝不走，牢不可破，通体大章法。

写黛玉处处口舌伤人，是极不善处世、极不自爱之一人，致蹈杀机而不觉；写宝钗处处以财帛笼络人，是极有城府、极圆熟之一人，究竟亦是枉了。这两种人，都做不得。

有谓此书止八十回，其余四十回，乃出另手，吾不能知。但观其通体结构，如常山蛇首尾相应，安根伏线，有牵一发全身动之妙，且词句笔气，前后全无差别。则所增之四十回，从中后增入耶？抑参差夹杂增入耶？觉其难有甚于作书百倍者。虽重以父兄命、万金赏，使闲人增半回不能也。何以耳为目，随声附和者之多！（〔清〕张新之《红楼梦读法》）

《红楼梦》与一切喜剧相反，彻头彻尾之悲剧也。

兹就宝玉、黛玉之事言之：贾母爱宝钗之婉嫕，而惩黛玉之孤僻，又信金玉之邪说而思压宝玉之病，王夫人固亲于薛氏，凤姐以持家之故，忌黛玉之才而虞其不便于己也；袭人惩尤二姐、香菱之事，闻黛玉"不是东风压西风，就是西风压东风"之语，惧祸之及，而自同于凤姐，亦自然之势也。宝玉之于黛玉，信誓旦旦，而不能言之于最爱之祖母，则普通之道德使然，况黛玉一女子哉。由此种种原因，而金玉以之合，木石以之离，又岂有蛇蝎之人物、非常之变故行于其间哉？不过通常之道德、通常之人情、通常之境遇为之而已。由此观之，《红楼梦》者，可谓悲剧中之悲剧也。由此之故，此书中壮美之部分较多于优美之部分，而眩惑之原质殆绝焉。（王国维《红楼梦评论》）

《红楼梦》是一部隐去真事的自叙；里面的甄贾两宝玉即是曹雪芹自己的化身，甄贾两府即是当日曹家的影子。

《红楼梦》只是老老实实的描写这一个坐吃山空，树倒猢狲散的自然趋势。所以《红楼梦》是一部自然主义的杰作……《红楼梦》的真正价值正在这平淡无奇的自然主义上面。（胡适《〈红楼梦〉考证》）

至于说到《红楼梦》的价值，可是在中国底小说中实在是不可多得的。其要点在敢于如实描写，并无讳饰，和从前的小说叙好人完全是好，坏人完全是坏的，大不相同，所以其中所叙的人物，都是真的人物。总之自有《红楼梦》出来以后，传统的思想和写法都打破了。（鲁迅《中国小说的历史的变迁》）

红楼梦·痴情女情重愈斟情

且说宝玉因见林黛玉又病了，心里放不下，饭也懒去吃，不时来问。林黛玉又怕他有个好歹，因说道："你只管看你的戏去，在家里作什么？"宝玉因昨日张道士提亲，心中大不受用，今听见林黛玉如此说，心里因想道："别人不知道我的心还可恕，连他也奚落起我来。"因此心中更比往日的烦恼加了百倍。若是别人跟前，断不能动这肝火，只是林黛玉说了这话，倒比往日别人说这话不同，由不得立刻沉下脸来，说道："我白认得了你。罢了，罢了！"林黛玉听说，便冷笑了两声道："我也知道白认得了我，那里像人家有什么配的上呢。"宝玉听了，便向前来直问到脸上："你这么说，是安心咒我天诛地灭？"林黛玉一时解不过这个话来。宝玉又道："昨儿还为这个赌了几回咒，今儿你到底又准我一句。我便天诛地灭，你又有什么益处？"林黛玉一闻此言，方想起上日的话来。今日原是自己说错了，又是着急，又是羞愧，便颤颤兢兢的说道："我要安心咒你，我也天诛地灭。何苦来！我知道，昨日张道士说亲，你怕阻了你的好姻缘，你心里生气，来拿我煞性子。"

原来那宝玉自幼生成有一种下流痴病，况从幼时和黛玉耳鬓厮磨，心情相对；及如今稍明时事，又看了那些邪书僻传，凡远亲近友之家所见的那些闺英闱秀，皆未有稍及林黛玉者，所以早存了一段心事，只不好说出来，故每每或喜或怒，变尽法子暗中试探。那林黛玉偏生也是个有些痴病的，也每用假情试探。因你也将真心真意瞒了起来，只用假意，我也将真心真意瞒了起来，只用假意，如此两假相逢，终有一真。其间琐琐碎碎，难保不有口角之争。即如此刻，宝玉的心内想的是："别人不知我的心，还有可恕，难道你就不想我的心里眼里只有你！你不能为我烦恼，反来以这话奚落堵我。可见我心里一时一刻白有你，你竟心里没我。"心里这意思，只是口里说不出来。那林黛玉心里想着："你心里自然有我，虽有'金玉相对'之说，你岂是重这邪说不重我的。我便时常提这'金玉'，你只管了然自若无闻的，方见得是待我重，而毫无此心了。如何我只一提'金玉'的事，你就着急，可知你心里时时有'金玉'，见我一提，你又怕我多心，故意着急，安心哄我。"

看来两个人原本是一个心，但都多生了枝叶，反弄成两个心了。那宝玉心中又想着："我不管怎么样都好，只要你随意，我便立刻因你死了也情愿。你知也罢，不知也罢，只由我的心，可见你方和我近，不和我远。"那林黛玉心里又想着："你只管你，你好我自好，你何必为我而自失。殊不知你失我自失。可见是你不叫我近你，有意叫我远你了。"如此看来，却都是求近之心，反弄成疏远之意。如此之话，皆他二人素习所存私心，也难备述。

如今只述他们外面的形容。那宝玉又听见他说"好姻缘"三个字，越发逆了己意，心里干噎，口里说不出话来，便赌气向颈上抓下通灵宝玉，咬牙恨命往地下一摔，道："什么捞什骨子，我砸了你完事！"偏生那玉坚硬非常，摔了一下，竟文风没动。宝玉见没摔碎，便回身找东西来砸。林黛玉见他如此，早已哭起来，说道："何苦来，你摔砸那哑巴物件。有砸他的，不如来砸我。"二人闹着，紫鹃雪雁等忙来解劝。后来见宝玉下死力砸玉，忙上来夺，又夺不下来，见比往日闹的大了，少不得去叫袭人。袭人忙赶了来，才夺了下来。宝玉冷笑道："我砸我的东西，与你们什么相干!"

袭人见他脸都气黄了，眼眉都变了，从来没气的这样，便拉着他的手，笑道："你同妹妹拌嘴，不犯着砸他；倘或砸坏了，叫他心里脸上怎么过的去?"林黛玉一行哭着，一行听了这话说到自己心坎儿上来，可见宝玉连袭人不如，越发伤心大哭起来。心里一烦恼，方才吃的香薷饮解暑汤便承受不住①，"哇"的一声都吐了出来。紫鹃忙上来用手帕子接住，登时一口一口的把一块手帕子吐湿。雪雁忙上来捶。紫鹃道："虽然生气，姑娘到底也该保重着些。才吃了药好些，这会子因和宝二爷拌嘴，又吐出来。倘或犯了病，宝二爷怎么过的去呢?"宝玉听了这话说到自己心坎儿上来，可见黛玉不如一紫鹃。又见林黛玉脸红头胀，一行啼哭，一行气凑，一行是泪，一行是汗，不胜怯弱。宝玉见了这般，又自己后悔方才不该同他较证②，这会子他这样光景，我又替不了他。心里想着，也由不的滴下泪来了。袭人见他两个哭，由不得守着宝玉也心酸起来，又摸着宝玉的手冰凉，待要劝宝玉不哭罢，一则又恐宝玉有什么委曲闷在心里，二则又恐薄了林黛玉。不如大家一哭，就丢开手了，因此也流下泪来。紫鹃一面收拾了吐的药，一面拿扇子替林黛玉轻轻的扇着，见三个人都鸦雀无声，各人哭各人的，也由不得伤心起来，也拿手帕子擦泪。四个人都无言对泣。

一时，袭人勉强笑向宝玉道："你不看别的，你看看这玉上穿的穗子，也不该同林姑娘拌嘴。"林黛玉听了，也不顾病，赶来夺过去，顺手抓起一把剪子来要剪。袭人紫鹃刚要夺，已经剪了几段。林黛玉哭道："我也是白效力。他也不希罕，自有别人替他再穿好的去。"袭人忙接了玉道："何苦来，这是我才多嘴的不是了。"宝玉向林黛玉道："你只管剪，我横竖不带他，也没什么。"

只顾里头闹，谁知那些老婆子们见林黛玉大哭大吐，宝玉又砸玉，不知道要闹到什么田地，倘或连累了他们，便一齐往前头回贾母王夫人知道，好不干连了他们。那贾母王夫人见他们忙忙的作一件正经事来告诉，也都不知有了什么大祸，便一齐进园来瞧他兄妹。急的袭人抱怨紫鹃为什么惊动了老太太、太太；紫鹃又只当是袭人去告诉的，也抱怨袭人。那贾母、王夫人进来，见宝玉也无言，林黛玉也无话，问起来又没为什么事，便将这祸移到袭人紫鹃两个人身上，说"为什么你们不小心服侍，这会子闹起来都不管了!"因此将他二人连骂带说教训了一顿。二人都没话，只得听着。还是贾母带出宝玉去了，方才平服。

过了一日，至初三日，乃是薛蟠生日，家里摆酒唱戏，来请贾府诸人。宝玉因得罪了林黛玉，二人总未见面，心中正自后悔，无精打采的，那里还有心肠去看戏，

---

① 香薷(rú)饮：是由香薷、厚朴、扁豆制成的一种药剂。治伤暑感冒。香薷，植物名，叶茎可入药。 ② 较证：辩驳是非。

因而推病不去。林黛玉不过前日中了些暑溽之气，本无甚大病，听见他不去，心里想："他是好吃酒看戏的，今日反不去，自然是因为昨儿气着了。再不然，他见我不去，他也没心肠去。只是昨儿千不该万不该剪了那玉上的穗子。管定他再不带了，还得我穿了他才带。"因而心中十分后悔。

那贾母见他两个都生了气，只说趁今儿那边看戏，他两个见了也就完了，不想又都不去。老人家急的抱怨说："我这老冤家是那世里的孽障，偏生遇见了这么两个不省事的小冤家，没有一天不叫我操心。真是俗语说的，'不是冤家不聚头'。几时我闭了这眼，断了这口气，凭着这两个冤家闹上天去，我眼不见心不烦，也就罢了。偏又不咽这口气。"自己抱怨着也哭了。这话传入宝林二人耳内。原来他二人竟是从未听见过"不是冤家不聚头"的这句俗语，如今忽然得了这句话，好似参禅的一般，都低头细嚼此话的滋味，都不觉潸然泣下。虽不曾会面，然一个在潇湘馆临风洒泪，一个在怡红院对月长吁，却不是人居两地，情发一心！

袭人因劝宝玉道："千万不是，都是你的不是。往日家里小厮们和他们的姊妹拌嘴，或是两口子分争，你听见了，你还骂小厮们蠢，不能体贴女孩儿们的心。今儿你也这么着了。明儿初五，大节下，你们两个再这么仇人似的，老太太越发要生气，一定弄的大家不安生。依我劝，你正经下个气，陪个不是，大家还是照常一样，这么也好，那么也好。"那宝玉听见了不知依与不依，要知端详，且听下回分解。

话说林黛玉自与宝玉角口后，也自后悔，但又无去就他之理，因此日夜闷闷，如有所失。紫鹃度其意，乃劝道："若论前日之事，竟是姑娘太浮躁了些。别人不知宝玉那脾气，难道咱们也不知道的。为那玉也不是闹了一遭两遭了。"黛玉啐道："你倒来替人派我的不是。我怎么浮躁了？"紫鹃笑道："好好的，为什么又剪了那穗子？岂不是宝玉只有三分不是，姑娘倒有七分不是。我看他素日在姑娘身上就好，皆因姑娘小性儿，常要歪派他①，才这么样。"

林黛玉正欲答话，只听院外叫门。紫鹃听了一听，笑道："这是宝玉的声音，想必是来赔不是来了。"林黛玉听了道："不许开门！"紫鹃道："姑娘又不是了。这么热天毒日头地下，晒坏了他如何使得呢！"口里说着，便出去开门，果然是宝玉。一面让他进来，一面笑道："我只当是宝二爷再不上我们这门了，谁知这会子又来了。"宝玉笑道："你们把极小的事倒说大了。好好的，为什么不来？我便死了，魂也要一日来一百遭。妹妹可大好了？"紫鹃道："身上病好了，只是心里气不大好。"宝玉笑道："我晓得有什么气。"一面说着，一面进来，只见林黛玉又在床上哭。

那林黛玉本不曾哭，听见宝玉来，由不得伤了心，止不住滚下泪来。宝玉笑着

---

① 歪派：无理指责，故意找碴编派别人的意思。

走近床来，道："妹妹身上可大好了？"林黛玉只顾拭泪，并不答应。宝玉因便挨在床沿上坐了，一面笑道："我知道妹妹不恼我。但只是我不来，叫旁人看着，倒像是咱们又拌了嘴的似的。若等他们来劝咱们，那时节岂不咱们倒觉生分了？不如这会子，你要打要骂，凭着你怎么样，千万别不理我。"说着，又把"好妹妹"叫了几万声。林黛玉心里原是再不理宝玉的，这会子见宝玉说别叫人知道他们拌了嘴就生分了似的这一句话，又可见得比人原亲近，因又撑不住哭道："你也不用哄我。从今以后，我也不敢亲近二爷，二爷也全当我去了。"宝玉听了笑道："你往那去呢？"林黛玉道："我回家去。"宝玉笑道："我跟了你去。"林黛玉道："我死了。"宝玉道："你死了，我做和尚！"林黛玉一闻此言，登时将脸放下来，问道："想是你要死了，胡说的是什么！你家倒有几个亲姐姐亲妹妹呢，明儿都死了，你几个身子去作和尚？明儿我倒把这话告诉别人去评评。"

宝玉自知这话说的造次了，后悔不来，登时脸上红胀起来，低着头不敢则一声。幸而屋里没人。林黛玉直瞪瞪的瞅了他半天，气的一声儿也说不出来。见宝玉憋的脸上紫胀，便咬着牙用指头狠命的在他额颅上戳了一下，哼了一声，咬牙说道："你这——"刚说了两个字，便又叹了一口气，仍拿起手帕子来擦眼泪。宝玉心里原有无限的心事，又兼说错了话，正自后悔；又见黛玉戳他一下，要说又说不出来，自叹自泣，因此自己也有所感，不觉滚下泪来。要用帕子揩拭，不想又忘了带来，便用衫袖去擦。林黛玉虽然哭着，却一眼看见了，见他穿着簇新藕合纱衫，竟去拭泪，便一面自己拭着泪，一面回身将枕边搭的一方绡帕子拿起来，向宝玉怀里一摔，一语不发，仍掩面自泣。宝玉见他摔了帕子来，忙接住拭了泪，又挨近前些，伸手拉了林黛玉一只手，笑道："我的五脏都碎了，你还只是哭。走罢，我同你往老太太跟前去。"林黛玉将手一摔道："谁同你拉拉扯扯的。一天大似一天的，还这么涎皮赖脸的，连个道理也不知道。"

一句没说完，只听喊道："好了！"宝林二人不防，都唬了一跳，回头看时，只见凤姐儿跳了进来，笑道："老太太在那里抱怨天抱怨地，只叫我来瞧瞧你们好了没有。我说不用瞧，过不了三天，他们自己就好了。老太太骂我，说我懒。我来了，果然应了我的话了。也没见你们两个人有些什么可拌的，三日好了，两日恼了，越大越成了孩子了！有这会子拉着手哭的，昨儿为什么又成了乌眼鸡呢[1]！还不跟我走，到老太太跟前，叫老人家也放些心。"说着拉了林黛玉就走。林黛玉回头叫丫头们，一个也没有。凤姐道："又叫他们作什么，有我服侍你呢。"一面说，一面拉了就走。宝玉在后面跟着出了园门。到了贾母跟前，凤姐笑道："我说他们不用人费心，自己就会好的。老祖宗不信，一定叫我去说合。我及至到那里要说合，谁知

---

[1] 乌眼鸡：乌眼鸡好斗，形容人吵架，怒目而视。

两个人倒在一处对赔不是了。对哭对诉，倒像'黄鹰抓住了鹞子的脚'，两个都扣了环了，那里还要人去说合。"说的满屋里都笑起来。

此时宝钗正在这里。那林黛玉只一言不发，挨着贾母坐下。宝玉没甚说的，便向宝钗笑道："大哥哥好日子，偏生我又不好了，没别的礼送，连个头也不得磕去。大哥哥不知我病，倒像我懒，推故不去的。倘或明儿恼了，姐姐替我分辨分辨。"宝钗笑道："这也多事。你便要去也不敢惊动，何况身上不好。弟兄们日日一处，要存这个心倒生分了。"宝玉又笑道："姐姐知道体谅我就好了。"又道："姐姐怎么不看戏去？"宝钗道："我怕热，看了两出，热的很。要走，客又不散。我少不得推身上不好，就来了。"宝玉听说，自己由不得脸上没意思，只得又搭讪笑道："怪不得他们拿姐姐比杨妃，原来也体丰怯热。"宝钗听说，不由的大怒，待要怎样，又不好怎样。回思了一回，脸红起来，便冷笑了两声，说道："我倒像杨妃，只是没一个好哥哥好兄弟可以作得杨国忠的！"二人正说着，可巧小丫头靓儿因不见了扇子，和宝钗笑道："必是宝姑娘藏了我的。好姑娘，赏我罢。"宝钗指他道："你要仔细！我和你顽过，你再疑我。和你素日嘻皮笑脸的那些姑娘们跟前，你该问他们去。"说的个靓儿跑了。宝玉自知又把话说造次了，当着许多人，更比才在林黛玉跟前更不好意思，便急回身又同别人搭讪去了。

林黛玉听见宝玉奚落宝钗，心中着实得意，才要搭言也趁势儿取个笑，不想靓儿因找扇子，宝钗又发了两句话，他便改口笑道："宝姐姐，你听了两出什么戏？"宝钗因见林黛玉面上有得意之态，一定是听了宝玉方才奚落之言，遂了他的心愿，忽又见问他这话，便笑道："我看的是李逵骂了宋江，后来又赔不是。"宝玉便笑道："姐姐通今博古，色色都知道，怎么连这一出戏的名字也不知道，就说了这么一串子。这叫《负荆请罪》。"宝钗笑道："原来这叫作《负荆请罪》！你们通今博古，才知道'负荆请罪'，我不知道什么是'负荆请罪'！"一句话还未说完，宝玉林黛玉二人心里有病，听了这话早把脸羞红了。凤姐于这些上虽不通达，但只见他三人形景，便知其意，便也笑着问人道："你们大暑天，谁还吃生姜呢？"众人不解其意，便说道："没有吃生姜。"凤姐故意用手摸着腮，诧异道："既没人吃生姜，怎么这么辣辣的？"宝玉黛玉二人听见这话，越发不好过了。宝钗再要说话，见宝玉十分讨愧，形景改变，也就不好再说，只得一笑收住。别人总未解得他四个人的言语，因此付之流水。

一时宝钗凤姐去了，林黛玉笑向宝玉道："你也试着比我利害的人了。谁都像我心拙口笨的，由着人说呢。"宝玉正因宝钗多了心，自己没趣，又见林黛玉来问着他，越发没好气起来。待要说两句，又恐林黛玉多心，说不得忍着气，无精打采一直出来。

【汇评】

宝玉砸玉,黛玉吐药,宝、黛等四人无言对泣,描写吵闹情形,既真切又有孩子气。　　玉可砸,则穗亦当剪,宝、黛姻缘中断,已兆于此。　　宝玉向黛玉说"你死了我做和尚",是以谶语作伏笔。　　黛玉一面哭一面又将手帕摔给宝玉拭泪,描画妒愈深而情更深。([清]王希廉《红楼梦回评》)

此回已交壬子年五月初间事。　　宝钗对宝玉说"倒生分了"一语,在宝钗虽是无心,在宝玉却是有心,不相期而适相值,致有杨贵妃之诮。([清]姚燮《红楼梦回评》)

二人本是同心,却难剖心相示。黛玉之心,宝玉已深知之;而宝玉之心,黛玉尚未能深知。总之因有金玉之说,而黛玉之忧疑起,亦因黛玉口中有金玉之说,而宝玉之烦恼生。夫以宝玉之天真烂漫,而欲其恝置宝钗,势所不能也。在宝玉意中,以为但论姐妹,则黛玉固好,宝钗亦未尝不好。若论婚姻,则既有黛玉,我自然不再想宝钗,然正为心中只有黛玉却不肯昧其爱姐妹之本心。只要黛玉看得透,识得真,与我一心一意,知我心必无游移,而坦然以处于众姐妹之中,凭我形迹之间,亲厚他人,绝不介意,方谓之真知我耳。殊不知黛玉此时,何能信到如此地位,故越说真心话,越增其疑抱也。直至后来宝玉说到你皆因不放心之故,终弄了一身的病云云,黛玉方得彻底明白。从此任宝玉与宝钗如何亲厚,总深信其不为金玉之说所惑矣。故越到宝钗定姻,人人皆知而黛玉独不疑也。知心之难如此。其奈无人能知两人之心何哉。

大闹之后,各人回心转意,方得体贴出真心实意来,古人言得一知己,死不可恨。必如此,方值得为之死耳。　　你死了,我做和尚。在此时不过是充类至义之尽之言,而不意后来竟实有其事也。([清]陈其泰《红楼梦回评》)

【赏析】

这一部分节选自《红楼梦》第二十九回后半部分、第三十回前半部分,就小说情节而言没有什么大起大落,但就宝玉、黛玉的爱情故事发展来说,则是至关重要的部分。

由于张道士要给宝玉提亲,惹出一系列纠纷来。提亲首先引起宝玉反感,黛玉不快。因此第二十九回写宝玉去看黛玉,这本是求近的举动。但由于不能直接交流思想感情,双方都把真心藏了,用假言试探,结果吵了一架。

在旁观者看来,这种吵架简直不可理喻,但是若真恋爱过,就会发现,有时就在爱到极处时,往往会出现这种难以解释的吵法。曹雪芹不仅把情侣间的争吵处理得又逼真又细腻,而且在处理过程中表现了人物的个性与情感。

节选的这段文字描绘了宝玉与黛玉两人在爱情历程中的表现,且看概述性的描述:宝玉"凡远亲近友之家所见的那些闺英闱秀,皆未有稍及林黛玉者,所以早存了一段心事,只不好说出来,故每每或喜或怒,变尽法子暗中试探。""那林黛玉偏生也是个有些痴病的,也每用假情试探。""因你也将真心真意瞒了起来,只用假意;我也将真心真意瞒了起来,只用假意,如此两假相逢,终有一真。其间琐琐碎碎,难保不有口角之争。"看完整部《红楼梦》,才能更为深切地体会贾母的那句"不是冤家不聚头"。两人的矛盾一次比一次大,中间多少误会不和。可是,他们爱得还是那样深,以至于一提到黛玉要走,宝玉便着急心痛得不省人事;黛玉一提到死,宝玉便脱口而出"你死了,我做和尚"。他们每次的争吵，实际上都是他们爱情的点缀和见证；这样写他们的不合，才足以反映他们在对方心中的位置；正是在一次又一次的争吵中，他们才最终明白对方的心，并成为彼此的知己。可见，宝黛两人吵是假，和才是真，以不和写和，才能真正显出二人在爱情道路上的艰难。

不可否认，宝玉对宝钗也是有情的，他会看着宝钗的"雪白一段酥臂"而"动了羡慕之心"，他也深爱宝钗"比林黛玉另具一种妩媚风流"。但是这仅仅是宝玉性格中"多情"的一面，在这种感情中包含更多的是一种遥不可及的距离。

宝玉与宝钗，从表面上看他们相处得非常和气，但是在内心、在本质上，其实存在着互相对立的方面。宝玉会"不管人脸上过得去过不去"，只要听到宝钗提"经济学问的混帐话"，"咳一声，拿起脚来就走了"。甚至在梦中，他也会喊出"什么是金玉姻缘，我偏说是木石姻缘"。可见，宝玉真正心仪的，不是相处得和谐融洽的宝钗，而是总存在摩擦的黛玉。两人的不和背后是两人的相知相思。

宝黛的不和，与两人最终的爱情悲剧有很大的关联。从一开始，两人都背负着"金玉姻缘"的压力，在爱情道路上的磕磕碰碰，其实也是两人在这种沉重压力下情绪的一种释放。黛玉一出场，就以非凡的气质和妩媚引起宝玉心头的震动；宝玉是"登时发作起痴狂病来"狠命摔玉，原因就是神仙似的妹妹也无这个"劳什子"。

第二十九回的宝玉砸玉，是想将"金玉"的说法彻底粉碎；黛玉哭闹，也只是想一再证明自己在宝玉心中的位置，宝玉心中并无"金玉"之说。

从全书的艺术结构上看，作者的确是有意识地把"金玉良缘"与"木石前盟"的对立放在中心地位。宝钗与黛玉是壁垒分明的对立形象，而宝玉则是二者矛盾斗争的焦点。这场争执误会正表明宝黛爱情关系的基本确定并且有了明显的外露。作者始终是把宝、黛、钗三人的关系交织在一起写的。

《红楼梦》所描绘的贾宝玉和林黛玉的两心契合是中国古典爱情小说中的最高境界。他们从小为一个宠爱他们的祖母所庇护，得以生活在朝夕与共的环境中，这在一个难得与异性接触的社会中是少有的条件，这就足以造成这两个青年男女的互相爱悦了。何况他们又在共同的文化教养中长大，相互影响，形成相近的气质、爱好乃至一致的人生观。在大观园中，一切美好的女性都唤起了宝玉的眷爱之心，然而与他取得心灵契合的只有黛玉。他告诉黛玉，他知道她为了他而有一身病，而他也为了她弄了一身病，只有相互说出心事，"死也甘心"。而梦中的他要把自己的心掏出来："不信，你看，我的心。"读者都为黛玉葬花这段卓绝的描绘所感动，它细致入微地写出了少女从落花而感到自己不幸的命运的哀怨，正是这时，宝玉也兜了一衣襟花瓣要来葬花，而听到黛玉的哀辞，不禁发出同声的呜咽，这对恋人因意识到美的陨落、青春的消逝、现实的无常、自身的无属而共同感到的心碎肠断，正体现了他们对美的事物一样的眷恋和热爱。

曹雪芹的艺术构思是无与伦比的。他用深邃的笔触挖掘到黛玉的内心，也用深邃的笔触描述出宝钗的表象。曹雪芹几乎从不触及宝钗的内心。也许因为她正是一个为外部世界活着的人，然而她又如此深藏不露，似乎连曹雪芹也没有参透。他要读者自己像认识生活中的人那样去认识她,以致红学家们为这个人物聚讼不已。

(韩希明)

网络链接

①《水浒传》的作者是不是施耐庵?　②吴承恩是不是《西游记》的作者?　③《红楼梦》几问。

参考书目

韩南《中国白话小说史》,浙江古籍出版社 1989 年

鲁迅《中国小说史略》,上海书店 1979 年

朱一玄等编《水浒传资料汇编》,百花文艺出版社 1981 年

马蹄疾编《水浒资料汇编》,中华书局 1980 年

江苏社科院文学所《中国通俗小说总目提要》,中国文联出版社 1990

《古典文学研究资料汇编·红楼梦卷》,中华书局 1963 年

朱一玄编《红楼梦资料汇编》,南开大学出版社 2001 年

思考与练习

1. 对照课文前的【集评】,回忆中学已读关于《红楼梦》的课文,进一步加深理解。

2. 对照本篇课文内容以及【集评】选择宝玉、黛玉、宝钗、袭人或紫鹃写一篇人物短评,不得少于 600 字。

3. 与《水浒》《三国》《西游》比起来,《红楼梦》的故事性差得多,尽写生活琐事,而《红楼梦》的艺术成就远非前三者可比,为什么? 希望联系上学以来所学《红楼梦》课文谈一谈。如不同意此观点,也可以谈谈相反的意见。

慕课资源

【总论】

　　说到"为什么"做小说罢,我仍抱着十多年前的"启蒙主义",以为必须是"为人生",而且要改良这人生。我深恶先前的称小说为"闲书",而且将"为艺术的艺术",看作不过是"消闲"的新式的别号。所以我的取材,多采自病态社会的不幸的人们中,意思是在揭出病苦,引起疗救的注意。(鲁迅《我怎么做起小说来》)

　　我们要在现代小说中指出何者是新,何者是旧,唯一的方法就是去看作者对于文学所抱的态度:旧派把文学看作消遣品,看作游戏之事,看作载道之器,或竟看作牟利的商品;新派以为文学是表现人生的,诉通人与人间的情感,扩大人们的同情。凡抱了这种严正的观念而作出来的小说,我以为无论好歹,总比那些以游戏消闲为目的的作品要正派得多。(茅盾《自然主义与中国现代小说》)

　　文字经济依然不是这个作品成功的唯一条件。　　在使用文字的量与质上,就容许不必怕数量的浪费,也不必对于辞藻过分吝啬。故事内容发展呢,无所谓"真",也无所谓"伪",要的只是恰当。全篇分配要恰当,描写分析要恰当,甚至于一句话一个字,也要它在可能情形下用得不多不少,妥帖恰当。文字作品上的真美善条件,便完全从这种恰当产生。(沈从文《小说作者和读者》)

鲁　迅

　　鲁迅(1881—1936),中国现代文学的奠基人。原名周树人,字豫才。浙江绍兴人。1898年到南京求学。1902年留学日本。1906年在东京开始文学活动。1909年回国。1918年参加《新青年》编辑工作,同年5月发表中国现代文学史上第一篇白话小说《狂人日记》,不久发表《阿Q正传》《孤独者》等优秀作品,后曾在北京、厦门、广州等地任教。1927年后,在上海从事文学活动。1936年10月19日病逝。主要作品有短篇小说集《呐喊》《彷徨》《故事新编》,散文诗集《野草》,散文集《朝花夕拾》,杂文集《坟》《热风》《华盖集》等。在旧体诗创作上也有较高成就。有十八卷本《鲁迅全集》行世。

【集评】

　　他与本世纪的所有的世界杰出的思想家与文学家一样,在关注本民族的发展的同时,也在关注与思考人类共同面临的问题,并做出了自己的独特贡献。

　　……对于他的时代与民族,鲁迅又是超前的。他因此无论生前与身后,都不能避免寂寞的命运。我们民族有幸拥有了鲁迅,但要真正理解与消化他留给我们的丰富的思想文化(文学)遗产,还需要时间。

(钱理群等《中国现代文学三十年》)

伤逝——涓生的手记

　　如果我能够,我要写下我的悔恨和悲哀,为子君,为自己。

　　会馆里的被遗忘在偏僻里的破屋是这样地寂静和空虚。时光过得真快,我爱子君,仗着她逃出这寂静和空虚,已经满一年了。事情又这么不凑巧,我重来时,偏偏空着的又只有这一间屋。依然是这样的破窗,这样的窗外的半枯的槐树和老紫藤,这样的窗前的方桌,这样的败壁,这样的靠壁的板床。深夜中独自躺在床上,就如我未曾和子君同居以前一般,过去一年中的时光全被消灭,全未有过,我并没有曾经从这破屋子搬出,在吉兆胡同创立了满怀希望的小小的家庭。

　　不但如此。在一年之前,这寂静和空虚是并不这样的,常常含着期待;期待子君的到来。在久待的焦躁中,一听到皮鞋的高底尖触着砖路的清响,是怎样地使我骤然生动起来呵! 于是就看见带着笑涡的苍白的圆脸,苍白的瘦的臂膊,布的有条纹的衫子,玄色的裙。她又带了窗外的半枯的槐树的新叶来,使我看见,还有挂在铁似的老干上的一房一房的紫白的藤花。

　　然而现在呢,只有寂静和空虚依旧,子君却决不再来了,而且永远,永远地!

　　…………

　　子君不在我这破屋里时,我什么也看不见。在百无聊赖中,顺手抓过一本书来,科学也好,文学也好,横竖什么都一样;看下去,看下去,忽而自己觉得,已经翻了十多页了,但是毫不记得书上所说的事。只是耳朵却分外地灵,仿佛听到大门外一切往来的履声,从中便有子君的,而且橐橐地逐渐临近,——但是,往往又逐渐渺茫,终于消失在别的步声的杂沓中了。我憎恶那不像子君鞋声的穿布底鞋的长班的儿子,我憎恶那太像子君鞋声的常常穿着新皮鞋的邻院的搽雪花膏的小东西!

　　莫非她翻了车么? 莫非她被电车撞伤了么?……

　　我便要取了帽子去看她,然而她的胞叔就曾经当面骂过我。

　　蓦然,她的鞋声近来了,一步响于一步,迎出去时,却已经走过紫藤棚下,脸上带着微笑的酒窝。她在她叔子的家里大约并未受气;我的心宁帖了,默默地相视片时之后,破屋里便渐渐充满了我的语声,谈家庭专制,谈打破旧习惯,谈男女平等,谈伊孛生,谈泰戈尔,谈雪莱……。她总是微笑点头,两眼里弥漫着稚气的好奇的光泽。壁上就钉着一张铜板的雪莱半身像,是从杂志上裁下来的,是他的最美的一张像。当我指给她看时,她却只草草一看,便低了头,似乎不好意思了。这些地方,子君就大概还未脱尽旧思想的束缚,——我后来也想,倒不如换一张雪莱淹死在海里的记念像或是伊孛生的罢;但也终于没有换,现在是连这一张也不知那里去了。

"我是我自己的,他们谁也没有干涉我的权利!"

这是我们交际了半年,又谈起她在这里的胞叔和在家的父亲时,她默想了一会之后,分明地,坚决地,沉静地说了出来的话。其时是我已经说尽了我的意见,我的身世,我的缺点,很少隐瞒;她也完全了解的了。这几句话很震动了我的灵魂,此后许多天还在耳中发响,而且说不出的狂喜,知道中国女性,并不如厌世家所说那样的无法可施,在不远的将来,便要看见辉煌的曙色的。

送她出门,照例是相离十多步远;照例是那鲇鱼须的老东西的脸又紧帖在脏的窗玻璃上了,连鼻尖都挤成一个小平面;到外院,照例又是明晃晃的玻璃窗里的那小东西的脸,加厚的雪花膏。她目不邪视地骄傲地走了,没有看见;我骄傲地回来。

"我是我自己的,他们谁也没有干涉我的权利!"这彻底的思想就在她的脑里,比我还透澈,坚强得多。半瓶雪花膏和鼻尖的小平面,于她能算什么东西呢?

我已经记不清那时怎样地将我的纯真热烈的爱表示给她。岂但现在,那时的事后便已模胡,夜间回想,早只剩了一些断片了;同居以后一两月,便连这些断片也化作无可追踪的梦影。我只记得那时以前的十几天,曾经很仔细地研究过表示的态度,排列过措辞的先后,以及倘或遭了拒绝以后的情形。可是临时似乎都无用,在慌张中,身不由己地竟用了在电影上见过的方法了。后来一想到,就使我很愧恧,但在记忆上却偏只有这一点永远留遗,至今还如暗室的孤灯一般,照见我含泪握着她的手,一条腿跪了下去……。

不但我自己的,便是子君的言语举动,我那时就没有看得分明;仅知道她已经允许我了。但也还仿佛记得她脸色变成青白,后来又渐渐转作绯红,——没有见过,也没有再见的绯红;孩子似的眼里射出悲喜,但是夹着惊疑的光,虽然力避我的视线,张皇地似乎要破窗飞去。然而我知道她已经允许我了,没有知道她怎样说或是没有说。

她却是什么都记得:我的言辞,竟至于读熟了的一般,能够滔滔背诵;我的举动,就如有一张我所看不见的影片挂在眼下,叙述得如生,很细微,自然连那使我不愿再想的浅薄的电影的一闪。夜阑人静,是相对温习的时候了,我常是被质问,被考验,并且被命复述当时的言语,然而常须由她补足,由她纠正,像一个丁等的学生。

这温习后来也渐渐稀疏起来。但我只要看见她两眼注视空中,出神似的凝想着,于是神色越加柔和,笑窝也深下去,便知道她又在自修旧课了,只是我很怕她看到我那可笑的电影的一闪。但我又知道,她一定要看见,而且也非看不可的。

然而她并不觉得可笑。即使我自己以为可笑,甚而至于可鄙的,她也毫不以为可笑。这事我知道得很清楚,因为她爱我,是这样地热烈,这样地纯真。

去年的暮春是最为幸福,也是最为忙碌的时光。我的心平静下去了,但又有别一部分和身体一同忙碌起来。我们这时才在路上同行,也到过几回公园,最多的是寻住所。我觉得在路上时时遇到探索,讥笑,猥亵和轻蔑的眼光,一不小心,便使我的全身有些瑟缩,只得即刻提起我的骄傲和反抗来支持。她却是大无畏的,对于这些全不关心,只是镇静地缓缓前行,坦然如入无人之境。

寻住所实在不是容易事,大半是被托辞拒绝,小半是我们以为不相宜。起先我们选择得很苛酷,——也非苛酷,因为看去大抵不象是我们的安身之所;后来,便只要他们能相容了。看了二十多处,这才得到可以暂且敷衍的处所,是吉兆胡同一所小屋里的两间南屋;主人是一个小官,然而倒是明白人,自住着正屋和厢房。他只有夫人和一个不到周岁的女孩子,雇一个乡下的女工,只要孩子不啼哭,是极其安闲幽静的。

我们的家具很简单,但已经用去了我的筹来的款子的大半;子君还卖掉了她唯一的金戒指和耳环。我拦阻她,还是定要卖,我也就不再坚持下去了;我知道不给她加入一点股份去,她是住不舒服的。

和她的叔子,她早经闹开,至于使他气愤到不再认她做侄女;我也陆续和几个自以为忠告,其实是替我胆怯,或者竟是嫉妒的朋友绝了交。然而这倒很清静。

每日办公散后,虽然已近黄昏,车夫又一定走得这样慢,但究竟还有二人相对的时候。我们先是沉默的相视,接着是放怀而亲密的交谈,后来又是沉默。大家低头沉思着,却并未想着什么事。我也渐渐清醒地读遍了她的身体,她的灵魂,不过三星期,我似乎于她已经更加了解,揭去许多先前以为了解而现在看来却是隔膜,即所谓真的隔膜了。

子君也逐日活泼起来。但她并不爱花,我在庙会时买来的两盆小草花,四天不浇,枯死在壁角了,我又没有照顾一切的闲暇。然而她爱动物,也许是从官太太那里传染的罢,不一月,我们的眷属便骤然加得很多,四只小油鸡,在小院子里和房主人的十多只在一同走。但她们却认识鸡的相貌,各知道那一只是自家的。还有一只花白的叭儿狗，从庙会买来，记得似乎原有名字，子君却给它另起了一个，叫作阿随。我就叫它阿随，但我不喜欢这名字。

这是真的，爱情必须时时更新，生长，创造。我和子君说起这，她也领会地点点头。

唉唉，那是怎样的宁静而幸福的夜呵！

安宁和幸福是要凝固的，永久是这样的安宁和幸福。我们在会馆里时，还偶有议论的冲突和意思的误会，自从到吉兆胡同以来，连这一点也没有了；我们只在灯下对坐的怀旧谭中，回味那时冲突以后的和解的重生一般的乐趣。

子君竟胖了起来，脸色也红活了；可惜的是忙。管了家务便连谈天的工夫也没有，何况读书和散步。我们常说，我们总还得雇一个女工。

这就使我也一样地不快活，傍晚回来，常见她包藏着不快活的颜色，尤其使我不乐的是她要装作勉强的笑容。幸而探听出来了，也还是和那小官太太的暗斗，导火线便是两家的小油鸡。但又何必硬不告诉我呢？人总该有一个独立的家庭。

这样的处所，是不能居住的。

我的路也铸定了，每星期中的六天，是由家到局，又由局到家。在局里便坐在办公桌前钞，钞，钞些公文和信件；在家里是和她相对或帮她生白炉子，煮饭，蒸馒头。我的学会了煮饭，就在这时候。

但我的食品却比在会馆里时好得多了。做菜虽不是子君的特长，然而她于此却倾注着全力；对于她的日夜的操心，使我也不能不一同操心，来算作分甘共苦。

况且她又这样地终日汗流满面，短发都粘在脑额上；两只手又只是这样地粗糙起来。

况且还要饲阿随，饲油鸡，……都是非她不可的工作。我曾经忠告她：我不吃，倒也罢了；却万不可这样地操劳。她只看了我一眼，不开口，神色却似乎有点凄然；我也只好不开口。然而她还是这样地操劳。

我所豫期的打击果然到来。双十节的前一晚，我呆坐着，她在洗碗。听到打门声，我去开门时，是局里的信差，交给我一张油印的纸条。我就有些料到了，到灯下去一看，果然，印着的就是：

奉

局长谕史涓生着毋庸到局办事

秘书处启　十月九号

这在会馆里时，我就早已料到了；那雪花膏便是局长的儿子的赌友，一定要去添些谣言，设法报告的。到现在才发生效验，已经要算是很晚的了。其实这在我不能算是一个打击，因为我早就决定，可以给别人去钞写，或者教读，或者虽然费力，也还可以译点书，况且《自由之友》的总编辑便是见过几次的熟人，两月前还通过信。但我的心却跳跃着。那么一个无畏的子君也变了色，尤其使我痛心；她近来似乎也较为怯弱了。

"那算什么。哼，我们干新的。我们……。"她说。

她的话没有说完；不知怎地，那声音在我听去却只是浮浮的；灯光也觉得格外黯淡。人们真是可笑的动物，一点极微末的小事情，便会受着很深的影响。我们先是默默地相视，逐渐商量起来，终于决定将现有的钱竭力节省，一面登"小广告"去寻求钞写和教读，一面写信给《自由之友》的总编辑，说明我目下的遭遇，请他收用我的译本，给我帮一点艰辛时候的忙。

"说做，就做罢！来开一条新的路！"

我立刻转身向了书案，推开盛香油的瓶子和醋碟，子君便送过那黯淡的灯来。

我先拟广告；其次是选定可译的书，迁移以来未曾翻阅过，每本的头上都满漫着灰尘了；最后才写信。

我很费踌蹰，不知道怎样措辞好，当停笔凝思的时候，转眼去一瞥她的脸，在昏暗的灯光下，又很见得凄然。我真不料这样微细的小事情，竟会给坚决的，无畏的子君以这么显著的变化。她近来实在变得很怯弱了，但也并不是今夜才开始的。我的心因此更缭乱，忽然有安宁的生活的影像——会馆里的破屋的寂静，在眼前一闪，刚刚想定睛凝视，却又看见了昏暗的灯光。

许久之后，信也写成了，是一封颇长的信；很觉得疲劳，仿佛近来自己也较为怯弱了。于是我们决定，广告和发信，就在明日一同实行。大家不约而同地伸直了腰肢，在无言中，似乎又都感到彼此的坚忍崛强的精神，还看见从新萌芽起来的将来的希望。

外来的打击其实倒是振作了我们的新精神。局里的生活，原如鸟贩子手里的禽鸟一般，仅有一点小米维系残生，决不会肥胖；日子一久，只落得麻痹了翅子，即使放出笼外，早已不能奋飞。现在总算脱出这牢笼了，我从此要在新的开阔的天空中翱翔，趁我还未忘却了我的翅子的扇动。

小广告是一时自然不会发生效力的；但译书也不是容易事，先前看过，以为已经懂得的，一动手，却疑难百出了，进行得很慢。然而我决计努力地做，一本半新的字典，不到半月，边上便有了一大片乌黑的指痕，这就证明着我的工作的切实。《自由之友》的总编辑曾经说过，他的刊物是决不会埋没好稿子的。

可惜的是我没有一间静室，子君又没有先前那么幽静，善于体贴了，屋子里总是散乱着碗碟，弥漫着煤烟，使人不能安心做事，但是这自然还只能怨我自己无力置一间书斋。然而又加以阿随，加以油鸡们。加以油鸡们又大起来了，更容易成为两家争吵的引线。

加以每日的"川流不息"的吃饭；子君的功业，仿佛就完全建立在这吃饭中。

吃了筹钱，筹来吃饭，还要喂阿随，饲油鸡；她似乎将先前所知道的全都忘掉了，也不想到我的构思就常常为了这催促吃饭而打断。即使在坐中给看一点怒色，她总是不改变，仍然毫无感触似的大嚼起来。

使她明白了我的作工不能受规定的吃饭的束缚，就费去五星期。她明白之后，大约很不高兴罢，可是没有说。我的工作果然从此较为迅速地进行，不久就共译了五万言，只要润色一回，便可以和做好的两篇小品，一同寄给《自由之友》去。

只是吃饭却依然给我苦恼。菜冷，是无妨的，然而竟不够；有时连饭也不够，虽然我因为终日坐在家里用脑，饭量已经比先前要减少得多。这是先去喂了阿随了，有时还并那近来连自己也轻易不吃的羊肉。她说，阿随实在瘦得太可怜，房东太太还因此嗤笑我们了，她受不住这样的奚落。

于是吃我残饭的便只有油鸡们。这是我积久才看出来的，但同时也如赫胥黎的论定"人类在宇宙间的位置"一般，自觉了我在这里的位置：不过是叭儿狗和油鸡之间。

后来，经多次的抗争和催逼，油鸡们也逐渐成为肴馔，我们和阿随都享用了十多日的鲜肥；可是其实都很瘦，因为它们早已每日只能得到几粒高粱了。从此便清静得多。只有子君很颓唐，似乎常觉得凄苦和无聊，至于不大愿意开口。我想，人是多么容易改变呵！

但是阿随也将留不住了。我们已经不能再希望从什么地方会有来信，子君也早没有一点食物可以引它打拱或直立起来。冬季又逼近得这么快，火炉就要成为很大的问题；它的食量，在我们其实早是一个极易觉得的很重的负担。于是连它也留不住了。

倘使插了草标到庙市去出卖，也许能得几文钱罢，然而我们都不能，也不愿这样做。终于是用包袱蒙着头，由我带到西郊去放掉了，还要追上来，便推在一个并不很深的土坑里。

我一回寓，觉得又清静得多多了；但子君的凄惨的神色，却使我很吃惊。那是没有见过的神色，自然是为阿随。但又何至于此呢？我还没有说起推在土坑里的事。

到夜间，在她的凄惨的神色中，加上冰冷的分子了。

"奇怪。——子君，你怎么今天这样儿了？"我忍不住问。

"什么？"她连看也不看我。

"你的脸色……。"

"没有什么，——什么也没有。"

我终于从她言动上看出，她大概已经认定我是一个忍心的人。其实，我一个人，是容易生活的，虽然因为骄傲，向来不与世交来往，迁居以后，也疏远了所有旧识的人，然而只要能远走高飞，生路还宽广得很。现在忍受着这生活压迫的苦痛，大半倒是为她，便是放掉阿随，也何尝不如此。但子君的识见却似乎只是浅薄起来，竟至于连这一点也想不到了。

我拣了一个机会，将这些道理暗示她；她领会似的点头。然而看她后来的情形，她是没有懂，或者是并不相信的。

天气的冷和神情的冷，逼迫我不能在家庭中安身。但是，往那里去呢？大道上，公园里，虽然没有冰冷的神情，冷风究竟也刺得人皮肤欲裂。我终于在通俗图书馆里觅得了我的天堂。

那里无须买票；阅书室里又装着两个铁火炉。纵使不过是烧着不死不活的煤的火炉，但单是看见装着它，精神上也就总觉得有些温暖。书却无可看：旧的陈腐，新的是几乎没有的。

好在我到那里去也并非为看书。另外时常还有几个人，多则十余人，都是单薄衣裳，正如我，各人看各人的书，作为取暖的口实。这于我尤为合式。道路上容易遇见熟人，得到轻蔑的一瞥，但此地却决无那样的横祸，因为他们是永远围在别的铁炉旁，或者靠在自家的白炉边的。

那里虽然没有书给我看，却还有安闲容得我想。待到孤身枯坐，回忆从前，这才觉得大半年来，只为了爱，——盲目的爱，——而将别的人生的要义全盘疏忽了。第一，便是生活。人必生活着，爱才有所附丽。世界上并非没有为了奋斗者而开的活路；我也还未忘却翅子的扇动，虽然比先前已经颓唐得多……。

屋子和读者渐渐消失了，我看见怒涛中的渔夫，战壕中的兵士，摩托车中的贵人，洋场上的投机家，深山密林中的豪杰，讲台上的教授，昏夜的运动者和深夜的偷儿……。子君，——不在近旁。她的勇气都失掉了，只为着阿随悲愤，为着做饭出神；然而奇怪的是倒也并不怎样瘦损……。

冷了起来，火炉里的不死不活的几片硬煤，也终于烧尽了，已是闭馆的时候。

又须回到吉兆胡同，领略冰冷的颜色去了。近来也间或遇到温暖的神情，但这却反而增加我的苦痛。记得有一夜，子君的眼里忽而又发出久已不见的稚气的光来，笑着和我谈到还在会馆时候的情形，时时又很带些恐怖的神色。我知道我近来的超过她的冷漠，已经引起她的忧疑来，只得也勉力谈笑，想给她一点慰藉。然而我的笑貌一上脸，我的话一出口，却即刻变为空虚，这空虚又即刻发生反响，回向我的耳目里，给我一个难堪的恶毒的冷嘲。子君似乎也觉得的，从此便失掉了她往常的麻木似的镇静,虽然竭力掩饰,总还是时时露出忧疑的神色来,但对我却温和得多了。

我要明告她,但我还没有敢,当决心要说的时候,看见她孩子一般的眼色,就使我只得暂且改作勉强的欢容。但是这又即刻来冷嘲我,并使我失却那冷漠的镇静。

她从此又开始了往事的温习和新的考验,逼我做出许多虚伪的温存的答案来,将温存示给她,虚伪的草稿便写在自己的心上。我的心渐被这些草稿填满了,常觉得难于呼吸。我在苦恼中常常想,说真实自然须有极大的勇气的;假如没有这勇气,而苟安于虚伪,那也便是不能开辟新的生路的人。不独不是这个,连这人也未尝有!

子君有怨色,在早晨,极冷的早晨,这是从未见过的,但也许是从我看来的怨色。我那时冷冷地气愤和暗笑了;她所磨练的思想和豁达无畏的言论,到底也还是一个空虚,而对于这空虚却并未自觉。她早已什么书也不看,已不知道人的生活的第一着是求生,向着这求生的道路,是必须携手同行,或奋身孤往的了,倘使只知道捶着一个人的衣角,那便是虽战士也难于战斗,只得一同灭亡。

我觉得新的希望就只在我们的分离;她应该决然舍去,——我也突然想到她的死,然而立刻自责,忏悔了。幸而是早晨,时间正多,我可以说我的真实。我们的新的道路的开辟,便在这一遭。

我和她闲谈,故意地引起我们的往事,提到文艺,于是涉及外国的文人,文人的作品:《诺拉》,《海的女人》。称扬诺拉的果决……。也还是去年在会馆的破屋里讲过的那些话,但现在已经变成空虚,从我的嘴传入自己的耳中,时时疑心有一个隐形的坏孩子,在背后恶意地刻毒地学舌。

她还是点头答应着倾听,后来沉默了。我也就断续地说完了我的话,连余音都消失在虚空中了。

"是的。"她又沉默了一会,说,"但是,……涓生,我觉得你近来很两样了。可是的? 你,——你老实告诉我。"

我觉得这似乎给了我当头一击,但也立即定了神,说出我的意见和主张来:新的路的开辟,新的生活的再造,为的是免得一同灭亡。

临末,我用了十分的决心,加上这几句话:

"……况且你已经可以无须顾虑,勇往直前了。你要我老实说;是的,人是不该虚伪的。我老实说罢:因为,因为我已经不爱你了!但这于你倒好得多,因为你更可以毫无挂念地做事……。"

我同时豫期着大的变故的到来,然而只有沉默。她脸色陡然变成灰黄,死了似的;瞬间便又苏生,眼里也发了稚气的闪闪的光泽。这眼光射向四处,正如孩子在饥渴中寻求着慈爱的母亲,但只在空中寻求,恐怖地回避着我的眼。

我不能看下去了,幸而是早晨,我冒着寒风径奔通俗图书馆。

在那里看见《自由之友》,我的小品文都登出了。这使我一惊,仿佛得了一点生气。我想,生活的路还很多,——但是,现在这样也还是不行的。

我开始去访问久已不相闻问的熟人,但这也不过一两次;他们的屋子自然是暖和的,我在骨髓中却觉得寒冽。夜间,便蜷伏在比冰还冷的冷屋中。

冰的针刺着我的灵魂,使我永远苦于麻木的疼痛。生活的路还很多,我也还没有忘却翅子的扇动,我想。——我突然想到她的死,然而立刻自责,忏悔了。

在通俗图书馆里往往瞥见一闪的光明,新的生路横在前面。她勇猛地觉悟了,毅然走出这冰冷的家,而且,——毫无怨恨的神色。我便轻如行云,漂浮空际,上有蔚蓝的天,下是深山大海,广厦高楼,战场,摩托车,洋场,公馆,晴明的闹市,黑暗的夜……。

而且,真的,我豫感得这新生面便要来到了。

我们总算度过了极难忍受的冬天,这北京的冬天;就如蜻蜓落在恶作剧的坏孩子的手里一般,被系着细线,尽情玩弄,虐待,虽然幸而没有送掉性命,结果也还是躺在地上,只争着一个迟早之间。

写给《自由之友》的总编辑已经有三封信,这才得到回信,信封里只有两张书券:两角的和三角的。我却单是催,就用了九分的邮票,一天的饥饿,又都白挨给于己一无所得的空虚了。

然而觉得要来的事,却终于来到了。

这是冬春之交的事,风已没有这么冷,我也更久地在外面徘徊;待到回家,大概已经昏黑。就在这样一个昏黑的晚上,我照常没精打采地回来,一看见寓所的门,也照常更加丧气,使脚步放得更缓。但终于走进自己的屋子里了,没有灯火;摸火柴点起来时,是异样的寂寞和空虚!

正在错愕中,官太太便到窗外来叫我出去。

"今天子君的父亲来到这里,将她接回去了。"她很简单地说。

这似乎又不是意料中的事,我便如脑后受了一击,无言地站着。

"她去了么?"过了些时,我只问出这样一句话。

"她去了。"

"她,——她可说什么?"

"没说什么。单是托我见你回来时告诉你,说她去了。"

我不信;但是屋子里是异样的寂寞和空虚。我遍看各处,寻觅子君;只见几件破旧而黯淡的家具，都显得极其清疏，在证明着它们毫无隐匿一人一物的能力。

我转念寻信或她留下的字迹，也没有；只是盐和干辣椒，面粉，半株白菜，却聚集在一处了，旁边还有几十枚铜元。这是我们两人生活材料的全副，现在她就郑重地将这留给我一个人，在不言中，教我借此去维持较久的生活。

我似乎被周围所排挤，奔到院子中间，有昏黑在我的周围；正屋的纸窗上映出明亮的灯光，他们正在逗着孩子玩笑。我的心也沉静下来，觉得在沉重的迫压中，渐渐隐约地现出脱走的路径：深山大泽，洋场，电灯下的盛筵；壕沟，最黑最黑的深夜，利刃的一击，毫无声响的脚步……。

心地有些轻松，舒展了，想到旅费，并且嘘一口气。

躺着，在合着的眼前经过的豫想的前途，不到半夜已经现尽；暗中忽然仿佛看见一堆食物，这之后，便浮出一个子君的灰黄的脸来，睁了孩子气的眼睛，恳托似的看着我。我一定神，什么也没有了。

但我的心却又觉得沉重。我为什么偏不忍耐几天，要这样急急地告诉她真话的呢？现在她知道，她以后所有的只是她父亲——儿女的债主——的烈日一般的严威和旁人的赛过冰霜的冷眼。此外便是虚空。负着虚空的重担，在严威和冷眼中走着所谓人生的路，这是怎么可怕的事呵！而况这路的尽头，又不过是——连墓碑也没有的坟墓。

我不应该将真实说给子君，我们相爱过，我应该永久奉献她我的说谎。如果真实可以宝贵，这在子君就不该是一个沉重的空虚。谎语当然也是一个空虚，然而临末，至多也不过这样地沉重。

我以为将真实说给子君，她便可以毫无顾虑，坚决地毅然前行，一如我们将要同居时那样。但这恐怕是我错误了。她当时的勇敢和无畏是因为爱。

我没有负着虚伪的重担的勇气，却将真实的重担卸给她了。她爱我之后，就要负了这重担，在严威和冷眼中走着所谓人生的路。

我想到她的死……。我看见我是一个卑怯者，应该被摈于强有力的人们，无论是真实者，虚伪者。然而她却自始至终，还希望我维持较久的生活……。

我要离开吉兆胡同，在这里是异样的空虚和寂寞。我想，只要离开这里，子君便如还在我的身边；至少，也如还在城中，有一天，将要出乎意表地访我，像住在会馆时候似的。

然而一切请托和书信，都是一无反响；我不得已，只好访问一个久不问候的世交去了。他是我伯父的幼年的同窗，以正经出名的拔贡，寓京很久，交游也广阔的。

大概因为衣服的破旧罢，一登门便很遭门房的白眼。好容易才相见，也还相识，但是很冷落。我们的往事，他全都知道了。

"自然，你也不能在这里了，"他听了我托他在别处觅事之后，冷冷地说，"但那里去呢？很难。——你那，什么呢，你的朋友罢，子君，你可知道，她死了。"

我惊得没有话。

"真的?"我终于不自觉地问。

"哈哈。自然真的。我家的王升的家，就和她家同村。"

"但是，——不知道是怎么死的?"

"谁知道呢。总之是死了就是了。"

我已经忘却了怎样辞别他，回到自己的寓所。我知道他是不说谎话的；子君总不会再来的了，像去年那样。她虽是想在严威和冷眼中负着虚空的重担来走所谓人生的路，也已经不能。她的命运，已经决定她在我所给与的真实——无爱的人间死灭了！

自然，我不能在这里了；但是，"那里去呢？"

四围是广大的空虚，还有死的寂静。死于无爱的人们的眼前的黑暗，我仿佛一一看见，还听得一切苦闷和绝望的挣扎的声音。

我还期待着新的东西到来，无名的，意外的。但一天一天，无非是死的寂静。

我比先前已经不大出门，只坐卧在广大的空虚里，一任这死的寂静侵蚀着我的灵魂。死的寂静有时也自己战栗，自己退藏，于是在这绝续之交，便闪出无名的，意外的，新的期待。

一天是阴沉的上午，太阳还不能从云里面挣扎出来；连空气都疲乏着。耳中听到细碎的步声和咻咻的鼻息，使我睁开眼。大致一看，屋子里还是空虚；但偶然看到地面，却盘旋着一匹小小的动物，瘦弱的，半死的，满身灰土的……。

我一细看，我的心就一停，接着便直跳起来。

那是阿随。它回来了。

我的离开吉兆胡同，也不单是为了房主人们和他家女工的冷眼，大半就为着这阿随。但是，"那里去呢？"新的生路自然还很多，我约略知道，也间或依稀看见，觉得就在我面前，然而我还没有知道跨进那里去的第一步的方法。

经过许多回的思量和比较，也还只有会馆是还能相容的地方。依然是这样的破屋，这样的板床，这样的半枯的槐树和紫藤，但那时使我希望，欢欣，爱，生活的，却全都逝去了，只有一个虚空，我用真实去换来的虚空存在。

新的生路还很多，我必须跨进去，因为我还活着。但我还不知道怎样跨出那第一步。有时，仿佛看见那生路就像一条灰白的长蛇，自己蜿蜒地向我奔来，我等着，等着，看看临近，但忽然便消失在黑暗里了。

初春的夜，还是那么长。长久的枯坐中记起上午在街头所见的葬式，前面是纸人纸马，后面是唱歌一般的哭声。我现在已经知道他们的聪明了，这是多么轻松简截的事。

然而子君的葬式却又在我的眼前，是独自负着虚空的重担，在灰白的长路上前行，而又即刻消失在周围的严威和冷眼里了。

我愿意真有所谓鬼魂，真有所谓地狱，那么，即使在孽风怒吼之中，我也将寻觅子君，当面说出我的悔恨和悲哀，祈求她的饶恕；否则，地狱的毒焰将围绕我，猛烈地烧尽我的悔恨和悲哀。

我将在孽风和毒焰中拥抱子君，乞她宽容，或者使她快意……。

但是，这却更虚空于新的生路；现在所有的只是初春的夜，竟还是那么长。

我活着，我总得向着新的生路跨出去，那第一步，——却不过是写下我的悔恨和悲哀，为子君，为自己。

我仍然只有唱歌一般的哭声，给子君送葬，葬在遗忘中。

我要遗忘；我为自己，并且要不再想到这用了遗忘给子君送葬。

我要向着新的生路跨进第一步去，我要将真实深深地藏在心的创伤中，默默地前行，用遗忘和说谎做我的前导……。

一九二五年十月二十一日毕

【汇评】

鲁迅在《伤逝》中通过小说的人物和情节反思了新人物的旧观念和"新的生路"问题，重提"思想革命"和斗争实践的必要性。可以说，《伤逝》的兄弟隐喻已经指向了 1920 年代知识分子的两种不同道路和选择。（张洁宇《"度日"与"做人"：〈伤逝〉的兄弟隐喻与人生观分歧》）

鲁迅是以一种反讽的观点来观照和讲述涓生与子君故事的，尽管这种反讽是不动声色和隐性的，但几乎无处不在，甚至可以说是《伤逝》的一个结构原则。作者或者并置其自相矛盾的意见，或者以言行不一，表象和事实的对比构成反讽性事态，使叙述者的讲述反而成为嘲讽自己的来源。通过辨析"讲述的与被讲述的涓生""双重被讲述的子君"中隐含作者与涓生叙事的分裂，揭示出文本的两种声音，双重意义。涓生和子君虽然程度不同地处于被嘲讽的位置，却并非是反讽的特殊对象，而是作者所具有的反讽世界观使然。（李今《析〈伤逝〉的反讽性质》）

【赏析】

1923 年，鲁迅做了一次著名的演讲《娜拉走后怎么样》，对易卜生在《玩偶之家》的结尾留下的问题做出了自己的解答，认为娜拉出走以后只有两条路，一条是回去，一条是堕落，因为她没有钱，也就没有赖以独立和生存的资本。在演讲中，鲁迅肯定了娜拉出走的启蒙意义，认为她已经认识到了个人的价值，但是有一件事比启蒙更加重要，就是要"立人"。在鲁迅的演讲中,他抽离了娜拉的革命意义和启蒙语境,而是把娜拉放置在了一个残酷的现实的城市语境中,把娜拉从崇高的闪耀着精神光辉的抽象意义中拉回到柴米油盐的现实。

鲁迅的《伤逝》就是这个演讲的文学化表达,写出了一位被革命的热潮裹挟着冲出封建的家庭的女性,会面对怎样的一种限度与可能。涓生和子君遇到的最直接的困难就是居住空间的得之不易。寻住所便看了二十多处,才得到了一个"暂且敷衍的处所",但是由于寄居官太太住所,时时引起子君和官太太的暗斗,"人总该有一个独立的家庭。这样的处所,是不能居住的"。同时,涓生和子君所处的社会空间充满了无聊的看客与无声的封建势力的监管,老东西和小东西不怀好意的窥视,"在路上时时遇到探索,讥笑,猥亵和轻蔑的眼光";为了和子君同居,涓生"也陆续和几个自以为忠告,其实是替我胆怯,或者竟是嫉妒的朋友绝了交",这些围观者的目光代表着一种无声的道德监督与审判,无形中形成了现代城市发展的阻力。子君读了书,却没有工作,只能做家庭妇女;涓生算是脱离了农耕生活的早期知识分子,也不再依靠传统科举考试赢取功名,而是利用自己的学识写稿件和钞文书,但是在局里钞文书的生活百无聊赖而且朝不保夕,译书与写作也无法形成固定的收入,连温饱问题都不能解决,这些都市新移民遇到的第一个大问题,其实不是启蒙,而是如何填饱肚子,如何有尊严地活下去。

在涓生和子君的相处中,我们看到子君大部分时间都是沉默的,她的意见并不被重视,她也没有表达意见的空间,甚至到涓生愿意倾听,希望和子君交流的时候,子君已经进入了一种自我封闭的状态,不愿意把自己的痛苦与紧张,悲哀与焦虑表达出来。子君的"失语"在文中有两种表现,一是涓生的期待塑造了自觉沉默的子君,二是子君的"失语"也表现在两性交流的无效。她认为和涓生交流已经没有意义,其实是内心绝望的一种表征。

在小说中,我们屡屡可以看到子君的日常生活话语与涓生的启蒙话语的错位。在同居之后,涓生继续保持了精英化的、启蒙的、革命的追求,而子君则逐渐转变成一个沉溺在日常生活中的家庭主妇。她的视角则是日常的、世俗的、具有实用主义的特点的,虽然在整篇小说中子君的声音被压制,被忽略,正如鲁迅所言,"如果没有合理的社会制度,女性在社会上靠别人'养',要别人'养',就得听别人的唠叨,甚而至于耻辱,所以也常常会听到职业女性的痛苦呻吟"。这个被忽略的日常生活需求顽强地与涓生的启蒙话语持续抗衡,直至小说结尾,这种紧张的对峙,持续的反思都显示了现代市民日常生活对精英主义的思想启蒙意识的根本性渗透。

(张　娟)

郁达夫

郁达夫(1896—1945),著名作家。名文,字达夫。浙江富阳人。自幼受到中国古典诗文的熏陶。1913年赴日留学,先后就读于东京第一高等学校和东京帝国大学。1921年参与发起组织创造社,是创造社的重要作家。同年出版第一本小说集《沉沦》,产生很大影响。1922年回国,主要从事文学创作和刊物编辑工作。抗战中,积极参加抗日救亡工作。1938年冬天后到香港和东南亚从事文艺和抗日活动。1945年8月29日在印尼苏门答腊失踪。郁达夫是现代文学开创时期的重要作家,在中短篇小说、散文和旧体诗创作上都取得了很高成就,并具有独特的艺术特色。主要作品集有《沉沦》《蔚萝集》《达夫游记》等,现有十二卷本《郁达夫全集》行世。

【集评】

这篇小说描写一对为贫穷所困的男女,主要表达的是人道主义的意味,也写出人遇到纯洁的人,欲念会化除。(夏志清《中国现代小说史》)

郁达夫小说是以真情实感胜人的,从抒写私人的真切感受出发,把这种感受扩展为具有社会意义的情感力量,这是他的一些优秀小说的重要的思想特征和艺术特征。(杨义《中国现代小说史》)

郁达夫通过他的细腻的艺术描告诉人们,就在那寒夜般的社会里,却有一股真诚的、相互关心、相互爱护的友谊的温情,流动在受苦人之间,它会带给人们一些暖意,一些慰安。(曾华鹏、范伯群《郁达夫评传》)

宛如……着墨不多的朴实逼真的素描,轮廓上,线条洗练,传神处,笔触细致。……形象的现实主义意义,足以同鲁迅、叶绍钧笔下的人物相媲美。……同写实的简练线条形成对照,作品里的抒情段落,却浓墨重彩,渲染铺陈,不仅占据主要的画面,而且控制着小说的节奏,制约着气氛的起伏。(许子东《郁达夫新论》)

不瞒真情,昨天晚上读完了《春风沉醉的晚上》一篇,我的热泪是忍不住突破了眼眶而流了的。虽说我是容易受作品的感动,可是因此而证明它们表现的成功,这是不能否认的。(贺玉波《郁达夫论》)

《春风沉醉的晚上》……多少也带一点社会主义的色彩。(郁达夫《忏余独白》)

春风沉醉的晚上

一

在沪上闲居了半年,因为失业的结果,我的寓所迁移了三处。最初我住在静安寺路南的一间同鸟笼似的永也没有太阳晒着的自由的监房里。这些自由的监房的住民，除了几个同强盗小窃一样的凶恶的裁缝之外，都是些可怜的无名文士，我当时所以送了那地方一个 Yellow Grub Street① 的称号。在这 Grub Street 里住了一个月，房租忽涨了价，我就不得不拖了几本破书，搬上跑马厅附近一家相识的栈房里去。后来在这栈房里又受了种种逼迫，不得不搬了，我便在外白渡桥北岸的邓脱路中间，日新里对面的贫民窟里，寻了一间小小的房间，迁移了过去。

邓脱路的这几排房子，从地上量到屋顶，只有一丈几尺高。我住的楼上的那间房间，更是矮小得不堪。若站在楼板上伸一伸懒腰，两只手就要把灰黑的屋顶穿通的。从前面的弄里踱进了那房子的门，便是房主的住房。在破布，洋铁罐，玻璃瓶，旧铁器堆满的中间，侧着身子走进两步，就有一张中间有几根横档跌落的梯子靠墙摆在那里。用了这张梯子往上面的黑黝黝的一个二尺宽的洞里一接，即能走上楼去。黑沉沉的这层楼上，本来只有猫额那样大，房主人却把它隔成了两间小房。外面一间是一个 N 烟公司的女工住在那里，我所租的是梯子口头的那间小房，因为外间的住者要从我的房里出入，所以我的每月的房租要比外间的便宜几角小洋。

我的房主，是一个五十来岁的弯腰老人。他的脸上的青黄色里，映射着一层暗黑的油光。两只眼睛是一只大一只小，颧骨很高，额上颊上的几条皱纹里满砌着煤灰，好像每天早晨洗也洗不掉的样子。他每日于八九点钟的时候起来，咳嗽一阵，便挑了一双竹篮出去，到午后的三四点钟总仍旧是挑了一双空篮回来的。有时挑了满担回来的时候，他的竹篮里便是那些破布，破铁器，玻璃瓶之类。像这样的晚上，他必要去买些酒来喝喝，一个人坐在床沿上瞎骂出许多不可捉摸的话来。

我与间壁的同寓者的第一次相遇，是在搬来的那天午后。春天的急景已经快晚了的五点钟的时候，我点了一枝蜡烛，在那里安放几本刚从栈房里搬过来的破书。先把它们叠成了两方堆，一堆小些，一堆大些，然后把两个二尺长的装画的画架覆在大一点的那堆书上。因为我的器具都卖完了，这一堆书和画架白天要当写字台，晚上可当床睡的。摆好了画架的板，我就朝着了这张由书叠成的桌子，坐在小一点的那堆书上吸烟，我的背系朝着梯子的接口的。我一边吸烟，一边在那里呆看放在桌上的蜡烛火，忽而听见梯子口上起了响动。回头一看，我只见了一个自家的扩大的投射影子，此外什么也辨不出来，但我的听觉分明告诉我说："有人上来了。"我向暗中凝视了几秒钟，一个圆形灰白的面貌，半截纤细的女人的身体，方才映到我的眼帘上来。一见了她的容貌，我就知道她是我的间壁的同居者了。因为我来找房子的时候，那房主的老人便告诉我说，这屋里除了他一个人外，楼上

① Yellow Grub Street：黄种人的寒士街。寒士街是伦敦以往的一条街名。

只住着一个女工。我一则喜欢房价的便宜,二则喜欢这屋里没有别的女人小孩,所以立刻就租定了的。等她走上了梯子,我才站起来对她点了点头说:

"对不起,我是今朝才搬来的。以后要请你照应。"

她听了我这话,也并不回答,放了一双漆黑的大眼,对我深深的看了一眼,就走上她的门口去开了锁,进房去了。我与她不过这样的见了一面,不晓是什么原因,我只觉得她是一个可怜的女子。她的高高的鼻梁,灰白长圆的面貌,清瘦不高的身体,好像都是表明她是可怜的特征。但是当时正为了生活问题在那里操心的我,也无暇去怜惜这还未曾失业的女工。过了几分钟我又动也不动的坐在那一小堆书上看蜡烛光了。

在这贫民窟里过了一个多礼拜,她每天早晨七点钟去上工和午后六点多钟下工回来,总只见我呆呆的对着了蜡烛或油灯坐在那堆书上。大约她的好奇心被我那痴不痴呆不呆的态度挑动了罢,有一天她下了工走上楼来的时候,我依旧和第一天一样的站起来让她过去。她走到了我的身边,忽而停住了脚,看了我一眼,吞吞吐吐好像怕什么似的问我说:

"你天天在这里看的是什么书?"

(她操的是柔和的苏州音,听了这一种声音以后的感觉,是怎么也写不出来的,所以我只能把她的言语译成普通的白话。)

我听了她的话,反而脸上涨红了。因为我天天呆坐在那里,面前虽则有几本外国书摊着,其实我的脑筋昏乱得很,就是一行一句也看不进去。有时候我只用了想象在书的上一行与下一行中间的空白里,填些奇异的模型进去。有时候我只把书里边的插画翻开来看看,就了那些插画演绎些不近人情的幻想出来。我那时候的身体因为失眠与营养不良的结果,实际上已经成了病的状态了。况且又因为我的唯一的财产的一件棉袍子已经破得不堪,白天不能走出外面去散步和房里全没有光线进来,不论白天晚上,都要点着油灯或蜡烛的缘故,非但我的健康不如常人,就是我的眼睛和脚力,也局部的非常萎缩了。在这样状态下的我,听了她这一问,如何能够不红起脸来呢? 所以我只是含含糊糊的回答说:

"我并不在看书,不过什么也不做呆坐在这里,样子一定不好看,所以把这几本书摊放着的。"

她听了这话,又深深的看了我一眼,作了一种不了解的形容,依旧的走到她的房里去了。

那几天里,若说我完全什么事情也不去找,什么事情也不曾干,却是假的。有时候,我的脑筋稍微清新一点下来,也曾译过几首英法的小诗,和几篇不满四千字的德国的短篇小说,于晚上大家睡熟的时候,不声不响的出去投邮,寄投给各新开的书局。因为当时我的各方面就职的希望,早已经完全断绝了,只有这一方面,还能靠了我的枯燥的脑筋,想想法子看。万一中了他们编辑先生的意,把我译的东西登了出来,也不难得着几块钱的酬报。所以我自迁移到邓脱路以后,当她第一次同我讲话的时候,这样的译稿已经发出了三四次了。

二

在乱昏昏的上海租界里住着,四季的变迁和日子的过去是不容易觉得的。我搬到了邓脱路的贫民窟之后,只觉得身上穿在那里的那件破棉袍子一天一天的重了起来,热了起来,所以我心里想:

"大约春光也已经老透了罢!"

但是囊中很羞涩的我,也不能上什么地方去旅行一次,日夜只是在那暗室的灯光下呆坐。有一天,大约是午后了,我也是这样的坐在那里,间壁的同住者忽而手里拿了两包用纸包好的物件走了上来。我站起来让她走的时候,她把手里的纸包放了一包在我的书桌上说:

"这一包是葡萄浆的面包,请你收藏着,明天好吃的。另外我还有一包香蕉买在这里,请你到我房里来一道吃罢!"

我替她拿住了纸包,她就开了门邀我进她的房里去。共住了这十几天,她好像已经信用我是一个忠厚的人的样子。我见她初见我的时候脸上流露出来的那一种疑惧的形容完全没有了。我进了她的房里,才知道天还未暗,因为她的房里有一扇朝南的窗,太阳反射的光线从这窗里投射进来,照见了小小的一间房,由二条板铺成的一张床,一张黑漆的半桌,一只板箱,和一只圆凳。床上虽则没有帐子,但堆着二条洁净的青布被褥。半桌上有一只小洋铁箱摆在那里,大约是她的梳头器具,洋铁箱上已经有许多油污的点子了。她一边把堆在圆凳上的几件半旧的洋布棉袄,粗布裤等收在床上,一边就让我坐下。我看了她那殷勤待我的样子,心里倒不好意思起来,所以就对她说:

"我们本来住在一处,何必这样的客气。"

"我并不客气,但是你每天当我回来的时候,总要站起来让我,我却觉得对不起得很。"

这样的说着,她就把一包香蕉打开来让我吃。她自家也拿了一只,在床上坐下,一边吃一边问我说:

"你何以只住在家里,不出去找点事情做做?"

"我原是这样的想,但是找来找去总找不着事情。"

"你有朋友么?"

"朋友是有的,但是到了这样的时候,他们都不和我来往了。"

"你进过学堂么?"

"我在外国的学堂里曾经念过几年书。"

"你家在什么地方? 何以不回家去?"

她问到了这里,我忽而感觉到我自己的现状了。因为自去年以来,我只是一日一日的萎靡下去,差不多把"我是什么人","我现在所处的是怎么一种境遇","我的心里还是悲还是喜"这些观念都忘掉了。经她这一问,我重新把半年来困苦的情形一层一层的想了出来。所以听她的问话以后,我只是呆呆的看她,半晌说不出话来。她看了我这个样子,以为我也是一个无家可归的流浪人,脸上就立时起了一种孤寂的表情,微微的叹着说:

"唉! 你也是同我一样的么?"

微微的叹了这一声之后,她就不说话了。我看她的眼圈上有些潮红起来,所以就想了一个另外的问题问她说:

"你在工厂里做的是什么工作?"

"是包纸烟的。"

"一天做几个钟头工?"

"早晨七点钟起,晚上六点钟止,中午休息一个钟头,每天一共要做十个钟头的工。少做一点钟就要扣钱的。"

"扣多少钱?"

"每月九块钱,所以是三块钱十天,三分大洋一个钟头。"

"饭钱多少?"

"四块钱一月。"

"这样算起来,每月一个钟头也不休息,除了饭钱,可省下五块钱来。够你付房钱买衣服的么?"

"哪里够呢! 并且那管班人又……啊啊! ……我……我所以非常恨工厂的。你吸烟的么?"

"吸的。"

"我劝你顶好还是不吸。就吸也不要去吸我们工厂的烟。我真恨死它在这里。"

我看看她那一种切齿怨恨的样子,就不愿意再说下去。把手里捏着的半个吃剩的香蕉咬了几口,向四边一看,觉得她的房里也有些灰黑了,我站起来道了谢,回到我自家的房里来。她大约是作工倦了的缘故,每天回来大概是马上就入睡的,只有这一晚上,她在房里好像是直到半夜还没有就寝。从这一回之后,她每天回来,总和我说几句话。我从她自家的口里听得,知道她姓陈,名叫二妹,是苏州东乡人,从小系在上海乡下长大的,她父亲也是纸烟工厂的工人,但是去年秋天死了。她本来和她父亲同住在那间房里,每天同上工厂去的,现在只剩了她一个人了。她父亲死后的一个多月,她早晨上工厂去也一路哭了去,晚上回来也一路哭了回来的。她今年十七岁,也无兄弟姊妹,也无近亲的亲戚。她父亲死后的葬殓等事,是他于未死之前把十五块钱交给楼下的老人,托这老人包办的。她说:

"楼下的老人倒是一个好人,对我从来没有起过坏心,所以我得同父亲在日一样的去作工。不过工厂的一个姓李的管理人却坏得很,知道我父亲死了,就天天的想戏弄我。"

她自家和她父亲的身世,我差不多全知道了,但她母亲是如何的一个人,死了呢还是活在哪里,假使还活着,住在什么地方,等等,她却从来还没有说及过。

三

天气好像变了。几日来我那独有的世界,黑暗的小房里的腐浊的空气,同蒸笼里的蒸气一样,蒸得人头昏欲晕。我每年在春夏之交要发的神经衰弱的重症,遇了这样的气候,就要使我变成半狂。所以我这几天来到了晚上,等马路上人静之后,也常常走出去散步去。一个人在马路上从狭隘的深蓝天空里看看群星,慢慢的向前行走,一边作些漫无涯涘的空想,倒是于我的身体很有利益。当这样的无可奈何,春风沉醉的晚上,我每要在各处乱走,走到天将明的时候才回家里。我这样的走倦了回去就睡,一睡直可睡到第二天的日中,有几次竟要睡到二妹下工回来的前后方才起来。睡眠一足,我的健康状态也渐渐的回复起来了。平时只能消化半磅面包的我的胃部,自从我的深夜游行的练习开始之后,进步得几乎能容纳面包一磅了。这事在经济上虽则是一个大打击,但我的脑筋,受了这些滋养,似乎比从前稍能统一,我于游行回来之后,就睡之前,却作成了几篇 Allan Poe[①] 式的短篇小说,自家看看,也不很坏。我改了几次,抄了几次,一一投邮寄出之后,心里虽然起了些微细的希望,但是想想前几回的译稿的绝无消息,过了几天,也便把它们忘了。

邻住者的二妹,这几天来,当她早晨出去上工的时候,我总在那里酣睡,只有午后下工回来的时候,有几次有见面的机会。但是不晓是什么原因,我觉得她对我的态度,又回到从前初见面的时候的疑惧状态去了。有时候她深深的看我一

---

① Allan Poe：即爱伦·坡(1809—1849),美国小说家。

眼,她的黑晶晶,水汪汪的眼睛里,似乎是满含着责备我规劝我的意思。

我搬到这贫民窟里住后,约莫已经有二十多天的样子。一天午后我正点上蜡烛,在那里看一本从旧书铺里买来的小说的时候,二妹却急急忙忙的走上楼来对我说:

"楼下有一个送信的在那里,要你拿了印子去拿信。"

她对我讲这话的时候,她的疑惧我的态度更表示得明显,她好像在那里说:"呵呵! 你的事件是发觉了啊!"我对她这种态度,心里非常痛恨,所以就气急了一点,回答她说:

"我有什么信? 不是我的!"

她听了我这气愤愤的回答,更好像是得了胜利似的,脸上忽涌出了一种冷笑,说:

"你自家去看罢! 你的事情,只有你自家知道的!"

同时我听见楼底下门口果真有一个邮差似的人在催着说:

"挂号信!"

我把信取来一看,心里就突突的跳了几跳,原来我前回寄去的一篇德文短篇的译稿,已经在某杂志上发表了,信中寄来的是五元钱的一张汇票。我囊里正是将空的时候,有了这五元钱,非但月底要预付的来月的房金可以无忧,并且付过房金以后,还可以维持几天食料。当时这五元钱对我的效用的广大,是谁也不能推想得出来的。

第二天午后,我上邮局去取了钱,在太阳晒着的大街上走了一会,忽而觉得身上就淋出了许多汗来。我向我前后左右的行人一看,复向我自家的身上一看,就不知不觉的把头低俯了下去。我颈上头上的汗珠,更同盛雨似的,一颗一颗的钻出来了。因为当我在深夜游行的时候,天上并没有太阳,并且料峭的春寒,于东方微白的残夜,老在静寂的街巷中留着,所以我穿的那件破棉袍子,还觉得不十分与季节违异。如今到了阳和的春日晒着的这日中,我还不能自觉,依旧穿了这件夜游的敝袍,在大街上阔步,与前后左右的和节季同时进行的我的同类一比,我哪得不自惭形秽呢? 我一时竟忘了几日后不得不付的房金,忘了囊中本来将尽的些微的积聚,便慢慢的走上了闸路的估衣铺去。好久不在天日之下行走的我,看看街上来往的汽车人力车,车中坐着的华美的少年男女,和马路两边的绸缎铺金银铺窗里的丰丽的陈设,听听四面的同蜂衙似的嘈杂的人声,脚步声,车铃声,一时倒也觉得是身到了大罗天上的样子。我忘记了我自家的存在,也想和我的同胞一样的欢歌欣舞起来,我的嘴里便不知不觉的唱起几句久忘了的京调来了。这一时的涅槃幻境,当我想横越过马路,转入闸路去的时候,忽而被一阵铃声惊破了。我抬起头来一看，我的面前正冲来了一乘无轨电车，车头上站着的那肥胖的机器手，伏出了半身，怒目的大声骂我说：

"猪头三！侬（你）艾（眼）睛勿散（生）咯！跌杀时，叫旺（黄）够（狗）来抵侬（你）命噢！"

我呆呆的站住了脚，目送那无轨电车尾后卷起了一道灰尘，向北过去之后，不知是从何处发出来的感情，忽而竟禁不住哈哈哈哈的笑了几声。等得四面的人注视我的时候，我才红了脸慢慢的走向闸路里去。

我在几家估衣铺里，问了些夹衫的价钱，还了他们一个我所能出的数目。几个估衣铺的店员，好像是一个师傅教出来的样子，都摆下了脸面，嘲弄着说：

"侬（你）寻萨咯（什么）凯（开）心！马（买）勿起好勿要马（买）咯！"

一直问到五马路边上的一家小铺子里，我看看夹衫是怎么也买不成了，才买定了一件竹布单衫，马上就把它换上。手里拿了一包换下的棉袍子，默默的走回家来。一边我心里却在打算：

"横竖是不够用了，我索性来痛快的用它一下吧。"同时我又想起了那天二妹送我的面包香蕉等物。不等第二次的回想，我就寻着了一家卖糖食的店，进去买了一块钱巧格力香蕉糖鸡蛋糕等杂食。站在那店里，等店员在那里替我包好来的时候，我忽而想起我有一月多不洗澡了，今天不如顺便也去洗一个澡罢。

洗好了澡，拿了一包棉袍子和一包糖食，回到邓脱路的时候，马路两旁的店家，已经上电灯了。街上来往的行人也很稀少，一阵从黄浦江上吹来的日暮的凉风，吹得我打了几个冷痉。我回到了我的房里，把蜡烛点上，向二妹的房门一照，知道她还没有回来。那时候我腹中虽则饥饿得很，但我刚买来的那包糖食怎么也不愿意打开来，因为我想等二妹回来同她一道吃。我一边拿出书来看，一边口里尽在咽唾液下去。等了许多时候，二妹终不回来，我的疲倦不知什么时候出来战胜了我，就靠在书堆上睡着了。

四

二妹回来的响动把我惊醒的时候，我见我面前的一枝十二盎司一包的洋蜡烛已经点去了二寸的样子，我问她是什么时候了？她说：

"十点的汽笛刚刚放过。"

"你何以今天回来得这样迟？"

"厂里因为销路大了，要我们作夜工。"

"工钱也增加的么？"

“工钱是增加的,不过人太累了。”

“那你可以不去做的。”

“但是工人不够,不做是不行的。”

她讲到这里,忽而滚了两粒眼泪出来。我以为她是作工作得倦了,故而动了伤感,一边心里虽在可怜她,但一边看了她这同小孩似的脾气,却也感着些儿快乐。把糖食包打开,请她吃了几个之后,我就劝她说:

“初作夜工的时候不惯,所以觉得困倦,作惯了以后,也没有什么的。”

她默默的坐在我的半高的由书叠成的桌上,吃了几个巧格力,对我看了几眼,好像是有话说不出来的样子。我就催她说:

“你有什么话说?”

她又沉默了一会,便断断续续的问我说:

“我……我……早想问你了,这几天晚上,你每晚在外边,可在与坏人作伙友么?”

我听了她这话,倒吃了一惊,她好像在疑我天天晚上在外面与小窃恶棍混在一块。她看我呆了不答,便以为我的行为真的被她看破了,所以就柔柔和和的连续着说:

“你何苦要吃这样好的东西,要穿这样好的衣服？你可知道这事情是靠不住的。万一被人家捉了去,你还有什么面目做人。过去的事情不必去说它,以后我请你改过了罢。……”

我尽是张大了眼睛张大了嘴,呆呆的在看她,因为她的思想太奇突了,使我无从辩解起。她沉默了数秒钟,又接着说:

“就以你吸的烟而论,每天若戒绝了不吸,岂不可省几个铜子。我早就劝你不要吸烟,尤其是不要吸我那所痛恨的 N 工厂的烟,你总是不听。”

她讲到了这里,又忽而落了几滴眼泪。我知道这是她为怨恨 N 工厂而滴的眼泪,但我的心里,怎么也不许我这样的想,我总要把它们当作因规劝我而洒的。我静静儿的想了一会,等她的神经镇静下去之后,就把昨天的那封挂号信的来由说给她听,又把今天的取钱买物的事情说了一遍,最后更将我的神经衰弱症和每晚何以必要出去散步的原因说了。她听了我这一番辩解,就信用了我,等我说完之后,她颊上忽而起了两点红晕,把眼睛低下去看着桌上,好像是怕羞似的说:

“噢,我错怪你了,我错怪你了。请你不要多心,我本来是没有歹意的。因为你的行为太奇怪了,所以我想到了邪路里去。你若能好好的用功,岂不是很好么？你刚才说的那——叫什么的——东西,能够卖五块钱,要是每天能做一个,多么好呢？”

我看了她这种单纯的态度,心里忽而起了一种不可思议的感情,我想把两只手伸出去拥抱她一回,但是我的理性却命令我说:

"你莫再作孽了!你可知道你现在处的是什么境遇!你想把这纯洁的处女毒杀了么?恶魔,恶魔,你现在是没有爱人的资格的呀!"

我当那种感情起来的时候,曾把眼睛闭上了几秒钟,等听了理性的命令以后,我的眼睛又开了开来,我觉得我的周围,忽而比前几秒钟更光明了。对她微微的笑了一笑,我就催她说:

"夜也深了,你该去睡了罢!明天你还要上工去的呢!我从今天起,就答应你把纸烟戒下来罢!"

她听了我这话,就站了起来,很喜欢的回到她的房里去睡了。

她去之后,我又换上了一枝洋蜡烛,静静儿的想了许多事情:

"我的劳动的结果,第一次得来的这五块钱已经用去了三块了。连我原有的一块多钱合起来,付房钱之后,只能省下二三角小洋来,如何是好呢?

"就把这破棉袍子去当罢!但是当铺里恐怕不要。

"这女孩子真是可怜,但我现在的境遇,可是还赶她不上,她是不想做工而工作要强迫她做,我是想找一点工作,终于找不到。就去作筋肉的劳动罢!啊啊,但是我这一双弱腕,怕吃不下一部黄包车的重力。

"自杀!我有勇气,早就干了。现在还能想到这两个字,足证我的志气还没有完全消磨尽哩!

"哈哈哈哈!今天的那无轨电车的机器手!他骂我什么来?

"黄狗,黄狗倒是一个好名词,……"

"……"

我想了许多零乱断续的思想,终究没有一个好法子,可以救我出目下的穷状来。听见工厂的汽笛好像在报十二点钟了,我就站了起来,换上了白天脱下的那件破棉袍子,仍复吹熄了蜡烛,走出外面去散步。

贫民窟里的人已经睡眠静了。对面日新里的一排临邓脱路的洋楼里,还有几家点着了红绿的电灯,在那里弹罢拉拉衣加。一声二声清脆的歌音,带着哀调,从静寂的深夜的冷空气里传到我的耳膜上来,这大约是俄国的飘泊的少女,在那里卖钱的歌唱。天上罩满了灰白的薄云,同腐烂的尸体似的沉沉的盖在那里。云层破处也能看得出一点两点星来,但星的近处,黝黝看得出来的天色,好像有无限的哀愁蕴藏着的样子。

一九二三年七月十五日

(原载 1924 年 2 月 28 日《创造季刊》第 2 卷第 2 期)

郁达夫还有一类小说,表现了一种更为高尚、美好的精神与情感,这类作品以《春风沉醉的晚上》和《薄奠》为代表。在这类作品中,作者沟通了痛苦生存的知识者与苦难生存的下层劳动者之间的隔膜,使其中作为知识者的"我"在与那些具有善良心性和美好情感的劳动者在生存遭际中发生关联,让劳动者的无私的精神和情感照亮这些知识者痛苦心灵中的黑暗。应该说,这类作品尽管似乎是与前类作品在视角和精神特征上拉开了一些距离,但正是它们,与前类作品(如《沉沦》等),构筑了郁达夫小说的完整世界,并有助于我们完整地把握作为小说家的郁达夫。(孔范今《郁达夫选集·前言》)

【赏析】

在郁达夫的创作史上,《春风沉醉的晚上》是一篇过渡性的作品。从主题上它由早期的表现"性的苦闷"转向表现"生的苦闷",从题材上由单一的知识分子领域扩展到劳苦大众乃至整个社会,从艺术风格上,也开始由感伤式的自剖逐步转向对现实生活的客观再现。

作品在叙述方法上,依然保持着作者所习用的"自叙传"方式,以第一人称口吻叙述了一位青年知识分子("我")与一名青年女工(陈二妹)间的交往故事。作品的主题也通过"我"和陈二妹各自的生活以及相互间的关系而表现出来。

从"我"的角度来说,社会的黑暗不公,是导致"我"贫穷没落以至愤世嫉俗的根本原因。通过"我"的命运,作品表现出一定的社会批判主题。同时,作品更借之表现了知识分子丰富的内心世界:他既自伤于知识分子面对社会黑暗的无能为力,又充满着对于纯洁感情、对于善良人性的珍惜和向往。

陈二妹的命运更加强了作品的社会批判主题。善良、真诚却弱小无助的她,有辛酸的过去,更有充满艰险的现在。她被始终压在社会的底层,承受着苦难和欺凌。她对于剥削压迫和企图欺凌她的资本家及其走狗十分痛恨,对于与她一样的受苦人深为关切和同情。她的情感和价值取向,既凸显了她心灵的美好,也客观上反映了社会矛盾的剧烈。通过这一形象,作者表达了对于社会中"被欺凌与被侮辱者"的深刻同情,也严正地控诉了极度不公平的社会。

二人的相互关系又进一步深化了作品主题。陈二妹对"我"的关心和爱护,"我"对陈二妹的感怀和珍惜,既歌颂了青年男女之间纯真的感情,又表达了"曾是天涯沦落人,相逢何必曾相识"的精神意蕴,是对于人间真情的一首颂歌。

在艺术上,《春风沉醉的晚上》既继承了郁达夫早期的感伤和抒情小说特点,又有新的发展:它不再是完全的情感的倾泻,而是更为含蓄深沉,将强烈情感寓于客观描写中。作品中,"我"的主观情感抒发,"我"和陈二妹的命运及二人间情感关系的客观描写,相互映衬,又各为整体,很难说孰主孰次,共同构筑起作品的艺术世界。作品的人物形象和思想感情,正是在这种主观与客观相结合的艺术氛围中得到充分的表现,而作品独特的艺术特点和深远的艺术感染力,也由此而生。

作品以第一人称进行叙述,人物形象和故事在"我"的视野中展开。作者既借之以融入了强烈的感情,增添了作品的抒情色彩,又为故事情节的起伏跌宕铺垫了基础。故事从"我"而出,"我"所见者、所感者可充分展示;而不为"我"所见、所感者则留给读者去思索、去回味。所以,作品中人物的心潮波澜起伏,故事情节也颇为曲折和幽婉,艺术结构安排得非常巧妙。

此外,作品还巧妙地运用了对比的艺术手法。首先是主人公居住的外部环境的肮脏和丑陋,同女主人公美好、纯朴的内心世界形成了比照,凸显了她"出污泥而不染"的高尚品格,并以之形成对黑暗社会环境的控诉。其次是男女主人公初遇时的审慎、戒备,与后来两人的相互关心、相互依恋形成对比,既自然流畅,符合生活真实,又很好地制造了悬念,为故事发展的波澜起伏奠定了基础。

(贺仲明)

参考书目

《鲁迅选集》,人民文学出版社 1983 年

汪晖《反抗绝望:鲁迅及其文学世界(增订版)》,生活·读书·新知三联书店 2008 年

钱理群《与鲁迅相遇》,生活·读书·新知三联书店 2002 年

郜元宝《鲁迅六讲》,北京大学出版社 2007 年

《郁达夫文集》,花城出版社 1982 年

《巴金选集》,四川人民出版社 1982 年

《茅盾作品集》,敦煌文艺出版社 1998 年

《郁达夫选集》,人民文学出版社 1982 年

杨义《鲁迅小说综论》,陕西人民出版社 1984 年

思考与练习

1. 分析《伤逝》中子君的被启蒙、"失语"和出路问题,谈谈现代女性的社会存在角色和女性启蒙问题。

2. 分析《伤逝》中的物质和精神之间的关系,谈谈你对现代社会中物质和日常的看法。

3. 《春风沉醉的晚上》作者是如何将强烈的情感寓于客观的描写之中的?

慕课资源

汪曾祺

汪曾祺(1920—1997),江苏高邮人,中国当代作家、散文家、戏剧家,当代寻根文学的代表性作家之一。1939年入西南联大中国文学系,受西南联大教师沈从文的影响较大。汪曾祺在短篇小说创作上卓有成就,代表作有《受戒》《大淖记事》《异秉》等,他同样创作了大量的散文,其集子主要有《逝水》《蒲桥集》《孤蒲深处》《人间草木》《旅食小品》《矮纸集》等,以及文学评论集《晚翠文谈》。他还是"现代革命京剧"《沙家浜》的编剧之一。另外,他的旧体诗作和书画,也有不少佳作。2019年,人民文学出版社出版了《汪曾祺全集》,共十二卷。

【集评】

汪曾祺的小说很好读,有点文化的人都能读。他写得平淡。平淡不是淡而无味,姜白石评论陶渊明说过"散而庄,淡而腴"的话;汪曾祺的小说就这样。假如他写一个人的庸俗、无聊,通篇就是那个人的日常起居,一些习惯和癖好,包括怎么接电话,如何轧朋友、过礼拜天之类。有一搭无一搭地描述,构不成故事,却很有些人生况味。他很少采用讽刺,更不用外国小说中常见的那种"灵魂拷问"的笔法。这和"宽容"形诸散淡的笔墨很是表里相宜。作为一种叙事态度,这本身就含藏丰富的意味。(李庆西《野兔眠岸有闲意——汪曾祺小说的中国传统诗学精神》)

诗文书画皆通的汪曾祺所擅之各项艺事之间存在高度的同一性,有相互阐释的必要和可能。汪曾祺画的是流溢着"四时佳兴"的"人间草木",就像他写的大抵是瓢儿菜、扁豆花一样的俗人,正是这些俗人和俗物绽露着宇宙的真正的春意。书画趣味全面渗入文学创作的审美后果,就是他的文学无非是一些平远小景和折枝花卉,小景和折枝都是淡的,这正是"淡淡"文章的由来。到了晚期,汪曾祺在文学上以不伦的性刺破他一贯的抒情风格,在书画上则以"鲜浓"取代"萧萧",以此来留驻让他无比流连的"一朝风月"。至此,他在诗文书画等领域,一起完成了自己的既疼痛又欣快的"衰年变法"。(翟业军《"淡淡"文章、"萧萧"书画——汪曾祺文学与书画创作的相互阐释》)

明海出家已经四年了。

他是十三岁来的。

这个地方的地名有点怪，叫庵赵庄。赵，是因为庄上大都姓赵。叫做庄，可是人家住得很分散，这里两三家，那里两三家。一出门，远远可以看到，走起来得走一会，因为没有大路，都是弯弯曲曲的田埂。庵，是因为有一个庵。庵叫苦提庵，可是大家叫讹了，叫成荸荠庵。连庵里的和尚也这样叫。"宝刹何处?"——"荸荠庵。"庵本来是住尼姑的。"和尚庙""尼姑庵"嘛。可是荸荠庵住的是和尚。也许因为荸荠庵不大，大者为庙，小者为庵。

明海在家叫小明子。他是从小就确定要出家的。他的家乡不叫"出家"，叫"当和尚"。他的家乡出和尚。就像有的地方出劁猪的，有的地方出织席子的，有的地方出箍桶的，有的地方出弹棉花的，有的地方出画匠，有的地方出婊子，他的家乡出和尚。人家弟兄多，就派一个出去当和尚。当和尚也要通过关系，也有帮。这地方的和尚有的走得很远。有到杭州灵隐寺的、上海静安寺的、镇江金山寺的、扬州天宁寺的。一般的就在本县的寺庙。明海家田少，老大、老二、老三，就足够种的了。他是老四。他七岁那年，他当和尚的舅舅回家，他爹、他娘就和舅舅商议，决定叫他当和尚。他当时在旁边，觉得这实在是在情在理，没有理由反对。当和尚有很多好处。一是可以吃现成饭。哪个庙里都是管饭的。二是可以攒钱。只要学会了放瑜伽焰口，拜梁皇忏，可以按例分到辛苦钱。积攒起来，将来还俗娶亲也可以；不想还俗，买几亩田也可以。当和尚也不容易，一要面如朗月，二要声如钟磬，三要聪明记性好。他舅舅给他相了相面，叫他前走几步，后走几步，又叫他喊了一声赶牛打场的号子："格当嘚——"，说是"明子准能当个好和尚，我包了!"要当和尚，得下点本，——念几年书。哪有不认字的和尚呢！于是明子就开蒙入学，读了《三字经》《百家姓》《四言杂字》《幼学琼林》《上论、下论》《上孟、下孟》，每天还写一张仿。村里都夸他字写得好，很黑。

舅舅按照约定的日期又回了家，带了一件他自己穿的和尚领的短衫，叫明子娘改小一点，给明子穿上。明子穿了这件和尚短衫，下身还是在家穿的紫花裤子，赤脚穿了一双新布鞋，跟他爹、他娘磕了一个头，就随舅舅走了。

他上学时起了个学名，叫明海。舅舅说，不用改了。于是"明海"就从学名变成了法名。

过了一个湖。好大一个湖！穿过一个县城。县城真热闹:官盐店，税务局，肉

253

铺里挂着成边的猪，一个驴子在磨芝麻，满街都是小磨香油的香味，布店，卖茉莉粉、梳头油的什么斋，卖绒花的，卖丝线的，打把式卖膏药的，吹糖人的，耍蛇的，……他什么都想看看。舅舅一劲地推他："快走！快走！"

到了一个河边，有一只船在等着他们。船上有一个五十来岁的瘦长瘦长的大伯，船头蹲着一个跟明子差不多大的女孩子，在剥一个莲蓬吃。明子和舅舅坐到舱里，船就开了。明子听见有人跟他说话，是那个女孩子。

"是你要到荸荠庵当和尚吗？"

明子点点头。

"当和尚要烧戒疤呕！你不怕？"

明子不知道怎么回答，就含含糊糊地摇了摇头。

"你叫什么？"

"明海。"

"在家的时候？"

"叫明子。"

"明子！我叫小英子！我们是邻居。我家挨着荸荠庵。——给你！"

小英子把吃剩的半个莲蓬扔给明海，小明子就剥开莲蓬壳，一颗一颗吃起来。大伯一桨一桨地划着，只听见船桨泼水的声音："哗——许！哗——许！"

…………

荸荠庵的地势很好，在一片高地上。这一带就数这片地高，当初建庵的人很会选地方。门前是一条河。门外是一片很大的打谷场。三面都是高大的柳树。山门里是一个穿堂。迎门供着弥勒佛。不知是哪一位名士撰写了一副对联：

大肚能容容天下难容之事
开颜一笑笑世间可笑之人

弥勒佛背后，是韦驮。过穿堂，是一个不小的天井，种着两棵白果树。天井两边各有三间厢房。走过天井，便是大殿，供着三世佛。佛像连龛才四尺来高。大殿东边是方丈，西边是库房。大殿东侧，有一个小小的六角门，白门绿字，刻着一副对联：

一花一世界
三藐三菩提

进门有一个狭长的天井,几块假山石,几盆花,有三间小房。

小和尚的日子清闲得很。一早起来,开山门,扫地。庵里的地铺的都是箩底方砖,好扫得很,给弥勒佛、韦驮烧一炷香,正殿的三世佛面前也烧一炷香、磕三个头,念三声"南无阿弥陀佛",敲三声磬。这庵里的和尚不兴做什么早课、晚课,明子这三声磬就全都代替了。然后,挑水,喂猪。然后,等当家和尚,即明子的舅舅起来,教他念经。

教念经也跟教书一样,师父面前一本经,徒弟面前一本经,师父唱一句,徒弟跟着唱一句。是唱哎。舅舅一边唱,一边还用手在桌上拍板。一板一眼,拍得很响,就跟教唱戏一样。是跟教唱戏一样,完全一样哎。连用的名词都一样。舅舅说,念经:一要板眼准,二要合工尺。说:当一个好和尚,得有条好嗓子。说:民国二十年闹大水,运河倒了堤,最后在清水潭合龙,因为大水淹死的人很多,放了一台大焰口,十三大师——十三个正座和尚,各大庙的方丈都来了,下面的和尚上百。谁当这个首座?推来推去,还是石桥——善因寺的方丈!他往上一坐,就跟地藏王菩萨一样,这就不用说了;那一声"开香赞",围看的上千人立时鸦雀无声。说:嗓子要练,夏练三伏,冬练三九,要练丹田气!说:要吃得苦中苦,方为人上人!说:和尚里也有状元、榜眼、探花!要用心,不要贪玩!舅舅这一番大法要说得明海和尚实在是五体投地,于是就一板一眼地跟着舅舅唱起来:

"炉香乍爇——"

"炉香乍爇——"

"法界蒙薰——"

"法界蒙薰——"

"诸佛现金身……"

"诸佛现金身……"

…………

等明海学完了早经,——他晚上临睡前还要学一段,叫做晚经,——荸荠庵的师父们就都陆续起床了。

这庵里人口简单,一共六个人。连明海在内,五个和尚。有一个老和尚,六十几了,是舅舅的师叔,法名普照,但是知道的人很少,因为很少人叫他法名,都称之为老和尚或老师父,明海叫他师爷爷。这是个很枯寂的人,一天关在房里,就是那"一花一世界"里。也看不见他念佛,只是那么一声不响地坐着。他是吃斋的,过年时除外。

下面就是师兄弟三个,仁字排行:仁山、仁海、仁渡。庵里庵外,有的称他们为大师父、二师父;有的称之为山师父、海师父。只有仁渡,没有叫他"渡师父"的,因为听起来不像话，大都直呼之为仁渡。他也只配如此，因为他还年轻，才二十多岁。仁山，即明子的舅舅，是当家的。不叫"方丈"，也不叫"住持"，却叫"当家的"，是很有道理的，因为他确确实实干的是当家的职务。他屋里摆的是一张账桌，桌子上放的是账簿和算盘。账簿共有三本。一本是经账，一本是租账，一本是债账。和尚要做法事，做法事要收钱，——要不，当和尚干什么？常做的法事是放焰口。正规的焰口是十个人。一个正座，一个敲鼓的，两边一边四个。人少了，八个，一边三个，也凑合了。荸荠庵只有四个和尚，要放整焰口就得和别的庙里合伙。这样的时候也有过，通常只是放半台焰口。一个正座，一个敲鼓，另外一边一个。一来找别的庙里合伙费事；二来这一带放得起整焰口的人家也不多。有的时候，谁家死了人，就只请两个，甚至一个和尚咕噜咕噜念一通经，敲打几声法器就算完事。很多人家的经钱不是当时就给，往往要等秋后才还。这就得记账。另外，和尚放焰口的辛苦钱不是一样的。就像唱戏一样，有份子。正座第一份。因为他要领唱，而且还要独唱。当中有一大段"叹骷髅"，别的和尚都放下法器休息，只有首座一个人有板有眼地曼声吟唱。第二份是敲鼓的。你以为这容易呀？哼，单是一开头的"发擂"，手上没功夫就敲不出迟疾顿挫！其余的，就一样了。这也得记上：某月某日、谁家焰口半台，谁正座，谁敲鼓……省得到年底结账时赌咒骂娘。……这庵里有几十亩庙产，租给人种，到时候要收租。庵里还放债。租、债一向倒很少亏欠，因为租佃借钱的人怕菩萨不高兴。这三本账就够仁山忙的了。另外香烛、灯火、油盐"福食"，这也得随时记记账呀。除了账簿之外，山师父的方丈的墙上还挂着一块水牌，上漆四个红字："勤笔免思"。

仁山所说当一个好和尚的三个条件，他自己其实一条也不具备。他的相貌只要用两个字就说清楚了：黄，胖。声音也不像钟磬，倒像母猪。聪明么？难说，打牌老输。他在庵里从不穿袈裟，连海青直裰也免了。经常是披着件短僧衣，袒露着一个黄色的肚子。下面是光脚趿拉着一对僧鞋，——新鞋他也是趿拉着。他一天就是这样不衫不履地这里走走，那里走走，发出母猪一样的声音："嗯——嗯——"。

二师父仁海。他是有老婆的。他老婆每年夏秋之间来住几个月，因为庵里凉快。庵里有六个人，其中之一，就是这位和尚的家眷。仁山、仁渡叫她嫂子，明海叫她师娘。这两口子都很爱干净，整天的洗涮。傍晚的时候，坐在天井里乘凉。白天，闷在屋里不出来。

三师父是个很聪明精干的人。有时一笔账大师兄扒了半天算盘也算不清，他眼珠子转两转，早算得一清二楚。他打牌赢的时候多，二三十张牌落地，上下家手里有些什么牌，他就差不多都知道了。他打牌时，总有人爱在他后面看歪头胡。谁家约他打牌，就说"想送两个钱给你。"他不但经忏俱通（小庙的和尚能够拜忏的不多），而且身怀绝技，会"飞铙"。七月间有些地方做盂兰会，在旷地上放大焰口，几十个和尚，穿绣花袈裟，飞铙。飞铙就是把十多斤重的大铙钹飞起来。到了一定的时候，全部法器皆停，只几十副大铙紧张急促地敲起来。忽然起手，大铙向半空中飞去，一面飞，一面旋转。然后，又落下来，接住。接住不是平平常常地接住，有各种架势，"犀牛望月""苏秦背剑"……这哪是念经，这是耍杂技。也许是地藏王菩萨爱看这个，但真正因此快乐起来的是人，尤其是妇女和孩子。这是年轻漂亮的和尚出风头的机会。一场大焰口过后，也像一个好戏班子过后一样，会有一个两个大姑娘、小媳妇失踪，——跟和尚跑了。他还会放"花焰口"。有的人家，亲戚中多风流子弟，在不是很哀伤的佛事——如做冥寿时，就会提出放花焰口。所谓"花焰口"就是在正焰口之后，叫和尚唱小调，拉丝弦，吹管笛，敲鼓板，而且可以点唱。仁渡一个人可以唱一夜不重头。仁渡前几年一直在外面，近二年才常住在庵里。据说他有相好的，而且不止一个。他平常可是很规矩，看到姑娘媳妇总是老老实实的，连一句玩笑话都不说，一句小调山歌都不唱。有一回，在打谷场上乘凉的时候，一伙人把他围起来，非叫他唱两个不可。他却情不过，说："好，唱一个。不唱家乡的。家乡的你们都熟，唱个安徽的。"

　　　　姐和小郎打大麦，
　　　　一转子讲得听不得。
　　　　听不得就听不得，
　　　　打完了大麦打小麦。

　　唱完了，大家还嫌不够，他就又唱了一个：

　　　　姐儿生得漂漂的，
　　　　两个奶子翘翘的。
　　　　有心上去摸一把，
　　　　心里有点跳跳的。
　　　　…………

　　这个庵里无所谓清规，连这两个字也没人提起。
　　仁山吃水烟，连出门做法事也带着他的水烟袋。
　　他们经常打牌。这是个打牌的好地方。把大殿上吃饭的方桌往门口一搭，斜放着，就是牌桌。桌子一放好，仁山就从他的方丈里把筹码拿出来，哗啦一声倒在桌上。斗纸牌的时候多，搓麻将的时候少。牌客除了师兄弟三人，常来的是一个收鸭毛的，一个打兔子兼偷鸡的，都是正经人。收鸭毛的担一副竹筐，串乡串镇，拉长了沙哑的声音喊叫："鸭毛卖钱——！"

偷鸡的有一件家什——铜蜻蜓。看准了一只老母鸡，把铜蜻蜓一丢，鸡婆子上去就是一口。这一啄，铜蜻蜓的硬簧绷开，鸡嘴撑住了，叫不出来了。正在这鸡十分纳闷的时候，上去一把薅住。

明子曾经跟这位正经人要过铜蜻蜓看看。他拿到小英子家门前试了一试，果然！小英的娘知道了，骂明子："要死了！儿子！你怎么到我家来玩铜蜻蜓了！"小英子跑过来："给我！给我！"

她也试了试，真灵，一个黑母鸡一下子就把嘴撑住，傻了眼了！

下雨阴天，这二位就光临荸荠庵，消磨一天。

有时没有外客，就把老师叔也拉出来，打牌的结局，大都是当家和尚气得鼓鼓的："×妈妈的！又输了！下回不来了！"

他们吃肉不瞒人。年下也杀猪。杀猪就在大殿上。一切都和在家人一样，开水、木桶、尖刀。捆猪的时候，猪也是没命地叫。跟在家人不同的，是多一道仪式，要给即将升天的猪念一道"往生咒"，并且总是老师叔念，神情很庄重："……一切胎生、卵生、息生，来从虚空来，还归虚空去。往生再世，皆当欢喜。南无阿弥陀佛！"

三师父仁渡一刀子下去，鲜红的猪血就带着很多沫子喷出来。

···········

明子老往小英子家里跑。

小英子的家像一个小岛，三面都是河，西面有一条小路通到荸荠庵。独门独户，岛上只有这一家。岛上有六棵大桑树，夏天都结大桑椹，三棵结白的，三棵结紫的；一个菜园子，瓜豆蔬菜，四时不缺。院墙下半截是砖砌的，上半截是泥夯的。大门是桐油油过的，贴着一副万年红的春联：

　　向阳门第春常在
　　积善人家庆有余

门里是一个很宽的院子。院子里一边是牛屋、碓棚；一边是猪圈、鸡窠，还有个关鸭子的栅栏。露天地放着一具石磨。正北面是住房，也是砖基土筑，上面盖的一半是瓦，一半是草。房子翻修了才三年，木料还露着白茬。正中是堂屋，家神菩萨的画像上贴的金还没有发黑。两边是卧房。隔扇窗上各嵌了一块一尺见方的玻璃,明亮亮的,——这在乡下是不多见的。房檐下一边种着一棵石榴树,一边种着一棵栀子花,都齐房檐高了。夏天开了花,一红一白,好看得很。栀子花香得冲鼻子。顺风的时候,在荸荠庵都闻得见。

这家人口不多,他家当然是姓赵。一共四口人:赵大伯、赵大妈,两个女儿,大英子、小英子。老两口没有儿子。因为这些年人不得病,牛不生灾,也没有大旱大水闹蝗虫,日子过得很兴旺。他们家自己有田,本来够吃的了,又租种了庵上的十亩田。自己的田里,一亩种了荸荠,——这一半是小英子的主意,她爱吃荸荠,一亩种了茨菇。家里喂了一大群鸡鸭,单是鸡蛋鸭毛就够一年的油盐了。赵大伯是个能干人。他是一个"全把式",不但田里场上样样精通,还会罩鱼、洗磨、凿砻、修水车、修船、砌墙、烧砖、箍桶、劈篾、绞麻绳。他不咳嗽,不腰疼,结结实实,像一棵榆树。人很和气,一天不声不响。赵大伯是一棵摇钱树,赵大娘就是个聚宝盆。大娘精神得出奇。五十岁了,两个眼睛还是清亮亮的。不论什么时候,头都是梳得滑滴滴的,身上衣服都是格挣挣的。像老头子一样,她一天不闲着。煮猪食,喂猪,腌咸菜,——她腌的咸萝卜干非常好吃,舂粉子,磨小豆腐,编蓑衣,织芦篚。她还会剪花样子。这里嫁闺女,陪嫁妆,磁坛子、锡罐子,都要用梅红纸剪出吉祥花样,贴在上面,讨个吉利,也才好看:"丹凤朝阳"呀、"白头到老"呀、"子孙万代"呀、"福寿绵长"呀。二三十里的人家都来请她:"大娘,好日子是十六,你哪天去呀?"——"十五,我一大清早就来!""一定呀!"——"一定!一定!"

两个女儿,长得跟她娘像一个模子里托出来的。眼睛长得尤其像,白眼珠鸭蛋青,黑眼珠棋子黑,定神时如清水,闪动时像星星。浑身上下,头是头,脚是脚。头发滑滴滴的,衣服格挣挣的。——这里的风俗,十五六岁的姑娘就都梳上头了。这两上丫头,这一头的好头发!通红的发根,雪白的簪子!娘女三个去赶集,一集的人都朝她们望。

姐妹俩长得很像,性格不同。大姑娘很文静,话很少,像父亲。小英子比她娘还会说,一天咭咭呱呱地不停。大姐说:

"你一天到晚咭咭呱呱——"

"像个喜鹊!"

"你自己说的!——吵得人心乱!"

"心乱?"

"心乱!"

"你心乱怪我呀!"

二姑娘话里有话。大英子已经有了人家。小人她偷偷地看过,人很敦厚,也不难看,家道也殷实,她满意。已经下过小定,日子还没有定下来。她这二年,很少出房门，整天赶她的嫁妆。大裁大剪，她都会。挑花绣花，不如娘。她可又嫌娘出的样子太老了。她到城里看过新娘子，说人家现在绣的都是活花活草。这可把娘难住了。最后是喜鹊忽然一拍屁股："我给你保举一个人！"

这人是谁？是明子。明子念"上孟下孟"的时候，不知怎么得了半套《芥子园》，他喜欢得很。到了荸荠庵，他还常翻出来看，有时还把旧账簿子翻过来，照着描。小英子说："他会画！画得跟活的一样！"

小英子把明海请到家里来，给他磨墨铺纸，小和尚画了几张，大英子喜欢得了不得："就是这样！就是这样！这就可以乱孱！"——所谓"乱孱"是绣花的一种针法：绣了第一层，第二层的针脚插进第一层的针缝，这样颜色就可由深到淡，不露痕迹，不像娘那一代绣的花是平针，深浅之间，界限分明，一道一道的。小英子就像个书僮，又像个参谋：

"画一朵石榴花！"

"画一朵栀子花！"

她把花掐来，明海就照着画。

到后来，凤仙花、石竹子、水蓼、淡竹叶、天竺果子、腊梅花，他都能画。

大娘看着也喜欢，搂住明海的和尚头："你真聪明！你给我当一个干儿子吧！"

小英子捺住他的肩膀，说："快叫！快叫！"

小明子跪在地下磕了一个头，从此就叫小英子的娘做干娘。

大英子绣的三双鞋，三十里方圆都传遍了。很多姑娘都走路坐船来看。看完了，就说："啧啧啧，真好看！这哪是绣的，这是一朵鲜花！"她们就拿了纸来央大娘求了小和尚来画。有求画帐檐的，有求画门帘飘带的，有求画鞋头花的。每回明子来画花，小英子就给他做点好吃的，煮两个鸡蛋，蒸一碗芋头，煎几个藕团子。

因为照顾姐姐赶嫁妆，田里的零碎生活小英子就全包了。她的帮手，是明子。

这地方的忙活是栽秧、车高田水、薅头遍草，再就是割稻子、打场了。这几荐重活，自己一家是忙不过来的。这地方兴换工。排好了日期，几家顾一家，轮流转。不收工钱，但是吃好的。一天吃六顿，两头见肉，顿顿有酒。干活时，敲着锣鼓，唱着歌，热闹得很。其余的时候，各顾各，不显得紧张。

薅三遍草的时候，秧已经很高了，低下头看不见人。一听见非常脆亮的嗓子在一片浓绿里唱：栀子哎开花哎六瓣头哎……姐家哎门前哎一道桥哎……明海就知道小英子在哪里，三步两步就赶到，赶到就低头薅起草来。傍晚牵牛"打汪"，是明子的事。——水牛怕蚊子。这里的习惯，牛卸了轭，饮了水，就牵到一口和好泥水的"汪"里，由它自己打滚扑腾，弄得全身都是泥浆，这样蚊子就咬不透了。低田上水，只要一挂十四轧的水车，两个人车半天就够了。明子和小英子就伏在车杠上,不紧不慢地踩着车轴上的拐子,轻轻地唱着明海向三师父学来的各处山歌。打场的时候,明子能替赵大伯一会,让他回家吃饭。——赵家自己没有场,每年都在荸荠庵外面的场上打谷子。他一扬鞭子,喊起了打场号子:

"格当嘚——"

这打场号子有音无字,可是九转十三弯,比什么山歌号子都好听。赵大娘在家,听见明子的号子,就侧起耳朵:"这孩子这条嗓子!"

连大英子也停下针线:"真好听!"

小英子非常骄傲地说:"一十三省数第一!"

晚上,他们一起看场。——荸荠庵收来的租稻也晒在场上。他们并肩坐在一个石磙子上,听青蛙打鼓,听寒蛇唱歌,——这个地方以为蝼蛄叫是蚯蚓叫,而且叫蚯蚓叫"寒蛇",听纺纱婆子不停地纺纱,"唦——",看萤火虫飞来飞去,看天上的流星。

"呀!我忘了在裤带上打一个结!"小英子说。

这里的人相信,在流星掉下来的时候在裤带上打一个结,心里想什么好事,就能如愿。

⋯⋯⋯⋯⋯

"揘"荸荠,这是小英子最爱干的生活。秋天过去了,地净场光,荸荠的叶子枯了,——荸荠的笔直的小葱一样的圆叶子里是一格一格的,用手一揘,哗哗地响,小英子最爱揘着玩,——荸荠藏在烂泥里。赤了脚,在凉浸浸滑滑溜的泥里踩着,——哎,一个硬疙瘩!伸手下去,一个红紫红紫的荸荠。她自己爱干这生活,还拉了明子一起去。她老是故意用自己的光脚去踩明子的脚。

她挎着一篮子荸荠回去了,在柔软的田埂上留了一串脚印。明海看着她的脚印,傻了。五个小小的趾头,脚掌平平的,脚跟细细的,脚弓部分缺了一块。明海身上有一种从来没有过的感觉,他觉得心里痒痒的。这一串美丽的脚印把小和尚的心搞乱了。

⋯⋯⋯⋯⋯

明子常搭赵家的船进城,给庵里买香烛,买油盐。闲时是赵大伯划船;忙时是小英子去,划船的是明子。

从庵赵庄到县城,当中要经过一片很大的芦花荡子。芦苇长得密密的,当中一条水路,四边不见人。划到这里,明子总是无端端地觉得心里很紧张,他就使劲地划桨。

小英子喊起来:

"明子!明子!你怎么啦?你发疯啦?为什么划得这么快?"

…………

明海到善因寺去受戒。

“你真的要去烧戒疤呀?”

“真的。”

“好好的头皮上烧八个洞,那不疼死啦?”

“咬咬牙。舅舅说这是当和尚的一大关,总要过的。”

“不受戒不行吗?”

“不受戒的是野和尚。”

“受了戒有啥好处?”

“受了戒就可以到处云游,逢寺挂褡。”

“什么叫‘挂褡’?”

“就是在庙里住。有斋就吃。”

“不把钱?”

“不把钱。有法事,还得先尽外来的师父。”

“怪不得都说‘远来的和尚会念经’。就凭头上这几个戒疤?”

“还要有一份戒牒。”

“闹半天,受戒就是领一张和尚的合格文凭呀!”

“就是!”

“我划船送你去。”

“好。”

小英子早早就把船划到荸荠庵门前。不知是什么道理,她兴奋得很。她充满了好奇心,想去看看善因寺这座大庙,看看受戒是个啥样子。

善因寺是全县第一大庙,在东门外,面临一条水很深的护城河,三面都是大树,寺在树林子里,远处只能隐隐约约看到一点金碧辉煌的屋顶,不知道有多大。树上到处挂着“谨防恶犬”的牌子。这寺里的狗出名的厉害。平常不大有人进去。放戒期间,任人游看,恶狗都锁起来了。

好大一座庙!庙门的门坎比小英子的肐膝都高。迎门矗着两块大牌,一边一块,一块写着斗大两个大字:“放戒”,一块是:“禁止喧哗”。这庙里果然是气象庄严,到了这里谁也不敢大声咳嗽。明海自去报名办事,小英子就到处看看。好家伙,这哼哈二将、四大天王,有三丈多高,都是簇新的,才装修了不久。天井有二亩地大,铺着青石,种着苍松翠柏。“大雄宝殿”,这才真是个“大殿”!一进去,凉嗖嗖的。到处都是金光耀眼。释迦牟尼佛坐在一个莲花座上,单是莲座,就比小英子还高。抬起头来也看不全他的脸,只看到一个微微闭着的嘴唇和胖敦敦的下巴。两边的两根大红蜡烛，一搂多粗。佛像前的大供桌上供着鲜花、绒花、绢花，还有珊瑚树，玉如意、整棵的大象牙。香炉里烧着檀香。小英子出了庙，闻着自己的衣服都是香的。挂了好些幡。这些幡不知是什么缎子的，那么厚重，绣的花真细。这么大一口磬，里头能装五担水！这么大一个木鱼，有一头牛大，漆得通红的。她又去转了转罗汉堂，爬到千佛楼上看了看。真有一千个小佛！她还跟着一些人去看了看藏经楼。藏经楼没有什么看头，都是经书！妈吔！逛了这么一圈，腿都酸了。小英子想起还要给家里打油，替姐姐配丝线，给娘买鞋面布，给自己买两个坠围裙飘带的银蝴蝶，给爹买旱烟，就出庙了。

等把事情办齐，晌午了。她又到庙里看了看，和尚正在吃粥。好大一个"膳堂"，坐得下八百个和尚。吃粥也有这样多讲究：正面法座上摆着两个锡胆瓶，里面插着红绒花，后面盘膝坐着一个穿了大红满金绣袈裟的和尚，手里拿了戒尺。这戒尺是要打人的。哪个和尚吃粥吃出了声音，他下来就是一戒尺。不过他并不真的打人，只是做个样子。真稀奇，那么多的和尚吃粥，竟然不出一点声音！他看见明子也坐在里面，想跟他打个招呼又不好打。想了想，管他禁止不禁止喧哗，就大声喊了一句："我走啦！"她看见明子目不斜视地微微点了点头，就不管很多人都朝自己看，大摇大摆地走了。

第四天一大清早小英子就去看明子。她知道明子受戒是第三天半夜，——烧戒疤是不许人看的。她知道要请老剃头师傅剃头，要剃得横摸顺摸都摸不出头发茬子，要不然一烧，就会"走"了戒，烧成了一片。她知道是用枣泥子先点在头皮上，然后用香头子点着。她知道烧了戒疤就喝一碗蘑菇汤，让它"发"，还不能躺下，要不停地走动，叫做"散戒"。这些都是明子告诉她的。明子是听舅舅说的。

她一看，和尚真在那里"散戒"，在城墙根底下的荒地里。

一个一个，穿了新海青，光光的头皮上都有八个黑点子。——这黑疤掉了，才会露出白白的、圆圆的"戒疤"。和尚都笑嘻嘻的，好像很高兴。她一眼就看见了明子。隔着一条护城河，就喊他：

"明子！"

"小英子！"

"你受了戒啦？"

"受了。"

"疼吗？"

"疼。"

"现在还疼吗？"

"现在疼过去了。"

"你哪天回去?"

"后天。"

"上午? 下午?"

"下午。"

"我来接你!"

"好!"

············

小英子把明海接上船。

小英子这天穿了一件细白夏布上衣,下边是黑洋纱的裤子,赤脚穿了一双龙须草的细草鞋,头上一边插着一朵栀子花,一边插着一朵石榴花。她看见明子穿了新海青,里面露出短褂子的白领子,就说:"把你那外面的一件脱了,你不热呀!"

他们一人一把桨。小英子在中舱,明子扳艄,在船尾。

她一路问了明子很多话,好像一年没有看见了。

她问,烧戒疤的时候,有人哭吗? 喊吗?

明子说,没有人哭,只是不住地念佛。有个山东和尚骂人:"俺日你奶奶! 俺不烧了!"

她问善因寺的方丈石桥是相貌和声音都很出众吗?

"是的。"

"说他的方丈比小姐的绣房还讲究?"

"讲究。什么东西都是绣花的。"

"他屋里很香?"

"很香。他烧的是伽楠香,贵得很。"

"听说他会做诗,会画画,会写字?"

"会。庙里走廊两头的砖额上,都刻着他写的大字。"

"他是有个小老婆吗?"

"有一个。"

"才十九岁?"

"听说。"

"好看吗?"

"都说好看。"

"你没看见?"

"我怎么会看见? 我关在庙里。"

明子告诉她,善因寺一个老和尚告诉他,寺里有意选他当沙弥尾,不过还没有定,要等主事的和尚商议。

"什么叫'沙弥尾'?"

"放一堂戒,要选出一个沙弥头,一个沙弥尾。沙弥头要老成,要会念很多经。沙弥尾要年轻,聪明,相貌好。"

"当了沙弥尾跟别的和尚有什么不同?"

"沙弥头,沙弥尾,将来都能当方丈。现在的方丈退居了,就当。石桥原来就是沙弥尾。"

"你当沙弥尾吗?"

"还不一定哪。"

"你当方丈,管善因寺? 管这么大一个庙?!"

"还早呐!"

划了一气,小英子说:"你不要当方丈!"

"好,不当。"

"你也不要当沙弥尾!"

"好,不当。"

又划了一气,看见那一片芦花荡子了。

小英子忽然把桨放下,走到船尾,趴在明子的耳朵旁边,小声地说:

"我给你当老婆,你要不要?"

明子眼睛鼓得大大的。

"你说话呀!"

明子说:"嗯。"

"什么叫'嗯'呀! 要不要,要不要?"

明子大声地说:"要!"

"你喊什么!"

明子小小声说:"要——!"

"快点划!"

英子跳到中舱,两只桨飞快地划起来,划进了芦花荡。芦花才吐新穗。紫灰色的芦穗,发着银光,软软的,滑溜溜的,像一串丝线。有的地方结了蒲棒,通红的,像一枝一枝小蜡烛。青浮萍,紫浮萍。长脚蚊子,水蜘蛛。野菱角开着四瓣的小白花。惊起一只青桩(一种水鸟),擦着芦穗,扑鲁鲁飞远了。

············

一九八〇年八月十二日,写四十三年前的一个梦

【汇评】

汪曾祺的《受戒》以其所表现的人性的美好,所营造的"散而淡"的艺术风格,以及汉语表达的独特韵

致而成为当代文学经典。小说的别致之处在于,它呈现了一幅恬适而美丽、悠闲而快乐的生活景象,一种浪漫而抒情、充实而自足的生活方式,所彰显的是传统伦理和世俗情感的美好。同时,这也是一个有诗性而无神性、有信心而无信仰的世界,尤其是作者欣赏而赞叹的情感态度,不仅带有个人的想象和意图,而且也是渎神时代的自娱和快乐。它是否是对现代启蒙精神的撤退和掩藏?这值得我们重新玩味和反思。(王本朝《渎神的诗性:〈受戒〉作为1980年代的文化寓言》)

这个桃花源中诸多的人物不受清规戒律的约束,其情感表露非常直接而且质朴,他们虽然都是凡夫俗子,却没有任何奸猾、恶意,众多人物之间的朴素自然的爱意组成了洋溢着生之快乐的生存空间。作者以一种通达的甚至理想化的态度看待这种生活,没有丝毫的冬烘头脑与迂腐之气,他塑造的这个空间是诗意的,而又充满了梦幻色彩。(陈思和主编《中国当代文学史教程》)

【赏析】

《受戒》是一篇汪曾祺执意"要把它写得很美,很健康,很有诗意"的短篇小说。小说叙述了两个界限模糊的世界——此岸世界和彼岸世界。

小说首先通过在荸荠庵当和尚的少年明海的眼光,展现了一个极为另类的庵堂和尚们的生活世界。荸荠庵的和尚们,不仅赌钱、饮酒、杀猪、吃肉,甚至谈情说爱,娶老婆。大和尚仁山貌寝智拙,却熟知世俗事务,把荸荠庵的账目管理得清清楚楚。二师傅仁海有妻子,每年天热的几个月干脆把老婆接到庵里来住,尽享天伦之乐。三师傅仁渡更是风流倜傥的"情僧",眉目清秀,聪明能干又才情过人,玩铙钹"身怀绝技",念经就像耍杂技,唱酸曲一夜不重头。即使庵里最孤寂的老和尚,在年末岁初之际,也开戒吃荤欢度新年。这些和尚及其生活,可谓奇人奇事。小说把庵堂中的和尚们的生活写得与世俗生活无异,而且充满了生活的乐趣。而和尚们的那些"恶习",在小说里都成了人性自由、率真的表现。同时,《受戒》又通过明海与村姑小英子的交往,展现了庵外的世俗生活。小英子一家人也可谓奇人。赵大伯忠厚能干,赵大娘精明利落,姐姐大英子灵巧温柔,绣花的乱屛绣法技艺令人惊叹,小英子更是机灵活泼。他们男耕女织,自给自足,家庭和睦,邻里友爱。他们插秧车水,牵牛"打汪",放焰口,唱情歌,绣花,甚至与和尚私奔,样样都很精彩。庵赵庄的世俗生活,恬静优美,有滋有味。

在汪曾祺的笔下,此岸世界与彼岸世界,界限模糊,清规戒律形同虚设,无论僧人还是村人,都不当真。人们在庵堂和庄子之间,自由行走,无拘无束。僧人的生活充满了人间的烟火味道,而村人的生活竟然有着一种超功利的神性之美。凡俗生活见人性,也见神性。

作为这"和谐"的世外小天地的宁馨儿和灵魂的,是一对少年恋人——小和尚明海和村姑小英子。这是一对青梅竹马两小无猜的小恋人。明海"年轻、聪明、相貌好",被善因寺作为沙弥尾的人选;他无师自通,居然把石榴花、栀子花等"画得跟活的一样"。他性格内向,不擅表达,但内秀,看到小英子留下的一串脚印,他的心"乱了";与小英子单独相处,他的心"慌了"。相比之下,小英子性格天真,顽皮,心直口快,感情积极主动,似乎比明海更成熟。在"捏荸荠"的过程中,"她老是故意用自己的光脚去踩明子的脚";在故事结尾,她咄咄逼人地要明海做出表态。明海和小英子都有着水一样透明的性格,他们无忧无虑,快乐地享受生活和劳动,但是一对集人性与神性于一体的人物。作者站在人性的立场上,怀着仁慈之心,肯定了人的七情六欲的合理性,赞美了人性的淳朴和美好。

《受戒》是一部风格"别致"的小说。它采取了回忆的叙述方式,切入过往的梦幻般的田园生活。作者通过回忆省略或过滤了不和谐生活元素,写出了一个没有忧伤的、"纯银"般的童话世界。只是到了结尾的"写四十三年前的一个梦",才透露出往事不再的惆怅和小说的梦幻性质。小说虽然写梦,但主要手法是写实的;文字虽然写实,但又极其空灵、抒情、诗意、浪漫,浸透了作家深厚的情感和情绪,是一种典型的"抒情现实主义"。

《受戒》布局松散,但又并非随心所欲,是"苦心经营的随便"。小说运笔随意,事件也不集中,重在烘托文化氛围。小说语气平缓,语调优美而不忧伤。语言文白杂糅,又杂以地方生活口语,叙述节奏明快,弥漫着清新质朴的乡野气息。人物情感叙述,既细腻又含蓄,细节独具匠心。结尾处明海和小英子的相爱场面,运用"留白"艺术和暗示的手法,以"惊起一滩鸥鹭"的画面,不着一字尽得风流。

(方维保)

白 先 勇

白先勇(1937—),台湾当代著名作家。国民党高级将领白崇禧之子。祖籍江苏南京,生于广西桂林。童年在重庆生活,后随父母迁居南京、香港、台湾,台北建国中学毕业后入台南成功大学,一年后进台湾大学外文系。1958年发表第一篇小说《金大奶奶》。1960年与同学陈若曦、欧阳子等人创办《现代文学》杂志,发表了《月梦》《玉卿嫂》《毕业》等小说多篇。1961年大学毕业。1963年赴美国,入爱荷华大学作家创作班,1965年获硕士学位后旅居美国,任教于加州大学,讲授中国文学课程。出版有短篇小说集《寂寞的十七岁》《台北人》《纽约客》,散文集《蓦然回首》,长篇小说《孽子》等。白先勇和他的代表作《台北人》在港澳和海外华人世界拥有很高的声誉。近年热衷于中国传统戏剧的改编,成绩斐然。

【集评】

白先勇的创作艺术水准极高,是与鲁迅、吴组缃相似的精雕细刻派作家,其地位与成就在海外文坛上重要而突出……白先勇小说中的"悲剧倾向"透露出强烈的历史兴衰感与人世的沧桑感。(袁良骏《白先勇论》)

在始发期的作品中,以人性和人道主义为思想基础,显示的是矛盾、死亡和隐隐的怀旧,有明显的悲剧意识。过渡期,写尽了台湾赴美青年的众生相的同时,使死与怀旧等等主题得到进一步深化,出现了理性色彩,表现了"无根的一代"……在成熟期的代表性作品中,刻划出了一个个鲜明而复杂的人物性格,反映了作者对人和人生理解益深益广。(徐国伦、王春荣《二十世纪中国两岸关系文学史续编》)

那片血一般红的杜鹃花

　　他们是在基隆附近，一个荒凉的海滩上，找到王雄的。他的尸体被潮水冲到了岩石缝中，夹在那里，始终没有漂走。舅妈叫我去认尸的时候，王雄的尸体已经让海水泡了好几天了。王雄全身都是乌青的，肚子肿起，把衣衫都撑裂了；他的头脸给鱼群叮得稀烂，红的红，黑的黑，尽是一个一个的小洞，眉毛眼睛都吃掉了。几丈外，一阵腐尸的恶臭，熏得人直要作呕，要不是他那双大得出奇的手掌，十个指头圆秃秃的，仍旧没有变形的话，我简直不能想象，躺在地上那个庞大的怪物，竟会是舅妈家的男工王雄。

　　王雄之死，引起了舅妈家中一阵骚动。舅妈当晚便在花园里烧了一大叠钱纸，一边烧，一边蹲在地上念念喃喃讲了一大堆安魂的话。她说像王雄那般凶死，家中难保干净。我告诉舅妈，王雄的尸首已经烂得发了臭，下女喜妹在旁边听得极恐怖地尖叫了起来，无论舅妈怎么挽留，她都不肯稍停，当场打点行李，便逃回她宜兰家中去了。只有表妹丽儿，我们瞒住了她，始终没有让她知道，因为怕她害怕。舅妈和我到王雄房中去收捡他的遗物，她对我赌咒，捱过这次教训，她一辈子再也不会雇用男工人了。

　　我第一次见到王雄，是两年前的一个春天里。我在金门岛上服大专兵役，刚调回台北，在联勤司令部当行政官。我家住在台中、台北的亲戚，只有舅妈一家，一报完到，我便到舅妈家去探望他们。舅舅生前是做大生意的，过世得早，只生下表妹丽儿一个人。舅舅留下了一笔很可观的产业，因此舅妈和表妹一向都过着十分富裕的生活。那时舅妈刚搬家，住在仁爱路四段，一幢三百多坪的大花园洋房里。我到舅妈家的那天，她正在客厅里打牌，心不在焉地问了我几句话，便叫我到花园里去找表妹丽儿去了。我母亲告诉过我，丽儿是舅妈含在嘴里长大的，六岁大，舅妈还要亲自喂她的奶，惯得丽儿上六年级了，连鞋带都不肯自己系。可是丽儿的模样儿却长得实在逗人疼怜，我从来没有见过哪家的孩子生得像她那样雪白滚圆的：圆圆的脸，圆圆的眼睛，连鼻子嘴巴都圆得那般有趣；尤其是当她甩动着一头短发，咯咯一笑的时候，她那一份特有的女婴的憨态，最能教人动心，活像一个玉娃娃一般。然而她那一种娇纵任性的脾气，也是别家孩子少有的，半点不遂她的意，什么值钱东西，拿到了手里便是一摔，然后往地上一坐，搓着一双浑圆的腿子，哭破了喉咙也不肯稍歇，无论什么人，连舅妈在内，也扭她不过来。

　　舅妈家的花园十分宽敞，新植的草木花树都打点得非常整齐，中间是一块绿茸茸的朝鲜草坪，四周的花圃里却种满了清一色艳红的杜鹃花，许多株已经开始打苞了。我一进到园内，便听到丽儿一连串清脆滑溜的笑声。当我绕过那丛芭蕉树的时候，赫然看见丽儿正骑在一个大男人的身上，那个男人手脚匍匐在草坪上，学着兽行，丽儿却正跨在他的背上，她白胖的小手执着一根杜鹃花的枝子，当着马鞭子一般，在空中乱挥，丽儿穿了一身大红的灯心绒裙子，两条雪白滚圆的腿子露在外面不停地踢蹬，一头的短发都甩动了，乐不可支地尖笑着。

"表哥，看我骑马嘟嘟——"丽儿发觉我时，丢掉了手上的树枝，两手朝我乱招一顿，叫道，然后她跨过那个男人的头跳了下来，跑到我跟前来。那个男人赶忙爬了起来，向我笑着嗫嚅地叫了一声：

"表少爷——"

我发觉原来他竟高大得出奇，恐怕总有六尺以上，一颗偌大的头颅，头皮剃得青亮，黑头黑脸，全身都黑得乌铜一般发出了亮光来，他朝我咧着嘴，龇着一口的白牙齿，有点羞赧似的，一直搓着他那双巨掌，他的十个指头却秃得有点滑稽。他穿着一条洗得发了白的军裤，膝盖上沾满了泥草。

"表哥，"丽儿指着那个男人对我说道，"王雄说，他可以那样爬着走好几里路呢。"

"那是从前打仗的时候啊——"王雄连忙分辩道，他的口音带着浓浊的湖南土腔。

"胡说！"丽儿皱起眉头打断他的话道，"你那天明明说过：你可以让我骑着上学校去呢。"

王雄讪讪地瞅着丽儿，说不出话来，浑黑的脸上竟泛起红晕来了，好像丽儿把他和她两人之间的什么秘密泄漏了一般。

"表哥，我带你去看，王雄替我捉来了好多蝈蝈儿。"丽儿说着便跑在我前头，引着我向屋内走去，跑了几步，她好像又突然记起了什么似的，停下来，转过身，向王雄伸出了她那只雪白滚圆的手臂叫道：

"王雄，来。"

王雄踌躇了一下，终于走上了前去，丽儿一把便捞住了他那粗黑的膀子，和他手牵手，径自蹦着跳着，往屋内跑去，王雄拖着他那庞大的身躯也跟着丽儿迟笨地奔跑起来。

到了晚间，舅妈打完牌，和我闲聊起来，才告诉我，原来王雄就是她新雇的男工。本来是行伍出身的，刚退了下来。人是再老实不过了，舅妈颇为赞许道，整天一声不响，就会闷着头做事，而且，看不出他那么个粗人，打理起花木来，却别有一番心思呢。舅妈说，园子里那成百株杜鹃花，一棵棵都是王雄亲手栽的。为什么要种那么些杜鹃花呢？舅妈叹了一口气解说道，还不是为了丽儿。就是因为那个小魔星喜欢杜鹃花的缘故。

"我从来也没见过，"舅妈突然笑得用手掩起了嘴来，"一个四十岁的大汉子，竟让个女娃娃牵着鼻子走，什么都依全了她。"

最后舅妈摇着头赞叹道：难得他们两个人有缘！

丽儿和王雄确实有缘。每次我到舅妈家去，总看见他们两人在一块儿玩耍。每天早上，王雄踏着三轮车送丽儿去上学，下午便去接她回来。王雄把他踏的那辆三轮车经常擦得亮亮的，而且在车头上插满了一些五颜六色的绒球儿，花纸铰的凤凰儿，小风车轮子，装饰得像凤辇宫车一般。每次出去接送丽儿，王雄总把自己收拾得头干脸净的，即使是大热天，也穿戴得体体面面。当丽儿从外头走进大门来时，扬起脸，甩动着她那一头短发，高傲得像个小公主一般，王雄跟在她身后，替她提着书包，挺着腰，满面严肃，像是丽儿的护驾卫士。一回到家里，丽儿便拉着王雄到花园中嬉游去了。王雄总是想出百般的花样，来讨丽儿的欢心。有一次，我看见王雄独个儿坐在屋檐下，脚旁边地上摆着一大堆红红绿绿的玻璃珠子，他手里拈着根金线，聚精会神地串着那些珠儿，当他伸出他那双黑秃秃的巨掌，满地去捕捉那些滑溜乱滚的玻璃珠子时，显得十分的笨拙有趣。那天丽儿回家后，王雄在花园里，便替她戴满了一身玻璃珠子串成的手钏儿和项链子。丽儿头上戴了两圈，两只膀子上，一边箍了五六个，她把鞋子也踢掉了，打了一双赤足，捞起了裙子。露出她雪白的腿子来，她的足踝上，也套了好几个五彩玻璃脚圈子。丽儿嘴里伊呀唔呀地唱着笑着，手里擎着两球鲜红的杜鹃花，挥动着她那白胖的小膀子，在那片绿茸茸的草地上，跳起她学校里教的山地舞来。王雄也围着丽儿，连蹦带跳，不停地拍着他那双大手掌。他那张大黑脸涨得鲜红鲜红的，嘴巴咧得老大，露出一口雪白的牙齿来。他们两个人，一大一小，一黑一白，蹦着跳着，在那片红红的花海里，载歌载舞起来。

在联勤总司令部服役那段时期，一个礼拜，总有两三天，我在舅妈家留宿，舅妈要我替丽儿补习功课，因为夏天她就要考中学了。在舅妈家出入惯了，我和王雄也渐渐混熟了，偶尔他也和我聊起他的身世来。他告诉我说，他原是湖南乡下种田的，打日本人抽壮丁给抽了出来。他说他那时才十八岁，有一天挑了两担谷子上城去卖，一出村子，便让人截走了。

"我以为过几天仍旧回去的呢，"他笑了一笑说道，"哪晓得出来一混便是这么些年，总也没能回过家。"

"表少爷，你在金门岛上看得到大陆吗？"有一次王雄若有所思地问我道。我告诉他，"从望远镜里可以看得到那边的人在走动。"

"隔得那样近吗？"他吃惊地望着我，不肯置信的样子。

"怎么不呢？"我答道。……

我在金门的时候，营里也有几个老士兵，他们在军队里总有十来年的历史了，可是我总觉得他们一径还保持着一种赤子的天真，他们的喜怒哀乐，就好像金门岛上的烈日海风一般，那么原始，那么直接。有时候，我看见他们一大伙赤着身子在海水里打水仗的当儿，他们那一张张苍纹满布的脸上，突地都绽开了童稚般的笑容来，那种笑容在别的成人脸上是找不到的。有一天晚上巡夜，我在营房外面海滨的岩石上，发觉有一个老士兵在那儿独个儿坐着拉二胡。那天晚上，月色清亮，没有什么海风，不知是他那垂首深思的姿态，还是那十分幽怨的胡琴声，突然使我联想到，他那份怀乡的哀愁，一定也跟古时候戍边的那些士卒那样深，那样远。

"王雄，你家里还有些什么人？"有一晚，我和王雄在园子里乘凉，王雄和我谈起他湖南湘阴乡下的老家时，我问他道。

"有个老娘，不晓得还在不在，"王雄说道，"还有——"

突然间，他变得有点忸怩起来了，结结巴巴地告诉我，原来他没有出来以前，老早便定下亲了。是他老娘从隔壁村庄买来的一个小妹仔。

"那时她才十岁，只有这么高——"王雄说着用手比了一下。

他那个小妹仔好吃懒做，他老娘时常拿扫把打她的屁股，一打她，她就躲到他的身后去。

"小妹仔长得白白胖胖，是个很傻气的丫头。"王雄说道，他咧着嘴笑了起来。

"给你一挂鱿鱼吃。"下女喜妹突然走到王雄身后伸过手来，把一挂烤鱿鱼拎到王雄的脸上。她刚洗完头，也到园子里来乘凉。喜妹是个极肥壮的女人，偏偏喜欢穿紧身衣服，全身总是箍得肉颤颤的，脸上一径涂得油白油白，画着一双浓浓的假眉毛，看人的时候，乜斜着一对小眼睛，很不驯的嘴巴一撇，自以为很有风情的样子。舅妈说，王雄和喜妹的八字一定犯了冲，王雄一来便和她成了死对头，王雄每次一看见她就避得远远的，但是喜妹偏偏却又喜欢去撩拨他，每逢她逗得他红头赤脸的当儿，她就大乐起来。

王雄很鲁莽地把喜妹的手一拨，闷吼了两下，扭过头去，皱起了眉头，便不肯出声了。喜妹噗哧地笑了起来，她仰起头，把那挂烤鱿鱼往嘴巴里一送，摇着一头湿淋淋的长发，便走到那丛芭蕉树下一张藤靠椅上，躺了下去。园子里一轮黄黄的大月亮刚爬过墙头来，照得那些肥大的芭蕉树叶都发亮了。喜妹一面摇着一柄大蒲扇，拍嗒拍嗒的打着她的大腿在赶蚊子，一面却用着十分尖细的声音哼起台湾的哭调《闹五更》来。王雄霍然立起身来，头也不回，拖着他那庞大的身体，便向屋内走了进去。

丽儿到底是一个十分聪敏的孩子，暑假中，我只替她补习了几个礼拜，她很轻巧的便考上了省立二女中。舅妈笑得合不拢嘴来，一放了榜，便带着丽儿出去缝制服，买书包文具。开学的那天，一屋人都忙得团团转，舅妈亲自替丽儿理书包，烫制服，当丽儿穿着她那一身笔挺的童军制服，挂得一身的佩件，很俏皮地歪戴着一顶童军帽，提着一只黑皮新书包，摇摇摆摆，神气十足的走出大门口时，顷刻间，她好像长大了许多似的，俨然是一副中学生的派头了。王雄老早便推着三轮车在门口候着了，丽儿一走出去，王雄好像猛吃了一惊似的，呆望着丽儿，半晌都说不出话来。丽儿把书包往三轮车上一扔，很轻快的便跳上了车去，朝着我们挥了一挥手，然后把王雄猛推了一把叫道：

"走啊，王雄。"

丽儿对她的中学生活十分着迷，头几天，放学回来，制服也不肯脱，在镜子面前看了又看，照了又照。一有空，便捧起一本远东英语读本，得意洋洋的大声念起英文来。有一天，她立在通到花园的石阶上，手里擎着她那本英语读本，王雄站在石阶下面，仰着头，聚精会神的望着丽儿在听她念英文。

"I am a girl."丽儿指了一指自己的胸膛念道，然后又指了一指王雄。

"You are a boy."王雄微张着嘴，脸上充满了崇敬的神情。

"I am a student."丽儿又念了一句，她瞥了王雄一眼，然后突然指着他大声叫道：

"You are a dog!"

丽儿咯咯地笑了起来，笑得前俯后仰，一头的短发都甩动了。王雄迷惘的眨了几下眼睛，有点不知所措的样子，旋即他也跟着丽儿咧开了嘴，开心的笑了起来。

开了学的三个礼拜后，一个星期六的中午，丽儿从学校回来，我们都在客厅里等着她吃午饭。丽儿进来时，把客厅门一摔开，满面怒容，王雄跟在她身后，手里替她提着书包。

"下礼拜起，我不要王雄送我上学了。"丽儿一坐下来便对舅妈说道。我们都感到十分意外，舅妈赶忙询问丽儿为了什么缘故。

"人家都在笑我了。"丽儿猛抬起头，一脸通红。

"这有什么可笑的呢?"舅妈走过去,用手绢替丽儿揩拭她额上的汗,柔声的安慰她道,"坐三轮车上学的人也有的是啊。"

　　丽儿一把推开舅妈的手,突然指向王雄道:

　　"同学们都在说——他像一头大猩猩!"

　　丽儿斜睨住王雄,脸上登时显出了鄙夷的神色来。舅妈打量了王雄一下,撑不住笑了。喜妹却捞起了裙角,笑得弯了腰。王雄捏着丽儿的书包,站在那儿,十分羞惭似的,黧黑的面孔一下子都紫涨了起来,他偷偷瞅了丽儿一眼,嘴唇一直抖动着,好像要向她赔一个笑脸,却笑不出来。

　　自从丽儿改骑脚踏车上学后,她便很少跟王雄在一块儿了。她在学校里十分活跃,经常带领一大伙同学回到家中来玩。有一个星期日的下午,丽儿又带了七八个同学——全是十二三岁的小女孩,到家中的花园里来踢毽子。丽儿是个踢毽子的能手,一口气能踢上百来个。我正站在石阶上望着那群小女孩儿,个个捞起裙子,兴高采烈地踢着毽子,忽然看见王雄从那丛芭蕉树后闪了出来,朝着丽儿直招手,悄悄地叫道:

　　"丽儿——"

　　"你来干什么?"丽儿走了过来,有点不耐烦地问道。

　　"你看,我给你找了什么东西来?"王雄从一个牛皮纸袋里,拿出了一个精致的玻璃水缸来,里面有两条金鱼在游动着。我从前买过一缸金鱼送给丽儿,丽儿非常喜爱,挂在她的窗台上,天天叫王雄喂红虫给鱼吃,后来让隔壁一只猫跑来捣翻吃掉了。丽儿哭得十分伤心,我哄着她答应替她再买一缸,后来竟把这件事情忘掉了。

　　"谁还要玩那个玩意儿?"丽儿把面一扬,很不屑地说道。

　　"我找了好久才找到这两条呢。"王雄急切地说道。

　　"我踢毽子去了。"丽儿一扭头便想跑开。

　　"这是两条凤尾的——"王雄一把抓住了丽儿一只膀子,把那缸金鱼擎到丽儿脸上让她看。

　　"放开我的手。"丽儿叫道。

　　"你看一看嘛,丽儿——"王雄乞求道,他紧紧地捏住丽儿,不肯放开她。丽儿挣了两下,没有挣脱,她突然举起另外一只手把那只玻璃水缸猛一拍,那只金鱼缸便哐啷一声拍落到地上,砸得粉碎。丽儿摔开了王雄的手,头也没回便跑掉了。缸里的水溅得一地,那两条艳红的金鱼便在地上拼命地跳跃起来。王雄惊叫了一声,蹲下身去,两手握住拳头,对着那两条挣扎的金鱼,不知该怎么去救它们才好。那两条娇艳的金鱼最后奋身猛跳了几下,便跌落在地上不能动弹了。王雄佝着头,呆呆地望着那两条垂死的金鱼,半响,他才用手拈起了那两条金鱼的尾巴,把鱼搁在他的手掌上,捧着,走出了花园。

自从那次以后,王雄变得格外的沉默起来。一有空他便避到园子里浇花。每一天,他都要把那百来株杜鹃花浇个几遍,清晨傍晚,总看到他那个庞大的身躯,在那片花丛中,孤独地徘徊着。他垂着头,微微弯着腰,手里执着一根长竹竿水瓢,一下又一下,哗啦哗啦,十分迟缓的,十分用心的,在灌溉着他亲手栽的那些杜鹃花。无论什么人跟他说话,他一概不理睬。有时舅妈叫急了,他才嘎哑着嗓子应着一声:"是,太太。"旋即他又闷声不响,躲到花园里去。直到出事的前一天,喜妹在园子里的水龙头接水洗被单,王雄老早便在龙头上挂着一只水桶,盛水浇花了。喜妹把王雄那只装得半满的水桶取了下来,将自己的洗衣盆搁到龙头下面去。王雄突然走了过来,也不作声,一脚便把水盆踢翻了,盆里的水溅得喜妹一身。喜妹登时恼怒得满面绯红,她把长发往后一挽,一闪身便站到了王雄面前,用身子挡住水龙头,对王雄喝道:

"今天谁也别想用水!"

喜妹扬着面,叉着腰,胸脯挺得高高的,她满面挂着水珠子,裙角也在淅淅沥沥地滴着水,她把木屐踢掉了,赤了一双脚,很不逊地和王雄对峙着。王雄闭着嘴,定定地望着她。喜妹打量了王雄一下,突然间,她放纵地浪笑了起来,笑得全身都颤抖了,一边笑,一边尖叫着:

"大猩猩——大猩猩——"

喜妹的话还没有落音,王雄一把便伸出了他那双巨手抓住了喜妹肥胖的膀子,拼命地前后摇撼起来,一边摇着,他的喉头不住发出呜咽咆哮的声音来,好像一头受了重伤的野兽,在发着悲愤的吼声一般。喜妹痛得一脸扭曲起来,大概惊呆了,一下子喊不出声音。正当我赶过去阻止王雄的时候,喜妹才尖叫了一声,王雄一松手,喜妹赶忙捞起裙子便跑开了。一面跑一面揉着她的膀子,跑到老远她才回过头来,朝着王雄吐了一泡口沫骂道:

"考背!"

王雄仍旧站在那里,一动也不动,他重重地喘着息,额头上的汗珠子,大颗大颗的滚下来,一双眼睛红得要喷火了似的。我突然发觉,原来王雄的样子竟走了形。他满脸的胡子茬,头发长出了寸把来也没有剃,全头一根根倒竖着,好像个刺猬一般,他的眼塘子整个都坑了下去,乌黑乌黑的,好像多少夜没睡过觉似的。我没有料到才是几天的工夫,王雄竟变得这般憔悴,这般暴戾起来。

出了事,好几天,舅妈都不肯相信。她说她做梦也没有想到,像王雄那么个老实人,竟会干出那种事情。

"那个死鬼——"喜妹一提到王雄就捞起裙子掩面痛哭,一面抚着她的颈子,犹带余悸似的。

那天早上,我们发现喜妹的时候,以为她真的死了。她躺在园子里,昏迷在一丛杜鹃花的下面,她的衣裙撕得粉碎,上体全露了出来,两只乳房上,斑斑累累,掐得一块一块的瘀青,她颈子上一转都是指甲印。同一天,王雄便失了踪。他遗留下来的那些衣物,舅妈都叫我拿去分给了我们连上那些老士兵。在他箱子里,翻出了一大包五颜六色的玻璃珠子来,是那次他替丽儿串手铡子用剩的。

退役后,我便回台中家里去了。直到第二年春天,我到台北来找事,才又到舅妈家去。舅妈病了很久,一直躺在床上,她显得非常苍白无神。舅妈说,自从她家发生过那桩不吉利的事情以后,她的身体就没有好过,夜夜失眠。她挣扎着起来,紧紧地执着我的手,悄悄说道:

"天天夜里,我都听见有人在园子里浇水的声音。"

母亲说过,舅妈是个神经极衰弱的女人,一辈子专爱讲鬼话。当我走到园子里的时候,却赫然看见那百多株杜鹃花,一球堆着一球,一片卷起一片,全部爆放开了。好像一腔按捺不住的鲜血,猛地喷了出来,洒得一园子斑斑点点都是血红血红的,我从来没有看见杜鹃花开得那样放肆,那样愤怒过。丽儿正和一群女孩子在园子里捉迷藏,她们在那片血一般红的杜鹃花丛中穿来穿去。女孩子们尖锐清脆的嬉笑声,在春日的晴空里,一阵紧似一阵地荡漾着。

【汇评】

熟悉中国古典文学的人都知道杜鹃啼血的故事,都知道"血泪洒,杜鹃红"的名句,这篇小说所以要紧紧扣住"血一般红的杜鹃花",所以要一再突出这一意象,正因为它十分切合于主题思想的表达,更好地展现了主人公王雄的人生悲剧……(袁良骏《白先勇论》)

台湾下层人的国恋乡愁通过描写王雄……底层人物的悲剧,得到了鲜明的表现……他把全部心血倾注在对年纪和他的童养媳相仿的东家小姐的服侍上,借以寄托他对童养媳的深情,用幻想来填补现实的空虚。当那位小姐因同学笑他"象一头大猩猩"而疏远他,再也不要他服侍时,他的幻想便破灭了……然后投海自尽。以求得……团圆。(徐国伦、王春荣《二十世纪中国两岸关系文学史续编》)

闰土也是我极喜爱的人物,不知道为什么,我觉得王雄与他有相似之处,可能两人都属于木讷的乡下人,他们身上负荷着的悲剧,他们两人也无法诉诸语言。(白先勇1990年元月28日致笔者的信)

【赏析】

《那片血一般红的杜鹃花》是白先勇小说集《台北人》中的一篇。所谓"台北人",实质是沦落台北的大陆人,他们虽然离开了大陆,身居台北,成了台北人,可是他们眷恋大陆、怀念故土,因此他们苦恼自己成了台北人而不愿做一个纯粹意义上的台北人。

《那片血一般红的杜鹃花》是以表少爷"我"的第一人称来叙述,这样的独特视角叙述,若即若离,既有一定的客观性,同时在需要感情介入的时候又能够有足够充沛的情感,易于达到有效的观察、感受、刻画人物和表现复杂的情感的要求。而王雄和丽儿、家乡的小妹仔、喜妹这几个人物的塑造设计本身似乎就颇具象征意味。在这几个人物身上,又确乎交织着主人公王雄流浪与乡愁、漂泊与渴望归宿、过去与当下、现实与期待几组复杂的情感!

首先,从流浪与乡愁、漂泊与渴望归宿这两组情感层面来看,王雄原是湖南乡下农民,被抓壮丁入伍,后随军到台湾,退役后在台北"我"舅妈家当仆人。作为一个流浪到台北的漂泊者,台北是异地,大陆是故土,他眷恋故土、怀念大陆也思念家乡的童养媳和自己的亲娘,所以他会问表少爷的"在金门岛上看得到大陆吗"? 还会提到他的老娘和童养媳小妹仔,他的这些话促使表少爷想到了在金门岛服役时所听到老兵幽怨的胡琴声,这声音里有着怀乡的哀愁。这些叙述故事的出现,都是我们的漂泊者盼望回归真正的家园——大陆故土的归宿使然。

其次,从过去的怀旧心理和当下的心理寄托层面来看,王雄处于社会的底层,在舅妈和丽儿面前,他是一个仆人;加上对丽儿有所寄托,而且他还希望能保留住这唯一怀旧的寄托、中介与通道。致使这个40岁的大汉子让一个女娃牵着鼻子走,什么都依着她。他甚至甘愿做她的坐骑,学着兽行,任她用树枝子鞭打。而在舅妈看来是"难得他们两个人有缘"! 而他又确乎缺乏深度的思考和反省的能力,他似乎也不知道如何协调和平衡自己的内心世界,他只用当下的丽儿来作为家乡小妹仔的替代与心中的寄托来过活,而小妹仔已成为逝去的过去,作为中介物与替代物的丽儿也不可能永远被王雄拥有。丽儿,离去! 终有一天丽儿也从王雄的当下成了过去,而王雄最终也成为一个无所归依的孤独存在者。

再次,从丑陋现实与对美好理想期待情感层面来看,喜妹无疑作为王雄的一种丑陋的现实而存在,"喜妹"对王雄确乎有喜欢暧昧之意,而王雄心中一直拒斥这种丑陋的现实,期待着对丑陋现实的超越。因此,在舅妈看来,"王雄和喜妹的八字一定犯了冲,王雄一来便和她成了死对头,王雄一看见她就避得远远的"。小妹仔不仅存在于他的怀旧世界中,也出现在他美好期待的未来世界中,而这种期待究竟象征了什么呢?

从形而上意义上来看,小妹仔与王雄之间的关系仅仅映射着未来夫妻性爱关系似乎并不确切,因为,小妹仔在当时王雄离开她时还只是一个孩子,才10岁。由此分析,我们似乎可以得出这样的结论,他和小妹仔之间似乎从根本上蕴蓄着海峡两岸的兄弟手足之情,一种特殊意蕴的手足之情,其次才有怀旧之情、对未来的美好期待之情、故土母子之情和聚散离合意义上的夫妻之情等等。既然小妹仔的倩影定格于10岁,丽儿与她年龄相仿佛,长相又都是白白胖胖的。因此丽儿可以作为美好期待小妹仔的现实替代物和中介物而出现，但她终究不是王雄心中那种美好期待本身，必将有背叛他的一天。而那一天的到来就意味着王雄心中那一点微茫的期待亮光被淹没时刻的到来。无人关爱，人们以之为"大猩猩"，促使王雄对丑陋现实与可能带来的未来期待世界有了双重的绝望，所以他颓丧、愤怒，并对丑陋现实和无望的未来做了一次最后挣扎式的反抗，他强暴喜妹后放弃遥不可及的期待，以投海自杀而告终。

此外，需要关注的是，既然《那片血一般红的杜鹃花》是一篇颇具象征意味的意象小说，那么就应该有相应的一系列"物"的意象出现。在笔者看来，特别值得关注的是小说中的三个意象：第一个是王雄为丽儿穿手镯、脚镯和项链的红红绿绿的玻璃珠子；第二个是为丽儿王雄辛辛苦苦找到的两条金鱼的栖息之地——金鱼缸；第三个是王雄专为丽儿所栽种的成百株的后来开得血红和极为放肆的杜鹃花。这三个意象不但本身具备一定意蕴，而连缀起来似乎还构成了王雄心理状态的三个阶段。

第一个"玻璃珠子"在中国传统文化符号里面确乎与戒指的意义相近，其意义在于套住所爱或所寄寓的人使之不致变心，所以，王雄用这玻璃珠子为丽儿穿了手镯、脚镯和项链，并几乎套满了她的全身。在王雄死后，人们检点他的遗物，发现还有为丽儿穿剩的玻璃珠子。可见，这是一个有意蕴的意象之物，它暗示了王雄想较久拥有又怕失去丽儿这个唯一情感寄托的心理状态。第二个"金鱼缸"的意蕴确乎是在丽儿疏远王雄，以之为大猩猩之后，王雄端了里面有两条金鱼的金鱼缸出现。王雄似乎已经知道丽儿已经远离他了，舅妈所说的两人之缘似乎已尽，王雄希望这个缘分能够延续下去，而金鱼缸中的两条鱼也确乎在暗示王雄心中所想，而丽儿将其打破，在丽儿看来，那是必须冲破的限制与束缚。第三个就是在王雄死后开得"血一般红的杜鹃花"，杜鹃花在"我"的眼中是全部爆放开了，以致"我"感到从来没有见过开得这样放肆和愤怒的杜鹃花，这象征了王雄执着的追求和对命运抗争不可遏止的愤怒。而丽儿和同学肆意玩笑时，围绕她们的正是那血一般红而愤怒的成百株杜鹃花，这杜鹃花犹如操干戚以舞、顽强不屈的刑天，给人以深沉的悲壮之感。

（侯　睿）

参考书目

《沈从文全集》，北岳文艺出版社 2002 年

沈从文《湘行散记》，北岳文艺出版社 2003 年

沈从文《自传集》，岳麓书社 2002 年

《师陀散文选集》，百花文艺出版社 2004 年

《老舍小说全集》，长江文艺出版社 1993 年

《白先勇小说选》，广西人民出版社 1980 年

《白先勇文集》（五册），花城出版社 2000 年

《中国小说 50 强·犯人李铜钟的故事》，时代文艺出版社 2001 年

翟业军《春韭集》，江苏文艺出版社 2013 年

席建彬《诗意的探寻——中国现当代抒情小说研究》，中国社会科学出版社 2012 年

思考与练习

1.《受戒》结尾运用了中国画中的何种手法？汪曾祺为什么要这么写？有什么样的好处？

2. 找出《受戒》中汪曾祺与其师沈从文在文本叙述中的关联性，说明一点即可。

3. 体会《受戒》中"水"的精神在人物和叙述中的渗透。

4. "血一般红的杜鹃花"有何象征意味？除此之外，还有哪些意象有象征意味？

5. 分析王雄悲剧产生的原因，它表现了怎样的主旨？以表少爷作为视点来叙述有何作用？

慕课资源

【总论】

古老的、传统的或浪漫主义的诗歌观念,到二十世纪来了个转弯,诗歌的概念已经改变,诗不再是表达激情,而是反映人生经验。(蓝棣之《九叶派诗选·前言》)

诗的大敌是习惯——习惯于一种机械的接受方式。习惯于一种'合法'的思维言式,习惯于一种公认的表现方式,习惯是感觉的厚茧,使冷和热都趋于麻木;习惯是感情的面具,使欢乐和痛基都无从表达、习惯是语言的套轴,使那几个单调而圆滑的词汇循环不已,习惯是精神的狱墙,隔绝了横贯世界的信风,隔绝了爱、理解、信任,隔绝了心海的潮汐。习惯就是停滞,就是沼泽,就是衰老,习惯的终点就是死亡……当诗人用崭新的诗篇,崭新的审美意识粉碎了习惯之后,他和读者将获得再生——重新感知自己和世界。(顾城《学诗札记二》)

中国现代诗的进程,早在本世纪 30 年代后期就开始受挫。进入五十年代,在中国大陆发生了歧变。中国幅员的广大,加上特殊年代造成的交往的隔绝,都正好弥补了这歧变造成的裂隙。……当我们广袤的国土上感到了某种贫乏,海峡彼岸却以丰富作了补偿。(谢冕《中国新诗萃(台港澳卷)·序一》)

刘半农

刘半农(1891—1934),名复,字半农(又作半侬),江苏江阴人。早年在上海从事新闻出版工作,《新青年》创刊伊始,即为之撰稿,作为新文化运动和文学革命的倡导者和先驱之一,建树良多。除擅白话散文外,又多写白话新诗,且自成一家。代表作有《半农杂文》《扬鞭集》和《瓦釜集》等。又编有《初期白话诗稿》。

教我如何不想她

天上飘着些微云，
地上吹着些微风。
啊！
微风吹动了我头发，
教我如何不想她？

月光恋爱着海洋，
海洋恋爱着月光。
啊！
这般蜜也似的银夜，
教我如何不想她？

水面落花慢慢流，
水底鱼儿慢慢游。
啊！
燕子你说些什么话？
教我如何不想她？

枯树在冷风里摇，
野火在暮色中烧。
啊！
西天还有些儿残霞，
教我如何不想她？

一九二〇年九月四日，伦敦。

【汇评】

这首诗从内容到形式似乎都带有浓郁的"情歌"色彩。它通过一位远在天涯海角的青年男子的口吻，触景生情地抒发了对自己深深眷恋着的少女的缠绵不绝的思念之情。但实际上是把少女比作祖国，诗中的情爱意象都带有象征意义，因此全诗思想内容的主旨，乃是吟唱诗人热爱祖国、怀念祖国的真挚而深切的情感。

作为中国早期白话新诗的代表作之一，这首诗有着多方面的精美的艺术特色，尤以音乐美的营造最为人称道，当年赵元任看中此诗为之谱曲的主要原因之一，可能正在这里。（朱文华、许道明《新编中国现代文学作品选》）

【赏析】

1920 年春，刘半农赴欧洲留学，此诗就写于他赴欧后的当年九月。该诗发表时题为《情歌》，后改为《教我如何不想她》。据当年和作者同在欧洲留学，并为此诗谱曲的赵元任说，诗中的"她"代表的是远方游子日夜思念的祖国。如此看来，此诗并非一首普通的情诗。

刘半农是现代新诗开创初期的重要诗人，在创作与理论两方面都有杰出贡献。他倡导以"创造"和"输入"的主张进行具体尝试。本诗就体现出借鉴传统，学习民歌，有所继承的"输入"的主张，同时又是运用白话、口语"创造"出面目一新的自由体新诗。

该诗写法上采用传统歌谣的"比兴"手法。每节开头两句都是对某种景致的描绘，借景传达出诗人的心意，并共同渲染、烘托出"教我如何不想她"的深沉的情思。作者成功之处在于，诗情在四节中的展开，不是单调地通过复沓咏唱来强化，而是把一个由弱渐强，从甜蜜，到忧愁，再到热情燃烧的情感变化过程生动地呈现出来了。

第一节中以微云、微风起兴，是诗情的初步启动，作者的情思宛如微风中的头发，与天际的微云一起轻拂飘动起来，无形的情思被形象地呈现出来。同时，思恋乍起，隐约浮现心头，这种淡淡的思乡之情，如丝如缕，正切合着"飘着些微云""吹着些微风"的缥缈意态。接着，淡淡的情丝，迅速发展为浓烈的情怀，"月光恋爱着海洋，海洋恋爱着月光"，诗人通过月光与海洋契合无间、依恋难分的意象，拟人化地描绘出生死相依、缠绵不舍的"蜜也似的"甜蜜意境。这正是诗人内心对祖国无限依恋，强烈思念的热恋之意境。但是，这种内心幻想的热恋的甜蜜很快就被现实所击碎。飘零海外，关山难越，作者对祖国的满腔怀恋，又向何人说？所以，感情在第三节急转直下，从甜蜜转向烦忧。作者以水上落花，水底游鱼来象征当时的境遇和感受。落花和游鱼，有一种四处飘零，飘忽不定的特征，正象征着作者当时远离家国，无处依靠的心境。同时，以"慢慢"来表现水面落花的流淌，水底鱼儿的游动，这又恰好与作者思国怀家的急切感、紧迫感构成了一种强烈的对比和反衬。这种对比，微妙地使我们联想到了"落花有意流水无情"，热烈的倾诉遭到的只是漠然的回应，一种倾诉与理解上的矛盾随即油然而生。所以，诗人只能转而去寻求理解，"啊！燕子你说些什么话？"，作者是多么希望能从远方飞来的燕子口中听到故国的消息，可是他又怎能听懂？思念急切与思念不成、企求倾诉与漠然回应、试图理解与无法理解之间的种种矛盾，将诗人无可奈何的失落和惆怅表露无遗。思恋的情感由此转入低谷。

但是，这腔不可遏抑的热情又很快从低谷跃上了峰巅。没有过渡，不用铺垫，一下子像蓬蓬勃勃的野火般熊熊烧起来。"枯树在冷风里摇，野火在暮色中烧"，一反前面三个小节，起兴句所营造的意境的和谐、优美，而表现出冲突和对比的力量。一冷寂、一热烈，正好是诗人思念之情的两极世界：思恋不得的凄苦里涌动着遏抑不住的激情，两者相辅相成，互为衬托。冷风里的枯树是诗人现实处境，暮色中的野火是诗人心中情怀，现实愈是凄冷，内心愈是热烈。整首诗的意境氛围由淡而浓，感情色彩由弱而强，主旨表达也由浅入深。

这首诗语言上通俗简洁，却绘景传神，形象生动，意境优美，这既是由于语言的表现力，也有赖其对诗歌音乐性的精心组织，音韵节奏自然流畅，整齐却富于变化，听觉形象的优美强化了整体诗歌意境的优美。

（何　平）

戴望舒

戴望舒(1905—1950)，原名戴丞，祖籍南京，1905 年 11 月生于杭州，1950 年 2 月病逝于北京。早年曾用笔名梦鸥，从事新文学著译后，改名望舒。著有《雨巷》《我的记忆》《我用残损的手掌》等九十余首诗篇，有"雨巷诗人"之称。前期风格清丽幽婉，后期变得沉郁激切。他将西方象征主义的诗歌理论与中国诗歌的古典传统有机地结合起来，使中国现代新诗的发展提升到一个新的高度，是中国新诗史上的重要诗人。除了诗歌创作，还有译作、散文传世。他在新诗的译介和创作两方面都做出了重要贡献。

【集评】

圣陶先生……称许……《雨巷》替新诗底音节开了一个新的纪元。（杜衡《〈望舒草〉序》）

《雨巷》时期，主要受魏尔仑的影响，追求诗的音乐美和形象的流动性、主题的朦胧性。（阙国虬《试论戴望舒诗歌的外来影响与独创性》）

戴望舒……有很高的中国古典文学的修养……这种修养可能作为一种艺术素质成为他的审美理想的重要成分；它甚至更可能作为一种潜在的艺术直觉，在不知不觉中影响着诗人的创作。（同上）

我 的 记 忆

我的记忆是忠实于我的，
忠实得甚于我最好的友人。

它存在在燃着的烟卷上，
它存在在绘着百合花的笔杆上，
它存在在破旧的粉盒上，
它存在在颓垣的木莓上，
它存在在喝了一半的酒瓶上，
在撕碎的往日的诗稿上，在压干的花片上，
在凄暗的灯上，在平静的水上，
在一切有灵魂没有灵魂的东西上，
它在到处生存着，像我在这世界一样。

它是胆小的，它怕着人们的喧嚣，
但在寂寥时，它便对我来作密切的拜访。
它的声音是低微的，
但是它的话是很长，很长，
很长，很琐碎，而且永远不肯休；
它的话是古旧的，老是讲着同样的故事，
它的音调是和谐的，老是唱着同样的曲子，
有时它还模仿着爱娇的少女的声音，
它的声音是没有气力的，
而且还夹着眼泪，夹着太息。

它的拜访是没有一定的，
在任何时间，在任何地点，
时常当我已上床，朦胧地想睡了……
或者是选一个大清早，
人们会说它没有礼貌，
但是我们是老朋友。

它是琐琐地永远不肯休止的，
除非我凄凄地哭了，或是沉沉地睡了……
但是我是永远不讨厌它，
因为它是忠实于我的。

【赏析】

面对现实，充满失落，躲进记忆成为我们无可奈何的选择。

"我的记忆是忠实于我的，忠实甚于我最好的友人"，"但是我永远不讨厌它，因为它是忠实于我的"，从这首诗首尾两节的反复呼告中，我们不难体会到如此的意图。虽然，诗中没有一句涉及现实，但是我们可以感到诗人对自我在现实中遭到离弃、背叛的失落、彷徨和哀伤。诗人试图构筑一个记忆的世界来与现实保持一种"距离"，并从中对现实作狐疑的观望。

但是，记忆的世界又是如何呢？第二小节以一连串的意象展现了诗人的记忆世界：燃着的烟卷，破旧的粉盒，颓垣上的木莓，喝了一半的酒瓶，撕碎的手稿，压干的花片，凄暗的灯……一切都是苍白，灰暗，没有分量，缺乏热情的，它远非所谓理想中的美好。所以，这一切是"有灵魂没有灵魂的东西"。对这并非美好的记忆，我却"不讨厌它"的时时"拜访"，相反成为"老朋友"。这只能解释为，现实与记忆相比较是更令人失望，甚至厌恶。所以，"记忆"便对我来做密切的拜访了。"它的拜访是没有一定的，在任何时间，在任何地点"，"琐琐地永不肯休止的，除非我凄凄地哭了，或者沉沉地睡了"，这表明记忆已成为作者抵御现实的日常性的"精神堡垒"，他要用这些记忆堆积成一道屏障，抵制外来的骚扰和烦忧。

但是这个"精神堡垒"却又是如此脆弱：它胆小，怕喧嚣，它的声音是"低微的"，"没有力气的"，甚至"还挟着眼泪，夹着太息"，从现实退居到记忆世界，终于发现记忆世界同样是充满冲突和不安。诗人忧郁、感伤的情绪和种种记忆的意象是切合的，呼应的，在诗句的形象层面得到了影射。但是，更为深刻的是诗人在诗意的内涵层面上，展现出他从现实退守到记忆，再在记忆中发现无路可退的悲凉，这种情绪在层层渲染与铺垫中不断地强化。

本诗和戴望舒的代表作《雨巷》有很大不同，不再追求外在格律、节奏的完美统一，而是大胆探求内在诗情和内在节奏的一致，变格律美为旋律美，创造了具有散文美特征的自由诗体。

戴望舒说："诗是由真实经过想象而出来的，不单是真实，亦不单是想象"，"诗的韵律不在字的抑扬顿挫上，而在诗的情绪的抑扬顿挫上，即在诗情的程度上"。本诗的意象营造和情感传达就体现了这种创作观念。诗中每一个意象都传达着作者细微复杂的情绪，都是内在情绪与外在物象在想象中的自然遇合的产物。作者提炼出来，顺应着内心情感的变化和节奏，自然而然地组织成诗。诗人不再强调刻意地通过诗歌形式上的旋律与音韵来传达情感，而是注重在情感的自然流动中展现出诗的形式。

（何　平）

徐 志 摩

徐志摩（1896—1931），中国现代文学史上"新月派"的重要诗人。生于浙江海宁一个富商之家，1917年入北京大学学习，次年赴美、英等国留学，获经济学硕士学位。1922年回国，任东南大学教授，曾主编《晨报·副刊》《新月》月刊和《诗刊》等。主要作品有诗集《志摩的诗》《翡冷翠的一夜》《猛虎集》《云游》，散文集《落叶》《巴黎的鳞爪》及书信集《爱眉小札》等。

【集评】

徐志摩是贯穿新月派前后期的重镇。他热烈追求"爱""自由"与"美"，追求"人"与"自然"的和谐，与他那活泼好动、潇洒空灵的个性及不受羁绊的才华和谐地统一，形成了徐志摩特有的飞动飘逸的艺术

风格。（钱理群等《中国现代文学三十年》）

他为新诗"创格"功效卓著。他把闻一多关于格律诗的理论主张以诸多广泛的艺术实践具体化了。他创造了规整一路的诗风，并且纠正了自由体诗因过于散漫而流于平淡肤浅的弊端。他开创了中国新诗格律化的新格局。（谢冕《徐志摩名作欣赏·序二》）

偶　然

我是天空里的一片云，
偶尔投影在你的波心——
　　你不必讶异，
　　更无须欢喜——
在转瞬间消灭了踪影。

你我相逢在黑夜的海上，
你有你的，我有我的，方向；
　　你记得也好，
　　最好你忘掉
在这交会时互放的光亮！

【赏析】

　　新月派提出新诗的"三美"，其中尤以"音乐美"被视为诗美之核心。在具体实践中，徐志摩诗歌"音乐美"成就卓著，远超同期诸家。徐志摩诗歌语言不离地道的口语，却又经过艺术锤炼，呈现一种自然流丽、匀称流动的韵律和节奏之美。

　　新诗的句子长短不定，没有固化的格律形式规则。这一方面带来了创作自由，另一方面这自由也使新诗"音乐美"的难度比之旧体诗有过之而无不及。徐志摩在《诗刊放假》中提出音乐是诗歌的血脉，主要是内含的音节的匀称与流动；诗感、诗意是诗歌的心脏，音乐基于"真纯的诗感"。这其实是说新诗的音乐美应该是意义的自然区分和文法的自然区分两方面的协调统一。一首诗是先有了内在精神的调和（诗感），后呈现为韵律和节奏的谐美。诗歌韵律形式的谐美是内在精神调和的自然而然的结果。

　　从这首诗来看，内容上是把"偶然"这个抽象的词，用两个具体的情境具体化、形象化。云投影在水的波心，黑夜海上两船交会，作者从这些现实中最寻常的"偶然"现象，敏锐地感受到人生珍贵的东西会随因缘际会偶然而来，却又骤然消而逝的无奈，并由此生发出莫名的惆怅与失落感。

　　胡适概括徐志摩诗的主题"只为三个大字，一个是爱、一个是自由，一个是美"。虽然这首诗简洁单纯，但"爱""美""自由"这三个大字的主题都隐含其中。"天空里的一片云"，"投影在你的波心"，这是两者因缘相会生成的美。"你我相逢在黑夜的海上"，"在这交会时互放的光亮"，这是两者因缘相会生成的爱的联系。但是这种美"转瞬间消灭了踪影"，这种爱因为"你有你的，我有我的方向"，所以"最好你忘掉"。这里的"美"和"爱"之所以成为偶然——偶然地来又骤然而逝，正是因为自由。它们在无心、无意的偶然际会中生成，在自由的感受中生成。"爱"和"美"的生成必须是在两者关系中才可能，而自由却只存在于个体之中。一旦不愿放弃这种因偶然而形成的"爱"和"美"，那么这种无心、无意的偶然际会中生成的"美"或"爱"就会因执着而妨碍个体的自由。并且，自由的妨碍最终又会导致对"美"或"爱"的伤害。

所以，作者珍惜这种偶然因缘相会生成的"爱"和"美"，但是也理性而节制地维护着自由。所以，这个象征性的结构中，充满了徐志摩对"爱""美"和"自由"的情趣哲理。

正因为不是放纵情感，而是对情趣哲理的反思，所以本诗的情感是节制的，情态是潇洒的。情感整体上呈现出一种典雅的美。这种情感的典雅美，就成为外在音乐形式之美的内核和基础。

形式上看，全诗两节，上下节格律对称。每一节的第一、二、五句都是用三个音步组成，第三、四句，是两个音步，较长的音步与较短的音步相间，读起来纤徐从容、委婉顿挫而朗朗上口。音步的安排处理上严谨中不乏洒脱，形成旋律简明、格式谨严之感。这种文字的音节形式，一方面表达出"爱"和"美"消逝的失落感，另一方面又突出一种漫不经意的语调，而这种不经意当中，偏又隐藏着对自由的珍惜。正是"爱""美"和"自由"三者的平衡协调，才导致了诗歌形式的和谐平衡，音节的匀称与流动。徐志摩认为诗意、诗感是诗歌的心脏，音乐是基于"真纯的诗感"，这个主张在此是得到体现的。

有人说这首诗表达了作者对美好事物的渴求与期待。准确地它不仅表达渴求与期待，也在表达如何对待这种渴求与期待。它表达出作者对美好事物的态度。陈梦家《纪念徐志摩》说志摩"用整齐柔丽的清爽的诗句来写出那些微妙的灵魂的秘密"。他是理解徐志摩的，这个灵魂的秘密确是深刻、幽隐而又微妙的。

（何　平）

穆　旦

穆旦(1918—1977)，原名查良铮，曾用笔名梁真，祖籍浙江省海宁市，1918 年 4 月 5 日生于天津，1977 年在天津因心脏病突发去世。生前出版了三本诗集《探险集》(1945)、《穆旦诗集 1939—1945》(1947)、《旗》(1948)，著有《控诉》《赞美》《诗八首》《森林之魅——祭胡康河上的白骨》等诗篇，是"九叶诗派"代表性诗人。他的诗具有典型的西方化与非传统特点，擅长在矛盾中结构诗篇，在象征中展开心灵思辨，不断突破传统诗歌对新诗创作的压抑和束缚，为新诗现代化发展做出了重要贡献。20 世纪 50 年代起，穆旦开始从事外国诗歌的翻译，主要译作有普希金的作品《青铜骑士》《普希金抒情诗集》，雪莱的《云雀》《雪莱抒情诗选》，拜伦的《唐璜》等，这些译本均有较大的影响。

他很早就在诗中表现出他的感情的含蓄节制和具有较多的理性成份。……穆旦在写诗时则像一个中年人,有时甚至还像一个饱经沧桑的老年人。(杜运燮《穆旦著译的背后》)

穆旦是站在40年代新诗潮的前列……在抒情方式和语言艺术"现代化"的问题上,他比谁都做得彻底。(袁可嘉《诗的新方向》)

穆旦的诗从一开始就以独特的声音唱出那种属于他自己的内心涌动,也属于苦难的中华民族所拥有的激怒与抗争的声音。穆旦诗作内在世界的矛盾与张力……是基于现实斗争生活土壤上来自一个知识分子的冷静的智性与超人的觉醒。(孙玉石《走近一个永远走不尽的世界——关于穆旦诗现代性的一些思考》)

诗 八 首

一

你底眼睛看见这一场火灾,
你看不见我,虽然我为你点燃;
唉,那燃烧着的不过是成熟的年代,
你底,我底。我们相隔如重山!

从这自然底蜕变底程序里,
我却爱了一个暂时的你。
即使我哭泣,变灰,变灰又新生,
姑娘,那只是上帝玩弄他自己。

二

水流山石间沉淀下你我,
而我们成长,在死底子宫里。
在无数的可能里一个变形的生命
永远不能完成他自己。

我和你谈话,相信你,爱你,

这时候就听见我底主暗笑，
不断地他添来另外的你我
使我们丰富而且危险。

三

你底年龄里的小小野兽，
它和春草一样地呼吸，
它带来你底颜色，芳香，丰满，
它要你疯狂在温暖的黑暗里。

我越过你大理石的理智底殿堂，
而为它埋藏的生命珍惜；
你我底手底接触是一片草场，
那里有它底固执，我底惊喜。

四

静静地，我们拥抱在
用言语所能照明的世界里，
而那未成形的黑暗是可怕的，
那可能和不可能的使我们沉迷。

那窒息着我们的
是甜蜜的未生即死的言语，
它底幽灵笼罩，使我们游离，
游进混乱的爱底自由和美丽。

五

夕阳西下，一阵微风吹拂着田野，
是多么久的原因在这里积累。
那移动了景物的移动我底心

从最古老的开端流向你，安睡。

那形成了树木和屹立的岩石的，
将使我此时的渴望永存，
一切在它底过程中流露的美
教我爱你的方式，教我变更。

六

相同和相同溶为怠倦，
在差别间又凝固着陌生；
是一条多么危险的窄路里，
我制造自己在那上面旅行。

他存在，听从我底指使，
他保护，而把我留在孤独里，
他底痛苦是不断的寻求
你底秩序，求得了又必须背离。

七

风暴，远路，寂寞的夜晚，
丢失，记忆，永续的时间，
所有科学不能祛除的恐惧
让我在你底怀里得到安憩——

呵，在你底不能自主的心上，
你底随有随无的美丽的形象，
那里，我看见你孤独的爱情
笔立着，和我底平行着生长！

八

再没有更近的接近，

所有的偶然在我们间定型；
只有阳光透过缤纷的枝叶
分在两片情愿的心上，相同。

等季候一到就要各自飘落，
而赐生我们的巨树永青，
它对我们的不仁的嘲弄
（和哭泣）在合一的老根里化为平静。

【汇评】

《诗八首》所写的，是爱情生活不可克服的深刻矛盾和把爱情作为一个短暂并且最终是虚无的，以使自己从中摆脱出来。（蓝棣之《穆旦：用身体思考》）

《诗八首》是属于中国传统中的"无题"一类的爱情诗。但是，在这里，我们看不到一般爱情诗的感情的缠绵与热烈，也没有太多的顾恋与相思的描写。他以特有的超越生活层面以上清醒的智性，使他对于自身的，也是人类的恋爱的情感及其整体过程，作了充满理性成分的分析和很大强度的客观化的处理。（孙玉石《解读穆旦的〈诗八首〉》）

【赏析】

爱之绝望，正与希望相同，在看似对爱情冷峻的审视之下，奔腾着诗人炽热的心灵。

《诗八首》实际是一个不可分割的整体，连续地呈现了爱情的发展、延续和升华的完整过程。第一首诗讲述的是爱之初体验。"你底眼睛看见这一场火灾，你看不见我，虽然我为你点燃"，诗歌以一种不对等的方式拉开了爱的序幕。当"我"如飞蛾扑火般燃烧自己，扑向爱情，而"你"怀着的却是"火灾"的恐惧，因此"相隔如重山"是我们之间残酷的现实。"我"看见了我们之间的隔膜，却躲不开"自然底蜕变底程序"，"爱了一个暂时的你"，独自承受着爱的痛苦。

第二首诗讲述的是爱情中的成长。"水流山石间沉淀下你我，/而我们成长，在死底子宫里。""水流山石"是自然的象征，"水流"又具有时间流逝的含义，而"沉淀"则暗示着"你我"的成熟。"子宫"本是孕育生命的地方，而人成长的第一步即从离开子宫、离开母体开始，这也是为什么"而我们成长，在死底子宫里"。人生充满了矛盾，成长与死亡紧密相连，且充满变数，永远在进行时，永远无法完成，使我们变得"丰富而且危险"。"丰富"与"危险"又组成了一对矛盾，"丰富"带来变化，变化可能带来"危险"，同时"丰富"本身可能就是"危险"的。

从第三首诗到第六首诗，诗人进一步向我们描述了爱情的"丰富与危险"。"它带来你底颜色，芳香，丰满"，让原本把爱情视为灾难的"你"变得热烈。"我们"从牵手到拥抱，获得"爱底自由和美丽"，并开始"渴望永存"。但是同时"未成形的黑暗"一直笼罩着我们,因爱的狂热说出的甜言蜜语使我们游离,"相同和相同溶为怠倦,在差别间又凝固着陌生"。我们在一重又一重的矛盾中体验着爱的丰富与痛苦,感受着爱的炽热和寒冷,接受着爱的考验。

到了第七首诗,我们最终经受住了考验,开始真正走向成熟。"我在你底怀里得到安憩","你孤独的爱情笔立着,和我底平行着生长"。而第八首诗以对第一首诗呼应的形式为爱情画上了完满的句号——从最初的隔膜变成此刻"没有更近的接近"。尽管树叶会掉落,生命会消亡,然而一切将会在自然中得到永恒。在诗歌的最后,诗人跳出了绝望的情绪,表达了对爱与生命的歌颂。

《诗八首》被认为是穆旦诗歌中的经典作品,也被公认为最难读懂的现代爱情诗。在象征丛生的诗句中,他以极度的真诚袒露了爱情的真相,以思辨的方式呈现了爱情的完整过程,形成了严密的逻辑结构,并在爱的解析中进行了哲学思考,在形式和思想上体现了对中国现代诗的探险和突破。

(袁伟平)

备选课文

死　水　　　　　　　　闻一多

这是一沟绝望的死水,　　　　　　　　小珠笑一声变成大珠,
清风吹不起半点漪沦。　　　　　　　　又被偷酒的花蚊咬破。
不如多扔些破铜烂铁,
爽性泼你的剩菜残羹。　　　　　　　　那么一沟绝望的死水,
　　　　　　　　　　　　　　　　　　也就夸得上几分鲜明。
也许铜的要绿成翡翠,　　　　　　　　如果青蛙耐不住寂寞,
铁罐上绣出几瓣桃花;　　　　　　　　又算死水叫出了歌声。
再让油腻织一层罗绮,
霉菌给他蒸出些云霞。　　　　　　　　这是一沟绝望的死水,
　　　　　　　　　　　　　　　　　　这里断不是美的所在,
让死水酵成一沟绿酒,　　　　　　　　不如让给丑恶来开垦,
漂满了珍珠似的白沫;　　　　　　　　看他造出个什么世界。

赞　美　　　　　　　　穆　旦

走不尽的山峦的起伏,河流和草原,　　接连在原是荒凉的亚洲的土地上,
数不尽的密密的村庄,鸡鸣和狗吠,　　在野草的茫茫中呼啸着干燥的风,

在低压的暗云下唱着单调的东流的水，
在忧郁的森林里有无数埋藏的年代。
它们静静的和我拥抱：
说不尽的故事是说不尽的灾难，沉默的
是爱情，是在天空飞翔的鹰群，
是干枯的眼睛期待着泉涌的热泪，
当不移的灰色的行列在遥远的天际爬行；
我有太多的话语，太悠久的感情，
我要以荒凉的沙漠，坎坷的小路，骡子车，
我要以槽子船，漫山的野花，阴雨的天气，
我要以一切拥抱你，你，
我到处看见的人民呵，
在耻辱里生活的人民，佝偻的人民，
我要以带血的手和你们一一拥抱。
因为一个民族已经起来。

一个农夫，他粗糙的身躯移动在田野中，
他是一个女人的孩子，许多孩子的父亲，
多少朝代在他的身边升起又降落了
而把希望和失望压在他身上，
而他永远无言地跟在犁后旋转，
翻起同样的泥土溶解过他祖先的，
是同样的受难的形象凝固在路旁。
在大路上多少次愉快的歌声流过去了，
多少次跟来的是临到他的忧患；
在大路上人们演说，叫嚣，欢快，
然而他没有，他只放下了古代的锄头，
再一次相信名词，溶进了大众的爱，
坚定的，他看着自己溶进死亡里，
而这样的路是无限的悠长的
而他是不能够流泪的，

他没有流泪，因为一个民族已经起来。

在群山的包围里，在蔚蓝的天空下，
在春天和秋天经过他家园的时候，
在幽深的谷里隐着最含蓄的悲哀：
一个老妇期待着孩子，许多孩子期待着
饥饿，而又在饥饿里忍耐，
在路旁仍是那聚焦着黑暗的茅屋，
一样的是不可知的恐惧，一样的是
大自然中那侵蚀着生活的泥土，
而他走去了从不回头诅咒。
为了他我要拥抱每一个人，
为了他我失去了拥抱的安慰，
因为他，我们是不能给以幸福的，
痛哭吧，让我们在他的身上痛哭吧，
因为一个民族已经起来。

一样的是这悠久的年代的风，
一样的是从这倾圮的屋檐下散开的
无尽的呻吟和寒冷，
它歌唱在一片枯槁的树顶上，
它吹过了荒芜的沼泽，芦苇和虫鸣，
一样的是这飞过的乌鸦的声音。
当我走过，站在路上踟蹰，
我踟蹰着为了多年耻辱的历史
仍在这广大的山河中等待，
等待着，我们无言的痛苦是太多了，
然而一个民族已经起来，
然而一个民族已经起来。

一九四一年十二月

参考书目

王文彬等主编《戴望舒全集·诗歌卷》，中国青年出版社 1999 年
孙立为《戴望舒名作欣赏》，中国和平出版社 1993 年
郑择魁、王文彬《戴望舒评传》，百花出版社 1987 年
谢冕《徐志摩名作欣赏》，中国和平出版社 1993 年

1.《教我如何不想她》中诗人的思念之情是如何步步深入强化的？

2.《我的记忆》中诗人的"记忆"究竟是什么样的世界？为什么诗人将"记忆"视为"最好的友人"和"老朋友"？

3. 具体分析《偶然》微妙而独特的张力结构。

4. 如何理解穆旦的诗"总是围绕着一个或数个矛盾来展开的"这句话？

5. 请分析《诗八首》从哪些方面体现了对中国现代诗的探险和突破。

慕课资源

洛　夫

洛夫(1928—2018),原名莫运端、莫洛夫,湖南衡阳人,1949年到台湾。1967年在越南西贡服务2年后返台,住内湖;后毕业于淡江大学英文系。1996年迁居加拿大。晚年常在加拿大、台湾和大陆等地行旅。曾是《创世纪》诗社发起人之一。出版诗集《灵河》《外外集》《时间之伤》《石室之死亡》《无岸之河》《酿酒的石头》等。2001年长诗《漂木》获诺贝尔文学奖提名。洛夫因其超现实主义(但有清醒的意识),诗歌表现手法之魔幻,被诗坛誉为中国当代"诗魔"。

【集评】

正是中西诗美的联姻,正是西方诗潮和东方智慧的融合,正是那种兼容并蓄而独立创造的艺术精神,才造就了洛夫——这个已经诗声远播而在中国新诗史上也必然闪闪发光的名字!(李元洛《中西诗美的联姻》)

在他"孤"与"绝"的生活中,他希望为那游离无著的生活系舟,但他"找不到一座岛";他找不到一座岛而宣告"我就是岛"(灵河·二十四)……他肉身当然生存在一个岛上;但那个岛,在他被战争从母体大陆切割之际,不是他灵魂的归属。对他来说,精神的家才是现实。(叶维廉《洛夫论》)

—— 烟之外 ——

在涛声中唤你的名字而你的名字
已在千帆之外

潮来潮去

左边的鞋印才下午
右边的鞋印已黄昏了
六月原是一本很感伤的书
结局如此之凄美

——落日西沉　　　　　　　　独点亮那一盏茫然

你依然凝视　　　　　　　　还能抓住什么呢？
那人眼中展示的一片纯白　　你那曾被称为云的眸子
他跪向你向昨日那朵美了整个下午　现有人叫作
的云　　　　　　　　　　　烟
海哟，为何在众灯之中

【汇评】

这首诗也有象征（如"烟"象征幻灭），然而是稳定象征，不致产生更多的歧义；这首诗也有暗示（如"千帆"暗示阻隔），然而是定向暗示，不会迷失诗的本义与方向。（龙彼德《洛夫评传》）

【赏析】

此诗写于 20 世纪 60 年代中后期，后被收入洛夫诗集《外外集》。自 1949 年台湾与大陆政治隔绝以来，洛夫一直处于"拉锯"的状态：生活环境的突变与再创、精神世界的分裂与重建、文化背景的错位与新构。此诗就是在如此依违不定的状况下写就的。

正如王灏在《一种异数的存在——洛夫诗情再探》里说的："它不再是立体的建筑，而是点的深深契入，或是线的串连及面的营构。"此诗就是这样的"点""线"和"面"相结合的新诗艺术珍品。从表面上看，此诗仿佛只写了一个意念，那就是一对情侣（"你"和"他"/"那人"），在六月的两个下午，由"昨日""整个下午"的浪漫欢聚到分手，再到今天"你依然凝视"以及"他""在涛声中呼唤你的名字而你的名字/已在千帆之外"。尽管人想变成云，如此一来，仿佛就能跨越大海的阻隔，再次欢聚一起；但是人终究变不成云，当然也变不成烟！往事如烟，但有时往事并不如烟。留给人的只有"感伤""凄美"和"茫然"；而这三者奠定了此诗的情感基调。综上，我们看到，此诗的意念单一（点）、线索清晰（线）、布局分明（面），情之纯（"眼中展示的一片纯白"）、唤之久（"千帆"都已过尽）、盼之切（以"鞋印"左右时间的快速转换）、怅之深（"感伤的书""落日西沉"、大海独明的孤灯、抓不住的云烟），在"他"与"你"、今天与昨日、内与外、实与虚的矛盾对立统一中，构成了意蕴充盈的诗意张力。

如果我们结合诗人创作此诗的时代背景，具体到当时两岸政治对立和文化隔绝的冷战现实；那么此诗中的"你"就是隔绝之前的大陆，而"他"就是隔绝之后的孤岛台湾。由政治地理的隔绝和意识形态禁锢所带来的无聊寂寞、乡愁隐痛、无根漂泊和不知所终难以纾解！从这个解读角度出发，此诗就属于中国当代文学史中的"乡愁诗"。

如果再往深里思索，那么此诗就不是一首离别诗、相思诗和乡愁诗，而是一首感时伤逝的哲理诗；这时，"你"代表的是流逝的美好时光，而"他"代表了缅怀和追问过去的迷惘现实。

由此可见，此诗意象、结构、语言、意境和意念尽管单纯，但它绝不单薄，更不单调，反而诗意葱郁，令人回味不已。此诗的局部技巧也值得称道，如第一节的字词排列和分行，与"唤"的反复和持久契合无间；第二节里的"左边的鞋印才下午/右边的鞋印已黄昏了"所使用的衬托法和夸张修辞形象生动。

《外外集》里有不少诗名为《×之外》，足见洛夫对"之外"的青睐！功夫和诗意往往在"之外"，而不止在"之中"。

（杨四平）

北　岛

北岛(1949—　)，男，原名赵振开，另有笔名石默、艾珊等。原籍浙江，生于北京。1969年进北京一家建筑公司，当过混凝土工、铁匠等。1970年末开始写诗。1972年开始写小说。1976年参加天安门运动，创作了《回答》。1978年与芒克等文学同人创刊《今天》，担任主编。其现代主义色彩的新诗歌形式受到青年读者的欢迎，被称为"朦胧诗"的代表诗人。1980年进《新观察》杂志社当编辑，1981年在《中国报道》社的文学部门当编辑，后辞职。发表过小说《波动》和《稿纸上的月亮》等，《波动》因其存在主义的倾向受到批判。1986年被《星星》评为"我最喜欢的中青年诗人"之一。《北岛诗选》获中国作协全国第三届新诗诗集奖。在美国、瑞典分别出版诗集《太阳城札记》《北岛顾城诗集》。另著有小说集《归来的陌生人》。90年代后居欧洲、美国。

【集评】

在北岛早期的诗作中，美学的叛逆性同纯粹的元历史(metahistory)的投射混合在一起，成为70年代末80年代初时代精神的表征。毋庸置疑，像"从星星般的弹孔中/流出了血红的黎明"(《宣告》)这样令人颤栗的诗句中潜藏的理想主义是"文革"劫难之后凄厉的希望之声，但似乎也是既与的、启蒙主义历史模式的一次变奏。启蒙主义的历史模式正是我所说的元历史(马克思主义历史秩序当然也是其类型之一)，它规定了从苦难到幸福的社会历史或者从罪性到神性的精神历史。在上引的诗句里，"弹孔"这样的词语作为否定的、代价性的意象显现，由介词"从"表明了中介的意味，通过"血红"一词把残酷同时转换为美，从而引导出黎明的理想景色。(杨小滨《今天的"今天派"诗歌》)

一直以来人们对朦胧诗与意识形态的联系过于密切的指责多少有些不公正，对于北岛他们那一代而言，这种政治情结、对抗性情结早已是他们生命的一部分了，而这种情结其实与艺术并不相悖，更构不成伤害。(岑浪《北岛批判：丧魂落魄在异乡》)

回答

卑鄙是卑鄙者的通行证，
高尚是高尚者的墓志铭。
看吧，在那镀金的天空中，
飘满了死者弯曲的倒影。

冰川纪过去了，
为什么到处都是冰凌？
好望角发现了，
为什么死海里千帆相竞？

我来到这个世界上，
只带着纸、绳索和身影，
为了在审判之前
宣读那些被判决的声音：

告诉你吧，世界，
我——不——相——信！

纵使你脚下有一千名挑战者，
那就把我算作第一千零一名。

我不相信天是蓝的；
我不相信雷的回声；
我不相信梦是假的；
我不相信死无报应。

如果海洋注定要决堤，
就让所有的苦水都注入我心中；
如果陆地注定要上升，
就让人类重新选择生存的峰顶。

新的转机和闪闪的星斗，
正在缀满没有遮拦的天空。
那是五千年的象形文字，
那是未来人们凝视的眼睛。

【汇评】

　　作为一代人成熟的标志，倒不仅仅是他们已知道审时度势和懂得事物要害，更重要的是他们已然拥有了自己的原则和信条，那就是"怀疑"，是说出"我不相信！"的勇气和能力。北岛的这些带有"怀疑主义"倾向的诗歌，事实上标志着一个新的启蒙时代的到来。它的伟大的精神光芒照亮了我们这个时代的昏暗的天空……因而，"我不相信！"这样的语句，首先是喊给自己听的，它提醒一代人注意到自己应有的独立自主的"自我意识"。同时（也是更主要的）是喊给城楼上的父辈听的，它宣告了新的一代人的成熟，并表明了自己的反叛性态度。这是一次蓄意的、大胆的挑战。（张闳《北岛，或一代人的"成长小说"》）

　　北岛则从一开始就自觉地承担起了重整乾坤的伟大使命，他总是感到历史的目光在注视。（同上）

【赏析】

　　《回答》作于1976年清明前后，后发表于朦胧诗主要阵地的民间油印刊物《今天》的第一期。

全诗共七节。第一、二节,是对人类生存世界的黑暗体验并由此产生的质疑。在诗中所描绘的世界里,卑鄙者以卑鄙的手段可以在世上畅行,高尚者的高尚品行却使其自身走向墓地。"镀金的天空"寓示着以辉煌的表象掩盖了一个时代真正的黑暗,到处是歌功颂德到处是粉饰太平,人性被扭曲成"弯曲的倒影"四处凋落。诗人在世界的混乱与无序中,保持着清醒的痛感,对置身其中的世界提出了疑问:"冰川纪过去了""好望角发现了",这个世界明明已经经历过巨大的变革、阵痛和去旧图新,一个旧时代曾被庄严地宣告死亡,为什么"到处是冰凌"和"千帆相竞"的"死海"的现实,依然显示着诡异和不公正。

从第三节开始,"我"作为抒情主体,出现在一片死寂、冰凉、规则混乱和缺乏公正的世界,以一种理性的声音,开始对世俗世界审判、否定和挑战,对一切习以为常的规则表示质疑:"我——不——相——信"。在五、六节中,这个傲岸的"我"在对这个不义的世界与历史宣战之后,毅然表达了愿以个体的自我来承担属于全部人的一切,特别是人的苦难,此时的"我"是一代人中最清醒和坚定的灵魂:如果一个民族的历史,真的能重新开始,就让所有的苦难只存留在"我"的心中;如果一个民族的再生,需要一代人的伤痛作为代价,这一切就由我们来承担吧。这里,"海洋的决堤""陆地的上升",都是以自然界恢宏阔大的沧桑变迁,喻示人类历史的涅槃和新生。最后一节,对人类与世界的未来新的转机充满信心和期望:"闪闪的星斗"缀满星空,"五千年的象形文字",是一个民族悠久和坚实的力量。

《回答》是对历史和现实的反思与诘难,是在"文革"的摧残之后的历史感与现实感的重生,是一代人甚至一个民族走向清醒的开端与标志,是对历史与伤痛的诘问与回答。它典型地体现了朦胧诗中的理性批判精神和对于人性和人道主义的呼唤,以及对人的价值和尊严等被践踏时的愤慨与反抗。在艺术上,运用意象的拼贴与组合,追求陌生化和距离感,从而产生"朦胧"的诗意和充满弹性与张力的结构。

此外,作为北岛的代表作,诗作在抒情结构和意象的选用上,具有"北岛特色":"审视—怀疑—否定—挑战"的抒情结构,和"天空""海洋""陆地的上升"和"让所有的苦水都注入我心中"等意象和表述,都充满阳刚之气。这一充满理性和具有穿透力的声音,与同为朦胧诗人的舒婷诗作中对于"星星""风铃草""鸢尾花"等意象的选用和诗意表达上的婉转、抒情和感伤相比,显得冷峻、势不两立和剑拔弩张。

"文革"结束后,文坛上先"伤痕"继而"反思"的写作,竞相展示苦难和控诉历史,在对历史的鞭挞中把现实指认为"新生"。而写于"文革"结束之前和之后的北岛的《回答》等诗作,却是以清醒的眼光审视过去,愤怒而又不失理性,拒绝承认全部现实的新生性,以一种批判的立场,为了重新确立人类的基本价值,而不惜牺牲一切的庄严宣告。北岛在《回答》一诗中向世界喊出"我不相信!",传达了一代青年人的心声,政治意识形态和国家主义道德的神话的大厦应声坍塌。

(李　玫)

海　子

海子,原名查海生,1964年生于安徽省怀宁县高河镇查湾村。1979年考入北京大学法律系。1983年毕业被分配到中国政法大学哲学教研室工作。1989年3月26日在河北省山海关附近卧轨自尽。在近7年的时间里,海子创作了200多首短诗和7部长诗,已被西川编入《海子诗全编》。《面朝大海,春暖花开》被广为传诵。《九月》改编成民谣被名家弹唱。《海子评传》之类的研究专著已出版十余种。他的家乡已建成"海子文化园"。青海德令哈建有"海子纪念馆"。"海子诗歌节""海子诗歌奖"等诗歌品牌活动时常举办。总之,海子的影响已超出文学界,生成了具有中国当代文化意义的"海子神话"。

【集评】

海子的重要性特别表现在:海子不是一个事件,而是一种悲剧;海子不惟是一种悲剧,也是一派精神氛围。(骆一禾《海子生涯(代序一)》)

海子期望着从抒情出发,经过叙事,到达史诗,他殷切渴望建立一个庞大的诗歌帝国:东起尼罗河,西达太平洋,北至蒙古高原,南抵印度次大陆。(西川《怀念》)

祖国（或以梦为马）

我要做远方的忠诚的儿子
和物质的短暂情人
和所有以梦为马的诗人一样
我不得不和烈士和小丑走在同一道路上

万人都要将火熄灭　我一人独将此火高高举起
此火为大　开花落英于神圣的祖国
和所有以梦为马的诗人一样
我借此火得度一生的茫茫黑夜

此火为大　祖国的语言和乱石投筑的梁山城寨
以梦为上的敦煌——那七月也会寒冷的骨骼
如雪白的柴和坚硬的条条白雪　横放在众神之山

和所有以梦为马的诗人一样
我投入此火　　这三者是囚禁我的灯盏　　吐出光辉

万人都要从我刀口走过　　去建筑祖国的语言
我甘愿一切从头开始
和所有以梦为马的诗人一样
我也愿将牢底坐穿

众神创造物中只有我最易朽　　带着不可抗拒的死亡的速度
只有粮食是我珍爱　　我将她紧紧抱住　　抱住她
在故乡生儿育女
和所有以梦为马的诗人一样
我也愿将自己埋葬在四周高高的山上　　守望平静的家园

面对大河我无限惭愧
我年华虚度　　空有一身疲倦
和所有以梦为马的诗人一样
岁月易逝　　一滴不剩　　水滴中有一匹马儿一命归天

千年后如若我再生于祖国的河岸
千年后我再次拥有中国的稻田　　和周天子的雪山
天马踢踏
和所有以梦为马的诗人一样
我选择永恒的事业

我的事业　　就是要成为太阳的一生
他从古至今——"日"——他无比辉煌无比光明
和所有以梦为马的诗人一样
最后我被黄昏的众神抬入不朽的太阳

太阳是我的名字
太阳是我的一生

太阳的山顶埋葬　诗歌的尸体——千年王国和我

骑着五千年凤凰和名字叫"马"的龙——我必将失败

但诗歌本身以太阳必将胜利

【汇评】

这首诗体制不大,但境界却格外开阔。在强劲的感情冲击中,诗人稳健地控制着思路,三个层面,彼此应和、对话、递进,结构严饬、硬朗。在高蹈的理想与谦卑的情怀,生命的圣洁与脆弱,诗人的舛途与诗歌的大道……这些彼此纠葛的张力中,书写了一个中国诗人的赤子之情。(陈超《20世纪中国探索诗鉴赏》)

【赏析】

人们奢谈海子的短诗,而寡论他的长诗。虽然海子的200多首短诗是独立自足的,但我们不妨将其视为海子倾其一生创作一部长诗《太阳》所做的"额外练习",换言之,可以将其视为与长诗具有互文性的"副文本"。从这个意义上讲,海子诗,无论是短诗还是长诗,都具有史诗性。而海子这些特立独行、信马由缰、庞杂无边的史诗性写作,往往出现多声部变奏,并在内部分裂成多个化身,其广度、密度、力度、深度和强度呈现超负荷的爆炸状态。海子不止满足于作为诗歌抒情主体在陈述,他更青睐如太阳、土地和水之类的"实体"自身倾诉。而这些自发性的陈述和倾诉,极具超现实的神秘,非智力所能为,得仰仗于诗人充沛的情感和天才的异禀。海子钟爱诗歌的"实体",是"物自体",太阳就是太阳,而非其他。海子心仪"原始粗糙的感性生命和表现"。这种"实体",加上古典理性主义式的语言,使诗人海子既"走进心灵"又"走出心灵"。

大体而言,对此诗的解读,通常采纳陈超的"三段论"。第一、二节为第一个"意义单元"段落,侧重表明诗人于世纪交替之际的现实困境("物质的短暂情人""一生的茫茫黑夜")、时代语境("万人都要将火熄灭")、精神立场("以梦为马")和信念所在("此火为大 开花落英于神圣的祖国")。第三、四节为第二个"意义单元"段落,侧重表达诗人对虚无、救赎、信念、执着、升华、祖国,尤其是对母语、对存在的深刻认识。母之语、盗之道、古之梦,"囚禁我的灯盏",但为了诗歌与真理、创造与梦想、祖国与信念,纵使"万人都要从我刀口走过",纵使"将牢底坐穿",诗人也要像飞蛾"投入此火","吐出光辉",骑上梦想骏马,策马扬鞭,驰骋于祖国四方。祖国就是以梦为马。第五节至末节为第三个"意义单元"段落,侧重抒发遗世独立的诗人海子致力于"要成为太阳的一生"的"大地之子",既倍感欣慰(第五节)又深表惭愧(第六节)、既预知苦难又勇于担当(第七节)、既直面失败又乐见胜利(第八、九节)的复杂意绪。

在此诗的多声部里,始终回荡着一种宏愿坚定和意旨明确的主旋律,那就是在每一节里都出现的那句"和所有的以梦为马的诗人一样",使得全诗变化中有统一,统一中有变化。有人从此诗里品出了《离骚》味,还有人从中嗅出了荷尔德林、凡·高、尼采的先哲气息,这些都表明此诗的开放性和丰富性。

综上,此诗出色地体现了海子的诗歌理想:"融合中国的行动成就一种民族和人类的集合、诗和真理合一的大诗"。

以梦为马,长路当歌!

（杨四平）

张 枣

张枣(1962—2010),湖南长沙人。当代著名诗人,是中国先锋诗歌的代表诗人之一。湖南师范大学英语系本科毕业,考入四川外语学院念硕士。1986年出国,常年旅居德国,曾获得德国特里尔大学文哲博士,后在图宾根大学任教,归国后曾任教于河南大学文学院、中央民族大学文学与新闻传播学院。在国内出版的诗集有《春秋来信》《张枣的诗》,代表作包括《镜中》《何人斯》等。2010年3月8日凌晨4时39分,张枣因肺癌在德国图宾根大学医院去世,享年48岁。2012年4月,《张枣随笔选》由人民文学出版社出版。

【集评】

张枣的诗学实践暗含着对在中国影响极大的现代主义的摈弃和对朦胧诗的远离。它是对汉语之诗的回归……与其说张枣是20世纪中国最好的诗人之一,我更想说张枣是20世纪最深奥的诗人。（顾彬《二十世纪中国文学史》）

某种意义上,张枣较好地诠释了臧棣的预见:当代新诗的可能性发展,将与中国的不可逆转的现代化进程紧密联系在一起。（余旸《文化帝国的语言——诗人张枣的"汉语性"概念阐释》）

镜 中

只要想起一生中后悔的事
梅花便落了下来
比如看她游泳到河的另一岸
比如登上一株松木梯子
危险的事固然美丽
不如看她骑马归来

面颊温暖
羞惭。低下头,回答着皇帝
一面镜子永远等候她
让她坐到镜中常坐的地方
望着窗外,只要想起一生中后悔的事
梅花便落满了南山

【汇评】

《镜中》抒情主体的多重投射关系只有在现代语境中才能发生,从而使这个由"我""她"和"皇帝"构成的三元集合的多重投射关系登峰造极,完成从古典闺怨诗到现代爱情诗的转变。(王东东《语言与文化:诗歌细读的两面——以张枣〈镜中〉为中心》)

(张枣)在很年轻的时候,就已经是意象诗的高手了,他写出的一流意象诗非常多,无须一一枚举,仅这首《镜中》,我以为,便足可成为现代中国意象诗的翘楚。(柏桦《亲爱的张枣》)

【赏析】

《镜中》的写作时间是1984年秋天,当时张枣正在四川读英美文学的硕士。《镜中》是一首"追忆"主题的现代诗,回应着中国感伤主义的文学传统,又具有现代性的情绪与表征。

开头的"只要想起一生中后悔的事/梅花便落了下来",和结尾的"望着窗外,只要想起一生中后悔的事/梅花便落满了南山"形成了一种首尾呼应的轮回结构。"只要"和"便"作为表示条件的关联词,将"梅花"与"后悔"联系起来,"后悔"本是一种抽象的情感,"梅花"用通感的方式将这种看不见摸不着的情绪转换为一种视觉体验,而且这种视觉体验是带着中国文化集体无意识的唯美画面——纷纷落下的梅花。梅花不仅仅飘落在想象中,还飘落在古典文化里。"黄鹤楼中吹玉笛,江城五月落梅花","忆梅下西洲,折梅寄江北","砌下落梅如雪乱,拂了一身还满"等古典诗歌中的"梅花"意象,无一例外带有伤感的气息。

诗人善用精密的人称变换技巧,后悔什么呢?诗歌由女性叙事转为远距离的第三人称审视。几句构建了颇具张力的戏剧性的场景。"比如看她游泳到河的另一岸/比如登上一株松木梯子",一个活泼天真,不受清规戒律约束的女子形象跃然纸上,她的生命具有本真的原始的生命力,游泳到河的另一岸是一种活动空间的延展,登上一株松木梯子更是生命向上的活力,但是"危险的事固然美丽/不如看她骑马归来/面颊温暖/羞惭。低下头,回答着皇帝",这个女子的生命像是忽然发生了断裂,那些危险,那些叛逆,那自由的生命力,最终还是被规训,她选择了世俗认可的人生,她骑马归来,野性不再,她像是变成了另一个人:传统的,温顺的,被强权所桎梏。这种选择也许受到外力的胁迫,也许是自己内在的认同,不管怎样,她自觉选择了安全但是被规定的人生。

"一面镜子永远等候她/让她坐到镜中常坐的地方",镜子这个意象出现,"云鬓罢梳还对镜",镜子是古代宫怨诗常见的意象,但这里很明显,镜子不仅象征哀怨,更是自我凝视,意味着自我的觉醒。本诗题目为"镜中",对镜子的凝视正是一种罗丹式的"看",镜子意味着对象的反转,自我的重新审视。叙述者在不知不觉中发生置换,形成复调的意味,镜中也许是想象,也许是虚幻,也许是真正的人生,空间、时间、现实、想象都通过镜子发生置换。镜子在证明自我存在的同时,又揭示了自我的分裂与悖谬,镜子成了张枣诗歌中反复出现的一个意象,并借此抵达自我之途。

(张　娟)

参考书目

北岛《北岛诗选》,新世纪出版社,1986 年

北岛《北岛诗歌集》,南海出版公司,2003 年

刘登翰 陈圣生选编《余光中诗选》,海峡文艺出版社 1988 年

王尧《余光中:诗意尽在乡愁中》,大象出版社,2003 年

蓝棣之选编《九叶派诗选》,人民文学出版社,1992 年

谢冕、杨匡汉主编《中国新诗萃(台港澳卷)》,人民文学出版社,2001 年

辛笛《九叶集》,江苏人民出版社,1981 年

思考与练习

1. 试分析《烟之外》的抒情线索。

2.《回答》是如何体现北岛的理想主义精神特质的?

3. 将《祖国(或以梦为马)》与舒婷的《祖国啊,我亲爱的祖国》进行比较阅读,体味其异同。

4. 请谈谈你对《镜中》中"梅花""南山""镜子"等意象的理解。

二十八、现代散文

【总论】

在新文学发轫期,散文的成就是突出的,鲁迅总结说是在诗歌小说戏剧之上。五四散文拥有庞大的作者群,体式也相当完备,具有探索精神和特异风格的作家颇不乏人。其中随笔和杂感,这样与现代报刊唇齿相依的批评性文体,在"五四"的自由空气中,生势特别强旺。到了三十年代,随着"党国"的建立,危机就出现了。书报审查制度培育了一种畏葸的、谨慎的、顾左右而言他的时代风格。在"五四",思想和文学是在自由精神中同时结合到一起的,此刻已然断裂。幽默和闲适文字的大量出现,挣扎与抗争文字的相对锐减,标志着中国现代散文已经回到老路上去。一个时代的文学,只要缺乏了一种风格——异议的风格,就不能说是健全的。

先秦散文是一个古远的源头,"五四"散文是一个晚近的源头。中国散文自由写作的这两个时期,都称得上是"王纲解纽"时期,政治格局多元化时期。是传统社会的断裂和崩溃,形成了若干狭小的自由地带;这时,统治者的注意力完全集中在权力的内部纷争或对外战争上面,无暇顾及意识形态,思想和文学;霸权政治和霸权话语的暂时空缺,遂使文学,首先是散文得以恢复它的原生态。那是充分个性化、自由化的散文。(林贤治《中国当代文化书系·散文卷·序言》)

在文化艺术方面,三十年间,其主流是延安文化政策及工农兵文艺的延续;古典文学,"五四"文学,外国文学尤其是批判现实主义与现代主义文学,作为"封资修"的东西,受到正规教育,出版的集中管理,以"民族形式"和"两结合"(革命浪漫主义与革命现实主义相结合)为标志的写作规范所兼并。公共空间愈来愈小,文学传统日趋枯涸,作家也因之变得十分贫乏和保守,一种投机与趋同的创作风气遂蔓延开来而终至于成为统治的风气。三十年文学创作基本上是一体化写作,体制内写作,从题材、主题到风格,都是预先给定的。此间,虽然出现了一小批散文家如刘白羽、杨朔、秦牧等,但是,总括起来,还是走不出"教训文学"和"矫饰文学"的旧马厩。

值得深入发掘的是地下文学,那劫火中幸存的私人话语。张中晓的笔记,顾准的书信和日记,是最有价值的两种。这是散文的骄傲。有了它们的照耀,原来太阳底下许多光辉灿烂的珍宝,由是黯然失色。(同上)

"文化大革命"把恶推向极致。它以遍地荆棘暴露了由霸权话语所支配的文学的最本质的东西。长达十年,惟有限的几个小说家、戏剧家和诗人在台上跳踉,散文家是没有的。这是文学史上的一段盛大的空白。它至少说明了,本真的散文,需要怎样一种自由环境,怎样一群独立不羁的灵魂。

70年代末,中国的政治社会在大框架内发生了显著的变动。闸门适度拉开了。西方现代思潮通过各种渠道,逐渐渗透和漫溢进来。在市场自由经济赶赴化装舞会的同时,文学带着掩盖不住的伤痕亮相;接着,阴暗的现实生活,也随同记忆一起进入读者的视野。回忆录和报告文学,率先恢复了散文的诚实品格,但是精神仍然是卑屈的,萎顿的,未及得到自由的伸张。90年代以后,经历过一场震荡,散文作家队伍除了相当部分留在原地之外,有两个部分分别向不同方向移动,而且距离愈来愈远。其中一部分在原野间逆风前行,人数甚少,挣扎,抵抗,进击,体态很不一致;另一部分进入无风的低地,一律作闲适状。"五四"时期著名的"周氏兄弟"的分野,代表着两大类分别的作家群。在现今作家中,从邵燕祥到张承志,从汪曾祺到贾平凹,都各各显示出这样两种不同的思想和美学追求。但是,必须看到,精神现象是复杂的。对他们来说,从思想本质到艺术成就,彼此间仍然有着很大的差异。还有一些作者,绝大多数被称为"自由撰稿人",则在体制之外作着独立的表达。王小波对于科学的阐发,以及"假正经"文风;苇岸对"大地道德"的坚守;一平对人类文明的关注;筱敏对革命、民主和知识分子问题的诗性叙述;还有刘亮程的"乡土哲学"等等,他们以创造性的个人化写作,重现富于时代特点的集体的苦难记忆,拓展了中国现代散文的主题和风格类型。然而,同样在90年代,充满旧京派文人情调的随笔,以及娱乐性小品,比较上述富于思想的作家作品,毕竟占有压倒优势。可以认为,这是一种斗争。所谓个人性,其实并不包含价值观在内,而自由也并不能理解为对有限的公共资源的滥用。作家为何写作? 如何写作? 这个问题将一再逼使作家从头思考;对于中国作家的良知,对于中国文学的整体品质,它将构成为恒久的考验。(同上)

台湾和香港散文处在另一维度上。尤其台湾,五十年前后产生了一批颇有成就的作家。从评论家李敖、柏杨、龙应台,到抒情作家余光中、杨牧;从博雅的林语堂、梁实秋、董桥到写作"乡土散文"的阿盛;从叙说乡愁的王鼎钧、张拓芜,到描述人性人情的女作家琦君、张晓风、简媜,还有超脱于人间而喜欢云游高蹈的萧白等,都有着个人的各异的面貌。由于切断了与大陆母体的人文地理的联系,即使饱受传统文学以及世界文学的滋养,台港散文究竟缺乏那么一种博大、深沉、犷悍之美。遗憾是难以弥补的。(同上)

朱自清

朱自清(1898—1948),字佩弦,号秋实,江苏东海人(后随父居扬州,亦自称扬州人),是著名的现代诗人、散文家、学者和民主战士。1920年于北京大学哲学系毕业后,曾在江苏、浙江等地中学教书。1925年到清华大学中文系任教直至去世。早在大学读书期间,朱自清就开始了新诗创作,长诗《毁灭》是他的代表作。1922年转向了散文,主要结集有《踪迹》《背影》《欧游杂记》《你我》《伦敦杂记》等,是"五四"以来最有影响的散文家之一,其名作《背影》《荷塘月色》长期以来被认为是散文创作的典范。20世纪40年代末期,他的思想逐渐倾向进步,成为一个坚定的民主主义战士。

【集评】

目前我们的散文界已不乏专力雕琢辞藻的好手,沉醉在买椟的境界中,是以回头读朱自清的作品,也不禁会有"腴厚从平淡出来"的感觉。(郑明娳《现代散文欣赏》)

朱自清描山画水的散文,举世盛称其美……他写这类山水文学最擅长重彩工笔,真所谓"漱涤万

物,牢笼百态",淋漓尽致地再现了"人化的自然"之美的神髓,给人以舒坦的美感享受。(时萌《闻一多朱自清论》)

朱自清的写景抒情散文,善于刻画对象,捕捉景物中自己的发现,描摹比拟,着笔细腻。……他二十年代、三十年代的游记,都保持着这种写景的特色。有些文章或坦露内心活动,或联系历史风习,诱发读者设身处地,萌动怀古之情。(俞元桂等《中国现代散文十六家综论》)

读朱自清的散文,处处可见其诚挚、美好之襟怀,严谨、认真之作风,以及由于执着人生而产生的"沉痛隐忧"。他不论是抒情,是叙事,是写景,或是说理,都使人感到是那么实在、平易、纯正、透彻,而没有丝毫的虚、浮、躁、厉之气,颇有一些"温柔敦厚"之风。(佘树森《中国现当代散文研究》)

桨声灯影里的秦淮河

一九二三年八月的一晚,我和平伯同游秦淮河;平伯是初泛,我是重来了。我们雇了一只"七板子",在夕阳已去,皎月方来的时候,便下了船。于是桨声汩——汩,我们开始领略那晃荡着蔷薇色的历史的秦淮河的滋味了。

秦淮河里的船,比北京万牲园、颐和园的船好,比西湖的船好,比扬州瘦西湖的船也好。这几处的船不是觉着笨,就是觉着简陋、局促;都不能引起乘客们的情韵,如秦淮河的船一样。秦淮河的船约略可分为两种:一是大船;一是小船,就是所谓"七板子"。大船舱口阔大,可容二三十人。里面陈设着字画和光洁的红木家具,桌上一律嵌着冰凉的大理石面。窗格雕镂颇细,使人起柔腻之感。窗格里映着红色蓝色的玻璃;玻璃上有精致的花纹,也颇悦人目。"七板子"规模虽不及大船,但那淡蓝色的栏杆,空敞的舱,也足系人情思。而最出色处却在它的舱前。舱前是甲板上的一部,上面有弧形的顶,两边用疏疏的栏杆支着。里面通常放着两张藤的躺椅。躺下,可以谈天,可以望远,可以顾盼两岸的河房。大船上也有这个,但在小船上更觉清隽罢了。舱前的顶下,一律悬着灯彩;灯的多少,明暗,彩苏的精粗,艳晦,是不一的,但好歹总还你一个灯彩。这灯彩实在是最能勾人的东西。夜幕垂垂地下来时,大小船上都点起灯火。从两重玻璃里映出那辐射着的黄黄的散光,反晕出一片朦胧的烟霭;透过这烟霭,在黯黯的水波里,又逗起缕缕的明漪。在这薄霭和微漪里,听着那悠然的间歇的桨声,谁能不被引入他的美梦去呢? 只愁梦太多了,这些大小船儿如何载得起呀? 我们这时模模糊糊的谈着明末的秦淮河的艳迹,如《桃花扇》及《板桥杂记》里所载的。我们真神往了。我们仿佛亲见那时华灯映水,画舫凌波的光景了。于是我们的船便成了历史的重载了。我们终于恍然秦淮河的船所以雅丽过于他处,而又有奇异的吸引力的,实在是许多历史的影象使然了。

秦淮河的水是碧阴阴的;看起来厚而不腻,或者是六朝金粉所凝么? 我们初上船的时候,天色还未断黑,那漾漾的柔波是这样恬静,委婉,使我们一面有水阔天空之想,一面又憧憬着纸醉金迷之境了。 等到灯火明时,阴阴的变为沉沉了:黯淡的水光,象梦一般;那偶然闪烁着的光芒,就是梦的眼睛了。我们坐在舱前,因了那隆起的顶棚,仿佛总是昂着首向前走着似的;于是飘飘然如御风而行的我们,看着那些自在的湾泊着的船,船里走马灯般的人物,便象是下界一般,迢迢的远了,又象在雾里看花,尽朦朦胧胧的。 这时我们已过了利涉桥,望见东关头了。沿路听见断续的歌声:有从沿河的妓楼飘来的,有从河上船里度来的。我们明知那些歌声,只是些因袭的言词,从生涩的歌喉里机械的发出来的;但它们经了夏夜的微风的吹漾和水波的摇拂,袅娜着到我们耳边的时候,已经不单是她们的歌声,而混着微风和河水的密语了。 于是我们不得不被牵惹着,震撼着,相与浮沉于这歌声里了。 从东关头转湾,不久就到大中桥。大中桥共有三个桥拱,都很阔大,俨然是三座门儿;使我们觉得我们的船和船里的我们,在桥下过去时,真是太无颜色了。 桥砖是深褐色,表明它的历史的长久;但都完好无缺,令人太息于古昔工程的坚美。 桥上两旁都是木壁的房子,中间应该有街路? 这些房子都破旧了,多年烟熏的迹,遮没了当年的美丽。我想象秦淮河的极盛时,在这样宏阔的桥上,特地盖了房子,必然是髹漆得富富丽丽的;晚间必然是灯火通明的,现在却只剩下一片黑沉沉! 但是桥上造着房子,毕竟使我们多少可以想见往日的繁华;这也慰情聊胜无了。 过了大中桥,便到了灯月交辉,笙歌彻夜的秦淮河,这才是秦淮河的真面目哩。

大中桥外,顿然空阔,和桥内两岸排着密密的人家的景象大异了。一眼望去,疏疏的林,淡淡的月,衬着蔚蓝的天,颇象荒江野渡光景;那边呢,郁丛丛的,阴森森的,又似乎藏着无边的黑暗:令人几乎不信那是繁华的秦淮河了。但是河中眩晕着的灯光,纵横着的画舫,悠扬着的笛韵,夹着那吱吱的胡琴声,终于使我们认识绿如茵陈酒的秦淮水了。 此地天裸露着的多些,故觉夜来的独迟些;从清清的水影里,我们感到的只是薄薄的夜——这正是秦淮河的夜。大中桥外,本来还有一座复成桥,是船夫口中的我们的游踪尽处,或也是秦淮河繁华的尽处了。我的脚曾踏过复成桥的脊,在十三四岁的时候。但是两次游秦淮河,却都不曾见着复成桥的面;明知总在前途的,却常觉得有些虚无缥缈似的。我想,不见倒也好。这时正是盛夏。我们下船后,借着新生的晚凉和河上的微风,暑气已渐渐消散;到了此地,豁然开朗,身子顿然轻了——习习的清风荏苒在面上,手上,衣上,这便又感到了一缕新凉了。南京的日光,大概没有杭州猛烈;西湖的夏夜老是热蓬蓬的,水象沸着一般,秦淮河的水却尽是这样冷冷地绿着。任你人影的憧憧,歌声的扰扰,总象隔着一层薄薄的绿纱面幂似的；它尽是这样静静的，冷冷的绿着。我们出了大中桥，走不上半里路，船夫便将船划到一旁，停了桨由它宕着。他以为那里正是繁华的极点，再过去就是荒凉了；所以让我们多多赏鉴一会儿。他自己却静静的蹲着。他是看惯这光景的了，大约只是一个无可无不可。这无可无不可，无论是升的沉的，总之，都比我们高了。

那时河里闹热极了；船大半泊着，小半在水上穿梭似的来往。停泊着的都在近市的那一边，我们的船自然也夹在其中。因为这边略略的挤，便觉得那边十分的疏了。在每一只船从那边过去时，我们能画出它的轻轻的影和曲曲的波，在我们的心上；这显着是空，且显着是静了。那时处处都是歌声和凄厉的胡琴声，圆润的喉咙，确乎是很少的。但那生涩的，尖脆的调子能使人有少年的，粗率不拘的感觉，也正可快我们的意。况且多少隔开些儿听着，因为想象与渴慕的做美，总觉更有滋味；而竞发的喧嚣，抑扬的不齐，远近的杂沓，和乐器的嘈嘈切切，合成另一意味的谐音，也使我们无所适从，如随着大风而走。这实在因为我们的心枯涩久了，变为脆弱；故偶然润泽一下，便疯狂似的不能自主了。但秦淮河确也腻人。即如船里的人面，无论是和我们一堆儿泊着的，无论是从我们眼前过去的，总是模模糊糊的，甚至渺渺茫茫的；任你张圆了眼睛，揩净了眦垢，也是枉然。这真够人想呢。在我们停泊的地方，灯光原是纷然的；不过这些灯光都是黄而有晕的。黄已经不能明了，再加上了晕，便更不成了。灯愈多，晕就愈甚；在繁星般的黄的交错里，秦淮河仿佛笼上了一团光雾。光芒与雾气腾腾的晕着，什么都只剩了轮廓了；所以人面的详细的曲线，便消失于我们的眼底了。但灯光究竟夺不了那边的月色；灯光是浑的，月色是清的。在浑沌的灯光里，渗入一派清辉，却真是奇迹！那晚月儿已瘦削了两三分。她晚妆才罢，盈盈的上了柳梢头。天是蓝得可爱，仿佛一汪水似的；月儿便更出落得精神了。岸上原有三株两株的垂杨树，淡淡的影子，在水里摇曳着。它们那柔细的枝条浴着月光，就象一支支美人的臂膊，交互的缠着，挽着；又象是月儿披着的发。而月儿偶尔也从它们的交叉处偷偷窥看我们，大有小姑娘怕羞的样子。岸上另有几株不知名的老树，光光的立着；在月光里照起来，却又俨然是精神矍铄的老人。远处——快到天际线了，才有一两片白云，亮得现出异彩，象是美丽的贝壳一般。白云下便是黑黑的一带轮廓；是一条随意画的不规则的曲线。这一段光景，和河中的风味大异了。但灯与月竟能并存着，交融着，使月成了缠绵的月，灯射着渺渺的灵辉，这正是天之所以厚秦淮河，也正是天之所以厚我们了。

这时却遇着了难解的纠纷。秦淮河上原有一种歌妓，是以歌为业的。从前都在茶舫上，唱些大曲之类。每日午后一时起，什么时候止，却忘记了。晚上照样也有一回,也在黄晕的灯光里。我从前过南京时,曾随着朋友去听过两次。因为茶舫里的人脸太多了,觉得不大适意,终于听不出所以然。前年听说歌妓被取缔了,不知怎的,颇涉想了几次——却想不出什么。这次到南京,先到茶舫上去看看,觉得颇是寂寥,令我无端的怅怅了。不料她们却仍在秦淮河里挣扎着,不料她们竟会纠缠到我们,我于是很张皇了,她们也乘着"七板子",她们总是坐在舱前的。舱前点着石油汽灯,光亮眩人眼目:坐在下面的,自然是纤毫毕见了——引诱客人们的力量,也便在此了。舱里躲着乐工等人,映着汽灯的余辉蠕动着;他们是永远不被注意的。每船的歌妓大约都是二人;天色一黑,她们的船就在大中桥外往来不息的兜生意。无论行着的船,泊着的船,都要来兜揽的。这都是我后来推想出来的。那晚不知怎样,忽然轮着我们的船了。我们的船好好的停着,一只歌舫划向我们来了;渐渐和我们的船并着了。烁烁的灯光逼得我们皱起了眉头;我们的风尘色全给它托出来了,这使我踟蹰不安了。那时一个伙计跨过船来,拿着摊开的歌折,就近塞向我的手里,说:"点几出吧!"他跨过来的时候,我们船上似乎有许多眼光跟着。同时相近的别的船上也似乎有许多眼睛炯炯的向我们船上看着。我真窘了!我也装出大方的样子,向歌妓们瞥了一眼,但究竟是不成的!我勉强将那歌折翻了一翻,却不曾看清了几个字;便赶紧递还那伙计,一面不好意思地说:"不要。我们……不要。"他便塞给平伯。平伯掉转头去,摇手说:"不要!"那人还腻着不走。平伯又回过脸来,摇着头道,"不要!"于是那人重到我处,我窘着再拒绝了他。他这才有所不屑似的走了。我的心立刻放下,如释了重负一般。我们就开始自白了。

我说我受了道德律的压迫,拒绝了她们;心里似乎很抱歉的。这所谓抱歉,一面对于她们,一面对于我自己。她们于我们虽然没有很奢的希望;但总有些希望的。我们拒绝了她们,无论理由如何充足,却使她们的希望受了伤;这总有几分不做美了。这是我觉得很怅怅的。至于我自己,更有一种不足之感。我这时被四面的歌声诱惑了,降服了;但是远远的,远远的歌声总仿佛隔着重衣搔痒似的,越搔越搔不着痒处。我于是憧憬着贴耳的妙音了。在歌舫划来时,我的憧憬,变为盼望;我固执的盼望着,有如饥渴。虽然从浅薄的经验里,也能够推知,那贴耳的歌声,将剥去了一切的美妙;但一个平常的人象我的,谁愿凭了理性之力去丑化未来呢?我宁愿自己骗着了。不过我的社会感性是很敏锐的;我的思力能拆穿道德律的西洋镜,而我的感情却始终被它压服着。我于是有所顾忌了,尤其是在众目昭彰的时候。道德律的力,本来是民众赋予的;在民众的面前,自然更显出它的威严了。我这时一面盼望,一面却感到了两重的禁制:一,在通俗的意义上,接近妓者总算一种不正当的行为;二,妓是一种不健全的职业,我们对于她们,应有哀矜勿喜之心，不应赏玩的去听她们的歌。在众目睽睽之下，这两种思想在我心里最为旺盛。她们暂时压倒了我的听歌的盼望，这便成就了我的灰色的拒绝。那时的心实在异常状态中，觉得颇是昏乱。歌舫去了，暂时宁静之后，我的思绪又如潮涌了。两个相反的意思在我心头往复：卖歌和卖淫不同，听歌和狎妓不同，又干道德甚事？——但是，但是，她们既被逼得以歌为业，她们的歌必无艺术味的；况她们的身世，我们究竟该同情的。所以拒绝倒也是正办。但这些意思终于不曾撇开我的听歌的盼望。它力量异常坚强；它总想将别的思绪踏在脚下。从这重重的争斗里，我感到了浓厚的不足之感。这不足之感使我的心盘旋不安，起坐都不安宁了。唉！我承认我是一个自私的人！平伯呢，却与我不同。他引周启明先生的诗，"因为我有妻子，所以我爱一切的女人，因为我有子女，所以我爱一切的孩子①。"他的意思可以见了。他因为推及的同情，爱着那些歌妓，并且尊重着她们，所以拒绝了她们。在这种情形下，他自然以为听歌是对于她们的一种侮辱。但他也是想听歌的，虽然不和我一样。所以在他的心中，当然也有一番小小的争斗；争斗的结果，是同情胜了。至于道德律，在他是没有什么的；因为他很有蔑视一切的倾向，民众的力量在他是不大觉着的。这时他的心意的活动比较简单，又比较松弱，故事后还怡然自若；我却不能了。这里平伯又比我高了。

在我们谈话中间，又来了两只歌舫。伙计照前一样的请我们点戏，我们照前一样的拒绝了。我受了三次窘，心里的不安更甚了。清艳的夜景也为之减色。船夫大约因为要赶第二趟生意，催着我们回去；我们无可无不可的答应了。我们渐渐和那些晕黄的灯光远了，只有些月色冷清清的随着我们的归舟。我们的船竟没个伴儿，秦淮河的夜正长哩！到大中桥近处，才遇着一只来船。这是一只载妓的板船，黑漆漆的没有一点光。船头上坐着一个妓女；暗里看出，白地小花的衫子，黑的下衣。她手里拉着胡琴，口里唱着青衫的调子。她唱得响亮而圆转；当她的船箭一般驶过去时，余音还袅袅的在我们耳际，使我们倾听而向往。想不到在弩末的游踪里，还能领略到这样的清歌！这时船过大中桥了，森森的水影，如黑暗张着巨口，要将我们的船吞了下去。我们回顾那渺渺的黄光，不胜依恋之情；我们感到了寂寞了！这一段地方夜色甚浓，又有两头的灯火招邀着；桥外的灯火不用说了，过了桥另有东关头疏疏的灯火。我们忽然仰头看见依人的素月，不觉深悔归来之早了！走过东关头，有一两只大船湾泊着，又有几只船向我们来着。嚣嚣的一阵歌声人语，仿佛笑我们无伴的孤舟哩。东关头转湾，河上的夜色更浓了；临水的妓楼上，时时从帘缝里射出一线一线的灯光；仿佛黑暗从酣睡里眨了一眨眼。我们默然的对着，静听那汩——汩的桨声，几乎要入睡了；朦胧里却温寻着适才的

① 原诗是"我为了自己的儿女才爱小孩子，为了自己的妻才爱女人"。（见《雪潮》四八页）

繁华的余味。我那不安的心在静里愈显活跃了！这时我们都有了不足之感，而我的更其浓厚。我们却又不愿回去，于是只能由懊悔而怅惘了。船里便满载着怅惘了。直到利涉桥下，微微嘈杂的人声，才使我豁然一惊；那光景却又不同。右岸的河房里，都大开了窗户，里面亮着晃晃的电灯，电灯的光射到水上，蜿蜒曲折，闪闪不息，正如跳舞着的仙女的臂膊。我们的船已在她的臂膊里了；如睡在摇篮里一样，倦了的我们便又入梦了。那电灯下的人物，只觉得象蚂蚁一般，更不去萦念。这是最后的梦；可惜的是最短的梦！黑暗重复落在我们面前，我们看见傍岸的空船上一星两星的，枯燥无力又摇摇不定的灯光。我们的梦醒了，我们知道就要上岸了，我们心里充满了幻灭的情思。

一九二三年十月十一日作完，于温州

【赏析】

　　1923 年夏天的某个晚上，朱自清与俞平伯同游秦淮河，并共同写出了同题散文《桨声灯影里的秦淮河》（俞平伯之作见其集《杂拌儿》，开明书店 1930 年版），在中国现代文学史上留下了一段佳话，同时也为中国现当代散文领域内的"同题写作"开了先河。

　　朱自清在写作《桨声灯影里的秦淮河》时，在文学观念上正奉行"刹那主义"。他说："我第一要使生活的各个过程都有它独立之意义和价值——每一刹那有每一刹那的意义和价值"，"我们只须'鸟瞰'地认明每一刹那自己的价值，即这一刹那里充分的发展，便是有趣味的事，便是安定的生活"（见 1922 年朱自清致俞平伯信，载《我们的七月》）。对于作家艺术上的这一"刹那观"，与之相知较深的俞平伯曾经做过这样的解释与评价：朱自清"是把颓废主义与实际主义合拢来，形成一种有积极意味的刹那主义"，"他所持的这种刹那观，虽然根底上不免有些颓废气息，而在行为上却始终是积极的，肯定的，呐喊着的，挣扎着的。他决不甘心无条件屈服于悲哀底侵袭之下，约言之，他要拿这种刹那观做自己底防御线，不是拿来饮鸩止渴的。他看人生原只是一种没来由的盲动，但却积极的肯定它，顺它的猝发的要求，求个段落的满足，这便是他底唯一的道路"（《读〈毁灭〉》）。明确了这一点，再来看本文，则可发现，作者并没有表达什么深刻的、沉重的思想，仅仅是抒发了自己夜游秦淮的一系列"刹那"间的感觉、感触与感受，其中既有对"明末的秦淮河的艳迹"的"神往"，亦有对浮现着"许多历史的影象"的秦淮河本身魅力的欣赏，有对不幸沦落风尘的女子的哀怜、同情，亦有面对女性的诱惑时深受"道德律的压迫"而引起内心的困扰与冲突，亦不乏一个现代知识分子朴素而真诚的人道主义意识以及健康而稳固的传统理性。

　　本文最值得称道的主要在于其艺术上所取得的成功。五四运动之后，围绕着文言文与白话文的优劣，复古派与革新派曾经爆发过一系列理论上的论争，其结果当然以主张白话文写作的革新派取得了胜利，然而理论上的胜利还有待于实践的检验与证明，而朱自清的这篇散文以其淡雅而优美的魅力，可算是从一个侧面显示了"新文学"的实绩，从而被誉为"白话美文的模范"。用鲁迅的话说,"这是为了对于旧文学的示威,在表示旧文学之自以为特长者,白话文学也并非做不到"(《论小品文的危机》)。

在艺术表现上,本文值得借鉴的地方是很多的。诸如,在整个画面的组合、安排上,作家充分注意了艺术空间的虚实相间,"桨声灯影"在他的笔下忽隐忽显,忽近忽远,从而充分展示了一种雾里看花、"朦朦胧胧"的美学效果;在作品内在的情绪节奏的把握上,作家凭借着那一短短的游程,将之处理得张弛起伏、跌宕生姿:忽而恬淡,忽而窘迫,忽而怡然自得,忽而又充满了"幻灭的情思";在语言、修辞上,作家调动了各种富有色彩的词语,动用重叠、对仗、通感等手法,全面而细腻地复现了彼时彼刻的秦淮河的光色声影与氛围。

(沈义贞)

何其芳

何其芳(1912—1977),原名何永芳,生于重庆万州,现代诗人、散文家、文学评论家,中国科学院哲学社会科学学部委员。1935年于北京大学哲学系毕业,"汉园三诗人"之一。散文集《画梦录》获得文学界的一致好评。1938年到延安鲁迅艺术学院任教,为革命文艺做了大量拓荒工作。同年发表作品《生活是多么广阔》《我为少男少女们歌唱》。曾历任中国文学艺术界联合会委员,中国作家协会理事和书记处书记,中国社会科学院文学研究所所长等职。

雨 前

最后的鸽群带着低弱的笛声在微风里画一个圈子后,也消失了。也许是误认这灰暗的凄冷的天空为夜色的来袭,或是也预感到风雨的将至,遂过早地飞回它们温暖的木舍。

几天阳光在柳条上撒下的一抹嫩绿,被尘土埋掩得有憔悴色了,是需要着一次洗涤。还有干裂的大地与树根也早已期待着雨。雨却迟疑着。

我怀想着故乡的雷声和雨声。那隆隆的有力的搏击,从山谷返响到山谷,仿佛春之芽就从冻土里震动,惊醒,而怒茁出来。细草样柔的雨声又以膏脂和温存之手抚摩它,使它簇生油绿的枝叶而开出红色的花。这些怀想如乡愁一样萦绕得使我忧郁了。我心里的气候也和这北方大陆一样缺少雨量,一滴温柔的泪在我枯涩的眼里,如迟疑在这阴沉的天空里的雨点,久不落下。

白色的鸭也似有一点烦躁了,有不洁色的都市的河沟里传出它们焦急的叫声。有的还未厌倦那船一样的徐徐的划行,有的却倒插它们的长颈在水里,红色的蹼趾伸在尾巴后,不停地扑击着水以支持身体的平衡。不知是在寻找沟底的细微的食物,抑是贪那深深的水里的寒冷。

有几个已上岸了。在柳树下来回地作它们绅士的散步,舒息划行的疲劳。然后参差地站着,用嘴细细地梳理它们遍体白色的羽毛,间或又摇动身子或扑展着阔翅,使那缀在羽毛间的水珠坠落。一个已修饰完毕的,弯曲它的颈到背上,长长的红嘴藏没在翅膀里,静静合上它白色的茸毛间的小黑睛,仿佛准备睡眠。可怜的小动物,你就是这样做着你的梦吗?

我想起故乡放雏鸭的人了。一大群鹅黄色的雏鸭游牧在溪流间。清浅的水,两岸青青的草,一根长长的竿在牧人的手里。他的小队伍是多么欢欣地发出啾啁声,又多么驯服地随着他的竿头越过一个田野又一个山坡。夜来了,帐幕似的竹篷撑在地上,就是他的家。但这是怎样辽远的想象啊! 在这多尘土的国土里,我仅只希望听一点树叶上的雨声。一点雨声的幽凉滴到我憔悴的梦,也许会长成一树圆圆的绿阴来覆荫我自己。

我仰起头。天空低垂如灰色的雾幕,落下一些寒冷的碎屑到我脸上。一只远来的鹰隼仿佛带着怒愤,对这沉重的天色的怒愤,平张的双翅不动地从天空斜插下,几乎触到河沟对岸的土阜,而又鼓扑着双翅,作出猛烈的声响腾上了。那样巨大的翅使我惊异,我看见了它两肋间斑白的羽毛。

接着听见了它有力的鸣声,如同一个巨大的心的呼号,或是在黑暗里寻找伴侣的叫唤。

然而雨还是没有来。

【汇评】

《雨前》是一篇美文。用词准确洗练,选用富于色彩的词藻,写景状物,精细传神,构成鲜明生动的动态画面;对故乡的怀想,写得似诗如画,情思缕缕。在优美的形式中含着深刻的意蕴,显示出一种清新隽永的韵味。(钱谷融、吴宏聪《中国现代文学作品选读》)

《雨前》写于 1933 年,是《画梦录》最精美的篇章,多次被收入各种散文选集和辞典。这篇美文的契机在于:精选"最后的鸽群""凄冷的天空""白色的鸭""远来的鹰隼"等别具特色的物象,通过冷灰与暖绿两种色调的反衬,构成雨前的幽深意境,制造出一种渴求雨的来临而雨偏偏迟迟不来的悒郁、迟疑的情调。(张梦阳《何其芳散文欣赏》)

【赏析】

《雨前》收录于何其芳著名的散文集《画梦录》，写作于 1933 年，何其芳正在北京大学上二年级。《画梦录》于 1936 年 7 月由文化生活出版社出版，收录了何其芳 1933 到 1935 年从北大学生到天津南开中学教师两个时期的作品。《画梦录》是获得"《大公报》文艺奖金"的三部作品之一，颁奖词认为《画梦录》"是一部独立的艺术制作，有它超达深渊的情趣"。聂绀弩更将其和鲁迅的《野草》并列，认为它们"珠玉在前，无可伦比"。

《雨前》的写作具有现代派的象征主义风格。20 世纪 20 年代，中国产生了象征主义思潮，何其芳本人也是中国现代派诗歌的重要代表。何其芳将西方的现代派艺术进行了本土化尝试。《雨后》就是这样一篇诗化的散文，通过生活化的意象、古典蕴藉的词语选择、中国特色的意境营构，象征性地表达了自己的内心世界。作者身处久旱的北方，思念着故乡酣畅淋漓的雷声和雨声。《雨前》和鲁迅的《野草》中的《雪》有类似之处，都是用象征主义手法表达对于昂然奋进的战斗精神的呼唤，都运用了南方和北方的对比，不同的是，鲁迅呼唤的是"朔方的雪"，何其芳期待的是"南方的雨"，但同样的是，他们都渴望战斗的淋漓和有力的搏击。

《雨前》可谓诗化的散文，其语言艺术值得学习。首先，《雨前》善用象征手法。带着微弱笛声的鸽群，有点憔悴之色的柳条，烦躁的白色的鸭子，充满进攻性的鹰隼，这些自然界之物象都是作者内心焦郁、企盼、苦闷、渴望的象征。《雨前》通篇运用了对比手法，作者所在的北方是干枯压抑的，形成鲜明对比的是作者思念的故乡。那里有隆隆的有力的雷鸣，有温柔的雨声，有蓬勃的花草，有鹅黄的雏鸭，正是作者对于充满活力与希望的理想世界的描摹。其次，《雨前》将比喻、拟人、通感等融合运用。把鹰隼有力的鸣声，比喻为"一个巨大的心的呼号"。把"雨"欲下不下的状态拟人为"迟疑"，柳条干渴的状态拟人为"憔悴"。"一点雨声的幽凉滴到我憔悴的梦"则是将对雨声的听觉感受转化为"幽凉"的触觉，用"憔悴"来形容抽象的梦境，既具有陌生化的美感，又有移情的作用，传神地写出了作者等雨而雨不至的荒凉哀戚之感。"也许会长成一树圆圆的绿阴来覆荫我自己"又从触觉转化为视觉，富有动感和美感，形成了诗一般的画面。司马长风在《中国新文学史》中讲到："何其芳的散文，在文字技巧上登峰造极。"可以说，何其芳散文的语言艺术奇崛幽美，虚实相生，情景交融，细腻绵密，闪耀着独特的艺术光辉。

何其芳在现代散文的形制建构和美学追求上做出了重要贡献。他在《〈还乡杂记〉代序》中表示"我愿意以微薄的努力来证明每篇散文应该是一种纯粹的独立的创作""我的工作是在为抒情的散文发现一个新的园地"。何其芳的散文写作借鉴西方现代派诗歌的表现手法，擅用暗示与象征，精于意象的塑造和意境的营构。何其芳是现代主义本土化的一个重要代表，他的写作融汇了晚唐温庭筠、李商隐的含蓄蕴藉，闻一多、徐志摩对现代汉语的语言锤炼，融汇古今，走出了中国现代散文的创新之路。

（张　娟）

参考书目

《鲁迅散文全集》,浙江文艺出版社 1991 年

何其芳《何其芳文集》,人民文学出版社 1982 年

朱自清《背影》,河北教育出版社 1994 年

思考与练习

1. 朱自清的《桨声灯影里的秦淮河》是如何发挥"桨声灯影"的美学效果的? 请比较此文与俞平伯同题散文的异同。

2. 从《雨前》谈谈何其芳对现代抒情散文的创造。

慕课资源

巴　金

巴金(1904—2005),原名李尧棠,字芾甘,四川成都人。1921 年于成都外语专门学校肄业。曾就读于东南大学附中。1927 年至 1929 年赴法国留学。1935 年至 1950 年任上海文化生活出版社、平明出版社总编辑。1950 年后历任《文艺月报》《收获》《上海文学》主编,上海市文联副主席、主席、名誉主席,上海市作家协会主席、名誉主席,上海市政协副主席,中国作家协会副主席、主席,中国文联副主席、荣誉委员。全国人大代表、常委委员,全国政协委员、全国政协副主席。

1922 年开始文学创作,著有《灭亡》《新生》、"激流三部曲"(《家》《春》《秋》)、"爱情的三部曲"(《雾》《雨》《电》)、《火》《憩园》《寒夜》《第四病室》《燃火集》《随想录》《再思录》等中、长篇小说以及短篇小说、散文等。出版了《巴金全集》(26 卷)、《巴金译文全集》(10 卷)。

2003 年 11 月,国务院授予巴金"人民作家"荣誉称号。

【集评】

巴金作品中那用痛苦的心泉酿成的悲剧素质所构成的悲剧美,由于总是和崇高、真诚、美好、理想、抗争相联系,所以它们并不使人陷入悲观厌世和绝望消沉之中,相反却能激起人们对现存社会制度永世长存的怀疑和对未来光明的渴望。(刘慧贞《巴金代表作·序言》)

他在创作中,真挚、强烈地抒发了自己的真情实感,自觉地以这种感情为中介,使广大读者从他的作品中获得艺术与美的享受,以及战斗的启示。(陈思和、李辉《巴金研究论稿》)

怀念萧珊^①

一

　　今天是萧珊逝世的六周年纪念日。六年前的光景还非常鲜明地出现在我的眼前。那一天我从火葬场回到家中,一切都是乱糟糟的,过了两三天我渐渐地安静下来了,一个人坐在书桌前,想写一篇纪念她的文章。在五十年前我就有了这样一种习惯:有感情无处倾吐时我经常求助于纸笔。可是一九七二年八月里那几天,我每天坐三四个小时望着面前摊开的稿纸,却写不出一句话。我痛苦地想,难道给关了几年的"牛棚",真的就变成"牛"了? 头上仿佛压了一块大石头,思想好像冻结了一样。我索性放下笔,什么也不写了。

　　六年过去了。林彪、"四人帮"及其爪牙们的确把我搞得很"狼狈",但我还是活下来了,而且偏偏活得比较健康,脑子也并不糊涂,有时还可以写一两篇文章。最近我经常去火葬场,参加老朋友们的骨灰安放仪式。在大厅里,我想起许多事情。同样地奏着哀乐,我的思想却从挤满了人的大厅转到只有二三十个人的中厅里去了,我们正在用哭声向萧珊的遗体告别。我记起了《家》里面觉新说过的一句话:"好像珏死了,也是一个不祥的鬼。"四十七年前我写这句话的时候,怎么想得到我是在写自己! 我没有流眼泪,可是我觉得有无数锋利的指甲在搔我的心。我站在死者遗体旁边,望着那张惨白色的脸,那两片咽下千言万语的嘴唇,我咬紧牙齿,在心里唤着死者的名字。我想,我比她大十三岁,为什么不让我先死? 我想,这是多不公平! 她究竟犯了什么罪? 她也给关进"牛棚",挂上"牛鬼蛇神"的小纸牌,还扫过马路。究竟为什么? 理由很简单,她是我的妻子。她患了病,得不到治疗,也因为她是我的妻子。想尽办法一直到逝世前三个星期,靠开后门她才住进医院。但是癌细胞已经扩散,肠癌变成了肝癌。

　　她不想死,她要活,她愿意改造思想,她愿意看到社会主义建成。这个愿望总不能说是痴心妄想吧。她本来可以活下去,倘使她不是"黑老K"的"臭婆娘"。一句话,是我连累了她,是我害了她。

　　在我靠边的几年中间,我所受到的精神折磨她也同样受到。但是我并未挨过

---

　　① 本篇选自巴金的散文《随想录》,写于 1978 年 8 月至 1979 年 1 月,是一篇悼亡之作。作者虽然写的是个人的遭遇,但又时时把这场遭遇与整个国家民族的劫难过程联系在一起,使散文中所写的日常生活场景都超出了个人的意义。

打，她却挨了"北京来的红卫兵"的铜头皮带，留在她左眼上的黑圈好几天以后才退尽。她挨打只是为了保护我，她看见那些年轻人深夜闯进来，害怕他们把我揪走，便溜出大门，到对面派出所去，请民警同志出来干预。那里只有一个人值班，不敢管。当着民警的面，她被他们用铜头皮带狠狠抽了一下，给押了回来，同我一起关在马桶间里。

她不仅分担了我的痛苦，还给我不少的安慰和鼓励。在"四害"横行的时候，我在原单位（中国作家协会上海分会）给人当作"罪人"和"贱民"看待，日子十分难过，有时到晚上九十点钟才能回家。我进了门看到她的面容，满脑子的乌云都消散了。我有什么委屈、牢骚，都可以向她尽情倾吐。有一个时期我和她每晚临睡前要服两粒眠尔通才能够闭眼，可是天刚刚发白就都醒了。我唤她，她也唤我。我诉苦般地说："日子难过啊！"她也用同样的声音回答："日子难过啊！"但是她马上加一句："要坚持下去。"或者再加一句："坚持就是胜利。"我说"日子难过"，因为在那一段时间里，我每天在"牛棚"里面劳动、学习、写交代、写检查、写思想汇报。任何人都可以责骂我、教训我、指挥我。从外地到"作协分会"来串联的人可以随意点名叫我出去"示众"，还要自报罪行。上下班不限时间，由管理"牛棚"的"监督组"随意决定。任何人都可以闯进我家里来，高兴拿什么就拿走什么。这个时候大规模的群众性批斗和电视批斗大会还没有开始，但已经越来越逼近了。

她说"日子难过"，因为她给两次揪到机关，靠边劳动，后来也常常参加陪斗。在淮海中路"大批判专栏"上张贴着批判我的罪行的大字报，我一家人的名字都给写出来"示众"，不用说"臭婆娘"的大名占着显著的地位。这些文字像虫子一样咬痛她的心。她让上海戏剧学院"狂妄派"学生突然袭击、揪到"作协分会"去的时候，在我家大门上还贴了一张揭露她的所谓罪行的大字报。幸好当天夜里我儿子把它撕毁。否则这一张大字报就会要了她的命！

人们的白眼，人们的冷嘲热骂蚕蚀着她的身心。我看出来她的健康逐渐遭到损害。表面上的平静是虚假的。内心的痛苦像一锅煮沸的水，她怎么能遮盖住！怎样能使它平静！她不断地给我安慰，对我表示信任，替我感到不平。然而她看到我的问题一天天地变得严重，上面对我的压力一天天地增加，她又非常担心。有时同我一起上班或者下班，走进巨鹿路口，快到"作协分会"，或者走进南湖路口，快到我们家，她总是抬不起头。我理解她，同情她，也非常担心她经受不起沉重的打击。我记得有一天到了平常下班的时间，我们没有受到留难，回到家里她比较高兴，到厨房去烧菜。我翻看当天的报纸，在第三版上看到当时做了"作协分会"的"头头"的两个工人作家写的文章《彻底揭露巴金的反革命真面》。真是当头一棒！我看了两三行，连忙把报纸藏起来，我害怕让她看见。她端着烧好的菜出来,脸上还带笑容,吃饭时她有说有笑。饭后她要看报,我企图把她的注意力引到别处。但是没有用,她找到了报纸。她的笑容一下子完全消失。这一夜她再没有讲话,早早地进了房间。我后来发现她躺在床上小声哭着。一个安静的夜晚给破坏了。今天回想当时的情景,她那张满是泪痕的脸还在我的眼前。我多么愿意让她的泪痕消失,笑容在她那憔悴的脸上重现,即使减少我几年的生命来换取我们家庭生活中一个宁静的夜晚,我也心甘情愿!

二

我听周信芳同志的媳妇说,周的夫人在逝世前经常被打手们拉出去当作皮球推来推去,打得遍体鳞伤。有人劝她躲开,她说:“我躲开,他们就要这样对付周先生了。”萧珊并未受到这种新式体罚。可是她在精神上给别人当皮球打来打去。她也有这样的想法:她多受一点精神折磨,可以减轻对我的压力。其实这是她一片痴心,结果只苦了她自己。我看见她一天天地憔悴下去,我看见她的生命之火逐渐熄灭,我多么痛心。我劝她,安慰她,我想拉住她,一点也没有用。

她常常问我:“你的问题什么时候才解决呢?”我苦笑地说:“总有一天会解决的。”她叹口气说:“我恐怕等不到那个时候了。”后来她病倒了,有人劝她打电话找我回家,她不知从哪里得来的消息,她说:“他在写检查,不要打岔他。他的问题大概可以解决了。”等到我从五七干校回家休假,她已经不能起床。她还问我检查写得怎样,问题是否可以解决。我当时的确在写检查,而且已经写了好几次了。他们要我写,只是为了消耗我的生命。但她怎么能理解呢?

这时离她逝世不过两个多月,癌细胞已经扩散,可是我们不知道,想找医生给她认真检查一次,也毫无办法。平日去医院挂号看门诊,等了许久才见到医生或者实习医生,随便给开个药方就算解决问题。只有在发烧到摄氏三十九度才有资格挂急诊号,或者还可以在病人拥挤的观察室里待上一天半天。当时去医院看病找交通工具也很困难,常常是我女婿借了自行车来,让她坐在车上,他慢慢地推着走。有一次她雇到小三轮车去看病,看好门诊回家雇不到车了,只好同陪她看病的朋友一起慢慢地走回来,走走停停,走到街口,她快要倒下了,只得请求行人到我们家通知,她一个表侄正好来探病,就由他去把她背了回家。她希望拍一张 X 光片子查一查肠子有什么病,但是办不到。后来靠了她一位亲戚帮忙开后门两次拍片,才查出她患肠癌。以后又靠朋友设法开后门住进了医院。她自己还很高兴,以为得救了。只有她一个人不知真实的病情,她在医院里只活了三个星期。

我休假回家,假期满了,我又请过两次假,留在家里照料病人。最多也不到一个月。我看见她病情日趋严重，实在不愿意把她丢开不管，我要求延长假期的时候，我们那个单位的一个"工宣队"头头逼着我第二天就回干校去。我回到家里，她问起来，我无法隐瞒。她叹了一口气，说"你放心去吧。"她把脸掉过去，不让我看见她。我女儿、女婿看到这种情景，自告奋勇跑到巨鹿路向那位"工宣队"头头解释，希望同意我在市区多留些日子照料病人。可是那个头头"执法如山"，还说：他不是医生，留在家里，有什么用！"留在家里对他改造不利！"他们气愤地回到家中，只说机关不同意，后来才对我传达了这句"名言"。我还能讲什么呢？明天回干校去！

整个晚上她睡不好，我更睡不好。出乎意外，第二天一早我那个插队落户的儿子在我们房间里出现了，他是昨天半夜里到的。他得了家信，请假回家看母亲，却没有想到母亲病成这样。我见了他一面，把他母亲交给他，就回干校去了。

在车上我的情绪很不好。我实在想不通为什么会有这样的事情。我在干校待了五天，无法同家里通消息。我已经猜到她的病不轻了。可是人们不让我过问她的事情。这五天是多么难熬的日子！到第五天晚上在干校的造反派头头通知我们全体第二天一早回市区开会。这样我才又回到了家，见到我的爱人。靠了朋友帮忙，她可以住进中山医院肝癌病房，一切都准备好，她第二天就要住院了。她多么希望住院前见我一面，我终于回来了。连我也没有想到她的病情发展得这么快。我们见了面，我一句话也讲不出来。她说了一句："我到底住院了。"我答说："你安心治疗吧。"她父亲也来看她，老人家双目失明，去医院探病有困难，可能是来同他的女儿告别的。

我吃过中饭，就去参加给别人戴上反革命帽子的大会，受批判、戴帽子的人不止一个，其中有一个我的熟人王若望同志，他过去也是作家，不过比我年轻。我们一起在"牛棚"里关过一个时期，他的罪名是"摘帽右派"。他不服，不听话，他贴出大字报，声明"自己解放自己"，因此罪名越搞越大，给捉去关了一个时期不算，还戴上了反革命的帽子监督劳动。在会场里我一直像在做怪梦。开完会回家，见到萧珊我感到格外亲切，仿佛重回人间。可是她不舒服，不想讲话，偶尔讲一句半句。我还记得她讲了两次："我看不到了。"我连声问她看不到什么？她后来才说："看不到你解放了。"我还能再讲什么呢？

我儿子在旁边，垂头丧气，精神不好，晚饭只吃了半碗，像是患感冒。她忽然指着他小声说："他怎么办呢？"他当时在安徽山区农村已经待了三年半，政治上没有人管，生活上不能养活自己，而且因为是我的儿子，给剥夺了好些公民权利。他先学会沉默，后来又学会抽烟。我怀着内疚的心情看看他。我后悔当初不该写小说，更不该生儿育女。我还记得前两年在痛苦难熬的时候她对我说："孩子们说爸爸做了坏事，害了我们大家。"这好像用刀子在割我身上的肉。我没有出声，我把泪水全吞在肚里。她睡了一觉醒过来忽然问我："你明天不去了？"我说："不去了。"就是那个"工宣队"头头今天通知我不用再去干校就留在市区。他还问我："你知道萧珊是什么病？"我答说："知道。"其实家里瞒住我，不给我知道真相，我还是从他这句问话里猜到的。

<h3 style="text-align:center">三</h3>

　　第二天早晨她动身去医院，一个朋友和我女儿、女婿陪她去。她穿好衣服等候车来。她显得急躁，又有些留恋，东张张西望望，她也许在想是不是能再看到这里的一切。我送走她，心上反而加了一块大石头。

　　将近二十天里，我每天去医院陪伴她大半天。我照料她，我坐在病床前守着她，同她短短地谈几句话。她的病情恶化，一天天衰弱下去，肚子却一天天大起来，行动越来越不方便。当时病房里没有人照料，生活方面除饭食外一切都必须自理。后来听同病房的人称赞她"坚强"，说她每天早晚都默默地挣扎着下了床，走到厕所。医生对我们谈起，病人的身体经不住手术，最怕的是她的肠子堵塞，要是不堵塞，还可以拖延一个时期。她住院后的半个月是一九六六年八月以来我既感痛苦又感到幸福的一段时间，是我和她在一起渡过的最后的平静的时刻，我今天还不能将它忘记。但是半个月以后，她的病情又有了发展，一天吃中饭的时候，医生通知我儿子找我去谈话。他告诉我：病人的肠子给堵住了，必须开刀。开刀不一定有把握，也许中途出毛病。但是不开刀，后果更不堪设想。他要我决定，并且要我劝她同意。我做了决定，就去病房对她解释。我讲完话，她只说了一句："看来，我们要分别了。"她望着我，眼睛里全是泪水。我说："不会的……"我的声音哑了。接着护士长来安慰她，对她说："我陪你，不要紧的。"她回答："你陪我就好。"时间很紧迫，医生、护士们很快做好了准备，她给送进手术室去了，是她的表侄把她推到手术室门口的。我们就在外面廊上等了好几个小时，等到她平安地给送出来，由儿子把她推回到病房去。儿子还在她的身边守过一个夜晚。过两天他也病倒了，查出来他患肝炎，是从安徽农村带回来的。本来我们想瞒住他的母亲，可是无意间让他母亲知道了。她不断地问："儿子怎么样？"我自己也不知道儿子怎么样，我怎么能使她放心呢？晚上回到家，走进空空的、静静的房间，我几乎要叫出声来："一切都朝我的头打下来吧，让所有的灾祸都来吧。我受得住！"

　　我应当感谢那位热心而又善良的护士长，她同情我的处境，要我把儿子的事情完全交给她办。她做好安排，陪他看病、检查，让他很快住进别处的隔离病房，得到及时的治疗和护理。他在隔离病房里苦苦地等候着母亲病情的好转。母亲躺在病床上，只能有气无力地说几句短短的话，她经常问："棠棠怎么样？"从她那双含泪的眼睛里我明白她多么想看见她最爱的儿子。但是她已经没有精力多想了。

她每天给输血，打盐水针。她看见我去就断断续续地问我："输多少西西的血？该怎么办？"我安慰她："你只管放心。没有问题，治病要紧。"她不止一次地说："你辛苦了。"我有什么苦呢？我能够为我最亲爱的人做事情，哪怕做一件小事，我也高兴！后来她的身体更不行了。医生给她输氧气，鼻子里整天插着管子。她几次要求拿开，这说明她感到难受，但是听了我们的劝告，她终于忍受下去了。开刀以后她只活了五天。谁也想不到她会去得这么快！五天中间我整天守在病床前，默默地望着她在受苦（我是设身处地感觉到这样的），可是她除了两三次要求搬开床前巨大的氧气筒，三四次表示担心输血较多付不出医药费之外，并没有抱怨过什么。见到熟人她常有这样一种表情：请原谅我麻烦了你们。她非常安静，但并未昏睡，始终睁大两只眼睛。眼睛很大，很美，很亮。我望着，望着，好像在望快要燃尽的烛火。我多么想让这对眼睛永远亮下去！我多么害怕她离开我！我甚至愿意为我那十四卷"邪书"受到千刀万剐，只求她能安静地活下去。

不久前我重读梅林写的《马克思传》，书中引用了马克思给女儿的信里的一段话，讲到马克思夫人的死。信上说："她很快就咽了气。……这个病具有一种逐渐虚脱的性质，就像由于衰老所致一样。甚至在最后几小时也没有临终的挣扎，而是慢慢地沉入睡乡。她的眼睛比任何时候都更大、更美、更亮！"这段话我记得很清楚。马克思夫人也死于癌症。我默默地望着萧珊那对很大、很美、很亮的眼睛，我想起这段话，稍微得到一点安慰。听说她的确也"没有临终的挣扎"，也是"慢慢地沉入睡乡"。我这样说，因为她离开这个世界的时候，我不在她的身边。那天是星期天，卫生防疫站因为我们家发现了肝炎病人，派人上午来做消毒工作。她的表妹有空愿意到医院去照料她，讲好我们吃过中饭就去接替。没有想到我们刚刚端起饭碗，就得到传呼电话，通知我女儿去医院，说是她妈妈"不行"了。真是晴天霹雳！我和我女儿、女婿赶到医院。她那张病床上连床垫也给拿走了。别人告诉我她在太平间。我们又下了楼赶到那里，在门口遇见表妹。还是她找人帮忙把"咽了气"的病人抬进来的。死者还不曾给放进铁匣子里送进冷库，她躺在担架上，但已经给白布床单包得紧紧的，看不到面容了。我只看到她的名字。我弯下身子，把地上那个还有点人形的白布包拍了好几下，一面哭唤着她的名字。不过几分钟的时间，这算是什么告别呢？

据表妹说，她逝世的时刻，表妹也不知道。她曾经对表妹说："找医生来。"医生来过，并没有什么。后来她就渐渐地"沉入睡乡"。表妹还以为她在睡眠。一个护士来打针,才发觉她的心脏已经停止跳动了。我没有能同她诀别,我有许多话没有能向她倾吐,她不能没有留下一句遗言就离开我!我后来常常想,她对表妹说:"找医生来",很可能不是"找医生"。是"找李先生"(她平日这样称呼我)。为什么那天上午偏偏我不在病房呢?家里人都不在她身边,她死得这样凄凉!

我女婿马上打电话给我们仅有的几个亲戚。她的弟媳赶到医院,马上晕了过去。三天以后在龙华火葬场举行告别仪式。她的朋友一个也没有来,因为一则我们没有通知,二则我是一个审查了将近七年的对象。没有悼词没有吊客,只有一片伤心的哭声。我衷心感谢前来参加仪式的少数亲友和特地来帮忙的我女儿的两三个同学,最后,我跟她的遗体告别,女儿望着遗容哀哭,儿子在隔离病房还不知道把他当作命根子的妈妈已经死亡。值得提说的是她当作自己儿子照顾了好些年的一位亡友的男孩从北京赶来,只为了看见她最后一面。这个整天同钢铁打交道的技术员,他的心倒不像钢铁那样。他得到电报以后,他爱人对他说:"你去吧,你不去一趟,你的心永远安定不了。"我在变了形的她的遗体旁边站了一会。别人给我和她照了相。我痛苦地想:这是最后一次了,即使给我们留下来很难看的形象,我也要珍视这个镜头。

一切都结束了。过了几天我和女儿、女婿到火葬场,领到了她的骨灰盒。在存放室寄存了三年之后,我按期把骨灰盒接回家里。有人劝我把她的骨灰安葬,我宁愿让骨灰盒放在我的寝室里,我感到她仍然和我在一起。

四

梦魇一般的日子终于过去了。六年仿佛一瞬间似的远远地落在后面了。其实哪里是一瞬间!这段时间里有多少流着血和泪的日子啊。不仅是六年,从我开始写这篇短文到现在又过去了半年,半年中我经常在火葬场的大厅里默哀,行礼,为了纪念给"四人帮"迫害致死的朋友。想到他们不能把个人的智慧和才华献给社会主义祖国,我万分惋惜。每次戴上黑纱插上纸花的同时,我也想起我自己最亲爱的朋友,一个普通的文艺爱好者,一个成绩不大的翻译工作者,一个心地善良的人。她是我生命的一部分,她的骨灰里有我的泪和血。

她是我的一个读者。一九三六年我在上海第一次同她见面。一九三八年和一九四一年我们两次在桂林像朋友似的住在一起。一九四四年我们在贵阳结婚。我认识她的时候,她还不到二十,对她的成长我应当负很大的责任。她读了我的小说,给我写信,后来见到了我,对我发生了感情。她在中学念书,看见我以前,因为参加学生运动被学校开除,回到家乡住了一个短时期,又出来进另一所学校。

倘使不是为了我，她一九三七、三八年一定去了延安。她同我谈了八年的恋爱，后来到贵阳旅行结婚，只印发了一个通知，没有摆过一桌酒席。从贵阳我和她先后到了重庆，住在民国路文化生活出版社门市部楼梯下七八个平方米的小屋里。她托人买了四只玻璃杯开始组织我们的小家庭。她陪着我经历了各种艰苦生活。在抗日战争紧张的时期，我们一起在日军进城以前十多个小时逃离广州，我们从广东到广西，从昆明到桂林，从金华到温州，我们分散了，又重见，相见后又别离。在我那两册《旅途通讯》中就有一部分这种生活的记录。四十年前有一位朋友批评我："这算什么文章！"我的《文集》出版后，另一位朋友认为我不应当把它们也收进去。他们都有道理。两年来我对朋友、对读者讲过不止一次，我决定不让《文集》重版。但是为我自己，我要经常翻看那两小册《通讯》。在那些年代，每当我落在困苦的境地里、朋友们各奔前程的时候，她总是亲切地在我耳边说："不要难过，我不会离开你，我在你的身边。"的确，只有在她最后一次进手术室之前她才说过这样一句："我们要分别了。"

我同她一起生活了三十多年。但是我并没有好好地帮助过她。她比我有才华，却缺乏刻苦钻研的精神。我很喜欢她翻译的普希金和屠格涅夫的小说。虽然译文并不恰当，也不是普希金和屠格涅夫的风格，它们却是有创造性的文学作品，阅读它们对我是一种享受。她想改变自己的生活，不愿做家庭妇女，却又缺少吃苦耐劳的勇气。她听一个朋友的劝告，得到后来也是给"四人帮"迫害致死的叶以群同志的同意，到《上海文学》"义务劳动"，也做了一点点工作，然而在运动中却受到批判，说她专门向老作家组稿，又说她是我派去的"坐探"。她为了改造思想，想走捷径，要求参加"四清"运动，找人推荐到某铜厂的工作组工作，工作相当忙碌、紧张，她却精神愉快。但是到我快要靠边的时候，她也被叫回"作协分会"参加运动。她第一次参加这种急风暴雨的斗争，而且是以反动权威家属的身份参加，她不知道该怎么办才好。她张皇失措，坐立不安，替我担心，又为儿女的前途忧虑。她盼望什么人向她伸出援助的手，可是朋友们离开了她，"同事们"拿她当作箭靶，还有人想通过整她来整我。她不是"作协分会"或者刊物的正式工作人员，可是仍然被"勒令"靠边劳动、站队挂牌，放回家以后，又给揪到机关。过一个时期，她写了认罪的检查，第二次给放回家的时候，我们机关的造反派头头却通知里弄委员会罚她扫街。她怕给人看见，每天大清早起来，拿着扫帚出门，扫得精疲力尽，才回到家里，关上大门，吐了一口气。但有时她还碰到上学去的小孩，对她叫骂"巴金的臭婆娘"。我偶尔看见她拿着扫帚回来，不敢正眼看她，我感到负罪的心情，这是对她的一个致命的打击。不到两个月，她病倒了，以后就没有再出去扫街（我妹妹继续扫了一个时期），但是也没有完全恢复健康。尽管她还继续拖了四年，但一直到死她并不曾看到我恢复自由。这就是她的最后,然而绝不是她的结局。她的结局将和我的结局连在一起。

我绝不悲观。我要争取多活。我要为我们社会主义祖国工作到生命的最后一息。在我丧失工作能力的时候,我希望病榻上有萧珊翻译的那几本小说。等到我永远闭上眼睛,就让我的骨灰同她的搀和在一起。

一月十六日写完

【赏析】

　　巴金的《怀念萧珊》是其晚年散文集《随想录》中的一篇。《随想录》是巴金晚年创作的高峰,是一代知识分子的"文革"心路历程摄照。巴金从剖析自身入手,对"文革"的黑暗荒谬,尤其是知识分子由"奴在身者"发展成"奴在心者"的人格萎缩的精神痛史有沉痛犀利的批判,饱含着自我反省、自我忏悔、讲真话的勇气。《随想录》是巴金作为20世纪文学良心最好的体现,也是当代散文中的杰作。《怀念萧珊》是其中的名篇。

　　《怀念萧珊》是《随想录》怀人系列的一篇,也是随想录中篇幅最长的作品之一。文章的叙事不是直线的,而是有两次由近及远的情感之线,仿佛巴金本人的情感起伏,忽近忽远,纯出自然。在第一部分,"文革"结束之后,巴金参加大大小小的追悼会,由此燃起对爱妻萧珊的怀念。文章开始以追忆的形式开始对萧珊的点滴记录。首先作者想起的是告别萧珊的情景:"我没有流眼泪,可是我觉得有无数锋利的指甲在搔我的心。我站在死者遗体旁边,望着那张惨白色的脸,那两片咽下千言万语的嘴唇,我咬紧牙齿,在心里唤着死者的名字。"作者的思绪是从最黑暗的年代开始的,为什么萧珊死得如此凄惨?作者沉痛地点出:"理由很简单,她是我的妻子""她本来可以活下去""一句话,是我连累了她,是我害了她"。文章的叙事在此缓慢而深沉起来。作者列出了记忆中的充满温情的辛酸的场景:萧珊为了保护他,挨了红卫兵的铜头皮带,眼睛上的黑晕好几天才散去;在巴金被无穷尽地批斗的夜晚,萧珊所给予他的温情和鼓励:"要坚持下去";萧珊在看到报纸上批判丈夫的文章时绝望的哭泣……

　　第二部分和第三部分是讲述萧珊患病最后的日子。萧珊因为受巴金牵连不能得到及时医治,是家人想尽办法才在生命的最后三个星期住进了医院。萧珊一直念念不忘的还是巴金:"你的问题什么时候才解决呢?"在要进病房手术的时刻,萧珊表现出无尽的不舍:"看来,我们要分别了。""她望着我,眼睛里全是泪水。"全文的情感最高潮出现在萧珊的弥留之际:"她非常安静,但并未昏睡,始终睁大两只眼睛。眼睛很大,很美,很亮。我望着,望着,好像在望快要燃尽的烛火。我多么想让这对眼睛永远亮下去!我多么害怕她离开我!我甚至愿意为我那十四卷'邪书'受到千刀万剐,只求她能安静地活下去。"作者的笔触饱含深情,但又极其克制。在生死别离之际,他写到萧珊的眼睛,非常安静,始终睁着。眼睛很大,很美,很亮。字里行间流露出巴金对妻子的深情,她在生命的尽头,在他眼中始终是美好的。而这样美好的爱人很快就要永远地去了，因为他的拖累。作者的情感张力猛然爆发，一连串的排比句将巴金内心的爱情、愤怒、愧疚、不舍淋漓尽致地展现出来。

在第四部分，作者的情感又一次转向现在，梦魇般的日子结束了，巴金恢复了自由，又能重新拿起笔了，但斯人已去。作者的记忆又转向更遥远的过去，和萧珊初识的日子，他们几十年相濡以沫的岁月。在呼应开头的同时，他充满深情地评价自己亲密的爱人："她是我生命的一部分，她的骨灰里有我的泪和血。"有了前段诸多铺垫，作者的情感显得如此深沉又如此真诚。在结尾处，他平静地写道："她的结局将和我的结局连在一起。""等到我永远闭上眼睛，就让我的骨灰同她的搀和在一起。"在最后一段之前，巴金曾在修改时删去了这样一段："人死犹如灯灭。我不相信有鬼。但是，我又多么希望有一个鬼的世界，倘使真有鬼的世界，那么我同萧珊见面的日子就不太远了。"文字虽然删去了，但这却是巴金内心最真实情感的流露，萧珊永远没有离开巴金。

巴金的这篇作品文字质朴，以情取胜，是当代散文史上的悼亡名篇，堪与朱自清的《悼亡妻》相媲美。但这又不是一篇纯粹的悼亡之作，全篇在情思婉转之中有沉痛的叩问，直指"文革"的荒谬与黑暗。《怀念萧珊》与《随想录》的其他怀人系列相比，虽然在自我批判上不是特别突出，但仍然可见作者的自省意识。他痛苦地看到自己为妻子和家人所带来的厄运，情感真挚沉痛，摈弃虚饰，以质朴的记录风格见长。这种无技巧写作，在很大程度上是巴金"讲真话"理念的凸显。巴金曾经提过，《随想录》是一部讲真话的书，"自己想什么就讲什么，自己怎么想就怎么说——这就是真话。"（《随想录·说真话集·说真话之四》）《怀念萧珊》不仅是巴金对"文革"时期沉痛家事的回顾和知识分子心灵轨迹的自我摄照，而且独具返朴归真的文体价值，是当代散文史上不可多得的佳作。

（朱丽丽）

王 小 波

1952年生于北京，先后到云南、山东插队，1978年考入中国人民大学，1984年到美国留学，1988年回国，先后在北京大学、中国人民大学任教，1992年起，辞去公职，做自由撰稿人，1997年4月因急性心脏病发作去世。王小波是唯一一位两次荣获世界华语文学界的重要奖项——台湾联合报系文学奖中篇小说大奖（第13届和第16届）的大陆作家，他与人合作的电影剧本《东宫·西宫》获阿根廷国际电影节最佳剧本奖。王小波生前先后在大陆、台湾、香港出版著作8本，其代表作小说集《时代三部曲》、杂文选集《我的精神家园》于1997年出版。

【集评】

王小波的随笔以其所坚持的理性、自由的文化立场和活泼生动的文风，而在90年代颇受关注。他的短文更近于"杂文","问题意识"很强,往往针对具体的文化思想问题进行写作,并在戏谑笑骂之中表现自己的态度。他的思路十分独特,往往通过一个故事或个人的有趣经历,进入到对于问题的讨论,并随时机敏而生动地插入对相关问题的评点与论述。王小波特别强调写作的"有趣",其文章语句幽默,经常夹杂一些北京口语,而形成一种独特的叙述方式。（洪子诚《中国当代文学史》）

一只特立独行的猪

　　插队的时候,我喂过猪,也放过牛。假如没有人来管,这两种动物也完全知道该怎样生活。它们会自由自在地闲逛,饥则食渴则饮,春天来临时还要谈谈爱情;这样一来,它们的生活层次很低,完全乏善可陈。人来了以后,给它们的生活做出了安排;每一头牛和每一口猪的生活都有了主题。就它们中的大多数而言,这种生活主题是很悲惨的;前者的主题是干活,后者的主题是长肉。我不认为这有什么可抱怨的,因为我当时的生活也不见得丰富了多少,除了八个样板戏,也没有什么消遣。有极少数的猪和牛,它们的生活另有安排,以猪为例,种猪和母猪除了吃,还有别的事可干。就我所见,它们对这些安排也不大喜欢。种猪的任务是交配,换言之,我们的政策准许它当个花花公子。但是疲惫的种猪往往摆出一种肉猪(肉猪是阉过的)才有的正人君子架势。死活不肯跳到母猪背上去。母猪的任务是生崽儿,但有些母猪却要把猪崽儿吃掉。总的来说,人的安排使猪痛苦不堪。但它们还是接受了:猪总是猪啊。

　　对生活做种种设置是人特有的品性。不光是设置动物,也设置自己。我们知道,在古希腊有个斯巴达,那里的生活被设置得了无生趣,其目的就是要使男人成为亡命战士,使女人成为生育机器,前者像些斗鸡,后者像些母猪。这两类动物是很特别的,但我以为,它们肯定不喜欢自己的生活。但不喜欢又能怎么样? 人也好,动物也罢,都很难改变自己的命运。

　　以下谈到的一只猪有些与众不同。我喂猪时,它已经四五岁了,从名分上说,它是肉猪,但长得又黑又瘦,两眼炯炯有光。这家伙像山羊一样敏捷,一米高的猪栏一跳就过;它还能跳上猪圈的房顶,这一点又像是猫——所以它总是到处游逛,根本就不在圈里待着。所有喂过猪的知青都把它当宠儿对待,它也是我的宠儿——因为它只对知青好,容许他们走到三米之内,要是别的人,它早就跑了。它是公的,原本该劁掉。不过你去试试看,哪怕你把劁猪刀藏在身后,它也能嗅出来,朝你瞪大眼睛,噢噢地吼起来。我总是用细米糠熬的粥喂它,等它吃够了以后,才把糠兑到野草里喂别的猪。其他猪看了嫉妒,一起嚷起来。这时候整个猪场一片鬼哭狼嚎，但我和它都不在乎。吃饱了以后，它就跳上房顶去晒太阳；或者模仿各种声音。它会学汽车响、拖拉机响，学得都很像；有时整天不见踪影，我估计它到附近的村寨里找母猪去了。我们这里也有母猪，都关在圈里，被过度的生育搞得走了形，又脏又臭，它对它们不感兴趣；村寨里的母猪好看一些。它有很多精彩的事迹，但我喂猪的时间短，知道得有限，索性就不写了。总而言之，所有喂过猪的知青都喜欢它，喜欢它特立独行的派头儿，还说它活得潇洒。但老乡们就不这么浪漫，他们说，这猪不正经。领导则痛恨它，这一点以后还要谈到。我对它则不止是喜欢——我尊敬它，常常不顾自己虚长十几岁这一现实，把它叫作"猪兄"。如前所述，这位猪兄会模仿各种声音。我想它也学过人说话，但没有学会——假如学会了，我们就可以做倾心之谈。但这不能怪它。人和猪的音色差得太远了。

后来，猪兄学会了汽笛叫，这个本领给它招来了麻烦。我们那里有座糖厂，中午要鸣一次笛，让工人换班。我们队下地干活时，听见这次汽笛响就收工回来。我的猪兄每天上午十点钟总要跳到房上学汽笛，地里的人听见它叫就回来——这可比糖厂鸣笛早了一个半小时。坦白地说，这不能全怪猪兄，它毕竟不是锅炉，叫起来和汽笛还有些区别，但老乡们硬说听不出来。领导们因此开了一个会，把它定成了破坏春耕的坏分子，要对它采取专政手段——会议的精神我已经知道了，但我不为它担忧——因为假如专政是指绳索和杀猪刀的话，那是一点门都没有的。以前的领导也不是没试过，一百人也逮不住它。狗也没用：猪兄跑起来像颗鱼雷，能把狗撞出一丈开外。谁知这回是动了真格的：指导员带了二十几个人，手拿五四式手枪；副指导员带了十几人，手持看青的火枪，分两路在猪场外的空地上兜捕它。这就使我陷入了内心的矛盾：按我和它的交情，我该舞起两把杀猪刀冲出去，和它并肩战斗。但我又觉得这样做太过惊世骇俗——它毕竟是只猪啊；还有一个理由，我不敢对抗领导，我怀疑这才是问题之所在。总之，我在一边看着。猪兄的镇定使我佩服之极：它很冷静地躲在手枪和火枪的连线之内，任凭人喊狗咬，不离那条线。这样，拿手枪的人开火就会把拿火枪的打死，反之亦然；两头同时开火，两头都会被打死。至于它，因为目标小，多半没事。就这样连兜了几个圈子，它找到了一个空子，一头撞出去了；跑得潇洒之极。以后我在甘蔗地里还见过它一次，它长出了獠牙，还认识我，但已不容我走近了。这种冷淡使我痛心，但我也赞成它对心怀叵测的人保持距离。

我已经四十岁了，除了这只猪，还没见过有谁敢于如此无视对生活的设置。相反，我倒见过很多想要设置别人生活的人，还有对被设置的生活安之若素的人。因为这个缘故，我一直怀念这只特立独行的猪。

【赏析】

　　王小波的作品是中国当代文学中的一种特殊存在,他与众不同的叙事方式,使思想的穿透性和文字的趣味性这两种很难融合的因素获得了优美的结合。仅从内容的角度来说,思想和精神的自由,不仅是王小波一直追求的境界,也是其作品的核心主题。他的杰出小说《黄金时代》《万寿寺》等,散文《思维的乐趣》《沉默的大多数》等都以令人震撼的力度,揭示了"自由"的珍贵和美好。

　　王小波的很多作品都是以"文革"为背景的。"文革"在王小波的笔下,往往是一种"极端的精神世界"的象征。在这个世界里,由于政治上的钳制,人的精神处于极度压抑的状态,形成了普遍性的孤独、封闭、愚昧,但是也正是在这样的极端世界中,对环境的反抗,对自由的追求,反而造就了更加动人的力量。《一只特立独行的猪》就以一种黑色幽默的方式,表现了这一主题。

　　这篇杂文以作者"文革"时期下乡插队时的一个故事为叙述主体,故事的主角"猪"是中国散文中非常罕见的表现对象,这个对象的选择其实也说明了作品本身具有一种特立独行的因素。在作者看来,猪和人一样,也有追求自由的本性,"它们会自由自在地闲逛,饥则食渴则饮,春天来临时还要谈谈爱情",无疑,猪所处的这种自然状态,正如人所追求的自由生活一样,是一种自然的要求和存在方式。但是这种自然的规则在人面前被打破了,人来了以后,给它们的生活做出了安排,每一头猪的生活都有了主题:长肉。种猪和母猪除此之外,还要承担交配和繁殖的工作,猪失去了自己的自然状态,吃、睡、长肉、交配、生育、被屠宰……它们所有的生活细节都进入了模式化和程序化之中。

　　对于这种生活,除了接受,猪似乎没有别的出路。但是,追求自由自在同样也是猪的本性,它总要通过各种各样的方式生长出来。在一般的印象中,猪应该是最温顺的动物之一,然而即使是这种最没有反抗性的动物,在外在环境无比恶劣的时候,依然会有一只特立独行的异类,以自己的方式来证明,追求自由的精神永远不会泯灭。这只"又黑又瘦,两眼炯炯有光"的猪,像山羊一样敏捷,总是到处游逛,根本就不在圈里待着,它会到村寨里去找没有被过度生育搞得身材变形的正常母猪。它还喜欢模仿各种各样的声音,它也因此被扣上破坏生产的罪名而遭到围剿,最终它却义无反顾地逃出了这种被设置的生活,成了一只野猪。在作者笔下,这只猪因为摆脱了猪的普遍命运,具有自然、野性的特征,成为反抗压制、追求自由的象征。

　　杂文巧妙地通过两组对比来表现主题,第一组是猪和人的对比,大多数人和大多数猪一样,生活处于被安排的境地中,对于这种安排他们处之泰然,这不仅是"文革",也是任何时期都普遍存在的生活"常态";但是在任何时候,也都存在着对于这种"常态"生活的坚韧反抗,这只特立独行的猪就以它的行为嘲笑并摆脱了人类的设置,对比之下,杂文中的"我"在猪被围剿时却只能因为"不敢对抗领导"而处于"内心的矛盾"之中,显示了人的反抗意志多么无力。

第二组对比在"对生活做种种设置"和"自由的生活和存在"之间,值得注意的是,作者指出了"对生活做种种设置是人特有的品性"这个残酷事实,在大多数时候,它的能量远远超出了人对于自由的追求,它无所不在,把人控制在一种生活和精神被奴役的状态,在这个张力场中,人要么参与设置别人的生活,要么对于生活被设置安之若素,剩下的唯一一种选择——反抗这种设置,回到个体的自由——是充满艰险的。在我们的生活中,前面两种选择实在太过平常,因为我们已经习惯于设置别人或者被别人设置,我们甚至已经忘记了去思索我们的这种存在是否合理,这也许是人的最大悲哀。

人处于不能自我把握的生活中而不自知,《一只特立独行的猪》启发的,正是我们的这种迷失。

（王　军）

参考书目

《巴金散文选》,浙江人民出版社 1982 年

王小波《我的精神家园》,文化艺术出版社 1997 年

王小波《黄金时代》,花城出版社 1997 年

余秋雨《文化苦旅》,东方出版中心 1992 年

余秋雨《南冥秋水》,海天出版社 2002 年

汪曾祺《京华心影》,海天出版社 2002 年

张中行《桑榆琐话》,海天出版社 2002 年

《余光中散文选集》,长春时代文艺出版社 1997 年

《火中龙吟:余光中评传》,花城出版社 2002 年

思考与练习

1. 课后阅读《巴金散文选》及《随想录》等杂文,说说巴金散文的特点。

2.《一只特立独行的猪》表达了什么主题?

慕课资源

【总论】

　　戏剧的主要表现方法是用对话……自然，精练，代表性格，入情入理，这是对话的要点。一个人的话有一个人的特有词汇，口气，章法，这个人在某一特定境遇中只会讲这个人的性格所能容许他说的对话。恰如其分，恰如其人，过火的对话只准在争论激烈的时候，而我们中国老百姓还有一个和外国人不同的地方，就是很少在对话中讲出自己的哲学与理论。(夏衍《戏剧与人生》)

　　尤其是戏剧，它是把生活放在一个固定的空间与时间内来描写的。这一批人物在这空间与时间内并不是脱离生活而活动着的。不管你在戏剧里做什么，那总是一种生活。这一生活得有它的环境空气——一种氛围气。只有通过这氛围气的生活，才是真实的生活。否则，那一切活动只是脱离了生活的虚幻的灯影。(陈白尘《戏剧创作讲话》)

　　我认为如今我们称之为话剧的戏剧，不必把自己仅仅限死为说话的艺术。剧作家也不必把自己弄成为仅仅是一种文学样式的作者的地步。他固然得精通语言，把对话写得洋洋洒洒，他也还需要关照到他剧作中那种无声然而却分明可见的动作。……从这些认识出发，戏剧就不只是一种语言的艺术，原始宗教仪式中的面具、傩舞与民间说唱，耍嘴皮子的相声和拼气力的相扑，乃至于傀儡、影子，魔术与杂技，都可以入戏。(高行健《我的戏剧观》)

曹　禺

　　曹禺(1910—1996)，原名万家宝，字小石，祖籍湖北潜江，出生于天津一个封建官僚家庭。他自幼随继母辗转各个戏院听曲观戏，接触了京戏、地方戏和文明戏，为日后的戏剧创作积累了艺术底蕴。1922年，曹禺考入南开中学，在校期间加入南开中学新剧团，参演过丁西林、田汉、易卜生、莫里哀、霍普特曼、高尔斯华绥等中外剧作家的作品。1928年免试入南开大学政治系学习，1930年转入清华大学西洋文学系，1933年秋毕业并考入清华研究院。在清华期间，他广泛阅读，潜心钻研，从古希腊悲剧到莎士比亚戏剧及契诃夫、易卜生、奥尼尔的剧作，这为他后来的创作带来了巨大影响。曹禺被誉为"中国现代戏剧的奠基人"，主要剧作有《雷雨》《日出》《原野》《北京人》等。

【集评】

【集评】

　　从"诗"的角度来认识曹禺剧作,无疑可以给我们提供一个新的视点,不仅有助于我们了解曹禺的创作初衷,了解曹禺剧作的若干独特之处,同时也可以从一个特定的角度解释曹禺剧作一再产生歧解,引起争议的原因。于曹禺剧作何以很少真正被当作"诗"来看,仅从"剧"的形式这个文本自身的因素来考察还不够,还必须延伸到接受环节。(邹红《"诗样的情怀"——试论曹禺剧作内涵的多解性》)

　　曹禺是直接在"五四"文化运动的历史氛围中成长的,他不但直接承受着"五四"文化的熏陶,更直接思考着"五四"文化运动的经验教训。我以为,他的戏剧才能,是在对"五四"新剧,也包括文明戏的发展经验教训进行认真思考的基础上发挥出来的。(田本相《曹禺的意义——悼念曹禺先生》)

日出（节选）

第二幕

　　　　〔潘月亭由中门进。

潘月亭　石清！你回来了。

李石清　(恭谨地)早来了。我听说您正跟报馆的人谈天,所以没敢叫人请您去。

潘月亭　李太太有事么？

李石清　没有事,没有事。(对李太太)你还是进去打牌去吧。

　　　　〔李太太由左门下。

李石清　报馆有什么特别关于时局的消息么？

潘月亭　你不用管,叫你买的公债都买好了么？

李石清　买了,一共二百万,本月份。

潘月亭　成交是怎么个行市？

李石清　七七五。

潘月亭　买了之后,情形怎么样？

李石清　我怕不大好。外面有谣言,市面很紧,行市只往下落,有公债的都抛出,可是您反而——

潘月亭　我反而买进。

李石清　您自然是看涨。

潘月亭　我买进,难道我会看落？

李石清　(表示殷勤)经理,平常做存货没什么大危险,再没办法,我们收现,买回来就得了。可现在情形特别,行市一个劲儿往下跌。要是平定一点,行市还有翻回来的那一天,那您就大赚了。不过这可是由不得我们的事。

|李石清|（拿吕宋烟）你怎么知道谣言一定可靠？|

潘月亭　（拿吕宋烟）你怎么知道谣言一定可靠？

李石清　（卑屈地笑）是,是,您说这是空气？这是空户们要买进,故意造出的空气？

潘月亭　空气不空气？我想我干公债这么些年,总可以知道一点真消息。

李石清　（讨好地）不过金八的消息最灵通,我听说他老人家一点也没有买,并且——

潘月亭　（不愉快）石清先生,一个人顶好自己管自己的事,在行里,叫你做的你做,不叫你做的就少多事,少问。这是行里做事的规矩。

李石清　（被这样顶撞,自然不悦,但极力压制着自己）是,经理,我不过是说说,给您提个醒。

潘月亭　银行里面的事情,不是说说讲讲的事,并且我用不着你提醒。

李石清　是,经理。

潘月亭　你到金八爷那儿去了么？

李石清　去过了。我跟他提过这回盖大丰大楼的事情。他说银行现在怎么会有钱盖房子？后来他又讲市面太坏,地价落,他说这楼既然刚盖,最好立刻停工。

潘月亭　你没有说这房子已经订了合同,定款已经付了么？

李石清　我自然说了,我说包给一个外国公司,钱决不能退,所以金八爷在银行的存款一时实在周转不过来,请缓一两天提。

潘月亭　他怎么样？

李石清　他想了想,他说"再看吧",看神气仿佛还免不了有变故。

潘月亭　这个流氓！一点交情也不讲！

李石清　（偷看他）哦,他还问我现在银行所有的房地产是不是已经都抵押出去了？

潘月亭　怎么,他会问你这些事情？

李石清　是,我也奇怪呢,可是我也没怎么说。

潘月亭　你对他说什么？

李石清　我说银行的房地产并没有抵押出去。（停一下。又偷看潘的脸,胆子大起来）固然我知道银行的产业早已全部押给人了。

潘月亭　（愣住）你——谁跟你说押给人了？

李石清　（抬起头）经理,您不是在前几个月把最后的一片房产由长兴里到黄仁里都给押出去了么？

潘月亭　笑话。这是谁说的？

334

李石清	经理,您不是全部都押给友华公司了么?
潘月亭	哦,哦,(走了两步)哦,石清,你从哪儿得来这个消息?(坐下)怎么,这件事会有人知道么?
李石清	(明白已抓住了潘月亭的短处)您放心放心,没有人知道。就是我自己看见您签字的合同。
潘月亭	你在哪儿看见这个合同?
李石清	在您的抽屉里。
潘月亭	你怎么敢——
李石清	不瞒您说,(狞笑)因为我在行里觉得很奇怪,经理忽而又是盖大楼,又是买公债的,我就有一天趁您见客的那一会工夫,开了您的抽屉看看。(笑)可是,我知道我这一举是有点多事。
潘月亭	(呆了半天)石清,不不——这不算什么。不算多事。(不安地笑着)互相监督也是好的。你请坐,你请坐,我们可以谈谈。
李石清	经理,您何必这么客气?
潘月亭	不,你坐坐,不要再拘束了。(坐下)你既然知道了这件事,你自然明白这件事的秘密性,这是决不可泄漏出去,弄得银行本身有些不便当。
李石清	是,我知道最近银行大宗提款的不算少。
潘月亭	好了,我们是一个船上的人啦。我们应该互相帮助,团结起来。这些日子关于银行的谣言很多,他们都疑惑行里准备金是不够的。
李石清	(故意再顶一句)的的确确行里不但准备金不足,而且有点周转不灵。金八爷这次提款不就是个例子么?
潘月亭	(不安地)可是,石清——
李石清	(抢一句)可是,经理,自从您宣布银行赚了钱,把银行又要盖大丰大楼的计划宣布出去,大家提款的又平稳了些。
潘月亭	你很聪明,你明白我的用意。所以现在的大楼必须盖。哪一天盖齐不管他,这一期的建筑费拿得出去,那就是银行准备金充足,是巩固的。
李石清	然而不赚钱,行里的人是知道的。
潘月亭	所以抵押房产,同金八提款这两个消息千万不要叫人知道。这个时候,随便一个消息可以造成风波,你要小心。
李石清	我自然会小心,伺候经理我一向是谨慎,这件事我不会做错的。
潘月亭	我现在正想旁的方法。这一次公债只要买得顺当,目前我们就可以平平安安地度过去。这关度过去,你这点功劳我要充分酬报的。
李石清	我总是为经理服务的。呃,呃,最近我听说襄理张先生要调到旁的地方去?

潘月亭　（沉吟）是，襄理，——是啊，只要你不嫌地位小，那件事我总可以帮忙。

李石清　谢谢，谢谢，经理，您放心，我总是尽我的全力为您做事。

潘月亭　好，好。——哦，那张裁员单子你带来了吗？

李石清　带来了。

潘月亭　人裁了之后，大概可以省出多少钱？

李石清　一个月只省出五百块钱左右。

潘月亭　省一点是一点。上次修理房子的工钱，你扣下了么？

李石清　扣下了，二百块钱，就在身上。

潘月亭　怎么会这么多？

李石清　多并不算多，扣到每个小工也不过才一毛钱。

潘月亭　好的，再谈吧。（向左门走了两步，忽然回过头来）哦，我想起来了，你见着金八，提到昨天晚上那个小东西的事么？

李石清　我说了，我说陈小姐很喜欢那孩子，请他讲讲面子给我们。

潘月亭　他怎么样？

李石清　他摇摇头，说根本不知道有这么一件事。

潘月亭　这个混蛋，他装不知道，简直一点交情也不讲。……好，让他去吧，反正不过是个乡下孩子。

李石清　是，经理。

〔潘下。

第四幕

〔李石清推中门进。李忽然气派不同了，挺着胸脯走进来，马褂换了坎肩，前额的头发也贼亮贼亮地梳成了好几绺，眼神固然依旧那样东张西望地提防着，却来得气势汹汹，见着人客气里含着敌视，他不像以前那样对白露低声下气，他有些故为傲慢。

…………

〔（胡四）整理自己的衣服，又向那穿衣镜回回头，理两下鬓角，正预备进左门。右门开了，由里走出潘月亭和李石清。

李石清　（对潘）里面人太多，还是在这儿谈方便些。

潘月亭　好，也好。

胡　四　（很熟稔地）石清，你怎么现在还在这儿？　还不回家去？

李石清　嗯，嗯。

胡　四	潘经理。
潘月亭	胡四,你快进去吧。八奶奶还等着你说戏呢!
胡　四	是,我就去。石清,你过来,我跟你先说一句话。
李石清	什么?
胡　四	(笑嘻嘻地)我昨儿个在马路上又瞧见你的媳妇了,(低声对着他的耳朵)你的媳妇长得真不错。
李石清	(一向与胡四这样惯了的,现在无法和他正颜厉色,只好半气半恼,似笑非笑地)唏! 唏! 岂有此理! 岂有此理。
胡　四	没有什么说的,石清,回头见。
	〔胡四很伶俐地由左门下。
潘月亭	请坐吧。有什么事么?
李石清	(坐下很得意地)自然有。
潘月亭	你说是什么?
李石清	月——(仿佛不大顺口)经理知道了市面上怎么回事么?
潘月亭	(故意地)不大清楚,你说说看。
李石清	(低声密语)我这是从一个极秘密的地方打听出来的。我们这一次买的公债算买对了,您放心吧! 金八这次真是向里收,谣言说他故意造空气,他好向外甩,完全是神经过敏,假的。这一次我们算拿准了,我刚才一算,我们现在一共是四百五十万,这一"倒腾"说不定有三十万的赚头。
潘月亭	(唯唯否否地)是……是……是。(但是没有等李说完,他忽然插嘴)哦,我听福升说你太太——
李石清	(不屑于听这些琐碎的事)那我知道,我知道。——我跟您说,我们说不定有三十万的赚头。这还是说行市就照这样涨。要是一两天这个看涨的消息越看越真,空户们再忍痛补进,跟着一抢,凑个热闹,我跟您说,不出十天,再多赚个十万二十万,随随便便地就是一说。
潘月亭	(阻止他)是你的太太催你回去么?
李石清	不要管她,先不管她。我提议,月亭,这次行里这点公债现在我们是绝对不卖了。我告诉你,这个行市还要大涨特涨,不会涨到这一点就完事。并且(非常兴奋地)我现在劝你,月亭,我们最好明天看情形再买进,明天的行市还可以买,还是吃不了亏。
潘月亭	石清,你知道你的儿子病了么?
李石清	不要紧,不要紧。——(更紧张)我看我们还是买。对! 我们就这么决定了。月亭,这是千载一时的好机会。这一次买成功了,我主张,以后行里再也不冒这样的险。说什么我们也不必拆这个烂污,以后留点信用吧。

不过,这一次我们破釜沉舟干一次,明天,一大清早。我们看看行市,还是买进。

潘月亭　不过——

李石清　我们再加上五十万,凑上一个整数。我想这决不会有错的。我计算着我们应该先把行里的信用整顿一下,第一,行里的存款要——

潘月亭　石清！石清！你知道你的儿子病得很重么?

李石清　为什么你老提这些不高兴的话?

潘月亭　因为我看你太高兴了。

李石清　怎么,为什么不高兴呢? 这次事我帮您做得不算不漂亮。我为什么不高兴呢?

潘月亭　哦,我忘了你这两天做了襄理了。

李石清　经理,您这句话是什么意思?

潘月亭　也没有什么意思。你知道我现在手下这点公债已经是钱了么?

李石清　自然。

潘月亭　你知道就这么一点赚头已经足足能还金八的款么?

李石清　我计算着还有富余。

潘月亭　哦,那好极了。有这点富余再加我潘四这点活动劲儿,你想想我还怕不怕人跟我捣乱?

李石清　我不大明白经理的话。

潘月亭　譬如有人说不定要宣传我银行的准备金不够?

李石清　哦?

潘月亭　或者说我把银行房产都抵押出去。

李石清　哦……

潘月亭　再不然,说我的银行这一年简直没有赚钱,眼看着要关门。

李石清　(谄笑)不过,经理,何必提这个? 这不——

潘月亭　我自己自然不愿意提这个。不过说不定有人偏要提,提这个,你说这么办?

李石清　这话不太远了点么?

潘月亭　(冷冷地看着他)话倒是不十分远。也不过是六七天的工夫,我仿佛听见有人跟我当面说过。

李石清　经理,您这是何苦呢? 圣人说过:"小不忍则乱大谋。"一个做大事的人多忍似乎总比不忍强。

潘月亭　(睃他一眼)我想我这两天很忍了一会。不过,我要跟你说一句实在话:我很讨厌一个自作聪明的人在我的面前多插嘴,我也不大愿意叫旁人看我好欺负，天生的狗食，以为我心甘情愿地叫人要挟。但是我最厌恶行里的同人背后骂我是个老混蛋，瞎了眼，昏了头，叫一个不学无术的三等货来做我的襄理。

李石清　（极力压制自己）我希望经理说话无妨客气一点，字眼上可以略微斟酌斟酌再用。

潘月亭　我很斟酌，很留神，我这一句一句都是不可再斟酌的客气话。

李石清　（狞笑）好了，这些名词字眼都可说无关紧要，头等货，三等货，都是这么一说，差别倒是很有限。不过，经理，我们都是多半在外做事的人，我想，大事小事，人最低应该讲点信用。

潘月亭　（看李）信用？（大笑）你要谈信用？信用我不是不讲，可是要看谁？我想我活了这么大年纪，我该明白跟哪一类人才可以讲信用，跟哪一类人就根本用不着讲信用的。

李石清　那么，经理仿佛是不预备跟我讲信用了。

潘月亭　（尖酸地）这句话真不像你这么聪明的人说的。

李石清　经理自然是比我们聪明的。

潘月亭　那倒也不见得。不过我也许明白一个很要紧的小道理，就是对那种太自作聪明的坏蛋，我有时可以绝对不讲信用的。（忽然）你知道你的太太跟你打电话了么？

李石清　（眩惑地）我知道，我知道。

潘月亭　你的少爷病得快要死了，李太太催你快回家。

李石清　（瞪眼望着潘，低声）我是要回家的。

潘月亭　那好极了。我听说你还有汽车在门口等着你。（刻薄地）坐汽车回家是很快的，回家之后，你无妨在家里多多练习自己的聪明，你这样精明强干的人不会没有事的。有了事，我看你还可以常常开开人家的抽屉，譬如说看看人家的房产是不是已经抵押出去了，调查调查人家的存款究竟有多少。……不过我可以顺便声明一下，省得你替我再多操心，我那抽屉里的文件现在都存在保险库去了。

李石清　（愤怒叫他说不出一个字）嗯！

潘月亭　（由身上取出一个信封）李先生，这是你的薪水清单。我跟你算一算。襄理的薪水一月一共是二百七十元。你做了三天，会计告诉我你已经预支了二百五十元，不过我想我们还是客气点好，我支给你一个月的全薪。现在剩下的二十块钱，请你收下，不过你今天坐的汽车账行里是不能再替你付的。

李石清　可是，潘经理（忽然他不再多说了，狠狠地盯了潘一眼，伸出手）好，你拿

来吧。（接下钱）

潘月亭　（走了两步，回过头）好，我走了，你以后没事可以常到这儿来玩玩，以后你爱称呼我什么就称呼我什么，就像方才，你叫我月亭，也可以；称兄道弟，跟我"你呀我呀"地说话也可以；现在我们是平等了！再见。

〔潘由左门下。

李石清　（一个人愣了半天，才由鼻里嗤出一两声冷笑）好！好！（拿起钞票，紧紧地握着，恨恨地低声）二十块！（更低声）二十块钱。（咬牙切齿）我要宰了你呀！（电话铃响一下，他不理）我为着你这点公债，我连家都忘了，孩子的病我都没有理，我花费自己的薪水来做排场，打听消息。现在你成了功赚了钱，忽然地，不要我了。（狞笑）不要我了。你把我当成贼看，你骂了我，当面骂了我，侮辱我，瞧不起我！（刺着他的痛处，高声）啊，你瞧不起我！（打着自己的胸）你瞧不起我李石清，你这一招简直把我当作混蛋给耍了。哦，（电话铃又响了响。嘲弄自己，尖锐地笑起来）你真会挖苦我呀！哦，我是"自作聪明"！我是"不学无术"！哦，我原是个"坏蛋"！哼，叫我坏蛋你都是抬高了我，我原来是个"三等货"，（怪笑，电话铃又响了一阵）可是你以为我就这样跟你了啦？你以为我怕你，哼，（眼睛闪出愤恨的火）今天我要宰了你，宰了你们这帮东西，我一个也不饶，一个也不饶你们的。

【汇评】

《日出》确实为我们提供了一幅"漆黑的世界"的图画，这个世界是这样的混乱、污秽，甚至发散着腐尸的恶浊气息，弥满着人间地狱的氛围。但是，《日出》并不使人感到气闷，也不令人沮丧。在"漆黑的世界"里透出满天大红的亮色，在冷酷中蓄着温热，在地狱里也有金子的闪光，在腐尸臭气下却潜藏着牵动人心的诗意力量。显然，《日出》的现实主义注入了新的血液，熔铸着作家动人的理想温热和浪漫的诗情。（田本相《〈日出〉论》）

《日出》中，人物描写的剧场性还来自人物命运悲惨的展示上。曹禺总是擅长描写不幸人物的生命挣扎及其理想的精彩表现。对于人生，人人都有期待，然而生命状态又各不相同。曹禺戏剧总是擅长充分地展示底层人物为生存而挣扎的悲剧情景，这不仅体现在黄省三、小东西的描写中，也体现在陈白露、李石清的描写中。（刘家思《论〈日出〉的剧场性》）

【赏析】

《日出》是曹禺的一部四幕悲剧，于 1936 年 6 月在《文学季刊》第一期开始连载，同年 10 月首次出版。当时，曹禺在天津河北女子师范学院任教，曾到上海参观，有感于大都市的畸形社会生活，授课之余，写了这个剧本。曹禺先生在《日出·跋》中说道："我们要有新的血，新的生命。刚刚冬天过去了，金光射着田野里每一棵临风抖擞的小草，死了的人们为什么不再生起来！我们要的是太阳，是春日，是充满了欢笑的好生活，虽然目前是一片混乱。于是我决定写《日出》。"《剧本》取名"日出",象征意味显而易见,表达了作者对光明的热切希望与追求。

《日出》将创作的范围由家庭扩展到了社会,是作者对社会、对生活有了更深刻的认识的表现。它以某大城市的豪华旅馆为背景,以交际花陈白露为中心人物,通过社会上层、下层人物以及他们之间错综复杂的矛盾冲突,深刻地体现了作者对"损不足以奉有余"的社会制度的批判。《日出》中的陈白露,出身于书香门第,但是她迫于现实,成为金钱的奴隶。她一方面追求享受、贪图舒适,与大丰银行经理潘月亭厮混;另一方面,她厌倦周围的一切,总是鄙视周围的一切,她的脸上常常带着嘲讽的笑。她在矛盾中生活,最终在绝望与希望的精神分裂中与这个黑暗的世界诀别。《日出》里的金八只是一个频繁出现的名字,作者自始至终未让他出现。这个无影无踪的金八,却支配着剧中人物的命运,每个人物都无法摆脱他的控制。《日出》是一部悲剧,剧中的陈白露、小东西、翠喜、黄省三,甚至李石清,都无法摆脱悲剧的命运。与此同时,《日出》还写了一系列的喜剧性人物,顾八奶奶、张乔治、胡四、福升,作者通过人物语言、动作的描写,深刻地揭露了人物丑陋的灵魂。

本文选自《日出》第二幕及第四幕。银行秘书李石清怀着拼命向上爬的野心,一面不顾妻儿生活,竭其所有,对经理潘月亭极尽阿谀奉承之能事,一面狡诈地偷看银行的机密,要挟潘月亭,借此爬上襄理的高位。"翻身"后的李石清,完全一副小人得志的嘴脸,往日低三下四、过分谦恭的可怜相一去不返,竟然与潘月亭称兄道弟。可是,李石清得意得太早,他的襄理只当了三天,还受到了潘月亭的侮辱与谩骂。在生活中,李石清是一个顾家的男人,是一个爱孩子的父亲,要不是为了那几个可怜的孩子,他也不会"破釜沉舟"式地向上爬。作者在短短的两幕剧几次出场中,写出了人物内心的激烈冲突,人生的波动起伏,成功地塑造了一个可恨、可鄙、可悲、可笑的人物形象。

(高　雨)

老　舍

老舍(1899—1966),北京人。原名舒庆春,字舍予,满族人。1918 年夏天,他以优秀的成绩从北京师范学校毕业,被派到北京第十七小学当校长。1924 年夏,赴英国伦敦大学东方学院任中文讲师,在英期间开始文学创作。1930 年回国,初任齐鲁大学讲师。1934 年,到青岛任山东大学教授。1936 年,辞去教职专业从事创作,出版代表性作品《骆驼祥子》。1951 年,被北京市人民政府授予"人民艺术家"的称号。1957 年,老舍于《收获》第一期发表剧本《茶馆》,1958 年 3 月,《茶馆》开始首演,现已成为戏剧界经典,被誉为"东方舞台上的奇迹"。老舍的作品大多取材于"京味"十足的市民生活,具有鲜明的主旨,浓郁的地方色彩,富于幽默讽刺的妙趣,语言洗练传神。

他的语言生动幽默,是地道的北京话,间或也夹上一点山东俗语。他没有许多作家那种忸怩作态让人读了感到浑身难受的非常别扭的文体,一种新鲜活泼的力量跳动在字里行间。他的幽默也同林语堂之流的那种着意为之的幽默不同。总之,老舍先生成了我毕生最喜爱的作家之一,我对他怀有崇高的敬意。(季羡林《我记忆中的老舍先生》)

他是中国现代杰出作家中最为关注中华民族伦理走势与道德建设的一位,是继鲁迅之后中国现代作家中罕见的坚持文化启蒙主义精神的一位。他对中华民族精神文化的反思与再造,在其生前身后甚至若干个世纪以后,都会为人们所珍视。老舍式的道德关怀与文化忧思,均与满族的精神文化遗产及历史文化教训,有着深刻的内在关联。(关纪新《老舍研究个案与中华多民族文学史观》)

茶　馆①

第一幕

人　物　王利发　刘麻子　庞太监　唐铁嘴　康六　小牛儿　松二爷　黄胖子
　　　　宋恩子　常四爷　秦仲义　吴祥子　李三　老人　康顺子　二德子
　　　　乡妇　茶客甲、乙、丙、丁　马五爷　小妞　茶房一二人
时　间　1898年(戊戌)初秋,康梁等的维新运动失败了。早半天。
地　点　北京,裕泰大茶馆

〔幕启:这种大茶馆现在已经不见了。在几十年前,每城起码都有一处。这里卖茶,也卖简单的点心与菜饭。玩鸟的人们,每天在蹓够了画眉、黄鸟等之后,要到这里歇歇腿,喝喝茶,并使鸟儿表演歌唱。商议事情的,说媒拉纤的,也到这里来。那年月,时常有打群架的,但是总会有朋友出头给双方调解;三五十口子打手,经调人东说西说,便都喝碗茶,吃碗烂肉面(大茶馆特殊的食品,价钱便宜,作起来快当),就可以化干戈为玉帛了。总之,这是当日非常重要的地方,有事无事都可以来坐半天。

〔在这里,可以听到最荒唐的新闻,如某处的大蜘蛛怎么成了精,受到雷击。奇怪的意见也在这里可以听到,像把海边上都修上大墙,就足以挡住洋兵上岸。这里还可以听到某京戏演员新近创造了什么腔儿和煎熬

---

① 编者按:从创作时间上来说,《茶馆》应归为当代文学作品,但老舍的创作跨越了现代和当代的时间界隔,本书将其视作现代作家,故将《茶馆》放入现代戏剧部分。

鸦片烟的最好的方法。这里也可以看到某人新得到的奇珍——一个出土的玉扇坠儿,或三彩的鼻烟壶。这真是个重要的地方,简直可以算作文化交流的所在。

〔我们现在就要看见这样的一座茶馆。

〔一进门是柜台与炉灶——为省点事,我们的舞台上可以不要炉灶;后面有些锅勺的响声也就够了。屋子非常高大,摆着长桌与方桌,长凳与小凳,都是茶座儿。隔窗可见后院,高搭着凉棚,棚下也有茶座儿。屋里和凉棚下都有挂鸟笼的地方。各处都贴着"莫谈国事"的纸条。

〔有两位茶客,不知姓名,正眯着眼,摇着头,拍板低唱。有两三位茶客,也不知姓名,正入神地欣赏瓦罐里的蟋蟀。两位穿灰色大衫的——宋恩子与吴祥子,正低声地谈话,看样子他们是北衙门的办案的(侦缉)。

〔今天又有一起打群架的,据说是为了争一只家鸽,惹起非用武力解决不可的纠纷。假若真打起来,非出人命不可,因为被约的打手中包括着善扑营的哥儿们和库兵,身手都十分厉害。好在,不能真打起来,因为在双方还没把打手约齐,已有人出面调停了——现在双方在这里会面。三三两两的打手,都横眉立目,短打扮,随时进来,往后院去。

〔马五爷在不惹人注意的角落,独自坐着喝茶。

〔王利发高高地坐在柜台里。

〔唐铁嘴趿拉着鞋,身穿一件极长极脏的大布衫,耳上夹着几张小纸片,进来。

王利发　唐先生,你外边蹓蹓吧!

唐铁嘴　(惨笑)王掌柜,捧捧唐铁嘴吧!送给我碗茶喝,我就先给您相相面吧!手相奉送,不取分文!(不容分说,拉过王利发的手来)今年是光绪二十四年,戊戌。您贵庚是……

王利发　(夺回手去)算了吧,我送给你一碗茶喝,你就甭卖那套生意口啦!用不着相面,咱们既在江湖内,都是苦命人!(由柜台内走出,让唐铁嘴坐下)坐下!我告诉你,你要是不戒了大烟,就永久交不了好运!这是我的相法,比你的更灵验!

〔松二爷和常四爷都提着鸟笼进来,王利发向他们打招呼。他们先把鸟笼子挂好,找地方坐下。松二爷文绉绉的,提着小黄鸟笼;常四爷雄赳赳的,提着大而高的画眉笼。茶房李三赶紧过来,沏上盖碗茶。他们自带茶叶。茶沏好,松二爷、常四爷向邻近的茶座让了让。

松二爷、常四爷　您喝这个!(然后,往后院看了看)

松二爷　好像又有事儿？

常四爷　反正打不起来！要真打的话,早到城外头去啦;到茶馆来干吗？

　　　　〔二德子,一位打手,恰好进来,听见了常四爷的话

二德子　（凑过去）你这是对谁甩闲话呢？

常四爷　（不肯示弱）你问我哪？花钱喝茶,难道还教谁管着吗？

松二爷　（打量了二德子一番）我说这位爷,您是营里当差的吧？来,坐下喝一碗,
　　　　我们也都是外场人。

二德子　你管我当差不当差呢！

常四爷　要抖威风,跟洋人干去,洋人厉害！英法联军烧了圆明园,尊家吃着官
　　　　饷,可没见您去冲锋打仗！

二德子　甭说打不打洋人,我先管教管教你！（要动手）

　　　　〔别的茶客依旧进行他们自己的事。王利发急忙跑过来。

王利发　哥儿们,都是街面上的朋友,有话好说。德爷,您后边坐！

　　　　〔二德子不听王利发的话,一下子把一个盖碗搂下桌去,摔碎。翻手要抓
　　　　常四爷的脖领。

常四爷　（闪过）你要怎么着？

二德子　怎么着？我碰不了洋人,还碰不了你吗？

马五爷　（并未立起）二德子,你威风啊！

二德子　（四下扫视,看到马五爷）喝,马五爷,您在这儿哪？我可眼拙,没看见您！
　　　　（过去请安）

马五爷　有什么事好好地说,干吗动不动地就讲打？

二德子　嗻！您说的对！我到后头坐坐去。李三,这儿的茶钱我候啦！（往后面
　　　　走去）

常四爷　（凑过来,要对马五爷发牢骚）这位爷,您圣明,您给评评理！

马五爷　（立起来）我还有事,再见！（走出去）

常四爷　（对王利发）邪！这倒是个怪人！

王利发　您不知道这是马五爷呀？怪不得您也得罪了他！

常四爷　我也得罪了他？我今天出门没挑好日子！

王利发　（低声地）刚才您说洋人怎样,他就是吃洋饭的。信洋教,说洋话,有事情
　　　　可以一直地找宛平县的县太爷去,要不怎么连官面上都不惹他呢！

常四爷　（往原处走）哼,我就不佩服吃洋饭的！

王利发　（向宋恩子、吴祥子那边稍一歪头,低声地）说话请留点神！（大声地）李
　　　　三,再给这儿沏一碗来！（拾起地上的碎磁片）

松二爷	盖碗多少钱？我赔！外场人不作老娘们事！
王利发	不忙，待会儿再算吧！（走开）
	〔纤手刘麻子领着康六进来。刘麻子先向松二爷、常四爷打招呼。
刘麻子	您二位真早班儿！（掏出鼻烟壶，倒烟）您试试这个！刚装来的，地道英国造，又细又纯！
常四爷	唉！连鼻烟也得从外洋来！这得往外流多少银子啊！
刘麻子	咱们大清国有的是金山银山，永远花不完，您坐着，我办点小事！（领康六找了个座儿）
	〔李三拿过一碗茶来。
刘麻子	说说吧，十两银子行不行？你说干脆的！我忙，没工夫专伺候你！
康　六	刘爷！十五岁的大姑娘，就值十两银子吗？
刘麻子	卖到窑子去，也许多拿一两八钱的，可是你又不肯！
康　六	那是我的亲女儿！我能够……
刘麻子	有女儿，你可养活不起，这怪谁呢？
康　六	那不是因为乡下种地的都没法子混了吗？一家大小要是一天能吃上一顿粥，我要还想卖女儿，我就不是人！
刘麻子	那是你们乡下的事，我管不着。我受你之托，教你不吃亏，又教你女儿有个吃饱饭的地方，这还不好吗？
康　六	到底给谁呢？
刘麻子	我一说，你必定从心眼里乐意！一位在宫里当差的！
康　六	宫里当差的谁要个乡下丫头呢？
刘麻子	那不是你女儿的命好吗？
康　六	谁呢？
刘麻子	庞总管！你也听说过庞总管吧？伺候着太后，红的不得了，连家里打醋的瓶子都是玛瑙做的！
康　六	刘大爷，把女儿给太监作老婆，我怎么对得起人呢？
刘麻子	卖女儿，无论怎么卖，也对不起女儿！你糊涂！你看，姑娘一过门，吃的是珍馐美味，穿的是绫罗绸缎，这不是造化吗？怎样，摇头不算点头算，来个干脆的！
康　六	自古以来，哪有……他就给十两银子？
刘麻子	找遍了你们全村儿，找得出十两银子找不出？在乡下，五斤白面就换个孩子，你不是不知道！
康　六	我，唉！我得跟姑娘商量一下！

刘麻子　告诉你，过了这个村可没有这个店，耽误了事别怨我！快去快来！

康　六　唉！我一会儿就回来！

刘麻子　我在这儿等着你！

康　六　（慢慢地走出去）

刘麻子　（凑到松二爷、常四爷这边来）乡下人真难办事，永远没有个痛痛快快！

　　　　松二爷　这号生意又不小吧？

刘麻子　也甜不到哪儿去，弄好了，赚个元宝！

常四爷　乡下是怎么了？会弄得这么卖儿卖女的！

刘麻子　谁知道！要不怎么说，就是一条狗也得托生在北京城里嘛！

常四爷　刘爷，您可真有个狠劲儿，给拉拢这路事！

刘麻子　我要不分心，他们还许找不到买主呢！（忙岔话）松二爷，（掏出个小时表来）您看这个！

松二爷　（接表）好体面的小表！

刘麻子　您听听，嘎登嘎登地响！

松二爷　（听）这得多少钱？

刘麻子　您爱吗？就让给您！一句话，五两银子！您玩够了，不爱再要了，我还照数退钱！东西真地道，传家的玩艺！

常四爷　我这儿正咂摸这个味儿：咱们一个人身上有多少洋玩艺儿啊！老刘，就看你身上吧：洋鼻烟，洋表，洋缎大衫，洋布裤褂……

刘麻子　洋东西可是真漂亮呢！我要是穿一身土布，像个乡下脑壳，谁还理我呀！

常四爷　我老觉乎着咱们的大缎子，川绸，更体面！

刘麻子　松二爷，留下这个表吧，这年月，戴着这么好的洋表，会教人另眼看待！是不是这么说，您哪？

松二爷　（真爱表，但又嫌贵）我……

刘麻子　您先戴两天，改日再给钱！

　　　　〔黄胖子进来。

黄胖子　（严重的沙眼，看不清楚，进门就请安）哥儿们，都瞧我啦！我请安了！都是自己弟兄，别伤了和气呀！

王利发　这不是他们，他们在后院哪！

黄胖子　我看不大清楚啊！掌柜的，预备烂肉面，有我黄胖子，谁也打不起来！（往里走）

二德子　（出来迎接）两边已经见了面，您快来吧！

　　　　〔二德子同黄胖子入内。

〔茶房们一趟又一趟地往后面送茶水。老人进来,拿着些牙签、胡梳、耳挖勺之类的小东西,低着头慢慢地挨着茶座儿走;没人买他的东西。他要往后院去,被李三截住。

李　三　老大爷,您外边蹓蹓吧!后院里,人家正说和事呢,没人买您的东西!
　　　　（顺手儿把剩茶递给老人一碗）

松二爷　（低声地）李三!（指后院）他们到底为了什么事,要这么拿刀动杖的?

李　三　（低声地）听说是为一只鸽子。张宅的鸽子飞到了李宅去,李宅不肯交还……唉,咱们还是少说话好,（问老人）老大爷,您高寿啦?

老　人　（喝了茶）多谢!八十二了,没人管!这年月呀,人还不如一只鸽子呢!唉!（慢慢走出去）

　　　　〔秦仲义,穿得很讲究,满面春风,走进来。

王利发　哎哟!秦二爷,您怎么这样闲在,会想起下茶馆来了?也没带个底下人?

秦仲义　来看看,看看你这年轻小伙子会作生意不会!

王利发　唉,一边作一边学吧,指着这个吃饭嘛。谁叫我爸爸死的早,我不干不行啊!好在照顾主儿都是我父亲的老朋友,我有不周到的地方,都肯包涵,闭闭眼就过去了。在街面上混饭吃,人缘儿顶要紧。我按着我父亲遗留下的老办法,多说好话,多请安,讨人人的喜欢,就不会出大岔子!您坐下,我给您沏碗小叶茶去!

秦仲义　我不喝!也不坐着!

王利发　坐一坐!有您在我这儿坐坐,我脸上有光!

秦仲义　也好吧!（坐）可是,用不着奉承我!

王利发　李三,沏一碗高的来!二爷,府上都好?您的事情都顺心吧?

秦仲义　不怎么太好!

王利发　您怕什么呢?那么多的买卖,您的小手指头都比我的腰还粗!

唐铁嘴　（凑过来）这位爷好相貌,真是天庭饱满,地阁方圆,虽无宰相之权,而有陶朱之富!

秦仲义　躲开我!去!

王利发　先生,你喝够了茶,该外边活动活动去!（把唐铁嘴轻轻推开）

唐铁嘴　唉!（垂头走出去）

秦仲义　小王,这儿的房租是不是得往上提那么一提呢?当年你爸爸给我的那点租钱,还不够我喝茶用的呢!

王利发　二爷,您说得对,太对了!可是,这点小事用不着您分心,您派管事的来一趟,我跟他商量,该长多少租钱,我一定照办!是!嗻!

秦仲义　你这小子，比你爸爸还滑！哼，等着吧，早晚把房子收回去！

王利发　您甭吓唬着我玩，我知道您多么照应我，心疼我，决不会叫我挑着大茶壶，到街上卖热茶去！

秦仲义　你等着瞧吧！

〔乡妇拉着个十来岁的小妞进来。小妞的头上插着一根草标。李三本想不许她们往前走，可是心中一难过，没管。她们俩慢慢地往里走。茶客们忽然都停止说笑，看着她们。

小　妞　（走到屋子中间，立住）妈，我饿！我饿！

〔乡妇呆视着小妞，忽然腿一软，坐在地上，掩面低泣。

秦仲义　（对王利发）轰出去！

王利发　是！出去吧，这里坐不住！

乡　妇　哪位行行好？要这个孩子，二两银子！

常四爷　李三，要两个烂肉面，带她们到门外吃去！

李　三　是啦！（过去对乡妇）起来，门口等着去，我给你们端面来！

乡　妇　（立起，抹泪往外走，好像忘了孩子；走了两步，又转回身来，搂住小妞，吻她）宝贝！宝贝！

王利发　快着点吧！

〔乡妇、小妞走出去，李三随后端出两碗面去。

王利发　（过来）常四爷，您是积德行好，赏给她们面吃！可是，我告诉您：这路事儿太多了，太多了！谁也管不了！（对秦仲义）二爷，您看我说的对不对？

常四爷　（对松二爷）二爷，我看哪，大清国要完！

秦仲义　（老气横秋地）完不完，并不在乎有人给穷人们一碗面吃没有。小王，说真的，我真想收回这里的房子！

王利发　您别那么办哪，二爷！

秦仲义　我不但收回房子，而且把乡下的地、城里的买卖也都卖了！

王利发　那为什么呢？

秦仲义　把本钱拢在一块儿，开工厂！

王利发　开工厂？

秦仲义　嗯，顶大顶大的工厂！那才救得了穷人，那才能抵制外货，那才能救国！（对王利发说而眼看着常四爷）唉，我跟你说这些干什么，你不懂！

王利发　您就专为别人，把财产都出手，不顾自己了吗？

秦仲义　你不懂！只有那么办，国家才能富强！好啦，我该走啦。我亲眼看见了，你的生意不错，你甭再耍无赖，不长房钱！

王利发	您等等，我给您叫车去！
秦仲义	用不着，我愿意蹓跶蹓跶！
	〔秦仲义往外走，王利发送。
	〔小牛儿挽着庞太监走进来。小牛儿提着水烟袋。
庞太监	哟！秦二爷！
秦仲义	庞老爷！这两天您心里安顿了吧？
庞太监	那还用说吗？天下太平了，圣旨下来，谭嗣同问斩！告诉您，谁敢改祖宗的章程，谁就掉脑袋！
秦仲义	我早就知道！
	〔茶客们忽然全静寂起来，几乎是闭住呼吸地听着。
庞太监	您聪明，二爷，要不然您怎么发财呢？
秦仲义	我那点财产，不值一提！
庞太监	太客气了吧？您看，全北京城谁不知道秦二爷！您比作官的还厉害呢！听说呀，好些财主都讲维新！
秦仲义	不能这么说，我那点威风在您的面前可就施展不出来了！哈哈哈！
庞太监	说得好，咱们就八仙过海，各显其能吧！哈哈哈！
秦仲义	改天过去给您请安，再见！（下）
庞太监	（自言自语）哼，凭这么个小财主也敢跟我逗嘴皮子，年头真是改了！（问王利发）刘麻子在这儿哪？
王利发	总管，您里边歇着吧！
	〔刘麻子早已看见庞太监，但不敢靠近，怕打搅了庞太监、秦仲义的谈话。
刘麻子	喝，我的老爷子！您吉祥！我等了您好大半天了！（挽着庞太监往里面走）
	〔宋恩子、吴祥子过来请安，庞太监对他们耳语。
	〔众茶客静默了一阵之后，开始议论纷纷。
茶客甲	谭嗣同是谁？
茶客乙	好像听说过！反正犯了大罪，要不，怎么会问斩呀！
茶客丙	这两三个月了，有些作官的，念书的，乱折腾乱闹，咱们怎能知道他们捣的什么鬼呀！
茶客丁	得！不管怎么说，我的铁杆庄稼又保住了！姓谭的，还有那个康有为，不是说叫旗兵不关钱粮，去自谋生计吗？心眼多毒！
茶客丙	一份钱粮倒叫上头克扣去一大半，咱们也不好过！
茶客丁	那总比没有强啊！好死不如赖活着，叫我去自己谋生，非死不可！
王利发	诸位主顾，咱们还是莫谈国事吧！
	〔大家安静下来，都又各谈各的事。

庞太监　（已坐下）怎么说？一个乡下丫头，要二百银子？

刘麻子　（侍立）乡下人，可长得俊呀！带进城来，好好地一打扮、调教，准保是又好看，又有规矩，我给您办事，比给我亲爸爸作事都更尽心，一丝一毫不能马虎！

〔唐铁嘴又回来了。

王利发　铁嘴，你怎么又回来了？

唐铁嘴　街上兵慌马乱的，不知道是怎么回事！

庞太监　还能不搜查搜查谭嗣同的余党吗？唐铁嘴，你放心，没人抓你。

唐铁嘴　嗻，总管，您要能赏给我几个烟泡儿。我可就更有出息了！

〔有几个茶客好像预感到什么灾祸，一个个往外溜。

松二爷　咱们也该走啦吧！天不早啦！

常四爷　嗻！走吧！

〔二灰衣人——宋恩子和吴祥子走过来。

宋恩子　等等！

常四爷　怎么啦？

宋恩子　刚才你说"大清国要完"？

常四爷　我，我爱大清国，怕它完了！

吴祥子　（对松二爷）你听见了？他是这么说的吗？

松二爷　哥儿们，我们天天在这儿喝茶。王掌柜知道：我们都是地道老好人！

吴祥子　问你听见了没有？

松二爷　那，有话好说，二位请坐！

宋恩子　你不说，连你也锁了走！他说"大清国要完"，就是跟谭嗣同一党！

松二爷　我，我听见了，他是说……

宋恩子　（对常四爷）走！

常四爷　上哪儿？事情要交代明白了啊！

宋恩子　你还想拒捕吗？我这儿可带着"王法"呢！（掏出腰中带着的铁链子）

常四爷　告诉你们，我可是旗人！

吴祥子　旗人当汉奸，罪加一等！锁上他！

常四爷　甭锁，我跑不了！

宋恩子　量你也跑不了！（对松二爷）你也走一趟，到堂上实话实说，没你的事！

〔黄胖子同三五个人由后院过来。

黄胖子　得啦，一天云雾散，算我没白跑腿！

松二爷　黄爷！黄爷！

黄胖子　（揉揉眼）谁呀？

松二爷	我！松二！您过来,给说句好话！
黄胖子	(看清)哟,宋爷,吴爷,二位爷办案哪？请吧！
松二爷	黄爷,帮帮忙,给美言两句！
黄胖子	官厅儿管不了的事,我管！官厅儿能管的事呀,我不便多嘴！（问大家）
	是不是？
众	嘿！对！

〔宋恩子、吴祥子带着常四爷、松二爷往外走。

松二爷	(对王利发)看着点我们的鸟笼子！
王利发	您放心,我给您送到家里去！

〔常四爷、松二爷、宋恩子、吴祥子同下。

黄胖子	(唐铁嘴告以庞太监在此)哟,老爷在这儿哪？听说要安份儿家,我先给
	您道喜！
庞太监	等吃喜酒吧！
黄胖子	您赏脸！您赏脸！（下）

〔乡妇端着空碗进来,往柜上放。小妞跟进来。

小 妞	妈！我还饿！
王利发	唉！出去吧！
乡 妇	走吧,乖！
小 妞	不卖妞妞啦？妈！不卖啦？妈！
乡 妇	乖！（哭着,携小妞下）

〔康六带着康顺子进来,立在柜台前。

康 六	姑娘！顺子！爸爸不是人,是畜生！可你叫我怎么办呢？你不找个吃饭
	的地方,你饿死！我不弄到手几两银子,就得叫东家活活地打死！你呀,
	顺子,认命吧,积德吧！
康顺子	我,我……（说不出话来）
刘麻子	(跑过来)你们回来啦？点头啦？好！来见见总管！给总管磕头！
康顺子	我……（要晕倒）
康 六	(扶住女儿)顺子！顺子！
刘麻子	怎么啦？
康 六	又饿又气,昏过去了！顺子！顺子！
庞太监	我要活的,可不要死的！

〔静场。

茶客甲	(正与乙下象棋)将！你完啦！

——幕落

351

【汇评】

《茶馆》表现和展示的是诸多个体形象,但这并不说明作品所反映的历史内容不具有典型性。"茶馆"是老舍用来展现中华民族的象征物,民族性才是他所要真正表现的,正如有的学者所看到的,《茶馆》"不是要讲述某个具体故事的",当然也不是要讲某一个人的故事,而是要讲一个民族的"总体"故事。(方维保《〈茶馆〉:"世变""民生"与民族寓言》)

《茶馆》所描写的是半殖民地半封建的旧中国在灭亡前的最后三个片断,是一个充斥着黑暗、荒诞、病态的社会,是一个时时处处产生悲剧的年代。然而老舍却采用喜剧的样式来写,用看似轻松幽默的语言来叙述悲哀寒心的事件,将大悲隐于大喜之中,使观众在笑过之后,不得不停留下来思考其背后的深意,不得不剥离虚掩的外壳去体味其间的内蕴。老舍的这种戏剧样式不仅仅在于语言上风趣幽默,在人物塑造和情节的安排上,也注入了大量的冷嘲热讽和幽默调侃。对于丑恶现象,老舍的幽默调侃并不弱于严厉的抨击,在温热与惋惜中切中人与事的本质要害。(王本朝《老舍研究》)

【赏析】

《茶馆》是老舍先生创作的一部三幕剧,以戊戌变法至抗日战争胜利后50年间的社会变迁为背景,描写了三个时代的茶馆生活。第一幕:清末维新变法失败,北京的裕泰茶馆生意兴隆,三教九流云集。茶馆到处贴着"莫谈国事"的纸条,平添了窒息感。老舍先生用剪影式的描写,展现了清末社会的众生相,精明能干的茶馆掌柜王利发,胆小怕事、游手好闲的松二爷,正直善良、敢作敢当的常四爷,信洋教的小恶霸,实业救国的秦仲义……一个个鲜活的人物,深刻地反映了清末社会封建统治的腐朽,反映了帝国主义的渗透、侵略,揭示了社会的主要矛盾。第二幕:北洋军阀割据,北京的大茶馆不堪重负,纷纷倒闭。裕泰茶馆在王利发的改良中风雨飘摇。"改良,改良,越改越凉",刚刚改良经营的茶馆就厄运当头,特务、巡警、兵痞接二连三来敲诈勒索。在这一幕中,展现了一幅兵荒马乱、日益衰败的社会画面。第三幕:抗日战争胜利,裕泰茶馆更加衰败,所有正直的人都难逃厄运,饱经沧桑三位老人,悲情而凄凉。

本文选自《茶馆》的第一幕。1958年,《茶馆》在北京人艺首都剧场首演,引起了强烈反响,第一幕被曹禺誉为"古今中外剧作中罕见的第一幕"。在这一场戏中,王利发、唐铁嘴、松二爷、常四爷、宋恩子、吴祥子、刘麻子诸多人物纷纷在裕泰茶馆粉墨登场。老舍先生以"茶馆"为场景,避开了对重大历史事件的直接描绘,只是通过人物的语言、动作,描述历史事件在民间的反响,将之化入日常生活之中,成功地勾画出一幅丰富的人物风情画卷,与此同时又铺展开了一幅浓缩的历史画卷。

老舍先生是位出色的"语言艺术大师",剧中七十多个形形色色的人物,"三言两语就勾出一个人物形象的轮廓来"。他们的出身、经历、教养、性格以及说话时的情绪与语言完全统一,让人闻其言而知其人。第一幕中面对连声喊饿的小女孩,雄心勃勃,不可一世的秦仲义说"轰出去",好打抱不平的常四爷则说"要两个烂肉面,带她们到门外吃去"。茶馆掌柜王利发左右逢源、八面玲珑的性格更是表现得淋漓尽致,他对常四爷说:"您是积德行好,赏给她们面吃! 可是,我告诉您:这路事儿太多了,太多了! 谁也管不了!"又对着秦仲义说:"二爷,您看我说的对不对?"除了人物语言的个性化,风趣幽默和浓郁的"京味"特征也是《茶馆》语言的重要特征。

(高 雨)

参考书目

《沫若剧作选》,人民文学出版社 1978 年

《洪深文集》,中国戏剧出版社 1957 年

《丁西林剧作全集》,中国戏剧出版社 1985 年

《于伶剧作集》,中国戏剧出版社 1984 年

《夏衍剧作集》,中国戏剧出版社 1986 年

《陈白尘选集》,四川文艺出版社 1988 年

《曹禺文集》,中国戏剧出版社 1990 年

《田汉文集》,中国戏剧出版社 1983—1987 年

《吴祖光选集》,河北人民出版社 1995 年

《老舍戏剧集》,人民文学出版社 1985 年

思考与练习

1. 体会《茶馆》的语言特色。

2. 比较《日出》与《雷雨》戏剧结构上的不同。

3. 分析《日出》中李石清的人物形象。

慕课资源

赖 声 川

赖声川,1954年出生于美国华盛顿,祖籍江西,客家人。1972年入台湾辅仁大学英文系学习,1978年赴美深造,1983年获美国伯克利大学戏剧艺术研究所博士学位后,回到台湾任教,历任台北艺术大学院长、美国斯坦福大学客座教授及驻校艺术家。1986年由其编剧的舞台剧《暗恋桃花源》首演引起轰动,获台湾文学大奖。1992年,《暗恋桃花源》电影版获第29届台湾金马奖最佳改编剧本奖、第5届东京国际电影节青年电影樱花银奖。赖声川原创编导三十余部戏剧作品,以独特的"赖氏"戏剧,以及灵感蓬勃的创意享誉国际,于2007年入选中国话剧百年名人堂,对当代华人剧场艺术创新和文创产业影响颇深,被誉为"现今最顶尖的中文剧作家"(BBC)、"亚洲剧场导演之翘楚"(《亚洲周刊》)。

【集评】

赖声川早期从事实验戏剧,强调做戏要有"关怀"和"创新",探索集体即兴、拼贴结构和生活演剧,这些特点在他后来的商业演剧中,有延续也有发展变化。赖声川戏剧具有独特的艺术创造,然而,赖声川还难以称为"戏剧大师",其创作还难以称为"戏剧经典"。注重"社会论坛"和"可看性"的赖声川戏剧,其价值和贡献,是将现代话剧这门高雅艺术融入大众文化生活之中,推动话剧演出成为当代台湾正常的社会文化活动。(胡星亮《论赖声川主持的集体即兴戏剧创作》)

赖声川现在要通过他的艺术来改变这一切,他的最终目标不是艺术,最终的目标是对人生、对世界的改变。(余秋雨《赖声川的创意:戏剧学50讲》)

第十场

《暗恋》导演　我们非要把事情解决不可。（导演手上拿着场租证明文件，理直气壮）

饰"袁老板"的演员　怎么解决？没有见过这种事情。

饰"老陶"的演员　把人吓一大跳。

〔所有人的情绪已经到爆炸点。

饰"云之凡"的演员　慢慢说……这件事对我们导演很重要！

饰"袁老板"的演员　难道这件事对我们不重要吗？

饰"云之凡"的演员　（耐着性子）我们排了一天了，一直在受到干扰……

饰"袁老板"的演员　受到干扰不是我们的问题哎！

饰"江滨柳"的演员　哥们，我们能不能打个商量……

饰"袁老板"的演员　我们现在没得商量。我现在是内忧外患！我好好的一出喜剧给你们搞得乌烟瘴气！

《暗恋》导演　老弟，你不说，我还不好意思说！我看你的喜剧我很伤心！我很崇拜陶渊明，你怎么可以这么糟蹋他？

饰"江滨柳"的演员　（对导演）好了，好了，你别讲了……

饰"袁老板"的演员　好，你不说我也不说——我看你的悲剧我很想笑！

《暗恋》导演　什么话？

饰"袁老板"的演员　什么话？一个快要死掉的病人从床上爬下来嘴里哼着歌跑去荡秋千！什么玩意儿？还有，我问你："白色的山茶花"是吧，怎么演？你演那朵山茶花给我看看好不好？你怎么不演呢？

《暗恋》导演　哎！他看过戏没有？

饰"云之凡"的演员　不要吵了，（对饰"袁"的演员）商量一下该怎么办嘛！

饰"袁老板"的演员　我也不知道！（看白袍袖下的手表）都没时间了……

饰"云之凡"的演员　我们也没时间了。

---

①　节选自 1992 年版《暗恋桃花源》电影剧本，对台词进行了校改，参考了东方出版社 2007 年版《暗恋桃花源》，有删减。

陌生女子　（冒出来）大家都没有时间了！

饰"袁老板"的演员　我没有办法！

陌生女子　（对饰"袁"的演员）那你要想办法！你要替我想办法啊！

饰"袁老板"的演员　（紧张地避开陌生女子）你先等一下。（对众人）这样好不好？我们把舞台分成两半。舞台的这一半，（指左边）我们排演；另一半，你们爱怎么办就怎么办！

《暗恋》导演　什么？一半一半？我没听说过！

饰"袁老板"的演员　那我也没有别的办法啦！

饰"云之凡"的演员　（对导演）就这样好了。

〔所有人都开始行动。

第十一场

〔老年的江滨柳躺在病床上，静听着周璇老歌。

护　士　你醒了？（听见歌曲）怎么又在听这支歌？我跟你讲过多少次，不要听这支歌！每次听了心情就不好。关掉好了！（关掉录音机）

江滨柳　不要关！这歌好听啊。

护　士　有什么好听？我听了那么多遍还不知道她在唱什么。你看你，每一次听完这首歌就这个样子。（骂）你不能老想那一件事情。你算算看，从你登报那一天起，都已经（护士扳着手指头算，不小心踢到还没有搬走，一直在右下舞台而现在越界的《桃》组石块道具。护士一脚把石块踢过去到《暗》组一边）——五天了。你还在等她？我看不必了！第一天云小姐没有来，到第二天我就知道她铁定是不会来的。再说，云小姐还在不在这个世界上都不知道，你干吗这样？（江滨柳眼光注视遥远的方向。护士望他一眼，心中又不忍）对不起啦，我不是那个意思，我是说——说不定云小姐真的来的话，事情反而会更麻烦，因为你可能更难过，对不对？（江不语）那还不如像现在这样，安安静静地过日子多好。

〔江太太推门进来，同样地尽力适应所有新的位置。

〔《桃》组的人同时穿着白袍古装往台上来，调整大小石块道具，开始布置舞台的右半。

江太太　（边说《暗恋》的台词，但注意力却被《桃花源》那一半的活动牵走）你们这个医院也真是的！天天催着我去缴钱，我们人躺在这儿又不会跑掉……我刚才去缴钱，那个小姐又说要下班了要结账了，又要我明天去缴，我每

天就在这个医院里……（瞒跛着步子、计量道具的老陶）走来走去，走来
走去。

饰"春花的演员"　（对饰"陶"的演员）来吧！

江太太　（对护士）王小姐，我不是说你，我是说……（望《桃》组）这医院好奇怪哟！
〔《桃》组已开始进入表演的情绪。白袍女子坐右边道具石头上，老陶仍
着白袍在石头前漫步，望着眼前假想的河景。老陶脸部表情极为平静，
似乎是在桃花源住久了，换上了白袍，和武陵的老陶判若两人。

老　陶　（《桃》剧的台词）这地方真好！……
〔桃花片开始落下，落在两边。江滨柳努力抓着床边的轮椅，但抓不到。

江太太　（对江滨柳）你要下来你就说嘛！
〔江太太和护士赶到床边，一同将江扶上轮椅；江太太推着轮椅往台
前走。

老　陶　芳草鲜美！

江滨柳　（对江太太）这里没你的事，你回去吧！

江太太　我回去干什么？我留在这里陪你嘛。
〔江太太正低头说着，轮椅撞上《桃花源》的道具石头。白袍女子被撞开，
大惊。现场大乱。

江滨柳　（对江太太）你干什么？专心一点嘛！

江太太　对不起。

老　陶　（《桃花源》词）落英缤纷。（叹气）唉！
〔江太太、江滨柳拂着身上、床上不胜其扰的桃花片。

江太太　唉！

江滨柳　唉！

白袍女子　干吗叹气？这里不是很好吗？
〔《暗》只有重来一遍。江滨柳又回床上，江太太出门。

老　陶　这儿是很好，但是我在这儿并没有得到我真正想得到的。

护　士　从哪里开始？

江滨柳　从关收音机开始。
〔《桃花源》的音乐响起。《暗》组又受挫。

白袍女子　（对陶）怎么了，来我们这里这么久了，没看你不高兴过！
〔护士依惯例做关收音机动作，可是《桃花源》的音乐关不掉，护士无奈
中只好作罢。

护　士　（对江）你看你，每一次听这首歌，你就这个样子！

老　陶　（对白袍女子）我想家!

〔《暗》组的人在舞台左方重整就位,重接一次台词。此时两组的人,一左一右,同台演出。

护　士　（对江）你不能老想那一件事情。

白袍女子　（对陶）你已经来了这么久了,回去干吗?

护　士　（对江）你算算看,从你登报那天起,到现在都已经⋯⋯（扳着手指头算）

老　陶　（对白袍女子）多久了?

护　士　（对江）5天了!

白袍女子　（对陶）好久了!

〔护士和白袍女子互看一眼。

护　士　（对江）你还在等她? 我看不必了!

老　陶　（对白袍女子）我怕她还在等我。

白袍女子　（对陶）她不一定想来!

护　士　（对江）第一天云小姐没有来,我就知道她铁定是不会来的。

老　陶　（对白袍女子）不! 她会来!

〔两组的人停顿,互看一眼。

白袍女子　（继续,对陶）她可能把你给忘了!

护　士　（对江）再说,云小姐还在不在这个世上都不知道,你干吗这样?

老　陶　（对白袍女子）你怎么可以这么讲?

白袍女子　（巧合地同时说出）对不起⋯⋯我不是那个意思!

〔台上全愣。

〔左舞台烟雾喷出,白袍男子踱步从左上,微笑着,继续演《桃花源》的戏。

白袍男子　哪一个意思呀?

老　陶　大哥!

〔《暗》组又泄气地四处站着。

白袍男子　（温柔地）你们在说什么呀?

白袍女子　他以为他已经可以"那个"了,其实如果他真的可以"那个"的话才可能会那个什么嘛!

白袍男子　（听明白了）哦——! 明白了,不要回去吧!（陶不小心走过分界线,走去又走回）过去那边干什么?（瞄着那边）你现在过去会干扰到他们的生活!

〔老陶退回左边,护士情绪稳定下来,在右方又重新起《暗恋》接下来的台词。

护　士　（对江）我是说,说不定云小姐真的来的话,事情反而会更麻烦。

老　陶　（对白袍男子）这话怎么说?

护　士　（对江）因为你可能更难过!

老　陶　（答护士的话）不会!

　　　　〔白袍男子一把把陶推过界。

白袍男子　你接谁的词啊!

　　　　〔饰"老陶"的演员向白袍男子表示无奈。

白袍女子　（打白袍男子）你打他干什么?

老　陶　我不能受干扰!

　　　　〔《桃》组三人在一边运气、调气后,安静地讨论台词。

护　士　（边瞄《桃》组）……还不如像现在这样,安安静静地过日子多好。

　　　　〔江太太重新进来。

《桃》组三人　（齐声）呵! 呵! 呵!

　　　　〔《桃》组三人重组,在左方走步子。

江太太　（吓一跳）你们这医院也真是的! 天天催着我去缴钱,我们病人躺在这儿,又不会跑掉,我刚才去缴钱,那个小姐又说要下班了要结账了,又要我明天去缴……（看着左方走步子的《桃》组）我每天就在这个医院里走来走去,走来走去……（回神,摇头,努力专注,但突然说出一口标准北京腔）王小姐,我不是说你! 我是说,咱们这个医院它也忒不靠谱了!（发现自己的错误,又改回台湾国语）我是说你们这家医院,好奇怪咧!

老　陶　我想回去看看,我就死心了!

　　　　〔江如前,伸手去勾轮椅,但轮椅这次位置更远了,他只能伸手。

白袍男子　不要回去了! 你回去想得到什么? 我想你是……（顺着情绪一转身,见江欲勾轮椅）你是……（顺嘴说）你抓不到!

　　　　〔白袍男子发现自己接错台词,立即给自己一嘴巴子。这一巴掌打醒了出神的江太太和护士。二人赶忙去扶江上轮椅。

江太太　（对江）你要下来,你就说嘛!

老　陶　（接回自己的戏）我还能说什么?

白袍男子　（对陶）没有事,最好不要回去!

江滨柳　（对江太太）这儿没你的事，你回去吧！

江太太　我回去干什么，我留在这里陪陪你嘛。（推江往前走）

老　陶　（没注意，又走过界了）我想回去看看我就死心了！

江滨柳　（词是对江太太，但面对陶）没你的事，你回去吧！

〔轮椅已经停在老陶和白袍男子中间。

白袍男子　（对陶，但边瞄着轮椅上的江滨柳）回去会惹事，不要回去！

江滨柳　（对江太太，但边瞄着老陶）你回去吧。

〔江太太、老陶互瞄。

江太太　我……

老　陶　我……

白袍男子　（语气由柔和改为凶悍，半针对江滨柳）你不要回去！

江滨柳　（对白袍男子）回去吧！

白袍男子　回去就回不来了！

〔白袍男子和江滨柳不管自己的戏，借用自己戏中的台词互相对骂，其他人在旁不知如何是好。

江滨柳　（指白袍男子）我命令你快回去吧！

白袍男子　（指江的鼻子）我警告你不许回去！

江滨柳　（从轮椅上起身）你他妈混蛋！给我赶快滚回去！

白袍男子　（大喊）我看他妈的谁敢动！

〔白袍男子脚跨在石头上，江滨柳一脚把石头踢开，害白袍男子摔下。

《暗恋》导演　（从侧台狂吼，声音）停——！！

饰"袁老板"的演员　不要再停了！

〔灯光大亮。《暗恋》导演走上台来。全体呆站着。沉默许久。

《暗恋》导演　（对白袍男子）袁老板……

饰"袁老板"的演员　我不叫"袁老板"！

《暗恋》导演　（更正）大老板！你们到底还有几场戏？

饰"袁老板"的演员　（指陶）他还要从桃花源回到武陵。就剩这么一场戏！

《暗恋》导演　好！我们让！你们赶快。

饰"护士"的演员　你就这样让啦？

《暗恋》导演　不让我们能排吗？

〔《暗》组人员忙于撤退，《桃》组人员奔去吆喝。十分热闹，两戏道具杂成一团。

〔灯光渐暗。

第十二场

〔春花家。灯光亮起。风扇吹起花瓣,凄凉,艰苦,凋敝。尿布片儿。

春　花　天天洗尿布,这是什么日子啊!一晚不回家,一天不起床,这是什么男人那!什么家,这根本就不是家!什么什么绵延不绝的子孙,美丽的田园,这是什么东西?我看这根本就不是尿布!(接住一块尿布,摔在地上,踩)我踩死你,我踩死你……

〔袁老板着破衣烂衫上,手拿酒瓶。

袁老板　干什么!不要吵了——不要吹了——(风扇停止)吹,吹,没事儿吹,整天吹。吹个什么东西……(坐下)

春　花　(到袁老板身后)昨晚去哪儿了?

袁老板　手气不好你不要问。

春　花　又去鬼混!

袁老板　(打不开酒瓶)你不要管,我有我的办法!

春　花　办法?那你就想个办法,你找个事做吧你!

袁老板　(起身,放下酒瓶)我?我这种人,我这个长相,我这个样子,我去找个事儿做?我告诉你多少次了,我有一个伟大的——

春　花　(打袁老板,打断)你现在还来这一套!

袁老板　(苦闷)你为什么每次在我最那个的时候,就偏偏给我来一下这个嘛你?

春　花　你自个也不想想看,当初要不是你那个什么的话,(做赌博摸牌动作)现在怎么会那个什么呢?

袁老板　我哪个什么了?我看是你什么了,你心里还在想你以前那个!

春　花　哦——那个呀!他不是已经那个了吗?

袁老板　他那个了没错,他已经那个了,你为什么还要对他那个那个那个什么呢?

春　花　我那个什么了?

袁老板　你没事儿在我面前帮他烧那个那个那个什么烂东西呀,烧那么多他用得完吗?

春　花　好!(走到后台,抓纸钱,扔)你既然那个那个什么的话,那我就把烧掉的那些纸钱,我就把它全部给那个掉好了。可以了吧?——

袁老板　没有用,没有用!你没有办法抹掉他在这个屋子里的阴影!

〔老陶持橹上

袁老板　我知道,他还在你的心里,那个来,那个去。(老陶在后景走动)我常常感

到他的幽魂,就好像是站在这个屋子里一样,(老陶进屋)在那里晃过来,晃过去,(老陶走动)晃过来……(转眼见老陶)

老　　陶　春花。(两人惊惶失色,过前台,躲在一角)

两　　人　走开,走开,完了！完了！

老　　陶　你们,你们在干什么？春花,我回来啦。

春　　花　你回来干什么呢？

老　　陶　春花,我回来的目的是想把你一块带走。

袁老板　完了,完了！

老　　陶　怎么了,袁老板？你也想一块去吗？

袁老板　我就知道他放不过我！(颤抖,跑开)

老　　陶　对不起,对不起！我想你们两位是误会了吧,以为我……没有,没有。我想,我应该向你们两位解释一下。好,我就把这话从头说起吧！那一年,我不是到上游去了嘛,然后,缘溪行,就忘路之远近了。在路上我碰到一个急流,还碰到一个大漩涡。

袁老板　(对春花)他就是在那儿完蛋的！

老　　陶　后来我看到一个好大的桃花林,一片粉红色。

袁老板　我听说一般人都是先看到颜色。

老　　陶　这个时候我们就要把船舍弃了。

袁老板　要舍,要舍,什么都带不走！

老　　陶　然后我钻进了一个黑黑小小的洞里面去。

袁老板　没错,黑的,黑的！

老　　陶　挤呀挤呀,出来之后就豁然开朗了。

袁老板　他解脱了！

老　　陶　好美啊！

两　　人　好恐怖啊——(跪下)求求你呀！

老　　陶　春花——袁老板——(吓得两人连连后退。老陶欲摸两人,两人皆念咒语)

两　　人　"急急如律令"！"急急如律令"！走开呀你,走开呀你！

袁老板　没用啊！(老陶手按两人,两人倒地)

老　　陶　听我说。你们怎么了？

袁老板　(抬头)我们死了。(趴下)

　　　　　〔音乐起,凄凉

袁老板　(与春花突然打、咬老陶)他没那个,老陶,你没那个？

春　花　　你没那个?(老陶摇头)那这么多年你都消失到哪儿去了?

老　陶　　桃花源。

两　人　　桃花源——桃——花——源! 没听过。

袁老板　　(拽起欲倒的老陶)那是一个什么地方?

老　陶　　桃花源是一个……那个(比画,终于解脱似的)呵,桃花源是一个芳草鲜
　　　　　美,落英缤纷的好地方。多少男女老幼,多少年来,都在里头没有出
　　　　　来过。

　　　　　…………

袁老板　　(对春花)他彻底完了!(对老陶)那么,你跟里面的人一样,嗯?

老　陶　　对,对,对。啊不! 他们的境界要比我高多了。

袁老板　　我的天哪! 他在里边还算是轻微的。

春　花　　你怎么变成这个样子了?

老　陶　　我是经过一番挣扎和自我检讨之后,我就变成这个样子了。

袁老板　　他们还开会呢!

老　陶　　(走向两人,两人随进退)这些年来,我发现很多事情,都不像我们所想象
　　　　　的那样,看起来好像走投无路了,可是,只要换一个观点,就可以立刻获
　　　　　得一个新的方向。(两人绕到老陶身后)有的时候,连自己都不知道自己
　　　　　站在什么地方。(后退)这时候,如果用这种方法的话,我觉得比较可以
　　　　　面对自己。(两人从布景后绕回)

　　　　　…………

老　陶　　袁老板,您是常来我们家——玩儿?

袁老板　　玩儿遍了。(春花用杂物砸向袁老板)我是路过。(砸)我是在人生的旅
　　　　　途上暂时路过。

春　花　　(起身)路过? 那你当我这里是客栈呀?

袁老板　　(起身)为什么我每次讲话都顶我嘴,你当着外人面前不给我点儿面子?

春　花　　什么外人哪?

袁老板　　他!(指向老陶,老陶尴尬)

老　陶　　没关系,两位请坐。真的没关系。(两人坐下)我这次回来,本来是打算
　　　　　把春花一块儿带走。可是看到你们两个样子……没关系,我们还是可以
　　　　　一块儿去,真的没关系。不管了,我们就是一块儿去嘛! 因为那个地方
　　　　　实在是太好了。里面每一个人看起来都是这么和平,每一个景象看到眼
　　　　　睛里都好像是看到一幅美丽的图画,每一个声音传到耳朵里,都好像是
　　　　　从远方传过来的一种美丽而且动听的音乐。(孩子哭声)

春　花　孩子哭了！（去抱孩子）

袁老板　（春花抱孩子上）你把孩子抱出来干什么？

春　花　孩子哭了。

袁老板　这孩子真烦呐！你不会给他两巴掌，要不然喂他两口奶嘛。（老陶爬上桌子看孩子）

春　花　可他这样子，不像是要吃奶呀！

袁老板　哎，孩子哭了还要什么？不是要吃奶，就是要拉屎！

春　花　你懂什么小孩呀？

袁老板　我不懂小孩儿？我从小孩儿长大的，我不懂小孩儿？

春　花　你懂个屁呀！

袁老板　好，我是个屁。

春　花　本来就是个屁！

袁老板　本来就是个屁。

春　花　你屁到底！

袁老板　我屁到底。我屁到底干什么？——当初我叫你不要生，你偏要生；现在你们两个把我锁在这里，让我动不了！

春　花　谁要生呀，谁要生哪？（把孩子抛向空中，却落在老陶怀中。两人向老陶逼要孩子，却都只说不接）老陶，你把孩子还给我！

　　　　…………

　　　　〔老陶将孩子放在桌上。

春　花　你现在说这孩子是我要生的是不是？我就去把这孩子给摔死掉！（抱孩子下）

袁老板　我的孩子不准你摔！

　　　　〔跟下。老陶拿酒瓶，却又掀不开盖子。两人争吵，说要杀了孩子。老陶凄冷地走下桌子，拿起橹，向天呼号。

　　　　…………

　　　　〔音乐，忧郁。

　　　　〔老陶下。

　　　　〔老陶复上。

老　陶　（划船，号子）哎，我的记号呢？我的浮标呢？怎么不见了？

　　　　…………

第十四场

　　　　〔灯光渐亮。《暗恋》病房，舞台上同于第六场。《桃花源》的大背景山水画已经画好了,明亮地挂在后方,成为《暗恋》的背景。

〔江太太和护士服侍着江上轮椅坐好,推着往舞台前方假想窗户走。

…………

江太太　你好好养病,你现在说这些干什么嘛!我真是很不懂你,你就是想太多了。你只要好好养病,什么事情都不要再想,不就什么事情都没有了嘛。

江滨柳　美如啊……

江太太　我推你到外面去走一走。

江滨柳　美如,美如,你先……你先回去把要办的事去办了,啊!我一个人在这儿静一静,不要紧。

江太太　你不要像小孩子一样。我带你到外面去走一走,来……

江滨柳　美如,美如,你先回去把你要办的事去办了。美如,我不要人陪我,我一个人在这儿静一静可不可以呀,不要人陪我,我一个人静一静可不可以呀美如!

〔江太太激动欲泣。护士也不知如何插手

〔敲门声,三人惊。停顿。

〔护士去开门。门开,暮年的云之凡站在那里,穿着整齐、体面,手里提着一袋礼盒。她老了,但仍然保有当年的一种光彩,她头发短了、白了,驼着背,不大自然地站在门口。

云之凡　(轻声)请问……有没有一位……江滨柳先生?

〔护士回头望着尴尬的江先生、江太太。

〔江呆望着云。

〔护士呆滞地请云入。云站在门口,看着江。

〔沉默。

护　士　江太太,我陪你去把药钱缴了好不好?

〔江太太和护士下。

云之凡　我是看到报纸来的。你的身体是……

〔江不语,一直望着云。

江滨柳　我不知道你一直都在台北啊……

云之凡　我也不知道……

〔沉默。云看到江身上的围巾。

(指)这围巾是……

江滨柳　(微笑)这些年天冷了,我就一直围在身上。

〔沉默。

云之凡	你一直住在台北？
江滨柳	民国三十八年，年初就来了。我写了很多信到你昆明老家去，都没有消息呀。
	〔沉默。
云之凡	三十八年……（慢慢回想）我重庆的大哥、大嫂就决定把我带出来。我们从滇缅公路到泰国，经过河内到香港，过了两年就到台湾。就住下来了。（沉默）
江滨柳	什么时候看到报纸的啊？
云之凡	嗯？
江滨柳	什么时候看到报纸的啊？
云之凡	今（停顿）……登的那天就看到了。（沉默）
江滨柳	身体还好啊？
云之凡	还好。去年动了一次手术，没什么，年纪大了。我前年都做了外婆了。
江滨柳	我还记得……你留那两条长辫子……
云之凡	结婚第二年就剪了。好久了。（沉默）你住在什么地方？
江滨柳	我一直住，住景美。（停顿）
云之凡	刚来的时候我住在中和。后来搬到天母。
江滨柳	我前两年搬到民生社区了。（长沉默）（感伤地）想不到，想不到啊！好大一个上海，我们可以在一起。一个小小的台北把我们给难倒了……（沉默。云之凡看看手表。）
云之凡	我该回去了。我儿子还在外面等我。（云慢慢起身，往门口缓缓走去。开门，正要出去）
江滨柳	之凡……（云停住，背对着江）（慢慢地）这些年……你有没有想过我？（长沉默）〔云一直在门口站着，终于转身，低头，感性地道出心中的感受。
云之凡	我……我写了好多信到上海，好多信。（停顿）后来我大哥说："不能再等了。（停顿）再等……就要老了。"（长沉默）（回头看江）我先生人很好。他真的很好。（江默默地伸出手来）（云望着江，然后慢慢走到江轮椅前面，轻轻地拉着江的手）（长沉默。两人手握得紧紧的）（云放开江的手，抬起头来）（轻声地）我真的要走了。

〔云慢慢走出病房门，下。江在轮椅上，呆看前方。

⋯⋯⋯⋯⋯⋯

第十五场

〔灯光渐亮。两组演员分别往后门离开剧场。《暗恋》导演仍站在前一
场戏的位置，低着头，陷入自己的回忆。导演助理依然随侍候在旁。

陌生女人　那一年，在南阳街，有一棵桃树。桃树上面开花了，刘子骥，每一片都
是你的名字，每一片都是你的故事。

〔管理员上。

管理员　小姐，走了！走了！

陌生女人　刘子骥，你怎么变成了这个样子？你怎么变成了这个样子！你怎么会
变成这个样子！（撒花，管理员下）

〔台上只剩下这个女人。女人旋转着，抬头，仰臂。

【汇评】

我在加州伯克利大学读书的时候，跟 Dunbar Ogden 教授学习希腊罗马古典戏剧课程，读到希腊悲
剧三部曲后，要接演一出带有反讽色彩的闹剧，称作《撒特剧》，以平衡观众的情绪，才算是演出完毕。由
此我发觉，悲喜同台才是戏剧的完整表现，我觉得在人生里人笑到极致，以及哭到极致，面部表情是相
同的。我一边寻找人类学的答案，同时在那个时候心中就生起悲喜同台概念的一部戏。在《暗恋桃花
源》中，两个剧团，一个古装、一个现代，一个悲剧、一个喜剧，笑到极致、哭到极致，也算是我心目中的完
整了。⋯⋯悲与喜一般都被当作两种对立、相反的情感。我的感觉不是这样，悲与喜未必相反，悲到极
致与喜到极致会走到一种相似的奇特的感受。有位脑神经专家研究后认为，人类的七种主要情绪只要
推到极致，会走到一个相同的地方，和我的感觉不谋而合。这样的情感表达也许是《暗恋桃花源》吸引人
的地方。（赖声川《〈暗恋桃花源〉没有 1 秒钟的多余》）

这是一部"混乱"的、"不彻底"的戏剧，戏内戏外的种种矛盾让悲剧/喜剧、古代/现代、现实/理想、忠
诚/背叛这些对比鲜明的存在最终互相纠缠融合在一部《暗恋桃花源》中，但赖声川的高明之处在于用
互相干扰的两部平凡的"小戏"碰撞出另外一部"大戏"。（李春红《行走在传统和现代之间——论话剧
〈暗恋桃花源〉》）

【赏析】

选文是《暗恋桃花源》剧本选段。原本是两个毫不相干的故事：《暗恋》中现代青年男
女江滨柳和云之凡因战乱分离，四十年后病房相见；《桃花源》中打鱼人老陶因妻子春花
和袁老板有私情，一气之下误入桃花源，但终究割舍不下离开桃花源回家。赖声川别出
心裁地将其"混搭"：两个剧组抢夺舞台地盘，在冲突、混乱中结束了彩排。赖声川受古希
腊"羊人剧"和日本能剧穿插"狂言"手法的启发，使得此剧颇具实验色彩，采用"剧中剧"

手法，打破了传统剧场和观众的二元对立，破除了舞台的幻觉性，屡将观众从"移情"剧中拽回现实，产生"间离"效果；和《哈姆莱特》等"剧中剧"手法不同，哈姆莱特是剧中角色，此剧演员却经常从角色中跳脱出来，知道自己在演戏，一个"演"字贯穿始终，具有极强的现场感，呈现出此剧的迷乱与丰富。

节选段从两个剧组再次发生冲突讲起。选段分为四个层次。第一个层次是《桃花源》剧组正出演老陶、白袍女子和白袍男人在桃花源怡然自得的生活，被《暗恋》剧组上台打断，观众的情绪也从《桃花源》剧中抽离。

第二个层次是相互串戏。舞台一分为二，出现了两部剧同时上演的"奇观"：一边《暗恋》中江滨柳催促江太太回去，一边《桃花源》中白袍男人劝阻老陶，叫他不要回去。受到干扰的"江滨柳"从《暗恋》中跳出来，隔着"时空"对《桃花源》剧中的"袁老板"大吼："我命令你快点回去！""袁老板"跳出来接招："打死我我也不会走。""剧中剧"的"串戏""演"出了出人意料的戏剧效果，跨越"时空"、身份与舞台的叙事，"回去"与"不要回去"的对白竟将两剧巧妙搭连起来，令观众一再从剧情抽离，捧腹亦深思。

第三个层次是《桃花源》剧结尾。老陶回到家中，他在桃花源心灵净化，面容平和，见春花和袁老板在一起，没有发怒，想带他俩前往桃花源。春花和袁老板终成怨偶，早已被生活的"一地尿布"整得庸俗不堪。老陶看着袁老板和春花为孩子争吵厮打，也郁闷抓狂。喜剧成了悲剧，欢乐搞笑无厘头中蕴藏着无限悲凉。老陶向天呼号，何尝不是悲悯人生的无法释怀。

正当观众沉浸于《桃花源》剧凄冷的笛声，却被《暗恋》剧的上场打断，《暗恋》剧结尾是第四个层次。江滨柳交代后事，敲门声响起，藏在心底四十年的云之凡就站在门口。两人平淡隐忍地拉家常。江滨柳眼见云之凡就要离去，问：这些年，你有没有想过我？情感终于奔涌而出，两人泪眼婆娑，双手紧握不舍却又最终别离。此段对话看似浅白平静，情感却震颤人心。一对有情人，此生错过了，是悲剧；未能跟理想中的爱人在一起，却也有各自世俗的爱人柴米油盐相伴，何尝不是一种温暖。

该剧"混搭"风格表达了赖声川对悲喜剧"一体两面"的理解，悲喜交加才是生活的全部，一悲一喜，一今一古，互为补充印证，虽然混乱却耐人寻味。《桃花源》是对《暗恋》的补充，真在一起了，又会怎么样呢？得到与失去，理想与世俗，相聚与别离，世俗人总是多苦。最后一幕演员们都走出来了，收工了，剧场也下班了。观众的情感又从剧中回到现实，舞台上只剩下一个寻找刘子骥的陌生女人。"刘子骥"隐喻芸芸众生，每个人都在舞台上"演"自己，戏演完了，人生的戏却还要继续，追寻永不停止。

（李灵灵）

廖一梅

廖一梅,女,1970年生,毕业于中央戏剧学院,现为中国国家话剧院编剧、作家。1999年创作的话剧《恋爱的犀牛》,是中国小剧场戏剧史上最受欢迎的作品之一。廖一梅编剧的电影《像鸡毛一样飞》获第27届香港国际电影节费比西影评人大奖,电影《一步之遥》入围第65届柏林电影节主竞赛单元。另著有小说《悲观主义的花朵》、散文集《像我这样笨拙地生活》和剧本集《琥珀＋恋爱的犀牛》等。

【集评】

廖一梅的剧作敏感、尖锐、独异,不惜冒犯大众审美而深具先锋气质。她所有写作的目的都在于表达她对世界的理解和认知。她的困惑痛苦,她的愤怒和喜欢全部幻化在她的人物之口,而非依附在一个完整的人物命运或人物故事中。她的剧作带给观众纯粹的、不掺杂质却又难以捉摸的感觉。(张莉《先锋气质与诗意生活——廖一梅论》)

从《恋爱的犀牛》到《琥珀》再到《柔软》,三部作品历时十一年,你可以清楚地看到创作者(廖一梅)从燃烧的火炬到冰冷的手术刀的风格转变。在我看来,这更是作者看透人生的立场转变,这更是一场创作者的自我追问。让我感动的是,创作者如此诚实勇敢地把自己的困惑、追问拿出来和大家分享。(李锐《走出身体之后》)

恋爱的犀牛(节选)

序 幕

〔舞台上,女孩明明被蒙着眼睛绑在椅子上。年轻人马路坐在她旁边。

马 路 黄昏是我一天中视力最差的时候,一眼望去满街都是美女,高楼和街道也变幻了通常的形状,像在电影里……你就站在楼梯的拐角,带着某种清香的味道,有点湿乎乎的,奇怪的气息。擦身而过的时候,才知道你在哭。事情就在那时候发生了。我有个朋友牙刷,他要我相信我只是处在发情期,像图拉在非洲草原时那样。但我知道不是。你是不同的,唯一的,柔软的,干净的,天空一样的,我的明明。我怎么样才能让你明白呢? 你如同我温暖的手套,冰冷的啤酒,带着阳光味道的衬衫,日复一日的梦想。

你是甜蜜的,忧伤的,嘴唇上涂抹着新鲜的欲望,你的新鲜和你的欲望把你变得像动物一样不可捉摸,像阳光一样无法逃避,像戏子一般毫无廉耻,像饥饿一样冷酷无情。我想给你一个家,做你孩子的父亲,给你所有你想要的东西。我想让你醒来时看见阳光,我想抚摸你的后背,让你在天堂里的翅膀重新长出。你感觉不到我的渴望是怎样地向你涌来,爬上你的脚背,淹没你的双腿,要把你彻底吞没吗?我在想你呢,我在张着大嘴,厚颜无耻地渴望你,渴望你的头发,渴望你的眼睛,渴望你的下巴,你的双乳,你美妙的腰和肚子,你毛孔散发的气息,你伤心时搅动的双手。你有一张天使的脸和婊子的心肠。

我爱你,我真心爱你,我疯狂地爱你,我向你献媚,我向你许诺,我海誓山盟,我能怎么办就怎么办。我怎样才能让你明白我如何爱你?我默默忍受,饮泣而眠?我高声喊叫,声嘶力竭?我对着镜子痛骂自己?我冲进你的办公室把你推倒在地?我上大学,我读博士,当一个作家?我为你自暴自弃,从此被人怜悯?我走入精神病院,我爱你爱崩溃了,爱疯了,还是我在你窗下自杀?明明,告诉我该怎么办。你是聪明的,灵巧的,伶牙俐齿的,愚不可及的,我心爱的,我的明明……

第二十三场

〔舞台上,女孩明明被蒙着眼睛绑在椅子上。马路坐在她旁边。

马 路 黄昏是我一天中视力最差的时候,一眼望去满街都是美女,高楼和街道也变换了通常的形状,像在电影里……你就站在楼梯的拐角,带着某种清香的味道,有点湿乎乎的,奇怪的气息。擦身而过的时候,才知道你在哭。事情就在那时候发生了。我怎样才能让你明白我如何爱你?我默默忍受,饮泣而眠?我高声喊叫,声嘶力竭?我对着镜子痛骂自己?我冲进你的办公室把你推倒在地?我上大学,我读博士,当一个作家?我为你自暴自弃,从此被人怜悯?我走入精神病院,我爱你爱崩溃了,爱疯了,还是我在你窗下自杀?明明,告诉我该怎么办?你是聪明的、灵巧的、伶牙俐齿的、愚不可及的,我心爱的,我的明明……

〔马路摘下明明眼睛上的布。犀牛图拉发出叫声,它已经近在眼前。

明 明 你要干什么?走开!把这犀牛带走!

马 路 这就是图拉,我最好的,也是最后的伙伴。明明,我想给你一切,可我一无所有。我想为你放弃一切,可我又没有什么可以放弃。钱、地位、荣耀,我仅有的那一点点自尊没有这些东西装点也就不值一提。如果是中世纪,我可以去做一个骑士，把你的名字写上每一座被征服的城池。如果在沙漠中，我会流尽最后一滴鲜血去滋润你干裂的嘴唇。如果我是天文学家，有一颗星星会叫作明明。如果我是诗人，所有的声音都只为你歌唱；如果我是法官，你的好恶就是我最高的法则。如果我是神父，再没有比你更好的天堂；如果我是个哨兵，你的每一个字都是我的口令；如果我是西楚霸王，我会带着你临阵脱逃任由人们耻笑；如果我是杀人如麻的强盗，他们会乞求你来让我俯首帖耳。可我什么也不是。一个普通人，一个像我这样普通的人，我能为你做什么呢？

〔马路突然掏出一把尖刀向犀牛刺去！鲜血喷涌，图拉发出恐怖的嗥叫，暴怒地向马路冲去。明明尖声大叫着。

马　路　别怕，图拉，我要带你走。在池沼上面，在幽谷上面，越过山和森林，越过云和大海，越过太阳那边，越过轻云之外，越过星空世界的无涯极限，凌驾于生活之上。前面就是一望无际的非洲草原，夕阳挂在长颈鹿绵长的脖子上，万物都在雨季来临时焕发生机。

〔马路举枪杀了图拉。图拉巨大的身体慢慢倒下。

〔明明惊恐得发不出声音。

〔马路持刀走向图拉，挥刀砍下，掏出图拉血淋淋的心脏。

马　路　这是我能给你的最后的东西，图拉的心，和我自己，你收留他们吗？明明，我亲爱的，温柔的，甜蜜的……

〔明明满脸泪水，说不出话来。

马　路　一切白的东西和你相比都成了黑墨水而自惭形秽，一切无知的鸟兽因为不能说出你的名字而绝望万分，一切路口的警察亮起绿灯让你顺利通行，一切正确的指南针向我标示你存在的方位。你是不留痕迹的风，你是掠过我身体的风，你是不露行踪的风，你是无处不在的风……我是多么爱你啊，明明。

〔马路抱住绑在椅子上的明明。

明　明　你把诗写完了，多美啊，真遗憾。

〔探照灯突然亮了，警报声大作，所有人冲进犀牛馆，呆望着这一切却不敢靠近。

警　察　马路，马上释放人质，你已经被包围了！

黑子等　马路！

〔马路对周围的一切无动于衷，只是紧紧地抱着明明。明明不动，眼睛望着远处，突然唱起了歌。

〔明明的歌——《只有我》。

对我笑吧，像你我初次见面。

对我说吧，即使誓言明天就变。

抱紧我吧，在天气这么冷的夜晚。

想起我吧，在你感到变老的那一年。

过去的岁月都会过去，

最后只有我还在你身边。

过去的岁月总会过去，

最后只有我还在你身边。

对我笑吧，像你我初次见面。

对我说吧，即使誓言明天就变。

享用我吧，人生如此飘忽无定。

想起我吧，在你感到变老的那一年。

〔合唱起——《玻璃女人》。

你是不同的、唯一的、柔软的、干净的、天空一样的，

你是我温暖的手套，冰冷的啤酒，

带着阳光味道的衬衫，日复一日的梦想。

你是纯洁的、天真的、玻璃一样的，

什么也污染不了，什么也改变不了，

阳光穿过你，却改变了自己的方向。

我的爱人，我的爱人，我的爱人，我的爱人……

【汇评】

在这部剧中，廖一梅确实做到了让语言成为了一把利剑，穿透了每一位观众的心。没有人在这个戏里去关心情节会如何发展，剧中人物会有怎样的结局，因为大量经典的台词，紧紧抓住了观众的耳朵、眼睛和心。这是一部有着大量内心独白却淡化具体故事的话剧，更多的是在努力表达爱情的精神状态。（李渭军《〈恋爱的犀牛〉赏析》）

《恋爱的犀牛》中没有形成浮士德般明晰的观念，它给我们呈现出一个狂躁的世界图景，剧中散发出深深的忧伤，一种迷狂中的深刻体验，这是一股浓浓的情绪，却提醒着我们并指向一种观念：尽管会孤独苦闷，但人应该永远处于追求的途中。这正是作者内心深处对自己所生活的时代的艺术的批判。（张永宏《论〈恋爱的犀牛〉中的感伤色彩及批判意识》）

【赏析】

《恋爱的犀牛》写于1999年春节，全剧共23场。动物园的犀牛饲养员马路疯狂地爱上了他的女邻居明明，而明明深爱着另一个并不爱她的男人。马路和明明全身心托付自己的那种勇敢无畏就像闪电一样，充满着危险的魅力和燃烧自己的献祭精神，两人有过短暂的交集，最终却不可避免地走向陌路。最后马路在绝望中刺杀了同样有着爱情需要的犀牛，全剧以死亡的形式将这场激情的抒发定格为一个具有象征意义的仪式。

这部剧作的叙事方式并不新颖，它重点是在俗套的叙事模式中释放人的精神力量，大段的人物独白解构了传统戏剧的起承转合与情节发展模式，突出了人的声音。全剧采用独白、对白、歌声等方式，将陷入爱情中的人的内心对话形象地表现了出来。激起一个人强烈爱恋的那道闪电，咔嚓一声，照亮整个存在，它既不来自大脑也不来自心脏，它来自人的内部，是未曾被他人所觉察的敏锐。对男主人公马路来说，这被闪电击中的感觉通过嗅觉伸向外部世界。他不但能够闻到女主人公明明身上的打印机味道，还能闻到她的孤单和天真的执着。这觉醒了的闪电，让马路将爱情的触角伸向了另一个与他相似的灵魂。他疯狂地爱她，迎合她，变成另一个人，满足了一切世俗的爱情条件，可是这一切却不能换来明明的爱。他与她何其相似，爱而不得的深刻痛苦，是文学艺术作品历久弥新的主题。

不管怎样平凡的人都能因为爱情的照耀而焕发光彩，但是爱情也是一个潘多拉魔盒，一旦打开，好的，不好的，都会跑出来，这股洪荒之力既充满诱惑又让人不安甚至恐惧。在这部作品中用犀牛来隐喻。这动物式的让人似曾相识又格外陌生的庞大存在就是人的潜意识，它从众声喧哗和琐碎无聊的日常生活中突兀地显现出来，每一个人的一生大概都要遭遇一次这样的"犀牛"。

爱情中的双方，马路和明明，是彼此的镜子，那"犀牛"一般盲目的爱情都是自身的匮乏、潜意识中的渴望在对方身上的投射，夹杂了太多的自我想象和自我怜悯。爱情本质上反映的是一个人与自我的关系。

《恋爱的犀牛》这部剧影响了几代人对爱情和自我理想的诠释，对此廖一梅说："这个戏就像个磁场，不管是创作者、演出者，还是观众，只要走进剧场，面对这只'犀牛'的时候，都会在身体里产生相同的频率，被一种东西击中。我想这就是戏剧的魅力。"这部剧作打破了传统戏剧的叙事模式，运用形象思维和情感思维的逻辑构建故事，具有包容而开放的结构，这使得故事情节具有象征性和仪式感，能够唤起人的深层潜意识，这也是这部剧作能够不断被演绎被传播的原因。

（韩春萍）

参考书目

1. 赖声川《暗恋桃花源》,中信出版社 2019 年

2. 何明燕《七宝楼台的光华——赖声川舞台剧的多重美学特征》,上海三联书店 2014 年

3. [美]马丁·艾斯林《戏剧剖析》,罗婉华译,中国戏剧出版社 1981 年

4. [英]彼得·布鲁克《空的空间》,王翀译,中国友谊出版公司 2019 年

思考与练习

1. 谈谈你对《暗恋桃花源》"剧中剧"表现形式的看法。

2.《暗恋桃花源》将两个看起来不相干的剧目"拼贴"在一起,你如何看待这种剧场艺术创新手法?和两个剧目的故事单独演出相比,你觉得艺术效果会有何区别?

3.《恋爱的犀牛》中犀牛有什么隐喻意义?

4. 请根据《恋爱的犀牛》分析先锋戏剧的叙事艺术特点。

修订后记

　　与时俱进，对《大学语文》教材进行修订，是王步高教授编写教材的一贯思路。沿袭王教授的编写精神，本次修订依旧以时间为序，精选中国古今文学作品为内容，以呈现出中国文学史之脉络。为了保持本教材的特色，便于老师和学生理解课文和掌握更多的原始资料，仍保留原先由王教授纂集的总论、集评、汇评、本事典实、备选课文，以及所开列的参考书目。但在体例上有所调整，具体篇目也随之变化。

　　古代文学部分的修订，重在对总论、集评、汇评的内容进行复核，更正其中的疏漏、错讹，并重新撰写了部分篇目的赏析，由南京大学巩本栋教授负责。现当代文学部分则进一步细化，引入当代文学概念，严守文学演变的分野。原"现代小说（下）"单元改为"当代小说"单元，老舍《断魂枪》(1935)因不在当代文学时间范围内，故以汪曾祺《受戒》代替。原"现代诗歌（上）"单元李叔同《送别》与古体诗近，则代以穆旦《诗八首》。"现代诗歌（下）"单元改为"当代诗歌"单元，罗庸《满江红·西南联合大学校歌》(1939)体裁属旧体，故不予保留。原"现代戏剧"单元扩充为"现代戏剧""当代戏剧"两个单元，收入曹禺《日出》(节选)、老舍《茶馆·第一幕》、赖声川《暗恋桃花源》(节选)、廖一梅《恋爱的犀牛》(节选)四篇课文。考虑到实际教学，原"现代小说（上）"单元的鲁迅《在酒楼上》以《伤逝——涓生的手记》替换。现当代文学部分删除公刘《哎，大森林！》、余光中《乡愁》，增入洛夫《烟之外》、海子《祖国（或以梦为马）》、张枣《镜中》三篇诗歌。

　　王步高教授去世后，莫砺锋教授曾以挽联悼之："树蕙江南，滋兰冀北，教席设双城，薪火长传千载业。唐声豪壮，宋韵清和，校歌谱一曲，箫韶永振六朝松。"循着步高教授的足迹，秉持"以育人为本"的教学理念，东南大学的大学语文团队一直在努力前行。本次现当代文学部分修订工作即由东南大学张娟老师牵头，东南大学与兄弟高校的诸位同行共同完成。

　　此次修订为教材配置了教学视频和文字等相关数字资源，读者扫描正文中的二维码即可获取，还可扫描版权页下方二维码登录"优学院"在线学习平台注册学习。

乔光辉

2020 年 12 月